L'ÉLABORATION
DE LA
LANGUE FINNOISE

PUBLICATIONS DE LA SOCIÉTÉ DE LINGUISTIQUE DE PARIS

COLLECTION LINGUISTIQUE

Volumes disponibles :

23. Bourguet (E.), Le dialecte laconien. 1927, 170 p.
25. Homburger (L.), Noms des parties du corps dans les langues négro-africaines. 1929, 118 p.
26. Cuendet (G.), L'ordre des mots dans le texte grec et dans les versions gotique, arménienne et vieux slave des Évangiles, 1929, 191 p.
28. Sauvageot (A.), L'emploi de l'article en gotique. 1929, 91 p.
31. Sandfeld (K.), Linguistique balkanique, problèmes et résultats. 1930, réimpr. 1968, 250 p.
32. Cahen (M.) et Olsen (M.), L'inscription runique du coffret de Mortain. 1930, 66 p.
35. Dumézil (G.), La langue des Oubykhs. 1931, 232 p.
36. Yon (A.), Ratio et les mots de la famille de « Reor ». 1933, 291 p.
37. Lyonnet (S.), Le Parfait en arménien classique. 1933, 202 p.
38. Chantraine (P.), La formation des noms en grec ancien. 1933, réimpr. 1968, 502 p.
40. Meillet (A.), Linguistique historique et linguistique générale. Tome II. 1938, 248 p.
42. Mossé (F.), Histoire de la forme périphrastique :
    1er partie : Introduction, Ancien Germanique, Vieil Anglais. 1938, 126 p.
43. 2e partie : Moyen Anglais et Anglais Moderne. 1938, 314 p.
48. Leslau (W.), Documents Tigrigna. 1941, 398 p.
49. Durand (M.), Voyelles longues et voyelles brèves. 1946, 195 p.
50. Vey (M.), Morphologie du tchèque parlé. 1946, 196 p.
52. Cantineau (J.), Les Parlers arabes du Horân. 1946, 2 vol., 446 p. et 60 cartes.
53. Marouzeau (J.), Quelques aspects de la formation du latin littéraire. 1949, 232 p.
54. Ernout (A.), Les adjectifs latins en -ôsus et en -ulentus. 1949, 121 p.
55. Vendryes (J.), Choix d'études linguistiques et celtiques. 1952, 352 p.
57. Leslau (W.), Étude descriptive et comparative du Gafât. 1956, 297 p.
58. Basset (A.), Articles de dialectologie berbère. 1959, 204 p.
59. Mirambel (A.), La langue grecque moderne : description et analyse. 1959, 474 p.
60. Benveniste (E.), Études sur la langue ossète. 1959, 166 p.
61. Gagnepain (J.), La syntaxe du nom verbal dans les langues celtiques. 1963, 350 p.
62. Fleuriot (L.), Dictionnaire des gloses en vieux breton. 1964, 381 p.
63. Fleuriot (L.), Le vieux breton, éléments d'une grammaire. 1964, 448 p.
64. Sjögren (A.), Les parlers bas-normands de l'île de Guernesey. 1965, 240 p.
65. Tilkov (D.), Le vocalisme bulgare. 1970, 296 p.
66. Cartier (A.), Les verbes résultatifs en chinois moderne, 1972, 248 p.

COLLECTION LINGUISTIQUE
publiée par la
SOCIÉTÉ DE LINGUISTIQUE DE PARIS

LXVII

AURÉLIEN SAUVAGEOT

Ancien élève de l'École Normale Supérieure
Professeur honoraire de l'Institut National des Langues et Civilisations Orientales
Membre étranger de l'Académie Finlandaise des Sciences

L'ÉLABORATION DE LA LANGUE FINNOISE

Publié avec le concours
du Centre national de la Recherche scientifique

LIBRAIRIE C. KLINCKSIECK
11, rue de Lille - PARIS 7e
1973

ISBN 2-252-01501-2

AVERTISSEMENT

La tâche de relater les phases successives par lesquelles la langue nationale finnoise est passée au cours des siècles n'est pas facile. Car si l'on dispose d'une quantité considérable de travaux de détail éparpillés dans une multitude de publications spécialisées, si des archives importantes ont été constituées et admirablement classées par plusieurs instituts finlandais, si de nombreux monuments de la langue des différentes époques ont été publiés avec le plus grand soin et parfois même avec un luxe remarquable, il y a lieu de constater qu'aucun tableau général ne nous a été offert du développement des stades successifs de la langue finnoise écrite, de ses débuts jusqu'à nos jours. Il reste que certaines sources nous sont toujours inaccessibles et plus d'un document ancien attend sa publication. Il nous manque un recueil des mots et noms finnois isolés que recèlent les archives latines et suédoises des débuts de l'histoire de Finlande. La langue des premiers documents n'a pas été complètement dépouillée. Aucun lexique n'a rassemblé les mots qui s'y trouvent contenus. Nous ne possédons toujours pas de glossaire complet de la première bible intégrale de 1642. Le seul aspect de l'ancienne langue qui soit convenablement éclairé est le phonétisme. Dès qu'on porte son attention sur la morphologie ou sur la syntaxe, les travaux préparatoires font défaut. Avant de procéder à quelque synthèse que ce soit, il faut aller soi-même voir ce qui s'est passé et ceci jusque dans le détail. A ce rythme, les années passent avant qu'on parvienne à se faire une idée nette de tel ou tel phénomène et à en mesurer l'importance. Aucune grammaire de la langue d'Agricola n'a encore vu le jour, pas plus qu'une grammaire de la langue de la Bible de 1642. La situation n'est pas meilleure en ce qui concerne les monuments de la langue de la tradition populaire. Nous ne possédons toujours pas de dictionnaire complet des mots contenus dans les 14 gros volumes de la série des « Chants anciens du peuple finnois » et nous attendons qu'il nous soit donné une grammaire de la langue de ces poèmes populaires.

N'est-il pas alors hasardeux de proposer dans les pages qui suivent un essai d'une histoire de la langue écrite finnoise de Finlande? Il nous a paru qu'il ne pouvait être question de nous dérober à ce que nous pensons être un devoir. C'est que l'histoire de la langue finnoise écrite, devenue maintenant la langue nationale écrite et parlée du peuple de Finlande, est riche d'enseignements dont ne peuvent se passer ni la linguistique générale ni la linguistique appliquée. Il faut donc braver la difficulté et tenter de montrer ce qui s'est passé en Finlande, car l'expérience qui s'y est déroulée révèle la nature exacte des langues dites de civilisation. La configuration de la langue, son origine, les circonstances dans lesquelles elle a été élaborée afin de fournir le moyen d'expression d'une certaine forme de pensée, les procédés qui ont été appliqués à cet effet, tout cela est propre à faire mieux saisir le processus par lequel un idiome local, confiné dans l'expression d'une réalité terre à terre et d'une civilisation arriérée, peut être transformé en une langue apte à affronter avec succès les plus hautes missions qui s'offrent à l'esprit humain.

C'est en 1917 que l'auteur de ces pages a pris ses premiers contacts avec la langue finnoise, en cette année critique où est née l'indépendance de la nation finlandaise, et depuis lors, cette étude ne l'a jamais plus quitté, même aux heures dramatiques des années qui furent, pour la Finlande aussi, inondées de « larmes, de sueur et de sang ». De 1931 à 1967, j'ai eu l'honneur d'être chargé de l'enseignement de la langue finnoise à l'École Nationale des Langues Orientales et c'est l'expérience de cette longue vie commune avec cette langue qui a inspiré les pages qui suivent. J'ajouterai que je les ai écrites avec le respect et l'admiration que j'éprouve pour tous ces patriotes finnois qui se sont dépensés avec tant d'enthousiasme et d'abnégation pour créer cette belle langue dont l'esprit humain ne peut pas ne pas être fier.

Je ne conclurai pas sans dire une nouvelle fois ma reconnaissance envers mes maîtres finlandais, notamment le grand Emile Nestor Setälä, dont la mémoire me reste toujours présente, envers mes confrères à qui je dois tant d'inspirations : Paavo Ravila, Martti Rapola, Lauri Hakulinen, Pertti Virtaranta et tant d'autres qui voudront bien me pardonner de ne pouvoir tous les nommer. Je tiens aussi à remercier l'Académie des Sciences de Finlande, la Société de Littérature Finnoise, la Société Finno-ougrienne de Helsinki, la Société du Kalevala, les maisons d'édition Werner Söderström, Otava, Tammi, Gummerus de l'aide qu'elles m'ont prodiguée au cours des années et sans laquelle ma tâche se serait avérée impossible. Je ne veux pas non plus oublier tout ce que je dois à l'inlassable dévouement de Mme Kokko-Zalcman et aux encouragements de mon brillant ancien élève, le professeur Jean Perrot.

Première partie

LE PASSÉ OURALIEN

Le finnois suomi, de même que les autres variantes du finnois ou fennique, ne fait que prolonger un type linguistique issu d'une forme ancienne inconnue ou plutôt inattestée qu'il est désormais convenu de dénommer l'ouralien commun. Cet ouralien commun est le résultat d'un ensemble de restitutions de détail, obtenues par comparaison et recoupement entre les formes que les différentes langues qui en proviennent ont conservées jusqu'au moment où elles ont pu être fixées par écrit ou matérialisées d'une manière ou d'une autre. Il va de soi que nous n'opérons qu'avec des inductions dont le coefficient de probabilité varie d'un cas à l'autre et que plus d'une des reconstructions proposées de nos jours est susceptible d'être remise en question dans l'avenir, à mesure que s'approfondira la connaissance de toutes les variantes des langues ouraliennes parvenues jusqu'à nous.

L'ouralien commun.

Il ne saurait être question de définir ici l'ouralien commun, ce qui serait une tâche en soi et exigerait des démonstrations qui déborderaient largement le cadre d'une étude consacrée au finnois de Finlande. Ce qu'il convient de retenir des innombrables travaux publiés sur ce sujet, c'est, en gros, ce que l'on croit pouvoir supposer avoir été les traits essentiels de l'ouralien commun.

Les restitutions proposées portent sur quatre aspects de la langue d'origine : 1) le phonétisme, 2) la morphologie, 3) le lexique, 4) la syntaxe.

Le phonétisme ouralien commun aurait compris :

1) une vingtaine de consonnes se répartissant en :

a) 4 occlusives : *p*, *t*, *k*, *ŋ* (gutturale nasale sonore)

b) 3 spirantes sonores : β, δ, γ (peut-être une spirante dentale mouillée δ')

c) 3 nasales : *m*, *n* (et *ń* mouillé)
d) 2 liquides : *r*, *l* (peut-être un *l'* mouillé aussi)
e) 2 sifflantes sourdes *s* et *ś* (*s* mouillé)
f) 2 semi-voyelles : *j* et *w* (ce dernier phonème peut-être confondu avec la spirante sonore β)
h) deux séries d'affriquées : *c* et *ć* (mouillé), *č* et *č'* (mouillé)
i) une chuintante *š* (peut-être aussi un *ś̌* mouillé).

D'autres reconstitutions ont été proposées (un *ł* épais, un *ṇ* cacuminal, etc.) mais il est pratiquement impossible d'en démontrer l'existence dans l'état actuel de nos connaissances, de même qu'il est très difficile de discerner entre les affriquées et la ou les chuintantes ;

2) une huitaine de voyelles réparties entre deux séries, l'une claire et l'autre sombre :

a, *o*, *u* / *ä*, *e*, *i*
? *i̮*
? *ü*

Consonnes et voyelles ont probablement connu des distinctions quantitatives. C'est très vraisemblable pour ce qui est des occlusives sourdes *p*, *t*, *k* et moins plausible pour les autres phonèmes, notamment pour les voyelles.

Les consonnes pouvaient se combiner en groupes de 2 consonnes. Leur répartition dans le mot variait selon leur nature. Les spirantes sonores n'existaient qu'à l'intérieur du mot de même que la gutturale nasale sonore *η*. Il ne semble pas y avoir eu de diphtongues vocaliques et seules les voyelles *-a*, *-ä*, *-e*, *i̮* (ou *e̮*) auraient pu figurer en fin de mot.

Un mot ne pouvait contenir que des voyelles d'un timbre déterminé. Les mots dont la voyelle radicale était sombre ne présentaient à la ou les syllabes suivantes que des voyelles également sombres et inversement, un mot dont la première voyelle était claire ne contenait que des voyelles suivantes claires. Bien qu'elle ait été contestée, cette « harmonie vocalique » paraît bien avoir caractérisé le phonétisme ouralien commun.

Ces grands traits du phonétisme ouralien ont-ils subsisté tels quels en finno-ougrien commun? C'est ce qu'il est aujourd'hui impossible de discerner à travers les équations qui ont pu être établies. Il faut donc se contenter de rappeler ces traits comme point de départ de l'évolution qui a abouti à la forme de langue que nous connaissons désormais dans le finnois tel qu'il est attesté historiquement.

Ces remarques valent également pour ce qui est de la morphologie. Le finno-ougrien ou l'ouralien, comme on voudra, a possédé des vocables qui, pour la plupart, n'ont comporté que deux syllabes. Il est patent, néanmoins, que plus d'un mot parvenu jusqu'à nous a compté plus de deux syllabes (par exemple le finnois *ydin* « moelle, matière cérébrale », *kalin* « filet », *kolmas* « troisième », *hiiri* « souris », etc.), mais ces vocables sont vraisemblablement des dérivés très anciens, ce qui tend à confirmer que la langue d'origine employait déjà la suffixation comme procédé d'élargissement des mots.

La comparaison laisse supposer que ces mots pouvaient admettre des appendices plus ou moins corpulents qui leur étaient suffixés plus ou moins étroitement et permettaient d'exprimer certaines relations spatiales, voire même temporelles et grammaticales. C'est ainsi que l'on a cru pouvoir restituer le paradigme d'une déclinaison. Celle-ci aurait compris les « cas » suivants :

1) un génitif en *-n*
2) un « accusatif » en *-m*
3) un locatif en *-na*/*-nä*
4) un ablatif en *-ta*/*tä*.

On a voulu y ajouter :

1) un allatif en *-n* ou *-ń*
2) un allatif en *-k*

et même plusieurs autres « cas », variant selon les auteurs.

L'ouralien commun a d'autre part connu la distinction de nombre. Il a sans nul doute distingué le singulier (sans aucune marque), le pluriel et le duel, lequel ne se retrouve présentement qu'en vogoul, en ostiak et partiellement en lapon, ainsi que, par ailleurs, en samoyède.

La plupart des auteurs s'accordent pour estimer que l'ouralien, et plus spécialement le finno-ougrien, avait déjà su développer une conjugaison. Cela revient à dire qu'il aurait différencié le verbe du nom. La conjugaison aurait comporté plusieurs modes et les désinences personnelles auraient été fournies par des pronoms personnels suffixés.

En ce qui concerne le lexique, les étymologies remontant à l'ouralien commun sont au nombre de 350 à 400 et celles qui ne s'étendent qu'au finno-ougrien commun et viennent s'y ajouter dépassent les 400. Mais ces chiffres sont tout relatifs. Une partie des étymologies circonscrites au seul finno-ougrien peuvent remonter à l'ouralien pour peu qu'une équation satisfaisante puisse être établie avec des termes samoyèdes correspondants. Par ailleurs une partie des mots reconnus ouraliens peuvent, sous l'effet d'une analyse plus critique, être plus ou moins disjoints, voire totalement écartés. Enfin, aucune des langues finno-ougriennes attestées ne recèle dans son sein la totalité des étymologies en question. Mais le concept d'étymologie ouralienne ou même seulement finno-ougrienne est très flou. C'est ainsi que les étymologistes finlandais ont cru pouvoir identifier près d'un millier de mots comme étant d'origine finno-ougrienne et ouralienne alors que le nombre total des étymologies proposées pour le finno-ougrien n'atteint que difficilement les 800 unités !

Vient la syntaxe. Celle-ci n'a pu être définie qu'en ses principes fondamenteaux. Il est presque sûr que la langue ouralienne commune, et le finno-ougrien n'a fait que conserver ce trait, a construit la phrase en faisant précéder le déterminé par le déterminant. Par ailleurs, la langue originelle n'a pas connu la subordination dans l'acception où nous l'entendons et elle a ignoré la proposition relative. L'ordre des mots devait y être passablement rigide, le mot faisant fonction de prédicat venant en fin d'énonciation. Cet état de choses n'est plus guère reflété que par les langues samoyèdes, le vogoul, l'ostiak et, partiellement, le hongrois. Il n'en existe guère de traces en finnois et encore moins en lapon. Par contre les langues turkes, mongoles et tongouses présentent l'ancien ordre des termes.

C'est de toutes ces données qu'il faut tenir compte si l'on veut se représenter quelle a été l'évolution du dialecte finno-ougrien qui a fini par donner naissance aux langues fenniques (finnois de Finlande ou suomi, estonien, carélien, vote, vepse et live, etc.) après être passé par plusieurs stades successifs de développement dont le plus important du point de vue qui nous intéresse est le préfennique, c'est-à-dire la forme de langue ayant immédiatement donné naissance au fennique ou finnois commun.

Le préfennique.

Ce préfennique, comment se restitue-t-il? Et d'abord, a-t-il existé? Car on est en droit de se poser la question. En effet, jusqu'à ces dernières années, il avait été admis, selon l'enseignement du grand maître qu'a été E. N. Setälä, que le fennique provenait d'un dialecte finno-ougrien qui avait compris dans son sein les variantes dont les représentants sont aujourd'hui les idiomes dits fenno-permiens : finnois, mordve, tchérémisse, votiak, zyriène et lapon. A vrai dire, on ne savait trop où placer le lapon qui présente d'indéniables et frappantes similitudes avec le finnois.

Rappelons, pour situer plus précisément le problème, comment est conçue la préhistoire des langues finno-ougriennes. Elles se seraient d'abord scindées en deux groupes, l'un dénommé « ougrien » dont seraient issus le hongrois, le vogoul et l'ostiak, l'autre qui aurait ensuite donné naissance aux autres idiomes. Mais ces derniers idiomes « fenno-permiens » n'auraient pas tardé à se séparer à leur tour. Le permien (ancêtre du votiak et du zyriène) aurait essaimé le premier, laissant ensemble le futur finnois et les parlers qui devaient aboutir respectivement au mordve et au tchérémisse. Ces deux derniers auraient vécu ensemble avant de se différencier. Ils auraient formé un groupe « volgaïque ». Mais que faire du lapon? Où le placer? Quand se serait-il émancipé?

Excipant de la constatation que les Lapons se distinguent anthropologiquement de tous leurs voisins, mon regretté maître suédois B. Wiklund avait cru devoir supposer que leurs ancêtres avaient parlé une langue qui leur était propre et qui n'avait rien à voir avec le finno-ougrien. Ce n'est que par la suite qu'ils auraient adopté une langue finno-ougrienne et seraient venus en contact avec les Finnois auxquels ils auraient emprunté de nombreux mots et même d'autres éléments : morphèmes et constructions syntaxiques. Y. H. Toivonen et Mme Németh-Sebestyén, reprenant cette idée, ont de leur côté formulé l'hypothèse selon laquelle les Lapons auraient été originellement des Samoyèdes qui auraient par la suite été finno-ougrisés. Toutefois, ces hypothèses ne déterminaient pas par elles-mêmes à quel stade aurait eu lieu la substitution de langue. Les Lapons auraient-ils adopté une variante de langue finno-ougrienne ou fenno-permienne ou fenno-volgaïque? Dans le premier cas, les caractères spécifiques du lapon s'expliqueraient par une déformation du finno-ougrien commun, qui aurait eu lieu forcément à date très ancienne, dans les 3000 ans au moins avant notre ère. Dans le second cas, la langue empruntée aurait été d'un type déjà plus évolué, au niveau du fenno-permien, ce qui en exclurait les particularités anciennes conservées par l'ougrien. Dans le troisième cas, la forme de langue empruntée aurait été celle que présentaient encore en commun le futur finnois, le futur mordve et le futur tchérémisse, ces deux derniers idiomes ne s'étant pas encore scindés. Mais Paavo Ravila a insisté dès 1935 (FUF XXIII, pp. 20-65) sur la quasi-identité de certains développements constatés à la fois en lapon et en fennique commun. Sans conclure à l'identité du protolapon et du fennique commun, il expliquait ces similitudes remarquables par une longue et profonde action du finnois sur le lapon. Plus hardiment, E. Itkonen proclamait bientôt tout simplement que le lapon et le fennique commun étaient issus d'une même forme intermédiaire de langue fenno-volgaïque qu'il appelait *varhaiskantasuomalainen* « finnois commun archaïque » par opposition au finnois commun proprement dit ou fennique, dénommé *myöhäiskantasuomalainen* « finnois commun tardif ou récent » (Erkki Itkonen : *Kieli ja sen tutkimus*, p. 96, *Suomalais-ugrilaisen kielen- ja historian tutkimutsen alalla*, p. 10). Cette hypothèse a été assez couramment adoptée ces dernières années, non seulement en Finlande mais par d'autres théoriciens dans différents pays.

Fennique et lapon.

Les arguments mentionnés à l'appui de l'hypothèse de l'origine commune du lapon et du finnois commun ou fennique à partir d'un préfennique sont nombreux mais de valeur inégale. Nous les passerons rapidement en revue ainsi que l'a fait notre éminent collègue Gyula Décsi (*Einführung in die finnisch-ugrische Sprachwissenschaft*, pp. 199 et suivantes). Les voici :

1) le lapon et le finnois se caractérisent l'un et l'autre par un phénomène phonétique très particulier qu'on appelle l'alternance consonantique (nom donné par le regretté R. Gauthiot à ce que les Finnois appellent *astevaihtelu*, traduit en allemand par *Stufenwechsel* et en anglais par *consonant gradation*). Le phénomène consiste en ceci qu'en finnois, les occlusives *p*, *t*, *k* se sonorisaient originellement, à l'intérieur du mot, en β, δ, γ quand la syllabe suivante se fermait. Parallèlement, les géminées *pp*, *tt*, *kk* s'amenuisaient en géminées « faibles » *p̆p*, *t̆t*, *k̆k* dans les mêmes conditions. En lapon, c'est l'ensemble du consonantisme intérieur qui est soumis à la même loi, selon des modalités qui varient désormais d'un dialecte à l'autre mais dont le principe demeure pourtant le même. Or il n'est pas contestable que ce parallélisme ne saurait être considéré comme une coïncidence purement fortuite, si différents que puissent être certains développements ultérieurs.

La question est alors de savoir si cette « alternance consonantique » doit être considérée comme une innovation commune réalisée par le finnois et le lapon dans le sein du « finnois commun archaïque » (préfennique) ou si ce trait si singulier du phonétisme de ces deux langues a pu être hérité d'un passé plus ancien, ce qu'avait admis mon maître E. N. Setälä (FUF XII, Anzeiger). Il voyait dans l'alternance le vestige d'un ancien mécanisme dont, selon lui, le samoyède (dialecte tavgui) possédait aussi des traces. D'autre part, il se faisait fort de rendre compte par cette même hypothèse d'un certain nombre de développements phonétiques attestés dans les différentes langues finno-ougriennes et samoyèdes et qui restaient enveloppés d'une certaine obscurité. Il convient de reconnaître que la solution proposée par Setälä était fort élégante et elle permettait de réduire à peu de frais un bon nombre d'irrégularités demeurées plus ou moins inexplicables.

Des théoriciens finlandais, notamment le regretté Lauri Kettunen, ont fait par contre observer que l'alternance consonantique est totalement absente de deux langues fenniques : le vepse à l'est et le live, à l'extrême-ouest. De même, certains parlers lapons du sud ignorent l'alternance, C'est alors qu'est née l'idée que cette alternance pouvait être une innovation commune aux seuls finnois et lapon. Lauri Posti (FUF, 31, pp. 1-95) a alors supposé que ce phénomène, qui par certains de ses aspects semble s'apparenter à la fameuse loi de Verner des germanistes, aurait pu devoir son origine à une action du germanique sur le préfennique (composé du futur fennique et du futur lapon non encore différenciés).

Il ne saurait être question de traiter plus amplement ici de ce problème très important puisqu'il s'agit d'un trait essentiel du mécanisme phonétique de ces deux langues. Bornons-nous à constater cette similitude ou ce parallélisme sans toutefois en exagérer la portée quant à l'interprétation qu'on peut en tirer en ce qui concerne les affinités réciproques du finnois et du lapon. En effet, si le phénomène en question remonte à des temps reculés, il se peut qu'on ait affaire à des vestiges conservés de part et d'autre et par le lapon et le fennique. Si au contraire il s'agit d'une innovation relativement récente, elle peut aussi bien avoir été déclenchée simultanément dans l'une et l'autre langue par l'action du germanique. Nous savons en effet que les deux idiomes ont été soumis à une très énergique action du germanique ancien, soit sous sa forme « gotique » soit sous sa forme scandinave.

Un deuxième argument, que Décsy place même en tête de sa liste, est que le lapon a produit des diphtongues vocaliques tout comme le finnois. Mais cet argument a peu de valeur car ces diphtongues se sont manifestées à des dates différentes et elles n'ont pas la même origine. C'est ainsi qu'à l'*a* bref du finnois (et du fennique), le lapon répond par une diphtongue (*uo*, *uö*, etc. selon les dialectes), qui provient d'un ancien *ō* long. On a par exemple lpN *guolle* « poisson » / fS *kala* « id. » alors que les diphtongues du fS en *uo*, conservées sous formes de longues en fE, ne sont apparues que récemment (*kuole-* « mourir », fE *koole-* « id. », fS *nuoli* « flèche », fE *nool* « id. », etc.). De plus il s'agit ici de changements phonétiques d'une grande banalité, qui se rencontrent dans l'histoire de bien des langues. Si en face de *leem* « soupe » de l'estonien, nous avons *liemi* du suomi, on trouve en français *pied* de latin *pedem*, etc. Il est hasardeux de fonder la théorie des affinités particulières du finnois et du lapon sur de pareils développements qui se sont échelonnés au cours des siècles et pourraient tout au plus révéler certains parallélismes dans l'évolution des deux groupes de langues.

Un troisième argument paraît avoir plus de poids : le finnois et le lapon forment les cas obliques de leur déclinaison nominale au pluriel par le moyen d'un morphème *i* :

fS *talo* « maison » *talossa* « dans (la) maison »
taloissa « dans (les) maisons », etc.
lpN *dievva* *dievatâgâ* « sans colline »
dievaitâgâ « sans collines », etc.

Nous n'avons pu produire qu'un seul exemple où le morphème *i* joue pleinement le rôle de marque de pluriel en lapon car ce qui est frappant dans le paradigme de la déclinaison lapone, c'est que l'opposition singulier-pluriel, aux cas obliques, résulte d'une accumulation de marques. C'est ainsi qu'un mot *guolle* « poisson » se décline :

	au singulier	au pluriel
Génitif	*guole*	*gūlii*
Accusatif	*guole*	*gūliid*
Illatif	*guollai*	*gūliidi*
Inessif-élatif	*guolest*	*gūliin*
Comitatif	*guliin*	*gūliiguim*
Essif	*guollen*	*gūollen*

En lapon du sud, on distingue le génitif de l'accusatif au singulier : *giede* « main », génitif *gieden*, accusatif *giedem*.

Sans nous attarder davantage sur cet aspect passablement hétéroclite de la déclinaison lapone, dont les théoriciens ne semblent pas beaucoup se soucier, constatons effectivement la présence d'un même élément -*i*- qu'en finnois, servant à signaler le pluriel, soit seul soit associé à d'autres marques. Il reste à savoir comment interpréter cette rencontre. Qu'elle ne saurait être fortuite est évident mais il faut se demander si elle est bien une innovation commune au lapon et au finnois. Il en serait autrement si l'on pouvait prouver que l'ouralien a déjà utilisé un morphème -*i*- dans cette même fonction de marque de la pluralité. C'est ce que plus d'un théoricien a admis en se référant au hongrois et aussi à certaines formes nominales rencontrées en samoyède. Répétons que l'*i* hongrois est très probablement une innovation propre à cette langue tandis que les faits samoyèdes allégués manquent de clarté. Une autre hypothèse vient à l'esprit : le lapon aurait pu emprunter à son voisin fennique ce procédé commode pour marquer le pluriel. Souvenons-nous de l'anglais qui a pris l'*s* du français et l'a généralisé. La quantité imposante de vocables finnois parvenus en lapon pourrait expliquer cet emprunt. L'*i* de pluriel des formes obliques finnoises aurait été introduit dans le paradigme de l'ensemble des noms, y compris ceux du fonds héréditaire.

Cet *i* de pluriel caractérise aussi un cas propre au finnois, le comitatif, dont la marque, composite, est en *-i-ne*. Cette marque n'apparaît nue qu'en terminaison de l'adjectif épithète antéposé à un substantif employé à ce même cas. Mais le substantif en question présente toujours la désinence *-i-ne* élargie d'un suffixe de possessivation :

nuorine tyttärinensä
« avec sa jeune fille » *(nuor-i-ne tyttär-i-ne-nsä)*
sika nahkoineen « le porc et sa peau, avec sa peau » *(nahko-i-ne-en)*, etc. (cp. Lauri Hakulinen : SKRK 3, p. 92).

En face de ces formes si particulières, quelle que soit leur étymologie, qui n'est pas encore très sûrement établie, le lapon présente un comitatif en *i+n* (en lpN) et en *-j-+ńə*, *-nńə* (en lpS). Toutefois, cette désinence ne vaut que pour le singulier. Le « comitatif » pluriel est construit sur le génitif pluriel auquel est agglutiné un élément plus corpulent (*-guim* en lpN) qui n'est autre qu'un ancien mot indépendant dont le sens intrinsèque était « compagnon, camarade, compère ». Indubitablement, cette dernière formation est toute récente. Les partisans du préfennique fenno-lapon estiment que la présence du comitatif en lapon est un indice de communauté très étroite du finnois et du lapon et que ce cas nouveau s'est construit avant la dislocation de la communauté.

Une autre particularité fenno-lapone serait le comparatif. Il remonte en finnois à une désinence en *-mpa*/*-mpä* à laquelle le lpN *-b*/*-bᑊbo* correspond élément pour élément. Mais le hongrois a de son côté *-b*/*-bb* qui ne correspond pas moins bien aux formes finnoises. Il s'agirait alors d'un suffixe hérité des temps anciens et qui se serait conservé tant en finnois et en lapon qu'en hongrois. Pourtant, cette équation a été mise en doute ces derniers temps pour diverses raisons qui ne sont pas probantes. La répugnance des théoriciens à admettre que le comparatif hongrois soit de la même origine que celui du finnois et du lapon est due sans doute à l'éloignement qui, dans l'espace comme dans le temps, a écarté les deux langues. Pour comble de confusion. l'éminente spécialiste soviétique du samoyède qu'est Mme N. M. Tereščenko a consigné dans son dictionnaire du samoyède yourak (ou nenets) des dérivés en *-mboj* du type *sawamboj* « assez bon » (*sawa* « bon »), *jorja* « profond », *jorjamboj* « assez profond, plutôt profond » qu'on est naturellement tenté de rapprocher des suffixes finnois, lapon et hongrois. Il est certain que si le suffixe hongrois répond vraiment à son correspondant finnois, il n'est plus question d'y voir une innovation circonscrite aux seuls domaines lapon et finnois.

Un autre suffixe a été considéré également comme propre aux seuls finnois et lapon. Il s'agit du suffixe *-tak/-täk* formant l'un des infinitifs du finnois et dont le correspondant se retrouve en lapon sous les espèces d'un *-t* :

lpN *gullât* « entendre » (<**kulatak*)
fS *kuulla* « id. » (<**kuul-+-tak*).

En réalité il ne s'agit que d'un nom verbal déverbatif en *-t*, élargi du suffixe de latif -**k*. On en retrouve l'équivalent en ostiak, à l'autre bout du domaine finno-ougrien :

ostk Šerk *ponta* « poser »
fS *panna* « id. » (<**pan-+-tak*)
ostk N *mănti* « aller »
fS *mennä* « id. » (<**men-+-täk*), etc.

A moins de récuser toute comparaison, il faut bien admettre à tout le moins la possibilité d'un parallélisme de développement à partir d'une forme dérivée qui devait avoir en finno-ougrien commun une assez grande extension. Mais puisqu'il en est ainsi, il devient discutable d'y voir nécessairement une particularité propre au seul préfennique, conçu comme l'ancêtre commun du lapon et du finnois.

Le finnois et le lapon, alors qu'ils auraient encore constitué une seule et même langue, se seraient dotés d'un même suffixe modal de conditionnel qui est restitué généralement en -**η'l'ś-* ou -**η'ś-*. Mais, dans son très beau livre, M. M. Korhonen (*Die Konjugation im Lappischen* I, MSFO 143, p. 123 et suivantes) a montré que les formes lapones supposent un ancien -**kč* qui résulterait d'un plus ancien -**kś-* dont le rattachement aux formes finnoises correspondantes n'est pas sans poser de problème.

M. Gyula Décsy (*op. cit.*, p. 199) a estimé que la construction adnominale substantif+postposition où le terme construit avec la postposition s'emploie au génitif était une innovation propre au finnois et au lapon. Il est bon de rappeler que la postposition se construit en samoyède avec le génitif. Mais en mordve le génitif est également employé quand le substantif est affecté de l'article défini suffixé. Et le tchérémisse construit la postposition avec le génitif du pronom personnel. Dans ces conditions, il est peu indiqué d'attribuer le monopole ou l'innovation d'une pareille construction au seul fenno-lapon. Selon toute vraisemblance, il s'agit ici d'une construction très ancienne remontant à l'ouralien commun (Études finno-ougriennes, tome V, pp. 73-93).

Un autre trait invoqué au crédit de l'hypothèse de l'étroite parenté du lapon et du finnois est que ces deux langues ont considérablement limité l'emploi de la phrase nominale pour lui substituer la construction trinaire : sujet+attribut+verbe d'existence. Seulement, le verbe dont se sert le lapon n'est pas le même que celui utilisé par le finnois! Le premier est un verbe en *læ-* (lpN), qui remonte, tout comme le thème correspondant du finnois suomi *lie-* à un ancien **leβä-* ou **leγä-* alors que le second est conjugué sur un thème en *ole-*. Sans doute, le thème *lie-* est attesté en fennique (fS *lie-* / fE *lee-*) mais il n'y fournit actuellement que la forme supplétive du mode potentiel. De même, le thème correspondant du hongrois (*le-*, *lev-*) ne joue dans cette dernière langue que le rôle de présent-futur, fonction d'ailleurs isolée et passablement insolite en hongrois. Or c'est cette fonction indiquant la genèse, le devenir et, partant, la potentialité, qui s'exprime aussi par le même thème en tchérémisse et en permien (votiak et zyriène). Cela revient à dire que le lapon a revêtu d'une fonction nouvelle un thème attesté en finno-ougrien, d'après le témoignage concordant du tchérémisse, du permien et du hongrois, dans une acception différente. Cette utilisation n'est une innovation qu'en lapon et il est imprudent d'imputer ce phénomène à la communauté fenno-lapone.

Comme on le voit, les arguments en faveur de l'hypothèse de l'existence d'une phase intermédiaire proprement fenno-lapone (préfennique) n'ont pas tous le même poids. Mais il y a plus. Quand on compare les appareils morphologiques des deux langues, finnois et lapon, on s'aperçoit que le lapon ignore plusieurs cas de la déclinaison qui ne peuvent pourtant pas être conçus comme des innovations du fennique (finnois commun) pour cette bonne raison que des formes correspondantes se retrouvent ailleurs qu'en finnois et notamment en mordve, en tchérémisse et en permien.

Fennique, volgaïque et permien.

Le fennique possède ainsi trois cas de la déclinaison qui ont ce caractère commun de comporter un « coaffixe » en *-l-*. Ce sont l'adessif fS en *-lla*/*-llä*, l'allatif en *-lle* (<**-len*) et l'ablatif en *-lta*/*-ltä*. Il est aisé de décomposer ces désinences en *-l-+-na*/*-nä*, *-l-+-n* (ou **-ń*) et *-l-+-ta*/*-tä*. En d'autres termes, ces désinences seraient le résultat d'une combinaison entre un élément *-l-*, dont le sens exact n'est pas nettement déterminé, et les désinences de l'ancien locatif en *-na*/*-nä*, de l'ancien latif en *-n* (ou **-ń*) et de l'ancien ablatif en *-ta*/*-tä*. (L. Hakulinen, *op. cit.*, pp. 90-91.) Or le permien présente de son côté des cas de sa propre déclinaison affectés eux aussi de ce même élément *-l-* :

adessif : votiak *-len* / zyriène *-lẹn*
allatif : votiak *-lị̆* / zyriène *-lị̆*, *-lẹ*
ablatif : votiak *-leś*, *-liś* / zyriène *-lị̆ś*, *-liś*, etc.

Notons que le tchérémisse possède un « datif » en *-lan*/*-län*, qu'il est difficile de disjoindre des formes ci-dessus. Qu'il s'agisse d'un phénomène dit de « convergence » ou d'un développement parallèle, il est vraisemblable que les formes affectées d'un *-l-* ont eu leur point de départ en fenno-permien, c'est-à-dire à une époque où l'ensemble des dialectes occidentaux du finno-ougrien était encore assez homogène. Il est alors frappant que le lapon n'ait pas exploité du tout cette combinaison de l'élément *-l-* avec une désinence locale plus ancienne. Ce désaccord entre le finnois et le lapon n'a évidemment pas échappé à l'attention d'un chercheur aussi vigilant que Paavo Ravila (FUF XXIII, p. 45) mais il n'a pas cru devoir lui attribuer une importance excessive car les formes en *-l-* sont également ignorées du mordve et ne seraient donc pas autre chose que le résultat de développements parallèles *(Parallelentwicklung)*. Pourtant le problème n'est pas de déterminer si les cas en *-l-* du finnois et ceux en *-l-* du permien se sont élaborés séparément, au cours de l'histoire de chacun de ces dialectes, il est de savoir si une amorce d'un pareil développement se trouvait déjà constituée en fenno-permien. L'absence de toute élaboration de ce genre en lapon alors que le finnois a tiré un grand parti de ces formes ne saurait pourtant manquer de frapper l'observateur. Il faudrait, pour justifier l'hypothèse d'un préfennique fenno-lapon, supposer que la déclinaison finnoise, pourtant attestée en fennique ou finnois commun, s'est complétée entre le moment où les Lapons auraient quitté la communauté et avant celui où cette communauté se serait disloquée. E. Itkonen admet que le pré-fennique aurait duré jusque vers 500 avant notre ère. Le fennique ou finnois commun se serait par contre différencié seulement à partir de 7 ou 800 après J.-C. On se demande alors pourquoi ces formes de désinences en *-l-* auraient pris en finnois un brusque départ et une aussi grande extension après des siècles de séparation du permien. Cette supposition est des plus aventurées.

Surtout si l'on y ajoute d'autres observations qui ne sont guère moins susceptibles d'engendrer la perplexité.

C'est ainsi que l'un des cas les plus caractéristiques de la déclinaison finnoise est le translatif dont la désinence est en *-kse-*

(*-ksi* en finale). Ce cas, avec la même acception, se retrouve en mordve sous la forme de *-ks* alors que ni le lapon, ni le tchérémisse, ni le permien n'en présentent la moindre trace. Cette rencontre est d'autant plus suggestive qu'elle n'est pas unique. Ainsi, le datif finnois en *-n* a son correspondant en mordve alors qu'il n'en demeure en lapon que des traces réduites.

Sur un autre point encore, on note une discordance entre le lapon et le finnois. C'est celui de la conjugaison ; les formes finnoises et les formes lapones ne se recouvrent pas.

La 3e personne du présent de l'indicatif a été fournie en finnois par un dérivé déverbatif en *-pa/-pä* (degré faible : *-va/-vä*). Il importe peu que le suffixe originel ne se reflète plus aujourd'hui qu'à la 3e personne du pluriel. Au singulier, il s'est résorbé et combiné avec la voyelle thématique du verbe (voyelle brève finale). Or le lapon ne présente à la 3e personne du singulier que le thème nu, exactement comme c'est, par exemple, le cas en hongrois (cp. M. Korhonen, *op. cit.*, p. 230 et suiv.). Les efforts déployés pour faire remonter cette 3e personne du singulier à un ancien dérivé déverbatif en *-ja/-jä* n'ont pas abouti à des résultats convaincants et, auraient-ils même réussi, ils ne dissimuleraient pas la divergence constatée entre le finnois et le lapon sur ce point précis. Ceci est d'autant plus frappant que le suffixe de dérivation déverbatif remontant à une forme *-pa/-pä* n'est pas ignoré du lapon. En effet, les 2e et 3e personnes du duel du présent de l'indicatif et du conditionnel présentent l'équivalent de ce suffixe *-pa/-pä*. Ce qui est plus surprenant, c'est que la 1re personne du pluriel du présent de l'indicatif présente le thème dérivé en *-pa/-pä* sans aucun élargissement. Cela veut dire que les formes en *-pa/-pä* ont servi telles quelles, sans désinence personnelle pour indiquer la 1re personne de pluriel. Par contre, à la 2e personne du pluriel, le même dérivé en *-pa/-pä* apparaît élargi d'une désinence qui trouve son origine dans la suffixation du pronom personnel correspondant. Quant à la 3e personne de pluriel, on estime généralement qu'elle remonte à une forme de pluriel d'un autre dérivé, auquel il vient d'être fait allusion ci-dessus : celui en **-ja/*-jä* qui a fourni en finnois des noms d'agents. Comme on le voit, cette conjugaison lapone est faite de pièces et de morceaux. On a le sentiment qu'elle a été édifiée sur le modèle d'un paradigme étranger en utilisant tant bien que mal tous les éléments qui se trouvaient disponibles dans la langue au moment où cette opération s'est effectuée. Ce qu'on peut en retenir, en tout cas, c'est que la conjugaison lapone ne s'est pas formée au sein d'une même langue que celle du finnois. Ce qui vient le confirmer, c'est qu'au prétérit, les formes lapones sont affectées de désinences personnelles qui semblent bien avoir été à l'origine des suffixes de possessivation, ce qui apparaît nettement surtout aux 3es personnes. Notre éminent confrère Paavo Ravila l'avait déjà signalé dans l'admirable petite étude intitulée *Om konjugationens uppkomst i de uraliska språk* (Kungl. Humanistiska Vetenskaps-Samfundet i Uppsala. Årsbok 1948, pp. 58-64). Tous ces faits concordent et leur ensemble ne peut trouver qu'une explication élégante : celle selon laquelle la conjugaison lapone et la conjugaison fennique (ou finnoise commune) se sont construites indépendamment l'une de l'autre. Dans ces conditions, pour maintenir à tout prix la fiction d'une ancienne langue préfennique d'où seraient issus et le lapon et le finnois, après séparation des autres langues fenno-volgaïques, voire même fenno-permiennes, il faudrait se résigner à admettre que le prétendu préfennique *(varhaiskantasuomalainen)* n'aurait pas encore possédé de conjugaison avant sa scission en fennique et en lapon commun. A moins alors de supposer que la conjugaison ait été reconstruite de part et d'autre dans les temps qui auraient suivi cette scission.

Cette dernière supposition apparaît bien peu vraisemblable si l'on considère par ailleurs d'autres faits qui n'ont pas toujours été appréciés dans toute leur portée.

Il y a, d'abord, l'aspect phonétique des idiomes en présence. De ce point de vue, il faut avouer que le lapon ne ressemble guère au finnois. A l'oreille, le lapon surprend par des particularités phonatoires très singulières qui forment un contraste saisissant avec le phonétisme des parlers fenniques. Au contraire, du seul point de vue phonétique, le mordve présente une remarquable ressemblance. Qu'on en juge par les quelques équations ci-dessous :

lpN	fS	mdE
guolle « poisson »	*kala*	*kal*
čuotte « cent »	*sata*	*śado*
vuow'de- « donner »	*anta-*	*ando-* « donner à manger, à boire »
čâkčâ « automne »	*syksy*	*śoks*
čâl^lbme « œil »	*silmä*	*śel'ḿe*
giettâ « main »	*käte-*	*ḱed'*
goatte « hutte, maison »	*kota*	*kudo*
âđđâm- « moelle (épinière) »	*ytime-*	*ud'eḿe*
guod^lde- « porter »	*kanta-*	*kando-*
vuoggjâ « beurre, graisse »	*voi*	*oj* (mdM *vaj*)

Certes, ces dissemblances phoniques qui se manifestent entre le lapon et le finnois s'expliquent par une évolution phonétique plus ou moins rapide qui a transformé le faciès phonique du lapon. En soi, elles ne mettraient pas en cause l'hypothèse du préfennique tel qu'il a été défini par des théoriciens comme E. Itkonen, L. Posti, etc. On sait combien une pareille évolution peut défigurer une langue par rapport à une autre. Il n'est, par exemple, que de comparer le français d'aujourd'hui, tel qu'il est prononcé, au latin dont il est indubitablement issu, même en tenant compte que le point de départ du français est le latin vulgaire. Toutefois, ce qui rend perplexe dans le cas qui nous occupe, c'est que le phonétisme admis généralement pour le préfennique est à peu de choses près identique à celui restitué pour le finno-ougrien commun, voire même l'ouralien commun. Jugeons-en plutôt par ce qu'en a écrit L. Posti (FUF XXXI) qui reconnaît en préfennique les consonnes ci-après :

1) *p*, *t*, *k*
2) *δ*, *δ'*, *γ*
3) *(ts*, *(tš*, *(t'ś*
4) *s*, *š*, *ś*
5) *m*, *η*, *n*, *ń*
6) *l*, *l'*, *r*
7) *v*, *j*.

De ces consonnes, 10 auraient disparu lors du passage du préfennique au fennique, période que l'auteur dénomme « protofennique », à savoir :

1) *δ*, *δ'*, *γ*
2) *š*, *ś*
3) *ń*
4) *l'*
5) *(tš*
6) *(t'ś*.

Sans nous attarder aux réserves qu'il y a lieu d'exprimer, contentons-nous de constater que cette véritable mutation qui a affecté le fennique et marqué le consonantisme des dialectes finnois les aurait fait passer d'un état « finno-ougrien commun » à l'état où nous les connaissons à date historique. Cela revient à dire que la phase intermédiaire, située entre le finno-ougrien et le fennique, n'aurait comporté de changements dans le consonantisme que très tardivement, seulement après la scission du lapon et du fennique.

Pour ce qui est du vocalisme, E. Itkonen, après d'autres, a admis que l'état fennique refléterait encore assez fidèlement la situation finno-ougrienne. Mais nos restitutions sont loin d'être sûres en ce qui concerne les voyelles, qui opposent toujours à la recherche beaucoup de difficultés de toutes sortes. Néanmoins, à travers ces difficultés, il est possible de percevoir que le lapon a fait subir à ses voyelles des changements importants. Pour n'évoquer que le phonétisme de la 1re syllabe des mots, rappelons que ce qui correspond à un *a* du finnois est représenté en lapon par *uo*, *uö*, etc. qui proviennent d'un *$\bar{o}$ fermé plus ou moins long. Quant à *o* du finnois, il a pour équivalent lapon tantôt *oa*, tantôt *uo* selon les cas tandis qu'*u* finnois se retrouve le plus souvent sous les espèces d'un *o* bref. A finnois *ä*, le lapon répond par *a* ou *ie*, à *e* par *ä* ou *â*, selon les thèmes où il figure. Ce même *â* répond à un ancien *i* dans certaines conditions mais dans d'autres conditions l'*i* ancien s'est maintenu.

Si l'on s'arrête un instant sur ces discordances, on s'aperçoit qu'elles sont de deux sortes. Le lapon a profondément modifié le vocalisme dont il avait hérité alors qu'il a conservé bon nombre de phonèmes consonantiques qui ont disparu du finnois. C'est ainsi que le lapon a gardé les affriquées *c* et *č*, maintenu la distinction entre les deux *n* (mouillé et non mouillé), gardé une chuintante *(š)*, de même aussi que les spirantes sonores *γ*, *δ* et qu'il a acquis une spirante dentale sourde. Donc, son consonantisme, sans refléter complètement celui de la langue-mère, est demeuré assez étoffé. Il est vrai que la répartition des phonèmes n'est plus la même. Ainsi, le *č* s'est substitué à l'*ś* mouillé, qui a disparu. Un autre trait de la prononciation d'une partie des dialectes lapons, c'est le nombre important de consonnes douces sourdes mais ce trait n'est pas caractéristique puisque certains dialectes fenniques le possèdent aussi, comme par exemple l'estonien. C'est ici encore la répartition qui est différente.

Les voyelles, profondément remaniées, ne présentent plus l'aspect archaïque de celles du finnois et l'harmonie vocalique n'existe pas. Certains auteurs estiment qu'elle est une acquisition tardive du finnois et qu'avant sa scission d'avec le lapon, le fennique ne la possédait pas non plus. Cette thèse, défendue notamment par le regretté Lauri Kettunen (voir en particulier *Suomen lähisukukielten luonteenomaiset piirteet.* MSFO 119), est insoutenable puisqu'on a tout lieu de supposer que l'harmonie vocalique a déjà caractérisé le finno-ougrien commun. C'est au contraire le lapon qui a perdu l'harmonie vocalique, tout comme l'estonien plus récemment. Ce phénomène s'explique par l'évolution de certaines voyelles claires qui, notamment l'*ä*, ont perdu leur timbre en des positions déterminées (par exemple en fin de mot).

Il est curieux de constater par ailleurs qu'une langue comme le mordve, habituellement considérée par les théoriciens du finnois comme plus éloignée que le lapon, a conservé au contraire un aspect phonique proche du fennique. Ceci est surtout frappant quand on compare les formes mordves non pas à celles du suomi mais à celles d'autres dialectes, du vepse, par exemple. On a alors les équations du type suivant :

fK *koda* « hutte » / mdE *kudo*
fV *käde-* « main » / mdE *ked'*
fL *kudo-* « tisser » / mdE *koda-*
fV *kado-* « se perdre, disparaître » / mdE *kado-*
fK *kando-* « porter » / mdE *kando-*
fV *katš* « odeur de brûlé » / mdM *katšam* « fumée »
fOl *kulge-* « progresser » / mdE *kolǵe-* « avancer »
fL *kündž* « ongle » / mdE *keńᵈže*
fE *mõske-* « laver » / mdE *muśke-*
fV *pizar* « gouttelette de pluie » / mdE *piźe-* « pleuvoir »
fV *sülgi* « salive » / mdE *śelǵe*
fV *suks* « ski » / mdE *soks*
fS *sydän* « cœur » / mdE *śed'ej*, *śed'eŋ*
fS *ui-* « nager » / mdE *uje-*
fS *vie-* « conduire » / mdE *vije-*, etc.

Ces ressemblances, particulièrement frappantes, avec les dialectes orientaux (carélien, olonetsien, ludique et vepse) ainsi, parfois, qu'avec le live, s'expliquent par certains changements intervenus dans le phonétisme mordve et qui sont parallèles à ceux qui se sont produits dans une partie du domaine fennique. C'est ainsi que les anciennes occlusives sourdes intervocaliques *p*, *t*, *k* ont été sonorisées : *t* est devenu *d*, *k* est passé selon les positions à *v* ou *j* et à *g* (après consonnes). Les *s* intervocaliques se sont sonorisés en *z*, etc. D'autre part, les anciennes géminées *pp*, *tt*, *kk* se sont simplifiées en *p*, *t*, *k*. Comme le vocalisme ne s'est pas non plus trop défiguré, il va de soi qu'un mot finnois et un mot mordve présentent assez souvent une ressemblance que le profane même peut déceler, si l'on peut dire à l'œil nu : fS *vala-* « couler (dans un moule) » / mdE *vala-* « id. », fS *vajoa-* « sombrer, couler » / mdE *vaja-* « couler, se noyer », fS *vala* « serment » / mdE *val* « parole », fS *turpa* « museau, gueule » / mdE *turva* « lèvre », fS *tunke-* « enfoncer » / mdE *toŋgo-* « id. » / fS *sulke-* « fermer » (vepse *sulge-*) / mdE *śolgo-* « id. », fS *udar* « pis (de vache ») / mdE *odar* « id. », fS *mete-* « miel » / mdE *ḿed'* « id. », fS *maksa* « foie » / mdE *makso* « id. », etc.

Pourtant, le consonantisme mordve diffère sur un point capital du consonantisme finnois : il ne connaît pas l'alternance consonantique qui se retrouve encore plus développée en lapon, comme nous l'avons dit plus haut. En outre le mordve, à la différence du finnois, ne connaît pas non plus d'opposition quantitative des voyelles. Néanmoins, il observe l'harmonie vocalique. Il n'en demeure pas moins que, pour l'observateur superficiel qui s'en tiendrait aux seules ressemblances phoniques, le mordve apparaît comme étant la langue la plus proche du finnois.

Ce n'est pas tout. Le mordve se distingue parmi toutes les langues finno-ougriennes par la présence d'une conjugaison très complexe. D'une part, les verbes transitifs ont leur paradigme propre, identique, pour ce qui est du présent de l'indicatif, à la conjugaison du prédicat nominal (sujet+attribut nominal). D'autre part, dans la mesure où le verbe est associé à un complément d'objet défini de 3e personne ou à un complément implicite de n'importe quelle personne, il admet des désinences spéciales. En réalité, les choses sont même encore plus complexes. On peut parler, pour être plus précis, de 3 types distincts de conjugaison : 1) celle des verbes intransitifs ou assimilés (ceux qui ont un complément d'objet indéfini de 3e personne), 2) celle des prédicats nominaux conjugués, 3) celle des verbes transitifs ayant pour complément d'objet un objet défini ou implicite.

Cet appareil tripartite est unique en ouralien. Il est au moins en partie d'origine relativement récente. Disons tout de suite qu'il rappelle l'appareil du verbe eskimo ou aléoutien.

L'existence de cette conjugaison, si particulière dans ses formes et dans son principe, isole les dialectes mordves des autres langues finno-ougriennes circonvoisines. Rien de semblable ne se retrouve en effet en tchérémisse. Or les théoriciens font volontiers état de l'hypothèse selon laquelle, après la dislocation du fenno-volgaïque, le mordve et le tchérémisse n'auraient durant quelque temps constitué qu'une seule et même langue. Il faudrait, pour admettre cette hypothèse, supposer que le « volgaïque », cet ancêtre commun du mordve et du tchérémisse, n'aurait pas encore distingué le verbe du nom et n'aurait pas développé ou seulement à peine amorcé la conjugaison. Rien en effet n'est semblable dans la conjugaison tchérémisse.

Si l'on se transporte dans le domaine lexical, le problème des relations entre lapon et finnois apparaît encore plus difficile à résoudre, du moins dans l'état actuel de nos connaissances. Voici pourquoi.

Dans l'étude déjà citée (*Suomalais-ugrilaisen kielen- ja historiantutkimuksen alalta*, p. 41), E. Itkonen a fait mention, à l'appui de sa thèse, de l'existence d'un vocabulaire commun uniquement au lapon et au finnois, vocabulaire qui se serait formé précisément pendant la phase préfennique. Plusieurs des quelques vocables alignés par lui ne répondent pas à cette définition, soit qu'ils ressortissent à une phase plus ancienne, comme par exemple le mot *pyhä* « sacré, saint », le mot *kaari* « arc, courbe », etc. soit qu'ils aient été tout simplement empruntés dans l'un ou l'autre sens. Toutefois, les exemples qu'il a mentionnés, très peu nombreux, ne sont que des échantillons. Un examen plus approfondi des étymologies finnoises que nous connaissons à ce jour décèle moins d'une centaine de vocables susceptibles d'être attribués au préfennique seul. Il s'agit de mots dont on n'a retrouvé encore aucune trace au-delà du préfennique, dans les autres langues finno-ougriennes. Encore faut-il reconnaître qu'une partie de ces étymologies est considérée comme peu sûre. C'est peu si l'on songe aux 2.000 mots finnois passés en lapon et aux 3.000 mots scandinaves qu'on y a repérés.

Une étude comparative sommaire des étymologies ouraliennes ou finno-ougriennes du vocabulaire commun au finnois et au mordve fait ressortir que leur nombre s'élève à plus de 300 unités. En revanche, les étymologies lapones remontant à l'ouralien et qui ne se retrouvent pas en finnois sont de l'ordre de 80 unités. Celles remontant en outre à l'époque finno-ougrienne, non représentées en finnois, sont une soixantaine. Il est donc curieux que l'écart entre les mots propres au préfennique et ceux du fonds ouralien disparus du finnois soit très réduit. Si l'on ajoute la soixantaine de mots hérités du finno-ougrien par le lapon et dont on n'a pu retrouver trace en finnois, on parvient à un total de plus de 150 vocables ouraliens et finno-ougriens qui sont l'héritage propre du lapon par opposition au finnois. Cet héritage dépasse largement le lexique spécifiquement fenno-lapon mis au compte du patrimoine prétendûment préfennique.

Il y a encore autre chose. A considérer de plus près la consistance du lexique finnois proprement dit, tel que notre éminent confrère Lauri Hakulinen l'a rassemblé dans son bel ouvrage déjà si souvent cité (SKRK 3, pp. 251-276), on découvre que les parlers finnois ont apporté lors de leur migration vers la Baltique une terminologie relative à l'agriculture et à l'élevage, dont ils partagent certains éléments avec le mordve et aussi avec le tchérémisse. Ainsi, le verbe qui signifie « moudre du grain » : fS *jauha-* est attesté en mordve et en tchérémisse (md. *jaža-*, tchér. *jaŋgə̂že-*) ; fS *jyvä* « grain » (md. *juv*), *lehmä* « vache » (le mot mordve correspondant *l'išḿe* signifie « cheval »), *lypsä-* « traire » (md. *lovso*, *lovtso* « lait »), fS *huhmar* « mortier » (md. E *tšovar* / tchér. *šuer*, *šuar*), fS *petkel* « pilon » (mdE *p'eťḱel*), fS *kyrsä* « pain sans levain » — (mdE *kše*, *kši* « pain »), fS *olki* « paille » (mdE *olgo*), fS *vehnä* « froment » (mdE *viš́* « épeautre »), fS *vasikka (vasa)* « veau » (mdE *vaz*), fS *ahtera* « stérile (vache) » (mdE *ekšteŕ*, *jakšteŕ*), fS *porsas* « goret » (mdE *pursuz*, etc. / zyr. *porś*, etc.

Cette terminologie révèle que les Finnois, lorsqu'ils se sont établis dans les parages de la Baltique, avaient déjà acquis des notions assez développées d'agriculture et d'élevage. D'autre part, les théoriciens qui ont essayé de déterminer quel avait été leur habitat avant leur pénétration en Finlande s'accordent généralement pour supposer qu'ils avaient d'abord peuplé le pourtour sud et sud-est du Golfe de Finlande. Or il n'y a aucune raison de penser que les Lapons aient jamais mis le pied dans cette dernière région. Il semble même qu'ils se soient cantonnés à une latitude nettement plus élevée. Les documents historiques qui font foi de leur présence les situent autour des lacs Onega et Ladoga d'où ils auraient essaimé vers le nord-ouest, le nord et vers le centre de l'actuelle Finlande. Or la possession en commun d'une même langue ne s'explique plus à partir du moment où l'on a affaire à deux populations de civilisations nettement distinctes. Car si les anciens Finnois ont beaucoup pratiqué la pêche et la chasse, ils n'en vivaient pas exclusivement. Ils avaient des établissements fixes ou relativement sédentaires. Ni leur vêtement, ni leur nourriture, ni bien d'autres aspects de leur vie ne s'identifiaient aux caractères reconnus aux Lapons, à moins d'admettre que ces derniers, réduits à se réfugier dans l'extrême-nord, aient après coup complètement changé leur mode de vie. Ce n'est pas impossible ni absurde en soi, encore faut-il trouver des arguments pour soutenir une pareille hypothèse. Les partisans de la langue commune fenno-lapone ne se sont pas souciés jusqu'à présent d'en fournir.

Dans ces conditions, et jusqu'à ce que de nouvelles preuves soient apportées, nous récusons l'hypothèse d'un préfennique qui aurait donné naissance au lapon commun d'une part et d'autre part au fennique ou finnois commun.

Reste alors à expliquer les relations intimes entretenues par le finnois et le lapon. Elles proviennent sans doute d'une longue contiguïté dans l'espace, de relations commerciales et autres, très actives, qui ont facilité la pénétration en lapon d'une énorme quantité d'éléments en provenance des différents parlers finnois. Les exploiteurs de langue finnoise qui ont vécu durant des siècles de la substance même des Lapons leur ont fourni non seulement des éléments lexicaux mais aussi des schémas d'expression, des locutions et des clichés de toutes sortes, des éléments morphologiques, etc. Cette infiltration finnoise en lapon, concurrencée et complétée d'autre part bientôt par une infiltration nordique, a d'autant plus facilement remodelé la langue que celle-ci s'est toujours trouvée par rapport au finnois, comme par rapport au nordique, dans un état manifeste d'infériorité. Les parlers lapons n'ont pas cessé de se détériorer au cours des siècles et l'on sait que les langues qui se trouvent dans une semblable condition sont des plus vulnérables. Elles subissent toutes les actions venues de l'extérieur sans pouvoir le plus souvent y opposer de résistance. C'est bien ce qui apparaît à quiconque essaie de pénétrer dans un texte lapon. Quel que soit le dialecte choisi, on bute partout sur des éléments étrangers, des constructions étrangères qu'il est le plus souvent aisé de reconnaître comme finnoises, nordiques ou russes (pour ce qui est des parlers de Kola). Les affinités prétendues entre le finnois et le lapon ne sont donc le plus souvent que le résultat d'un long travail de décalque. Le lapon, langue finno-ougrienne, a été finnisé aussi profondément que l'anglais, langue germanique, a été francisé. On sait jusqu'où de tels effets peuvent s'étendre.

LES VOISINAGES

Il a été depuis longtemps reconnu que les Finno-ougriens, et même peut-être les Ouraliens, ont eu comme voisins des peuples de langues indo-européennes. La question a été débattue de savoir si certains vocables qui remontent au finno-ougrien commun ont pu être empruntés à l'indo-européen à une époque où celui-ci n'avait pas encore commencé à se disloquer. De même, le finno-ougrien a possédé un certain nombre d'autres vocables qui se présentent sous un aspect « indo-iranien ». Parmi ces emprunts, il en est qui se retrouvent dans la plupart des langues du groupe. Ainsi le nom de nombre fS *sata* « cent » a pour équivalent en hongrois le mot *száz* et il est attesté dans toutes les langues finno-ougriennes sans aucune exception. Il en est de même de fS *sarvi* « corne » (hgr. *szarv*), etc. Certains de ces emprunts donnent à réfléchir. C'est le cas du mot désignant la « corne » (qui répond en dernière analyse à notre propre mot *corne*, du latin *cornu*!). Qu'un pareil terme ait été emprunté tendrait à prouver que les Indo-iraniens qui se trouvaient en contact avec les Finno-ougriens utilisaient ou entretenaient des bêtes à cornes. Ils auraient donc connu un commencement d'élevage et auraient transmis leurs notions à leurs voisins finno-ougriens.

Plus intéressants sont, du point de vue de l'histoire des parlers fenniques, ceux de ces emprunts qui ne se retrouvent pas en dehors d'un cercle plus étroit, celui des langues fenno-volgaïques ou, à la rigueur, fenno-permiennes. On relève ainsi les termes suivants :

fS *jyvä* « grain » / md. *juv* « bale » / votk *ju* « grain »
fS *pelkel* « pilon » / md. *p'eťkeľ*
fS *porsas* « goret » / md. *pursuz*, etc. / votk *parś* / zyr *porś*
fS *siikanen* « barbe d'épi » / mdE *śuva* « bale » / tchér. *šu* « id. ».
fS *udar* « pis » / md. *odar* / tchér *wodar*
fS *varsa* « poulain » / mdE *v'iŕez* « agneau »
fS *vasikka* « veau » / mdE *vaz* « id. »
fS *vasara* « marteau » / *użeŕ*, *użeŕe*, *vižiŕ* « cognée » (lpN *væččer* « marteau »).

Il est symptomatique de constater que plusieurs de ces termes se rapportent à l'agriculture ou à l'élevage et que presque tous demeurent étrangers au lapon tel qu'il nous est attesté.

Joints à ceux de l'archéologie, ces témoignages lexicaux nous rappellent que les ancêtres des Finnois, alors qu'ils vivaient encore dans la plaine russe entre le Valdaï et la vallée de la Haute et Moyenne Volga, voisinaient avec des populations de langue iranienne qui pratiquaient déjà l'élevage et la culture de la terre tout en ayant gardé une certaine mobilité. Ces Iraniens étaient des pasteurs qui se servaient du cheval et paissaient des troupeaux en même temps qu'ils faisaient pousser des céréales. C'est ce qui semblerait confirmé si le nom de l'orge en finnois *(ohra)* s'avérait être d'origine iranienne comme le soutiennent plusieurs auteurs.

Une fois parvenus dans les parages de la Baltique, les Fenniques, ou Protofenniques si l'on préfère, sont entrés en contact avec les ancêtres de ceux qu'on a coutume d'appeler les Baltes, c'est-à-dire les ancêtres des actuels Lettons et Lituaniens. Ces premiers contacts se situeraient vers les 500 ans avant notre ère si l'on en croit l'opinion la plus communément exprimée. Mais plusieurs archéologues ont estimé ces dernières années devoir repousser cette date dans un passé plus ancien. Quoi qu'il en soit, ces contacts ont dû être très étroits et se sont prolongés durant une période étendue car le reliquat des mots empruntés par le fennique au balte est très considérable, tant par son ampleur que par l'importance des termes qui se sont introduits en fennique.

Les emprunts baltes.

Et d'abord, pour la première fois, les Fenniques se sont trouvés en présence de la mer, même si la Baltique, surtout à la hauteur du Golfe de Finlande, n'en impose pas trop par ses dimensions. Aussi était-il naturel d'emprunter aux Baltes le terme s'appliquant à cette nouvelle notion : *meri* qui correspond étymologiquement au français *mer* et par conséquent au latin *mare* (vhaut-allemand *mari*). Ils ont rencontré dans ce nouveau pays une faune également nouvelle : *hirvi* « cerf », *hanhi* « oie » (différente de l'oie migratrice), *rastas* « merle », *käärme* « serpent », *ankerias* « anguille », *lohi* « saumon ». La faune locale nouvelle exigeant des procédés de chasse ou de pêche également nouveaux, les Fenniques les ont empruntés aux Baltes avec leurs dénominations respectives : piège à collet *(ansa)*, barrage à poissons *(toe)*, etc.

La technique des sédentaires qu'étaient les Baltes a été naturellement transmise par eux à leurs voisins : *kirves* « hache », *niisi* « lice (de métier à tisser) », *ratas* « roue », *reki* « traîneau », *seinä* « mur, paroi », *orsi* « poutre », *silta* « pont (de grange), passerelle », *tarha* « enclos », etc. L'agriculture des Baltes était probablement plus perfectionnée que celle des Fenniques si l'on en juge par les emprunts suivants : *vako* « sillon », *äes* « herse » (mais il y a aussi le terme proprement finnois *karhi* qui désignait probablement un modèle plus rudimentaire), *herne* « pois », *siemen* « semence », *paimen* « pâtre », *heinä* « foin », etc. Les termes d'acception sociale sont plus difficiles à interpréter. Le mot *heimo* « tribu », le mot *kaima* « compagnon, pays » ; *morsian* « fiancée », *sisar* « sœur », *tytär* « fille », etc. ont pu se substituer à des vocables autochtones comme cela arrive souvent en pareille occurrence. C'est d'autant plus vraisemblable que d'autres emprunts ont été contractés par le fennique, dont l'utilité ne se faisait certainement pas sentir : *kaula* « cou » (pour *sepä* « id. »), *hammas* « dent » (pour *pii*), etc. Ces emprunts superflus se retrouvent dans toutes les langues à toutes les époques. Ils dénotent que l'usage balte a simplement déteint sur le parler fennique dans des circonstances et pour des raisons qu'il nous est aujourd'hui malaisé de saisir.

Ce qui est important dans ces emprunts, c'est d'une part qu'ils sont presque unilatéraux. Il semble bien, en effet, que les Baltes aient reçu un très petit nombre de mots finnois. On en a conclu peut-être un peu vite que c'est la différence de niveau de civilisation qui en est cause. Mais à y regarder de plus près, il ne paraît pas que les Baltes aient à ce point dominé les Finnois de leur supériorité et l'absence presque totale de mots finnois d'emprunt en balte peut aussi bien s'expliquer par une tout autre raison. Il se peut que les parlers baltes qui se trouvaient au contact des parlers finnois ou même enclavés dans l'aire des parlers finnois se soient éteints à mesure que ceux qui s'en servaient ont été absorbés par la masse finnoise. D'autre part, les emprunts baltes du finnois portent témoignage d'un état phonétique plus ancien que celui attesté historiquement. C'est ainsi que ces termes sont passés en finnois avant que le *t* ne se soit mué en *s* devant *i (silta* = lituanien *tìltas*, *morsian* « fiancée » = lit. *martì)* et que les chuintantes *š* et *ž* soient de leur côté devenues *h* : fS *halla* « givre » (<lit. *šalnà*), *heimo* « tribu » (lit. *šeimà*), *heinä* « foin » (lit. *šiẽnas*), *hihna* « courroie » (lit. *šikšnà*), etc.

D'autres particularités attirent l'attention sur ces mots baltes passés en finnois. Dans la plus grande partie du domaine finnois, les occlusives sonores baltes ont été remplacées le plus souvent par les sourdes correspondantes :

fS *kelta* « couleur jaune » / lett. *geltà*
pahla « gaule, canne à pêche » / lett. *baslỹs*
tuulas « foëne » / lit. *dū̃lis*
vako « sillon » / lit. *vagà* (mais fV *vago*)
routa « état gelé » / lit. *grúodas*
tapa « coutume » / vlit. *dabà*, etc.

Parallèlement, les occlusives sourdes ont été géminées :

laukki « pelote » (de cheval) / lit. *laũkis*
rattaa- « roue » / lit. *rãtas*
aitta « remise, magasin » / balte **aita-*.

Ce processus, dans le détail duquel il serait oiseux d'entrer ici a eu pour effet : 1) d'assourdir les consonnes sonores du balte, 2) d'en renforcer les occlusives sourdes. Nous verrons plus loin que les emprunts au germanique ont subi la même mutation.

Un autre phénomène, général celui-là dans la plupart des langues finno-ougriennes, est la simplification des initiales consonantiques complexes. En effet, le finno-ougrien commun, tout comme son ancêtre l'ouralien, ne pouvait commencer un mot par plus d'une consonne. Cet état de choses est d'ailleurs très fréquent et caractérise de nombreuses langues. Il est constant que certains parlers répugnent à prononcer plus d'une consonne en cette position. Cette tendance s'est manifestée par exemple plus d'une fois au cours de l'histoire d'une langue comme le français. Pour cette raison, les mots baltes qui ont pénétré en finnois ont perdu une de leurs consonnes initiales, parfois deux :

fS *reuna* « bord » / lit. *briaunà*
rastas « merle » / lit. *strãzdas*
seiväs « pieu, piquet » / lit. *stíebas*, etc.

Par ailleurs, l'irruption d'un aussi grand nombre de vocables de structure étrangère a eu des répercussions sur la consistance et le développement du phonétisme finnois. C'est en ce qui concerne les voyelles que ceci apparaît surtout. Les langues baltes possédaient un nombre appréciable de diphtongues en *-i* et en *-u* qu'elles avaient héritées de l'indo-européen. Ces diphtongues ont été admises assez souvent telles quelles par le finnois :

fS *kaima* « compère » / lit. *káimas*
heimo « tribu » / lit. *šeimà*
fS *kauha* « louche, pochon » / lit. *káušas*
leuka « menton » / lit. *liaũkos (iau <*eu)*, etc.

Cette constatation est d'autant plus intéressante que la question se pose de savoir si le fennique ou finnois commun connaissait déjà des diphtongues avant ses contacts avec le balte. Les faits interprétés dans ce sens ne sont pas clairs (cp. E. Itkonen, FUF XIX, pp. 41 et suiv.). Rien ne nous autorise par ailleurs à restituer des diphtongues pour le finno-ougrien commun. Ceci n'empêche que tous les parlers finnois attestés historiquement possèdent des diphtongues dont une part importante est manifestement d'origine récente. C'est ainsi que les groupes consonantiques tels que *-kl-*, *-pl-*, *-kr-*, *-pr-*, *-tr-*, ont fourni dans une partie du domaine une série de diphtongues qui n'existaient pas en fennique commun.

Le balte possédait d'autre part des voyelles longues qui sont venues augmenter le stock de celles du fennique, lesquelles étaient les suivantes : *ō*, *ū*, *ē*, *ī*. Or le balte possédait lui aussi *ō*, *ū*, *ē*, *ī*. On a ainsi :

fS *vuola* « peau de bête » / lit. *óda*
tuulas « harpon, foëne » / lit. *dū̃lia*
siemen « graine » (fE *seeme*) / lit. *sémens* (pl.)
niisi (*niile-*) « lice » / lit. *nýtis*.

D'une manière plus générale, au moment où les plus anciens de ces emprunts ont été contractés, le phonétisme balte ne présentait guère de traits offrant de difficultés d'adaptation ou de substitution de la part du fennique. La principale difficulté était celle qu'opposait la prononciation des consonnes sonores, occlusives ou spirantes, sifflantes et chuintantes. Le fennique ne connaissait en fait de sonores que les spirantes sonores β, γ, δ et la nasale gutturale η, il a donc désonorisé les *z* et *ž* qu'il a traités comme les *s* et les *š*.

Plusieurs des plus anciens emprunts baltes du fennique se retrouvent en lapon. C'est le cas de mots tels que *heinä* « foin » ∾ lpL *suoiˈnē*, *halla* « givre » ∾ lpL *suolnē* « rosée », *lohi* « saumon » ∾ lpN *luossâ*, fS *hihna* « courroie, lanière » ∾ lpL *sasne* « peau de chamois, peau mince », *hirvi* « cerf » ∾ lpN *sârvâ*, etc. La forme même de ces mots lapons révèle qu'ils sont parvenus dans cette langue avant la mutation des *š* en *s*, avant celle aussi d'*a* en *uo* et d'*i* en *â* (en lpN). Les théoriciens, le grand Vilhelm Thomsen *(Beröringer mellem de finske og de baltiske (litauisk-lettiske) Sprog)* tout comme l'éminent Jalo Kalima *(Itämerensuomalaisten kielten balttilaiset lainasanat)* ont enseigné que ces mots baltes avaient atteint le lapon à travers le finnois. Ils ont en effet estimé que les Baltes n'avaient pu entretenir de relations avec les Finnois qu'au sud du Golfe de Finlande alors que les Lapons n'auraient jamais poussé jusque dans ces parages et seraient toujours demeurés dans la péninsule finlandaise. Ce serait donc par l'entremise du finnois que le lapon aurait pris possession de ces vocables et cela à une époque où ils présentaient encore un caractère très archaïque. Toutefois, les Lapons et les Fenniques auraient déjà parlé des langues différenciées. E. Itkonen se représente à cet égard qu'il aurait existé une sorte de symbiose entre ces deux populations. Les Lapons, originellement situés entre le Ladoga et l'Onega, peut-être aussi au sud de ces parages, auraient fourni les Fenniques des produits de leur chasse et de leur pêche en échange des denrées ou articles fabriqués qui leur manquaient (*Fenno-ugrica MSFO* 145, pp. 42 et suiv.) Ils seraient tombés pour ainsi dire sous la domination des Fenniques, plus particulièrement de ceux d'entre eux établis dans le voisinage de la région habitée par les Lapons. On aurait eu affaire à une sorte de protectorat finnois sur les Lapons. Il reste alors à expliquer comment le lapon a pu se disloquer en tant de variétés dialectales différentes, si distinctes les unes des autres que la compréhension est depuis longtemps impossible entre les clans parlant des dialectes différents. Et puis on se représente mal que les parlers lapons aient pu s'éloigner autant du prototype préfennique dont ils dériveraient, s'il y avait eu une symbiose de ce genre.

Pour en revenir aux emprunts baltes du fennique, une dernière observation s'impose. La plupart des termes empruntés étaient, comme il est naturel, des substantifs, plus rarement des adjectifs et très rarement des verbes. Or le balte, en tant que langue indo-européenne de type archaïque, disposait d'une déclinaison passablement compliquée, surtout pour des Finno-ougriens habitués à se servir de systèmes de suffixation relativement simples. Ces substantifs ou adjectifs ont d'ailleurs été admis soit à la forme du nominatif singulier soit à d'autres formes de la déclinaison, selon les cas, sans qu'on ait pu jusqu'ici expliquer ces variations. Elles peuvent provenir des conditions où s'est effectué l'emprunt. Comme mon regretté maître hongrois Jean Melich l'avait signalé en son temps, les sujets bilingues empruntent les noms à la forme du nominatif singulier, ceux qui ne savent pas ou savent trop mal la langue étrangère se contentent d'admettre les mots sous la forme où ils parviennent à les saisir. C'est ce qui rend compte des nombreuses anomalies constatées dans la forme des vocables empruntés par rapport aux originaux dont ils proviennent. Comme on le sait, nombre de noms indo-européens avaient pour marque du nominatif singulier un *-s* final. Cet *-s* se retrouve à la fin de nombreux emprunts baltes du finnois :

fS *hammas* « dent » / lit *žam̃bas* « dent de rateau »
rastas « merle » / lit *strãzdas*
ratas « roue » / lit *rãtas*, etc.

mais il est curieux de constater que les mots, aujourd'hui attestés en lituanien avec une finale en *-is* ou *-ys*, ne sont pas passés en fennique sous cette forme mais ont perdu leur *-s*, comme par exemple *lohi* « saumon » / lit *lãšis*, *käärme* « serpent » / lit. *kirmìs*, ou changé de voyelle comme *kirves* / lit *kir̃vis* « hache, cognée », etc. Des formes en *-is* n'apparaissent guère que dialectalement et encore sont-elles assez rares. Le fennique, et même le protofennique, connaissait des finales en *-s*, notamment dans des mots d'emprunt anciens à l'indo-iranien (*porsas* « goret », *marras* « mort, présage de mort, chair mortifiée, etc. », qui répond au latin *mortuus* et à notre *mort*), etc. A-t-il par ailleurs existé une suffixation dérivative ancienne autochtone en *-s*? C'est ce qu'il est encore très difficile d'élucider. De toute façon, les emprunts d'origine balte ont contribué pour une bonne part à multiplier les mots affectés de cette finale. Les emprunts germaniques ont, par la suite, augmenté considérablement le nombre des mots en *-s* et ceci pour la même raison, puisque le germanique est une langue indo-européenne.

Les emprunts germaniques.

L'apport étranger le plus compact et le plus massif a sans aucun doute été fourni par le germanique. Les plus anciens de ces emprunts portent un vêtement très archaïque. Au point même que certains d'entre eux ont conservé un aspect que les mots les plus anciennement attestés dans les langues germaniques avaient déjà perdu. C'est ainsi que les substantifs ou adjectifs construits sur des thèmes en *-a* présentent encore la voyelle thématique alors qu'elle avait disparu du gotique et ils ont perpétué sous la forme d'un *s* final le **-z* issu d'un ancien *-s* indo-européen. On a ainsi : *kuningas* « roi » / visl. *konungr*, *rengas* « anneau » (visl. *hringr*), *ruhtinas* « prince » / visl. *drottr* « chef, roi », etc. Ces formes, avec bien d'autres, remontent manifestement à une époque où le germanique possédait encore des mots plus corpulents. C'est ce qui a incité plusieurs théoriciens à se demander si certains au moins de ces termes ne proviendraient pas d'une couche très archaïque du germanique commun, antérieure même à la fameuse « mutation consonantique ». Des mots comme *kana* « poule » (originellement « coq ») et *kaura* « avoine » supposeraient selon eux un état de langue où le **k-* indo-européen n'était pas encore passé à *χ-* ou *h-* en germanique. Mais qui ne voit que le *k* peut avoir été substitué à un *χ-* ou *h-* du germanique? Nous sommes quotidiennement témoins qu'une spirante gutturale sourde comme celle du russe ou celle de l'allemand se trouve rendue par un *k-* en français par exemple. L'auteur de ces lignes se rappelle que sa propre mère, qui avait appris à parler le grec moderne spontanément dans le Proche-Orient, prononçait systématiquement un *k* à la place du *χi* grec. Rapporté au finnois, cela revient à dire que ce dernier n'avait pas encore acquis de laryngale *h* par suite du changement d'*š* en *h*. Or on sait que le changement en question s'est produit seulement après l'admission des mots baltes les plus anciens. C'est après l'introduction des mots baltes et celle des plus anciens mots germaniques que s'est opéré le passage d'*š* à *h*.

A cette époque, le germanique septentrional possédait encore *j-* initial *(juusto* « fromage » ∾ visl. *ostr*) et le *-z-* n'était pas encore rhotacisé : *keihäs* « javelot » ∾ visl. *geirr* (mais gallo-latin *gaesum*). Ce même terme est passé à nouveau en finnois à une date postérieure, bien qu'encore très ancienne, sous les espèces de *kaira* (qui a acquis l'acception de « coin », etc.). Ce dernier mot suppose un prototype germanique dans lequel le *-z-* était déjà devenu un *R* que les germanistes croient devoir différencier de l'*r* étymologique par une graphie répondant au caractère runique particulier qui le signalait à la différence de l'ancien *r*.

C'est ici encore Wilhelm Thomsen (*Den gotiske Sprogklasses Indflydelse paa den finske*, 1869, traduit l'année suivante en allemand par Eduard Sievers : *Über den Einfluss der germanischen Sprachen auf die finnisch-lappischen*, 1870) qui a jeté les fondements de l'étude de ces emprunts, mais cette étude a pris ensuite d'énormes proportions et a donné lieu à la publication de toute une littérature où se sont plus particulièrement distingués par leurs travaux E. N. Setälä et Bj. Collinder.

Le problème qui s'est posé à tous ces chercheurs était complexe. Il s'agissait d'abord de reconstruire les prototypes des vocables germaniques empruntés par le finnois, puis de déterminer la variante ou les variantes germaniques d'où ils étaient issus et enfin d'examiner les altérations qu'ils avaient subies pour être accommodés au système phonique du finnois comme aussi pour être introduits dans son système grammatical. Enfin, il était intéressant de savoir où et comment ces mots étaient parvenus en finnois et avaient pu s'y installer.

Comme nous venons de le dire ci-dessus, il est tout de suite apparu que bien des emprunts en question provenaient d'une forme ancienne du germanique. Mais laquelle? On a aussitôt songé au gotique. Un mot comme *paita* « chemise » s'offrait à cette comparaison, de même que fS *akana* « bale, glume » / got. *ahana* ou *sairas* « malade » / got. *sair* « douleur, mal », fS *neula*, fK *nekla* ∾ got. *nêþla* « aiguille, épingle » (cp. vha *nadila* > allemand *Nadel*, anglais *needle*, etc.). Ce dernier mot est particulièrement typique à cet égard par la présence de l'*ē* long très caractéristique du gotique, confirmé par la forme carélienne dialectale en *niekla*, qui semble bien remonter à un ancien **nēkla* où *k* s'est substitué au *þ* du gotique. Pourtant, tout n'est pas clair dans ces emprunts anciens. C'est ainsi qu'à première vue, *miekka* « épée » se détache par son aspect « gotique ». On trouve en effet dans le texte de Wulffila un accusatif *meki* qui suppose un nominatif singulier **mekeis* alors que la forme du mot finnois remonte à un ancien **mēkja*. Mais le vieil islandais présente un *mækir* « gladius » qui est reflété en norvégien moderne par *mækje*, *mækja* « glaïeul » et il y a lieu de se demander si ce n'est pas finalement un mot nordique qui est passé en finnois sous les espèces de *miekka*. Quoiqu'il en soit, il est indubitable que nous avons affaire à des vocables de structure morphonologique très archaïque, si nombreuses que puissent être les variations qui posent de petits problèmes de détail. Ainsi, le mot *rengas* « anneau » correspond évidemment au vocable germanique attesté en vieil-islandais sous les espèces de *hringr* (allemand Ring, anglais ring, etc.). On sait qu'un ancien *e* est passé à *i* en germanique devant *-ng*. Comment alors rendre compte de l'*e* du mot finnois? Faut-il y voir la conservation du timbre ancien de la voyelle? La confrontation avec l'emprunt correspondant du lapon : lpN *riegges* « anneau » y inciterait, même en admettant que le mot lapon n'ait pas été emprunté directement au germanique mais au finnois. A date plus récente, le même mot, sous sa forme suédoise *ring* a donné en finnois *rinki* « cercle, rond » mais il ne faut pas y voir une confirmation absolue de l'ancienneté de l'*e* de *rengas* car à côté on relève aussi *renki* « seau » qui correspond au suédois dialectal *ringa* « seau à traire », etc. dont l'équivalent néonorvégien est *ringja*. Or il semble difficile de faire remonter ce dernier emprunt à une date très ancienne.

Nombre de mots ont été empruntés à la forme du nominatif singulier : *varas* « voleur » (thème *varkaa-*) (gotique *vargs*, visl. *vargr*), *kaunis* « beau » (gotique *skauns*, allemand *schön*), etc. D'autres au contraire figurent sous une forme qui remonte à un ancien accusatif : *leipä* « pain » (got. *hlaifs*, visl. *hleifr*), etc. En général, comme il advient le plus souvent en matière d'emprunt, ce sont les substantifs et les adjectifs qui ont surtout été admis alors que les verbes pénétrés en finnois sont en très petit nombre : *valitse-* « choisir » (got. *viljan*, visl. *velja*), *nautti-* « jouir » (visl. *neyta*), etc.

Naturellement, de nombreux emprunts apparaissent superflus. Le finnois possédait et possède toujours un mot désignant l'épaule : *olka* (hgr. *váll*) mais il a pris au germanique *hartia* (visl. *herder*). De même *rauma* « flot, courant » (vsuédois *straumr*) est venu concurrencer *virta* tandis que *ihra* « lard gras, graisse » venait se placer aux côtés de *silava*, *rasva* et même *kuu* (hgr. *háj*), etc. Dans certains cas, l'emprunt s'explique parce qu'il a dû s'agir d'une variété d'objets ou d'instruments différents de celle connue auparavant : *neula* « aiguille », à côté d'*äimä* (l'ancienne aiguille en os), *lattia* « parquet, sol » au lieu de *permanto* « plancher ». On sait que des différences de technique sont à l'origine de pareils emprunts. Ce qui frappe, c'est le nombre important de vocables d'origine germanique admis à date ancienne en finnois, c'est-à-dire, pour être plus précis, en fennique ou finnois commun car les emprunts vraiment anciens se retrouvent dans tous les parlers fenniques, même les plus orientaux.

Pour cette raison, il a été supposé que les plus anciens contacts entre Fenniques et Germains avaient eu lieu au sud du Golfe de Finlande, à une époque où les tribus fenniques se trouvaient encore rassemblées sur un territoire relativement peu étendu. Ces contacts dateraient du dernier siècle avant notre ère.

Ce qui irait à l'encontre d'une pareille hypothèse, c'est que le lapon a reçu de son côté bon nombre de mots germaniques d'aspect également archaïque et dont on ne pense pas qu'ils aient tous été transmis par l'intermédiaire du fennique. Ce qui est sûr, c'est qu'au moment où ces mots germaniques ont pénétré en fennique, le changement de *t* en *s* devant *i* avait déjà perdu son efficacité. On relève ainsi *tauti* « maladie » (visl. *dauði* « mort »), *kaltio* « source » (visl. *kelda*) qui remonte à un ancien **kalðiō(n)*, etc. Par contre, le fennique n'avait pas encore changé *š* en *h* car, comme nous l'avons vu, il a d'abord éprouvé quelques difficultés à rendre l'*h* ou le χ du germanique : *kallio* « rocher, roche » (vnorv. *hella* « pierre, roche, dalle »), fK *kakra*, fS *kaura* « avoine » (vsuéd. *hagre*, allemand *Hafer*), *kauris* « chèvre », fK *kapris*, *kabris* (visl. *hafr*), etc. Par la suite, mais sans qu'on sache déterminer vers quelle date, dès que le fennique a pu disposer d'un *h* issu de *š*, il a naturellement conservé ce phonème dans les mots d'emprunt : *hurskas* « pieux » (visl. *horskr*), *hamara* « dos de hache, de cognée » (visl. *hamarr*), etc.

Le phonétisme germanique était très différent de celui du fennique. Le germanique ancien possédait en effet les phonèmes suivants :

Consonnes : *p*ʻ, *t*ʻ, *k*ʻ (aspirés)
b, *d*, *g*
f, *þ*, *χ*, *h* (<*χ*)
β, *δ*, *γ*
s
z (en gotique)
l, *r* (*R* en nordique commun)
m, *n*, *η*
w, *j*

Voyelles : *a*, *o*, *ǫ* (*o* ouvert), *u*
ä, *e*, *i*
(plus tard en nordique *ö* et *ü*).

Il y avait des voyelles longues : *ā*, *ō*, *ū*, *ē*, *ī* et des diphtongues : *ai*, *au*, *iu*, *eo*, Par la suite plusieurs autres diphtongues devaient voir le jour (*ei*, *ey*, etc.).

Comme on le voit, une partie seulement de ces phonèmes trouvaient des équivalents approximatifs en finnois, notamment les spirantes sonores, les liquides et les nasales. Par contre, les occlusives aspirées détonnaient par rapport aux occlusives très faibles du fennique et les spirantes sourdes n'y correspondaient à rien. Aussi ont-elles opposé de la difficulté dans les mots qui les comportaient. C'est ainsi que þ a été remplacé par *t* à l'initiale : *tarve* « besoin » à (thème *tarpee-*) (got. *þaurban* « avoir besoin »), *tuhto* « banc de nage » (visl. *þopta*) ou par *h-* : *huopa* « feutre » (visl. *þófi*). Ce même *h* a servi à remplacer l'*f* dans *huotra* « fourreau, gaine » (visl. *fóþr*) alors que *p* s'est substitué à ce même *f* dans *pelto* « champ » (cp. allemand Feld) ou dans *porstua* (vsuéd *forstuva*) « vestibule, entrée », etc. Plus tard, le *f* nordique a tout simplement été remplacé par un *v* : *vanki* « prisonnier, captif » (suédois *fånge*), etc.

Mais plus que ces détails qui ressortissent à une étude spéciale, toute consacrée au problème des emprunts du fennique au germanique, ce qui doit retenir ici l'attention, c'est l'effet produit par l'introduction de ces vocables sur l'économie du phonétisme fennique. Comme il fallait s'y attendre, les initiales consonantiques ont été simplifiées. Des groupes initiaux germaniques, seul le dernier élément a été conservé : *ruhtinas* « prince » (visl. *dróttinn*, vhall *truhtin*), *rauma* « courant » (visl. *straumr*), *kari* « récif », (visl. *sker*, suéd. *skär*), *kuuro* « averse, giboulée » (got. *skura*, cp. all. *Schauer*), *kuva* « image » (got. *skuggwa* « miroir », suéd. *skugga*

« ombre »), etc. Pour ce qui est des finales, elles ne faisaient guère difficulté dans les emprunts les plus anciens, le *-s* du gotique s'assimilait de lui-même aux finales en *-s* qui existaient déjà auparavant. Il en était de même des mots terminés en *-l*, *-r*, *-n* ou *-t*. Comme le germanique n'avait plus de mots en *-m*, ceux-ci étant passés parmi les vocables finissant en *-n*, il n'y avait pas non plus d'obstacle à leur admission en finnois où *-m* était également passé à *-n* à une époque certainement très reculée.

Ce qui est curieux, c'est que le phonétisme germanique n'ait pas déteint sur celui des parlers fenniques. Ceux-ci n'ont pas acquis à son contact d'occlusives sonores ni même de spirantes sourdes et, dans la mesure où certains dialectes ont par la suite développé ces phonèmes, c'est en dehors de toute action de la part du germanique. Aussi est-il hasardeux de vouloir attribuer à l'action de la loi de Verner en germanique le développement de l'alternance consonantique en fennique comme en lapon. A cet égard, bien qu'il semble que le germanique commun ait connu une répartition syllabique analogue à celle en vigueur en finnois, la consonne interne du mot ressortissant à la syllabe suivante : visl : *geta* « obtenir », *taka* « prendre », etc. s'étant prononcés respectivement *ge(ta* et *ta(ka*, etc., il semble aussi que le nordique n'ait pas tardé à changer de syllabation, rattachant à la première syllabe la consonne intérieure intervocalique : *get(a*, *tak(a*, etc. répartition qui ne s'accorde plus du tout avec celle des parlers fenniques et plus généralement des parlers finno-ougriens ou ouraliens (ou même romans). Enfin, la position de l'accent dynamique était foncièrement la même dans les deux langues : l'accent principal portait sur la première syllabe du mot et cette règle ne devait guère connaître d'exception en germanique ancien. De ce point de vue, le passage d'un mot germanique en fennique n'entraînait aucun changement dans son équilibre accentuel.

Ainsi donc, l'impact des nombreux emprunts germaniques contractés par le fennique n'a eu pratiquement aucun effet sur son phonétisme. C'est ce qui exclut l'hypothèse d'un bilinguisme très étendu. Les Germains avec lesquels les anciens Finnois se sont trouvés en contact devaient être peu nombreux et furent vite assimilés. C'est ce qui explique l'impossibilité où l'on s'est trouvé de repérer des traces de dialectes germaniques qui auraient survécu à date historique. Les parlers suédois actuels de Finlande ont été apportés dans le pays par des colons venus s'établir postérieurement à la conquête suédoise, c'est-à-dire au plus tôt vers le début du XIIIe siècle.

Il reste à savoir dans quelle mesure le germanique, après le balte, a pu influencer d'autres éléments de la structure du fennique.

Il semble, naturellement sans qu'il soit possible désormais d'en administrer la preuve, faute de témoignages documentaires, que c'est la forme interne de la langue qui ait été le plus profondément affectée par l'action du germanique. On serait tenté d'admettre que la conjugaison du verbe fennique a été remodelée d'après celle des langues germaniques et qu'il en a été de même de la phrase tout entière. L'étagement des temps verbaux et l'articulation de la phrase, avec des relatifs et des éléments conjonctifs de subordination, se répondent de part et d'autre dès les plus anciens textes connus du finnois. Mais comme ces textes sont du XVIe siècle, même s'ils reflètent un usage installé déjà depuis plus longtemps, il se peut que cette imitation de la conjugaison nordique et de la phrase se soit réalisée seulement après la conquête suédoise. Toutefois, une pareille hypothèse situerait le processus en question à date trop tardive car la conjugaison est partout la même dans l'étendue entière des parlers fenniques. On la retrouve en vepse où l'influence du russe a tout juste amené la suppression de l'auxiliaire « être » au parfait indéfini alors qu'il s'est, par force, maintenu au plus-que-parfait. La conjugaison était donc toute formée avant la dispersion des dialectes, donc à l'époque fennique ou finnoise commune. La même démonstration vaut pour la phrase complexe.

Mais si la conjugaison était déjà constituée en fennique avant la différenciation des dialectes, elle ne doit pas pour autant être considérée comme ayant même origine que la conjugaison lapone, laquelle procède d'une construction nettement distincte. En effet, bien qu'elle paraisse, elle aussi, avoir reflété plus ou moins la conjugaison nordique, il n'en demeure pas moins que les éléments dont elle s'est servie pour y parvenir ne sont pas les mêmes que ceux qui ont été utilisés par les Finnois. Les temps composés du fennique remontent à une périphrase obtenue par l'association du verbe *olla* « être » et du participe passé actif en *-nut/-nyt* ou du participe passé passif en *-ttu/-tty*, *-tu/-ty*, alors que les temps composés correspondants du lapon ont été édifiés en associant le verbe *læt* « être » et les participes en *-m* dont le destin a été tout autre en fennique. Comme on le voit, nous sommes ici de nouveau en présence d'une divergence notable entre le fennique et le lapon, si grande qu'ait pu être l'action exercée par le premier sur le dernier.

Si l'on étend la comparaison aux autres langues finno-ougriennes, on découvre que les temps composés que certaines de celles-ci connaissent, notamment le mordve, le tchérémisse et le hongrois, sont d'une facture totalement différente et ont donc une autre origine. C'est ainsi qu'en hongrois, où les textes de la langue des XIVe et XVe siècles abondent en formes composées de la conjugaison, celles-ci sont obtenues par combinaison du verbe conjugué et d'une forme invariable du verbe auxiliaire « être » (_volt_ « fut », _volna_ « serait ») ce qui répond à un schéma qui n'a rien de commun avec les temps composés fenniques ou même lapons.

Les emprunts russes.

A une date beaucoup plus récente, le fennique a admis un certain nombre de mots qui, par leur forme, semblent avoir été empruntés à des parlers vieux-russes. Dans la mesure où ils présentent un faciès archaïque, ces mots ne sont, de loin, ni aussi nombreux que les mots venus du balte et du germanique ni aussi importants par leur signification. Ce sont des termes d'agriculture, de métier, particulièrement en ce qui concerne le tissage et le filage et, surtout, ce sont des termes se rapportant au christianisme.

La forme de plusieurs de ces emprunts pose un problème. C'est ainsi que _taltta_ « ciseau », _palttina_ « toile », _talkkuna_ « bouillie d'avoine » correspondent aux termes russes _dolotó_, _polotnó_, _toloknó_, c'est-à-dire qu'ils ne comportent pas le fameux « polnoglasie » qui est la marque distinctive du russe dans les vocables de ce type. Comment expliquer ce fait? D'aucuns ont pensé que les mots en question avaient été empruntés à une forme prérusse de la langue, voire même au slave commun. Par ailleurs, les anciens _ŭ_ et _ĭ_ ont été reflétés de leur côté respectivement par _u_ et _i_ du finnois : _tuska_ « détresse » (< _*tŭska_ : russe _toská_), _akkuna_ « fenêtre » (< _*okŭno_ : russe _oknó_), _risti_ « croix » (< _*krĭstŭ_ : russe _krest_, _sirppi_ « faucille » (< _*sĭrpŭ_ : russe _serp_), etc. A la fin de mot, ce traitement apparaît d'une manière moins nette. On a certes _papu_ « fève » en face de russe _bob_ (< _*bobŭ_) et _laatu_ « genre, espèce » en face de _lad_ (< _*ladŭ)_ et enfin _turku_ « marché » en face de _torg_ (< _*torgŭ_) mais l'_u_ attendu fait place à _i_ dans _risti_ (< _*krĭstŭ_), _pappi_ « prêtre » (< _*popŭ_ : russe _pop_) et _sirppi_ « faucille » (< _*sĭrpŭ_), etc. Des réaménagements opérés à l'intérieur même des parlers fenniques ont ici affecté la voyelle finale.

Un autre trait des emprunts anciens au russe est des plus frappants, c'est celui concernant le traitement de l'_o_ russe qui est passé à _a_ dans les emprunts : _vapaa_ « libre » : _svobód_, _pakana_ « païen » : _pogán'_, _raamattu_ « livre » (en fS « Bible ») : _grámota_, etc. Or il se trouve que les dialectes russes contigus présentement aux parlers fenniques ont conservé l'_o_ (« okanie »). En outre, le passage à _a_ s'est effectué aussi bien en syllabe originellement accentuée qu'en syllabe inaccentuée, ce qui suffit à dissocier ce phénomène de l'_akanie_ du russe moscovite d'aujourd'hui.

Il serait oiseux de considérer de plus près et en détail tous ces faits dont les incidences sur le fennique semblent avoir été peu profondes. On se reportera de préférence à l'ouvrage qui a rassemblé le plus de renseignements sur cette question et qui est celui du regretté Jalo Kalima : *Slaavilaisperäinen sanastomme* « Notre vocabulaire d'origine slave » (Helsinki 1952) qui a été complété par de nombreuses études ultérieures, en particulier celles publiées par le prof. Kiparski et plusieurs autres spécialistes. Ce qui doit ici encore retenir notre attention, c'est que les anciens emprunts russes ont été traités de la même manière que les emprunts précédents en ce qui concerne le consonantisme : simplification des initiales consonantiques complexes : *raja* « frontière » *(kraj)*, *viitta* « manteau » *(svíta)*, etc. On aura noté en passant que les occlusives sourdes ont été reproduites par des géminées : *tappara* « cognée » *(topór)* sauf après une consonne sourde (*tuska* « détresse » : *toskà* <**tŭska*). Un cas particulier a intrigué les chercheurs, c'est celui où le finnois présente une nasale alors que le russe a dénasalisé l'ancienne voyelle nasale slave : *kuontalo* « quenouille » : russe *kudel′* (mais tchèque *kondel*), *suntio* « bedeau » mais russe *sudja* « juge » (tchèque *sudi*). Plusieurs explications ont été tour à tour offertes pour rendre compte de ce phénomène. Le témoignage du hongrois *lengyel* « polonais », qui semble bien provenir du russe et qui est attesté très anciennement (1130), porte à supposer que la dénasalisation a été relativement récente, au moins dans certains parlers russes. Le mot hongrois serait antérieur à la conquête du bassin danubien par les Hongrois et daterait par conséquent d'avant 896 de notre ère. Or il se trouve que les spécialistes, notamment le prof. Kiparski, situent vers la même époque l'admission des plus anciens emprunts russes en fennique.

Du point de vue de l'ensemble du phonétisme, l'introduction des mots d'origine russe ancienne n'était pas non plus de nature à apporter de profondes modifications. Le russe ancien ne possédait que les voyelles *i̯*, *ĭ*, *ŭ* de plus que le finnois. Il connaissait comme lui la distinction des voyelles longues et des brèves. Par contre, son consonantisme était fait uniquement de consonnes simples. Comme le fennique a assourdi les sonores en substituant à *b*, *d*, *g* les *p*, *t*, *k* qui leur correspondaient et que *z* a été remplacé par *s*, il en est résulté que le phonétisme fennique n'a nullement été enrichi par l'apport des mots russes. Cette immuabilité du phonétisme fennique est d'autant plus curieuse que, par la suite, les parlers orientaux, soumis à une action grandissante du russe, ont acquis à leur tour des sonores : *b*, *d*, *g*, *z* et même plus récemment *ž*.

Cette résistance des parlers fenniques occidentaux peut s'expliquer de plusieurs façons. Il semble qu'ils n'aient été touchés par les mots russes que progressivement, à travers les dialectes orientaux, ce qui explique qu'il n'y ait pas eu de surcharge de mots comportant des consonnes sonores puisqu'à ce même moment, une grande partie des emprunts germaniques avait dû être totalement assimilée. Par ailleurs la prononciation du vieux suédois, qui continuait à fournir pas mal d'élément lexicaux, n'était pas de nature à faciliter l'introduction de consonnes sonores. Les consonnes germaniques étaient explosées plus ou moins fortement et les sonores étaient surtout représentées, en dehors des liquides et des nasales, par des spirantes qui correspondaient dans certains cas à des spirantes analogues du fennique *(β, δ, γ)*. Les occlusives sonores russes n'avaient donc aucune chance de se maintenir telles quelles après l'emprunt. Cette réaction des sujets parlants finnois est encore aujourd'hui très vivante. C'est ainsi que l'on a pu entendre prononcer *Tolperki* (à côté de *Tolperi*) le nom du premier président de la République Finlandaise *(Ståhlberg)* et qu'au cours des deux guerres de Finlande, les soldats prononçaient *ropakanta* le mot *propaganda*. Il est symptomatique de constater que les dialectes où les consonnes sonores se sont établies au cours des temps sont ceux qui ont subi le plus profondément l'action des parlers russes voisins ou du letton (pour ce qui est du live). Le cas de l'estonien vient confirmer cette interprétation des choses. Il n'a pas acquis non plus de consonnes sonores parce qu'il a surtout été exposé durant de longs siècles à l'action de l'allemand dont les consonnes (hormis les liquides et les nasales) étaient ou sourdes explosées ou douces sourdes. On rappellera que le hongrois a développé des consonnes sonores mais il a vécu en symbiose prolongée avec des populations dont les langues étaient riches en consonnes sonores : turk, iazyge, slave, roman.

Comme on le voit, le voisinage n'a pas exercé sur le phonétisme finnois une très grande influence. Ceci va à l'encontre de l'hypothèse formulée par le professeur Lauri Posti. Selon lui, c'est le germanique qui aurait été la cause de l'extrême simplification du consonantisme finnois. C'est ainsi que les affriquées sourdes sifflantes *(c* et *ć)*, chuintantes *(č et č́)*, la chuintante simple *š* auraient disparu tout simplement parce que les Germains n'avaient rien d'équivalent dans leur prononciation. Mais les Germains avaient bel et bien des spirantes sonores : *β*, *δ*, *γ* et celles-ci, qui existaient par ailleurs en fennique, ont néanmoins fini par disparaître. Pendant ce temps, les spirantes étaient passées en suédois à des sonores *b*, *d*, *g*, or aucune de ces sonores ne s'est implantée en fennique occidental alors qu'elles ont remplacé les anciennes spirantes dans les dialectes orientaux soumis à l'action du russe. D'autre part, les consonnes ont été traitées par le fennique uniformément dans les emprunts au balte, au germanique et au russe ancien. La réaction au consonantisme balte étant plus ancienne que celle opposée au consonantisme germanique et celle-ci également plus ancienne que celle au consonantisme russe, on ne voit pas pourquoi l'appauvrissement du consonantisme finnois serait plus spécialement dû à l'influence des Germains.

Pour ce qui est des voyelles, ni celles du balte ni celles du germanique n'étaient foncièrement différentes de celles que possédait d'origine le fennique. On sait que l'*ö* et l'*ü* ne sont issus en germanique que de développements phonétiques relativement tardifs. L'inflexion *(Umlaut, omljud)* et la « fracture » *(Brechung, brytning)* ont par la suite modifié le vocalisme germanique mais seulement pour ce qui est de certaines langues. A date ancienne, le germanique septentrional ignorait les voyelles *ö* et *ü* qui ne se sont introduites en fennique que juste avant la dislocation des dialectes. Le fennique ancien ne les possédait pas encore. Les emprunts slaves (vieux-russes) auraient pu enrichir le vocalisme fennique de la voyelle médiane e̮ (i̮ du russe) mais on a vu plus haut que cette voyelle a été remplacée dans les mots d'emprunt par un *u*. Cette substitution révèle à tout le moins que le fennique n'avait pas à cette date-là de voyelle médiane i̮ ou e̮ car il aurait dans ce cas reflété l'i̮ russe ancien par cette voyelle médiane.

Il est un autre point sur lequel l'influence des langues voisines a pu se faire sentir durablement, c'est celui de la syntaxe et plus particulièrement de l'ordre des mots. On sait que le finno-ougrien avait hérité de l'ouralien un ordre des mots passablement rigide où le prédicat figurait toujours en fin d'énonciation. Il était précédé par toutes les déterminations qui le concernaient : sujet, objet, compléments circonstanciels. Sans doute il semble bien qu'il y ait eu une certaine latitude dans l'aménagement de ces déterminants. Un complément circonstanciel a pu commencer la phrase et le complément d'objet a pu aussi être séparé du prédicat par le sujet ou un complément circonstanciel, comme c'est encore le cas dans les langues les plus conservatrices de la famille : vogoul, ostiak, langues samoyèdes. Ce qui est sûr, c'est que la langue d'origine a ignoré ce que nous appelons la subordination ou plutôt la phrase complexe telle que nous la construisons, c'est-à-dire une phrase comprenant deux ou plusieurs propositions dont celles qui dépendent de la principale sont jointes à cette dernière par le moyen d'éléments articulatoires plus ou moins corpulents : pronoms relatifs et conjonctions de subordination.

La phrase complexe articulée est donc une innovation. Le tout est de savoir quand s'est installée cette innovation en fennique car tous les parlers fenniques attestés sont pourvus d'éléments articulatoires et ils s'en servent comme nous nous servons des nôtres. Il est naturellement tentant de supposer que la phrase articulée a été construite en fennique d'après le modèle de la phrase complexe balte, germanique ou russe ancienne. Ce qui le suggère, c'est que dans les dialectes orientaux, notamment en carélien, la conjonction russe *što* a tout simplement été empruntée. Mais cet emprunt est tout récent et ne saurait en rien décider si le fennique commun avait déjà connu un genre d'articulation par pronoms relatifs et conjonctions.

La langue de la Bible, celle des premiers documents écrits du XVIe siècle, apparaît tout équipée en moyens d'articulation, mais de quelle date ces documents sont-ils? Rappelons que le nordique ancien est resté longtemps sans relatifs et que par ailleurs il n'a su utiliser comme conjonctions que des adverbes employés avec un ordre des mots différent. Le vieux-haut allemand ne se comportait pas différemment, sans parler du gotique. Dans ces conditions, on ne voit pas comment le fennique aurait calqué sa phrase complexe articulée d'après le modèle germanique. Ajoutons que nous ignorons le comportement du balte ancien, mais il est assez vraisemblable qu'il n'ait guère utilisé de relatifs ni surtout de conjonctions de subordination.

Ce qui rend circonspect, c'est de constater que les éléments utilisés par les divers dialectes fenniques pour articuler la phrase : relatifs et conjonctions, ne sont pas les mêmes d'un dialecte à l'autre. C'est ainsi que le finnois proprement dit (suomi) présente dès les premiers monuments écrits un relatif en *jo-* alors que l'este ou estonien se sert vers la même époque d'un élément *ken*, *kes*, etc., qui n'est autre que l'interrogatif appliqué aux personnes. Dans les textes oraux recueillis en carélien, on tombe par contre sur un *kumbane* (qui répond en suomi à *kumpainen*, dérivé de *kumpi* (thème *kumpa-*) qui signifie originellement « lequel, laquelle des deux ». Or ce *kumbane* s'emploie précisément là où l'influence russe a été prédominante et l'on ne peut s'empêcher de rapprocher le relatif carélien du russe *kotorïj* dont la signification première a bien été celle d'un interrogatif « lequel des deux ». Il est peu vraisemblable que cette rencontre soit purement fortuite. On serait donc tenté de supposer que le système des relatifs s'est édifié séparément dans chaque dialecte sous des actions étrangères différentes. Seulement, on ne voit pas ce qui aurait pu fournir l'élément *jo-* au suomi dans l'emploi de relatif. Ce mot a été conçu comme un ancien démonstratif dont certains affirment qu'il est d'origine ouralienne alors que d'autres y voient un ancien emprunt à une langue de type iranien. Mais il y a lieu alors de se demander si l'amorce de la fonction relative n'est pas elle-même très ancienne car cet élément *jo-* a exercé cette fonction en indo-européen à date très ancienne après avoir été un démonstratif qui servait à introduire une détermination appositive. Le fait est que *jo-* n'a fourni en fennique aucun démonstratif proprement dit et que ses autres emplois n'apparaissent que dans des pronoms indéfinis : *joka* « chaque », *joku* « quelqu'un (et aussi quelque chose) », *jokin* « quelque chose » (aussi « quelqu'un »), etc. Or on sait que ce genre de pronoms se construit volontiers à partir d'interrogatifs. Mais peut-être ces pronoms indéfinis sont-ils le résultat d'une confusion pour le cas où l'ouralien aurait possédé un interrogatif en *j-*, ce qui n'est pas exclu. Quoiqu'il en soit, il est difficile d'affirmer que le fennique commun utilisait déjà des relatifs, bien que le lapon en présente lui aussi de son côté dont on peut penser qu'ils ont été empruntés au finnois, plus précisément à la forme dialectale finnoise qui se servait du relatif en *ke-* (interrogatif) pour une partie du domaine lapon et à la variante dialectale finnoise qui utilisait *jo-* pour une autre partie des parlers lapons (lapon de Suède et de Luleå). Que le nordique ne soit pour rien dans cette affaire apparaît du fait que les parlers qui ont été les plus étroitement voisins du norvégien (Finmark) emploient les relatifs en *gi*. En l'absence de recherches plus poussées, il n'est pas possible de proposer une interprétation qui soit autre que purement conjecturale.

C'est dans ces conditions que le finnois suomi qui nous occupe ici fait son apparition dans l'histoire, à une date tardive que l'on ne peut fixer avec précision, mais qui se situe entre 1530 et 1540.

Deuxième partie

LE « FENNIQUE COMMUN »

La forme de langue immédiatement antérieure à celle sous les espèces de laquelle nous apparaît dans l'histoire le finnois de Finlande est le « fennique commun », terme par lequel nous désignons ce que les linguistes finlandais appellent *myöhäiskantasuomalainen* (allemand : *späturfinnisch*, anglais : *late Protofennic* ou *late Prefennic*), Cet état de langue n'est attesté nulle part et ne résulte que de la comparaison des dialectes fenniques connus historiquement. On admet *a priori* que tout élément dont on retrouve le reflet plus ou moins net dans l'ensemble des dialectes fenniques connus doit avoir appartenu au fennique commun. Cette dernière entité ne saurait naturellement être conçue comme un tout absolument homogène. La diversité dialectale a dû exister en son sein comme elle existe aussi au sein des dialectes que l'histoire nous a conservés et dont certains sont désormais sur le point de disparaître. Ces dialectes fenniques (les Finlandais disent : finnois de la Baltique = *itämerensuomalaiset*, all. *ostseefinnisch* et angl. *Baltic Fennic*) sont, en allant d'ouest en est au sud du Golfe de Finlande : 1) le live de la pointe nord de la Courlande, parler moribond, 2) l'estonien et ses dialectes, 3) le vote (presque éteint) et beaucoup plus à l'est, sur le pourtour sud-ouest du lac Onega, le vepse. En procédant de même de l'ouest vers l'est mais cette fois-ci au nord du Golfe de Finlande, nous trouvons l'ensemble des parlers finnois *(suomi)*, puis les dialectes caréliens et olonetsiens et le lude ou parlers ludiques formant comme une sorte de transition entre le carélien et le vepse. On rencontre par ailleurs, entre le vepse et le vote, dans la région de Léningrad ou Ingrie, des parlers tels que l'ingrien qui sont eux aussi des formes de transition plus ou moins composites entre le carélien, le finnois et parfois l'estonien. De nombreuses enclaves caréliennes se sont essaimées dans la région de Tver à une date déjà relativement ancienne. Il existe aussi quelques villages du Värmland en Suède où des personnes âgées ont conservé une connaissance plus ou moins incertaine d'une variante de finnois importée par les immigrants du Savo venus s'installer dans les forêts du pays. Mais tous ces fragments disséminés ne constituent que des morceaux épars de l'ancien tout qui s'étendait de la Livonie au lac Onéga au sud et de la côte ouest de Finlande à la Baie d'Arkhangelsk au nord.

Il n'est pas question d'entrer ici dans la controverse qui se poursuit au sujet du classement et de la répartition des dialectes fenniques. Cette opération s'avère très délicate parce que les populations de langue fennique ont été en perpétuelle migration, ce qui a complètement bouleversé au cours des temps les limites dialectales. Des parlers de transition sont nés et, même quand les choses n'en sont pas allées jusque-là, les patois contigus se sont influencés mutuellement de telle sorte que les isoglosses sont difficiles à dépister. Et même quand on réussit à en suivre une d'un bout à l'autre de l'aire fennique, elle révèle le plus souvent des accidents qui sont difficiles à expliquer faute d'une documentation historique assez fournie et surtout assez suivie. Le finnois suomi littéraire qui est l'objet propre de notre étude a trouvé ses fournitures dans les parlers qui se rencontrent sur le territoire de l'actuelle Finlande et que l'on est convenu de regarder comme étant les dialectes constituant la langue finnoise proprement dite, par opposition à ceux qui forment le carélien, l'estonien, le vote, le live et surtout le vepse. La suite de nos propos montrera pour quelles raisons nous croyons devoir nous exprimer avec tant de précautions.

Mais si le problème de la division dialectale se pose en termes compliqués, il n'en est pas moins relativement aisé de restituer en gros ce qui a pu être la forme de départ de tous ces parlers. Nous allons donc rapidement dessiner le portrait « robot » de ce fennique commun auquel remontent les parlers fenniques existants.

Le phonétisme

Et d'abord, quelle était sa consistance phonique? En fait de voyelles, il possédait les phonèmes suivants :

a *o* *u*
ä *ö* *y* (= ü) / *e* *i*

Ces voyelles se présentaient à la fois brèves et longues. Toutefois, les longues ne pouvaient figurer qu'en syllabe radicale, c'est-à-dire en première syllabe du mot. Il en résulte que les longues qui apparaissent aujourd'hui dans certains dialectes en d'autres positions (2e et 3e syllabe, etc.) sont toutes issues de développements qui se sont accomplis au cours de l'histoire séparée de chaque dialecte concerné. Disons tout de suite que l'ancien état de choses, celui du fennique commun, a été rétabli par de nouveaux abrégements dans une partie du domaine fennique, notamment en estonien. Le comportement vocalique des mots était gouverné par la règle de l'harmonie vocalique, avec cette restriction que l'*e* et l'*i* y faisaient figure de voyelles indifférentes ou neutres, susceptibles de s'intégrer aussi bien à un mot clair qu'à un mot sombre : *ilma* « air, ciel », *silmä* « œil », *velka* « dette », *emä*, « mère, femelle », etc. Que cet état de choses ait été une innovation ne fait guère de doute, car on ne saisirait pas bien pourquoi certains mots contenant un *i* ou un *e* en première syllabe sont devenus ou restés soit des mots clairs soit des mots sombres. Il est vraisemblable que le phonème *e* de la 1re syllabe d'un mot *ehta* « nouvelle lune, période d'obscurité » ne se prononçait pas de la même façon que l'*e* d'*emä* et d'*elä-* « vivre ». De même l'*i* d'*iha* « gai, enjoué » n'était pas de même nature que celui d'*ikä* « âge », etc. Mais rien ne permet de supposer qu'une pareille distinction était encore observée en fennique commun.

Les voyelles longues.

Une autre innovation, par rapport au finno-ougrien, c'est que le fennique prononçait à la fois des voyelles brèves et des voyelles longues. En réalité, comme nous venons de le dire, toutes ses voyelles pouvaient être longues, mais seulement à la 1re syllabe du mot. On s'est posé la question de savoir d'où ces longues provenaient et certains théoriciens ont estimé qu'une partie d'entre elles étaient venues directement du finno-ougrien. Ce serait le cas pour *ō*, *ū*, *ē*, *ī*. Ainsi à *nuoli* « flèche » répond lpN *njuollâ*, à *suoni* « tendon, veine, artère » / lpN *suodnâ*, à *suomu* « écaille de poisson » / lpN *cuobmâ*, à *suoja* « abri » / lpN *suoggje*. De même à fS *liemi* « soupe, bouillon » répond lpN *liebmâ*, à fS *niele-* « avaler » lpN *njiellât*, à *kieli* « langue » / lpN *giellâ*. La correspondance fS *uo* / lpN *uo*, fS *ie* / lpN *ie* laisserait supposer qu'on se trouve effectivement en présence d'*ō* et *ē* longs antérieurs au fennique commun (les *uo* et *ie* du suomi répondant à *oo* et *ee* conservés en estonien). Seulement, à y regarder de plus près, ces équations ne sont plus si convaincantes. C'est que l'*uo* du lapon correspond aussi bien à *a* bref du fennique (fS *kala* « poisson » / lpN *guolle*, *sata* « cent » / lpN *čuotte*, etc.) et d'autre part, l'*e* long du fennique a parfois pour contrepartie en lapon *ie* ou *æ* tandis que l'*e* bref est reflété par *â* : *mene-* « aller » / lpN *mânnât*, *veri* « sang » / lpN *vârrâ* mais on trouve toutefois *elä* / lpN *ællet*, fS *neljä* « quatre » / lpN *njœl'lje*, *pesä* « nid » / lpN *bæsse*, etc. Et puis d'autre part, l'*ie* du lapon répond dans certains mots à *ä* du fennique : fS *käsi* (thème *käte-*) « main » / lpN *giettâ*, *näke-* « voir » / lpN *niegâdit*, etc. Par ailleurs, l'*â* du lp correspond aussi à *i* du finnois : *nimi* « nom » (thème *nime-*) / lpN *nâmmâ*, *pilvi* « nuage » (thème *pilve-*) / lpN *bâl'vâ*, *silmä* « œil » / lpN *câl'bma*, etc. Il en résulte que les *uo* et les *ie* du lapon (lapon de Norvège) ne nous éclairent nullement sur la quantité de la voyelle dans la période antérieure au fennique. On est même amené à considérer certains cas avec perplexité. C'est ainsi qu'à *nuoli* (thème *nuole-*) du finnois suomi, nous voyons que le mordve oppose *nal* « flèche » et à *suoni* (thème *suone-*) « veine, artère » *san*, de telle sorte qu'on peut se représenter que les lpN *njuollâ* et *suodnâ* reflètent aussi bien d'anciens **n'ale* et **sane* que d'anciens **n'ōle* et **sōne*. Dans ces conditions, nous nous résignerons à considérer les voyelles longues relevées en finnois comme étant propres au fennique sans décider si certaines d'entre elles ont eu une existence plus ancienne. Rappelons à ce propos que de nombreux théoriciens se refusent désormais à admettre que le finno-ougrien commun ait pu posséder des voyelles longues. En particulier, il est impossible de les restituer en partant du hongrois et plus généralement de toutes les langues autres que le fennique et le lapon. En revanche, une bonne part des longues que possède actuellement le fennique se sont introduites avec les mots d'emprunt où elles se trouvaient contenues : baltes, germaniques et russes. En outre un bon nombre de longues, particulièrement dans les mots devenus monosyllabiques, sont issues de la contraction de deux voyelles brèves à la suite de l'amuïssement d'une consonne intervocalique. C'est ainsi que *joo-* (fS *juo*) « boire » s'oppose à lpN *jukkât* (hgr. *iv-*), *jää* « glace » à lpN *jiegŋâ* / hgr. *jég* (thème *jege-*), *jää* « il reste » à hgr. *jöv-* « venir », fE *öö* « nuit » (fS *yö*) à lpN *iggjâ*, *hiiri* « souris » à hgr. *egér* (thème *egere-*) / vogoul *łεŋkər* / ostk *łeŋkər*, *löŋkər*, etc. Les consonnes intercalaires disparues ont été selon les vocables en cause soit un *j*, soit un *γ*, soit encore un *ŋ* c'est-à-dire des consonnes particulièrement débiles. Phonétiquement, un pareil développement est banal mais il caractérise bien le fennique commun. De ce fait, celui-ci s'est doté d'un nombre important de monosyllabes (autour de 80) alors que la langue originelle ne connaissait probablement que des lexèmes dissyllabiques.

Les voyelles finales.

Une autre modification importante s'est produite aussi dans l'utilisation des voyelles. Alors que la langue originelle ne tolérait en fin de mot que les voyelles *-a*/*-ä* et *-e* (peut-être aussi *-ẹ̯*), le fennique s'est mis à utiliser en fin de mot *-o*, *-u*, *-y* (= *ü*) tandis que par contre *-e* disparaissait en cette position pour se voir substituer *-i*. Les théoriciens qui ont étudié de plus près le surgissement de ces nouvelles finales estiment qu'*-o* représente un ancien *-a*+*-i* tandis que l'*u* serait dû à la contraction d'*-a*+*-w*. Ce qui est patent, c'est que certains mots présentant une finale en *-o* et d'autres une finale en *-u* sont attestés dans l'ensemble du domaine fennique : *hillo* « mûre des marais » (à côté de *hilla*), *kanto* « souche d'arbre » (à côté de *kanta*), *lehto* « feuille, frondaison » (à côté de *lehti* dont le thème est *lehte-*), *joukko* « troupe, foule », *eno* « oncle (frère de la mère » (on a en vieux-finnois *enoi*), etc. Pour *-u*, on relève *lintu* « oiseau », *nisu* « froment », *luku* « nombre » (du verbe *luke-* « compter, lire »), pour *y* (*-ü*) : *näppy* « bouton, pustule » *kyly* « étuve, bain », etc.

La modification de beaucoup la plus importante intervenue dans la répartition des voyelles en fin de mot a été le changement d'*-e* en *-i* : **vere* « sang » > *veri*, **tule* « feu » > *tuli*, **kuuse* « sapin » > *kuusi*, etc. Il a provoqué, toujours avant la dislocation des dialectes fenniques, l'assibilation de *t* dans beaucoup de mots où il le suivait immédiatement, ce qui a donné le développement : **vete* « eau » > **veti* > *vesi*, **voote* « année » > **vooti* > **voosi* (fS *vuosi*), **käte* > « main » **käti* > *käsi*, etc.

Il semble bien aussi que les voyelles finales *-a* et *-ä* aient dans quelques cas été réduites en *-i*, surtout dans les mots de trois syllabes :

fS *enempi* « plus grand » (<*enä* « grand ») mais *enempää* « du plus grand » (partitif sg.).

huonompi « plus mauvais » (*huono* « mauvais ») mais *honompaa* (part. sg.).

menevi « (il, elle) va » (mais *menevä* « allant » conservé au participe présent).

kuolevi « (il, elle) meurt » (mais *kuoleva* « mourant »), etc.

Cette altération d'*-a*/*-ä* en *-i* s'est également produite sporadiquement dans d'autres cas (*kumpi* « lequel, laquelle des deux » : *kumpaa* part. sg.) et s'est étendue aux finales des mots de 4 syllabes et plus. Il y a même eu parfois apocope de la finale vocalique, sans qu'on sache dans quelles conditions elle s'est produite. Le cas de *kolmas* « troisième », certainement issu d'un ancien **kolmansi*, lui-même venu d'un plus ancien **kolmanta* laisse supposer qu'*i* avait servi de stade intermédiaire. Mais ce sont là de menus accidents dans le détail desquels il serait oiseux d'entrer ici.

Ce qui est plus important, c'est que la suffixation d'un *i* à un thème vocalique a abouti à l'éviction de la voyelle thématique ou à son changement de timbre en *o/ö*. Le phénomène a eu une grande extension et a intéressé :

1) les finales en *-e* où la combinaison *e+i* a donné une réduction en *-i*(-) :

tule- « feu » / *tulella* « sur le feu » / *tulilla* « sur les feux » (<**tule+i+lla*) ;

2) les finales en *-a/-ä* où la combinaison *a+i* ou *ä+i* s'est réduite en *-i*(-) :

muna « œuf » / *munassa* « dans un œuf » / *munissa* « dans des œufs » (<*muna+i+ssa*)
silmä « œil » / *silmässä* « dans l'œil » / *silmissä* dans les yeux » (<*silmä+i+ssä*) ;

3) les finales en *-a* des mots contenant dans la syllabe radicale toute autre voyelle qu'*o* et *u* ont vu leur *a* > *o* devant *i* :

kala « poisson » / *kalassa* « dans le poisson » / *kaloissa* « dans les poissons » (<*kala+i+ssa*) où *a+i* > *oi* ;

4) les finales en *-i* (dont l'*-i* ne remonte pas à un ancien *-e*) ont été traitées de la façon suivante : *i+i* > *ei* :

pappi « prêtre » / *papille* « au prêtre (allatif sg.) / *papeille* « aux prêtres » (allatif pl.).

Ces phénomènes apparaissent en grande fréquence au cours de la déclinaison des noms et de la conjugaison des verbes ou encore dans la dérivation, dès qu'un *i* entre en combinaison avec des thèmes en *-a/-ä*, en *-e* et en *-i*. Mais ils ont joué également un rôle de très bonne heure dans la dérivation. Ainsi, à côté de *kota* « hutte, cabane » on trouve *koti* « maison, foyer », *mökki* « cabane, masure » / dial. *mökkä* « morceau, masse, tas ramassé », etc.

Les diphtongues.

Un trait qui caractérise au plus haut point le vocalisme fennique commun, c'est la présence d'un grand nombre de diphtongues. Nous avons vu plus haut que l'existence de diphtongues en lapon et en finnois a été considérée comme un argument en faveur de la thèse selon laquelle le préfennique aurait été l'ancêtre commun du fennique et du lapon. Sur cette lancée certains auteurs ont estimé que plusieurs des diphtongues attestées en finnois avaient été conservées par lui d'une époque antérieure (cp. notamment E. Itkonen, FUF XIX, pp. 41 et suiv.). Le fennique aurait hérité notamment des combinaisons suivantes :

ai dans *nainen* « femme »
äi dans *täi* « pou »
oi dans *koi* « aurore, rougeoiment de l'aube »
soi- « produire un son »
voi « beurre »
ui dans *ui-* « nager », etc.

Les comparaisons instituées avec les autres langues finno-ougriennes ne viennent pas corroborer cette hypothèse. A *soi-* « produire un son », du fS, le lpN oppose *čuoggjâ-*, à *voi* « beurre » *vuoggjâ* et à *ui-* « nager *vuoggjâ-*. En plus, le hgr a pour *vaj* « beurre » un thème vocalique en *vaja-*. Dans ces conditions, il y a tout lieu de se demander si le 2e élément de la diphtongue fennique n'est pas autre chose que le résidu d'une consonne intervocalique après apocope de la voyelle finale. S'il en était bien ainsi, la diphtongaison se serait produite avant la dislocation des parlers fenniques mais elle ne remonterait pas jusqu'au finno-ougrien commun.

Mais du point de vue qui nous intéresse ici, il importe relativement peu de savoir quelle est la provenance exacte des diphtongues puisqu'elles sont attestées dans l'ensemble des parlers fenniques, même si certaines d'entre elles ont pu subir des altérations ou détériorations au cours du développement particulier de tel ou tel idiome. Le fennique commun finissant a possédé un grand nombre de diphtongues : *ai* (fS *aika* « temps », *kainalo* « aisselle », *vaimo* « femme, épouse », etc.), *oi* (fS *koivu* « bouleau », *oiva* « excellent », *poika* « fils, garçon », etc.), *ui* (fS *kuiva* « sec », *puida* « battre » (des céréales), etc.), *äi* (fS *äimä-* « aiguille », *päivä* « jour, soleil », *säily-* « se conserver », etc.), *ei* (*heittä-* « jeter, lancer », *peittä-* « couvrir », *reikä* « trou », etc.), *au* (fS *aurinko* « soleil », *hauta* « fosse, tombe », *kausi* « période, phase », etc.), *ou* (fS *nouse-* « se lever, monter », *outo* « étranger, étrange », *pouta* « temps sec », etc.), *eu* (fS *eukko* « vieille femme », *leuka* « menton », *peukalo* « pouce », etc.). Pour ce qui est des diphtongues *äy* (= *äü*) et *ey* (= *eü*), la situation est moins claire bien qu'il soit assez vraisemblable qu'elles aient existé en nombre plus ou moins réduit. Quant à *öy* (= *öü*), c'est le résultat d'un développement plus tardif.

De toutes ces diphtongues, seules celles dont le deuxième élément est *-i* ont figuré en syllabe non-initiale.

L'adjonction de l'*i* de pluriel ou de l'*i* du passé des verbes ou encore d'autres *i* suffixaux a produit un nombre considérable de diphtongues secondaires en *-i*. Quand cet *i* a suivi une voyelle longue, celle-ci s'est abrégée car la langue n'a pas admis de diphtongue dont le premier élément aurait été long. Cet abrégement s'est accompli à une époque où les longues *ō*, *ē*, *ȫ* ne s'étaient pas encore diphtonguées en suomi : fS *suo* « marais », part. pl. *soita* « des marais » (fE *soo*/*soid*), *tie* « chemin », part. pl. *teitä* « des chemins » (fE *tee*/*teid*), *yö* « nuit », part. pl. *öitä* « des nuits » (fE *öö*/*öid*), etc. Par ailleurs, *maa* « terre, pays » fait *maita*, *puu* « arbre » *puita*, etc.

Tous ces développements avaient engendré une véritable pullulation de diphtongues, phénomène auquel n'avait pas peu contribué l'apport des mots d'emprunt au balte et au germanique : *laiska* « paresseux » (letton *laĩsks*), *heimo* « tribu » (lit. *šeimà*), *lauta* « planche » (lit. *plaũtas*), etc., *ainoa* « unique » (got. *ainaha*), *autuas* « bienheureux » (got *audags*), *kaunis* « beau » (got. *skauns*), *keihäs* « pique, lance » (visl. *geirr*), *tiuris* « cher, précieux » (cp. vhall. *tiuri*), etc.

Si maintenant, nous voulons résumer en peu de mots ce que nous savons sûrement du vocalisme du fennique commun à la veille de la différenciation dialectale, nous dirons que la langue possédait alors les 8 voyelles que l'on retrouve en finnois suomi à date historique, qu'elle en usait selon les règles de l'harmonie vocalique, que ces voyelles connaissaient deux degrés de quantité : brève et longue, qu'elles se combinaient en de nombreuses diphtongues qui conféraient à la langue un aspect très vocalisé.

Les consonnes.

Cependant, le consonantisme n'avait pas subi moins de changements. Au début de la période appelée « préfennique » par les théoriciens finlandais, le stock des phonèmes consonantiques auraient été (cp. Lauri Posti, FUF XXXI, pp. 86-87) :

p	*t*	*k*	
β	*δ*	*γ*	
c	*č*	*č́*	
s	*s'*	*š*	
m	*n*	*ń*	*ŋ*
l	*l'*	*r*	
j	*v*		

soit en tout 21 consonnes. Toutefois ce nombre n'est pas assuré car il s'agit de savoir si l'on a vraiment distingué *v* et *β* et si *l'* a vraiment existé. Il n'en demeure pas moins qu'à la sortie de cette période, au moment où s'est opérée la différenciation des dialectes, le stock s'était considérablement réduit puisqu'on ne comptait plus que les phonèmes

p	*t*	*k*
(β)	δ	γ
s		
m	*n*	
l	*r*	
v	*j*	*h* (χ)

soit 14 phonèmes seulement. Encore convient-il de remarquer que l'un de ces phonèmes était le résultat d'une innovation, à savoir *h* issu d'un ancien *š* ou d'un ancien *č*.

Il a été beaucoup épilogué sur cet appauvrissement sensible du consonantisme fennique, phénomène qui a marqué cet ensemble de langues de son empreinte et a donné comme une sorte de prépondérance aux éléments vocaliques sur les consonantiques pour ce qui est de la fréquence de répartition. Des statistiques, souvent mentionnées mais sur l'établissement desquelles on a peu de renseignements, font état d'une fréquence de 101 voyelles pour 100 consonnes. Ce serait, de beaucoup, la fréquence vocalique la plus grande observée en Occident, exception faite de quelques dialectes scandinaves, et il faudrait aller loin, notamment dans le Pacifique, pour trouver d'autres idiomes utilisant leurs voyelles avec une telle fréquence.

La répartition des consonnes a été la suivante : les spirantes *δ*, *γ* n'ont figuré qu'à l'intérieur du mot. De même *η*. A la fin de mot n'étaient tolérés que les phonèmes *t*, *k*, *s*, *n*, *l*, *r*. Encore convient-il d'ajouter que le *-k* n'allait pas tarder à faire place en cette position à une occlusive glottale '. Ces importantes restrictions ont également contribué à réduire la fréquence d'emploi des consonnes par rapport à celle des voyelles et cette évolution s'est accentuée par la suite.

Comme la distinction entre le préfennique et le fennique commun n'est fondée en définitive que sur l'hypothèse selon laquelle le lapon serait immédiatement issu de la phase préfennique, le consonantisme qui a été restitué pour ce préfennique résulte surtout de la comparaison avec le lapon. C'est ainsi que l'on suppose que la mouillure a disparu dans les *s'* et *n'* du finno-ougrien précisément entre le moment où le lapon a fait scission et celui où les parlers fenniques se sont à leur tour différenciés. Il en est de même de l'hypothèse selon laquelle *ć* ou *č́* aurait abouti à *s* dans des vocables tels que fS *solmu* « nœud » (lpN *cuolˈbmâ*, mdE *śulmo*). C'est donc dans ce laps de temps relativement court que *ć*, *č́*, *ś* se seraient confondus en *s* : fS *silmä* « œil » (lpN *čalˈbme*), etc.

Ce qui est certain, par contre, c'est qu'un ancien *š* est passé à *h* en fennique : fS *halla* « gelée noire » (lit. *šalnà*) / lpN *suol'dne* « rosée »), *heinä* « foin » (lit. *šiẽnas*) / lpN *suoi'dne*). Ces *š*, comme on le voit ont été reflétés par le lapon en *s*. Les emprunts baltes comportant un *ž* ont été traités de même, après assourdissement du *ž* en *š* : *hammas* « dent » (lit. *žam̃bas* « pointe, tranche »), *herne* « pois » (lit. *žìrnis*), etc. Il en a été de même à l'intérieur du mot : fS *lohi* « saumon » (lit. *lãšis*), *tarha* « enclos, jardin » (lit. *dar̃žas*), etc.

C'est également dans cette même période que le *t* serait passé à *s* devant *i* : *silta* « pont, passerelle » (lit. *tiltas*), etc.

Le *č* aurait eu les mêmes destins que le *š*, ce qui revient à dire qu'il est passé à *h* en fennique : fS *hapan* (thème *happame-* « amère, aigre » / mdE *čapamo* (et peut-être hgr. *savanyú*). On a encore : fS *kehä* « disque, cercle » / tchér. *kečə* « soleil, jour » / zyr. *kịč* « rond, cercle, maille », fS *piha* « cour, enclos » / tchér. *pičə* « id. », etc.

On s'aperçoit donc que les affriquées se sont transformées comme les simples : *č́* est passé à *s* tout comme *s'* et *č* est passé à *h* comme *š*. Ce développement est propre au fennique ; en quoi il se distingue non seulement des deux langues volgaïques (mordve et tchérémisse) mais aussi du permien (zyriène, votiak) et du lapon. Toutefois, le lapon fait montre d'une innovation : **s'* est devenu une affriquée chuintante *č* et c'est ce même phonème qui reflète aussi un ancien *č́* mais les exemples sur lesquels on opère sont si embrouillés qu'il est difficile de décider à coup sûr si l'on a affaire à une affriquée ancienne ou simplement à une sibilante mouillée. Notons que le fennique, dès qu'il nous apparaît, occupe une position à part qui l'oppose à la fois au lapon et au mordve, la langue dont le faciès phonique est pourtant celui qui lui est le plus ressemblant.

Un problème qui continue à susciter des controverses est celui du traitement en fennique de la spirante dentale restituée pour le finno-ougrien. Il a été admis depuis E. N. Setälä que cette langue avait possédé un *δ* et peut-être un *δ'* mouillé.

Le *δ'* mouillé a été restitué pour le prototype du mot fS *tuomi* « merisier ». En effet, on est surpris de le voir correspondre non pas avec des mots en *t-* mais avec : md. *l'om* / tchér. *lombo* « putiet » / zyr., votk. *lompu* / vog. *l'em* / ostk. *jom*. On s'est expliqué cette correspondance en supposant qu'on avait affaire originellement à un *δ'* mouillé que le fennique aurait remplacé par un *t-*. Cette supposition semblait être corroborée par le mot fS *tymä* « glu » / tchér. *lümə*, *lümö* « colle » / zyr. votk. *lem*.

Ces deux vocables présentent en lapon, selon les dialectes, deux traitements différents de l'initiale :

lpN *duobmâ* « merisier » / lpS *fuomĕ*
dâbme « glu » / lpS *hibme*,

ce qui prouve qu'une partie des parlers lapons a traité l'initiale comme si l'on avait affaire à un ancien *t*-, ce qui s'accorde avec la représentation fennique.

Qu'un mot ait commencé en finno-ougrien par un *δ* peut surprendre puisque, en principe, aucun phonème sonore de la série dentale ni de la série gutturale n'est attesté en cette position. Si les correspondances samoyèdes ont quelque valeur, elles viennent pourtant corroborer le phénomène constaté en finno-ougrien. Les deux vocables en question y présentent, en effet, les formes que voici :

sam. O (selkup) *t'eu*, *čem̯* / samK *lem̃* « merisier »
samJ *jībe*, *jib'a* « colle » / samT *jimi* / samO *t'eu*, *t'üme*, *čime* / samK *nəmɛ*.

On se représente assez bien la raison pour laquelle E. N. Setälä avait proposé de restituer une initiale *δ'*-. Il a pensé que l'initiale attestée en permien (votiak et zyriène) qui est *l'*-, celle du mot vogoul *l'em* « merisier », le *j*- des mots ostiaks *jam*, *jum* « merise » et les représentations samoyèdes ne pouvaient provenir que d'un phonème dental mouillé qu'il a rangé dans la catégorie des spirantes sonores et désigné par *δ'*-. Récemment notre confrère Gyula Décsy (*Der gegenwärtige Stand der finnisch-ugrischen Lautforschung*, *Mitteilungen der Societas Uralo-altaica Heft 2*, p. 51) y a vu « une reconstruction arbitraire sans rapport avec l'ensemble du système consonantique ». Il propose de n'y voir qu'une alternance entre *l* et *t*, qui aurait existé dans la langue commune. Ceci s'appliquerait naturellement au cas du -*δ'*- intervocalique également restitué par Setälä en ouralien commun pour rendre compte des équations du genre :

fS *katoa*- « périr, disparaître » / lpN *guoδδet* (1re pers. sg. prés. ind. *guoδam*) / lpL *kuöte- (kuötau)* / mdE *kadoms* / tché *koδa*- / votk. *kil̯'in̯i̯* / zyr. *kol'ni* / hgr. *hagy* « laisser, abandonner » / vog. *xul'*-, *kul'*- / ostk. *xai*, etc.
fS *sysi* (thème *syde*-) « charbon de bois » / lpN *câδâ* / md. *śed'* / vog. *sül'i* / ostk. *soi̯*, etc.

Ni le finnois ni le lapon ne suggèrent qu'il y ait eu mouillure et celle-ci a manifestement hanté l'esprit de Setälä uniquement parce que la représentation permienne ou ougrienne comportait un phonème mouillé. Dans les autres cas, le grand maître finlandais s'est contenté de restituer un **δ* :

fS *ydin* (thème *ytime-*) « moelle, matière cérébrale », lpN *âδâ* (thème *âδδâm-*) (mais lpS *atām*, gén. sg. *atāma*) / hgr. *velő* / vog. *βεləm* / ostk. *wēləm*, *wēt̄əm*, etc.

fS *pato* « barrage à poisson » / lpN *buδδo* (gén. sg. *buoδo* / hgr. *fal* « mur, paroi » / ostk. *pat*, *pal*.

Même en alléguant que le finno-ougrien commun a eu partout ici une spirante dentale sonore *-*δ*- qui a subsisté longtemps en finnois car ce que nous avons marqué par -*d*- d'après l'orthographe officielle en vigueur de nos jours remonte en toute certitude à un plus ancien -*δ*-, et même en relevant que ce phonème -*δ*- se retrouve en lapon au degré faible et par conséquent aurait pu y être géminé au degré fort, il n'en demeure pas moins que le -*δ*- en question devrait avoir pour correspondant hongrois un *z* et pour correspondants vogoul et ostiak un -*t*-. Le -*l*- que nous rencontrons dans ces dialectes ne s'y accorde pas. D'autre part, le lapon présente des divergences dialectales sur ce même point, de telle sorte que le moins qu'on puisse dire est que les choses ne sont pas claires et que l'hypothèse d'une alternance ancienne -*t*-/-*l*- ou même -*δ*-/-*l*- ne suffit pas à expliquer cet ensemble de phénomènes. Il n'est par contre pas sans intérêt de constater que le finnois a partout installé un -*t*- de même qu'il présente un *t*- à l'initiale. Dans ces efforts de nivellement, l'action de l'alternance consonantique est puissamment intervenue.

L'alternance consonantique.

C'est que le consonantisme fennique a été dominé par un phénomène très singulier et très énigmatique auquel nous avons déjà fait allusion et qui a nom « alternance consonantique » (dénomination proposée par le regretté Robert Gauthiot et qui répond, comme nous le savons, au finnois *astevaihtelu*). Nous avons dit que Setälä, appuyé par B. Wiklund et H. Paasonen, avait formulé l'hypothèse selon laquelle ce phénomène devait remonter dans le passé le plus lointain. Il avait lui-même entamé une vaste description de l'alternance dans une étude assez hâtive qu'il avait modestement et prudemment intitulée : *Über Art, Umfang und Alter des Stufenwechsels im Finnisch-ugrischen und Samojedischen* (FUF XII, Anzeiger, pp. 1-128, Helsinki 1912-1914.) (Sur la nature, l'extension et l'âge de l'alternance consonantique en finno-ougrien et en samoyède.) Il ne saurait être question de nous arrêter sur l'ensemble de cette théorie qui a longtemps donné le ton dans toutes les recherches concernant l'histoire du consonantisme ouralien. Si cette hypothèse ne trouve plus guère de partisans, il n'empêche que le phénomène en lui-même joue un rôle cardinal en fennique et aussi en lapon. Rappelons donc quel est son mécanisme tel que nous pouvons nous le représenter à travers les langues où il existe toujours, à savoir, outre le lapon, les langues fenniques hormis deux qui sont le live, à l'extrême-ouest, et le vepse à l'extrême-est du domaine fennique.

Que le live et le vepse ignorent l'alternance consonantique peut recevoir deux explications : ou bien cette alternance a disparu des deux langues au cours de leur histoire propre ou bien elle n'y a jamais existé. Cette dernière déduction a été celle du regretté Lauri Kettunen qui s'en est expliqué dans plusieurs de ses écrits (cp. notamment *Suomen lähisukukielten luonteenomaiset piirteet*. MSFO, tome 119. Helsinki 1960). D'autres théoriciens ont supposé par contre que l'alternance avait bel et bien existé en fennique commun mais avait été éliminée au cours de leur histoire propre tant par le live que par le vepse. Et comme ces deux dialectes sont séparés l'un de l'autre par l'estonien, le vote, l'ingrien, qui tous connaissent l'alternance consonantique, il en résulte que cette élimination a dû se produire indépendamment dans chacun des deux dialectes en question.

Ce qui vient compliquer le problème, c'est qu'il existe d'autre part un dialecte lapon (lapon du Sud) qui ignore également l'alternance consonantique, pourtant si extraordinairement développée en lapon. Cette circonstance a induit plus d'un théoricien à penser que l'alternance serait là aussi un phénomène relativement tardif qui n'aurait surgi que dans une partie du domaine fenno-lapon, en tout cas après le commencement de la différenciation des dialectes. Pour ce qui est du fennique, le live et le vepse se seraient séparés du reste du fennique avant le surgissement de l'alternance. Mais alors comment s'expliquer ce surgissement? Les uns y ont vu un phénomène purement phonétique, c'est-à-dire l'effet du processus phonatoire lui-même. En effet, l'accord des faits lapons et fenniques laisse supposer que les occlusives intervocaliques sourdes ont été sonorisées et spirantisées quand la syllabe qui les suivait se fermait. C'est ce qui se reflète en finnois suomi :

fS *haapa* « tremble » / *haavat* « trembles » (nom. pl.)
sota « guerre » / *sodat* « guerres »
mäki « colline » / *mäet* « collines » (<*mäγet*)

En finnois du XVIe siècle, cette alternance a encore l'aspect suivant :

tapa « manière, coutume » / *tavallinen* « habituel »
sota « guerre » / *sodhan* (gén. sg. « de la guerre »)

suku « famille, lignée » / *sughusta* (élatif. sg. « de la lignée, de la famille »).

Cela nous montre que l'alternance consonantique, encore au XVIe siècle, avait pour forme :

p/v
t/δ
k/γ

Et il en était ainsi quand l'occlusive venait après consonne :

arpa « sort » / *arvan* (gén. sg.)
virta « fleuve, courant » / *virdhat* (nom. pl.)
ulko « extérieur » / *ulghos* « dehors, vers l'extérieur », etc.

Un deuxième aspect de l'alternance est celui que présente le traitement des géminées :

oppi « enseignement, doctrine » / *opit*
ottanut « ayant pris » / *otan* « je prends »
kaikki « tout » / *kaiken* (gén. sg.), traitement qui apparaît aussi après une autre consonne :
torppa « tenure » / *torpat* (nom. pl.)
polttaa « brûler » / *poltan* « je brûle », etc.
palkka « salaire » / *palkat* (nom. pl.).

La plupart des théoriciens qui se sont intéressés à l'alternance consonantique ont conçu son mécanisme comme une sorte d'affaiblissement de l'occlusive sourde. Dans le cas de la géminée, cet affaiblissement n'aurait entraîné que la simplification de la consonne, dans celui de la simple, il aurait abouti à la spirantisation, compliquée de sonorisation. On s'est représenté que la consonne commençant une syllabe fermée se trouvait en position plus difficile que celle commençant une syllabe ouverte. Comme l'accent a porté depuis toujours sur la première syllabe du mot (qui est en même temps la syllabe radicale), on a estimé que l'accent dynamique en question ne jouait pas de rôle appréciable dans ce processus. Des expériences faites à Hambourg par l'éminent lapologue finlandais Eliel Lagercrantz, reprises à Budapest par le regretté Zoltán Gombocz et à Paris par l'auteur de ces lignes avec le concours de la regrettée Marguerite Durand n'ont pas apporté de donnée décisive sur la réalité de ce mécanisme. Cela n'a rien de surprenant si l'on songe que si le mécanisme en question était universel, l'alternance consonantique ne serait pas confinée aux seuls lapon et finnois mais s'étendrait à d'autres langues de par le monde. Or rien n'a été signalé qui puisse le faire supposer. Nous nous trouvons donc devant un phénomène relativement circonscrit, dont la nature demeure singulière. Aussi, dès le début, on a été tenté d'y voir quelque chose d'analogue à ce que les germanistes ont accoutumé d'appeler la loi de Verner. Cette « loi » rend compte d'un phénomène qui a caractérisé durant une certaine phase de son développement le germanique ancien. Elle dit que les spirantes sourdes intervocaliques se sont sonorisées quand l'accent (indo-européen ancien) portait sur la syllabe qui suivait, que celle-ci fût ouverte ou fermée. C'est ainsi qu'on relève en germanique :

gotique *broþar* « frère » (grec *frā́tōr*)
gotique *fadar* (prononcé *faðar*) / grec *patḗr*
v. islandais : *fraus* « il a eu froid » / *frørom* « nous eûmes froid »
flýia « fuir » / *flugom* « nous fuîmes » (got. *þliuhan*), etc.

Comme on le voit, les spirantes *f*, *þ*, *χ* n'étaient pas seules à subir l'alternance puisque on observe également celle en *s* ∾ *r* (ce dernier phonème étant issu d'un plus ancien *z*).

Mon maître Antoine Meillet a enseigné que le phénomène germanique s'expliquait de la façon suivante : la spirante sourde primaire ne s'est maintenue qu'après syllabe accentuée, exactement comme si elle s'était trouvée à l'initiale du mot. Dans toutes les autres positions, elle a subi la sonorisation qui est un processus banal en matière de phonétique historique. La « loi » de Verner s'analyse donc assez aisément, le maintien de la spirante sourde étant dû à la présence de l'ancien accent sur la syllabe qui précède. Or nous avons constaté qu'en fennique, il ne saurait avoir été question d'une alternance due à l'accent, celui-ci étant fixé sur la syllabe initiale. Le seul fait d'avoir élargi le mot d'une suffixation n'explique pas non plus la spirantisation des occlusives et leur sonorisation car les suffixes comportant une voyelle après la consonne ont maintenu la syllabe présuffixale ouverte et les consonnes sont restées sourdes et occlusives :

ulko « extérieur » / *ulghos* « dehors, vers l'extérieur », mais *ulkona* « au dehors, à l' extérieur »

väki « force, foule, peuple » / *väen* (gén. sg.) / *väkeni* « mon peuple »

anta- « donner » / *annan* « je donne » / *antakaa* « donnez » (impératif) / *antanen* « je pourrais donner » (potentiel)

korpi « gâtine, lande » / *korven* (gén. sg.) / *korpehen* « dans la lande » (avec mouvement, cas illatif), etc.

Le « poids » d'un élargissement n'intervient donc pas dans le mécanisme de l'alternance mais uniquement la fermeture de la syllabe qui suit l'occlusive sourde. Par contre, un autre fait ne manque pas de frapper, c'est que l'occlusive sourde se maintient en finnois après certaines consonnes ou devant certaines autres. Ainsi, *p*, *t*, *k*, ne bougent pas après *s* :

piispa « évêque » / *piispat* (nom. pl.)
päästä- « laisser échapper, lâcher » / *päästät* « tu laisses échapper, tu lâches »
usko « foi, croyance » / *uskon* (gén. sg.) /

On a de même :

matka « distance, voyage » / *matkat* (nom. pl.)
mais la spirante *h* (prononcée χ) se comporte autrement :
tahto « volonté » / *tahdon* (gén. sg.)
et le groupe *hk* flotte entre le maintien *(hk)* et la réduction à *h* (par suite de l'affaiblissement de ce phonème en spirante) : *nahka* « peau » / *nahkan* (et aussi *nahan* gén. sg.), etc.

On peut déduire de ces faits que la présence d'une sourde devant l'occlusive sourde empêche celle-ci d'être entraînée dans le processus double de spirantisation et de sonorisation et c'est bien ainsi que le phénomène a le plus généralement été interprété, bien que l'alternance soit étendue à ces cas dans une partie des dialectes.

Plus récemment et de plusieurs côtés à la fois, certains se sont demandé s'il ne fallait pas inverser les facteurs. Ils sont tentés de voir dans les spirantes sonores les phonèmes primaires. Les occlusives correspondantes *p t k* seraient secondaires ; elles auraient été produites postérieurement par une sorte d'effort de renforcement du consonantisme en position devant voyelle ouverte. A l'appui de leur thèse, ils renvoient aux emprunts qui se sont introduits en fennique comme en lapon. Comme nous l'avons signalé plus haut, il est facile de constater que la plupart de ces emprunts comportent devant syllabe ouverte une occlusive sourde là où la langue prêteuse ne connaît qu'une sonore, occlusive ou spirante :

balte (lit.) *dabà* ∾ fS *tapa* « mœurs, coutume, habitude »
grúodas ∾ *routa* « état de congélation »
vagà ∾ *vako* « sillon », etc.

La sourde finnoise s'expliquerait ainsi : l'occlusive sonore balte aurait été rendue par la spirante sonore fennique dans les cas où la syllabe finale aurait été fermée et lorsque celle-ci aurait été ouverte (ou rouverte), l'occlusive sourde correspondante y aurait été substituée. Parallèlement, la géminée fennique serait venue, dans les mêmes conditions, se substituer à son tour à la simple du mot originel :

balte (lit.) *rãtas* « roue » / fS *ratas* (mais gén. sg. *rattaan* pour *rattahan* où *tt* figure devant syllabe ouverte)
laũkas « pelote (d'un cheval) » / fS *laukki.*

Cette explication tombe d'elle-même quand on constate que les choses sont loin de s'être passées de cette façon. En effet, dans nombre de mots, la sourde balte a bel et bien été rendue en fennique par la sourde correspondante :

lit. *kepùre* « casque » / fS *kypärä, kypäri*
šlúota « balai » / fS *luuta*
akė̃čios (vieux-prussien *aketes*) / *äkehen* (gén. sg.) / *äes* « herse ».

Ce dernier cas est particulièrement symptomatique. Le balte avait -*k*- qui s'est transmis sans changement en fennique dans les formes où la syllabe suivante était ouverte et ce *k* a été sonorisé et spirantisé en -γ- dès que la syllabe en question s'est fermée. Le même phénomène s'est produit dans l'emprunt balte du fennique *toe* « barrage à saumon » (gén. sg. *tokehen* > *tokeen*) qui reflète un mot balte qu'on retrouve dans le lituanien ancien *tãkišas* « id. » / vieux-prussien *takes.* Le prototype fennique a été **tokes* où *s* est passé à *h* puis s'est changé en occlusive glottale en fin de mot. Le génitif singulier ancien a dû être *tokesen*, d'où *tokehen* et l'actuel *tokeen.* La syllabe s'étant fermée (au nominatif sg.), le -*k*- est passé à -γ- puis s'est amuï. La spirantisation et la sonorisation n'ont pas été à l'origine mais à l'aboutissement de ces développements. Rien ne permet donc d'inférer que les occlusives sourdes simples du fennique sont l'effet d'un « renforcement » de l'articulation consonantique qui aurait été dans une certaine mesure comparable à la fameuse mutation germanique. Il faudrait supposer que le finno-ougrien, ou pour le moins le préfennique, aurait eu partout des sonores *b d g* là où jusqu'ici les théoriciens n'apercevaient que des sourdes *p t k.* En d'autres termes, ce serait le degré faible de consonantisme qui aurait été le degré primaire alors que les grammairiens avaient conçu ce degré faible comme secondaire et résultant d'une sonorisation compliquée de spirantisation. Or les faits que nous venons de rappeler ci-dessus infirment une pareille hypothèse. Il semble au contraire que les emprunts n'apportent pas la lumière que l'on désirait. Pour ce qui est des mots baltes pénétrés en fennique, ils ont tantôt maintenu l'occlusive simple et tantôt géminé celle-ci mais par contre toujours rendu la sonore par une sourde. Ceci s'explique aisément puisque le fennique ne possédait pas d'occlusives sonores. S'il fallait une contre-preuve, elle serait fournie par les emprunts, relativement rares, du balte au fennique. Les occlusives sourdes du fennique y sont reflétées par les sonores correspondantes :

fS *kataja* « genévrier » / lit. *kadagỹs* / vprussien *kadegis* (l'estonien *kadakas* remonte à un ancien **katakkas*).

Ce reflet est d'autant plus explicable que les occlusives sourdes sont en fennique d'une articulation très molle qui produit un effet acoustique un peu semblable à celui des douces sourdes. Elles sont d'ailleurs effectivement prononcées comme telles en estonien par exemple.

Les emprunts germaniques paraissent mieux cadrer avec l'hypothèse d'un degré faible primaire. En effet, les spirantes sonores du germanique ont été systématiquement rendues par l'alternance occlusive sourde/spirante sonore et l'on peut se croire justifié à supposer que le point de départ a été fourni par la forme germanique à spirante sonore :

visl. *hleifr* « pain » / fS *leipä*
got. *paida* « chemise » / fS *paita*
visl. *hagi* « enclos » / fS *haka*

dont les génitifs singuliers correspondant sont *leivän*, *paidan (d* figure ici pour un ancien -*δ*- : *paiδan)*, *ha'an* (pour un ancien *haγan*). Mais quel besoin le fennique aurait-il eu de transposer les *f* (lire *v*), *d* (prononcé δ) et *g* (prononcé γ) qui figuraient en position devant syllabe ouverte alors qu'il possédait bel et bien à cette époque-là les spirantes sonores qui correspondaient exactement à celles du germanique ? Si, en position devant syllabe ouverte, ces spirantes se sont vu substituer les occlusives sourdes correspondantes, c'est que l'esprit de système y a contraint le sujet parlant. Et cet esprit de système ne pouvait être inspiré que par la loi de l'alternance consonantique. Donc, dès l'admission des emprunts germaniques les plus anciens, il existait en fennique une alternance consonantique à laquelle les mots introduits ont été forcés de se soumettre. Cette intégration ne s'est d'ailleurs pas faite totalement. Il est arrivé çà et là que le mot admis n'a pas été intégré parce que la nécessité de cette intégration ne se faisait pas sentir. Ainsi, à gotique *ahana* « bale, glume », le finnois répond pas *akana* où le *k* reflétant un *h* que ne possédait pas le fennique de l'époque n'avait pas à subir l'alternance étant donné qu'il était toujours devant syllabe ouverte. De même le -*δ*- des mots gotiques du type *auþida* « désert » (fS *autio*) où -*δ*- a été rendu par -*δ*- n'entrait pas dans le jeu de l'alternance.

Ce qui confirme ces vues, c'est le cas présenté par de vieux emprunts germaniques tels que *rengas* « anneau » et *kuningas* « roi » qui correspondent respectivement à d'anciens prototypes **hrengaz* et **kuningaz*, si l'on s'en tient aux données de la grammaire comparée des langues germaniques. De par leur faciès, ces deux mots sont de type très archaïque et reflètent en finnois des formes antérieures à celles qui sont attestées dans les documents germaniques les plus anciens. Or nous constatons que le groupe germanique *-ng-* a été rendu par l'équivalent *-ng-*, soit par une nasale gutturale sonore. Pourquoi? Parce que la consonne finale *-s* qui reflétait le *-z* du nominatif sg. germanique (issu d'un plus ancien *-s*) fermait la syllabe et que de ce fait, le finnois ne pouvait faire figurer en cette position une combinaison *-nk-*, tolérée seulement devant syllabe ouverte. Il en est de même dans un mot *mallas* « malt » (visl. *malt*, allemand *Malz*), qui apparaît sous les espèces de *malta-* dans les formes du paradigme où la dentale figure devant syllabe ouverte : *maltaat* « malts » (nom. pl. dial. *maltahat*, etc.). Un même témoignage est apporté par le mot *kallas* « pente, talus » (visl. *hallr* pour un ancien *halδaz*) qui présente le thème *kalta-* dès que la syllabe suivant le groupe *ll* (issu d'un ancien *-lδ-*) s'ouvre au cours du paradigme.

Il y a donc de grandes probabilités pour que le phénomène dit d'alternance consonantique soit antérieur aux emprunts aux langues baltes et à plus forte raison aux emprunts germaniques.

Toutefois, pour ce qui est de la préhistoire immédiate des parlers fenniques, l'essentiel est de constater que, quelle que soit son origine, cette alternance a dominé le consonantisme de ces idiomes où elle continue encore à présent de jouer un rôle cardinal, à l'exception du vepse et du live où il n'est plus possible d'en retrouver la moindre trace. Mais ce qui vient d'être exposé plus haut laisse à penser que le live et le vepse sont issus d'un type de fennique où l'alternance devait pourtant exister. Il est difficile de supposer que ces deux dialectes auraient conservé l'état primitif du consonantisme fennique. Cela reviendrait à admettre que l'alternance s'est installée dans les autres dialectes après la scission du live à l'ouest et du vepse à l'est. Or cette scission n'a pu se produire qu'assez tardivement, ce qui contraindrait à placer le début de l'alternance tout près de nous dans le temps.

Certes, quelques aspects de l'alternance portent une empreinte nettement tardive. C'est ainsi que le groupe *ht* *(χt)* alterne avec le groupe *hd* (*-γδ-*). Tant qu'il s'agit de mots où *ht* provient d'un plus ancien *-kt-*, l'alternance en question peut être ancienne mais quand le *-ht-* vient d'un ancien *-št-* où l'on peut à bon droit penser que le *š* empêchait toute sonorisation du *-t-* (comme après *-s-*

dans *-sl-*), il est impossible que l'alternance se soit installée à une date antérieure au changement de *š* en *h*, changement qui s'est produit au cours même du fennique commun, après l'arrivée des mots d'emprunt baltes. Seulement on peut concevoir que les groupes *-hl-* issus d'anciens *-šl-* se sont alignés sur ceux qui provenaient d'anciens *-kl-* et ont ensuite subi les mêmes vicissitudes ou les mêmes développements. Il faut en effet tenir compte de tous les réajustements qui ont pu s'opérer dès le fennique commun et encore bien davantage au cours de l'histoire de chacun des dialectes qui ont conservé l'alternance. Ces phénomènes ont produit un réseau inextricable d'incohérences et de contradictions dont le finnois proprement dit ou suomi porte les traces dans sa morphonologie moderne. Pour cette raison, il est à peu près impossible de restituer l'état de choses qui a dû exister au départ. Comme nous l'avons dit, certains y voient le résultat d'un processus purement phonétique, tout au moins à ses débuts. Le fennique aurait exploité à des fins morphologiques le développement en question et c'est seulement après coup qu'il aurait acquis un caractère morphologique. Ce qui amène à adopter cette vue, c'est qu'on peut légitimement se demander à quoi peut bien servir l'alternance. Elle n'est pas un procédé expressif proprement dit puisque une grande partie des mots du lexique y échappe et d'autre part, elle est créatrice d'homophonies diverses qui n'introduisent pas de clarté dans l'élocution. Ainsi un mot *haavat* (nom. pl.) est ambigu sous cette forme. Il peut se rapporter à un nom. sg. *haapa* « tremble » ou *haava* « blessure ». Il est vrai que *tahtomme* « notre volonté » peut en revanche se distinguer de *tahdomme* « nous voulons » par le seul jeu de l'alternance. En admettant même que ceci rachète cela, il apparaît que l'alternance ne sert pas l'économie de l'expression. D'ailleurs, le live et le vepse se passent de ses effets sans en souffrir autrement alors que l'intégration de mots étrangers pose et a posé au cours des siècles bien de menus problèmes d'adaptation. Un mot suédois tel que *gata* « rue » a été emprunté en *katu* (d'après l'ancien accusatif suédois en *-o*) et l'on dit désormais *kadulla* « dans la rue » mais plus récemment, on a emprunté *auto* et l'on n'a pu se résigner cette fois à appliquer l'alternance. On emploie donc *autolla* « en auto, avec une auto ». Dans ce dernier exemple, on a simplement abandonné toute alternance!

Retenons donc pour terminer que l'alternance consonantique n'a toujours pas perdu son caractère énigmatique, pour reprendre une expression de notre éminent confrère Paavo Ravila mais, si énigmatique soit-elle, elle constitue un trait essentiel de la structure du consonantisme fennique et ceci aussi loin que nous pouvons remonter non seulement dans l'histoire mais aussi par la grammaire comparée interdialectale.

Le consonantisme fennique commun a, nous l'avons signalé plus haut, subi plusieurs changements au cours même de cette période du fennique commun dont il est difficile de préciser la longueur, faute de pouvoir dater le moment où s'est accusée la différenciation des dialectes. Ce processus a dû être plus ou moins long et probablement assez insensible. Aussi est-il parfois malaisé de démêler ceux des changements qui se sont accomplis alors que la cohésion dialectale était encore agissante et ceux qui se sont amorcés plus tard. C'est le cas par exemple du traitement de l'*-s-* intervocalique entre la 2e et la 3e syllabe ou celui du *-δ-* après syllabe inaccentuée.

La morphologie

Le principe de toute construction du mot en fennique commun avait été hérité du finno-ougrien, voire même de l'ouralien commun. Il était simple : la forme de base du mot était élargie de suffixes de dérivation, produisant de nouveaux vocables à partir d'anciens, et de suffixes d'emploi ou marques grammaticales qui exprimaient les relations grammaticales et divers autres rapports plus ou moins abstraits. Ni la préfixation ni l'infixation n'étaient utilisées en aucune façon.

Puisque le seul procédé morphologique était la suffixation, ce que certains ont dénommé l'agglutination, l'élargissement des mots s'opérait par juxtaposition d'un morphème à un thème ou forme de base du vocable en question. Mais comment cette forme de base se présentait-elle?

Les comparatistes ont estimé que les lexèmes ou mots pleins du finno-ougrien (et aussi de l'ouralien) étaient essentiellement fournis par des dissyllabes qui étaient tous terminés par une voyelle brève. Selon ces théoriciens, cette voyelle brève, nous l'avons déjà mentionné, ne pouvait être qu'un *a*, un *ä* ou un *-e* ; selon d'autres, il y aurait également eu une finale en *-ę̆*. Comme l'harmonie vocalique a certainement régné à date ancienne, il est assez vraisemblable que les mots dont la voyelle radicale était postérieure (ou sombre) se terminaient soit en *-a* soit en *-ę̆* tandis que les vocables de vocalisme antérieur (ou clair) avaient pour terminaison soit *-ä* soit *-e*. On s'est demandé quelle était la répartition de ces thèmes. Pour ce qui est du finnois (suomi) moderne, on évalue le nombre des thèmes en *-a* à environ 2 000 mots souches, à 600 ceux en *-ä* et seulement à 300 ceux en *-e*, type de thème qui a d'ailleurs cessé depuis longtemps d'être productif. Quant aux vocables dont la forme de base se termine en *-i*, *-o*/*-ö* et *-u*/*-y*, ce sont des formes secondaires de facture plus tardive.

Les thèmes des mots.

Sur la foi des comparaisons qu'il a pu instituer entre le fennique, le lapon et plus généralement les langues fenno-volgaïques, Erkki Itkonen a cru pouvoir affirmer qu'en fenno-permien (et même selon lui à date encore plus ancienne), c'étaient pourtant les thèmes en *-e* qui avaient été les plus nombreux dans la langue. Il est allé même jusqu'à préciser qu'ils devaient avoir été à eux seuls plus nombreux que les thèmes en *-a* et en *-ä* réunis (Erkki Itkonen : *Virittäjä* 1948, pp. 129 et suiv.). Il a réitéré cette affirmation (*Suomalaisen kielen- ja historiantutkimuksen alalta*, p. 67, et note 37). A mon intention, il a repris son énumération des thèmes restitués par comparaison du fennique et du lapon. Mais cette comparaison n'est valable qu'en ce qui concerne ces deux langues et elle ne saurait faire l'objet d'une extrapolation s'étendant à l'ensemble de l'ouralien. C'est ainsi que de nombreux thèmes en *-e* du fennique répondent à des thèmes en *-a (å)* du hongrois car celui-ci a conservé la voyelle thématique devant certains élargissements. Ainsi, à *appi* « beau-père » du finnois correspond en hongrois *ipa-* (avec *-a-*), à *jousi* (*joute-*) « arc (de tir) » / hgr. *íja-*, à *kolme* « trois » / hgr. *harma-*, à *suoni* « vaisseau sanguin, tendon » / hgr. *ina-* « tendon », à *kuu* « lune » / hgr. *hava-*. Ceci pour les mots de vocalisme sombre alors que dans les mots à vocalisme clair, le hongrois oppose un *-e-* ouvert *(ä)* dans lequel on ne peut voir que le reflet de l'ancienne voyelle thématique *-ä* : fS *kivi* (*kive-*) / hgr. *köve-* « pierre », fS *käsi* (*käte-*) / hgr. *keze-* « main », fS *liemi* (*lieme-* < **leeme*) / hgr. *leve-* « soupe, bouillon », *nimi* (*nime-*) / hgr. *neve-* « nom »), fS *nysi* (*nyte-*) « manche » / hgr. *nyele-*, fS *syli* (*syle-*) « giron » / hgr. *öle-*, fS *tyvi* (*tyve-*) « souche » / hgr. *töve-*, etc. Par contre, l'*-ë-* du hongrois répond bien dans certains cas à *-e-* du fennique dans les vocables de vocalisme antérieur : fS *veri* « sang » (*vere-*) / hgr. *vërë-*, fS *viisi* « cinq » (*viite-*) / hgr. *ötö-*, etc. Avec le vocalisme postérieur, on trouve également des traitements où le hgr. oppose *-o-* à l'*-e-* du fennique : fS *kuusi* « six » (*kuute-*) / hgr. *hato-*, fS *soi-* « retentir » / hgr. *zaj* « bruit » (*zajo-*), etc. Le samoyède vient corroborer ces constatations. En face fS *joki* « rivière, cours d'eau » (*joke-*), on trouve samYourak *jaha* (tout comme en face de fS *kala* « poisson » on a samYourak *hal'a*, etc.). On ne saurait donc déduire des faits observés en fennique et en lapon l'état de choses qui a pu régner en ouralien commun, ni même en finno-ougrien commun. Il n'en demeure pas moins, et sur ce point Erkki Itkonen a raison, que le nombre des thèmes en *-e* restitués par la comparaison fenno-lapone est très important par rapport au stock total des thèmes qui ont pu être identifiés comme étant d'origine ancienne. Erkki Itkonen *(op. cit.)* a reconnu 53 thèmes en *-a*, 29 thèmes en *-ä* et 101 thèmes en *-e* comme provenant du patrimoine ancien en fennique. Il est par conséquent manifeste que les thèmes en *-e* avaient pris une place considérable dans la morphologie fennique.

Cette place leur a fait jouer un rôle déterminant dans la mise en œuvre des dispositifs de suffixation. En effet, ce sont les mots ressortissant à cette classe qui fournissent la presque-totalité des vocables possédant un thème consonantique. Ce dernier n'est autre que le thème amputé de sa voyelle finale : *tuli* (*tule-*) « feu » / *tul-*, *suoni* (*suone-*) « veine, tendon » / *suon-*, *veri* (*vere-*) « sang » / *ver-*, *kuusi* « sapin » (*kuuse-*) / *kuus-*, etc.

Certains suffixes se sont attachés de préférence au thème amputé de sa voyelle, c'est-à-dire au thème consonantique : *tul-ta* « du feu » (partitif sg.), *kuusta* « du sapin » (id.), *kielten* « des langues » (gén. pl. de *kieli/kiele-*), *ver-ty-* « s'injecter, se couvrir de sang » (*veri/vere-*), *pääs-tä-* « laisser échapper, lâcher » (*pääse-* « s'échapper »), *mennä* « aller » (infinitif n° 1 bref de *mene-* « aller, **men-*+ *-tä'*), etc. Cette agglutination de certains suffixes au thème consonantique a contribué par la suite à compliquer le paradigme de nombreux mots de cette classe de thèmes.

Mais les thèmes consonantiques peuvent-ils être considérés comme des vestiges d'un ancien état de choses ou bien faut-il y voir des innovations du fennique? Comme le lapon présente quelques traces non équivoques de thèmes consonantiques anciens (cp. Erkki Itkonen, FUF 27, pp. 168-188), il semble bien que ces thèmes aient été anciens. Proviennent-ils de l'époque finno-ougrienne ou ouralienne? Il est difficile de le démontrer encore que certains indices incitent à le supposer. C'est ainsi que le samoyède yourak connaît des thèmes consonantiques et que d'autre part, certains vocables de très vieille origine semblent bien être des thèmes consonantiques affectés de suffixes. Ainsi, le fS *silmä* « œil » a tout l'air d'un *sil-* élargi d'un suffixe *-ma/-mä* qui a fourni tant de dérivés dans toutes les langues ouraliennes. On a parallèlement encore fS *kalma* « odeur de cadavre » (mdE *kalmo* « tombeau ». etc.) et aussi, avec une autre suffixation, fS *pelko* « peur, crainte », *pelkää-* (< **pelkäδä-*) « avoir peur, craindre » (lpN *bâllât*, md. *p'el'e-*, etc.).

En règle générale, ce sont les thèmes en *-e* qui alternent avec des thèmes consonantiques de telle sorte qu'on pourrait croire que l'-*e* s'est amuï dans certaines circonstances qui nous sont inconnues. A ce propos, il est également curieux de constater que l'-*a* et l'-*ä* des dissyllabes en -*a*/-*ä* alternent avec -*e*- dans certaines dérivations : *vanha* « vieux », comparatif *vanhempi* « plus vieux », *köyhä* « pauvre », comparatif *köyhempi* « plus pauvre » mais par contre *matala* « bas, inférieur » / *matalampi*, *viileä* « frais » / *viile-ämpi* « plus frais », ce qui montre que l'apparition d'un -*e*- alternant avec -*a*/-*ä* ne se produit ici que dans les dissyllabes. En revanche, une pareille alternance se retrouve dans la formation des verbes passifs en -*a*-/-*ä*- qui se construisent avec la marque -*tt*- du passif : *anta-* « donner » / *annetta-* « être donné », *esittä-* « présenter » / *esitettä-* « être présenté », etc. mais elle concerne alors toutes les formes quel que soit le nombre des syllabes. On trouve encore la même alternance dans le cas isolé de *kolme* « trois » (provenant d'un ancien *kolmet*) en face de *kolmas* « troisième » (issu d'un ancien **kolmanti*). Toutefois, dans ce dernier cas, le lapon présente de son côté une terminaison qui laisse supposer que l'-*e* final aurait été ancien, alors que le hgr. *harma-* (et peut-être le mordve erzä *kolmo*) proviennent d'un mot terminé en -*a*.

La différenciation des parties du discours.

Il ne fait guère de doute que les parties du discours avaient commencé à se différencier dès avant le stade où le fennique commun était parvenu dans son développement avant la séparation dialectale, si tant est que le terme fennique commun ait jamais pu recouvrir un ensemble de parlers bien homogènes. Certains traits des langues qui en sont issues incitent à en douter. Néanmoins, il semble bien qu'en gros, une démarcation ait commencé à se dessiner entre ce qui devait aboutir à constituer une classe des noms et ce qui a fini par constituer la conjugaison du verbe. Par ailleurs, les pronoms montrent actuellement assez de diversité d'un dialecte à l'autre pour qu'on soit amené à se demander s'ils ne s'étaient pas déjà groupés en une classe de mots nettement à part. On sait que certains théoriciens, parmi lesquels Paavo Ravila, ont émis l'hypothèse qu'à l'origine, il n'aurait existé que deux sortes de vocables : des mots pleins et des mots vides ou auxiliaires. Les premiers auraient été des dissyllabes, les autres des monosyllabes. Qu'une pareille hypothèse n'est pas seulement une vue de l'esprit, c'est ce que montre l'exemple de langues telles que les idiomes polynésiens où cet état de choses existe actuellement sous nos yeux. Mais quand convient-il de situer dans le temps cet état ancien? Tout le problème est là. Pour ce qui est plus spécialement du fennique, les choses apparaissent autrement. Il y avait des noms, des pronoms et des verbes. Ce qui était commun à ces trois classes de mots, c'était le procédé par lequel ils s'étoffaient de suffixes divers. Comme nous venons de le voir, ce procédé était d'une extraordinaire simplicité. Tout élargissement était suffixé soit à un thème terminé par une voyelle brève (qui ne pouvait être qu'*-a*/*-ä* ou *-e*) soit à un thème terminé par une consonne, qui ne pouvait être que l'une des suivantes : *-l*, *-n*, *-r*, *-s*, *-t*. Mais la simplicité de ce procédé de juxtaposition s'est trouvée compliquée par deux facteurs : 1) la voyelle ou la consonne finale du thème, rencontrant la voyelle ou la consonne du suffixe a pu subir des altérations ou en infliger au phonème suivant ; 2) l'adjonction d'un suffixe susceptible de fermer la syllabe à laquelle on l'attachait a exigé le degré faible du consonantisme qui précédait immédiatement ou inversement, dans d'autres cas, ayant ouvert cette syllabe, a déterminé le rétablissement du degré fort. Or une grande partie des altérations dont il s'agit se sont accomplies au cours de la période du fennique commun. Nous en avons signalé quelques-unes plus haut. Il résulte de ces développements que l'édifice morphologique du fennique apparaît assez compliqué en dépit de la simplicité de son principe. Cette complication s'était déjà installée avant la dislocation des dialectes.

Les noms.

L'appareil des suffixes employés pour exprimer les relations grammaticales ou grammaticalisées et quelques autres catégories comme celles du temps, de la durée, des situations et mouvements dans l'espace s'était déjà constitué.

Les noms, comme les verbes ont connu la distinction du nombre. Elle s'est exprimée pour les noms de deux façons certaines, c'est-à-dire au moyen de deux suffixes dont l'un était *t* et l'autre *i*. Toutefois on ne saurait dire que ces suffixes étaient en « distribution complémentaire » car ils se sont faits concurrence au moins pour ce qui est de l'expression du génitif pluriel. Le suffixe *-t* a marqué dans tous les cas le nominatif pluriel :

fS *kala* « poisson » / *kalat* « poissons »
kylä « hameau » / *kylät* « hameaux »
tuli « feu » / *tulet* « feux » (thème *tule-*)
rengas « anneau » / *renkaat* « anneaux » (<**renkasat*), etc.

Ce *-t* s'attachait, au nominatif, exclusivement au thème vocalique, contrairement à ce qui s'est produit en mordve, par exemple, où l'on trouve *kalt*, pluriel de *kal* « poisson », etc.

La marque *-i-* n'apparaît qu'aux cas « obliques », entre le thème nominal et le suffixe casuel :

munassa « dans un œuf » / *munissa* « dans des œufs » (<**muna-i-sna*)
pilvessä « dans le nuage » / *pilvissä* « dans les nuages » (<**pilve-i-snä*), etc.

C'est au génitif, comme nous l'avons dit que les choses se sont compliquées. Il semble bien qu'à l'origine, on n'ait eu que le pluriel en *-t-* (affaibli en *-δ-* et amuï par la suite en fS) :

poika « fils » / *pojan* « du fils » (gén. sg.)
poikain « des fils » (gén. pl. *poika-δ-e-n* <**poika-t-e-n*, cp. fE *poegade*)
isä « père » / *isän* « du père » / *isäin* « des pères » *(isä-δ-e-n* <**isä-t-e-n*, cp. fE *isade).*

L'*-e-* intercalé entre la dentale et la marque *-n* de génitif n'a pu être qu'une voyelle de liaison. Il est à noter à cette occasion que le procédé fennique a été plus simple que le procédé correspondant du hongrois car ce dernier a utilisé entre deux suffixes successifs deux voyelles de liaison au lieu d'une (*-a-* et *-e-*, c'est-à-dire *å* et *ä*).

Le *-t* construit par liaison de la voyelle *-e-* avec la marque *-n* de génitif s'est greffé directement sur le thème consonantique quand il y en avait un. Ce comportement détonne par rapport à celui du *-t*, simple marque du nominatif pluriel :

kieli « langue » / *kielet* (nom. pl.)
kielten (gén. pl.)
vieras « hôte, étranger » / *vieraat* (<**vērasat*) (n. pl.)
vierasten (gén. pl.).

Pour ce qui est de l'extension de l'emploi de la marque *-t* de pluriel aux cas obliques autres que le génitif, les témoignages des dialectes ne sont pas concordants. Les formes en *-t-* se sont généralisées en estonien, et quelque peu en live, alors que le vepse présente *-i-*. Il est donc loisible de supposer que c'est l'*i* qui a essentiellement exprimé le pluriel des cas obliques à date fennique commune.

Mais si le pluriel a été nettement distingué du singulier dans le paradigme des noms, il n'en a pas peut-être été tout à fait de même en ce qui concerne les mots affectés d'une marque de possessivation. Ici, l'état ancien se laisse difficilement restituer par une série de recoupements et de comparaisons. Ce qui rend malaisé de procéder avec sécurité à cette restitution, c'est que le finnois suomi a seul vraiment conservé un appareil à peu près complet de suffixes de possessivation. Ces marques ont été fournies par les pronoms personnels correspondants. Le plus souvent, l'appareil restitué est présenté sous l'aspect suivant (Lauri Hakulinen, *Suomen kielen rakenne ja kehitys*³, p. 97) :

**-mi* « mon, ma, mes »	∾	**-mek* « notre, nos »
**-ti* « ton, ta, tes »	∾	**-tek* « votre, vos »
**-sen* « son, sa, ses »	∾	**-sek* « leur, leurs »

en face des pronoms personnels (nominatif) :

**minä* « moi »	**mek* « nous »
**tinä* « toi »	**tek* « vous »
**sen* « il, elle »	**sek* « ils, elles ».

Si l'on s'en tient à ce tableau, on est amené à conclure que le fennique ne savait pas marquer le pluriel du possédé. Mais l'appareil actuellement utilisé par la langue finnoise écrite révèle que les choses ont dû présenter un autre aspect. En effet, la possessivation y est exprimée actuellement par les formes suivantes :

-ni « mon, ma, mes »	∾	*-mme'* « notre, nos »
-si « ton, ta, tes »	∾	*-nne'* « votre, vos »

1) *-nsa'/-nsä'* « son, sa, ses » « leur, leurs »
2) (voyelle longue+*n*).

On a ainsi :

ystäväni « mon ami, mes amis »
ystäväsi ton ami, tes amis »
ystävänsä « son ami, ses amis »
ystävämme « notre ami, nos amis »
ystävänne « votre ami, vos amis »
ystävänsä « son ami, ses amis »
mais *ystävälleen* (« à son ami » ∾ *ystävilleen* « à ses amis »)

ce qui veut dire qu'au nominatif, il est impossible de distinguer le pluriel du singulier du possédé. Seulement, il faut se demander comment il se fait qu'on ait les suffixes *-ni*, *-mme'*, *-nne'* et *-nsa/-nsä* dont la forme est inattendue. Le regretté Julius Mark (MSFO 54) a consacré un ouvrage entier à l'interprétation de ces formes qui surprennent au premier abord. Il y voit le résultat de contaminations et de confusions entre des combinaisons de suffixes qui exprimaient d'une part le singulier et d'autre part le pluriel du possédé. Ainsi, l'-*n*- qui figure à la 1re personne du sg. du possesseur comme à la 2e personne du pluriel du possesseur et à la 3e personne (indifférente au nombre du possesseur) ne serait pas autre chose que le vestige d'un ancien -*n*- qui aurait marqué spécialement le pluriel du possédé. Cet -*n*-, intercalé entre le thème du nom et le pronom personnel affixé aurait assimilé l'-*m* de la 1re pers. sg., le *t* de la 2e pers. de pl., aurait par contre été assimilé à son tour par l'-*m* de la 1re pers. pl. On aurait eu, pour exprimer le pluriel du possédé l'appareil suivant :

**-n-mi* « mes » ∾ **-n-mek* « nos »
**-n-ti* « tes » ∾ **-n-tek* « vos »
**-n-sen* « ses » ∾ **-n-sek* « leurs ».

L'existence présumée de ce suffixe -*n*- n'est pas une simple vue de l'esprit ; il est bel et bien attesté dans d'autres langues finno-ougriennes, à commencer par le mordve où nous en rencontrons des traces certaines. H. Paasonen (*Mordwinische Chrestomathie*, pp. 4-5) a relevé par exemple : *ćśora* « fils » / *ćśorazo* « son fils » / *ćśoranzo* « ses fils », etc. Et en vogoul, nous trouvons : *kwol* « maison » / *kwoləm* « ma maison » / *kwolänəm* « mes maisons », *kwolən* « ta maison » / *kwolänən* « tes maisons », *kwolä* « sa maison » / *kwolänä* « ses maisons », etc. Un suffixe -*n*- de pluriel du possédé a donc été utilisé à date très ancienne, si ancienne même qu'il remonte à l'état ouralien commun. C'est ainsi que le grand M. Castrén avait relevé en selkoup (samoyède ostiak, MSFO, 122, pp. 122 et suiv.) :

logam « mon renard » / *loganím* « mes renards »
logál « ton renard » / *loganīl* « tes renards »
logád « son renard » / *loganídí* « ses renards », etc.

Plus récemment, Mme Tereščenko a indiqué pour le samoyède yourak (nenets) :

wənekomi « mon chien » (à côté de *wənekow*) / *wənekun* « mes chiens » (à côté de *wənekuni*), etc. Elle a même signalé que les termes de parentés présentent encore un suffixe -*na*- de pluriel du possédé : *ńiśaNAna*'' « nos pères », etc. (Materialï i issledavanija po jazïku nencev, p. 46).

Ces dernières formes font penser à mordve *ćśoram* « mon fils » / *ćśoran* « mes fils », *ćśoramok* « notre fils » / *ćśoranok* « nos fils ». Elles montrent que des assimilations et des simplifications se sont produites qui ont altéré profondément l'équilibre de l'appareil de possessivation. A la lumière de ces constatations et de celles faites par Julius Mark, on est justifié à interpréter *-ni* de la 1re personne du sg. du possesseur en finnois moderne comme le résultat d'une résorption du *mi* après *n*. On peut alors restituer un ancien **-n-mi*. Mais cette dernière forme répond à l'expression du pluriel du possédé. Au contraire dans le *-si* de la 2e pers. sg. du possesseur, on aurait affaire à une forme où *-n-* aurait disparu devant l'*s* résultant du changement de *t* en *s* devant *i*. Mais nous avons des exemples d'un développement phonétique analogue dans *kolmas* « troisième » (<**kolmanti*), etc. L'appareil actuel du finnois littéraire est donc l'aboutissement d'assimilations qui ont réduit ses formes à un seul et unique jeu. On aura remarqué que ce sont les formes de pluriel du possédé qui l'ont emporté. Quoiqu'il en soit, l'état actuel est tel que la distinction de nombre n'est plus exprimée dans les mots possessivés au nominatif. En revanche, elle est clairement rendue au génitif pluriel et aux autres cas obliques :

fS *vieraani* « mon hôte, de mon hôte, mes hôtes » (*vieras* « hôte »)
vierasteni « de mes hôtes »
kirjani « mon livre, de mon livre, mes livres »
kirjojeni « de mes livres »
kirjassani « dans mon livre / *kirjoissani* « dans mes livres », etc.

La situation du fennique est donc différente de celle du mordve où le pluriel du possédé ne trouve d'expression qu'au nominatif alors qu'aux autres cas de la déclinaison, les noms possessivés sont indifférents quant au nombre du possédé. Ajoutons qu'il est impossible, dans l'état de nos connaissances de situer le moment où l'appareil possessif du fennique a commencé à s'altérer pour disparaître complètement dans certains dialectes tels que l'estonien par exemple. Une même dégradation a frappé la possessivation par suffixation dans les parlers lapons.

L'expression du nombre a montré d'autres aspects en fennique ancien. Les formes déjà mentionnées pour la restitution des pronoms personnels comportent un *-k* qui a été généralement interprété comme une marque de pluriel. Dans ces cas, comme il a été remarqué de plusieurs côtés, on se trouverait en présence de formes pléonastiques puisque le pluriel de ces pronoms (1re et 2e personnes) se distingue par ailleurs du singulier par l'opposition de la voyelle : **minä* / **mek* / **tinä* / **tek* (mais à la 3e personne : **sen* / **sek*, Ce *-k* se retrouve dans les formes correspondantes en mordve ainsi que nous l'avons vu plus haut : *ťśoramok* « notre fils », *l'išmeńek* « notre cheval » (*l'išme* « cheval »). On les retrouve encore en hongrois : *házatok* « votre maison » (*ház* « maison »), etc. Ainsi donc, le fennique commun, à l'instar du finno-ougrien commun, aurait disposé de 4 marques distinctes pour indiquer le pluriel : *-t*, *-i*, *-n-* et *-k*, qui se seraient trouvées en distribution complémentaire sauf pour ce qui est de *-t* et d'*-i-* dans une partie au moins du paradigme.

Avant d'en terminer avec l'expression du nombre, il est bon de signaler que les 3es personnes des différentes formes de la conjugaison n'ont pour marque du pluriel que le suffixe *-t* :

fS *tulee* « vient » / *tulevat* « viennent »
(anciennement) *tuli* « vint » / *tulit* « vinrent »
tulisi « viendrait » (anciennement) *tulisit* « viendraient »
tulkoon « qu'il vienne » / *tulkoot* « qu'ils viennent »), etc.

Cela montre que les formes verbales conjuguées de 3e personne ont été traitées, pour ce qui est de l'expression du pluriel, exactement de la même façon que les substantifs au nominatif. C'est l'un des cas où la différenciation morphologique entre le verbe et le nom ne s'est pas totalement opérée.

La « déclinaison ».

Pour ce qui est des relations dites « casuelles », le fennique commun a disposé dès le début d'un ample appareil de suffixes qui élargissaient les substantifs selon les procédés sommairement décrits plus haut. Cette « déclinaison » a comporté au moins 12 cas, sans compter la forme de base qui servait de nominatif. Ces cas « obliques » étaient supportés par autant de suffixes distincts, qui s'attachaient aussi bien au pluriel qu'au singulier (sauf le comitatif, probablement déjà exclusivement exprimé au pluriel). Par contre, l'accusatif en **-m* n'apparaissait qu'au singulier (tout comme dans les langues indo-européennes). L'appareil en question a été restitué sous la forme suivante :

1) nominatif : pas de suffixe spécifique
2) génitif *-n*
3) accusatif *-m* (passé à *-n*)
4) partitif *-ta*/*-tä*
5) illatif *-sen*
6) inessif **-sna*/-**snä*
7) élatif **-sta*/**-stä*
8) allatif *-len*
9) adessif **-lna*/**-lnä*
10) ablatif *-lta*/*-ltä*
11) translatif **-kse* (passé à *-ksi* en fin de mot)
12) essif *-na*/*-nä*
13) abessif *-tta*/*-ttä*

(*Jazïki narodov* SSSR III, *Finno-ugorskie i samodijskie jazïki*, p. 30). Mais cette restitution n'est pas complète. Elle ne fait aucune allusion au cas « instructif » en *-n* qui est peut-être très ancien, pas plus qu'au datif en *-n* (plus anciennement **n'* peut-être) et au comitatif en *-i-ne-*. Et puis, certaines désinences qui ne figurent que dans un petit nombre de mots employés adverbialement : *-s*, *-k*, **-tsek*, représentent des vestiges plus ou moins informes d'anciens « cas » qui ont pu jouer un rôle plus important dans un passé plus éloigné. S'il en était bien ainsi, le fennique commun aurait possédé une déclinaison comprenant jusqu'à 17 ou 18 « cas ». Mais ces « cas » se sont-ils constitués en fennique même ou celui-ci les a-t-il reçus en héritage d'une forme plus ancienne de la langue? C'est ainsi que les cas en *-l-* (allatif, adessif, ablatif) ont été considérés par plusieurs chercheurs comme plus tardifs que les autres. Or rien ne vient corroborer cette hypothèse. Au contraire, ces cas, comme mon regretté maître hongrois Joseph Szinnyei l'avait admis, proviennent d'une époque où le fennique ne s'était pas encore séparé du fenno-permien puisque le permien a de son côté développé ces cas en *-l-*. Ce qui est vrai, c'est que le mordve ne les possède pas mais il se peut qu'il les ait perdus au cours des temps. Un autre point qui gêne manifestement les théoriciens partisans de l'hypothèse d'un préfennique fenno-lapon, c'est que rien de tout cela ne se retrouve en lapon, ce qui est évidemment fâcheux aux yeux de ceux qui croient à la très proche parenté des deux langues.

La richesse du fennique en désinences « casuelles » est frappante, surtout si l'on compare cette déclinaison à celle anciennement attestée en hongrois et actuellement constatée en vogoul et en ostiak. Des langues ouraliennes, c'est, dans l'état présent des choses, le hongrois qui s'enorgueillit de la déclinaison la plus ample et la plus complexe, mais cet appareil s'est constitué et continue à se développer sous nos yeux, car le nombre des cas anciennement attestés en hongrois est beaucoup plus réduit (4, plus le nominatif) et se rapproche non seulement de la consistance de la déclinaison en ougrien de l'Ob (vogoul et ostiak) mais aussi de celle de la déclinaison des langues samoyèdes. Il semble donc bien que la déclinaison hypertrophiée du fennique soit un trait proprement fenno-permien qui a tendu à s'atténuer en mordve et en lapon.

Ceux des mots qui, par leur sens, se prêtaient à être employés en fonction de prédicats ont reçu un traitement différent et ont admis des suffixes dont l'ensemble a pu constituer la conjugaison.

Les verbes.

Comme on vient de le voir ci-dessus, la forme conjuguée des verbes n'a réellement compris que les formes rapportées aux deux premières personnes. Les formes dépendant d'une 3e personne ont été généralement traitées comme des noms ou, si l'on préfère, comme des substantifs, la forme à désinence zéro ou thème nu faisant fonction de 3e personne du singulier et celle de pluriel assumant le rôle d'une 3e personne de pluriel. C'est ainsi qu'en finnois suomi de facture populaire archaïque (la langue dite kalevalienne), on oppose encore :

tulevi (<*tuleva*) « vient » / *tulevat* « viennent »,

ce qui revient à dire que le présent de l'indicatif des verbes était formé à la 3e personne à partir du nom déverbatif qui a fourni le participe présent en *-va/-vä*. En réalité, ces formes veulent dire « venant » et « venants » respectivement. Elles proviennent elles-mêmes d'une plus ancienne forme **tulepa* où *p* s'est spirantisé et sonorisé en *-β-* puis en *-v-* après syllabe inaccentuée. Mais le détail de ces développements ne s'est établi que dans le cours de l'évolution de chaque langue fennique séparément et le fennique commun n'a connu que les formes plus pleines qui sont celles restituées par la comparaison.

Les désinences personnelles proprement dites n'ont affecté que les 1re et 2e personnes. Elles ont été les suivantes :

**-m* « je » (> *-n*)	**-mmek* « nous »
-t « tu »	**-ttek* « vous ».

Comme il est visible, ces désinences n'ont été que les résidus de l'agglutination au thème verbal du pronom personnel et ce qui surprend au premier abord, c'est l'aspect inattendu des désinences de 1re et 2e personnes du pluriel. L'explication proposée est celle-ci : alors que les désinences de 1re et 2e personnes du singulier auraient été attachées directement au thème nu du verbe (*tule-n* « je viens » <**tule-m*, *tule-t* « tu viens »), les pronoms correspondants du pluriel auraient été greffés sur un thème verbal élargi d'un *-k*, ce qui aurait donné :

**tulek+mek* > **tulemmek* > *tulemme* « nous venons »
**tulek+tek* > **tulettek* > *tulette* « vous venez ».

Cet élément *-k* serait une marque indiquant le présent. Or plusieurs détails surprennent dans cette explication. D'abord, la forme de 2e pers. pl. en **-ttek* (> *-tte*) présente un traitement inattendu du groupe $k+t$ qui donne généralement *-ht-* (degré faible *-hd-*). Il faudrait donc admettre que cette désinence **-ttek* s'est modelée sur celle de la 1re personne de pluriel, par exemple. En réalité, l'hypothèse d'un thème en *-k* a été suggérée par trois constatations : 1) qu'en vogoul, le présent de l'indicatif des verbes est formé à l'aide d'une marque qui remonterait à un ancien *-k-*, 2) qu'en fennique même, certaines formes verbales dites « réfléchies » construisent leur 3e personne du singulier en *-ksen*, terminaison qui a été analysée en *-k-*+*-sen*, ce dernier élargissement n'étant autre que la forme même du pronom personnel de la 3e pers. sg. On mentionne à ce propos le cas de formes telles que *muutaksen* « il change, il se transforme », *käännäksen* « il se tourne », etc., 3) qu'il existe un suffixe *-k* qui a fourni des déverbatifs : *ote* (<*otek*) « prise » d'*otta-* « prendre », *lähde* « source » de *lähte-* « partir, surgir ». On appréciera la fragilité de cette argumentation. Il semble que nul n'ait songé à une autre explication qui serait celle-ci : les formes de pluriel seraient édifiées sur le pluriel en *-t* du thème verbal : **tule-t-mek*, **tule-t-tek*, etc. Qu'une telle hypothèse n'a rien d'absurde, c'est ce que suggère l'exemple de la conjugaison subjective en mordve. On a par exemple :

kundan « j'attrape »
kundat « tu attrapes »
kundi̯ « il, elle attrape »
kundatano (dial. : *kundatanok*, *kundatamok*, etc.) « nous attrapons »
kundatado « vous attrapez »
kundi̯t « ils, elles attrapent »

qui s'identifie à la « conjugaison » d'un adjectif tel que *viška* « petit » :

viškan « je suis petit »
viškat « tu es petit »
viška « il, elle est petit(e) »
viškatano « nous sommes petits »
viškatado « vous êtes petits »
viškat « ils sont petits ».

Une pareille confrontation ne laisse aucun doute sur le mécanisme de la formation des 1re et 2e personnes du pluriel. Tant pour l'adjectif conjugué que pour le verbe, elles sont édifiées sur un thème de pluriel nominal en *-t*. Il y a donc lieu de se demander vraiment si le même processus ne s'est pas développé également en fennique lorsque s'est élaborée la conjugaison (cp. D. V. Bubrikh : *Istoričeskaja Grammatika ärzjanskogo jazïka*, pp. 86 et suiv.).

Ce qui renforce une pareille interprétation, c'est, comme le signale justement Lauri Hakulinen (*op. cit.*, p. 206), l'existence de formes plus « simples » attestées dans les dialectes *oltima* « nous prîmes », *näkisimä* « nous verrions », *saakame* « recevons », etc.

Il n'est pas superflu de revenir sur l'aspect insolite de la désinance des formes verbales dites réfléchies. Ces formes sont essentiellement attestées dans les textes de folklore, relevés aux confins du suomi, du carélien et de l'ingrien. Bien que leur langue soit manifestement très composite, la tradition poétique populaire y a certainement « sauvé » quelques archaïsmes. Or les verbes « réfléchis » présentent à la 1re personne du singulier la désinence *-me*, aussi bien au présent qu'au prétérit alors qu'à la 3e personne du sg. on a *-ksen* au présent et *-hen* (avec les variantes dialectales *-kse* et *-he*) au prétérit. Comme nous venons de le dire plus haut, le *-k* de *-ksen* a été conçu comme la marque de présent qui serait à l'origine des désinences des 1re et 2e personnes de pluriel en *-mme* (<**-kmek*) et *-tte* (<**-ktek*). Pris entre deux voyelles, l'*s* du pronom personnel serait passé à *-h-* (par l'intermédiaire d'un stade *-z-* dont on ne s'explique pas la raison!), tout comme cela s'est produit dans le cas des formes du possessif de 3e personne dans *talossaan* « dans sa maison » *(talossahan* < **talosnasen)* et *kylässään* (<*kylässähän* < **kyläsnäsen*), etc. Or cette dernière désinence est précisément celle qui se retrouve comme unique marque personnelle dans les verbes dits passifs apparus en finnois suomi : *sanotaan* « il est dit » *(sono-ta-han* < **sano-ta-sen)*, *iskettiin* « il fut frappé » *(iske-tti-hin* <**iske-tti-sen)*, etc. Cette marque *-sen* n'est donc autre que la forme pronominale de 3e personne du singulier (au pluriel on aurait eu **-sek*, voire **-set*) qui a servi pour construire, combinée à un substantif, une forme possessivée. Il s'avère ainsi que la désinence des formes « réfléchies » et celle du « passif » sont, à la 3e personne, identiques à celle du suffixe de possessivation de 3e personne ou plutôt sont issues les unes et les autres de l'agglutination du même pronom personnel.

Cette utilisation du pronom **sen* comme désinence du verbe en certaines acceptions est un phénomène fennique commun. On en retrouve partout des traces plus ou moins bien conservées. C'est ainsi qu'en face de : *peipponen peseikse* « le pinson se lave, fait sa toilette » (Kalevala, 26 : 45, 37 : 172), on trouve en vepse *pežese* « il se lave » et en carélien *pezeks*, *peziäksi*, etc. Ce qui est plus intéressant, c'est qu'à la 1re personne du singulier, le vepse présente une désinence *-moi* (*pežemoi* « je me lave ») qui fait pendant à celle en *-me* des textes kalevaliens. Cette dernière constatation révèle que la première personne du singulier pouvait être indiquée par deux sortes de désinences, l'une, réduite à *-n* (<**-m*) et l'autre, d'un format plus volumineux. Les faits connus du fennique, du moins dans l'état actuel des choses, ne permettent guère d'étendre cette constatation à la 2e personne malgré la présence d'un *-toi* en vepse (*pežetoi* « tu te laves », en face de *pežet* « tu laves ») car cette dernière désinence pourrait bien n'être qu'une réfection à partir et sur le modèle du *-moi* de la 1re personne. N'importe, il suffit de voir s'opposer, dans le cas des dialectes finnois orientaux, un *-n* à un *-me* de la 1re pers. sg. pour tout de suite songer qu'une pareille opposition se retrouve ailleurs. Ainsi, en samoyède yourak, les verbes dits « subjectifs » portent au présent de l'indicatif un *-m* (ou *-dm*) à la 1re pers. sg. tandis que les verbes dits « objectifs » ont *-w*, les deux formes étant issues du même pronom personnel de 1re personne du singulier *mań* « moi » qui a également fourni le suffixe de possessivation des substantifs (*-w*). Cette dualité de la désinence personnelle a déjà donné lieu à de nombreuses interprétations, la plus vraisemblable étant celle selon laquelle le pronom personnel suffixé à un thème ressenti comme nominal aurait abouti à l'expression de la possessivation et dans cette fonction aurait été plus ou moins réduit alors que construit pour indiquer la dépendance subjectale du nom, il aurait conservé plus de corpulence. A vrai dire le fennique ne vient pas confirmer cette thèse puisque le suffixe de possessivation y apparaît plus étoffée (*-ni* et dialectalement *-mi*) que la désinence correspondante du verbe *-n*. Mais le *-me* du verbe « réfléchi » semble avoir gardé plus de substance.

Pour ce qui est par contre de la 3e personne de ces mêmes verbes « réfléchis », il ne fait pas de doute qu'elle n'est autre chose que le suffixe de possessivation utilisé en fonction de désinence pour exprimer la dépendance subjectale alors que dans le verbe dit « actif », c'est le thème nu qui, en fennique, assume à lui seul, la fonction de 3e personne, soit au singulier, soit au pluriel. Aussi est-il particulièrement intéressant de constater qu'un phénomène de ce genre caractérise les dialectes méridionaux de l'estonien. M. Lauri Posti (*Fragen der ostseefinnischen Verbalflexion*, *Congressus Internationalis Finno-ugristarum* I, pp. 216-225) a montré que dans ces parlers où se trouvent pas mal d'archaïsmes, un nombre important de verbes présente une désinence issue d'un ancien **-ksen/*-ksek* ou **-kset* :

palaś « il brûle » (intransitif)
istuś « il est assis »
kōleś « il meurt, il se meurt »

(au pluriel on a respectivement *palaze'*, *istuze'*, *kōleze'*, etc.). Ces formes signifient en vérité « son brûler », « son assise », « son mourir » (respectivement « leur brûler », « leur assise », « leur mourir », etc.). Il reste alors à interpréter la signification ou la fonction de l'élément *-k-* qui précède le suffixe pronominal. Cet élément, nous ne le voyons figurer qu'à la 3e personne. M. Lauri Posti, sans s'exprimer sur ce point, a constaté que les verbes dits réfléchis contenaient par ailleurs tel suffixe qui pouvait passer pour exprimer de son côté la notion de réfléchi. C'est ainsi qu'en carélien on a l'opposition *pezen* « je lave » / *pezeten* « je me lave », *pezet* « tu laves » / *pezetet* « tu te laves » (mais *pezeks* « il, elle se lave »). Il a même restitué (*op. cit.*, p. 225) un paradigme où un *-*δ*- joue le rôle d'élément exprimant l'action réfléchie. Seulement, il a fait figurer ce *-*δ*- même à la 3e personne alors que dans les formes qu'il mentionne lui-même de l'ancien estonien : *wibixe* « durer, il se prolonge », *kauxe* « il se perd » et celles qu'il cite d'après A. Saareste (*Kaunis Emakeel* I, p. 37) : *tema elakse* « il vit », *kaokse* « il se perd », *põlekse* « il brûle », ainsi qu'au passif : *nähakse* « il est vu », *kuuldakse* « il est entendu », etc., nulle trace d'un ancien *-*δ*- n'apparaît. Par contre, tout le monde s'accorde pour voir dans l'-*i*- des présents du type finnois oriental *myösteleikse* « il se tourne » (Kalevala, 49 : 162) un quelconque suffixe « réfléchi ». Cette hypothèse est corroborée par l'existence de formes du type *työnteleisin* « je me mettrais (au travail) » (Kalevala, 31 : 234), etc. Ne conviendrait-il pas alors de voir dans l'élément *-k-* une marque dans le genre de celle qui se retrouve combinée à *s* dans le *-ks-* de certains verbes désignées comme « fréquentatifs » (cp. Lauri Hakulinen, *op. cit.*, p. 218)? Quoi qu'il en soit, il est patent que les verbes « réfléchis » tendent à exprimer dans l'ensemble une action intéressant plus ou moins directement le sujet qui l'accomplit, d'où sa fréquence dans les verbes intransitifs, et son utilisation pour l'édification d'une sorte de passif. A cet égard, le phénomène fennique ne saurait être séparé de celui constaté en tchérémisse où les verbes se répartissent selon deux conjugaisons. L'une de ces conjugaisons est caractérisée par la présence, au présent de l'indicatif, d'un *-a-* prédésinentiel aux deux premières personnes et d'un *-š* à la 3e personne du singulier. On a l'opposition :

luδam « je lis » / *ončem* « je regarde »
luδat « tu lis » / *ončet* « tu regardes »
luδeš « il, elle lit » / *onča* « il, elle regarde », etc.

La répartition sémantique de ces deux « conjugaisons » est assez confuse bien qu'un nombre important de verbes à sens plus ou moins « réfléchi » se conjugue sur le paradigme en *-am*, avec *-š* comme désinence de 3e pers. sg. Or ce *-š* pourrait bien s'identifier au suffixe de possessivation de la 3e personne du singulier du possesseur. On se retrouverait donc devant le même type de construction, à savoir le thème verbal élargi du suffixe pronominal indiquant la personne, que celle-ci soit la dépendance subjectale ou le possesseur. Dans un exposé très remarqué, l'éminent Paavo Ravila (*Über die entstehung des tscheremissischen konjugations-systems*, *FUF* 25) a établi que les verbes en *-am* correspondraient à des verbes dont l'ancien thème (tel qu'il est attesté en finnois) aurait été terminé par *-e* ou *-ẹ* alors que les verbes en *-em* représenteraient les anciens thèmes en *-a*/*-ä*. Mais il n'a pas pris en considération les autres marques distinguant les deux paradigmes (3e pers. sg. du présent de l'indicatif et thème de passé). Pourtant il eût été intéressant d'analyser plus avant le rôle de ces marques, notamment dans le cas des verbes qui possèdent les deux conjugaisons : *temaš* qui se conjugue en *-am* avec le sens réfléchi « se rassasier, être rassasié », et en *-em* avec le sens transitif « rassasier », etc. Ne nous trouvons-nous pas devant le même problème que celui posé par les formes dites réfléchies et dites passives en fennique ?

Tout se passe comme si les paradigmes attestés des verbes fenniques ne représentaient plus qu'une simplification et une régularisation de plusieurs anciens types de conjugaison qui auraient coexisté en fennique commun, plus ou moins hérités d'un état de chose plus ancien. Les faits permiens tendraient à le confirmer. En d'autres termes, le fennique aurait laissé tomber une partie de sa conjugaison et cette simplification aurait pu être accélérée sinon déterminée par l'action de langues étrangères telles que le balte par exemple. L'influence du germanique, si profonde qu'elle ait indubitablement été, ne saurait à elle seule avoir déclenché ce mouvement car elle n'est intervenue que trop tardivement. En outre, la même tendance à la simplification s'est fait sentir en permien, et aussi en lapon. Ce qui embrouille les choses, c'est que l'élargissement pronominal réduit n'a pas toujours caractérisé les seules constructions possessives et que les formes plus corpulentes ont tantôt affecté les thèmes verbaux et tantôt les noms possessivés. Il est donc erroné d'émettre en règle générale que l'on ait affaire d'une part à des suffixes personnels possessivants et d'autre part à des suffixes personnels chargés d'exprimer la seule relation de dépendance subjectale. La réalité semble tout autre. La langue s'est trouvée en possession de deux séries de formes, probablement d'âges différents, et elle a essayé d'exploiter cette dualité pour en tirer des distinctions grammaticales. C'est ce qui explique combien les distinctions des conjugaisons dites subjectives et objectives, auxquelles il convient d'ajouter les conjugaisons passives et réfléchies, sont peu systématiques. On ne peut se défendre du sentiment que ces conjugaisons se sont constituées séparément au cours du temps dans chaque dialecte au gré de développements propres à chacun d'entre eux, sans parler, naturellement de ceux des dialectes où ces développements ont avorté en laissant çà et là des vestiges épars d'ébauches qui ne sont jamais parvenues à leur achèvement.

Les modes verbaux.

La conjugaison fennique commune a possédé, à l'indicatif, lequel était dépourvu de toute marque distinctive (sauf éventuellement le fameux *-k* de présent), outre ce présent, une forme de passé ou prétérit qui apparaît avec la marque *i* ajoutée au thème du verbe. Il ne s'agit pas d'entrer ici dans la controverse qui s'est élevée au sujet de l'origine de cet *-i-*. Disons seulement qu'on y a vu longtemps un résidu d'un suffixe *-ja/-jä* qui a fourni par ailleurs des noms d'agents : fS *laula-* « chanter » / *laulaja* « chanteur », *tietä-* « savoir » / *tietäjä* « sorcier, mage, celui qui sait », etc. Plus récemment, Paavo Ravila a cru y voir plutôt l'*-i* qui a produit des noms déverbatifs d'action : *anta-* « donner » / *anti* « don », *kasva-* « croître » / *kasvi* « plante, végétal », etc. (*Virittäjä*, 1957, p. 253). Ce suffixe de prétérit se retrouve en lapon et on a cru aussi en découvrir des traces dans d'autres langues finno-ougriennes. Ce qui importe ici est de signaler qu'il a été, autant que nous sachions, le seul morphème exprimant la notion de passé en fennique commun.

Les modes autres que l'indicatif ont été le potentiel, le conditionnel et l'impératif. Aucun de ces modes n'a connu de forme simple de passé. Le conditionnel semble avoir eu pour marque à l'origine un groupe **-ŋ́śi* passé à *-isi* en suomi et dans les dialectes qui lui sont proches. Quant au potentiel, il a été exprimé au moyen du suffixe *-ne-* qui se retrouve en tchérémisse, en hongrois, en vogoul et même en samoyède. Quant au mode impératif, il apparaît sous deux aspects distincts selon qu'il s'agit de la 2e personne du singulier ou des autres personnes. A la 2e personne du sg., la marque de l'impératif a été un *-k*, encore conservé dialectalement, et que l'on a naturellement rapproché du *-k* du mordve, etc. On a tout de suite identifié sans plus le morphème en question au *-k* qui a développé des substantifs déverbatifs en *-k* et aussi au *-k* supposé avoir été la marque du présent de l'indicatif. Ce *-k*, suivi d'une voyelle (*-a/-ä* ou *-o/-ö*) a formé les autres personnes de l'impératif, seul ou élargi lui-même d'une désinence personnelle, dans des conditions qui varient d'un dialecte fennique à l'autre et sur lesquelles il n'est pas possible de s'attarder ici. La seule remarque à formuler est celle-ci : on ne voit pas pourquoi l'impératif aurait été pourvu d'une marque de présent ou d'un suffixe de dérivation déverbatif. Il serait plus simple de supposer que cet élément *-k* a été une particule de renforcement qui a fini par se fondre avec le thème du verbe. Mais il est par contre non moins vraisemblable que ce procédé de renforcement a été très ancien puisque nous le retrouvons en samoyède.

Négation et interdiction.

Un trait caractéristique du fennique, et plus généralement des langues ouraliennes, a été de se servir d'un verbe conjugué pour exprimer la négation et l'interdiction. Pour ce qui est du fennique, il a possédé deux verbes distincts, l'un spécialisé dans la négation, l'autre dans l'interdiction. Le premier a pour thème *e-*, l'autre *älä-*, *ele-* (avec un thème consonantique *äl-*, *el-*). Il est probable que ce verbe *e-* de négation a possédé une forme de prétérit en fennique commun ancien mais elle a presque totalement disparu depuis lors, ne laissant que de très faibles vestiges dans certains dialectes estoniens. Le mécanisme de la négation était simple : le verbe négatif était seul conjugué et le verbe objet de la négation figurait au thème élargi d'un suffixe *-k* qui a été également identifié au *-k* de présent et au *-k* de l'impératif comme au *-k* déverbatif. Il paraît pourtant plus naturel de voir dans ce *-k* une particule de renforcement ou peut-être, à la rigueur, un suffixe de latif en *-k* attesté par ailleurs dans la déclinaison fennique commune. L'exemple du mordve donnerait à penser que le suffixe *-k* en question n'aurait rien à voir avec le présent puisque le thème négatif du verbe construit avec le verbe de négation au prétérit le comporte facultativement dans les parlers mordves erźä : *eźiń vano(k)* « je ne regardai pas », *eźiľ van(ok)* « tu ne regardas pas », etc. en face de *vanok* (aussi *vant*) « regarde », *kortak* « parle », etc.

En dehors des formes simples, le fennique avait déjà connu des temps composés. La comparaison des dialectes attestés historiquement permet de restituer des temps passés obtenus par la combinaison du verbe d'existence *ole-* (et pour le potentiel *lee-*) avec un participe passé. Ce dernier était pour les verbes actifs en *-n-+t* et pour les verbes passifs en *-t-* ou *-tt-+u/y*. Ils avaient la particularité de s'attacher au thème consonantique quand il y en avait un. Les problèmes posés par la formation de ces participes passés seront évoqués plus loin lorsqu'il sera question des phases successives par lesquelles le finnois est passé. Ce qu'on peut dire, c'est que le système était en place avant que les dialectes fenniques ne se dissocient les uns des autres. A ces participes passés répondait une seule forme de participe présent, marquée par un suffixe *-pa/-pä* qui a été joint tant au thème actif qu'au thème passif du verbe. Les autres formes nominales étaient nombreuses et plusieurs d'entre elles ont, au cours des temps, été intégrées au paradigme verbal sous formes d'infinitifs. C'étaient des noms verbaux en *-m-* et en *-t-* qui ont abouti à constituer tout un appareil de ce que les grammaires des langues fenniques dénomment des infinitifs et dont il sera plus amplement question par la suite.

Les temps composés.

Pour ce qui est des temps composés, il y a lieu de se demander s'ils ne se sont pas constitués sous l'influence d'une langue non-finno-ougrienne. On pourrait naturellement penser au germanique puisque le système actuel de la conjugaison fennique rappelle de point en point celui de la conjugaison des langues germaniques modernes. La seule différence est que le verbe auxiliaire employé en fennique a été le verbe d'existence, non seulement avec les participes passés ou présents passifs mais aussi avec les participes des verbes neutres. Cela s'explique d'une part du fait que le fennique ne possédait pas l'équivalent d'un verbe « avoir » mais aussi l'on peut se demander s'il n'a pas décalqué un autre appareil que celui du germanique. Les formes composées fenniques font surtout penser aux constructions du vieux russe. C'est ainsi que le prétérit y est constitué par la combinaison du verbe d'existence avec le participe passé accordé en nombre avec le sujet. Une forme finnoise *olemme lukeneet* « nous avons lu » (= « nous sommes ayant lu ») rappelle une forme russe ancienne du type *čitali esm* « nous avons lu », de même que *olimme lukeneet* « nous avions lu » fait penser à *čitali bjaxom* « nous avions lu », etc. Il est donc difficile de décider si le système des temps composés fennique s'est inspiré du germanique ou du slave. A moins qu'il n'y ait eu une amorce de ce développement dès les temps les plus anciens, ce qui n'apparaît pas très nettement puisque les langues autres que le fennique présentent des constructions passablement différentes. Les formes composées du lapon, dont le patron semblerait à première vue assez bien se superposer à celui des formes fenniques correspondantes ont pour constituants des éléments différents, ainsi que nous l'avons signalé déjà plus haut. Il convient toutefois de préciser que le déverbatif utilisé par le lapon se retrouve dans d'autres langues où il joue un rôle analogue, notamment en permien et en vogoul, voire même en hongrois.

La syntaxe

L'accord des différents dialectes fenniques permet de se représenter avec assez de précision certains des traits qui ont fait l'originalité de la syntaxe du fennique commun.

Celui qui a provoqué le plus de discussions est l'ordre des mots. Tandis que la plupart des théoriciens supposent que les différents constituants de la phrase s'ordonnaient selon une règle simple de priorité : sujet - compléments - prédicat, le déterminant précédant toujours le déterminé, le regretté Lauri Kettunen a estimé pour sa part que le fennique commun *(urfinnisch)* connaissait déjà l'inversion du sujet. Il n'a pas eu grand mal à montrer que cette inversion se trouve attestée dans tous les dialectes connus (*Über die Wortfolge im Finnischen und Urfinnischen*, Annales Academiae Scientiarum Fennicae. Ser. B, Tom. 81, 3) et il en a déduit que cette construction, par le fait même qu'elle est répandue partout, doit remonter à l'époque où les dialectes fenniques ne s'étaient pas encore dissociés. Mais si l'on considère les faits de plus près, cette déduction ne paraît pas si fondée. Les observations produites par Kettunen sont puisées dans l'usage tout moderne des dialectes. Tout au plus remonte-t-il pour ce qui est du suomi au XVIe siècle, c'est-à-dire à cette langue de la traduction biblique et liturgique dont l'ordre des mots suit assez servilement celui de l'original latin (le grec n'étant vraiment pas en cause ici), quand ce n'est pas celui de la version suédoise de l'époque ou de la traduction allemande de Luther. Mais les dialectes modernes présentent l'aboutissement d'un long développement au cours duquel ils ont évolué sous l'action plus ou moins directe des langues étrangères voisines qui, toutes, connaissaient l'inversion du sujet et pouvaient plus généralement se prévaloir d'une certaine liberté dans l'arrangement des mots les uns par rapport aux autres : balte, germanique, russe. Dans ces conditions, les témoignages allégués par Kettunen sont sans grande portée. Ils nous confirment que l'ordre des mots est relativement libre dans les dialectes fenniques tels que nous les connaissons historiquement mais ils n'autorisent pas à faire remonter cet état de choses au-delà des monuments qui nous ont été conservés et dont on sait combien ils sont tardifs et rares.

La « congruence ».

Par contre, d'autres traits apparaissent, qui ont probablement déjà existé en fennique commun. Il y a d'abord l'accord entre le qualifiant et le qualifié. Cet accord (que les théoriciens d'Europe Centrale et Septentrionale appellent « congruence ») consiste à affecter l'épithète des mêmes marques casuelles et numériques que le qualifié. On a ainsi en fS :

talo « maison » / *vanha talo* « vieille maison »
talossa « dans (une, la) maison » / *vanhassa talossa* « dans (une, la) vieille maison »
talot « les maisons » / *vanhat talot* « les vieilles maisons »
taloissa « dans (des, les) maisons » / *vanhoissa taloissa* « dans de (les) vieilles maisons », etc.

Par ailleurs, le qualifiant précède en règle générale le qualifié. C'est seulement dans la langue de la poésie populaire que l'épithète suit parfois le substantif qu'elle qualifie. Le problème qui se pose est de savoir comment s'est introduite en fennique cette construction « accordée » du qualifiant et du qualifié. On sait qu'en ouralien, la règle est que le déterminant, qui est toujours antéposé, demeure invariable, tout comme en anglais, par exemple, ou dans de nombreuses autres langues (chinois, japonais, etc.). On a d'abord pensé que le fennique avait tout simplement emprunté l'accord en question à l'une des langues auxquelles il a par ailleurs fait d'autres emprunts : balte, germanique, russe. On s'est ensuite demandé si l'ouralien n'aurait pas déjà connu une sorte d'amorce de ce développement et cette thèse a été en particulier soutenue par Mme Irène Németh-Sebestyén qui a évoqué à cette occasion certains faits observés par elle en samoyède yourak. Une troisième thèse voudrait voir dans ces phénomènes d'accord une innovation du fennique, surgie indépendamment de tout action extérieure. Rappelons que ni le mordve ni le lapon ne pratiquent l'accord de l'épithète et du qualifié.

Un autre accord semble avoir au contraire été plus ou moins rigoureusement appliqué, celui du sujet et du prédicat en ce qui concerne le nombre :

fS *Lintu lentää* « L'oiseau vole »
Linnut lentävät « Les oiseaux volent »

mais les textes du début du XVIe siècle et surtout ceux, oraux, de la tradition populaire, fourmillent de constructions où le prédicat figure au singulier même avec un sujet au nominatif pluriel :

Ve'et väheni lähtehistä (Kalevala, 20 : 440)
« Les eaux diminuèrent dans les sources »

qui contraste avec :

Ve'et maahan tultuansa
Alkoivat jokena juosta... (id. 4 : 473-4)
« Les eaux, une fois venues sur terre, commencèrent à couler en rivière »...

Il est difficile d'interpréter actuellement ce contraste mais il nous met en garde contre l'hypothèse selon laquelle cet accord en nombre aurait été à l'origine de ce que nous appelons le « syntagme prédicatif », c'est-à-dire de la relation entre le terme sujet et le terme prédicat. Ce qui vient renforcer ce sentiment, c'est que le fennique commun semble bien aussi avoir connu les constructions où le verbe, employé au singulier, apparaît avec une dépendance subjectale au partitif pluriel :

fS *Poikia juoksee pihalla*
« Des garçons courent dans la cour »

à côté de :

Vettä kiehuu kattilassa
« De l'eau bout dans la marmite ».

Un autre trait important caractérise le fennique dans son ensemble : l'existence de syntagmes prédicatifs trinaires où le prédicat nominal est associé à une forme verbale, tout comme dans les langues indo-européennes occidentales :

Ilma on kaunis
« Le temps est beau »
Päivät ovat valoisat
« Les jours sont clairs ».

Et ce qui est plus original, l'attribut du sujet peut figurer à d'autres cas que le nominatif, un peu comme cela se rencontre en russe ou en ancien nordique par exemple, mais avec cette différence que le procédé a pris une très grande extension. On dit ainsi : *Lumi on tänään nuuskaa* « La neige est molle aujourd'hui » (*nuuskaa* « du mou »), *Ihmiset ovat erehtyväisiä* « Les hommes (les êtres humains) sont faillibles » (= « des faillibles »), etc.

La relation objectale.

Le fennique a-t-il connu le syntagme objectal, en d'autres termes a-t-il su exprimer la relation de verbe à objet? Cette question n'a jamais été posée par les spécialistes des langues fenniques qui sont partis du postulat que la construction objectale existait, bien avant même la formation propre du fennique, au sein du finno-ougrien, voire de l'ouralien. Mais la situation se présente sous un aspect moins clair dès que l'on étudie de plus près les locutions que nous interprétons désormais comme des constructions objectales. La situation est en effet la suivante : nous rendons par le complément d'objet trois sortes d'expressions : 1) celles où le terme, employé au singulier en combinaison avec un verbe de sens transitif, ayant des fonctions qui se comparent à celle de l'accusatif des langues européennes classiques, figure affecté d'un *-n* dans lequel on voit le résidu d'un ancien *-m* qui aurait été la marque spécifique de l'accusatif en ouralien (cp. Bo Wikman, *The Form of the Object in the Uralic Languages*). Actuellement, et dans tous les documents que nous possédons, même les plus anciens, cet « accusatif » se confond pour la forme avec le génitif (et même l'instructif) singulier. Cette confusion peut être due au passage d'*-m* à *-n* en fin de mot. Comme ce changement phonétique s'est accompli à l'époque du fennique commun, on pourrait en déduire que la distinction de l'accusatif et du génitif (voire même de l'instructif) aurait été plus nette auparavant. En effet, le lapon (dialectes du Sud) a conservé les vestiges de cet ancien cas en *-m*. Il est en outre attesté en tchérémisse (mais non en mordve où un même changement d'*-m* en *-n* s'est produit). Le cas en *-m* a laissé quelques traces en vogoul et, surtout, on le trouve bien représenté en samoyède. 2) Le complément d'objet se trouve exprimé le plus souvent, tant en mordve qu'en vogoul et en ostiak, par la forme dite de base, plus communément appelée « nominatif ». C'est cette dernière forme aussi qui assume l'expression du complément d'objet en finnois quand le complément en question est au pluriel ou bien quand, même au singulier, il dépend d'un impératif de 2e personne ou de 1re personne du pluriel, d'un verbe dit passif ou d'une locution verbale impersonnelle. Dans ces trois derniers cas, il n'a jamais été exprimé autrement.

Ce tableau déjà compliqué, se surcharge encore si l'on prend en considération 3) que l'objet peut être exprimé par le partitif quand il est censé présenter une acception partielle (ce que nous connaissons dans nos locutions « boire de l'eau, manger des cerises, etc. »). Enfin, l'objet d'une action négative figure toujours au partitif. Le tout est donc de savoir si ces développements sont des innovations propres au fennique ou découlent seulement d'un plus ancien état de choses ainsi que pourraient le suggérer certains faits relevés en mordve, par exemple. Dans l'état actuel de nos connaissances, il est impossible d'en décider. Il faut donc se résigner à attendre que de nouvelles investigations viennent éventuellement jeter quelque lumière sur ce problème cardinal de la grammaire comparée ouralienne.

Tous les observateurs ont été frappés par l'emploi que font les parlers fenniques de prépositions à côté des postpositions habituellement utilisées par les langues ouraliennes. Ici encore il s'agit de savoir si cet usage est dû à une imitation des prépositions de langues telles que le balte, le germanique et le russe ou si nous avons affaire à un développement autochtone. La concordance entre les prépositions attestées dans les différents dialectes porte à croire que cet usage a pu être déjà amorcé en fennique commun, à moins que nous ne soyons en présence de développements parallèles. On notera par exemple que des particules rectives comme *läpi* « au travers de... », *yli* « par-dessus », *vastaan* « contre », *ennen* « avant » se retrouvent dans cette fonction d'une langue fennique à l'autre.

La phrase complexe.

La phrase complexe ouralienne était essentiellement fondée sur deux procédés : 1) le débit, 2) l'emploi de quasi-propositions construites au moyen d'une forme dite nominale du verbe. Ces procédés sont toujours en usage mais le fennique a développé en outre tout un appareil de propositions subordonnées et coordonnées. Comme il ne possédait pas de moyen propre de coordination, il a emprunté les conjonctions nécessaires et ces emprunts se sont étagés dans le temps. Le suomi a pris *ja* au germanique pour dire l'équivalent de notre « et » tandis que c'est le russe qui a fourni *i* et *da* au carélien et au vepse, par exemple.

Les propositions relatives ont été introduites par des éléments fournis soit par les interrogatifs : *ke-*, *ku-*, *mi-* et leurs dérivés soit par des déictiques *e-* (peut-être aussi *jo-*) mais comme les dialectes divergent les uns des autres dans l'emploi et l'exploitation de ces éléments, il y a lieu de se demander si le fennique commun avait déjà des phrases complexes à propositions relatives. Par ailleurs, certains relatifs sont apparemment des décalques relativement récents de formes étrangères. Ainsi le carélien *kumbańe* « lequel, laquelle » fait penser au russe *kotorïj*, etc., dont il est le décalque servile et il semble en être de même du vepse *kudam* bien que ce dernier se compare au mordve *kodamo* « quel, quelle », etc.

Mais si profonde qu'ait pu être l'action des langues de structure indo-européenne telles que le balte, le germanique et le russe, le fennique n'a pas admis de distinction de genre grammatical et il n'a pas non plus élaboré d'article ni défini ni indéfini. Il est vrai que sur ce dernier point, le germanique seul aurait été susceptible de l'influencer puisque ni le balte ni le russe ne connaissent non plus d'article. Cette absence d'article a d'ailleurs posé des problèmes au cours des temps, ainsi que nous le verrons plus loin.

Les traits, que nous venons d'esquisser très sommairement, de ce qu'a pu être le fennique commun quant à son appareil phonique et son appareil grammatical révèlent que d'importantes innovations sont intervenues précisément durant la période appelée fennique commun. Cette période est d'une longueur variable selon que l'on admet ou rejette l'hypothèse d'une communauté fenno-lapone. Dans le cas où le lapon serait vraiment issu d'une même souche que le fennique proprement dit avec lequel il aurait fait corps durant un certain temps, il est évident qu'une partie au moins des changements intervenus a pu s'accomplir avant la dislocation des deux dialectes. Si par contre, comme nous le pensons, le fennique et le lapon sont issus l'un et l'autre d'une même souche commune fenno-permienne, les transformations qui se sont produites s'inscrivent dans le cours même de la période fennique commune. Cette période aurait commencé au moment où les tribus proto-fenniques auraient cessé d'être en contact étroit avec le reste des Fenno-permiens. Or ces contacts n'ont dû se relâcher ou s'espacer que peu à peu durant une période étalée sur bien des siècles. Le fennique se serait formé au sud de la Baltique dans un espace encore indéterminé, au contact de populations de langue balte. Il n'y aurait eu reprise de contact avec d'autres Fenno-permiens que lorsque les Fenniques auraient rencontré les Lapons qui s'étaient de leur côté formés dans des zones plus septentrionales, probablement au nord de l'Onéga et du Ladoga dans les parages desquels ils ont continué encore longtemps à se mouvoir. Les dialectes fenniques attestés à date historique sont très proches les uns des autres, aussi proches par exemple que le sont dans leur parenté réciproque les langues romanes. Pour cette raison, l'opinion générale est que la dislocation dialectale fennique ne s'est accomplie qu'à date relativement récente, au cours des premiers siècles de notre ère. Depuis lors les changements intervenus n'ont guère affecté que les langues de civilisation ou les dialectes en voie de perdition et ceci dans deux directions opposées. Tandis que les langues de civilisation ont constamment été étoffées et développées, les dialectes abandonnés à eux-mêmes ont suivi une trajectoire inverse : usure phonétique, atrophie de l'appareil grammatical, appauvrissement du lexique. Le propos des pages qui suivent est de décrire comment le processus d'élaboration s'est poursuivi en ce qui concerne le finnois suomi dans la mesure où il est devenu une langue de civilisation à laquelle a été confiée la mission d'exprimer la pensée de la nation finlandaise.

Troisième partie

LA LANGUE DE LA MISSION LUTHÉRIENNE

Les plus anciens monuments qui se soient conservés de la langue finnoise écrite ne remontent donc pas plus haut que la première moitié du XVIe siècle, encore que la variété de langue dont ils sont le reflet soit certainement quelque peu plus ancienne. Auparavant, le finnois *suomi* n'est attesté que par des gloses éparses disséminées dans des documents d'archives rédigés soit en latin soit en suédois. Ces gloses consistent en noms propres surtout, noms de personnes et noms de lieu. Leur graphie incertaine pose plus de problèmes qu'elle ne révèle de renseignements sur l'état phonique de la langue au Moyen Age, plus exactement vers la fin du Moyen Age.

Le « fondateur ».

Le plus gros des premiers écrits finnois est fourni, de beaucoup, par les textes qu'a publiés l'évêque luthérien de Turku, Michel Agricola. Ces textes sont essentiellement : 1) un recueil de prières et de textes choisis de la Bible (1544), 2) une traduction du Nouveau Testament (1548), 3) un recueil liturgique sur le sacrement de baptême et autres procédures liturgiques (1549), 4) un ouvrage sur la Sainte Cène et la messe (1549), 5) un autre sur la Passion du Christ (1549), 6) les psaumes de David (1551), 7) Des psaumes et prophéties (1551) et des traductions des prophètes (1552). Il reste, également, les fragments d'un abécédaire qui a été daté de 1543, mais cette datation est remise en question.

En dehors de cette production, il a été retrouvé des fragments manuscrits d'autres écrits du même genre ou si l'on préfère de même inspiration. Il s'agit en particulier de ce que l'on a appelé le manuscrit Mathias Westh, qui contient des passages de l'Évangile traduits d'après la version suédoise de 1526 et qui porte une inscription indiquant l'année 1546. Un autre fragment de traduction de passages de l'Évangile, trouvé à Upsal, serait sensiblement de la même époque. Tous ces documents s'accordent à présenter un état de langue assez semblable de part et d'autre, ce qui tendrait à prouver qu'avant la Réforme, certains ecclésiastiques avaient commencé çà et là à consigner par écrit quelques prières ou quelques extraits des Évangiles. On sait par ailleurs que dès le Synode de Söderköping de 1441, il avait été prescrit de donner lecture les dimanches et jours fériés, dans toutes les églises, des principales prières, en « langue vulgaire », à savoir le Pater noster, l'Ave Maria et le Credo. A cet effet, des traductions ont certainement été rédigées et c'est mal connaître la tradition catholique en ces matières que de supposer que la teneur de ces traductions comme aussi leur forme ont pu être laissées à la discrétion des prêtres des paroisses. Il y a donc lieu de supposer qu'une tradition s'était établie de mettre par écrit au moins certains textes essentiels. Ce qui est plus singulier, c'est qu'aucun texte de ce genre n'ait été conservé d'avant la Réforme. Tout se passe comme si c'était seulement ce mouvement religieux, décisif pour tout le Nord, qui avait amené le clergé à écrire en langue vulgaire.

Les supputations multipliées au sujet de l'identité des auteurs présumés des quelques rares fragments rédigés vers le même temps que les œuvres d'Agricola ou quelques années avant lui n'ont pas apporté beaucoup de clarté et Agricola demeure toujours la seule personnalité sur laquelle nous sommes tant soit peu informés. C'est qu'en effet, ce que nous savons de lui est très peu de choses. L'année de sa naissance est ignorée. Par contre le lieu de cette naissance est connu et, précisément, pose un problème. Agricola est né à Pernaja en Uusimaa (Nyland), province de langue suédoise, et tout de suite on s'est demandé quelle avait pu être sa langue maternelle. Les premiers chercheurs ont opiné d'abord qu'il avait dû commencer par parler le suédois et n'aurait appris le finnois que plus tard. Plus récemment, on s'est avisé, à force de fouiller dans les archives, que la région de Pernaja avait d'abord été peuplée de Finnois qui avaient laissé des traces évidentes de leur passage dans la toponymie. On suppose depuis lors que le finnois a pu être encore parlé dans la commune natale d'Agricola, bien que celle-ci ait porté le nom suédois de *Torsby*. Son père semble avoir été un propriétaire terrien d'aisance moyenne. Il semble qu'il ait en tout cas disposé d'assez de moyens de fortune pour pouvoir envoyer son fils faire ses écoles à Viipuri, sous la direction d'un humaniste connu sous l'appellation de Johannes Erasmuksenpoika (Johannes Erasmi). Cette école semble avoir été renommée pour la qualité de son enseignement qui, naturellement, se faisait en latin.

Après y avoir été initié au « trivium », Agricola semble avoir suivi à Turku, la ville épiscopale, son maître Johannes Erasmi nommé secrétaire ou greffier auprès de l'évêque Martin Skytte. Il prit bientôt sa succession dans ces fonctions et fut envoyé en 1536 parfaire sa formation à Wittenberg auprès de Luther et de Melanchthon. On suppose qu'il avait appris l'allemand dès son séjour à Viipuri qui était alors un comptoir hanséatique et qu'il s'était aussi pénétré de la nouvelle doctrine. Quand a-t-il acquis la connaissance du suédois? C'est ce que les spécialistes qui ont essayé de mettre au jour les documents concernant sa vie n'ont pas indiqué. C'est pourtant un point très important car les textes suédois émanant d'Agricola sont d'une parfaite correction et révèlent qu'il était complètement maître de cette langue. Si l'on considère d'autre part que le suédois était avec le latin les deux seules langues officielles de la Finlande de l'époque, il n'y a rien de surprenant dans cette maîtrise de la seconde langue du royaume. D'autant plus qu'il y a tout lieu de croire que les adeptes de la Réforme ont utilisé le suédois dans la liturgie, dès 1534 au moins, à Turku même.

Par une lettre manuscrite de Luther, recommandant le jeune ecclésiastique au roi de Suède Gustave Vasa, nous savons qu'il fit à Wittenberg de brillantes études et frappa ses maîtres par son application et son « bon esprit ». Est-ce dans la vieille ville universitaire allemande qu'il entreprit de traduire le Nouveau Testament? Une lettre de supplique adressée par lui à ce même Gustave Vasa nous apprend en tout cas qu'il avait en chantier une pareille traduction et désirait un subside pour mener à bonne fin sa tâche. Quoiqu'il en soit, il obtenait au printemps 1539 la maîtrise, consécration importante des études qu'il avait poursuivies surtout sous la direction de Melanchthon. Ainsi équipé, il rentra en Finlande, non sans avoir pris la précaution de s'acheter comme viatique avant son départ plusieurs ouvrages importants, notamment des éditions d'Aristote, de Plaute, de Térence, de Caton, etc. Nommé recteur de l'école de la cathédrale de Turku, poste qui lui fut retiré en 1548, il continua à disposer des charges et prébendes qui lui avaient été octroyées par ailleurs. Il était notamment chanoine du chapitre cathédral et proche collaborateur de l'évêque. Nous savons qu'il s'acquitta de plus d'une mission à ce titre et nous avons connaissance, notamment, d'un voyage pastoral qu'il fit en Savo au cours de l'année 1549. L'évêque Martin Skytte mourut en 1550 et ce n'est qu'en 1554 qu'Agricola finit par recueillir sa succession. Il ne put en jouir longtemps. A peine trois années plus tard, au retour de Moscou où il s'était rendu avec la délégation chargée de négocier la paix, il succomba à la maladie non loin de cette ville de Viipuri où il avait fait ses premières classes.

Les historiens de la langue finnoise, comme aussi ceux de la littérature, voient en Michel Agricola le fondateur de la langue littéraire et de la littérature nationales finnoises. Dans leur esprit, ils lui attribuent un rôle comparable à celui d'un Dante ou d'un Luther.

A vrai dire, il est improbable qu'Agricola ait vraiment inventé de lui-même l'expression écrite en finnois. Nous venons de signaler plus haut que quelques rares et brefs textes qui datent de la même époque témoignent de l'existence de cette expression. Ce qui est encore plus significatif, c'est que les graphies généralement employées par Agricola pour la notation du finnois se retrouvent à peu près dans ces textes fragmentaires. Bien mieux, les gloses dont il a été fait mention également sont libellées d'une manière qui ne se distingue pas fondamentalement de la graphie d'Agricola. C'est ainsi que Martti Rapola (*Suomen Kirjakielen Historia* I, p. 91) relève la graphie *tz* dans des noms propres tels que *Leetzala* qui est de 1413 ainsi que plusieurs autres noms du même type. Or cette combinaison de caractères aurait servi à noter un *-ts-* (passé ensuite dans les dialectes occidentaux à un *-θθ-*). De même, l'emploi de *nd* pour noter un *nt* se trouve déjà attesté dès 1507 *(mandere)* (Rapola, *id.*, p. 80), etc. On pourrait aisément multiplier ces exemples. Les greffiers et autres fonctionnaires de la couronne ou de l'église n'avaient pas attendu pour donner une forme écrite à certains termes finnois (noms de personnes, noms de lieux, etc.) et ils avaient naturellement utilisé à cette fin l'écriture dont ils disposaient, qui était celle de la chancellerie suédoise d'une part, de l'église de l'autre. Cela revient à dire que les notations se sont dès le début inspirées des règles de l'écriture suédoise et de celles de l'écriture latine de l'époque.

Aussi bien à Viipuri que plus tard à Turku, Agricola a dû s'entretenir avec des gens qui ne savaient pas comme les clercs le latin ni même le suédois. Ne déclare-t-il pas dans sa préface à la traduction finnoise du Nouveau Testament qu'il veut enlever tout prétexte à ceux des prêtres de son temps qui, sous le couvert d'ignorer le latin ou le suédois, s'abandonnent à leur paresse? *(Nyt ettei yxiken Pappi taicka Opettaia madhaisi laiskudans testelehin sille peitte, ettei hen Latinā eike Rotzin kielen taidha...).* Au cours de ses voyages pastoraux, il a parcouru le pays finnois et il a eu l'occasion de se familiariser avec plusieurs variétés dialectales de la langue. Parmi ces variétés, celle qui a dû lui être la plus proche est celle qui formait le fonds du parler des gens de Turku, du moins de ceux qu'il fréquentait. Or parmi ces gens se trouvaient précisément les plus instruits et notamment des prédicateurs dont on sait qu'ils ont répandu la bonne parole en finnois afin d'implanter la foi réformée dans la population encore très attachée à la tradition catholique. Il n'est pas pensable que ces prédicateurs et autres intellectuels de l'époque n'aient pas utilisé entre eux une sorte de *koiné* plus ou moins composite, car les uns et les autres venaient d'horizons différents et apportaient de leurs contrées d'origine des variantes dialectales différentes. Nous voulons dire par là qu'à Turku s'était formé un parler plus ou moins hétéroclite qui servait de langue véhiculaire à l'élite provinciale de ce chef-lieu où s'était concentrée la plus grande part des dirigeants du pays. De ce point de vue, il y a tout lieu de supposer qu'Agricola s'est servi tout de suite d'un moyen d'expression qu'il avait trouvé tout formé, mais dont la consistance était naturellement très peu homogène et très instable. C'est pourquoi il faut accueillir avec prudence les interprétations selon lesquelles telle ou telle particularité retrouvée par la suite dans sa langue proviendrait de cet *Uusimaa* où il avait vu le jour et trouverait donc son origine dans le parler dialectal de son enfance. Pour pouvoir l'affirmer, il faudrait être mieux renseigné sur cette enfance et aussi sur l'état réel des patois qui se parlaient à cette époque-là dans le pays de Pernaja.

Cela dit, nous n'avons nulle raison de mettre en doute la déclaration liminaire que nous lisons dans sa préface au Nouveau Testament finnois : ... « que la langue de ce pays n'a été que très peu ou presque pas du tout employée dans des livres ou utilisée par écrit avant ces temps-ci. » *(Nyt ette temen Maan kieli oli ennen neite aicoija, iuri wähe, ia lehes ei mitken kirioisa eli pockstauisa prucattu taicka harioitettu...).* Il ne faut pas oublier que cette affirmation a été produite devant un public de lettrés (les seuls qui aient pu à l'époque prendre vraiment connaissance de ce texte) et que l'on ne pouvait pas laisser échapper une assertion de cette sorte si elle n'avait pas répondu à la réalité des faits. Il en résulte que c'est bien à Agricola que revient le mérite d'avoir donné le départ à la langue nationale de Finlande.

L'homme qui a pris sur lui d'entamer une pareille tâche a certainement eu conscience de l'immensité de l'entreprise et des risques encourus. C'était sans nul doute un homme d'élite. Il avait, nous l'avons vu, reçu une instruction digne d'un humaniste de son temps. Sans aucune exagération, on peut supposer qu'il a su très bien le latin, qu'il a su aussi du grec puisqu'il en a fait avec le rigoureux Melanchthon. Sa connaissance du suédois était parfaite ; il a aussi acquis des notions d'hébreu, comme plus d'un théologien de son temps. Les livres qui ont été entre ses mains attestent une vaste culture philosophique et littéraire. Il s'est aussi intéressé à l'histoire, à la géographie, à l'astronomie. On peut donc en conclure que c'était un esprit vaste, ouvert à bien des influences, familiarisé avec l'antiquité classique et avec la science de la Renaissance. C'était pour tout dire un homme des temps nouveaux.

On ne se trompera sans doute pas si l'on suppose qu'il a été choisi par ses maîtres pour réaliser ce qui devait être le grand œuvre de cette génération d'humanistes finlandais : la transposition en langue finnoise de la Bible et de la liturgie. Tout se passe comme s'il avait voulu s'acquitter systématiquement d'une tâche de mission luthérienne dont il avait reçu le mandat. N'oublions pas que le roi de Suède lui-même, le sévère et âpre Gustave Vasa, s'est intéressé à ses travaux et lui a apporté son aide. Tout cela confirme qu'il a été investi d'une mission officielle.

Aux yeux d'un missionnaire luthérien de l'époque, la tâche la plus urgente était de créer les moyens de porter la parole évangélique parmi les masses. C'est ce qui avait été tenté déjà en Allemagne, puis en Suède où la première traduction suédoise du Nouveau Testament était sortie dès 1526. L'exemple était donné, il ne s'agissait plus que de le suivre.

Dans cette même préface, Agricola s'est très clairement expliqué sur ses intentions et ses procédés. Il a proclamé qu'il avait mis en langue finnoise le Nouveau Testament d'après l'original grec mais aussi d'après la traduction latine (la Vulgate) et les traductions allemande (celle de Luther) et suédoise. Il a constaté qu'il opérait dans un terrain vierge et qu'il avait aussi affaire à des chrétiens qui parlaient différents dialectes selon les sept provinces finlandaises qu'il énumère. Il annonce qu'il s'est surtout servi de la langue de la Finlande Propre (qu'il appelle simplement *Suomi*) mais qu'il n'a pas hésité à y intégrer des éléments provenant d'autres dialectes, selon que le besoin s'en est fait sentir. Il prie ses lecteurs de ne pas trouver ses innovations trop déplacées et de faire l'effort de s'y habituer. « Si, écrit-il, certains mots sont parfois étranges et singuliers quand on les entend pour la première fois, avec le temps et l'exercice, ils deviennent plus agréables. » *(Ja echke toisinans mwtomat Sanat ouat oudhot ia camalat ensin cuulla, nin ne quintengin aijallans harioituxes suloisemaxi tuleuat).*

Ces déclarations ne sont pas difficiles à interpréter. Elles veulent dire qu'Agricola, pour traduire aussi fidèlement que possible le texte sacré, s'est vu dans la nécessité d'employer des termes nouveaux, des mots rares, des locutions décalquées de l'original et qu'en fin de compte, il a présenté à son public (très réduit puisque la 1re édition de cette traduction a été imprimée en 500 exemplaires) un type de langue dont il avait toute raison de penser qu'il pourrait être déconcertant.

La lecture des textes d'Agricola.

Les textes dus à Agricola, qu'ils soient de lui ou qu'ils proviennent d'un de ses collaborateurs les plus proches, comme cela a pu être le cas, sont imprimés. Ils ont été publiés à Stockholm par les soins d'un imprimeur habitué à éditer des textes suédois et latins. Ce détail a son importance car on s'est demandé si certaines graphies n'étaient pas simplement dues à des nécessités typographiques. Ainsi, l'*ä* finnois se trouve constamment noté par *e*, ce qui peut s'expliquer par le manque de caractères *ä* (noté par un *a* combiné à *e* : *æ*). D'autres anomalies apparentes peuvent également provenir des insuffisances de l'équipement typographique de l'imprimerie. Mais cela étant dit, l'écriture employée par Agricola comme aussi celle utilisée dans les autres textes de la même époque n'est pas une « orthographe », contrairement à l'emploi de ce terme par un théoricien aussi éminent que Martti Rapola, par exemple. Il s'agit seulement d'une notation, bien hésitante, pas toujours très conséquente, comme si les Finnois qui ont voulu fixer leur langue maternelle par écrit n'avaient pu s'imposer une notation systématique. Ce trait n'est pas seulement caractéristique du finnois. Il se retrouve dans d'autres langues. C'est ainsi que l'écriture du hongrois ancien a longtemps présenté une certaine incohérence. Il est vrai cependant qu'au XVIe siècle, elle commençait à se régulariser. Mais la langue hongroise a été notée par écrit dès le XIIe siècle et le temps avait fait son œuvre.

Les inconséquences de l'écriture font que l'interprétation ou si l'on préfère la lecture des textes d'Agricola et de ses contemporains pose des problèmes dont certains sont pratiquement insolubles. La plus grosse difficulté résulte de l'absence d'une notation suivie des voyelles longues. On relève tantôt *noori* « jeune », par exemple, et tantôt *nori* où l'*o* simple ne peut noter qu'une longue. De même, un *u* long se trouve écrit *w* dans *cwlla* « entendre » et aussi dans *cwdes* « sixième » à côté de *cudes* « id. » et de *cusi* « six », etc. Comme on le voit, l'expédient qui a su par la suite s'imposer pour noter la longueur des voyelles et qui consiste à doubler le caractère (*aa*, *ää*, *ee*, *oo*, *uu*, *ii*, *yy*, etc.) apparaît déjà, imité des pratiques scandinaves, mais son utilisation n'est pas systématique. Néanmoins, en ce qui concerne la syllabe radicale, la confrontation entre les cas d'emploi du caractère redoublé et de ceux où figure le caractère simple permet encore assez aisément de déterminer l'existence de la quantité longue en première syllabe du mot. Il n'en est pas de même, malheureusement, en ce qui concerne les syllabes suivantes et plus particulièrement les finales. Ce défaut de notation de la quantité n'est pas, évidemment, propre au finnois du XVIe siècle puisque des orthographes comme la latine n'ont pas connu non plus cette notation alors que le rythme quantitatif des voyelles a joué en latin le rôle que l'on sait. Il n'en demeure pas moins qu'une graphie *cala* (= *kala*) « poisson » figure tantôt pour *kala* (nominatif sg.) tantôt pour *kalaa* (partitif sg.). De même, une graphie *pästemen* doit se lire *päästämään* « pour délier, libérer » (infinitif III, cas illatif sg.). Une notation de ce dernier type est parfois embarrassante car il peut s'agir d'une autre forme du même infinitif (cas instructif sg.) qui se prononce *päästämän*, donc avec une brève dans la dernière syllabe. Ces deux formes ne peuvent se distinguer que par le contexte. Il arrive aussi que la lecture s'inspire de l'état actuel de la langue ou des dialectes, ce qui est alors conjectural et peut induire à prêter aux Finnois du XVIe siècle une prononciation qui n'était peut-être pas encore la leur. C'est ainsi que Rapola a pu faire remarquer qu'une graphie *taijuahan pein* « vers le ciel » peut s'interpréter soit en *taivahān* soit en *taivahan* (*op. cit.*, p. 187).

La notation des consonnes pose elle aussi ses problèmes. En règle générale, le caractère double signale une consonne géminée : *heille* « à eux » (= *heille*), « chez eux, auprès d'eux (= *heillä*), *pette* « tromper » (= *pettää*), *otta* « prendre » (= *ottaa*) mais *ota* « prends » (= *ota*), *panna* « mettre, poser » (= *panna*) mais *panit* « ils mirent » (= *panivat*), *paicka* « place, lieu » (= *paikka*) mais *paicas* « dans (le) lieu, dans (la) place » (= *paikassa*), etc. Toutefois, des incohérences viennent causer çà et là de l'embarras. On lit ainsi *kättens* « sa main, ses mains » avec une double graphie du *t* alors que l'on a dans la langue écrite (et dans la langue commune) actuelle *kätensä*. Est-ce une inconséquence ou bien faut-il y voir le reflet d'une prononciation géminée? Ou n'avons-nous pas simplement affaire au partitif singulier possessivé *kättä+nsä*? Et comment interpréter *packo* « fuite », qui répond à l'actuel *pako* et dont le *ck* note comme nous l'avons vu un *-kk-* en d'autres circonstances, notamment ci-dessus dans *paicka*?

Une particularité qui a intrigué les chercheurs est celle-ci : après nasale ou liquide, on lit *d* là où la langue de nos jours comporte un *-t* et il en est de même pour les groupes analogues où entrent *k* et *p* qui se trouvent écrits avec *g* et *b* :

minulda « de moi » (= *minulta*)
waldakundani « mon royaume » (= *valtakuntani*)
kengä « chaussure » (= *kenkä*)

mengeme « allons » (= *menkäämme*)
ymberi « autour » (= *ympäri*)
ramba « paralytique » (= *rampa*), etc.

Naturellement, on s'est demandé le pourquoi de cette graphie. Comme les valeurs suédoises et allemandes attribuées aux caractères correspondants *(b, d, g)* étaient différentes, on a supposé que les notations *b*, *d*, *g* voulaient signaler des sourdes douces particulièrement faibles par opposition aux sourdes notées *p*, *t*, *k*.

Quoiqu'il en soit, il faut toujours compter avec la possibilité d'une inconséquence ou d'une erreur. C'est ce qui apparaît quand on lit à quelques lignes d'intervalle, par exemple, *mursin* « je rompis » (le pain) et *murssin* « id. » (= *mursin*). Manifestement, *s* et *ss* notent le même phonème. Aussi convient-il d'être circonspect quand il s'agit d'interpréter une graphie déterminée, surtout si elle est isolée.

La prononciation du XVIe siècle.

S'il est impossible de déterminer dans tous ses détails la prononciation des textes qui nous viennent du début de la langue écrite, il est par contre assez facile de s'en faire une idée approximative.

Ce qui frappe d'abord dans ce phonétisme, c'est l'existence d'une série de phonèmes disparus depuis de la langue écrite et aussi en partie des dialectes. Le finnois utilisé par Agricola possède ainsi une spirante sonore *δ* qui apparaît entre deux voyelles et dont la notation est tantôt *dh* tantôt *d* :

edhes « en avant » (= *edes*)
wedheste « hors de (l')eau » (= *vedestä*)
todhesta « en vérité » (= *todesti*)
meiden « de nous » (génitif pl.) (à côté de *meidhen*) (= *meidän*)
cwdes « sixième » (= *kuudes*) mais *cwdhenes* « dans le sixième », etc.

Cette graphie est empruntée au suédois où elle a noté la spirante dentale sonore correspondant à l'anglais moderne *th* (dans l'article *the*, dans *they*, *with*, *father*, etc.). Cette prononciation, qui persiste encore dans quelques enclaves dialectales de l'extrême-ouest de la Finlande, après avoir été observée assez longtemps par certains écrivains, a fait place à des traitements variés : *ϱ* (*r* faiblement trémulé), *r*, *l*, zéro, parfois même *j* et *v*.

Une autre spirante sonore a été conservée par la langue du XVIe siècle : le *γ*, noté *gh* et *g* :

tesse... sughussa « dans cette race » (= *suvussa*)
sine näghet « tu vois » (= *sinä näet*)
polghunsa « son sentier » (= *polkunsa*)
negit « ils virent » (= *näkivät*)
mine tegen « je fais » (= *minä teen*), etc.

Ces deux spirantes, qui datent comme on sait du fennique ou finnois commun, ont eu des fortunes diverses au cours des temps. Alors que *δ* s'est maintenu jusqu'à nos jours, sur une aire de plus en plus rétrécie, le *γ* a promptement disparu de la prononciation, même dans les dialectes.

Une graphie *tz*, parfois *dz* pose des problèmes. Reflète-t-elle comme d'aucuns le pensent une géminée *θθ* (un double *th* anglais sourd ou une spirante interdentale voisine) comme on serait tenté de le supposer à partir des dialectes occidentaux ou bien a-t-on affaire au groupe consonantique *ts* ou encore à un groupe *tt-s* (avec coupure syllabique : *t(ts)*? S'il en a été ainsi, le *ts* (prononcé *-t(s-)* du finnois moderne n'en serait pas éloigné et l'on pourrait alors dire que le finnois littéraire, dans sa version la plus ancienne, n'a guère possédé en dehors des phonèmes attestés aujourd'hui que les deux spirantes dont il vient d'être question ci-dessus. L'appauvrissement subi par la langue se serait donc réduit à la perte de ces deux spirantes sonores, ce qui n'aurait contribué que faiblement à l'assourdissement de l'appareil consonantique dans son ensemble. Le finnois du temps d'Agricola, tel qu'il se reflète dans ses écrits et ceux de ses contemporains aurait donc possédé le phonétisme suivant :

I. Voyelles :

a/aa, o/oo, u/uu
ä/ää, ö/öö, y/yy
e/ee, i/ii

II. Consonnes :

p, t, k
? *B, D, G* (après liquide et nasale)
δ, γ
v j χ h
l, r
m, n, η
s

Dans cet inventaire ne figure pas ce que les grammaires finnoises ont appelé « aspiration », c'est-à-dire l'occlusive glottale dont la langue normale moderne n'a conservé que des traces indirectes.

En effet, les graphies du xvie siècle ne présentent rien qui puisse faire penser que ce phonème ait existé ou en tout cas qu'il ait joué un rôle. Il n'est pas noté dans les impératifs (2e personne du sg.) :

ota « prends »
catzo « vois, regarde »
ole « sois »
nouse « lève-toi »
mene « va », etc.

Il ne figure pas non plus dans la forme négative du verbe, où le thème de celui-ci ne comporte aucune graphie indiquant la présence d'un quelconque phonème :

ettei sine ymmerdhä
« quoniam non sapis »
ei woidha « ne se peut pas », etc.

Ces formes, caractérisées par la présence du degré faible de consonantisme (*rdh*, *dh*, etc.) révèlent que la syllabe finale a été autrefois fermée. Mais y avait-il encore une occlusion plus ou moins sensible dans la prononciation? Certaines graphies laisseraient supposer que la langue a connu un phénomène de sandhi dans certaines constructions, phénomène qui aurait consisté en la gémination de la consonne initiale du mot suivant le thème verbal affecté autrefois d'un *-*k* final. On lit ainsi :

ei hen tiedhecken (= *ei hän tiedäkään*)
« il ne sait même pas »

où la graphie *ck*, qui note le plus souvent, semble-t-il, une géminée *kk*, suggère qu'on se trouve précisément en présence d'une assimilation de l'occlusive glottale et du *k*- initial de l'enclitique. M. Rapola (*op. cit.*, p. 231) a signalé d'autres exemples du même genre et il en conclut que ces graphies reflètent un état de choses analogue à celui de la langue normale de nos jours. Il a même relevé quelques formes rares où la graphie laisse supposer que le -*k* final avait pu se maintenir à la 2e personne du singulier de l'impératif, quand cette forme était suivie immédiatement d'une consonne sourde, initiale de l'enclitique :

pidhexi « tiens » (<*piðäk-si*)
tuoxtenne « apporte ici » (= *tuopa tänne*)
annaxi « laisse » (= *annapa* « laisse donc ») (*op. cit.*, p. 232).

S'il en était bien ainsi, le finnois écrit du xvie siècle serait en définitive seulement plus riche de 2 phonèmes *(ð, γ)* que le finnois normal d'aujourd'hui.

Le stock des diphtongues vocaliques semble avoir en gros été aussi fourni que celui de nos jours. La seule question qui se pose est de savoir quelle valeur il faut attribuer aux graphies *oo* et *öö* de mots tels que :

noori « jeune » (à côté de *nori*)
coolla « mourir » (= *kuolla*)
looda « créer » (= *luoda*)
loonto « création » (= *luonto*)
soosio « faveur » (= *suosio*)
too « celui-là » (= *tuo*)
woosi « année » (= *vuosi*)
söön « je mange » (= *syön*)
töö « travail » (= *työ*)
wöö « ceinture » (= *vyö*), etc.

Ces graphies ont été discutées. On a estimé qu'elles dissimulaient une prononciation diphtonguée en *uo*, respectivement *yö*, ce qui revient à dire que, sur ce point, la prononciation de l'époque aurait été identique à celle reconnue par le finnois normal de notre temps. Il est vrai que les graphies *uo* apparaissent parfois, alternant avec *oo* :

quohutuxella (= *kuohutuksella*)
« avec effervescence »
nuori « jeune » à côté de *noori* et *nori*)
swotakan « accordez »
(cp. : Heikki Ojansuu, *Mikael Agricolan Kielestä*, p. 11).

Parallèlement, on a interprété la graphie *öe*, qui figure à côté d'*ö* et *öö* « nuit », comme une combinaison reflétant la prononciation diphtonguée *yö* :

öelle « la nuit » (= *yöllä*), etc.

Ce qui incite tout de même à la réflexion, c'est que le plus souvent, les graphies trouvées dans les textes sont d'une part *oo*, qui alterne avec *o*, et d'autre part *ö* qui alterne avec *öö*. On a ainsi successivement :

hoonet « les maisons » (= *huoneet*)
hones « dans la maison » (= *huoneessa*)
jooxi « il a couru » (= *juoksi*)
joxit « ils ont couru »
cooli « il mourut » (= *kuoli*)
colema « mort » (= *kuolema*)

söön « je mange » (= *syön*)
södhä « manger » (= *syödä*)
töö « travail » (= *työ*)
töte « du travail » (= *työtä*), etc.

En face de ces graphies, il est frappant de constater que l'ancien *e* long a été le plus souvent noté *ie*, très rarement *e* et exceptionnellement *ee* :

tie « chemin » (= *tie*)
tiete « savoir » (= *tietää*)
siemen « semence, grain » (= *siemen*)

mais

weeras « hôte » (= *vieras*)
remu « joie » (= *riemu*), etc. (cp. H. Ojansuu, *op. cit.*, p. 12).

S'appuyant sur cette discordance dans les graphies, les théoriciens ont été amenés à supposer que le finnois d'Agricola, et de son temps, avait déjà changé en diphtongues les longues originelles *oo*, *öö* et *ee*, parvenant de ce fait à l'état présent du finnois littéraire. C'est ainsi que M. Rapola répugne expressément à admettre (*Suomen Kirjakielen Historia* I, p. 262) qu'*oo* et *öö* aient pu se diphtonguer seulement après qu'*ee* fut passé à *ie*. Pourtant, il est indubitable que les textes parvenus jusqu'à nous notent l'*e* long résultant d'une contraction tardive autrement que l'*e* long radical, originellement long. On lit en effet :

honesen « dans la maison » (= *huoneeseen*)
lukeneet « ayant lu » (= *lukeneet*)
wipyneet « restés » (= *viipyneet*)
wooten « du lit » (gén. sg. = *vuoteen*), etc.

Et même si l'on constate une diphtongaison, ce n'est pas *ie* qui apparaît mais bien *ei* :

waatteinsa « ses vêtements » *(vaatteensa)*
siteit « liens » (= *siteet*), etc. (cp. M. Rapola, *op. cit.*, p. 266).

Dans ces conditions, il n'y a aucune raison de supposer que les notations en *oo* et *o*, *öö* et *ö* recouvrent les diphtongues correspondantes *uo* et *yö*. Il semble vraisemblable que l'*ee* long soit passé à *ie* avant que l'$\bar{o}$ et l'$\bar{\ddot{o}}$ longs *(oo, ö)* aient entamé le même mouvement. Théoriquement, cela n'a rien d'improbable et il se peut même que les graphies qui nous embarrassent trahissent tout simplement que la diphtongaison était sur le point de se former car il est constant qu'un pareil processus ne frappe pas tous les mots en même temps. Bien mieux, il peut se trouver que des résidus non mutés subsistent encore très longtemps çà et là comme c'est le cas en français par exemple dans les doublets en *oi* et *ai* (*roide*/*raide*, etc.).

L'alternance consonantique.

De ce qui précède, il découle nécessairement que le fonctionnement de l'alternance consonantique revêt un aspect différent, au XVIe siècle, de celui que nous connaissons dans la langue d'aujourd'hui. Rappelons que par langue d'aujourd'hui, nous entendons le finnois normal, tel qu'il est officiellement enseigné dans les écoles et utilisé par l'administration de l'État finlandais.

Ce qui contribue notamment à différencier les deux états de langue, c'est que le degré faible des occlusives *p*, *t*, *k* est représenté par les spirantes sonores correspondantes. Ceci n'apparaît d'ailleurs que dans le cas de *t* et de *k* car le degré faible de *p* est déjà représenté par *v*, tout comme de nos jours :

tapa « manière, coutume » / *tavan* (gén. sg.)
tawallinen « habituel » (= *tavallinen*)
repele « il lutte » / *revelle* « lutter »
rupevat « ils touchent » / *ruvenneet* « ayant touché (part. passé actif pluriel) », etc.

C'est dans l'expression du degré faible de *t* et de *k* qu'apparaît donc la différence entre l'état de langue du XVIe siècle et celui d'aujourd'hui. Encore convient-il de préciser que la graphie peut faire illusion dans une partie au moins des cas puisque Agricola et ses contemporains ont noté la spirante dentale sonore tantôt par *dh*, tantôt par un simple *d* qui s'identifie à la pratique des temps présents. On a donc :

sitoa « lier » / *sidhottuna* « étant lié »
wedhelle « avec de l'eau » (= *vedellä*)
eteen « devant (avec mouvement) » / *(teiden) edhesen* « devant vous (sans mouvement) ».
pite « (il) tient » / *ei pidhe* « il ne tient pas ».

A côté de la graphie *dh* de *sidhottuna*, on relève celle en *d* de *sidottu* « lié » qui est identique à celle de l'orthographe actuelle. Il ne fait pourtant aucun doute que la graphie en *d* a la même valeur que celle en *dh*. Ne relève-t-on pas côte à côte les formes :

haudhalle « sur le tombeau »
haudhoisa « dans les tombeaux »
haudhalda « du tombeau »

et

haudan « du tombeau » (génitif sg.)
kädheleni « à ma main »
kädelle « à la main », etc. ?

Du point de vue visuel, l'aspect du degré faible de *t* est donc partiellement identique dès le XVIe siècle à celui qui s'offre aux yeux du lecteur d'aujourd'hui : *kädellä*, etc.

Il n'en est pas tout à fait de même du degré faible de *k* ; il est souvent représenté soit par *gh* soit par *g* qui, l'un et l'autre, notent la spirante gutturale sonore γ. On lit :

alcu « commencement » / *alghusta* « depuis le commencement »
sokian « aveugle » (gén. acc. sg.) / *soghaistu* « aveuglé »
jacanut « ayant partagé » / *jaghoit* « ils partagèrent »
taka « de par-derrière, d'au-delà » / *tagans* « derrière eux »
teki « il fit » / *(mine) tegen* « je fais »
(hän) näkis « il verrait » / *(sine) näghet* « tu vois »
suku « génération » / *sughusa* « dans la génération », etc.

On aurait néanmoins tort de croire que les formes d'aspect moderne sont absentes du texte d'Agricola ou des documents qui lui sont contemporains. Elles y pullulent au contraire. C'est ainsi qu'à côté de *he negit* « ils virent », on rencontre *neit* et que *teki* « il fit » a généralement pour pendant au pluriel *teit* « ils firent ». On s'aperçoit même assez vite que ce sont ces dernières formes qui sont les plus fréquentes et attestent donc déjà que le degré faible de *k* est devenu zéro dans cette position. De même, on relève *teette* « vous faites » en face de *teet* « tu fais », etc.

Le même problème se pose à propos des degrés faibles de *k* lorsque cette occlusive est précédée d'*l* ou d'*r*. On trouve évidemment le *gh* ou *g* que l'on attend, mais aussi l'absence de toute trace du degré faible de *k* :

ulcoa « du dehors »
ulcona « dehors, au dehors »
ulcokullatuista « des hypocrites » (= de ceux qui sont dorés extérieurement)
ulgoskevi « il sortit (= il alla dehors)

mais

uloskevit « ils sortirent »
ullosmenit « ils sortirent »

pelghot « peurs, frayeurs »
parckui « il hurla » / *parghuit* « ils hurlèrent », etc.

De telles formes laisseraient supposer que le degré faible de *-k* a été représenté par une spirante gutturale sonore γ en position après un *l* ou un *r*. Le dépouillement des textes fait apparaître que la réduction à zéro ou d'autres représentations sont des plus fréquentes :

särcke « il brise, il rompt » / *särjit* « ils brisèrent »
sylki « il cracha » / *syljit* « ils crachèrent »
hylkepi « il laisse, il abandonne » / *hylietun* « abandonné » (accusatif singulier)
pelkeuet « ils craignent » / *pelietkän* « craignez », etc.

Le groupe *ht* est généralement représenté au degré faible par *h-dh*, *ch-dh*, etc. (notant un -γδ-) :

puchtaxi « (devenu) pur » / *puhdas* « pur »
tachto « il veut » / *tahdotta* « vous pouvez »
hachteen « dans la barque » / *hadhella* « sur la barque », etc.

Néanmoins, çà et là apparaissent des formes où ce même degré faible est figuré par une graphie *h* ce qui répond au traitement observé dans les dialectes orientaux :

lehette « il envoie chercher » (= *lähettää*, déverbatif de *lähteä* « partir »)
lohuttapi « il console » (= *lohduttaa*), etc.

Ces faits, dans le détail desquels il serait oiseux d'entrer, ne sont évoqués ici que pour illustrer la complexité des traitements rencontrés dans les textes d'Agricola comme aussi de ses contemporains. Ils nous enseignent en gros que l'alternance consonantique avait encore conservé certains caractères archaïques, notamment en ce qui concerne la forme du degré faible de *t* et de *k*. Mais ces caractères, si frappants qu'ils soient, ne sont pas exclusifs de ceux qui marquent la langue moderne. C'est ainsi que le degré faible de *k* dans un mot tel que *väki* « force, peuple, foule » est représenté par zéro :

weki « foule » / *wäen* (génitif sg.) / *wäestes* « hors de la foule », etc. (= *väen*, *väestä*, etc.).

On lit de même :

lue « lis » (impératif)

et d'autre part, à côté de :

sine näghet « tu vois »

on relève

Näetkös « Vois-tu »?

Indubitablement, les prononciations en *-γ-* et celles en zéro coexistaient, comme, par exemple en turk osmanli de nos jours. Par ailleurs, à côté de *tegen* (lire *teγen*) « je fais » on trouve *tejen* « id. », ce qui laisse supposer que les *-γ-* entre deux voyelles prépalatales pouvaient se prononcer en *-j-*, tout comme il advient aujourd'hui en allemand. De pareilles variantes n'ont rien de surprenant dans un état de langue encore à peine constitué puisque nous en constatons d'équivalentes dans des langues qui ont un passé littéraire plus ancien et où la normalisation par les moyens de l'enseignement moderne n'est pas néanmoins parvenue à éliminer de semblables flottements.

Un autre point où le finnois d'Agricola se comporte d'une manière particulière est celui du traitement du degré faible des groupes *-rt-* et *-rk*. On rencontre uniformément *-δ-*, sous les graphies *-rdh-* et *-rd-* :

Wirdhasa « dans le fleuve » (= *virrasa*)
ei ymmerdhä « il ne comprend pas » (mais *ymmerteken* « qu'il comprenne »).

Parallèlement, le groupe *rk* a pour degré faible *-rγ-* (écrit *rgh* et *rg*) :

wirca ∾ *wirghasans* « dans son ministère ».

Les autres groupes (*lt*, *nt*, *mp*, etc.) sont traités comme de nos jours, ce qui confirme que la langue du XVIe siècle, telle qu'elle nous apparaît dans l'œuvre d'Agricola, avait déjà réalisé de nombreuses assimilations. Certes, de temps en temps, au détour d'un texte, on tombe sur quelque archaïsme. Ainsi, à côté de :

pellot « les champs » où *ll* figure le degré faible de *lt*, on lit
aldhot « les vagues » (= *aallot*), etc.

Ces « exceptions » mises à part, le système dans son ensemble est déjà bien le même.

C'est ce que confirme l'alternance des occlusives géminées. On a ainsi :

tappa « il tue » / *(ele) tapa* « (ne) tue (pas) »
pappi « prêtre » / *papit* « les prêtres »

otti « il prit » / *otit* « ils prirent »
pettevet « ils trompent » / *(ei) petä* « il ne trompe pas »
paicka « place » / *paicas* « dans une place »
huckaisit « ils se perdraient » / *hucutta* « il le perd », etc.

Le degré faible est fourni par la simple, alternant avec la géminée du degré fort.

Le phénomène est toutefois malaisé à suivre dans quelques cas car la graphie est très inconstante. Ainsi, pour ne citer qu'un exemple, le mot *kaikki* « tout, tous, toutes » est écrit tantôt *caicki* tantôt *caiki* alors qu'il y a tout lieu de croire que la prononciation comportait bien une géminée.

Une autre alternance est comprise dans ces incertitudes, c'est celle du groupe -*ηk*-. Dans la langue normale moderne, le degré faible correspondant est fourni par la géminée -*ηη*-. Chez Agricola, on lit *ng* dans tous les cas :

kuningas « roi » / *kuningaxi* (translatif sg.)
hengi « esprit » / *henget* « les esprits », etc.

Épisodiquement, on rencontre une graphie *ngh* :

tunghit « ils pressèrent », etc.

Qu'en faut-il conclure? Une partie des théoriciens estime que cette graphie unique dissimule une alternance identique à celle observée aujourd'hui alors que d'autres refusent de se prononcer. On pourrait également supposer que le groupe -*ηk*- n'était pas soumis à l'alternance, comme cela s'observe dialectalement aujourd'hui, précisément à l'ouest.

Pour ce qui est de la répartition de l'alternance, il a été signalé avec raison que le degré faible apparaît souvent dans des cas où il n'est plus de mise désormais. Il s'agit plus particulièrement des formes possessivées du substantif. On sait que le finnois normal maintient le degré fort devant le suffixe possessif au nominatif du singulier, au génitif du singulier et au nominatif pluriel. Aux autres cas le problème ne se pose pas. Dans la langue actuelle, il ne se pose d'ailleurs aux cas précités qu'à la 1re et 2e personne de pluriel du possesseur et, partiellement, à la troisième personne. On a ainsi :

poika « fils, garçon » *poikamme* « notre fils »
poikanne « votre fils »
poikansa « son fils » (aussi : leur fils, ses fils, leurs fils, etc.).

En face, les textes du XVIe siècle opposent des formes telles que :

kädhes « ta main »
kädhens « ses mains »
hywuydens « sa bonté »
teghonsa « son action »
sädhynne « votre règle »
synnis « tes péchés »
synnime « nos péchés ».

Ce degré faible apparaît même à la 1re personne du singulier comme le signale Rapola (*op. cit.*, p. 104) qui mentionne les formes :

wäkewuyden « ma force »
terwehyden « ma santé », etc.

Pourtant à côté des formes à degré faible, les formes à degré fort foisonnent :

Poican « mon fils », *poicani* « de mon fils » (gén.)
näköni « ma vue » / *näköns* « sa vue »
packonna « votre fuite »
matons « son ver »
kätens « sa main »
kätes « ta main »
jalcas « ton pied »
mieckans « son épée »
syndinne « nos péchés », etc.

Certaines de ces formes ne sont pas claires et la graphie laisse subsister l'ambiguïté. Ainsi, on relève le génitif accusatif singulier *käten* « main » qui laisse supposer que la prononciation du mot comportait une géminée *-tt-*, fait dialectal attesté, et qui expliquerait les degrés forts apparents dans :

kätens « sa main »

à côté de

kädhens « id. », etc.

Une graphie *palcans* « sa récompense » ne nous renseigne pas du tout sur la nature de la prononciation puisque nous trouvons toujours ce genre de graphie, aussi bien dans les cas où la syllabe suivante est ouverte que dans ceux où elle se trouve fermée :

pilca « dérision, moquerie » / *pilcan* (gén. acc. sg.)
pilcat « moqueries » / *pilcavat* « ils moquent », etc.

Dans ces conditions, il est prudent de ne pas formuler une règle précise concernant les emplois faits des degrés faible et fort en combinaison avec les suffixes de possessivation. Ce qui semble évident, c'est qu'il a régné un certain désordre, comme d'ailleurs dans d'autres secteurs de la langue, phénomène général sur lequel nous aurons l'occasion de revenir plus d'une fois.

En attendant, ce qui semble le plus frappant, c'est que l'usage d'Agricola, comme aussi celui de ses contemporains, se présente sous des aspects qui se retrouvent dans les dialectes modernes. Par contraste avec la langue normalisée d'aujourd'hui, il y a simplement coexistence de plusieurs solutions alors que l'usage officiel tend à prescrire désormais une solution de préférence à telle autre qui a fini par s'imposer dans tel secteur dialectal. Ceci rappelle que le phénomène de l'alternance consonantique est très complexe et résulte de bien des adaptations.

C'est ce qui apparaît encore davantage quand on considère ce qui a été appelé l'alternance « suffixale », c'est-à-dire les phénomènes d'alternance consonantique constatés dans certains éléments suffixés. Soit le cas suivant :

catzachti « il jeta un regard »

cette forme alterne avec :

catzadhit « ils jetèrent un regard »

ou encore

kirjoitta « écrire » (= *kirjoittaa*)
kirjoitettu « écrit »,

les groupes *ht* et *tt* alternent avec un degré faible qui est respectivement *-hδ-* et *-t-*. Il a suffi que la syllabe suivante se ferme pour que le degré faible intervienne.

Ce phénomène répond entièrement à ce que nous savons du mécanisme de l'alternance mais il est loin d'en être de même dans tous les cas que les théoriciens ont voulu classer dans l'alternance. C'est ce qui apparaît particulièrement en ce qui concerne le traitement de la désinence du partitif. On sait que le morphème en question était représenté originellement par un **-ta*/**-tä*. Or l'occlusive dentale sourde s'est spirantisée et sonorisée quand le suffixe en question a été attaché à une syllabe paire, donc lorsqu'elle introduisait une syllabe impaire. On aurait eu, par exemple :

kala « poisson », part, sg. **kalaδa* (devenu *kalaa*)

tandis que cette même occlusive est demeurée intacte après syllabe impaire. Cette dernière syllabe porte en effet un accent secondaire ce qui permet de formuler la règle disant que le *-t-*

s'est maintenu après syllabe accentuée. On trouve donc dans les textes d'une part les partitifs :

maata « du pays »
tiete « du chemin »
töte « du travail »
öte « de la nuit »

à côté de :

Jumalata « du Dieu »
tavarata « du bien »,
wekevete « du fort »
colemata « de la mort »
hedhelmete « du fruit »
paimeneta « du pâtre », etc.

et d'autre part :

cala « du poisson » (= *kalaa*)
leipe « du pain » (= *leipää*)
usko « de la foi », etc. (= *uskoa*).

Tout de suite, en confrontant ces cas, il ressort que le mécanisme auquel on a affaire n'est plus le même. L'amuïssement s'est uniformément produit après syllabe inaccentuée mais ouverte car tous ces partitifs se terminent sur une syllabe ouverte. Or un tel processus est banal. Il est courant qu'un *-t-* s'amuïsse entre deux voyelles, ainsi que nous le savons par l'histoire même de la phonétique française. Un latin *vita* a donné *vie* (prononcé actuellement *vi*), *amata* a donné *aimée*, etc. C'est l'accent de la syllabe précédente, même quand il n'était que secondaire, qui a empêché ce processus de s'accomplir en finnois. Ce déroulement rappelle ce qui s'est passé en germanique ancien dans ce qu'on appelle la loi de Verner. Là aussi, la sourde s'est maintenue après syllabe accentuée, comme Antoine Meillet l'a si brillamment rappelé dans les *Caractères généraux des langues germaniques*. Par la suite, l'action de l'analogie est venue tout brouiller. Dès le temps d'Agricola, on relève des formes de partitif telles que :

hedhelme « du fruit » (à côté de *hedhelmete*)
hunaja « du miel » (à côté de *hunajata*)
kyntele « de la chandelle »
camala « (quelque chose de déplaisant) »

ou encore inversement :

casvoitans « son visage », etc.

Une fois de plus, il apparaît que l'état de langue reflété par les textes d'Agricola (et de ses contemporains) est très composite. Il contient des archaïsmes manifestes à côté d'innovations qui préfigurent l'état actuel de la langue littéraire.

Le traitement appliqué aux formes du participe présent des verbes diffère quelque peu de celui des partitifs. Le morphème qui sert de marque à ce participe a été originellement **-pa/*-pä* qui ne s'est maintenu qu'après syllabe accentuée :

iopa « buvant »
helisepä « cliquetant »
kilisepä « tintant », etc.

Au nominatif pluriel, ces participes ont changé *p* en *v* devant la syllabe fermée par le *-t* de pluriel :

kieuvet « allant » (= *käyvät*)
sövet « mangeant » (= *syövät*)
cumartavat « se prosternant », etc.

Comme on sait, ce sont ces dernières formes qui ont fourni les 3es personnes de pluriel de présent de l'indicatif :

waickuttavat « ils agissent, ils opèrent »

en face du singulier *waickuttapi* « il agit, il opère » car, on le sait aussi, le *-pa/-pä* du morphème est passé à *-pi* dans les cas où il faisait fonction de terminaison verbale et non plus de terminaison nominale déverbative. L'élément *-pi* a donc affecté la 3e personne du singulier des verbes dont le thème était monosyllabique ou imparisyllabique, les autres comportant un *-vi* correspondant. C'est ainsi qu'on lit :

sapi (= *saapi*) « il reçoit »
woipi « il peut »
ioopi « il boit »
sööpi « il mange » / *sövet* « ils mangent »
naipi « il épouse »

ou encore

erkanepi « il se divise »
erijepi « il se détache, se sépare »
pahoittapi « il scandalise », etc.

Mais les verbes dont les deux dernières syllabes se sont contractées (verbes contractes) ont conservé par suite de leur ancienne configuration la désinence des imparisyllabiques :

macapi « il est couché » (<_*makaδa+pa_)
corjapi « il accueille » (<_*korjaδa+pa_)
häviepi « il périt », etc. (<_*häviδä+pä_).

Sous l'effet de ce dernier usage, il semble qu'une confusion se soit introduite de telle sorte que les verbes parisyllabiques admettent souvent l'élément _-pi_ comme désinence de la 3e personne du singulier :

tulepi « il vient » / _tule_ (= _tulee_)
pitepi « il tient » / _pite_ (= _pitää_)
tachto « il veut » / _tachtopi_ (= _tahtoo_)
teke « il fait » / _tekepi_, etc. (= _tekee_).

Inversement, les imparisyllabiques apparaissent avec pour désinence, au lieu de _-pi_, la voyelle allongée de leurs thèmes respectifs :

erkane = _erkanepi_
hucutta « il perd, il cause la perdition »
wapatta « il libère »
eroitta « il sépare »
kiristele « il grince (des dents) », etc.

Ces phénomènes sont d'un grand intérêt car ils révèlent que la langue a hésité entre deux solutions pour marquer la 3e personne du singulier. Elle a fini par généraliser la formule émanant de l'emploi de la spirante _v_, c'est-à-dire celle qui caractérisait les thèmes parisyllabiques. Or cette spirante, qui s'est partiellement maintenue dans les dialectes orientaux, s'est amuïe dans les parlers occidentaux où sa résorption a abouti à un simple allongement de la finale vocalique du thème. Une telle évolution a eu pour effet de doter la langue d'une finale vocalique longue qui a bientôt assumé la fonction de désinence de la 3e personne du singulier alors que les 3es personnes de pluriel conservaient leur caractère nominal de pluriel du participe présent, avec degré faible en _-v-_ de la marque de dérivation déverbative _-pa/-pä_. De cette façon, le finnois écrit d'Agricola est pratiquement parvenu au même stade que la langue normale d'aujourd'hui qui oppose _tulee_ « vient » à _tulevat_ « ils viennent », en face de _tuleva_ « venant » où le prétendu degré faible s'est généralisé. Si nous disons « prétendu degré faible », c'est qu'il s'agit ici d'une spirante sonore figurant (au singulier du participe présent) devant syllabe ouverte. L'action de l'analogie a aboli l'alternance consonantique dans ces formes. La résorption de la spirante sonore qui figurait le degré faible a d'autre part également aboli le jeu de l'alternance dans les formes qui opposaient le singulier au pluriel de la 3e personne.

Cette interférence entre l'alternance, la tendance à la spirantisation sonore et l'analogie se fait sentir encore bien davantage dans la formation du pluriel du génitif des noms. Comme on le sait, le finnois, dès le fennique, disposait de deux marques distinctes de pluriel. L'une, un *-i-* a affecté les cas dits obliques. Cet élément vocalique apparaît dès l'origine entre le thème du mot et le suffixe casuel. On lit ainsi :

niilde ylimeisilde papeilda ja wanhimilda
« des princes des prêtres et des anciens »
ensimeisis sijois
« aux premières places »

On a de même :

kylen « dans le village » (= *kylään*) / *kyliin (kylihin)* « dans les villages », etc.

L'autre marque, uniquement utilisée pour désigner le nominatif pluriel, était un *-t*, joint dans cette fonction au thème vocalique du mot. On trouve donc des oppositions du type :

leivet « les pains » / *leiviste* « au sujet des pains » (cas élatif pluriel).

Or ce *-t*, qui forme les thèmes de nominatif pluriel a été élargi de la désinence *-n* marquant le génitif (et aussi les cas instructif et datif en ancien finnois). L'*-n* du génitif s'est trouvé ainsi uniformément lié au *t* de pluriel par le moyen d'une voyelle *-e-*, ce qui a fourni une sorte de désinence composite *-ten.*

Quand cette désinence a été accrochée au thème consonantique des noms, elle n'a eu aucune peine à se maintenir pour peu que la finale consonantique du thème ait été un phonème sourd. C'est ce qui a donné naissance à des formes telles que :

sairas « malade » / *sairasten* « des malades »
wieras « hôte » / *wierasten* « des hôtes »
coollut « mort / *colutten* « des morts »
mureh « chagrin, peine » / *murechten* « des peines ».

Par contre, quand c'était une voyelle qui précédait le *-t* de pluriel, celui-ci est passé à *-ð-* après syllabe frappée de l'accent (primaire ou secondaire) et s'est totalement amuï après syllabe inaccentuée. Dans le premier cas on a eu :

uloswalitudh « les élus » / *uloswalitudhen*
penicat « les petits chiens » / *penickadhen* « des petits chiens »

wanhembadhen « des anciens »
pahoin tekiedhen « des malfaiteurs », etc.

Dans le second cas, l'amuïssement du -*δ*- a mis en présence la voyelle finale du thème et la voyelle -*e*- de liaison entre le suffixe de pluriel et la désinence de génitif. Il en est résulté une diphtongue en -*i* :

sika « porc » / *sikain* « des porcs » (<**sika-δ-e-n*)
kyle « village » / *kyläin* « des villages » (<**kylä-δ-e-n*)
laiho « blé en herbe » / *laihoin* « des blés en herbe » (<*laiho-δ-e-n*)
jalca « pied » / *jalcain* « des pieds » (<**jalka-δ-e-n*), etc.
Les thèmes en -*i* ont changé *i* en *e* pour la circonstance :
pappi « prêtre » / *papein* (et aussi *pappein*)
syndi « péché » / *syndein*, etc.

On s'est donc trouvé en présence de trois réalisations différentes du génitif pluriel : une en -*ten* (après thème consonantique), une en -*δen*, après syllabe portant un accent primaire ou secondaire et une en -*in* (précédé de voyelle) dans les mots parisyllabiques. Mais cette répartition n'a pas dû être de longue durée car l'état de langue révélé par les textes d'Agricola nous apprend que les formes en -*δen* des monosyllabes (*maadhen* « des pays », *tiedhen* « des chemins », etc.) sont déjà rarissimes. En outre, de nombreux mots de trois syllabes apparaissent affectés d'un génitif en -*in* :

wanhembain « des anciens, des ancêtres »
mwtamain peivein « de quelques jours »
caupungein « des villes »
iomastiain « des coupes à boire »
prophetain « des prophètes »
ficunain « des figuiers »
imettavain « des nourrices », etc.

Inversement, des mots dissyllabiques ont admis la désinence -*δen* :

peutedhen « des tables »
caikedhen « de tous » (à côté de *caikein*)
iseden « des pères », etc.

A cette confusion s'en est ajoutée une autre provoquée par l'intrusion du suffixe -*i*- dans ces génitifs pluriels en -*ten* et -*den* (<-*δen*) :

muiden « des autres » (*muidhen* également)
wanhembaiden « des anciens »

percheleiden « des diables, des démons ».

La désinence en *-ten* s'est également introduite après voyelle :

sangariten « des chefs, des dirigeants »
jomastioiten « des coupes à boire »

où elle n'avait primitivement que faire. A côté de quoi on relève d'autres formes plus ou moins aberrantes :

engelittein « des anges »
woortein « des montagnes », etc.

Le résultat de toutes ces actions analogiques a été que certains mots se sont trouvés dotés de deux, voire même trois formes différentes de génitif pluriel :

wanhembadhen « des anciens »
wanhembain « id. »
wanhembaiden « id. »
astiain « des récipients »
astioiten « id. »

On a même relevé un génitif pluriel *wanhimitten* « des plus anciens », *kynelitten* « des larmes », etc., c'est-à-dire des formes où la désinence de génitif pluriel comporte une géminée *-tt-*!

Il va sans dire que ces désinences secondaires, issues de réfections ou d'innovations analogiques, font peu de cas des règles de l'alternance consonantique. De ce point de vue, des génitifs en *-ten* et surtout en *-tten* sont simplement des monstres. Pourtant, ils ont survécu à plusieurs siècles d'usage et se retrouvent dans la langue normale moderne, en dépit des efforts multipliés afin de les éliminer. Ce secteur de la morphologie finnoise est toujours aussi touffu qu'il apparaît dès les plus anciens textes. Peu de progrès ont été jusqu'ici accomplis dans le sens d'une simplification. Les grammaires scolaires traînent toujours ces formes multiples qui se sont naturellement différenciées peu à peu du point de vue stylistique. C'est ainsi que les génitifs en *-in* ont pris au cours des temps une valeur archaïque et partant une nuance de solennité qui a été naturellement mise à profit par les usagers. Il est important que cet état de choses se soit trouvé pratiquement déjà constitué du temps d'Agricola. Mais ce que nous venons de décrire brièvement ne se rapporte pas seulement au génitif pluriel car nous avons vu plus haut qu'une confusion analogue, bien que moins complexe, s'était instaurée dans les formes adoptées par le partitif, cet autre cas de la déclinaison qui a donné du fil à retordre aux grammairiens et aux puristes, non seulement en finnois mais dans d'autres idiomes fenniques, plus particulièrement en estonien.

Il ne saurait être question d'examiner ici les uns après les autres tous les cas où l'alternance consonantique s'est reflétée dans la forme du suffixe. Dans l'ensemble, ce que l'on peut noter, c'est que les faits déjà constatés au XVIe siècle montrent que le système fonctionnait à peu près comme il n'a cessé de le faire depuis lors. La langue s'est trouvée aux prises avec mille difficultés de détail dont elle s'est tirée comme elle a pu. A ce sujet, il convient de rappeler la profonde remarque formulée par Martti Rapola qui a dénoncé avec toute son autorité que le finnois écrit n'a pas eu d'évolution phonétique propre. Ses formes ont été prononcées au cours des temps selon des variantes dialectales qui ont elles-mêmes évolué au gré des changements subis par les différentes prononciations des dialectes dont l'ensemble a longtemps constitué la forme la plus répandue de langage parlé. Car il faut le rappeler, la langue des traductions bibliques ou liturgiques n'était pas une langue parlée, même si elle était utilisée oralement par le prêtre devant les fidèles. Les passages des deux Testaments qui étaient lus à haute voix n'étaient pas toujours commentés dans la même forme de langue et, en tout cas, d'un lieu à l'autre, ils étaient lus avec une prononciation adaptée à celle du parler local. La graphie de la langue écrite a donc recouvert une multiplicité de prononciations changeantes et ce caractère s'est accentué de plus en plus à mesure qu'on avançait dans le temps. Nous aurons à revenir à plusieurs reprises sur cet aspect particulier de l'évolution de la langue.

L'élision.

Un autre caractère signalé généralement comme typique de la langue dont s'est servi Agricola est que la voyelle brève finale des mots est souvent élidée. Cette élision ne saurait être confondue avec l'amuïssement constaté de la voyelle brève finale dans d'autres dialectes fenniques, tels que le vepse, le live ou l'estonien. Il s'agit d'un tout autre phénomène car l'élision n'est pas universelle, elle apparaît seulement dans certaines formes de mots qui, dans d'autres passages des textes figurent avec leur voyelle finale notée. A la lecture des documents dont nous disposons, il est difficile de discerner la raison de cette élision. Elle touche plus particulièrement les mots élargis de suffixations, spécialement les noms, substantifs et adjectifs.

Prenons quelques exemples afin d'illustrer ce phénomène. On sait que le cas inessif est marqué actuellement dans la langue normale par la désinence *-ssa/-ssä*. Agricola la note par une sifflante simple *-sa/-sä* (graphié *-se*). On a :

honesa « dans le logement »
wirdhasa « dans la rivière »
taivasa « dans le ciel »
pitkise waateisa « dans de longs vêtements »
pilvise « dans les nuages »
haudhoisa « dans les tombes », etc.

A côté, on relève constamment :

taivas « dans le ciel »
corkeuxes « dans l'altitude »
templis « dans le temple » (mais aussi *templise* « id. »)
ensimeisis sijois « dans les premières places »
hyves mieles « en bonne disposition d'esprit », etc.

Constamment aussi, une forme élidée est associée à une autre où la désinence a gardé son intégrité :

caikesa canssas « dans le peuple entier »
erineisis sijoisa « dans des lieux écartés »

A côté du cas inessif, c'est l'élatif (désinence *-sta/-stä*) qui présente l'élision la plus fréquente :

caikest sydhemest « de tout cœur »

mais

caikista käskyiste « au sujet de tous les commandements »
caupungist « hors de la ville » (mais aussi *caupungista* « id. »)
inhimisest « hors de l'homme (mais aussi *inhimiseste* « id. »)
taivahist « du haut des cieux »

mais

leiviste « au sujet des pains »
peiveste « du jour », etc.

Il arrive, assez rarement qu'on tombe sur une graphie de la désinence de l'inessif qui comporte la géminée :

pilvisse « dans les nuages » (à côté de *pilvise*)
tien wieresse « sur le côté du chemin »
heisse « en eux ».

Ces notations éparses sont difficiles à interpréter. L'usage de l'époque, en allemand, par exemple, était de noter par des doubles graphies les consonnes qui suivaient (et terminaient) une syllabe brève et il est possible que cette pratique ait déteint sur les clercs finnois aux prises avec la notation écrite de leur langue. En général, les théoriciens, partant du fait que les désinences en question sont notées presque uniquement avec un *s* simple :

maasa « dans le pays »
corvesa « dans le désert »
woorisa « dans les montagnes »
kengese « chaussé (en chaussure) »
wenehese « dans un canot », etc.

ont admis qu'il s'agissait là du reflet d'un dialectalisme caractéristique d'une partie des parlers de l'Ouest. Néanmoins, il convient de remarquer que l'on lit *ss* dans le cas de *cussa* « où », *iossa* « dans lequel », *ioissa* « dans lesquels », etc. de même que dans *heisse* « en eux », etc. L'incertitude graphique empêche donc de se représenter nettement ce qui a pu se passer et met en garde contre des déductions trop précises.

Le cas essif (*-na*/*-nä*) apparaît aussi avec une désinence tronquée de telle sorte qu'il faut y regarder à deux fois dans les textes pour l'identifier. Ainsi dans :

cahden peiven peräste « après deux jours »,

on a affaire au génitif singulier mais par contre c'est un essif qu'il faut voir dans :

ei juhla peiven « pas (en) un jour de fête ».

Aussi s'explique-t-on que l'adjectif épithète antéposé à un substantif dont la désinence d'essif est tronquée figure volontiers avec la désinence munie de sa voyelle :

colmandena peiven « au troisième jour »

en face de

lepopeivene « au jour de repos »
niine peivine « en ces jours »,

à côté de *aican* « pendant le temps », *caucan* « au loin », *ulcon* « au dehors » (mais aussi *ulcona* « id. »), etc. Le contexte permet seul de discerner l'essif dans une locution telle que :

leudhette te warsan sidhottun
« vous trouverez un poulain attaché »

encore que la géminée *tt* suggère ici qu'on se trouve en présence d'une forme dont la consistance originelle comportait une finale vocalique, ouvrant la syllabe qui précédait. Mais il est d'autres cas où une pareille indication fait défaut et où c'est la construction de l'énoncé qui signale la présence de l'essif :

sen pite teiden palwelian oleman
« Il faut qu'il soit votre serviteur »

où *palwelian* ne peut être qu'un essif complément d'*oleman* et rapporté au sujet « logique » *(sen)*, c'est-à-dire à la dépendance du verbe *pite* « (il) doit ».

Le cas adessif (*-lla*/*-llä*) apparaît souvent aussi amputé de sa voyelle finale :

liinaisel waattel « avec un vêtement de lin »
pitkil walkeil waateil « avec de longs vêtements blancs »
cahdel sadhalla peningil « avec deux cents deniers »

mais on trouve à côté très souvent aussi des formes pleines :

swrella woimalla ia cunnialla
« avec une grande force et une grande gloire ».

Il arrive que dans une même succession de formules similaires, les formes tronquées et les formes pleines alternent :

cwlevaisilla corvilla « avec des oreilles qui écoutent »

vient tout de suite après :

näkiveisil silmille « avec des yeux qui voient », etc.

Par contre, on relève plus rarement des désinences d'allatif tronquées. Ce cas est marqué chez Agricola presque uniquement au moyen de la désinence *-lle* :

worelle « sur la montagne »
inhimiselle « à l'homme »
caikille « à tous »

mais cette graphie est ambiguë car elle dissimule aussi bien un *-ä*, ce qui fait que seul le contexte permet d'identifier une forme *merelle* « sur, vers la mer », comme étant non un allatif mais un adessif (= *merellä* « sur la mer, en mer »), par exemple. Il en est de même d'une graphie *wedhelle* qui signifie « sur l'eau », sans mouvement (= *vedellä*).

Les formes tronquées ne se distinguent plus du tout par la

prononciation de celles également tronquées de l'adessif et c'est encore le contexte qui décide :

Johannesel Jacobin veljelle « à Jean le frère de Jacob »
Johannes oli sanonut Herodesel... « Jean avait dit à Hérode ».

Bien qu'un pareil inconvénient n'ait pas existé en ce qui concerne l'ablatif (*-lta*/*-ltä*), les formes écourtées en *-ld* ne foisonnent pas :

alasastu ristild « descends de la croix »
Johanneseld « de Jean »

en face des formes à désinence pleine :

worelda « depuis la montagne »
turulda « du marché »
ovelda « de la porte »
nimelde « de nom »
neljelde twlelda « des quatre vents » (= des quatre points cardinaux), etc.

Le partitif, en revanche, est souvent exprimé par un *-t* (au lieu de *-ta*/*-tä*) :

kirjoitust « un écrit »
todhistust « témoignage » (mais aussi *todhistusta*)
paranost « pénitence »
lehimeist « prochain »
turmelematoind ja callist nardusen woidhet « unguenti nardi spicati pretiosi »
inhimisit « des hommes »
ihmeit « des miracles », etc.

Cette élision affecte également certaines formes verbales, plus spécialement les 3es personnes du singulier du conditionnel (*-isi*) :

olis « serait » (mais aussi *olisi*)
sanois « dirait » (mais aussi *sanoisi*)
tekeis « ferait »
eläis « vivrait »
annais « donnerait »
heitteis « jetterait », etc.

Il est curieux de constater toutefois que ces formes élidées sont employées positivement alors que le thème négatif du conditionnel est généralement pourvu de sa voyelle finale :

ei tulisi « il ne viendrait pas »
ei lyhenneisi « il n'abrégerait pas », etc.

Quelques rares élisions ont été trouvées ailleurs, en particulier concernant des verbes contractes à la 3e personne du singulier du prétérit : *rupeis* « il se mit à... » mais elles ne jouent aucun rôle dans les textes d'Agricola où elles auraient pu causer des méprises. C'est ce qui a eu lieu pour la forme *rupeis* (et aussi *rupeisi*, sans élision) qui figure à la fois en fonction de prétérit et en celle de conditionnel. En fonction de prétérit, elle est cependant moins fréquente que *rupesi* qui a l'avantage d'être sans équivoque.

L'autre domaine de l'élision est celui des formes possessivées et, parallèlement, des formes verbales élargies de désinences personnelles. Ici, l'élision a pris de vastes proportions. Elle atteint pratiquement tous les cas d'emploi où la désinence pleine se termine par une voyelle. Elle se présente à tous les cas de la déclinaison et, pour ce qui est des verbes, à toutes les personnes où la marque personnelle comportait une voyelle. On relève ainsi :

poican « mon fils » (mais aussi *poicani*)
ruumin « mon corps »
weren « mon sang »
sielun « mon âme »
Jumalan « mon Dieu »

Ces formes en *-n* ont même aspect que les formes tronquées se rapportant à des possesseurs de la 2e personne du pluriel :

teiden Isen « votre Père »
teiden sydhemisen « dans votre cœur »
cohta sinne sisselletulttuan « tout de suite après que vous y êtes entrés »
teiden keskenen « inter vos ».

On rencontre même, plus rarement, la désinence tronquée *-n* en fonction de suffixe possessif de 1re personne du pluriel du possesseur :

meiden sielun « notre âme »
meiden sydhemen « notre cœur », etc.

Il est évident que ces constructions n'échappent à l'ambiguïté que tant qu'elles sont explicitées par l'antéposition du génitif du pronom personnel intéressé. En réalité, ce pronom suffirait à lui seul et l'élargissement résorbé à son minimum n'est plus investi d'aucun rôle. Aussi n'est-il pas surprenant qu'il en ait été fait l'économie dans l'une des versions du Pater Noster d'Agricola où nous lisons : *meiden ricoxet* « nos péchés » alors que les autres versions du même texte par le même auteur présentent respectivement :

meiden syndinne « nos péchés »
meiden synnime « id. »
meiden welkam « nos dettes » (debita nostra).

A la 2e personne du singulier du possesseur, au lieu de *-si*, nous trouvons le plus souvent *-s* :

sinun ises ja eites « ton père et ta mère »
sinun jalcas « ton pied »
sinun kätes « ta main »
sydhemestes « de ton cœur »
mielestes « de ton esprit »
lehimeistes « ton prochain » (partitif sg.)
sinuas « toi-même » (partitif), etc.

L'élision de la voyelle qui suit l'*s* du suffixe s'étend aux troisièmes personnes possessivées :

isens ja eitens « son père et sa mère »
isellens « à son père »
eitillens « à sa mère »
corviins « dans ses oreilles » (illatif pl.)
henen silmeins « de ses yeux » (génitif pl.)
henen poicans « son fils », etc.

A côté, on rencontre quand même des formes de 3e personne pleines :

heiden silmense « leurs yeux »
werckonsa « leurs filets » (mais *werckojans* « leurs filets, au partitif pl.).

Quant aux formes pleines de 2e personne du pluriel du possesseur, elles sont du type *-nn-*+voyelle brève :

itze teisenne « in vobis »
teiden packonna « votre fuite, votre exode », etc.

Dans ces conditions, l'appareil de la possessivation se présente sous l'aspect suivant :

1re personne (singulier du possesseur) *-ni/-n*
— (pluriel du possesseur) *-me*, *-m*, *-n/-nna/-nne*
2e personne (singulier du possesseur) *-s*
— (pluriel du possesseur) *-nna/-nne*, *-n*
3e personne (singulier et pluriel) *-nsa/-nse*, *-ns*.

Cela revient à dire que nous avons affaire à un appareil asymétrique où les formes tronquées viennent introduire des confusions. Comme on le voit, *-n* peut assumer à la fois l'expression de la possession de la 1re personne (singulier et pluriel du possesseur) en même temps que celle de la possession de la 2e personne (pluriel du possesseur). Il en résulte que la présence d'un pronom personnel au génitif, antéposé à la forme possessivée, est souvent utile sinon nécessaire. Avons-nous devant nous les restes d'un système délabré ou l'embryon d'un nouveau système? On pencherait plutôt pour la première interprétation.

Une autre remarque vient à l'esprit : toutes ces formes élidées remettent en cause des lois phonétiques (ou plus exactement morphonologiques) dont les grammaires ont toujours fait état. C'est ainsi que les syllabes fermées par suite de l'élision de la voyelle finale n'entraînent pas l'emploi du degré faible correspondant du consonantisme qui précède :

näköns « sa vue » ∾ *näkis* « il verrait »
Poican « mon Fils » ∾ *poicani* (id.)
apun « notre aide »
jalcas « ton pied »
käles « ta main », etc.

Ceci est d'autant plus inattendu que, par ailleurs, ainsi que nous l'avons vu, les formes possessivées présentent volontiers le degré faible :

kädhes « ta main »
tahdos « ta volonté » (mais aussi *tactos*, *tachtos*)
sughuns « sa génération », etc.

Nous nous trouvons donc pris dans un tissu de contradictions qui ne seront éliminées que peu à peu par la suite mais jamais complètement, comme si la langue n'avait pas réussi à s'acommoder totalement de l'alternance consonantique.

Les phénomènes d'élision touchent les désinences personnelles du verbe dans une moindre mesure. Ne sont affectées que les 1re et 2e personnes du pluriel :

me tiedhem « nous savons »
me... werdautam « nous comparons » (mais aussi *me werdhoittamme*)
me sanom « nous disons » (mais aussi *me sanoma*)
te tiedhet « vous savez » (mais aussi *te tiedhettä*)
te campalet « vous vous disputez » (mais aussi *te... campalitta* « vous vous disputiez »)
me näkisim ja uskoisim « nous verrions et nous croirions », etc.

Il en est de même à la 2e personne du pluriel de l'impératif :

cavattaca « méfiez-vous » (mais aussi *cavattacat*)
elket... ajattelco « ne pensez pas » (mais aussi *elkette peljetkö* « ne craignez pas »)

et aussi à la 1re personne du pluriel de ce même mode :

catzokam « regardons » (mais *mengeme* « allons »).

La situation est moins claire en ce qui concerne la 3e personne. Au singulier on trouve :

olcoon « qu'il soit »
ottacan « qu'il prenne »
seuratcan « qu'il suive »

mais aussi *ne paetcan* « qu'ils fuient » où la même désinence, combinée à l'emploi du pronom personnel sujet de 3e personne du pluriel (représenté ici par *ne* « ces, ils »), exprime la 3e personne de pluriel.

Comme on le voit, l'élision a créé ici aussi des équivoques. C'est ainsi qu'on ne peut distinguer le nombre au seul aspect de la désinence dans :

näet (de *näke-* « voir »)

puisque nous relevons à côté de

sine näet « tu vois »
coska te näme näet « quand vous verrez ces choses ».

Par ailleurs, les formes élidées et les formes pleines alternent sans qu'on puisse, du moins dans l'état actuel de nos connaissances, en déceler la moindre raison :

me menemme ja walmistam « nous irons et nous préparerons »
mite te messet ja idkette? (Quid turbamini et ploratis?).

Il est manifeste que la présence d'un élément différenciatif est souvent utile, voire même nécessaire pour que de pareilles formes cessent d'être ambiguës. Tout se passe comme si la langue tendait à se débarrasser des élargissements à fonction grammaticale pour leur substituer un système de mots outils. C'est ce que d'aucuns appelleraient le passage du « synthétique » à l'« analytique ».

A ce propos, il convient de rappeler que les puristes ont toujours protesté contre l'emploi des pronoms personnels ou de leurs équivalents en combinaison soit avec les substantifs possessivés soit avec les formes conjuguées du verbe. Ils y ont vu une imitation servile de l'usage établi en suédois et en allemand. Or les textes d'Agricola et des autres clercs de son temps sont essentiellement des traductions. Comme l'a signalé fort justement Martti Rapola (*Virittäjä*, 1968, 2, pp. 116-123), ces traductions sont fondées avant tout sur le texte latin, surtout celui de la Vulgate. Mais le texte en question ignorait pratiquement l'emploi des pronoms personnels, sauf pour marquer l'emphase (*ego sum* = *mine olen*, cp. hgr. *én vagyok*, etc.). Dans ces conditions, le pullulement des pronoms ne s'explique pas trop par l'action de l'original. Certes, il a été démontré qu'Agricola a retouché ses traductions en s'inspirant de la traduction suédoise et de la version allemande de Luther mais il est certain que le recours aux formes élidées a eu pour conséquence l'emploi fréquent des pronoms personnels. Alors d'où vient l'élision? Elle est un phénomène caractéristique des dialectes du Sud-Ouest et aussi, il faut le rappeler, d'une variante parlée de la langue. Les dialectes finnois étaient seulement parlés et le dialecte qu'utilisaient les clercs rassemblés à Turku ne pouvait pas ne pas porter les stigmates de cet état de choses.

Les consonnes finales.

Parallèlement à l'élision des voyelles brèves finales observée dans les conditions qui viennent d'être brièvement décrites, on assiste aussi à certains développements intéressant la consonne ou les consonnes finales du mot.

Pour qui connaît le finnois moderne, il apparaît tout de suite que, déjà du temps d'Agricola, le *-k* s'était amuï en fin de mot. Toutefois, il y a lieu de se demander si la finale n'avait pas conservé une occlusive glottale rappelant l'ancienne gutturale disparue. Si, en effet, d'une part, on relève des formes telles que :

ole « sois » (impératif, 2e pers. sg.)
mene « va »
nouse « lève-toi »
armadha « aie pitié, prends pitié », etc.

à côté des thèmes négatifs des verbes tels que :

ei ole « il n'est pas »
emme me tiedhe « nous ne savons pas »
em mineken sano teille « je ne vous (le) dirai pas non plus », etc.

ou encore des infinitifs brefs du type :

södhe « manger »
joodha « boire »

olla « être »
walva « veiller »
sanoa « dire »
maata « être couché, gésir »
leveite « reposer », etc.,

on rencontre encore des déverbatifs dans le genre de :

caste « baptême »
este « obstacle », etc.

Parallèlement, les « prolatifs » supposés avoir eu une finale en *-k*, figurent sans cette consonne :

ylitze « par-dessus »
lepitze « à travers », etc.

Seules quelques graphies laissent supposer, comme nous l'avons signalé plus haut, que le *-k* disparu avait laissé derrière lui une occlusive glottale non signalée par l'écriture :

... *ettei heille ollut tila södhecke*
... « qu'ils n'avaient pas de place même pour manger ».
... *ei hen tiedhecken* « il ne sait même pas », etc.

Le *ck* refléterait une géminée issue de l'assimilation de l'occlusive glottale par la gutturale suivante. On aurait affaire à ce genre d'assimilation qui est même de mise dans la prononciation normale du finnois contemporain.

Par contre, les textes d'Agricola sont moins nets du point de vue du traitement de l'*-h* final issu d'une ancienne chuintante *-š*. On sait que l'état actuel de la langue littéraire n'est pas non plus très limpide sur ce point. En règle générale, l'*-h* en question s'est amuï quand il n'a pas été transposé par métathèse. On a ainsi *murhe* « chagrin » alors qu'Agricola y oppose *mureh* et *terve* où il présente *terveh* « sain » (mais on lit *terve!* « salut »!). On rencontre aussi déjà chez Agricola *ihme* « merveille, prodige », d'aspect tout moderne ; ainsi que *tarve* « besoin » en face de *wenehen* « du canot » (génitif sg.), à quoi la langue présente répond par *veneen*.

Le *-t-* final pose d'autres problèmes. Théoriquement, il se maintient sur toute la ligne : pluriel des nominatifs des noms, des 3es personnes des verbes, 2e personne du singulier des verbes, etc. Cependant, Martti Rapola signale (*op. cit.*, p. 235) quelques formes éparses où le *-t* final est tombé. Ce sont des participes passé actifs en *andanu* « ayant donné », *coollu* « étant mort », *ruwennu* « ayant touché », etc. Il omet, intentionnellement à coup sûr, de signaler d'autres formes de ce même participe passé qui se terminent par *-dh* ou *-d* :

ylesnosnudh « ressuscité »
loonudh « ayant créé », etc.

Ce n'est pas tout, les participes passés passifs présentent parfois également cette finale *-dh*, *-d* au pluriel :

rivatudh « possédés »
kylvetydh « semés »
uloswalitudh « les élus »

et cette graphie s'étend à d'autres emplacements où elle alterne avec la graphie *-t* :

mwtamadh « quelques-uns » / *mwtamat Coska he sen cwlit, ihastuidh he ja lupasit...*
« Qui audientes gavisi sunt, et promiserunt... »

On trouve encore au prétérit :

ilmoitidh « renuntiaverunt »,

de même que *sine woidh* « tu peux » à côté de *sine woit* et *edh ole* « tu n'es pas ». Les nominatifs pluriels tels que *puudh* « arbres », *pawudh* « fèves », *mwdh* « autres » ou *auwudh* « prodiges » ne sont pas non plus rares.

La graphie *-dh*, *-d*, dont nous venons de citer ci-dessus quelques exemples ne semble pas avoir suscité l'attention. Heikki Ojansuu (*op. cit.*, p. 15) déclare péremptoirement que *dh* ou *d* peuvent désigner un *-t* en fin de mot et Rapola le suit (*op. cit.*, p. 51). Comme d'autre part, des formes du type *andanu*, *ioopunu*, etc. ont été trouvées, qui montrent que le *-t* a pu tomber au moins sporadiquement, on est tenté de supposer que sa prononciation avait pu se spirantiser et se sonoriser en *-δ* dans certains cas, ce qu'aurait reflété la graphie. Car il faut s'entendre : si inconstante et inconséquente que soit cette façon d'écrire, il ne faut pas oublier qu'un *dh* ou *d*, emprunté à la notation du suédois de l'époque, n'apparaît pas à la place de *-t* dans tous les cas mais surtout au nominatif pluriel de quelques noms, à celui des participes passés, à la 2e personne du singulier des verbes. Il se peut donc qu'en certaines positions, il y ait eu une tendance à amuïr le *-t* en fin de mot après l'avoir spirantisé et sonorisé.

L'*-n* final s'est lui aussi maintenu en gros mais on ne le trouve pas en fin de désinence au cas allatif où les formes relevées se terminent presque toujours en *-lle*. Néanmoins, on admet que l'*-n* qui terminait originellement cette désinence se serait conservé dans quelques rares cas :

ei ... kellengen « à personne » (= *kellekään*)
sillen rammalle « à cet infirme »

et peut-être aussi dans :

perimys jeepi meillen « l'héritage nous restera »

si toutefois l'-*n* de *meillen* « à nous » ne doit pas y être plutôt interprété comme étant la désinence possessive de 1re personne du pluriel du possesseur, réduite à -*n*.

En effet, il existe plusieurs exemples de ce dernier phénomène. En voici qui s'ajoutent à ceux déjà mentionnés plus haut :

armadha meiden pälen « aie pitié de nous »
meiden eten « devant nous »
meiden iocapeiuenen leipen « notre pain de chaque jour », etc.

Le processus qu'on peut aisément se représenter a été le suivant : l'-*m* résultant de la réduction de la désinence possessive de 1re personne du pluriel du possesseur est passé à -*n*, aboutissement qui qui est de règle dans l'ensemble des parlers fenniques et qui semble donc avoir encore été en vigueur du temps d'Agricola, à tout le moins dans les parlers de la région de Turku.

La variance phonétique.

Si maintenant, on jette un regard d'ensemble sur le phonétisme des textes d'Agricola tel qu'il s'est découvert à nous dans les pages précédentes, force est de constater qu'il ne présente pas un aspect homogène. Des traitements distincts se côtoient constamment. C'est ainsi que le degré faible de -*k*- entre voyelles est reflété tantôt par *gh* (ou *g*), notant un -γ-, tantôt par zéro (*mäelle* « sur la colline », *lue* « lis », *te teette*, « vous faites », *teet* « tu fais », *wäestes* « de ta troupe » mais *ette te näghe* « vous ne voyez pas », etc.). De même, le groupe actuel -*ht*- dont le degré faible est -*hd*- voit ce dernier noté tantôt en -*hd*- (*hachteen* « dans la barque » / *hahdest* « hors de la barque ») et tantôt en -*dh*- simple (*hadhella* « sur la barque »). Comment interpréter cette notation passablement fréquente ? Ne reflète-t-elle pas une prononciation en -$\gamma\delta$- ? D'autre part, il arrive que le degré fort soit maintenu alors que la syllabe est manifestement fermée ; on lit ainsi *tachtot* « tu veux » en face de *tachto* « il veut ». De pareilles discordances surgissent de partout dans les textes et les spécialistes qui les ont épluchées s'accordent pour penser qu'elles sont dues à la coexistence de formes dialectales différentes. Le parler des clercs de Turku, qui aurait fourni l'essentiel de l'étoffe utilisée pour vêtir les traductions et les textes liturgiques ou autres, aurait été fabriqué d'éléments empruntés à plusieurs parlers distincts. La plupart de ces parlers auraient été ceux du sud-ouest ou plus généralement de l'ouest du pays, ce qu'a signalé Agricola lui-même dans sa fameuse préface où nous lisons :

« ... c'est la langue finnoise (entendre : de la Finlande Propre) qui a été le plus employée dans les livres du Nouveau Testament. Et sous l'empire de la nécessité, quand le besoin l'a exigé, d'autres dialectes, parlers et vocables y ont été intégrés. »

Les auteurs qui ont étudié la langue du XVIe siècle, Heikki Ojansuu et Martti Rapola en particulier, ont tous conclu de ces déclarations et aussi à partir de leurs propres constatations que le fondateur de la langue écrite avait effectivement utilisé au premier chef le parler de la région de Turku, plus particulièrement celui de la ville même qui devait déjà être passablement assaisonné d'éléments en provenance des autres régions du diocèse, lequel étendait son autorité à l'époque sur l'ensemble du territoire finlandais. Agricola, pour sa part, y aurait ajouté des dialectalismes qu'il aurait apportés de son lieu de naissance, l'Uusimaa, et aussi de Viipuri où il avait fait ses classes. En outre, il aurait piqué par-ci par-là tel ou tel élément dans tel autre dialecte. Le principe dont sont partis les théoriciens, notamment Heikki Ojansuu (*op. cit.*, p. 98) est le suivant : dans un dialecte déterminé, les mots ne revêtent qu'un seul aspect phonique. S'il en existe qui présentent un double aspect, c'est qu'il y a eu emprunt à un dialecte voisin où le traitement phonétique a été différent. C'est ainsi que ce même auteur considère qu'une forme telle que *catzatti* « il regarda », avec ses deux *t*, est caractéristique des parlers du sud-ouest de même que les formes analogues : *cavattaca (teiten)* « méfiez-vous », *wnottais* « il oublierait », *wapatta* « il libère », etc. En revanche, une forme en *-ht-* proviendrait d'une autre aire dialectale. Ce serait le cas de *he olit wnochtaneet* « ils avaient oublié », de *hen catzachti* « il regarda » (mais *he catzadhit* « ils regardèrent »), *armachti* « il eut pitié, il prit pitié » (mais *mine armadhan* « j'ai pitié », au degré faible de consonantisme). Ainsi, le suffixe *-ht-/-hd-* aurait eu une variante *-tt-/-t-* propre à une aire dialectale assez étriquée. L'emploi de formes en *-ht-* à côté de celles en *-tt-*, surtout à l'intérieur d'un même paradigme, comme c'est parfois le cas, serait un indice d'une contamination qui se serait produite par suite d'interférences dialectales dont le détail nous échappe faute de documents. Qu'une pareille hypothèse n'a rien d'invraisemblable est confirmé par l'étude des parlers actuels de Finlande où des phénomènes du même genre sont observés pour ainsi dire partout, plus particulièrement dans les patois périphériques de chaque aire dialectale distincte. Les relations de voisinage se soldent constamment par ce genre d'échanges dialectaux. Pourtant, quand il s'agit d'un fait de portée plus générale, intéressant le fonctionnement même d'une catégorie importante dans la structure de la langue, il y a lieu de se demander si une pareille explication reste plausible. Prenons en effet le cas de l'alternance *-k-*/*-γ-* ; elle affecte un nombre considérable de vocables et elle fait partie intégrante de ce qu'on peut appeler le fonds de la langue. Or nous voyons, à travers les graphies, que certains mots l'ont exprimée sous la forme d'une opposition *-k-*/*-γ-* d'une part alors que, d'autre part, elle apparaît sous les espèces d'une opposition *-k-*/zéro. On relève ainsi :

hen teke « il fait »
hen teki « il fit »

mais

mine tegen « je fais »
te teet « vous faites »
te teette « id. »
et même *mine tejen* « je fais ».

On lit de même :

sine näghet « tu vois »
näelkös « vois-tu »
he negit « ils virent »
he neit « id. »

sans parler d'autres cas du même genre :

weki « troupe » / *wäestes* « de ta troupe » / *wäen* « de la troupe » (génitif sg.)
mäelle « sur la colline » (∾ *mäki* « colline »)
lue « lis », etc.

Or il s'agit ici de vocables d'une grande fréquence dans la langue parlée. Une pareille variance peut donc réclamer une autre explication. Nous penchons vers celle qui y voit un état de choses transitoire où déjà les formes les plus usuelles avaient amuï *-γ-* du degré faible de *-k-* alors que, dans d'autres vocables, la spirante gutturale sonore subsistait encore. Ces variations, et bien d'autres, ne seraient que le reflet de mutations en train de se produire.

Comme les clercs qui l'avaient précédé ou qui étaient ses contemporains, Agricola, qui n'était pas un linguiste puisque notre science n'avait pas encore pris son essor de son temps, s'est trouvé désemparé lorsqu'il s'est agi de fixer par écrit les formes parlées de la langue, les seules qui fussent en usage. Tantôt il s'est appliqué à rendre autant que possible ce que lui dictait son oreille, tantôt il a au contraire essayé de noter les mots non d'après l'acoustique mais selon l'étymologie (plus exactement ici la motivation) qu'il leur attribuait, tantôt encore il n'a fait que recopier une notation conservée d'avant lui, notamment dans le texte de la traduction du Pater Noster, par exemple. Cela revient à dire qu'une partie des variantes que nous serions tentés de mettre au compte d'emprunts à des dialectes plus ou moins éloignés de ceux de la région de Turku proviennent tout simplement de l'état d'effervescence dans lequel se trouvait le parler de Turku lui-même, effervescence qui s'explique par ce fait que ce chef-lieu rassemblait des hommes venus de tous les coins du pays, comprenait une population qui s'étageait en plusieurs couches sociales et qui comptait bon nombre d'étrangers, surtout des Allemands du Nord, sans parler des Suédois de tous rangs. Ce milieu composite ne pouvait pas s'exprimer en une langue homogène et il est certain que de nombreuses formes étrangères aux parlers de ce bout de la Finlande se sont introduites à la faveur de ce rassemblement de population hétéroclite ; mais il faut aussi tenir compte du trouble qui a été jeté en même temps dans le parler local lui-même et a favorisé plus d'un processus phonétique amorcé depuis plus ou moins longtemps. La langue dont s'est servi Agricola était du point de vue phonétique une langue en voie de rapide évolution et, comme toujours en pareil cas, les formes de type nouveau coexistaient avec celles de type plus ancien. Ce qui était changé se mêlait à ce qui ne l'était pas encore. C'est comme cela que l'on peut rendre le plus vraisemblablement compte de cette perpétuelle diversité de formes que nous rencontrons chez Agricola comme aussi chez ses contemporains, dans la faible mesure où nous disposons de leurs témoignages.

Récapitulation.

Ce ce qui précède nous pouvons tirer quelques conclusions générales.

D'abord en ce qui concerne l'effectif des phonèmes. La langue d'Agricola possédait donc les 8 voyelles que nous connaissons en finnois normal moderne :

a o u
ä ö ü (noté *y*)
e i

et ces voyelles se répartissaient déjà en trois groupes distincts du point de vue de l'harmonie vocalique, à savoir les voyelles « antérieures » proprement dites *(ä, ö, y)*, les voyelles « postérieures » *(a, o, u)* et les voyelles « neutres » ou « indifférentes » *(e, i)*. C'est dire que le fonctionnement de l'harmonie vocalique était déjà ce qu'il sera par la suite.

Pour ce qui est des diphtongues, la question qui se pose est de savoir si les notations *oo* et *öö* signalent des longues *(ō, ȫ)*, ou bien si elles dissimulent des combinaisons du type *uo*, *yö*. La question ne se pose pas pour *ie* qui est rarement noté autrement (on a pourtant *weeras* « hôte », par exemple). Néanmoins, la langue a déjà récupéré un *e* long par suite de contractions, notamment à la 3e personne du singulier des présents de l'indicatif des verbes et aussi à certaines formes de partitif singulier : *tule* « il vient » (= *tulee*), *henge* « de l'esprit » (= *henkeä*), etc.). La diphtongue *öy* semble ne pas encore s'être développée à partir d'*öi*. Dans l'ensemble, le stock des diphtongues est donc légèrement moins consistant que dans la langue actuelle.

C'est le consonantisme qui offre un aspect plus touffu ou, si l'on préfère, moins étriqué. L'effectif des phonèmes qui y ressortissent est le suivant :

p,	*t*,	*k*
	θ,	*χ*
v,	*δ*,	*γ*
m,	*n*,	*η(η)*
l,	*r*	
j		
s		*h*

Les graphies en *-b*, *-d*, *-g* après liquides et nasales semblent pouvoir être interprétées comme désignant des douces sourdes *(B, D, G)* qui ne peuvent toutefois être considérées que comme des variantes combinatoires des occlusives sourdes correspondantes *(p, t, k)*. Il se peut aussi que l'occlusive nasale *η* ne soit de son côté qu'une simple variante de l'*n*.

La répartition des charges fonctionnelles des consonnes est passablement différente de ce qu'elle est actuellement dans la langue normale. Par suite de l'élision de la voyelle finale dans les cas que nous avons énumérés (sans les épuiser tous), les phonèmes *-t*, *-s*, *-l*, *-n*, *-m* apparaissent plus fréquemment en finale.

D'autre part, ces mêmes élisions ont fermé la syllabe finale dans de nombreux cas, ce qui a eu pour conséquence que l'alternance consonantique est devenue dans une partie de ces cas une marque différenciative. Ainsi, comme nous l'avons signalé, une forme *sidhottun* « attaché » s'interprète sans ambiguïté comme un essif parce que le *tt* ne saurait figurer autre part que devant une syllabe originellement ouverte. Semblablement, *aican* « pendant » est à concevoir comme l'essif d'*aika* « temps » *(aikana)*, *caucan* « au loin » comme la forme élidée d'un *kaukana*, *ulcon* celle d'un *ulkona*, etc. De même toujours, *poican* ne peut être que la forme possessivée « mon fils », ou le cas essif *(poikana)*, et non le génitif singulier de *poika*, etc. Comme on le voit, c'est, dans tous ces cas, l'opposition due à l'alternance consonantique qui a pris en charge la fonction grammaticale d'une marque devenue ambiguë à la suite de l'élision de la voyelle finale du suffixe ou de la désinence. L'extension de ce phénomène va se réduire dans la suite des temps jusqu'à ne plus jouer de rôle appréciable dans la langue moderne où pourtant il subsiste toujours çà et là (*tahtomme* « notre volonté » mais *tahdomme* « nous voulons », etc.). Ainsi les éléments internes du mot tendaient à jouer un rôle qui incombait à l'origine uniquement aux marques suffixées. Pour reprendre la terminologie plus ou moins adéquate de certains théoriciens, nous aurions affaire à une tendance à la « synthétisation ». C'est donc dans le mécanisme même de la morphologie que le rôle du phonétisme du XVIe siècle se distingue de celui du phonétisme moderne, conférant plus d'importance aux oppositions proprement phonématiques.

L'appareil morphologique.

Comme l'ont justement fait observer les théoriciens finlandais qui se sont occupés du finnois du XVIe siècle, les instruments grammaticaux dont s'est servi Agricola ne sont guère différents de ceux que la langue utilise encore de nos jours.

La distinction entre le nom et le verbe y a pratiquement la même extension. Les formes de 3e personne du pluriel du présent de l'indicatif ont le même aspect « nominal ». Elles sont en *-vat*/*-vät*, ce qui revient à dire qu'elles ne sont pas autre chose que le nominatif pluriel du participe présent actif :

ylenandava « qui trahit, trahissant » / *ylenandavat* « ils trahissent »
eleve « vivant » / *elevet* « ils vivent »
petteve « qui trompe, trompant » / *pettevet* « ils trompent », etc.

Par contre, aucune ambiguïté n'existe en ce qui concerne la 3e personne du singulier :

tule « il vient », *tulepi* « il vient »

car cette 3e personne du singulier se termine soit par une voyelle longue soit par le suffixe *-pi* qui ne connaît pas d'autre fonction et se trouve érigé de ce fait en désinence parfaitement claire.

L'indistinction entre le nom et le verbe se manifeste aussi à la 3e personne du prétérit et à celle du conditionnel. En effet, le pluriel y est marqué uniquement par le *-t* qui affecte les nominatifs des noms :

otti « il prit » / *otit* « ils prirent »
catzachti « il regarda » / *catzadhit* « ils regardèrent »
teki « il fit » / *teit* « ils firent »
seurasi « il suivit » / *seurasit* « ils suivirent ».

Dans ces conditions, un pluriel *opit* « doctrines » d'*oppi* ne se distingue pas morphologiquement d'un prétérit et vice versa.

Le nom.

En dehors de ces quelques points tangentiels, le nom et le verbe se tiennent assez nettement à part l'un de l'autre. Le nom se présente sous une multiplicité d'aspects qu'on s'est habitué à dénommer sa « déclinaison », Par là on entend les paradigmes qui rassemblent pour chaque nom ses différentes formes d'emploi. Sur ce point, le finnois d'Agricola est pratiquement identique à la forme de langue qui est aujourd'hui en honneur. Nous avons affaire à un nombre important de cas, c'est-à-dire de formes affectées de suffixes de signification grammaticale indiquant des relations diverses, depuis celles, abstraites, qui unissent les mots entre eux pour constituer des unités syntactiques ou « syntagmes », jusqu'à celles qui expriment des rapports spatiaux, temporels ou modaux.

Ainsi conçue, la « déclinaison » finnoise du XVIe siècle comprend les « cas » suivants :

1) nominatif (aucune marque spécifique mais des terminaisons caractéristiques dans certains types de mots) ;
2) génitif (désinence *-n*) ;
3) partitif (désinence *-ta*/*-tä* ou *-a*/*-ä*) ;
4) essif (désinence *-na*/*-nä*) ;
5) translatif (désinence *-ksi*, graphiée en *-xi*) ;

6) inessif (*-sa*/*-sä*) ;
7) illatif (*-sen*, *-h-n*, *-n*) ;
8) élatif (*-sta*/*-stä*) ;
9) adessif (*-lla*/*-llä*) ;
10) allatif (*-lle*, *-le*) ;
11) ablatif (*-lta*/*-ltä*) ;
12) comitatif (*-i-nen-*+suff. poss.) ;
13) abessif (*-ta*/*-tä*).

A cela s'ajoute que la désinence *-n* marque encore le cas objet total (accusatif), l'instructif singulier (et au pluriel : *-i-n*). Les formes de génitif servent également à exprimer le complément d'attribution (datif).

Par ailleurs, les théoriciens finlandais ont accoutumé de joindre à la déclinaison la désinence complexe *-tse* (graphiée ici en *-tze*) de ce qu'ils appellent le cas « prolatif » mais qui ne forme dans les textes du XVIe siècle que des adverbes du genre d'*ylitze* « par-dessus », *lepitze* « à travers », etc. A ce compte-là, il faudrait intégrer aussi à la déclinaison les formes en *-sta*/*-stä* et *-sti* d'adverbes tels que *totisesta* « en vérité », *ylpiest* « d'une manière hautaine », *laiskasti* « paresseusement », etc.

Un seul regard jeté sur ce paradigme convainc qu'il est identique à celui que connaît la langue d'aujourd'hui, à cette seule différence près que le génitif y est investi d'une fonction supplémentaire : celle d'exprimer le datif concurremment avec l'allatif qui en a désormais l'exclusivité, hormis quelques clichés attardés.

Le principe de cette « déclinaison » est, comme on sait, que chaque cas est marqué par un même et unique morphème, au singulier comme au pluriel. Seuls trois cas dérogent à cette règle : le partitif, le génitif et l'illatif. Les raisons de ces variations sont à chercher dans des développements purement phonétiques, compliqués ensuite par des phénomènes de contamination. Comme nous l'avons vu plus haut, le *-t-* du partitif s'est maintenu après syllabe accentuée (principale ou secondaire) :

wekewe « fort » / *wekewete* (part. sg.)
tavara « bien, fortune » / *tavarata* (id.), etc.

Les mêmes conditions étant réunies, on a au pluriel :

sairas « malade » / *sairahita* « des malades »
peninki « denier » / *peningite* « des deniers », etc.

Après syllabe inaccentuée, le *-t-*, sonorisé et spirantisé en *-δ-*, s'est amuï totalement :

cala « poisson » / *cala* (lire *kalaa*) « du poisson »
leipe « pain » / *leipe* (lire *leipää*) « du pain », etc.

Après une voyelle autre qu'*-a* ou *-ä*, la désinence, réduite elle-même à cette seule voyelle, s'est coagulée avec la voyelle terminale du mot, ce qui a donné autant de voyelles finales longues, que la graphie d'Agricola ne note pas :

usko « foi » / *usko* (lire *uskoo*) « de la foi »
apu « aide » / *apu* (lire *apuu*) « de l'aide »
mercki « signe » / *mercki* (lire *merkkii*) « du signe »
säty « tradition » / *säty* (lire *säätyy*) « de la tradition ».

Cette « contraction » vocalique s'est même étendue au pluriel ou, à côté de formes du type :

lapsia « des enfants »
muruia « des miettes, des morceaux »
sotiia « des guerres »
caloia « des poissons »

on rencontre :

peivi « des jours » (= *päivii*)
sastaisi hengi « des esprits impurs », etc.

Puis les formes sans dentale ont déteint sur celles avec dentale ou inversement, ce qui a donné des croisements tels que :

hedhelme « du fruit » = *hedhelmete* « id. »
kyntele « de la chandelle »
casvoitans « son visage » (partitif pluriel possessivé)
inhimisi « des hommes », etc.

Quant aux mots terminés par une consonne, ils ont construit leur partitif en *-ta*/*-tä*, la consonne ayant préservé la dentale du suffixe de partitif :

todhistus « témoignage » / *todhistusta*
punaista (tautia) « (de la maladie) rouge »
kymmenentuhatta « dix mille »
rumista « du corps », etc.

Ce qui augmente encore la confusion dans l'emploi observé des formes du partitif, c'est que les mêmes mots se présentent avec des formes différentes du partitif. Ainsi, au singulier, on trouve :

auwua « du prodige » / *auwu* (lire *auvuu*) « id. »
usko (lire *uskoo*) « foi » / *epewskoani* « mon incrédulité ».

La formation du cas illatif, tant au singulier qu'au pluriel a abouti de son côté à des constructions multiples selon la nature des thèmes auxquels le suffixe de ce cas a été ajouté. Originellement, il s'agissait d'un morphème *-sen* dont il n'est pas question d'indiquer ici l'étymologie car elle fait l'objet de controverses. Or ce suffixe commençant par un *s*, la sifflante a subi des traitements différents selon qu'elle s'est trouvée, toujours après voyelle (longue ou brève), en position après syllabe accentuée ou syllabe inaccentuée. Nous notons ici le même développement que pour la dentale du partitif. Le résultat de ce processus a été triple, selon les cas. En position après syllabe accentuée, il y a eu maintien. Après syllabe inaccentuée, il y a eu passage à une laryngale, notée *h* dès les plus anciens textes et cet *-h-*, dont la nature n'est pas élucidée, s'est tantôt amuï, tantôt maintenu.

Le *-sen* se rencontre dans des mots tels que :

honesen (lire *hooneeseen*) « dans le logement »
taivasen « dans le ciel » (lire *taivaaseen*).

A l'exemple de nos confrères de Finlande, nous admettons que la désinence *-sen* devait se prononcer avec un *ē* long. Ceci sur la foi de graphies telles que :

radhinhoneseen « dans la salle du conseil », etc.

Rappelons que cette voyelle longue ne saurait être qu'analogique. Elle a été réintroduite dans la désinence à l'imitation des autres formes prises par celle-ci dans les cas où la longue résulte d'une contraction. En effet, seul l'élément final de la désinence a été conservé après syllabe inaccentuée tandis que la voyelle désinentielle qui précédait cet élément terminal s'est fondue avec la voyelle thématique par suite de l'amuïssement de la sifflante originelle. Cette fusion de la voyelle suffixale avec la voyelle thématique s'est faite au profit de cette dernière, d'où les formes :

hachteen « dans le navire » (graphié aussi *hachten*)
toiseen rantaan « vers l'autre bord »
minuun « en moi »
syliins « dans son sein »
callion « dans la roche » (lire *kallioon*), etc.

Cet aboutissement résulte de l'amuïssement du *-h-* issu de l'ancien *-s-*, amuïssement qui s'est produit après syllabe inaccentuée. L'usage d'Agricola montre que les formes en *-h-* coexistaient dans une certaine mesure avec celles à voyelle longue :

corpehen « dans le désert » / *corpeen*

merehen « dans la mer » / *mereen*
sylihins « dans son sein » / *syliins*
kylihin « dans les villages » / *kyliin.*

Les formes avec *h* se retrouvent naturellement dans les noms imparisyllabiques :

menemähen « pour aller » (inf. III)
satamahan « dans le port »
näkemähen « pour voir » (inf. III)
elemehen « dans la vie »
colemahan « à mort », etc.
Elles affectent aussi les monosyllabes :
mahan « par terre » (lire *maahan*)
tähen « dans celui-ci, ici » *(tähän)*
sihen « dans celui-là » *(siihen)*
heihin « en eux »
niihen « en ceux-là »
pähens « dans sa tête » (= *päähänsä*), etc.

Mais les désinences sans *h* se sont étendues hors de leur domaine propre, d'où les formes du type :

poismenemen « pour s'en aller » (mais *menemähen*)
atrioitzeman « pour prendre (son) repas »
caupungiin « dans la ville » (aussi *caupungihin*)
sarnamaan « pour prêcher »
orjantappuroiin « dans les épines » (aussi : *orjantappuroihin*)
iancaickiseen tuleen « dans le feu éternel », etc.

Dans certains cas, la forme avec *-h-* a peut-être été utilisée pour distinguer le pluriel du singulier :

caupungiin (aussi *caupungin*) / *caupungihin* (aussi sg.)
peningihin « in pecuniis » (sg. *peningiin*)

et dans d'autres pour différencier deux cas de la déclinaison :

omin waatehins « dans ses vêtements »
henen waateins « ses vêtements » (accusatif pl.).

Par contre, on relève aussi :

purpuran waattehin « dans un vêtement de pourpre »

qui semble bien être un singulier tout comme :

wanhan waatein « dans un vieux vêtement »

de même que *henen waatteinsa* (vestimentum), *minun watteini* « à mon vêtement », etc. Inversement, une forme *tornihin* « en prison » est un singulier, etc. Manifestement, l'illatif a donné du fil à retordre aux usagers, dès cette époque.

Nous ne reviendrons pas sur le génitif pluriel qui a causé pas mal de confusions de son côté et dont il a été traité plus haut. Ici encore, la langue a éprouvé de la peine à se créer un appareil consistant de formes du génitif pluriel.

Il reste à rappeler que le génitif a endossé une partie des fonctions du datif. A vrai dire, le fennique n'a peut-être pas possédé de cas correspondant et tout ce que nous savons, c'est que l'expression de l'attribution a été prise en charge de bonne heure par le génitif, tout au moins en finnois suomi. Les théoriciens discutent sur le point de savoir si la désinence *-n* qui apparaît dans cette fonction est ou n'est pas la même que l'*-n* marquant le génitif. Le problème ne se pose plus en ce qui concerne le finnois ancien puisque, de toute façon, les formes de pluriel investies de la fonction attributive sont bien des génitifs :

waivasten « aux pauvres »

... *caiki synnit andexiannetan inhimisten lasten...*

« tous les péchés seront pardonnés aux enfants des hommes »

(Herodes)... *echtolisen teki niinen ylimeisten ja pämiesten ja sangariten Galileas.*

... (Herodes)... *coenam fecit principibus et tribunis et primis Galilaeae.*

Au singulier, la situation est moins claire car la désinence peut être conçue comme étant celle d'un cas spécial :

Andaca Keisarin, mite Keisarin tule, ja Jumalan, mite Jumalan tule.

« Reddite igitur quae sunt Caesaris, Caesari ; et quae sunt Dei, Deo. »

La confrontation avec le texte de la Vulgate suggère qu'il s'agit bien d'un cas autre que le génitif car les génitifs latins ont été « tournés » en ce datif gouverné par le verbe *tule* « revient » qui réclame ici manifestement un complément d'attribution.

Mais comme l'avait déjà signalé Ojansuu (*op. cit.*, 124), le génitif-datif se trouve constamment relayé dans la fonction de complément d'attribution par l'allatif (désinence *-lle*), ainsi qu'il ressort de la comparaison des énoncés suivants :

Mine tahdon, ettäs minun cochta sillens annat Johannis Castajan pätä.

« Volo ut protinus des mihi (in disco) caput Joannis Baptistae. »
... *ja annoi sen picalle ja pica annoi sen eitillens.*
« ... et dedit illud puellae, et puella dedit matri suae. »

Dans les deux cas (à quelques phrases de distance), le même verbe « donner » se trouve complété d'abord par un génitif-datif *(minun* « à moi » = *mihi)* et ensuite par un allatif *(picalle* « à la fille » = *puellae)*, *(eitillens* « à sa mère » = *matri suae).*

Un examen quelque peu plus approfondi des textes révèle que la langue a hésité souvent entre les deux formes du complément d'attribution et, pour reprendre l'expression même d'Ojansuu, il est « amusant » de relever des énoncés tels que :

Mutta we olcoon niille wastoinolevaisille ja imettavain niine peivine (Marc, XIII, 17).
« Vae autem praegnantibus et nutrientibus in illis diebus. »

Les deux datifs de la Vulgate ont été rendus, le premier par l'allatif pluriel *wastoinolevaisille* et le second par le génitif-datif *imettavain*! Et ce flottement n'est pas propre aux seules traductions. On lit ainsi dans la préface au psautier :

Sinul ia caikein Somalaisten,
wanhoin, nin mös Norucaisten.
« A toi et à tous les Finnois,
Aux vieux et aussi aux jeunes. »

On a d'une part *sinul* (pour *sinulle*), qui est un allatif, puis une suite de quatre génitifs pluriels *(caikein*, *Somalaisten*, *wanhoin*, *Norucaisten).*

Une statistique des fréquences permettrait peut-être de déterminer la répartition relative des deux constructions. Il est caractéristique, par exemple, qu'un verbe comme *sanoa* « dire » se construise presque toujours avec l'allatif.

Des autres cas, il n'y a rien à relever qui diffère essentiellement de l'usage actuel. L'abessif, toutefois, dont l'emploi est identique à ce qu'il est de nos jours, est écrit avec une désinence *-ta/-tä* (élidée en *-t*) :

pesemete « sans (le) laver »
loppumat « sans finir, sans cesse »

mais il s'agit déjà d'un cas moribond car il n'apparaît guère avec les subtanfifs que combiné à la préposition *ilman* « sans » :

ilman paimeneta « sans pasteur » (= non habentes pastorem)
ilman lackamat « sans cesser, sans cesse », etc.

On aura noté que la désinence de ce cas s'élide souvent en *-t* ; ce qui la rend identique à celle du partitif en *-ta/-tä* quand celui-ci subit la même élision.

Le pronom.

Le système pronominal est, dans ses grandes lignes, celui que nous connaissons par la suite, à quelques particularités près.

Pour ce qui est des pronoms personnels, ce qui frappe, c'est que les textes parvenus jusqu'à nous ne connaissent pas de formes abrégées de ces pronoms. En revanche, le pronom de 2e pers. sg. est souvent réduit à sa consonne initiale et joue alors le rôle d'enclitique :

Ano minulda, mites tahdot...
« Pete a me quod vis... »
Mixis minun ylenannoit.
« Pourquoi m'as-tu abandonné? »
... se ficunapw, jongas kirosit, ombi quivettu.
« ... ce figuier, que tu as maudit, s'est desséché. »
iotcas loonut olet
« ceux que tu as créés », etc.

Naturellement, cette enclitique apparaît souvent comme un élément de renforcement de la 2e personne du singulier de l'impératif :

Sanos meille, coska nemet tapachtuvat?
« Dic nobis, quando ista fient? »
Muistas « rappelle-toi »
Catzos, ettes kellengen miten sanone.
« Veille (vois) à ne rien dire à personne » (Vide nemini dixeris).

Il en est de même lorsqu'il y a interrogation :

Tulicos meite cadhottaman. Mine tieden, mikes olet.
« Es-tu venu pour nous perdre? Je sais ce que tu es. » (*... venisti perdere nos? Scio qui sis...*)

Ces deux derniers emplois sont ceux qui sont familiers aux usagers de la langue actuelle dans sa forme parlée.

Au singulier, les pronoms personnels n'ont pas de forme propre au cas accusatif. C'est le génitif qui en fait fonction : *minun* « me » ; *sinun* « te », *hänen* « le, la » au lieu de *minut, sinut, hänet.* On a ainsi :

... *Hengi aijoi henen corpehen...*
« L'Esprit le poussa dans le désert » (... *Spiritus expulit eum in desertum.*)
... *joca minun pette, se lehestypi.*
« ... celui qui me trahira, il approche », etc.

Il en est autrement au pluriel où coexistent les deux emplois, la forme *heidhet* alternant avec *heijet* pour servir d'accusatif de la 3e personne du pluriel, en concurrence d'ailleurs avec le génitif pluriel en *heiden*, *heidhen* et même *heijen*. Les 1re et 2e personne de pluriel ne présentent par contre que des formes de génitif en fonction de complément d'objet. L'emploi de l'accusatif proprement dit est donc limité à la 3e personne de pluriel :

... *hen laski heidet* « il les renvoya »
... *wei heidet* « il les emmena »
Ja tuli pilvi, quin warjosi heijet
« Et une nuée vint qui les enveloppa d'ombre ».

Mais on lit aussi :

Ja coska hen oli lowuttanut heiden...
« Et lorsqu'il les eut renvoyés... »
... *hen jätti hejen* « il les laissa », etc.

Cela revient à dire que les formes de génitif et celles d'accusatif en *-t* ont été utilisées concurremment sans qu'on puisse actuellement déterminer la raison de l'emploi de l'une de préférence à l'autre. Toutefois cet emploi des formes d'accusatif en *-t*, limité aux seules formes du pronom personnel de la 3e personne du pluriel, suggère une explication quant à leur introduction dans la langue normale moderne. En effet, il était anormal d'employer pour exprimer l'objet total de 3e personne au pluriel une forme de génitif, si normal que fût l'emploi de ce dernier cas pour signaler le complément d'objet total du singulier. En effet, il y a tout lieu d'admettre que l'ancien accusatif singulier en *-m* s'était confondu avec le génitif à partir du moment où l'*-m* final était passé à *-n*. Mais cette confusion ne concernait que le singulier. Au pluriel, la fonction de complément d'objet total était assumée, pour ce qui était des substantifs, par le nominatif pluriel, dont la désinence était *-t*. Cette désinence a été jointe au thème de pluriel oblique du pronom, thème qui résultait lui-même d'une contamination entre le pluriel en *-i-* et le pluriel en *-t-* et avait servi de souche au génitif pluriel *heidhen*, *heiden* et aussi *heijen* (<**hei-δ-en*). On sait que les formes du reste du paradigme sont construites sur le thème de pluriel en *-i-* : partitif *heite* (= *heitä*), allatif *heille*, adessif *heillä*, inessif *heisse* (= *heissä*), illatif *heihin*, élatif *heiste* (= *heistä*), etc. C'est de cette formation bâtarde que proviendraient, par contamination, les autres formes d'accusatif introduites dans le paradigme actuel du pronom personnel : *minut* « me », *sinut* « te », *hänet* « le, la », *meidät* « nous », *teidät* « vous », etc.

L'état de choses constaté chez Agricola ne serait donc que l'amorce de ce réaménagement des formes du paradigme pronominal. Rappelons aussi que le pronom personnel présente dans quelques rares cas les formes de pluriel *mö*, *tö*, *hö* qui évoquent celles attestées dans les dialectes orientaux.

Par contre, le pronom personnel du XVIe siècle présente une particularité dont toute trace a disparu de la langue par la suite. Le pronom personnel pouvait, en effet, recevoir la désinence possessive correspondante pour exprimer soit la notion de personne mise en relief soit encore le concept de réfléchi :

Ja jos mine lasken heijen minuldani...
« Si je les renvoie d'auprès de moi... »
Temma sinuas ja laske sinus merehen...
« Arrache-toi et laisse-toi tomber dans la mer... »
... ja kjensi henens canssan seasa...
« ... et il se tourna parmi la foule. »

Qu'il ne s'agit pas d'un expédient pour rendre des tournures réfléchies ou « moyennes » du latin et surtout du suédois ou de l'allemand, c'est ce que semble indiquer la formule : *Pfui sinuas* « honni sois-tu » qui ne s'inspire pas de l'original de la Vulgate. Par ailleurs on trouve :

cavattaca teiten « méfiez-vous »
« videte autem vosmet ipsos »
qui traduit aussi la formule « cavete (a scribis) ».

Le pronom *itse*, qui joue présentement un rôle comparable, se trouve associé à l'emploi du pronom personnel élargi du possessif :

Sinun pite racastaman sinun lehimeistes ninquin itze sinuas.
« Tu aimeras ton prochain comme toi-même » (= *Diliges proximum tuum tanquam te ipsum*). Mais il arrive aussi qu'on rencontre *itse* (écrit *itze*) lui-même élargi du suffixe de possessivation et se suffisant ainsi à lui seul :

... osotta itzes papille...
« montre-toi au prêtre » (= *ostende te principi sacerdotum*).

Cette formule a semblé suffire même quand la Vulgate offre un pronom renforcé :

... *jos hone itzens wastan erkanepi...*
... *si domus super semet ipsum dispertiatur...*

Il paraît donc vraisemblable que les usagers ont hésité entre deux solutions : celle qui consistait à exprimer la notion de réfléchi en élargissant le pronom personnel au moyen du suffixe de possessivation et l'autre qui consistait à affecter à cette fonction l'élément *itse*, érigé en pronom réfléchi par application du même procédé. Faut-il y voir une action des langues étrangères avec lesquelles les clercs ont été en contact : suédois, allemand, latin surtout? Ce n'est pas certain. Rappelons pourtant que l'expression de la notion d'action réfléchie a posé un problème aux langues finno-ougriennes dans lesquelles cette notion était originellement exprimée par la dérivation verbale, état de choses qui a laissé partout d'importants vestiges, y compris en finnois.

Notons enfin que le pronom personnel est employé avec une fréquence qui surprend. Non seulement il se construit presque toujours avec le verbe, mais aussi il est antéposé, sous la forme du génitif, aux substantifs possessivés. Cette dernière construction est probablement le résultat d'une imitation servile de l'original traduit. Un phénomène analogue s'observe dans les traductions (restées manuscrites) du vieux-hongrois. Il s'agissait dans l'un et l'autre cas de mettre en langue vulgaire les mêmes textes sacrés et Agricola ne nous a pas caché qu'en bon disciple de saint Jérôme, il s'appliquait à produire ce que son patron avait appelé *simplex translatio*. Cela revient à dire que l'idéal de la traduction était à ses yeux aussi une translation aussi littérale que possible. Cela n'a rien qui surprenne puisque cette conception de la traduction a toujours été celle de la mission chrétienne. De nos jours encore, c'est aussi littéralement que possible que les missionnaires des différents cultes s'efforcent de rendre les textes sacrés dans les langues des peuples qu'ils veulent convertir. Il suffit de se reporter à la bible tahitienne ou à la bible hawaïenne pour s'en persuader. Cette « littéralité » du rendu va même jusqu'à produire des phrases qui sont totalement inintelligibles pour l'indigène. Nous aurons à revenir dans la suite sur cette procédure qui a joué un rôle décisif dans l'élaboration des langues de mission.

Pour ce qui est du reste de l'appareil pronominal, il se présente en gros sous les mêmes traits que celui de nos jours. Les démonstratifs sont au nombre de trois : un démonstratif de la proximité : *tämä* (écrit *teme*), un autre de l'éloignement ; *tuo* (écrit *too*) et un troisième qui exprime l'anaphore : *se*. Ces démonstratifs ont la particularité bien connue de former leur paradigme du pluriel avec des thèmes en *n-* : *neme* (et aussi *nemet* = *nämä*), *ne*, etc.

Les auteurs se plaisent à signaler que le démonstratif *ne*, au génitif pluriel, affecte la forme *ninen*, *niinen* (lire *niinen*). Cette forme en *-n-* se retrouve dans le paradigme du pronom relatif (*joinen* « desquels ») et même dans celui du mot *mw* (= *muu*) « autre » qui connaît une forme *muinein (sanain seas)* « (entre) autres (mots) », résultat d'une contamination car on trouve par ailleurs des génitifs pluriels en *muiden*, *muidhen*. Ce génitif pluriel en *-n-* est actuellement caractéristique des parlers occidentaux.

L'interrogatif apparaît, comme on peut s'y attendre, sous trois formes. Il y a d'une part *cuca* (= *kuka*) « qui » et d'autre part *ken* mais leur répartition diffère, dans le détail, de celle admise par l'usage moderne. C'est ainsi que les formes des cas locaux : *cussa* « où », *custa* « d'où », *cuhunga*, *cuunga* « où » (avec mouvement) servent d'adverbes de lieu, alors que les cas correspondants de *ken* s'appliquent à des personnes. L'interrogatif *mike* (= *mikä*) « quoi » *(quid)* est seul limité aux choses, à quelques exceptions près.

Déjà comme dans la langue d'aujourd'hui, ce sont les interrogatifs qui fournissent le plus gros des pronoms indéfinis : négatifs (*ei... kengen* « personne » = nemo), *ei... miten* (lire *mitään*) « rien », etc. On a par ailleurs *cuki* « quiconque », *cuca* « qui que... » (*cuca Herran Jesusen Ysteue sine olla mahdat* « Quelque ami de notre Seigneur Jésus que tu puisses être »), etc.

Ce qui frappe, c'est que la langue dispose dès le XVIe siècle d'un pronom relatif qui est entièrement spécialisé dans cette seule fonction. Il s'agit de *joca*, *ioca* (= *joka*) dont le thème est *jo-* (partitif *jota*, inessif *josa*, adessif *jolla*, etc.). Ce pronom, qui possède un pluriel *(jotca*, *iotca* = *jotka*), se comporte exactement comme de nos jours dans la langue normale. Il introduit une quantité considérable de propositions subordonnées relatives qui confèrent à la langue d'Agricola (et plus généralement à celle de ses contemporains) une allure très « occidentale ». A cet égard, les relatives interviennent dans les traductions bibliques plus souvent que dans les textes originaux qui se servent volontiers, comme chacun sait, des formes du participe (présent ou passé). Ainsi, pour rendre *habens* dont le finnois n'a pas l'équivalent, Agricola a recouru à une relative : *(minun poicani) jolla on mycke hengi* « mon fils qui a un esprit muet » (habentem spiritum mutum).

Cette présence d'un relatif parfaitement développé pose une question. Il ne peut s'agir que d'un décalque du suédois et de l'allemand. Son introduction n'a pu s'accomplir en un jour car elle a supposé un profond réaménagement de la structure de la phrase. Une langue ne passe pas en un rien de temps d'une expression de la phrase complexe, fondée sur la seule imbrication des déterminations successives, à l'articulation par propositions subordonnées articulées, sans y avoir été contrainte par une nécessité coercitive. C'est ce qui s'est passé en hongrois avant même l'apparition des documents les plus anciens (l'Oraison Funèbre) où la phrase complexe à articulation subordinative apparaît déjà entièrement développée. Or ce développement révolutionnaire s'est accompli durant la période qui a précédé celle dont les monuments se sont conservés jusqu'à nous. Il en est de même en finnois. La « mutation » de la phrase finnoise s'est achevée avant le XVIe siècle. Nous reviendrons encore sur cette question capitale car cette solution admise en finnois avant Agricola a été décisive pour l'avenir de la langue.

Non seulement celle-ci a donc possédé un relatif entièrement développé sous les espèces du mot *joka* (où *-ka* est une enclitique) mais la langue du XVIe siècle a en propre un second élément servant à introduire une relative. Il s'agit cette fois de l'instructif pluriel de l'interrogatif *ku-* (écrit alors *quin* = *kuin*) qui se trouve utilisé souvent, parallèlement à *joka*, pour introduire une relative :

... *ja tuli pilvi quin warjosi heijet*
... « et vint une nuée qui les enveloppa de son ombre » (*Et facta est nubes obumbrans eos*...). Ce mot *kuin* avait l'avantage d'être invariable mais, pour cette raison, sa fonction s'est limitée à celle de relatif sujet ou de relatif complément d'objet :

Mite se on kuin ne kirjanoppeneet sanovat...
« Qu'est-ce que les docteurs de la loi disent... (*Quid ergo dicunt Pharisaei et Scribae*...)

Mutta ei he ymmertenet site quin hen sanoi...
« Mais ils ne comprenaient pas ce qu'il leur disait... » (ici la Vulgate dit : *At illi ignorabant verbum*...).

Pourtant ce même élément *kuin* a assuré d'autres fonctions, plus étroitement en rapport avec son étymologie :

... *ja quin hen honesen tuli, kysyi hen heille*...
« ... et quand il entra dans la maison, il leur demanda... »
Ici, *quin* rend le latin *cum* en fonction de conjonction temporelle.
Ja cochta quin hen ylesastui wedheste...
« Et dès qu'il sortit de l'eau... »
(Et statim adscendens de aqua...).

De plus, ce même mot outil *quin* sert à exprimer la comparaison (tout comme notre « que ») et il entre en combinaison avec plusieurs autres mots pour fournir des locutions conjonctives : *ninquin* « ainsi que... » *(sicut)*, etc. Il est curieux de constater que l'élément *hogy* du hongrois, qui a même étymologie, a rendu à peu près les mêmes services, hormis la fonction de supplétif du pronom relatif. Ce dernier emploi a été interprété comme un svécisme (ou aussi un allémanisme) mais il y a lieu de se demander si l'on ne se trouve pas au contraire devant un développement parfaitement autochtone. Au demeurant, *quin* ne saurait jouer le rôle de décalque de *som* du suédois ou de *so* de l'allemand, rôle qui aurait plutôt dû échoir à *niin*, instructif pluriel de *ne*, lui-même pluriel de *se*.

On en aura terminé avec cette revue rapide des pronoms en signalant que le finnois d'Agricola possédait déjà un pronom indéfini *jocu* (= *joku*) « quelqu'un » et aussi « quiconque, quelque » :

Madhais nyt jocu sano...
« Quelqu'un pourrait dire... »
Custa jocu woipi meite ravita leiville...
« *Unde illos quis poterit hic saturare panibus...* »

On trouve en outre *jocainen* « chacun » qui répond au *jokainen* d'aujourd'hui, dont le génitif est *jocaitzen*, etc.

La conjugaison.

Le paradigme verbal, tel qu'il se dégage des textes d'Agricola, est déjà à peu près celui que nous connaîtrons par la suite.

Et d'abord les désinences verbales. Elles se répartissent en deux groupes, l'un est celui des marques personnelles affectant l'ensemble des modes du verbe, à l'exception de l'impératif, et le second comprend précisément les formes de ce mode.

Le premier groupe comprend :

1re personne du singulier : *-n*
2e personne du singulier : *-t*
3e personne du singulier : zéro/voyelle allongée/*-pi*
1re personne du pluriel : *-mme/-mma/-mmä*
-ma/-mä
-m
2e personne du pluriel : *-tte/-tta/-ttä*
-ta/-tä
-t
3e personne du pluriel : *-vat/-vät.*

A l'impératif, le paradigme n'est pas complet, c'est-à-dire qu'il ne comprend pas de 1re personne du singulier. On relève donc :

2e personne du singulier : -' (occlusive glottale ou ses vestiges)
3e personne du singulier : *-kaan/-kään*
-koon

1re personne du pluriel : *-kama/-kämä* (*-kaamma/-käämmä*)
-kam/-käm
2e personne du pluriel : *-katta/-kättä*
-kat/-kät
-ka/-kä
3e personne du pluriel e : *-koot/-kööt*, *-kan/-kän* (*-kaan/-kään*).

La 2e personne du singulier se présente donc exactement sous les mêmes espèces que dans la langue normale moderne. Nous avons affaire au thème du verbe élargi d'une occlusive glottale qui ferme la syllabe finale, d'où le degré faible qui affecte le consonantisme quand il y a lieu. On lit ainsi :

ota « prends »
lue « lis », etc.

Cela revient à dire qu'il y a identité entre la 2e personne du singulier de l'impératif et le thème négatif du verbe.

A la 3e personne du singulier, la terminaison, qui joue à la fois le rôle de marque d'impératif et de marque de la 3e personne du singulier, est en *-a-/-ä-* alors que ce sont les formes en *-oo-/-öö-* qui ont fini par s'imposer dans la forme actuelle de la langue normale. On sait que ces dernières sont interprétées comme des formes d'optatif ou plutôt d'exhortatif par la plupart des théoriciens finlandais, explication qu'il n'y a pas lieu de discuter ici mais qui ne semble pas s'imposer.

De ce tableau des désinences personnelles, il apparaît que le finnois d'Agricola et de ses contemporains a tiré un grand parti de la terminaison *-pi* dont il a fait une marque de la 3e personne du singulier du présent de l'indicatif. On sait que cette finale *-pi* (issue d'un ancien suffixe déverbatif en *-pa/-pä* encore partiellement attesté à l'époque dans la formation des participes présents actifs) a été considérée comme ayant exprimé le présent. Cette supposition est sans doute erronée car il subsiste des vestiges qui montrent que certains « participes présents » ont eu une valeur de passé, non seulement dans les parlers fenniques (cp. : estonien : *mineva* « passé, écoulé » et *mineval aastal* « l'an passé »), mais aussi dans d'autres idiomes finno-ougriens, comme par exemple le hongrois, cependant, comme nous l'avons signalé précédemment, la finale *-pi* a été, par analogie, étendue pratiquement à toutes les 3es personnes du singulier du présent de l'indicatif où elle alterne avec l'allongement de la voyelle thématique, de telle sorte qu'on rencontre perpétuellement

tantôt *tulepi* « il vient »
tantôt *tule* (= *tulee*) « id. »

sans qu'on puisse déceler la raison de cette alternance. Il semble qu'on ait hésité entre les deux procédés pour marquer la 3e personne du singulier du présent de l'indicatif. On sait qu'au prétérit de l'indicatif comme au conditionnel, cette même 3e personne du singulier n'a possédé aucune marque. Le thème nu suffisait à la désigner :

jacoi « il partagea »
otti « il prit »
tuli « il vint »
teki « il fit », etc.
sanoisi « il dirait », etc.

Au pluriel, la 3e personne n'a pas non plus possédé de marque spécifique. Le *-t* qui affecte ces formes n'est autre que le suffixe de pluriel nominal :

jaghoit « ils partagèrent »
otit « ils prirent »
teit « ils firent »
poisweit « ils emmenèrent », etc.

Les troisièmes personnes du prétérit, comme aussi celles du conditionnel, se comportent donc comme des substantifs :

tulisit « ils viendraient »
rupeisit « ils toucheraient », etc.

A cet égard, le verbe se montre donc encore assez proche du nom pour ce qui est de certaines de ses formes dont il n'est pas possible de les considérer comme étant des formes « conjuguées » dans l'acception traditionnelle de ce terme. Cet état de choses se retrouve en estonien ; il n'a été modifié par la suite que lorsque l'élément *-vat/-vät*, conçu comme une désinence spécifique de 3e personne du pluriel, a été accolé au thème de prétérit comme aussi à celui de conditionnel. Nous reviendrons plus loin sur cette pseudo-désinence de 3e personne de pluriel.

Quant aux formes de 3e personne du singulier du conditionnel, elles apparaissent souvent élidées :

annais « il donnerait »
petteis « il tromperait »
olis « il serait », etc.

Un autre trait caractérise partiellement les formes du prétérit et celles du conditionnel. Certaines d'entre elles présentent le degré faible de consonantisme :

annoi « il donna » (= *antoi*)
cannoi « il porta » (= *kantoi*)
tahdoi « il voulut » (= *tahtoi*)
parghui « il hurla », etc. (= *parkui*).

A côté, toutefois, on relève de nombreuses autres formes portant le degré fort :

jakoi « il partagea »
otti « il prit »

Au conditionnel on a :

pideis « il devrait »
lyhenneisi « il abrégerait, il écourterait »
hucutais « il perdrait (quelqu'un) »
em... kielleisi « je ne renierais pas ».

Ces formes à degré faible se voient opposer d'autres, très nombreuses, au degré fort :

petteis « il tromperait »
tekeis « il ferait »
näkis « il verrait »,

ce qui montre à nouveau combien l'usage de cette variété de langue était flottant.

Comme nous l'avons vu plus haut, une forme semblait se prêter à rendre le passif latin : c'était ce verbe dérivé « unipersonnel » qui a subsisté jusqu'à nos jours et qui s'est construit à partir d'un thème verbal dérivé en *-tta-/-ttä*, *-ta-/-tä*, augmenté d'une enclitique dont la forme originelle a dû être **-sen*, ce qui, comme nous l'avons mentionné, laisse supposer que nous avons affaire à une 3e personne d'un verbe dérivé factitif à laquelle avait été agglutiné le déictique **sen* qui aurait fourni d'autre part l'actuel pronom *hän* « il, elle », de troisième personne du singulier. Nous avons analysé plus haut ce processus. Chez Agricola, comme chez ses contemporains, c'est ce verbe dérivé qui a donc été utilisé pour rendre le passif. Il souffrait pourtant d'un grave défaut : celui de ne posséder qu'une seule forme, originellement rapportée à un sujet de 3e personne du singulier. Comme nous le montrerons plus loin, les clercs du XVIe siècle ont essayé de s'accommoder tant bien que mal de cette forme unique qui se retrouvait d'ailleurs à tous les modes, comme aujourd'hui, et se présentait aussi à l'infinitif, ce qui n'a plus cours du tout dans la langue normale désormais. C'est ainsi qu'un *saturari* « se rassasier » est rendu par *ravitta* « être rassasié », un *ministrari* « être servi » par *palvelta*, etc.

Que ces emplois n'aient été ressentis que comme des expédients, c'est ce que dénonce la tentative faite pour doter le verbe passif d'une forme de 3e personne de pluriel d'une part et, d'autre part, de formes de 1re et de 2e personnes. Notre éminent confrère Lauri Hakulinen a signalé (SKRK, p. 197) les quelques formes de 3e personne du pluriel relevées dans les textes d'Agricola et qui sont du type :

tapettijt « ils furent tués »
elot nijtehet « les moissons sont fauchées »
he leuteisijt « ils furent trouvés ».

L'-*n* du singulier a été remplacé par le -*t* de pluriel, ce qui n'empêche pas Agricola d'employer avec une dépendance subjectale de 3e personne du pluriel :

Synnit andexiannetaan sinulle... (Marc II, 2)
« Tes péchés te seront pardonnés » (*Dimittuntur tibi peccata tua...*).

Il restait à accorder le passif aux deux autres personnes. A cet effet, il semble que des tentatives aient été faites qui furent sans lendemain. Lauri Hakulinen a attiré à ce propos l'attention sur les formes du type :

me temmatamme « nous sommes arrachés »
me rangaistamme « nous sommes châtiés »
me cuultajsima « nous serions entendus »
me nimitetemme « nous sommes nommés »

dans lesquelles il voit autant de mots construits *ad hoc* par Agricola alors que par ailleurs on lit chez ce même auteur :

te piexeteen « vous serez fouettés » *(vapulabitis)*, etc.

Mais les formes ci-dessus rappellent des constructions équivalentes relevées dans les dialectes fenniques orientaux et il n'est pas invraisemblable que nous ayons affaire à quelques emprunts isolés, voulus ou inconscients.

La notation de ces formes de passif est loin d'être conséquente. A côté d'un *annetan*, qui se prononçait *annetaan* (forme actuelle) on lit tantôt *kylvetän* « il est semé » et tantôt *kylvetten* « id. ». Parallèlement, *cutzutan* « il est appelé, nommé » côtoie *cutzuttan* « id. » alors qu'on a *cutzuttin* (= *kutsuttiin*) « il fut appelé, nommé ». Parfois l'ancien -*h*- qui s'était substitué à l'*s*- de l'enclitique a été maintenu : *ravitettihin* « saturati sunt » (= « ils furent nourris) alors qu'ailleurs on rencontre la graphie *ravittin* (= *ravittiin*) qui présente l'état actuel.

Ces variations de détail ne doivent pas nous détourner de

constater que la conjugaison du verbe dit « passif » était en réalité à peine plus étoffée en finnois du XVIe siècle que dans la langue de nos jours. Ce sont ses emplois qui ont été multiples et souvent passablement différents de ceux qui sont désormais admis.

Les formes nominales du verbe.

En dehors des formes proprement conjuguées, les verbes ont donné lieu à la formation de substantifs et adjectifs déverbatifs qui ont été intégrés dans les grammaires finnoises au paradigme verbal. Ce n'est là que le résultat de l'observance d'une vieille tradition grammaticale transmise par les grammaires classiques. Et sur ce point, il convient de noter tout de suite que les clercs qui ont les premiers fixé le finnois par écrit ont été imbus de grammaire latine avant toute chose. C'est que le seul enseignement grammatical qu'ils avaient reçu dès le début de leurs études était celui de la grammaire latine tel qu'il était conçu à l'époque. Quand ils ont essayé de classer les formes des mots finnois, il les ont rangées selon le schéma qui leur était le plus familier, celui du latin. En d'autres termes, ils ont vu le finnois à travers les catégories de la grammaire latine. Ceci ne vaut pas que pour le finnois ; il en a été de même pour le hongrois et plus généralement pour toutes les langues du monde où a dominé la latinité. On se rappellera par exemple que les grammaires françaises, il n'y a pas si longtemps, exposaient encore les règles de construction du « génitif » et il en était de même des grammaires italiennes, etc.

Dans ces conditions les noms déverbatifs finnois ont été assimilés tant aux participes qu'aux infinitifs du latin. L'examen des textes prouve que l'état de choses qui existait alors était pratiquement identique à celui que nous connaissons aujourd'hui. On relève 4 infinitifs : 1) celui en *-ta/-tä*, *-da/-dä*, *-a/-ä*, 2) celui en *-ten*, *-den*, *-en*, 3) celui en *-ma/-mä*, 4) celui en *-minen*.

La répartition des désinences est la même qu'aujourd'hui. On a, après consonne, ou après *-t* des thèmes des verbes dits « contractes », *-ta/-tä*, après voyelle longue ou diphtongue *-da/-dä* (alors prononcé *-ða/-ðä*) et après voyelle brève *-a/-ä*. Cette dernière forme de la désinence se fond avec les *-a/-ä* des thèmes verbaux en *-a/-ä* pour donner une voyelle longue : *tappa* « tuer » (lire *tappaa*), *tiete* « savoir (lire *tietää*), Après les autres voyelles brèves, deux traitements se distinguent : celui reconnu par la grammaire normale moderne, et qui fournit des infinitifs en *uskoa (usko-a)* « croire », *sanoa (sano-a)* « dire », *puhua (puhu-a)* « parler », etc., et l'autre, où la voyelle désinentielle a été absorbée par la voyelle thématique pour fournir une longue : *puhu* (lire *puhuu*) « parler », *sano* (lire *sanoo*) « dire », *serke* « briser » (lire *serkee*), etc. Sporadiquement, on relève des formes telles que *kysyve* (lire *kysyvä*) « interroger, demander » (en face de la forme actuelle *kysyä*) et *leheslyve* « s'approcher » (lire *läheslyvä*) où le *-v-* représente soit un traitement du *-δ-* soit, plus vraisemblablement, un phonème adventice introduit pour supprimer l'hiatus à l'époque où il y avait encore hésitation entre la prononciation en deux syllabes et celle en une seule syllabe. Comme il fallait s'y attendre, on trouve çà et là dans les textes des formes « longues » de ce même infinitif nº 1 : *henen andaxens* « pour qu'il donne », *sinun södhexes* « pour que tu manges », *nähdexen* « pour que je voie », etc.

L'infinitif II présente des formes comparables à celles d'aujourd'hui : *wastaten* « répondant », *joosten* « courant », *saadhen* « recevant », *wiedhen* « conduisant », etc. Il en est de même pour les inessifs correspondants : *henen puhuesans* « tout en parlant » (= « tandis qu'il parlait »), *palaitesans* « tandis qu'il s'en retournait », *coollesans* « alors qu'il mourait », etc. On n'est pas non plus surpris par les instructifs en *hutain* « criant, hurlant », *andain* « donnant », *pästein* « lâchant, laissant partir », pas plus que par une forme *laulais* « en chantant ». En revanche, le *-d-* est constamment maintenu (ou rétabli) dans une grande quantité d'instructifs tels que *sanoden* « disant » (= *dicens*) *walvodhen* « veillant », *istudhen* « étant assis ». On a même parfois les formes en *-den* qui alternent avec celles en *-en* (plus souvent réduites à *-in* : *oppetaden* « enseignant » / *oppetain* « id. »).

Les infinitifs III et IV ne présentent rien de remarquable si ce n'est que l'illatif, comme nous l'avons déjà indiqué, se construit souvent en *-h/-n* (*näkemähen*, *colemahan*, etc.).

La voix passive est, nous l'avons vu, constamment utilisée à l'infinitif I : *luetta* « être lu », *castetta* « être baptisé », *palvelta* « être servi », *panda* « être posé », etc. A l'infinitif III, on rencontre aussi, gouvernée par le verbe *pite* (= *pitää*), l'instructif singulier : *minun honen pite cutzuttaman rucoushonexi...* « ... *domus mea domus orationis vocabitur...* » (Marc XI, 17).

On a lu plus haut que le participe présent se construisait sur un suffixe en *-pa/-pä* ∾ *-va/-vä*, cette dernière forme représentant non le degré faible de consonantisme du *-p-* mais seulement sa spirantisation sonore en position après syllabe inaccentuée. De ce fait, originellement, les participes présents comportaient, selon qu'ils étaient parisyllabiques ou imparisyllabiques, l'un ou l'autre aspect du suffixe. Mais déjà dès les premiers textes, la forme spirantisée (en *-v-*) apparaît dans la plupart des cas, après syllabe accentuée aussi bien qu'après syllabe inaccentuée. Ce qui a manifestement contribué à cette généralisation des formes en *-va/-vä*, c'est qu'au pluriel et chaque fois qu'un suffixe venait fermer la syllabe finale, à la place de *-pa/-pä* on retrouvait *-v-*, ce qui donnait des finales, en *-vat/-vät*, identiques à celles formées directement sur *-va/-vä*.

Alors que les participes passés passifs se présentent sous la forme actuellement attestée en finnois moderne, à savoir *-ttu/-tty* ou *-tu/-ty* : *pugetettu* « vêtu », *sidhottu* « lié, attaché », *techty* « fait », *nechty* « vu », etc., les participes passés actifs, dont la marque actuelle est en *-nut/-nyt* : *sanonut* « ayant dit », *ottanud* « ayant pris », *tundenut* « ayant senti », etc. apparaissent au pluriel soit en *-ee-* soit en *-ue-/-ye-* : *lukenuet* « ayant lu » / *lukeneet*, *coollut* « mort », *colleista* « des morts » / *coolluista* « id. », *ymmertenyet* « ayant compris » / *ymmerteneet* « id. », etc. On a de même *kirjanoppenutten* « des scribes » (génitif pluriel) et simultanément *tullut* « étant venu » / *tulleet* « id. », *tullet* « id. » et, isolément *tulluat*. En face, on rencontre *tulluexi* « venu » (transitif singulier) à côté de *uloslechteneexi* « parti, sorti », etc. Comme on le voit, il y avait flottement entre les formes où le groupe *-ue-/-ye-* s'était maintenu et celles où il s'était résorbé en *-ee-*.

Les verbes de négation et d'interdiction.

Le finnois d'Agricola et de ses contemporains ne connaît ce verbe qu'au présent de l'indicatif, construit sur un thème *e-* dont la structure morphonologique est elle-même aberrante. Ce thème *e-* a admis les désinences habituelles, sauf à la 3e personne du singulier où nous relevons déjà la forme *ei*, très particulière, sur laquelle semble avoir été construit le pluriel *eivet* (= *eivät*) alors que d'autres parlers fenniques ont une forme de 3e personne du singulier en *-pa/-pä* qui est celle attendue. La réduction du paradigme du verbe de négation au seul présent de l'indicatif a eu pour conséquence un réaménagement de l'ensemble de l'appareil de négation du verbe. D'autre part, le paradigme négatif de l'impératif a été pris en charge par un verbe spécial d'interdiction dans lequel il faut voir un dérivé en *-l* du verbe de négation. Les graphies en *ele*, *elkette*, *elken* ne nous renseignent malheureusement pas sur le timbre exact de la voyelle radicale. On sait qu'en finnois moderne, nous avons des formes en *älä*, *älkää*, *älköön*, etc., considérées comme de type « occidental », mais on trouve dialectalement à l'Est aussi des formes en *ele*, *elkää*, *elköön*, etc. D'autre part, la négation du prétérit n'a pu s'exprimer que par une forme périphrastique constituée du présent du verbe de négation et du participe passé approprié (en *-nut/-nyt* pour la voix active et en *-ttu/-tty* ∾ *-tu/-ty* pour la voix passive). De même, au conditionnel et au potentiel, c'est le thème nu de ces modes qui a été associé au verbe de négation. Cet état de choses est celui que nous connaissons. Pourtant, plusieurs traits font que le verbe de négation du XVIe siècle ne se comporte pas tout à fait comme celui d'aujourd'hui. Si le verbe en question s'accroche comme une enclitique aux conjonctions *että* et *eli* (*ettei*, *ellei*, etc.) ainsi qu'à l'interrogatif *mixi (mixei)* tout comme aujourd'hui, en revanche, l'accord en nombre n'est pas toujours respecté ni celui concernant les personnes. On lit en effet :

Ei te tiedhe, *mite te anotta* (Marc X, 38)
« Vous ne savez pas ce que vous demandez »
(= *Nescitis quid petatis*)
Mixei me woinuet hende ulosaija? (Marc IX, 28)
« Pourquoi n'avons-nous pas pu le chasser »?
(= *Quare nos non potuimus ejicere eum?*).

Ceci est d'autant plus frappant que dans les formes de prétérit négatif, le participe passé actif se trouve généralement accordé en nombre au sujet :

... *mutta heiden todhistuxens ei olluet soveliat* (Marc XIV, 58)
... *et convenienta testimonia non erant*
... *eike he mös kellekä miten sanonuet...* (id., XVI, 8)
... *et nemini quidquam dixerunt...*

La proximité du sujet exprimé au pluriel n'entraîne pas nécessairement l'emploi du pluriel du verbe de négation, ainsi qu'on vient de le voir ci-dessus et que le confirme une énonciation telle que :

... *eike he nai eike hoole...* (id., XII, 25)
... *neque nubent neque nubentur...*, etc.

Parfois, la forme *ei* de 3e personne du singulier qui est ici en question apparaît dans le rôle d'une simple particule négative :

Ei juhlapeiven... (Marc XIV, 2)
« Non in die festo... ».

Quant à l'assimilation de l'*-n* de la 1re personne du singulier à l'*m* du pronom personnel *mine* suivant immédiatement, c'est là un phénomène mineur, attesté dans la langue parlée d'aujourd'hui, qui surprend seulement parce qu'il est régulièrement reflété dans la notation d'Agricola :

em mine tunne hende (Marc XIV, 68)
(quia) non novi hominem
« je ne le connais pas ».

Dans l'ensemble, l'usage du verbe de négation est donc moins rigoureux que dans la langue normale moderne. On a affaire à un état de langue où ce verbe commence à se détériorer pour finir par ne plus connaître que la forme unique de 3e personne du singulier, soit la forme *ei*, celle-là même qui a abouti en estonien à ne plus jouer que le rôle d'une particule négative. Mais même si la conjugaison négative connaît ces déficiences, il faut rappeler que la forme *ei* ne peut pas se construire avec une forme conjuguée du verbe. Elle n'est combinée qu'avec le thème négatif, pour ce qui est du présent, et le participe passé (actif ou passif), pour ce qui est du passé. De même, les conditionnels et les potentiels ne construisent que la forme de leur thème nu avec la 3e personne en *ei*. Rappelons que le thème de potentiel se termine alors par l'occlusive glottale de même que le thème négatif de présent. Nous avons signalé plus haut que certaines graphies semblent le confirmer.

Le verbe d'interdiction ne pose pas de problème en ce sens qu'il fonctionne dans les mêmes conditions qu'actuellement, ce qui revient à dire que la 2e personne du singulier se construit avec le thème verbal négatif (thème terminé par l'occlusive glottale) et les autres personnes avec le thème verbal élargi d'un élément enclitique *-ko/-kö*. On a ainsi :

ele pelke « ne crains pas »
ele iodhata meite kiusauxen
« ne nous induis pas en tentation »

mais

elkette murehtico
« ne vous affligez pas »
elkette kieldekö
« *ne prohibueritis* »
elken palaitko
« qu'il ne s'en retourne pas »
elken sisellemengö
« qu'il n'entre pas », etc.

La dissymétrie entre les deux séries de formes est encore accusée par le fait que les enclitiques *-ko/-kö* s'attachent au thème consonantique du verbe quand celui-ci en possède un.

Nature et répartition des thèmes.

La coexistence de deux thèmes, l'un terminé par une voyelle (ou une diphtongue), l'autre par une consonne, est en effet l'un des caractères marquants de la morphologie finnoise. La répartition de ces thèmes est demeurée la même au cours des temps, compte tenu de quelques variations isolées. En gros, le problème qui se pose à l'usager finnois est celui-ci : une partie des thèmes, nominaux ou verbaux, a pour terminaison une finale vocalique, que cette finale soit fournie par une voyelle brève : *-a/-ä*, *-e-* ou *-o*, *-ö*, *-u*, *-y* ou encore qu'elle se présente sous les espèces d'une longue ou d'une diphtongue. Une autre partie des thèmes a une terminaison consonantique. Les noms et les verbes diffèrent pourtant dans la répartition de ces thèmes. Le thème verbal n'est jamais employé nu mais toujours élargi d'un suffixe modal ou temporel (le suffixe modal excluant la présence du suffixe temporel et inversement) ou d'une désinence personnelle. Par contre, les noms, dans leur très grande majorité, emploient leur thème nu qui sert de nominatif singulier. C'est ainsi qu'on a des noms du type *kala* « poisson » mais pas de forme verbale *anta-* « donner » employée à l'état isolé. Comme on le sait, des formes d'impératif de 2e personne du singulier telles que *tule* « viens » ou *ota* « prends » ne sont pas réellement des thèmes nus. La présence de l'occlusive finale rappelle, par l'emploi qu'elle réclame du degré faible de consonantisme et par d'autres phénomènes (de sandhi), que l'on a affaire à un thème élargi.

Il en résulte qu'il est moins aisé de découvrir à première vue (ou à première écoute) les verbes possédant un thème consonantique à côté d'un thème vocalique. Car il faut également considérer que si une importante quantité de vocables n'ont qu'un seul thème, qui est alors toujours vocalique, les mots dotés d'un thème consonantique possèdent parallèlement un thème vocalique.

Pour ce qui est des noms, ce sont d'abord les vocables terminés au nominatif singulier par une consonne qui possèdent deux thèmes. Le plus souvent, le thème consonantique est précisément celui qui fournit cette forme de nominatif singulier. On relève ainsi : *kuningas* « roi », *todhistus* « témoignage », *este* « obstacle », *lehimeinen* « proche (parent) », etc. A cela s'ajoute qu'un nombre appréciable de mots terminés au nominatif singulier par un *-i* possèdent également un thème consonantique. Ces vocables sont en réalité des thèmes en *-e-*, dont l'*-e* final est passé à *-i*, de telle sorte qu'au nominatif singulier ils se confondent avec les mots qui, eux, ont vraiment un *-i* comme voyelle thématique. C'est ainsi que, de prime abord, il est impossible de distinguer par la seule forme du nominatif singulier si l'on a affaire à un mot en *-i* « pur » (*caupungi* = *kaupunki* « ville », *pappi* « prêtre », etc.) ou à un autre dont le paradigme se construit sur un thème en *-e-* (à l'exception toutefois : du partitif, quelquefois de l'essif singulier et du génitif pluriel). Ce qui vient compliquer le dessin de certains paradigmes de mots en *-e-*, c'est que devant l'*i* résultant de la transformation d'*e* en *i*, le *t* qui précédait est lui-même passé à *s*. Il en est résulté qu'un mot qui avait originellement un thème nu en **käte* « main » ou **vete* « eau » s'est trouvé doté d'un nominatif singulier en *-si* (*käsi*, *vesi*). Et comme en outre, l'*e* du thème s'est d'abord combiné en diphtongue avec l'*-i-* du thème de pluriel oblique, pour se réduire finalement à un simple *i*, la plus grande partie du paradigme du pluriel de ces mots s'est construite sur des formes en *-si-* : *kjeusille* « avec des cordes » (= *köysillä*) de *kjeusi* (= *köysi* « corde », thème *köyte-*), *käsijens* (= *käsiänsä*) « ses mains » (partitif pluriel) (*käsi* « main », thème *käte-*), etc.

Ces thèmes en *-e* se comportent d'ailleurs d'une manière différente selon que la consonne précédant l'*-e-* est une occlusive ou une spirante, une liquide, une nasale. Les mots où l'*-e-* est précédé de *p*, de *k* (mais pas de *t* le plus souvent) ne connaissent qu'un seul thème, qui est naturellement le thème vocalique : *corpi* « désert », *hengi* « esprit », *mäki* « mont, colline », etc. Mais il y a des exceptions. Un mot *nimi* « nom » ne connaît qu'un thème vocalique alors que *niemi* « promontoire, cap » possède un thème consonantique, etc. Ces discordances apparaissent déjà chez Agricola et ne quitteront plus la langue.

Ce qui frappe dans l'ancien état de choses, c'est que le thème consonantique est utilisé plus fréquemment qu'il ne le sera par la suite. Ceci vaut essentiellement pour l'essif du singulier et le génitif pluriel, car en ce qui concerne le partitif, il n'y a pas de différence dans l'usage. Ainsi relève-t-on constamment :

ensimeisne sabbatin peiven « le premier jour du sabbath »
toisna woonna « l'année suivante »
neljenne öen wartiona « à la quatrième vigile de la nuit »
silmepoolla « étant borgne »
käsipoola « étant manchot »
Jumalan palvelussa « au service de Dieu », etc.

Mais l'*-n* du suffixe d'essif est volontiers assimilé par l'*-s* du thème consonantique dans les mots qui ont un thème consonantique en *-s*, comme nous venons de le voir ci-dessus dans le cas de *palvelussa* (pour **palvelusna* de *palvelus* « service »). On lit ainsi :

toimelissa « étant en possession de ses esprits » *(sanae mentis)*
wimeisse « en dernier », etc.

et cette finale en *-ssa/-ssä* qui en résulte se réduit même à un simple *-s* :

ensimeis sabbatin peivene
« le premier jour du sabbath », etc.

Le génitif pluriel est très fréquemment construit avec le thème consonantique, auquel cas il admet la désinence en *-ten* dont il a été déjà question plus haut :

collutten « des morts »
sairasten « des malades »
percheletten « des démons »
seiwesten « des gourdins »
kättens « de ses mains », etc.

Les différences d'emploi du thème consonantique sont moins sensibles pour ce qui est du verbe. A côté des verbes contractes, des verbes dérivés en *-ele-*, *-ne-*, *-tse-*, des verbes disyllabiques en *-le-*, *-re-*, *-ne-*, *-se-*, plusieurs verbes dont le thème se termine en *-a/-ä* présentent un thème consonantique dont la langue littéraire moderne a parfois conservé çà et là des vestiges. Les cas d'emploi sont les mêmes : le thème consonantique apparaît devant le suffixe à l'impératif (sauf la 2e personne du singulier) et devant le suffixe modal de potentiel. On construit de même le participe passé actif sur le thème consonantique, ainsi que les infinitifs I et II et aussi le thème de passif. On relève, contrairement à l'usage moderne :

tietket « sachez » (= *tietäkää*)
leynyt, *leuneet* « ayant trouvé » (= *löytänyt*, *löytäneet*)
leuten, *leuteen* « être trouvé » (= *löydetään*)
tainud « ayant pu » (= *taitanut*, parfois *tainnut*)
taittu « ayant pu être » (= *taidettu* et aussi *taittu*)

mais déjà apparaissent aussi les prodromes d'une généralisation du thème vocalique :

te piexeteen « vous serez fustigés » (= *piestään*)
tehenyt « ayant fait » (= *tehnyt*), etc.

Certaines de ces formes consonantiques, nous l'avons dit, ont persisté jusqu'à nos jours : *tiennyt* « ayant su » (on relève *eivet tienneet* « ils ne surent pas, ils ne savaient pas), *tuta* « connaître » (= *tuntea*), etc. Mais ce maintien s'explique par l'action de la langue biblique qui s'est exercée sur la langue écrite au cours des siècles qui ont suivi la publication de la Bible, comme nous le verrons plus loin.

De toutes les considérations qui précèdent, il ressort que la structure de l'appareil morphologique du finnois écrit du XVIe siècle est pratiquement identique à celle de la langue normale moderne, exception faite de la répartition des formes dans l'usage. L'inventaire est à peu de choses près le même que celui dont on dispose actuellement mais le XVIe siècle, plus proche des origines, n'avait pas encore mêlé ou uniformisé par analogie les paradigmes des noms comme aussi ceux des verbes. Dans ces conditions, l'appareil en question fournissait déjà la carcasse de l'édifice qui allait se monter par la suite plus ou moins laborieusement. Il s'agit maintenant d'examiner comment l'appareil dont nous venons de retracer les grandes lignes pouvait être utilisé pour exprimer le contenu du message dont les clercs luthériens des premiers temps de la Réforme allaient le charger.

Les problèmes à résoudre.

Comme on l'a fait souvent observer, la langue qui nous a été transmise par les monuments du XVIe siècle est à peu près exclusivement une langue de la traduction. Et même quand elle est utilisée à d'autres fins, elle est employée par des clercs qui ont reçu leur formation d'esprit par le truchement du latin, du suédois et de l'allemand, le grec n'ayant certainement joué aucun rôle appréciable dans leur vie spirituelle. Tous ces hommes pensaient donc selon les catégories de la grammaire latine et accessoirement aussi des grammaires suédoise et allemande. Or les expressions suédoise et allemande étaient elles-mêmes souvent à leur tour des décalques de l'expression latine du Moyen Age.

Quelles étaient alors les difficultés rencontrées par les traducteurs soucieux de rendre en finnois ce qui avait été formulé en latin ou d'après le latin?

Une première difficulté provenait de ce que le latin observait un ordre des mots différents de celui que nous sommes amenés, par la grammaire comparée, à restituer pour le finno-ougrien commun sinon pour le fennique commun. Théoriquement au moins, le finnois devait à l'origine reconnaître, comme nous l'avons exposé plus haut, l'ordre des mots suivants :

sujet + compléments + prédicat

ou encore :

compléments + sujet + prédicat

étant entendu que le « complément d'objet » précédait de toute façon le prédicat qui venait en fin de séquence.

Plus généralement, les déterminants précédaient toujours les déterminés. Par ailleurs, la phrase complexe ne comportait ni subordination ni même probablement de coordination. Mais cet état de choses, restitué, répétons-le, par la comparaison avec les autres langues finno-ougriennes, voire ouraliennes, s'était probablement modifié depuis longtemps.

Un premier travail d'élaboration a donc consisté à rendre aussi fidèlement que possible l'allure de la phrase latine, accessoirement celle de la phrase suédoise et de la phrase allemande.

Cela supposait la mise en place d'un appareil de relatifs et aussi de conjonctions diverses de coordination et de subordination sans lequel il se serait avéré impossible de refléter le mouvement des textes originaux. Mais cela nécessitait aussi l'application de procédés ou d'expédients propres à rendre en finnois le sens de constructions qui lui étaient foncièrement étrangères : passif, propositions infinitives, propositions participiales, locutions construites avec des verbes auxiliaires de modes, locutions prépositives, adjectifs de possessivation, sans parler de l'expression des différents étagements du temps dans la conjugaison des verbes et de la concordance des modes et des temps qui jouaient un rôle capital dans l'articulation de la phrase latine en particulier. A cela s'ajoutaient des problèmes posées par le suédois et l'allemand qui, eux, avaient développé des articles et s'en servaient pour opposer l'indéfini au défini, le partiel au total. Tous ces procédés étaient familiers aux premiers clercs qui voulaient s'exprimer par écrit en finnois et ils leur étaient même si indispensables qu'ils ont cherché à en retrouver l'équivalent dans le finnois même.

Mais en dehors de ces problèmes qui intéressaient l'appareil grammatical proprement dit, il en était un autre, essentiel, qui était celui de la terminologie et donc du vocabulaire. Pour exprimer congrûment le contenu de la Bible et de la liturgie, il fallait des mots que le fonds traditionnel finnois ne contenait pas. Une partie pouvait être fournie par l'apport des mots empruntés tant au latin qu'au suédois et à l'allemand mais le recours excessif à cette source d'enrichissement du lexique pouvait comporter et comportait de graves inconvénients. On s'exposait à ne pas être compris de ceux à qui l'on prétendait s'adresser. Il ne restait plus alors que trois solutions ou plutôt trois procédés à appliquer : 1) utiliser des mots du cru, quitte à leur conférer une acception nouvelle plus ou moins éloignée de leur acception traditionnelle ; 2) décalquer les termes étrangers en les reproduisant élément pour élément avec des matériaux autochtones ; 3) construire des mots entièrement nouveaux à partir de mots existants afin de rendre par référence à l'étymologie, non pas la teneur complète du terme étranger mais l'acception qu'il était besoin d'en retenir. Il est caractéristique que toutes ces voies ont été empruntées en même temps.

Nous allons passer en revue ces différentes phases de l'adaptation du finnois à l'expression latine, suédoise et allemande telle qu'elle a été réalisée dans les textes de la Bible et ceux de ses traductions suédoise et allemande.

Le problème du passif.

On sait l'importance prise par le passif en latin et par la suite en allemand comme en suédois bien que ces deux derniers idiomes aient été eux-mêmes contraints de se forger chacun pour sa part un procédé afin de rendre le passif. Alors que l'allemand n'a pu trouver que l'expédient consistant à employer une périphrase *werden*+participe passé actif, le suédois a fini par spécialiser dans la transposition du passif latin le verbe réfléchi qu'il s'était forgé à partir de la construction verbe+*sik* (forme de l'accusatif singulier du pronom réfléchi). Le fennique ne possédait rien qui pût se comparer au passif. Il ne connaissait qu'un verbe dérivé en *-tt-/-ttä-*, *-ta/-tä-* dont on retrouve l'équivalent dans le factitif hongrois. Ce dérivé a été élargi, comme on l'a vu plus haut, d'une enclitique fournie par le déictique de la 3e personne, celui-là même qui a donné au finnois le pronom personnel de 3e personne : *hän* (pluriel *he*). L'agglutination de cette enclitique, par suite de l'amuïssement de la consonne initiale du déictique, qui était *s-*, a fini par doter ce dérivé verbal d'une sorte de désinence qui, naturellement, ne se rapportait originellement qu'à un sujet implicite ou explicite de 3e personne du singulier. Un processus analogue semble s'être produit en hongrois dans le cas des verbes en *-ik*. Ce « passif » (souvent désigné par les grammairiens modernes comme « verbe unipersonnel ») ne pouvait guère s'employer sans violence qu'avec un sujet de 3e personne du singulier, implicite ou explicite, auquel dernier cas, la marque de la dépendance personnelle figurait deux fois. C'est ce qui apparaît dans la traduction du verset :

Sille jolla ombi, sille annetan, ja jolla ei ole, sekin mös quin henelle on, se henelde poisotetaan. (Marc IV, 25)

« Qui enim habet, dabitur illi, et qui non habet, etiam quod habet auferetur ab eo. »

Alors qu'*annetan* (= *dabitur*) n'a pas de dépendance personnelle explicite, *poisotetaan* (= *auferetur*) en possède une, en l'espèce le démonstratif *se* « cela, ce ».

Plus fréquemment, le sujet est explicité :

... *cussa sana kylvetten...*
... « ubi seminatur verbum... » (Marc IV, 15).

Mais alors se pose un autre problème, celui de rapporter l'action passive soit à un sujet conçu comme étant un pluriel, soit à un sujet de 1re ou de deuxième personne :

Synnit andexiannetaan sinulle... (id., II, 9)
« Dimittuntur tibi peccata tua... »
Nin he söit ja ravittin (id., VIII, 8)
« Et manducaverunt et saturati sunt... »
... *te piexeteen ja edhesjohdatetan pämiesten ja kuningasten eteen* (id., XIII, 9)
... « et in synagogis vapulabitis et ante praesides et reges stabitis... »

On aura noté que le texte d'Agricola contient même un passif là où son original se sert d'un verbe actif. C'est que la pensée cadrée dans le concept de passif a littéralement dominé l'esprit du traducteur. C'est tellement évident qu'à chaque pas, on bute sur des passifs qui figurent là où le latin n'en a pas utilisé :

Mutta coolluista että he ylesheräytetän... (id., XII, 26)
« De mortuis autem quod resurgant... »

ou encore :

... *caiki jotca waiwattin* (id., III, 10)
... « quotquot habebant plagas »..., etc.

L'absence de désinence personnelle autre que celle, très obscurcie dans la conscience du sujet parlant, de 3e personne du singulier, a eu pour conséquence que dans certains énoncés, c'est le contexte seul qui indique quelle est la personne à laquelle se rapporte le passif :

... *quin sinulla caxi jalca olis ja heiteteisin helvettin* (id., IX, 45)
... « quam duos pedes habentem mitti in gehennam ignis inextinguibilis. »

Le passif latin pouvait comporter un complément d'agent désignant l'auteur de l'action. Cette construction a causé pas mal de casse-tête aux traducteurs dans toutes les langues qui ne possèdent pas de passif véritable. Plusieurs expédients ont été simultanément essayés par Agricola pour y parvenir. Le premier qui s'offrait à son esprit, comme à celui de tout latiniste, c'était de se servir du cas finnois qui semblait le mieux correspondre à l'ablatif latin, avec ou sans la préposition *ab*. Ce cas a d'ailleurs été nommé également ablatif ; il est caractérisé par le suffixe *-lta*/*-ltä*, ce qui donne des énonciations du type :

... *ja castettin caiki henelde Jordanin wirdhasa...* (Marc I, 5)
... « *et baptizabantur ab illo in Jordanis flumine...* »
... *joca neljelde cannettin* (II, 3)
... « *qui a quatuor portabantur...* »
Herralda on teme techty... (XII, 11)
« *A Domino factum est illud...* »

Mais, comme on le sait, le bas-latin recourait déjà volontiers à la préposition *per* pour exprimer l'instrument ou l'agent :

... « *vae autem homini illi per quem Filius hominis tradetur* »... (Marc XIV, 21)
et Agricola a rendu *per* par l'élément *cautta*, partitif singulier de *kausi* (thèmes *kaute-*/*-kaut-*), utilisé en fonction de postposition :
... *we sen inhimisen, jonga cautta Inhimisen Poica peteteen...*

et cette construction a parfois figuré là où l'original latin ne la présentait pas :

... *josta Daniel prophetan cautta sanottu on*
... « quae dicta est a Daniele propheta » (Math. XXIV, 15).

Pourtant, Agricola et ses contemporains, mal assurés de ce qu'il valait mieux choisir, ont tâtonné encore davantage. On trouve ainsi l'agent exprimé au moyen du cas élatif, voire même adessif :

Ja wietin Hengeste Corpehen (Luc IV, 1)
... « *et agabatur a Spiritu in desertum* ».

et comme l'a signalé Ojansuu (*op. cit.*, p. 162), on trouve tout de suite après :

... *ia... kiusatin Perchelelde*
... « *et tentabatur a diabolo* ».

Ainsi d'une ligne à l'autre le complément d'agent a été rendu par l'élatif et par l'ablatif alors que le latin comportait dans les deux cas la préposition *a*+ablatif. Dans un même chapitre, dans deux versets différents, nous rencontrons de même d'une part *yxi inhiminen sastaisel hengel rivattu (homo in spiritu immundo)* (Marc V, 2) et d'autre part *ioca oli perchelelde rivattu* (*qui a daemonio vexatus fuerat*, id., 18). Mais ce même stéréotype est construit en *yxi inhiminen rivattu sastaisest hengest* (répondant à *in spiritu immundo* de la Vulgate). Manifestement, le traducteur a hésité entre plusieurs solutions, aucune ne s'avérant la bonne puisque la langue ignorait ce genre de construction. Ce qui n'a nullement empêché Agricola d'y recourir pour son propre compte quand il a eu à s'exprimer sans avoir à traduire. On lit dans sa seconde préface au Nouveau Testament :

... *Carjalaiset ylitzewoitettin Rotzalaisist...*
... « les Caréliens furent vaincus par les Suédois »..., etc.

Comme en finnois moderne, la langue d'Agricola employait des formes composées de la conjugaison et l'on s'est servi des participes passifs en *-tu/-ty*, *-ttu/-tty* pour rendre les participes passés passifs du latin en *-tus* :

Aica ombi teutetty
« *impletum est tempus* » (Marc I, 15),

cette version trahissant de la manière la plus flagrante que c'est bien la Vulgate qui a servi de point de départ pour la mise en finnois du Nouveau Testament, ce que confirme la transposition suivante :

Teille on annettu tuta Jumalan waldacunnan salaus (*Vobis datum est nosse mysterium regni Dei*, Marc IV, 11). L'imitation est à ce point servile que le pluriel du participe latin est rendu aussi par un pluriel :

Ia mwtamadh ouat iotca hyveen mahan ovat kylvetydh (id., IV, 20)
« *Et hi sunt qui super terram bonam seminati sunt.* »

Les formes nominales du verbe.

Une autre pierre d'achoppement était l'appareil de formes nominales dont disposaient le latin et le grec. Le texte de la Vulgate, collant de très près à l'original grec, en foisonne littéralement.

La traduction des infinitifs latins.

Le texte de la Vulgate fourmille d'infinitifs qui semblent avoir donné pas mal de fil à retordre. On lit en effet des locutions telles que :

... *et obliti sunt panes sumere* (Marc VIII, 14)
Ia he olit wnochtaneet leipe cansans otta...

ou encore :

... *et timebant interrogare eum* (IX, 32)
... *ia he pelkesit henelde kysyve*,
où l'infinitif n° 1, dans sa forme brève, a été utilisé pour rendre l'infinitif latin.

Ce même infinitif n° 1 apparaît en combinaison avec les verbes auxiliaires de mode :

... *si potes credere* (IX, 23)
... *Ios sine sen woidh uskoa*
... *sed quicumque voluerit fieri maior...* (X, 44)
... *ia ioca teiste tachto olla ensimeinen...*
... *et ingressus domum, neminem voluit scire...* (VII, 24)
... *Ia meni honen siselle ia ei tachtonut site kenengen tiete.*

Ce dernier exemple est particulièrement significatif car l'accusatif latin *neminem* si caractéristique de la syntaxe latine, a été rendu servilement par l'accusatif-génitif *kenen* (de *ken* « qui »).

Mais deux faits retiennent l'attention. Le premier est que le latin *posse* se trouve rendu par plusieurs auxiliaires finnois. Pour traduire, par exemple, le *posse* de la Vulgate, Agricola emploie *voida* « pouvoir, avoir la force de... » :

Woitteco te ioodha sen calkin, quin mine ioon (Marc X, 38)
... *potistis libere calicem, quem ego libo...*

mais il se sert de *taita-* « avoir l'art, le savoir de... » dans :

... *ia coska ikenens te tachdotta, nin te taidhatta heille hyve tehde* (XIV, 7)
... *et cum volueritis, potestis illis benefacere*

ou encore de *maltta-* « prendre sur soi, se dominer pour avoir la présence d'esprit de... » dans :

Etkö maltanut ychte helke walva (XIV, 37)
... *non potuisti una hora vigilare?*

Les locutions où l'infinitif latin dépendait d'un verbe impersonnel ou d'une construction équivalente ont embarrassé :

... *Si licet viro uxorem dimittere* (Marc X, 2)
Sopico miehen waimons hyljete...

mais :

Licet dari tributum Caesari, an non dabimus? (XII, 14)
Onko se oikein, ette me Keisarin weron annama taicka ei? Pitekö meiden andaman taicka ei andaman.

Alors que la locution *bonum est* dans :

... *bonum est nos hic esse*... (IX, 5)

a été transposée en :

... *hyve ombi meiden tesse olla*...

qui en est le décalque pièce par pièce, chacune étant superposable à celle qui lui correspond dans la Vulgate (comme dans l'original grec). Le *non est meum* de :

... *non est meum dare vobis* (X, 40)

est devenu :

... *ei se ole minun andamallani*

où à la place de l'infinitif n° 1, nous trouvons le cas allatif de l'infinitif III en *-ma/mä* (= *antamalla*), élargi du suffixe possessif de 1re personne du singulier du possesseur, construction d'aspect proprement finno-ougrien. C'est aussi par un idiotisme qu'est rendu :

Et quaerebant eum tenere... (XII, 12)
Ia he etzit hende kiiniottaxens

où l'infinitif n° 1 figure à la forme dite longue, c'est-à-dire affectée du suffixe possessif approprié (qui est ici celui de 3e personne).

Ce même recours à des formules du cru se retrouve dans :

Et coepit flere (Marc XIV, 72)
Ia hen rupeis idkemen

où nous rencontrons le cas illatif de l'infinitif III. Quand le verbe qui gouverne l'infinitif exprime une notion négative ou de cessation ou d'éloignement, ce même infinitif III apparaît au cas élatif (*-sta/-stä*) comme dans :

Ia quin hen lackasi puhumast... (Luc V, 4)
Ut cessavit autem loqui...

Tous ces efforts d'adaptation s'expliquent si l'on songe que le finnois ne possédait pas (et ne possède toujours pas) d'équivalent exact des infinitifs dans le genre de ceux du germanique ou du latin, voire du grec ancien. C'est ce que confirme la façon dont Agricola met en finnois le texte de la chronique suédoise d'Olaus Petri dont il s'est inspiré pour sa Préface au Nouveau Testament où *til at halla Careler och Ryssar ther med i twång* est rendu par la locution *Carialaisten ia Wenhelaisten asettamisexi*. Le terme *asettamisexi* n'est pas autre chose que le cas translatif (en *-ksi*) du déverbatif en *-minen*, dénommé infinitif IV dans les grammaires, mais qui n'est en réalité qu'un nom d'action déverbatif. Il a fallu se décider chaque fois à choisir une solution aussi conforme que possible à l'usage parlé de la langue dans l'intention de se faire comprendre des auditeurs. Ce n'était pas une tâche facile et c'est encore aujourd'hui une difficulté pour les étrangers qui font l'apprentissage du finnois.

Les participes latins et grecs.

Les constructions participiales innombrables du texte de la Vulgate comme aussi de l'original grec ont posé peut-être encore plus de problèmes.

Soit le verset :

Et introeuntes in monumentum viderunt juvenem sedentem in dextris, coopertum stola candida, et obstupuerunt (Marc XVI, 5).

Le texte d'Agricola est :

Ia quin he olit haudan siselle mennet, nin he neit yden noricaisen istuvan oikealla polen, ioca oli waatteittu pitkil walkeil waatteil; ia he hemmestuit.

Le premier participe présent *(introeuntes)* a été tourné en une subordonnée : *Ia quin he olit haudan siselle mennet* « Quand elles eurent pénétré à l'intérieur du sépulcre », le second par contre a été rendu par la « construction participiale » dans laquelle les grammairiens finlandais voient un trait autochtone : *he neit yden noricaisen istuvan* « elles virent un jeune homme assis ». Quant au participe passé il a été transposé en une relative : *ioca oli waatteittu* « qui était vêtu ». Cette façon de procéder pour traduire le participe passé est courante dans le Nouveau Testament d'Agricola :

... *Iesum quaeritis Nazarenum, crucifixum*... (Marc XVI, 6)

... *te etzittä Iesust Nazarenusta, ioca oli ristinnaulittu* « vous cherchez Jésus de Nazareth qui a été crucifié »... On lit encore :

... *et factus est sicut mortuus* (IX, 25)

... *ia se tuli ninquin coollut*...

qui est un simple mot à mot servile.

Pour se sortir de difficulté, le traducteur a tout simplement changé parfois le temps de la narration :

Et reversus, denuo invenit eos dormientes (XIV, 40)

Ia palaitesans leusi hen taas heiden macamast.

« Et revenant, il les trouva de nouveau en train de dormir. »

Ainsi *reversus* a été traduit par *palaitesans* « dans son action de revenir » qui est le cas inessif de ce que les grammaires finnoises appellent l'infinitif II et la dépendance personnelle de ce nom verbal est exprimée au moyen de la suffixation possessive qui est ici celle de la 3e personne. C'est conforme à la tradition finnoise de même que l'emploi du cas élatif de l'infinitif III *(macamast = makaamasta)* pour rendre *dormientes* bien qu'on eût pu s'attendre à voir figurer à sa place le participe présent *nukkuvan* si le verbe dont dépendait l'infinitif n'avait pas été le verbe *löytä-* « trouver » qui exige un complément au cas élatif.

Si le participe latin ou grec se rapporte plus ou moins étroitement à l'action exprimée par le verbe principal, Agricola fait usage du gérondif en finnois, c'est-à-dire, pour être plus précis, de la forme du cas instructif de l'infinitif II (qui est en *-ten*, *-den*, ou *-en*) :

Et suspiciens in coelum, ingemuit... (Marc VII, 34)
Ylescatzachtain taiwasen hoghasi...
La forme *ylescatzachtain* (= *ylöskatsahtaen*) répond à notre « regardant en haut (vers le ciel) ».

Et venerunt ad eum ferentes paralyticum qui a quatuor portabatur... (Marc II, 3)
Ia tulit henen tygens wiedhen ychte ramba, ioca neljelde cannattin.

Le participe présent pluriel *ferentes* est représenté par *wiedhen* « portant » qui assume les fonctions d'un adverbe comme ci-dessus et équivaut de ce point de vue à nos participes présents de fonction similaire.

Que ces participes présents ou passés du texte à traduire aient été embarrassants par la multiplicité de leurs emplois, c'est ce que révèlent des exemples comme ceux-ci :

Fuit Ioannes in deserto baptizans, et praedicans baptismum poenitentiae... (Marc I, 4)
Iohannes castoi corvesa, sarnaten paranoxen castetta...

Le *fuit baptizans* a été traduit par le prétérit du verbe simple *kasta-* « baptiser » (en réalit. : « mouiller, tremper ») tandis que le second participe présent *praedicans* a été remplacé par un infinitif II à l'instructif : *sarnaten* (= *saarnaen*). Or les deux participes assument la même fonction par rapport au verbe *fuit.* Ils expriment l'action passée en cours de déroulement. Dans cette même fonction on trouve le participe également dans :

Erant autem in via ascendentes Ierosolymam... (Marc, 10, 32)
qui cette fois est traduit :

Ia he olit tielle meneueiset Ierosoliman...

ce qui est un mot à mot parfait. Par contre dans :

Et erat praedicans in synagogis eorum et in omni Galilea, et daemonia ejiciens (Marc I, 32). Or il se trouve que cette même construction est rendue par :

Ia hen sarnasi heiden sinagogisans coko Galileas ia wlgosaijoi perchelet...,

donc par des propositions coordonnées ayant chacune son prédicat exprimé sous les espèces d'un prétérit. Cela revient à dire qu'Agricola s'est ici totalement émancipé de son modèle, contrairement à ce qu'il a fait dans le passage reproduit plus haut. Comme le passage cité en second lieu précède dans le texte du Nouveau Testament celui qui nous est apparu comme un mot à mot servile, il est patent que le traducteur n'a pas appliqué une méthode suivie pour traduire les formules qu'il rencontrait dans la Vulgate. Ou bien, il a tout simplement compilé des traductions antérieures, soit de lui-même, soit d'autres, sans avoir pris le soin ou eu le temps de les uniformiser. Ces inconséquences se suivent souvent à quelques phrases d'intervalle :

... *vidit Simonem et Andream fratrem eius mittentes retia in mare* (Marc I, 16).
... *neki hen Simonin ia Andrean henen weljens werkoians heitteuen merehen.*
... *vidit Iacobum Zebedaei et Ioannem fratrem eius et ipsos componentes retia in navi...* (Marc I, 19)
... *neki hen Iacobin Zebedeusen poian ia Iohannen henen weljens, että he wenehese paransit werckoians...*

Dans le premier passage, le participe *mittentes* est traduit par le moyen de la « construction participiale » sur laquelle nous reviendrons plus loin. Nous lisons donc le participe présent *heitteuen (heittävän)* « jetant » qui figure au génitif-accusatif singulier après un verbe principal exprimant la notion de voir. Mais après ce même verbe, le second passage porte une subordonnée introduite par la conjonction *että* « que » et dont le verbe est un prétérit pluriel : *paransit* « ils réparaient » (= *paransivat*). Ces deux formules sont séparées par un seul verset.

Le participe employé substantivement a, contrairement à ce qu'on aurait pu attendre, causé lui aussi de l'embarras. C'est ainsi que le *Vox clamantis in deserto* (Marc I, 3) est traduit *Hwtawaisen äni on corwesa...* Le substantif a été obtenu au moyen d'une dérivation du participe présent *huutava* alors qu'on aurait pu songer à un nom d'agent en *-ja (huutaja)*. Quant au passage :

sunt quidam de hic stantibus qui non gustabant mortem... (VIII, 39), il est tout simplement transposé en une relative : ... *ouat mutamat neisse, iotca tesse seisouat, iotca ei maistaman pide colemata...* Ici encore, on aurait attendu *seisojat* « ceux qui se tiennent debout », qui est actuellement en usage dans la langue moderne.

Sans quitter ce même verset 39, nous relevons une autre transposition du participe présent. Il s'agit de la locution : ... *donec videant regnum Dei veniens in virtute*, qui est translaté en ... *sihen asti quin he näkeuet Iumalan Waldakunnan woimalla tulluexi.*

Le participe présent *veniens* a été traduit non par un équivalent en temps mais par le participe passé actif du verbe « venir » (*tule-*) au cas translatif *(tulluexi = tulleeksi)*, ce qui ne correspond pas à l'usage moderne (qui voudrait le participe passé actif au génitif-accusatif singulier : *tulleen*). Ce changement de temps est peut-être inspiré par l'original grec ou les versions suédoise et allemande. En effet, le participe passé au translatif apparaît dans d'autres cas mais toujours pour exprimer une action passée :

... *et auditum est quod in domo esset...* (Marc II, 1)
... *ia se tuli cwluxi, että hen hones oli...*

auditum est étant rendu par *kuulluksi*, participe passé passif *(kuultu)* au cas translatif (*-ksi*) du verbe *kuule-* « entendre ». Ce qui n'empêche pas de retrouver ce même participe passé passif employé comme équivalent de l'infinitif passé du latin :

... *hen leusi perchelen uloslechteneexi ia tytteren macauan wooten päl.* (VII, 30)
... *invenit puellam iacentem supra lectum, et daemonium exiisse.*

Quant au participe futur latin, il a été tourné par une construction proprement finnoise :

... *et promiserunt ei pecuniam se daturos...* (XIV, 11)
... *ia lupasit henen penningite andaxens...*

qui est l'infinitif I long, c'est-à-dire élargi de la suffixation possessive appropriée, ici celle de 3e personne.

L'ablatif absolu.

Le même embarras ne pouvait manquer de se constater dans la traduction des ablatifs absolus latins. Plusieurs procédures ont été simultanément appliquées. L'une consistait à résoudre cette tournure en une proposition simple ou en une subordonnée :

Ia he jetit henen ia poismenit... (XIV, 43)
Et relicto eo abierunt...

La formule *he jetit* « ils abandonnèrent » tient la place de l'ablatif absolu, la coordination partageant en deux la phrase latine qui est simple.

Hoc audito Iesus ait illis... (II, 17)
Coska Iesus sen cwli, sanoi hen heille...
Adhuc eo loquente, veniunt ab archisynagogo dicentes... (V, 35)
Quin hen wiele puhui, nin tulit mwtamat sinagogan pämiehelde, iotca sanoit...

Tantôt, la subordonnée en question est introduite par la conjonction *coska* « quand », tantôt par *quin* « alors que..., lorsque... » :

Quo audito, discipuli eius venerunt... (Marc VI, 29)
Coska henen opteuslapsens sen cwulit, tulit he...
... orto iam sole (XVI, 3)
... coska auringo coitti « quand le soleil se leva ».

Mais la formule *eo loquente* est rendue aussi par un infinitif II au cas inessif possessivé :

Et adhuc eo loquente, venit Iudas Iscariotes... (XIV, 43)
Ia cochta wiele henen puhuesans edhesastui Iudas...

Cette dernière tournure est proprement finno-ougrienne. Le prédicat de la quasi-proposition est supporté par un nom déverbatif, ce qui est la règle dans la proposition complexe de type ouralien (et même ouralo-altaïque).

Ce même recours à la phrase complexe de type ouralien se retrouve dans :

Nin Iesus, cochta sen sanan cwltuans, quin sanottin, sanoi sinagogan pämiehelle... (Marc V, 36)
Iesus autem, audito verbo quod dicebatur, ait archisynagogo...

où l'ablatif absolu a été transposé au moyen du partitif possessivé du participe passé passif du verbe *kuule- / kuul-* « entendre » sous la forme *kuultuansa* (aujourd'hui plutôt *kuultuaan*) « après son action d'entendre ».

La phrase complexe articulée.

Parmi les difficultés que la syntaxe des langues classiques pouvait opposer au traducteur finnois, celle résultant des innombrables phrases complexes introduites par diverses conjonctions était particulièrement obsédante. La conjonction latine *cum*, par exemple, apparaissait en diverses acceptions qui étaient fonction du mode et du temps du verbe, ce qui venait encore compliquer le problème. Comment Agricola s'en est-il tiré?

Un premier procédé a été appliqué : employer une conjonction décalquant la conjonction latine :

Ia coska hen istui Öliomäelle templin cohdalla, kysyit henelde erinens Petari ia Iacobus ia Iohannes ia Andreas... (Marc XIII, 3)
Et cum sederet in Monte Olivarum contra templum, interrogabant eum separatim Petrus et Iacobus, et Ioannes, et Andreas...

Mais dans le verset 1 du même chapitre, on avait lu, pour traduire la même formule :

Et cum egrederetur de templo, ait illis unus ex discipulis suis...
Ia quin hen ulosmeni templist, sanoi yxi henen opetuslapsistans...

dont le canevas est le même, l'élément conjonctif étant cette fois *quin* au lieu de *coska*. Inversement, *coska* sert à rendre d'autres conjonctions latines :

Dic nobis quando ista fient? (id., 4)
Sanos meille, coska nemet tapachtuuat?

Ce n'est pas tout, le même *cum* est aussi rendu par la conjonction *että* :

Et factum est iterum cum Dominus sabbatis ambularet per sata... (Marc II, 23)
Ia se tapachtui, että hen sabbathina keui laihoin lepitze...

Or ce même élément *että* (qui répond dans l'usage moderne à notre « que ») sert aussi à rendre d'autres conjonctions latines :

Cum iam ramus eius tener fuerit, et nata fuerint folia, cognoscitis quia in proximo sit aestas... (XIII, 28)
Coska nyt henen oxans heikot ouat ia lehdhet puhckeuat, nin te tiedhet, ette suvi ombi lesne.

Ce même *että* rend le latin *quoniam* dans :

Amen dico vobis, quoniam non transibit generatio haec, donec ista fiant (Marc XIII, 30).
Totisesta sanon mine teille, ettei teme sucukunda hucku sihen asti quin caiki näme tapachtuvat.

Le décalque apparaît dans certains cas manifeste. Ainsi *quamdiu* a été traduit par *quincauuan* (probablement aussi sous l'influence de l'allemand *so lange*, et davantage encore *donec*, qui est rendu par *nin cauuan quin (so lange als)* où *quin* répond à l'allemand *als* ou au suédois *som (så länge som)* et que nous retrouvons dans d'autres constructions analogues : *ennen quin* « priusquam », *niin* « tamquam » (aussi *sicut*), *sihen asti quin* « donec », *siitte quin* « postquam ». Mais d'un verset à l'autre l'équivalent retenu varie. Nous trouvons en face de : *postquam autem traditus est Ioannes: Mutta siitte quin Iohannes kiniotettu oli...* (également Marc XIV, 28) alors que le *Et postquam illuserunt ei* a été transposé en : *Ia quin he olit henen pilcanuet...* Bien souvent la conjonction semble avoir été fabriquée exprès, non sans mal ni sans gaucherie. Le *prout* de *prout poterant audire* (Marc IV, 33) a été exprimé par *semperäst quin: semperäst quin he woisit cwlla.* Si l'on analyse cette locution conjonctive, on constate qu'elle est constituée par trois éléments : *sen* (génitif de *se* « cela », *peräst* (= *perästä*), qui est l'élatif de *perä* « fond » et de l'élément *quin* que nous venons de mentionner. Ce *quin* se retrouve encore dans *quinga* (= *kuinka)* qui rend *quomodo* et *quin ios* qui a été combiné pour exprimer la même chose que *quemadmodum.* Le *et eo quod non* (IV, 6) est reflété par *ia sille ettei* qui n'est qu'un pur décalque alors que *nisi* a été tantôt rendu par *waan* (XIII, 32), *ei... waan* (VI, 4) ou tout simplement par *ellei* (XIII 20).

A cela s'ajoute que les conjonctions allemandes (et dans une moindre mesure les suédoises) ont également été décalquées comme c'est le cas pour la locution conjonctive *sen päle että...* dans :

... senpälle että teiden Isen... teille mös ricoxet andexiannais (Marc XI, 25)
... ut et Pater vester... dimittat vobis peccata vestra.

Cette construction, qui apparaît pour traduire *ut*+subjonctif dans les subordonnées finales, à côté du simple *että* ou de quasi-propositions à infinitif III ou I (long), n'est que le reflet de l'allemand *auf dass* que les textes liturgiques allemands perpétuent jusqu'à nos jours.

De tous ces exemples, et de bien d'autres qui pourraient s'y ajouter, il résulte que le finnois d'Agricola s'était construit un important appareil de conjonctions et de locutions conjonctives pour articuler la phrase complexe à la manière du latin comme aussi de l'allemand et du suédois, dans la mesure où ce dernier avait lui-même subi l'action de l'allemand. Il faut se rappeler, en effet, que le nordique ancien pratiquait fort peu la subordination, ou ne l'articulait qu'avec un nombre restreint de conjonctions.

Les particules rectives.

Les différentes relations spatiales, temporelles et modales étaient originellement exprimées en fennique commun par les suffixes casuels qui affectaient les noms. On sait combien ces morphèmes étaient nombreux. Il s'est toutefois avéré qu'ils n'étaient pas encore assez nombreux pour suffire à signaler toutes les relations qui s'offraient à la pensée des anciens Finnois. Pour cette raison, ils avaient très tôt utilisé des substantifs auxiliaires afin de compléter leur appareil sur ce point. Cette opération s'est montrée d'autant plus nécessaire que le contact du suédois et de l'allemand incitait les sujets parlants à rendre les constructions prépositionnelles de ces idiomes par des équivalents constitués au moyen de calques. La seule difficulté qui s'opposait à cette opération de greffe généralisée des particules rectives germaniques venait de ce que l'ordre des mots fennique plaçait ces particules après le mot régi et non avant. En d'autres termes, on avait affaire à des postpositions et non à des prépositions. Que des postpositions aient pu se développer spontanément est manifeste et c'est un processus de ce genre qui s'était développé déjà à date ancienne en hongrois où nous rencontrons des syntagmes postpositionnels dès les plus anciens monuments (Charte de fondation de l'abbaye de Tihany, par exemple, 1050), etc. Ce qui par contre dénonce l'influence étrangère dans les textes d'Agricola, c'est que des syntagmes postpositionnels sont utilisés parfois à la place des suffixes casuels et que, d'autre part, quelques prépositions commencent à s'installer dans certaines locutions.

Nous lisons ainsi à quelques lignes d'intervalle :

... *meni hen honesen* (Marc VII, 17)
... Et cum introisset in domum.

et

... *Ia meni honen siselle* (id., 24)
... et ingressus in domum.

Il est évident que la deuxième formule décalque la construction latine (et aussi la grecque) mais sans pourtant s'émanciper de la règle fennique selon laquelle le déterminé doit être précédé par le déterminant (qui est ici le mot régi par la postposition).

De même, nous lisons d'une part :

... *meni hen mäelle rucoleman* (Marc VI, 46)
... *abiit in montem orare*

et d'autre part :

... *ulosmenit he Öljomäen päle* (Marc XIV, 26)
... *exierunt in Montem olivarum.*

Dans ce dernier énoncé, alors qu'*in* du latin est habituellement rendu soit par l'illatif soit par la postposition *siselle* (= *sisälle*) formée par le cas allatif (*-lle*) du substantif *sisä* « intérieur » (aujourd'hui inemployé à l'état isolé), *in* a été traduit par *päle* (= *päälle*) qui est le cas allatif du substantif *pää* « tête » et qui répond au *på* du suédois et à *auf* de l'allemand. Mais ce *päle* traduit aussi le latin *super* dans :

... *langesi maan päle...* (XIV, 35)
... *procidit super terram...*

Alors que l'allatif (*-lle*) est utilisé pour exprimer le complément d'attribution, on relève dans cette même acception une construction postpositionnelle :

... *et illic parate nobis* (Marc XIV, 15)
... *sielle walmistacat meiden eten.*

La postposition *eten* est le cas illatif d'un mot *esi* (thème *ete-*) qui désigne la partie antérieure, l'avant. Ce mot, qui a perdu toute autonomie, ne sert plus que de postposition à différents cas de son paradigme :

... *ioca monen edhest uloswuodhatetan* (XIV, 24)
... *qui pro multis effundetur.*

edhest (= *edestä*) étant le cas élatif (*-sta/-stä*) de ce même thème. Nous voyons que l'allatif a exprimé le complément d'attribution au datif du latin et que l'élatif a traduit la préposition *pro*. Il ne fait aucun doute que nous avons affaire à un calque mais de quoi? Du latin *pro*? Ou plus probablement du suédois *för* qui rend lui-même l'allemand *vor* et aussi *für*. On sait que ces formes germaniques ont pour sens originel : « ce qui est devant, en avant, antérieur ».

Non content de substituer des syntagmes postpositionnels à l'emploi des cas, pour se rapprocher du modèle étranger, Agricola se laisse aller parfois à placer l'élément rectif devant le mot régi, ce qui revient à en faire une préposition :

... *ia meni ylitze meren* (VI, 13)
... *et abiit trans fretum*

(et aussi *ylitze mären* « outre mesure » = *magis* : Marc X, 26) mais

... *wapistus ia hammestus oli heiden ylitzens tullut* (XVI, 8)
... *invaserat enim eas tremor et pavor*,

où le modèle latin, n'ayant pas été suivi, le traducteur s'est senti les coudées plus franches et a employé le même mot en fonction de postposition affectée de la suffixation possessive de 3e personne. Par contre on relève :

... *ei ole miten ulcona inhimises...* (VII, 15)
... *Nihil est extra hominem...*

qui frappe par la gaucherie de la construction puisque le substantif gouverné par *ulcona* (= *ulkona*) figure au cas inessif, ce qui est absolument insolite. On trouve encore :

Ia oli lesse merta... (Marc V, 21)
... *et erat circa mare...*

Cette dernière particule rective (= *läsnä*) est encore en usage dans de rares clichés inspirés par le style biblique. Il en est de même d'*ilman* « sans » :

... *ninquin lambat ilman paimeneta...* (VI, 34)
... *sicut oves non habentes pastorem...*

qui est toujours en usage actuellement, associé au cas abessif (*-tta/-ttä*).

Cette amorce de développement de l'usage des prépositions n'est qu'une préfiguration de ce qui s'est passé par la suite et plus particulièrement dans les trois décennies qui ont succédé.

Les préverbes.

Ce qui a choqué bien davantage, semble-t-il, tous ceux qui ont étudié les textes d'Agricola, c'est le foisonnement des verbes composés obtenus au moyen de préfixes à l'image des verbes composés du latin. En effet, à la différence de ce qui s'est passé en germanique, les verbes composés latins présentent leur préverbe soudé indissolublement au thème verbal. En germanique, au contraire, deux développements se sont produits. Une partie des particules verbales s'est soudée au thème verbal, souvent avec une déformation plus ou moins importante du préverbe alors que dans d'autres cas, la particule construite avec le verbe comme son complément d'orientation privilégié est restée séparable. Il en est résulté qu'on a désormais affaire à deux sortes de verbes composés, ceux à particule inséparable et ceux à particule séparable. Or ce qui choque le sujet finnois d'aujourd'hui, ce ne sont pas les verbes à particule séparable mais bien ceux où le préverbe s'est fixé en une sorte de préfixe inséparable. Cette inséparabilité a été jugée de bonne heure intolérable par les successeurs d'Agricola comme nous le verrons plus loin. Mais procédons à un examen rapide de quelques-uns de ces faits. Avec le mot *alas* « vers le bas » qui sert à la fois d'adverbe et de postposition, on trouve *alasastua* qui traduit *descendere*, *alasmenne* (= *alasmennä*) « id. », *alastulla* « id. » et même *alaslaskea* « submittere » ; avec *edhelle* (= *edelle*) « vers le devant, en avant », on trouve *edhellekieudhe* (= *edellekäydä*) « *praeire* ». De même *edhes* (= *edes*) « vers le devant, en avant » a fourni *edhesioosta* « *procurrere* », *edheskeude* « *progredi* » (mais aussi *accedere*), *edhespanna* « *proponere* » (et aussi *apponere*). L'adverbe *ulos* (écrit *ulghos*, *wlos*, *wulghos*, etc.) a produit *ulosaija* (= *ulosajaa*) « *eiecere* », *uloskieude* « egredi, exire », *ulosmenne* « *exire* », *uloswalita* « eligere », *uloswodhatta* « effundere », *uloswele* « educere ». L'adverbe *ylös* (alors *yles*) qui signale un mouvement de bas en haut a donné *ylesastua* « *adscendere* », *ylescatzachta* « *suspicere* », *ylesnosta* « resurgere », etc.

En réalité, ce qui choque le sentiment stylistique des Finnois d'aujourd'hui (et même déjà de certains successeurs immédiats d'Agricola), c'est surtout que ces préverbes ont fait fonction de préfixes, placés qu'ils sont immédiatement devant le corps du verbe, quelle que soit la forme, conjuguée ou nominale, de celui-ci. Quand il traduit *cum egrederetur de templo* (Marc XIII, 1) par *Ia quin hen ulosmeni templist*, ce qui choque, c'est la place occupée par *ulos* car l'ordre des mots *hen meni ulos templistä (temppelistä)* ne choque plus du tout. De même lorsque *Ipse enim Herodes misit, ac tenuit Ioannem* est rendu par *Sille se Herodes oli lehettenyt hovi Iohannest kiiniottaman*, le composé *kiinniottamaan* est moins choquant parce qu'il est considéré comme un substantif (infinitif III au cas illatif) et que l'usage a fini par tolérer plus ou moins ce type de composition. Ce qui le confirme, c'est qu'en face de *kiiniotta* (Marc III, 21) qui traduit *tenere*, on rencontre *mutta he olit henen kiini* pour *qui apprehensum ceciderunt* (XII, 3) et cette dernière construction est celle qu'on emploie couramment de nos jours aussi.

Si le nombre de ces verbes à préverbe est considérable, il ne faut pourtant pas s'imaginer qu'ils présentent une fréquence très grande. On peut lire des passages entiers sans en rencontrer un seul et il arrive que de nombreux verbes latins à préverbes soient rendus par des verbes simples. Prenons à témoin ce début du chapitre XII de l'Évangile selon saint Marc... *Vineam pastinavit homo, et circum-*

dedit sepem, et fodit lacum, et aedificavit turrim, et locavit eam agricolis, et peregre profectus est.
... Yxi inhiminen istutti winatarhan ia pani aidhan sen ymberins, ia caiwoi winacopan, ia rakensi tornin, ia pani sen woroille winatarhamiehille. Ia hen matkusti muille maille.

Le *circumdedit* de la Vulgate a été rendu par *pani* « il posa », l'acception d'entourage étant reflétée par la postposition *ymberins* « autour » et le *profectus* est exprimé au moyen du verbe *matkustaa* « voyager » qui rend compte en même temps de *peregre*.

Il en est de même pour cet autre passage (Marc VI, 33-34) :

Et viderunt eos abeuntes, et cognoverunt multi: et pedestres de omnibus civitatibus concurrerrunt illuc, et praevenerunt eos.
Ia canssa neit henen matkustavan ia moni tunsit henen, ia ioxit sinne ialgan caikista caupungeista, ia he ennetit heidhet ia he cokounsit henen tygens.

Le participe présent *abeuntes* est traduit par *matkustavan* (de *matkustaa* « voyager »), *cognoverunt* est rendu par *tunsit* « ils (re)connurent », *concurrerunt* par *cokounsit* « ils se rassemblèrent » tandis que *praevenerunt* a été élégamment transposé en *ennetit* « ils précédèrent » qui est un verbe dénominatif provenant du fennique commun!

Les faits que nous venons de passer rapidement en revue confirment ce que nous savons déjà : c'est que la langue du grand traducteur qu'a été Agricola est éminemment composite. Les décalques les plus déconcertants coexistent avec des tournures extraites de la langue populaire et dont les équivalents se retrouvent largement répandus dans les dialectes. Le factice côtoie ce qui est l'héritage des temps anciens.

L'article.

Le fennique ne possède pas d'article, ni défini ni indéfini. Il a conservé ce trait de ses origines finno-ougriennes. Cette situation n'a pas été ressentie comme une gêne tant que les Fenniques ne se sont trouvés en contact qu'avec des peuples dont les langues ne possédaient pas non plus d'articles. C'était le cas du balte, celui du vieux russe et naturellement aussi celui des parlers lapons. L'absence d'article en latin ne pouvait pas non plus gêner les traducteurs de textes liturgiques et il peut donc apparaître assez surprenant que l'article soit employé par Agricola dans certains cas. Et d'abord dans le titre même de sa traduction du Nouveau Testament qui est libellé : *Se Wsi Testamenti*, qui ne saurait passer pour une imitation du titre latin *Novum Testamentum*. Il s'agit donc d'un décalque d'autre chose, qui ne peut avoir été qu'un modèle suédois ou allemand. Que ce titre ait été délibérément libellé ainsi ne fait aucun doute puisque nous retrouvons l'article dans l'intitulé de la Préface au Nouveau Testament qui est *Alcupuhe sen wden Testamentin päle* « Préface au Nouveau Testament » où le terme *sen*, génitif singulier du démonstratif *se* « ce, cela, ce...-là » fait manifestement fonction d'un article défini. Le choix de *se* est en lui-même assez éloquent car c'est le seul déictique finnois qui, par sa fonction comme par son sens, se rapproche des articles suédois et allemand, eux-mêmes issus d'anciens démonstratifs. Ce choix de *se* n'est pas imputable à Agricola car ce mot *se* trouve utilisé en tant qu'article également dans les deux manuscrits plus ou moins contemporains des écrits d'Agricola. Il a donc toute chance d'avoir été inspiré par l'usage de l'article du suédois à des bilingues qui ont cherché à retrouver dans leur langue maternelle l'équivalent de cette partie du discours à laquelle on s'accoutume très vite. Parallèlement, l'article indéfini a été rendu par le nom de nombre *yksi* « un » qui répond ainsi tant à l'allemand *ein/eine* qu'au suédois *en/ett*.

Comme le grec usait aussi de l'article, on pourrait se représenter que c'est le texte grec qui a incité parfois Agricola à utiliser à son tour un article. Mais voyons de plus près les textes.

Nous lisons :

Septem ergo fratres erant: et primus accepit uxorem... (Marc XII, 20)

Agricola a traduit :

Nyt seitzemen welje ouat olluet. Ia ensimeinen otti waimon...

Le *primus* de la Vulgate a été rendu simplement par *ensimeinen* « premier ». Du contexte il apparaît que le sujet du verbe *accepit* est défini, étant donné qu'il s'agit de l'un des frères dont il a été déjà fait mention. C'est ce que le grec exprime par l'emploi de l'article : *kaì ʿo prōtos ĕlaben gunaĩka*. Ce texte dénonce en même temps que le mot qui désigne la femme signale un concept nouveau qui est indéterminé ou, si l'on préfère, indéfini.

Le texte finnois ne présente ici aucun déterminatif ni en ce qui concerne le sujet ni en ce qui concerne l'objet. Tout au plus peut-on noter au passage que le sujet précède le verbe, position dans laquelle il semblerait, selon certains, qu'il ait une acception définie. Dans le verset suivant, le latin dit :

Et secundus accepit eam.

Mais le finnois lui oppose :

Ia se toinen otti henen

où *se* fait indubitablement fonction d'article défini, correspondant en cela à *'o deúteros* du grec. Il en est de même un peu plus loin où le *Et tertius similiter* a pour correspondant finnois *Se colmas samalla moto*, avec *se* également en fonction d'article défini. Au verset 12, la Vulgate porte :

Novissima omnium defuncta est mulier

en face de quoi nous trouvons :

Caikein wimein cooli mös se waimo
où *se* correspond encore au grec *'ē gunè.*

On serait donc en droit de penser que l'emploi de l'article aurait été suggéré par le texte grec, puisque Agricola a affirmé qu'il s'en était inspiré, assertion qui a été maintes fois mise en doute. Mais ce qui vient précisément faire naître ce doute, c'est ce que nous constatons au verset qui suit (23) :

... cuius de his erit uxor? Septem enim habuerint eam uxorem.
... kenenge heiste se waimo pite oleman, sille ette seitzemen pidhit site waimo?

Or ici, le grec ne comporte pas d'article d'une part et emploie d'autre part le démonstratif (rendu en latin par *eam*) :

... tínos autõn estai gunē̃; òi gàr èptà eschon aùtèn gunaĩka.

Il devient alors difficile d'apprécier la valeur exacte du déterminatif *se* finnois. Fait-il figure d'article ou seulement de démonstratif?

Par ailleurs, il apparaît que l'article grec n'est pas rendu systématiquement par le déterminatif *se.* On lit par exemple d'une part dans la Vulgate :

Et coepit docere eos quoniam oportet filium hominis pati multa, et reprobari a senioribus, et a summis sacerdotibus, et Scribis, et occidi... (Marc VIII, 31)

qui se trouve traduit en :

ia hen rupesi heite oppetaman, ette Inhimisen Poian pite palio kerssimen, ia poishyliettemen wanhimilda ia ylimeisilde papeilda ia kirjanoppenuilda; ia tapettaman...

alors que les articles du texte grec sont omis de bout en bout. Et d'autre part, en face de la Vulgate :

Similiter et summi sacerdotes illudentes, ad alterutrum cum Scribis dicebant... (Marc XV, 31)

on lit :

Samala moto mös ne ylimeiset papit pilcasit hende keskenens kirjanoppenutten cansa ia sanoit...

tandis que le grec porte :

ʽomoíos kaì oἱ àrchiereĩs empaízontes pròs ʼallḗlous metà tõn grammatéōn ἔlegon...

Il se trouve donc ici que l'un des articles grecs est figuré par le déterminatif *ne* (pluriel de *se*) dans un cas alors que dans l'autre, qui lui est symétrique, il est absent.

Il est encore plus suggestif de constater que l'article est utilisé par Agricola là où le grec l'ignore :

Se kivi, ionga rakendaijat ouat poishyljenyet... (XII, 10)
líthon ὃn apedokímasan oἱ oἰkodomoũntes...
Lapidem, quem reprobaverunt aedificantes...

Il est donc plus que vraisemblable que l'article n'intervient en finnois que sous l'influence de l'usage suédois ou allemand. C'est ce qui apparaît dans les passages où Agricola reproduit un texte suédois :

Sille ette ne Carialiaiset teit aina wahingota Hemeen ia Somen maan päle (Préface au N.T.)
... ty at the Careler giorde altijdh skada in vppå Tawasta land och Finland.
« Parce que les Caréliens infligeaient toujours des pertes aux pays de Häme et de Finlande. »

Mais il faut aussi noter que le suédois de l'époque était loin d'utiliser l'article aussi fréquemment que celui des époques ultérieures. Ne lit-on pas dans ce même texte de la chronique d'Olaus Petri :

... at halla Careler och Rysser ther med i twång...
... Carialaisten ia Wenhelaisten asettamisexi
« ... pour contenir les Caréliens et les Russes... »

Ceci n'empêche pourtant pas Agricola de s'émanciper même de son modèle suédois et de ne pas employer l'article alors que le suédois l'a utilisé :

Ja silloin Carialaiset ylitzewoitettin Rotzalaisist
... och thå wordo the vnderkwffwade och offuerwundne, aff the Swenska...
« Et alors les Caréliens furent vaincus et soumis par les Suédois. » (Cp. Martti Parvio, *Sananjalka* 10, p. 31).

La cause est donc entendue. Pour ce qui est de l'emploi du déterminatif *se* en fonction d'article défini, le finnois du XVIe siècle s'est surtout conformé à l'usage suédois qui faisait un emploi relativement mesuré de l'article. C'est ce que l'auteur de ces lignes avait déjà montré dans *L'emploi de l'article en gotique* (Paris, 1929).

La situation est plus claire en ce qui concerne les amorces d'emploi d'*yxi* « un » en fonction d'article indéfini. Nous lisons par exemple :

Yxi inhiminen istutti winatarhan...
Vineam pastinavit homo... (Marc Xrr, 1)

qui ne peut évidemment pas s'inspirer du latin ni du grec : *àmpelõnta ånthropos èphúteusen.*

Il en est de même pour l'article indéfini suivant :

Ia lehetti yhden paluelian... (id., 2)
Et misit... servum...
kaì àpésteilen... doũlon...

On a de même :

... nin tuli yxi waimo, iolla oli yxi clasi... (XIV, 3)
... ẽlthen gunè ĕchousa àlábastron...

Parfois, c'est l'adjectif indéfini du latin et du grec qui est rendu par le moyen d'*yxi* « un » :

Adolescens autem quidam... (XIV, 51)
Ia oli yxi noricainen...

Mais quoi qu'il en soit, cet emploi des articles est inconstant. Dans le même contexte, on rencontre des formules avec article alternant avec d'autres sans article. Ainsi, la Préface au Nouveau Testament contient, pour ainsi dire pêle-mêle :

sen Uden Testamentin kiriat (2 fois)
« les livres du Nouveau Testament »
Wsi Testamenti « (le) Nouveau Testament »
se Wsi Testamenti « le Nouveau Testament »
P. Wdhen Testamentin kirioissa...
« Dans les livres du S. Nouveau Testament »,

sans parler de cas tels que le suivant où d'une part nous tombons sur la locution *yxi toinen Erick kuningas* « un autre roi Eric » qui fait contraste avec *lehetti swren sotaväen* « Il expédia une grande armée ». Dans la première de ces deux constructions, *yxi* précède et détermine *toinen* alors que le mot *sotaväki* « armée », qui est manifestement en position de complément indéfini du verbe *lähetti* « il expédia » se passe de tout déterminatif. La combinaison d'*yksi* avec *toinen* est particulièrement choquante, de même que celle du déictique *se* avec ce même *toinen* qui a conservé un sens déterminé qu'il doit à son étymologie : *Ia se toinen otti henen...* (Marc XII, 21) qui répond à *Et secundus accepit eam* et qui peut avoir été suggéré par le grec *ὁ deúteros.* Il est donc malaisé de se représenter ce qui a pu se passer dans l'esprit du traducteur dont le comportement, une fois de plus, est inconstant.

La construction participiale.

Nous avons déjà constaté que le finnois du XVIe siècle avait rendu dans une partie des cas les participes latins par ce que la grammaire finnoise dénomme la « construction participiale ». Cette construction apparaît en combinaison avec un verbe de perception, de diction, de réflexion. On relève ainsi des formules telles que :

Me olema cwlluet henen sanouan... (Marc XIV, 58)
... nos audivimus eum dicentem...
Ia quin he neit henen kjeuven meren päle, luulit he köpelin oleuan... (Marc VI, 49)
At illi ut viderunt eum ambulantem supra mare, putaverunt phantasma esse...

Comme on le voit, la dépendance personnelle du participe présent figure au génitif-accusatif de même que le participe présent. Ce dernier apparaît uniquement au singulier :

Mine näen inhimiset keuxendeleuen ninquin näkisin puudh (Marc VIII, 24)
Video homines velut arbores ambulantes.

Le contraste entre le grec et le latin d'une part, le finnois de l'autre réside en ceci que le participe est accordé en nombre d'un côté et demeure invariablement au singulier de l'autre :

Ia hen näki heijet hädese soutauan... (Marc, VI, 48)
Et videns eos laborantes in remigando...

C'est ce qui apparaît d'une manière encore plus flagrante dans :

... *näki hen aukeneuan taiuat...* (Marc, I, 10)
... *vidit coelos apertos...*

En face de ce désaccord en nombre, on rencontre l'accord en cas de l'attribut de la dépendance personnelle du participe présent :

... *tieten sen oleuan hurskan miehen ia pyhen...* (VI, 20)
... *sciens eum virum justum et sanctum...*

Il est vrai que l'accord en nombre est également observé :

... *iotca luullan Hebraican kielelle kirioitetudh oleuan* (Préface au N.T.)
... « que l'on croit avoir été écrits en hébreu... »

On trouve pourtant aussi :

... *monet Tompelit leuten pyhes sijas istuua...* (Préface)
... bien des sots se trouvent installés dans un saint lieu...

où *istuva* est un nominatif singulier parce qu'il dépend du passif *leuten* (= *löydettään*) « est trouvé, se trouve ». Par voie de conséquence, l'attribut est cette fois au nominatif :

... *leuttin hen oleua raskas...* (Math. I, 18)
... *et inventa est in utero habens...*

Ainsi qu'il apparaît des exemples cités plus haut, la dépendance personnelle du participe figure au génitif :

Mite te rucoellen anotta, wscocat teiden saavan... (Marc XI, 24)
Omnia quae cumque orantes petitis, credite quia accipietis...

Mais il arrive, ainsi que l'a justement signalé H. Ojansuu (*op. cit.*, 147), que cette dépendance soit marquée au moyen de la suffixation possessive appropriée :

... *ia toiwoi... näkeuens...* (Luc, XIII, 8)
... *et sperabat... videre...*
... *toiuoit tuleuans...* (Actes, XXVI, 7)
... *sperant devenire.*
... *toiuodhen... saapans...* (id., III, 5)
... *sperans se accepturum...*

Il ne saurait être question d'entrer ici dans plus de détails, une partie de ceux-ci étant fournie par H. Ojansuu *(op. cit.)*. Mais ce qu'il convient de retenir des emplois relevés dans les textes d'Agricola, c'est que son usage est très différent de celui admis dans la langue moderne, encore que celle-ci semble de plus en plus répugner à se servir de la construction participiale dans la variante parlée de la langue, pour ne la réserver qu'au style écrit. Nous avons eu l'occasion de montrer plus haut que le finnois du XVIe siècle utilisait déjà les subordonnées introduites par la conjonction *että* parallèlement à la construction participiale. Les historiens de la langue ont vu dans cette subordonnée un décalque étranger mais il n'est pas douteux que ce décalque s'était déjà profondément enraciné dès les premiers monuments dont nous avons connaissance.

L'ordre des mots.

Même en admettant que le fennique ait déjà considérablement assoupli son ordre des mots, il est plus que vraisemblable qu'il ait trouvé de la difficulté à imiter celui de la Bible latine qui obéissait à des règles bien plus compliquées que le grec et surtout que l'allemand ou le suédois.

Et d'abord, le premier problème qui s'est posé à tout traducteur a été celui de l'emplacement du sujet par rapport au verbe. On sait qu'en germanique ancien le sujet précédait habituellement le verbe quand l'énoncé ne commençait pas par un complément quelconque du verbe. Cette situation se reflète en ancien finnois. Elle se retrouve dans la proposition subordonnée quand celle-ci entame l'énoncé. Cet ordre tend à s'imposer même quand l'original en présente un autre :

Et veniunt ad domum: et convenit iterum turba, ita ut non possent neque panem manducare (Marc III, 20)

Ia he tulit honesen; ia canssa taas cokounsi, nin ettei heille ollut tila södhecke.

Le premier verbe du latin, *veniunt*, ne nous révèle rien car il s'emploie sans pronom personnel alors qu'Agricola a employé *he* « ils » qu'il a naturellement antéposé au verbe *tulit* « vinrent ». Quant à *convenit*, il a pour dépendance subjectale le mot *turba* qui est rejeté après *iterum*. L'ordre observé par Agricola est exactement inverse : sujet+adverbe+verbe (*canssa* « peuple », *taas* « à nouveau », *cokounsit* « se réunirent, se rassemblèrent »). Le même mouvement se constate dans :

Ia mwtamat langesit oriantappuroihin; ia ne orjantappurat ylescasuoit ia läkeytit ne... (IV, 7)

Et aliud cecidit in spinas: et ascenderunt spinae, et suffocaverunt illud...

Le premier verbe de la Vulgate a cette fois un sujet explicite *(aliud)* qui se trouve antéposé alors que dans la seconde partie de l'énoncé, le sujet *(spinae)* suit immédiatement le verbe *(adscenderunt)*. Rappelons que le latin décalque ici l'original grec. La réaction du finnois est la même que précédemment : le sujet explicite précède immédiatement le verbe dans les deux cas *(mwtamat+langesit* et *ne orjantappurat+ylescasuoit)*.

Le même phénomène se reproduit dans la subordonnée introductive :

... *et quando exortus est sol, exaestuavit...*
... *coska nyt auringo ylescoitti, nin se poudhittin.*

Alors que *sol* vient après *exortus est*, *auringo* précède *ylescoitti*. C'est ce que confirme :

Et cum produxerit fructus, statim mittit falcem, quoniam adest messis (IV, 29)
mutta coska hedhelme edhestulepi, cochta hen sirpin lehette, sille että elonaica ombi lesne.

Ici, à deux reprises, le sujet est antéposé au verbe finnois alors qu'il suit le verbe latin (et le grec aussi).

La question qui se pose est alors celle-ci : Agricola s'est-il senti contraint d'observer un ordre des mots différent de celui de l'original? Certainement pas car nous lisons aussi :

... *et congregata est ad eum turba multa...* (Marc, IV, 1)
... *Ia cokounsi palio canssa henen tygense...*

qui épouse le texte latin (et grec). Il en est de même dans :

... *exiit seminans ad seminandum* (IV, 3)
... *uloslexi kylveije kyluemen.*

L'énoncé finnois reproduit exactement l'ordre des termes latin (et grec). D'autre part, il n'est que de parcourir rapidement un texte oral relevé en dialecte carélien, par exemple, pour se persuader que l'emploi du verbe suivi du sujet explicite est chose courante. Force est donc d'admettre que les passages où l'emplacement du sujet par rapport au verbe n'est pas le même en latin (et en grec) que dans la traduction finnoise ont été produits à l'imitation de l'allemand ou du suédois. Aucune contrainte ne s'exerçait sur le traducteur. Bien mieux, en changeant l'ordre des mots par rapport à l'original, il modifiait le sens de celui-ci. Il présentait les événements ou les facteurs dans un autre ordre de préséance.

Un autre problème était de situer l'emplacement du complément d'objet par rapport au verbe. Nous lisons ainsi :

Sille että cuca ikenens tachto hengens wapatta, se hucutta sen, mutta cuca ikenens hengens hucutta minun ia euangeliumin tehden, se henen wapatta (Marc VIII, 35).
Quis enim voluerit animam suam salvam facere, perdet eam qui autem perdiderit animam suam propter me, salvam faciet eam.

Le complément d'objet latin figure d'abord entre le verbe auxiliaire et l'infinitif. Cet ordre est observé aussi dans la traduction finnoise *(tachto hengens wapatta)*. L'ordre de l'original est également suivi ensuite : *perdet eam = se hucutta sen.* Par contre, dans la deuxième période de cette même énonciation, le complément d'objet précède en finnois le verbe alors que latin et grec s'accordent pour le placer après le verbe : *hengens hucutta = perdiderit animam suam* et : *henen wapatta = salvam faciet eam (sósei 'autēn).* Que la souplesse de l'ordre des mots était telle que le traducteur ne se trouvait pas soumis à une contrainte excessive, c'est ce qui apparaît dans maints exemples comme celui-ci :

Ia paransi hen monda, iotca sairasti moninaisis taudhis, ia palio perkelie hen wlosajoi. Ia ei hen sallinut perkeletten puhua, että he tunsit henen (Marc I, 34).
Et curavit multos, qui vexabantur variis languoribus, et daemonia multa eiiciebat, et non sinebat ea loqui, quoniam sciebant eum.

Chaque terme latin est reflété par son équivalent finnois dans le même emplacement par rapport aux autres de telle sorte que les deux énoncés sont totalement superposables. Ainsi, le verbe de négation *ei* se trouve placé exactement dans la même position par rapport au verbe (représenté ici par le participe passé actif *sallinnut*) que le *non* du latin devant *sinebat* ou le *'ouk* du grec! C'est ce que confirme cet autre passage :

Bene omnia fecit, et surdos fecit audire, et mutos loqui (Marc VII, 37).
Hyuesti hen caiki teki ; cwroit hen teki culeman ia myket puhuman.

Pourtant, il est d'autres cas, tout aussi fréquents, où l'ordre des mots de l'original n'est pas suivi complètement. Et cela même lorsque l'ordre latin suggère une emphase qu'il semblerait utile de faire apparaître. On lit ainsi :

Quem me dicunt esse homines? (Marc VIII, 27)
Kenengä sanouat ihmiset minun oleuan.
Vos vero quem me esse dicitis? (*ibid.*, 29)
Mutta kenengä te sanotta minun oleuan.

Il est probable que l'ordre des mots choisi par Agricola était susceptible de produire la même emphase portant sur le *vos* en latin. Le *te* qui y correspond ne commence pas la phrase mais est placé devant le verbe *sanotta* (= *sanotte*) et il est tentant de supposer qu'il a été prononcé avec un accent plus marqué. Il convient en effet de se rappeler que la position emphatique est en finno-ougrien l'emplacement immédiat devant le prédicat.

Certaines particularités de l'ordre des mots sont difficiles à interpréter. Elles peuvent être mises aussi bien sur le compte de l'imitation servile du latin qu'attribuées à l'action du germanique, suédois comme allemand. Le verbe vient par exemple assez souvent en fin de proposition subordonnée mais pas toujours et cet emplacement peut avoir été imposé par le modèle à traduire :

Nin Pilatus imehteli, ette hen io coolut oli ia cutzui tygens pämiehen ia kysyi henelde, ios hen io amut coollut oli (Marc XV, 44).
Pilatus autem mirabatur si iam obiisset. Et accersito centurione, interrogavit eum, si iam mortuus esset.

Le passé (ici plus-que-parfait) a été relégué en fin de subordonnée. La seule modification provient de l'emploi en finnois du plus-que-parfait, temps composé, pour rendre *obiisset* et, naturellement, l'auxiliaire a été rejeté après le participe passé actif. Cette disposition est celle bien connue en syntaxe allemande et dont les prodromes apparaissent aussi en suédois du Moyen Age. C'est ainsi que les passages empruntés pour sa Préface au N.T. par Agricola à la Chronique d'Olaus Petri, reflètent également la construction par rejet :

... hwilken och året ther epter slaghen bleeff... (Martti Parvio : *Sananjalka* 10, p. 29)
Ioca cochta mös toisna Woonna sen ielken Cooliaxi lötin.

Mais là aussi, les divergences sont nombreuses entre l'original et la traduction (ou parfois seulement l'adaptation) :

Och thå han foor heem igen...
« Et quand il rentra chez lui... »
Ja quin hen Cotians meni...
Samma åår han nw konung war worden, tenkte han til at forwijdhga Christi troo in i Finland... « ... l'année même où il était devenu roi, il pensa à répandre la foi chrétienne en Finlande... »
... samalla aijastaijalla quin hen Kuningaxi tullut oli rupeisi aijatteleman Christuxen Vskon mös tehen Somen man wlosleuittexens.

On ne peut donc supposer que l'ordre suédois des mots se soit imposé et si le rejet en fin de subordonné, surtout fréquent lorsqu'il s'agit des relatives, a été observé même là où le modèle suédois ne le présente pas, c'est que ce type de construction existait dans l'esprit du traducteur comme une solution en soi, indépendamment de ce que pouvait contenir le texte dont il s'inspirait. De tout cela, il faut donc retenir qu'au XVIe siècle, le finnois pouvait se plier à des ordres de mots passablement variables. Mais il est quand même quelques règles qui ne sont pratiquement jamais enfreintes. Ainsi l'épithète précède toujours le substantif qu'elle détermine :

... *Iesus hwti swrella änelle*... (Marc XV, 37)
... *emissa voce magna*...
... *vidua una pauper*... (XII, 42)
... *yxi kjeuhe leski*...
... *vidua haec pauper*... (id., 43)
... *teme keuhe leski*...
Et aliud cecidit in terram bonam (IV, 8)
Ia mwtamat langesit hyven mahan...

Si le déterminant est un génitif, il est également toujours antéposé :

... *et mensas numulariorum, et cathedras vendentium columbas evertit* (Marc XI, 15).
Ia waiechtajain peudhet ia mettisten myjein istuimet hen cukisti.
Parate viam Domini... (I, 3).
Walmistaka Herran tiete...
... *praedicans Evangelium regni Dei*... (I, 14).
... *sarnaten Iumalan waldakunnan euangeliumi*...

Une autre règle, non moins coercitive est celle qui décide de l'emplacement du verbe de négation. Il est toujours antéposé au verbe :

... *non potuisti una hora vigilare? Vigilate et orate, ut non intretis in tentationem* (Marc XIV, 37).
... *Etkös maltanut ychte hetke walua? Waluokat ia rucolcat, ettei te tulisi kiusauxen*...

La conjonction *että* se combine régulièrement avec le verbe de négation par élision de l'-*ä* final : *etten*, *ettet*, *ettei*, etc. Il en est de même de la conjonction *eli* « ou, ou bien, si » :

Nemo potest vasa fortis ingressus in domum diripere, nisi prius fortem alliget... (III, 27).
Ei woi kengen yhden wekeuen honesen yllette ia henen calunsa poisröuete, ellei hen ennen site wekeuete kiinisido...

Cette dernière règle a été d'autant plus facile à maintenir que la négation précède en latin le verbe et qu'il en est de même en germanique.

Les idiotismes finnois.

Comme se sont plu à le signaler tous ceux qui se sont occupés plus particulièrement des textes et de la langue d'Agricola, il arrive que le lecteur tombe sur des expressions nettement idiomatiques. Les théoriciens y voient une preuve que l'évêque de Turku était bien de langue maternelle finnoise. On lit en effet des locutions telles que :

Oy mite meiden on tekemiste sinun cansas, Iesu Nazarene? (Marc I, 24)

par quoi est rendu :

Quid nobis et tibi Iesu Nazarene...

Ce même infinitif IV en *-minen*, qui est si caractéristique du finnois, est parfois exploité avec élégance :

... *eike ollut heille miteken sömist...* (VIII, 1).
... *nec haberent quod manducarent...*

Il en est de même des autres formes nominales du verbe dont le finnois possède un riche appareil et qu'on s'attendrait d'ailleurs à voir mieux utilisées. On rencontre ainsi :

Ia quin he turulda tuleuat, eiuet he söö pesemete...
Et a foro nisi baptizentur, non comedunt... (VII, 4).
Ia hen tuli ia leusi heiden macamast... (XIV, 37).
Et venit, et invenit eos dormientes...
... *ia tule seuraman minua* (X, 21).
... *et veni, sequere me...*

L'infinitif I long a donné quelques bonnes solutions :

Tokat minulle raha nähdexen (XII, 15).
... *afferte mihi denarium ut videam*

qui jure avec :

... *nin alasastucan nyt rististe, ette me näkisim ia uskoisim* (XV, 32).
... *descendat de cruce, ut videamus et credamus*

alors que nous rencontrons d'autre part :

Cussa sine tahdot, ette me meneme ia walmistan sinun södhexes Päsieislamban? (XIV, 12).
Quo vis eamus, et paremus tibi ut manduces Pascha?

L'infinitif II, soit au cas inessif soit au cas instructif, a été assez souvent employé :

... *eli cukoin laulais*... (XIII, 35).
... *an galli cantu*...
... *caikein nähden* (II, 12).
... *coram omnibus*...

Les participes offrent aussi des ressources que le traducteur a quelques fois mises à profit :

Nin Iesus, cochta sen sanan cwltuans, quin sanottiin, sanoi... (V, 36).
Iesus autem audito verbo quod dicebatur ait...
... *ettei he usconuet niite iotca henen nähnyet olit ylesnosnuexi.*
... *quia iis qui viderant eum resurrexisse, non crediderunt* (XVI, 14).
Ioca uskopi ia tule casteluxi, se autuaxi tulepi, mutta ioca ei usko, se tule cadholetuxi (XVI, 16).
Qui crediderit, et baptizatus fuerit, salvus erit: qui vero non crediderit, condemnabitur.

En réalité, quand on parcourt avec attention les traductions que nous a laissées Agricola, on finit par être frappé du peu de fréquence, voire même de la rareté de ces expressions idiomatiques. La question se pose alors de savoir si elles sont vraiment dues à Agricola lui-même ou si elles ne proviennent pas de fragments qu'il aurait pu recueillir de différents côtés. Des lectionnaires manuscrits s'étaient certainement constitués dans certaines paroisses et probablement d'abord à la cathédrale de Turku. Les textes liturgiques avaient été lus en public à partir de traductions que les prêtres avaient plus ou moins apprises par cœur, qu'ils avaient pu retoucher mais qui se devaient quand même d'être relativement fidèles à une certaine interprétation qui avait fini par prévaloir et qui était celle retenue par l'Église de Finlande. Il se peut que ces expressions idiomatiques aient existé çà et là et qu'elles aient été ainsi intégrées à la traduction d'ensemble de la Bible et aux textes des ouvrages liturgiques. On ne peut pas en effet fermer les yeux non plus sur un nombre appréciable de formules incorrectes qui n'ont pas d'ailleurs tardé à provoquer la réprobation des usagers.

Les « fautes » de langue.

C'est ainsi que tous ceux qui ont approché l'œuvre d'Agricola ont signalé des incorrections plus ou moins graves. Celles-ci sont parfois difficiles à définir dans la mesure où elles sont uniquement appréciées par rapport à l'usage moderne. Or l'usage moderne n'apparaîtrait-il pas lui-même incorrect à des Finnois du XVIe siècle? H. Ojansuu, qui a établi une sorte de décompte des « fautes » commises par Agricola, a en réalité passé en revue une série de constructions assez hétéroclites qui lui sont apparues surtout comme autant de svécismes. Mais cette interprétation est-elle toujours la bonne? Prenons par exemple le verbe *armahtaa* « avoir pitié, avoir miséricorde ». Chez Agricola, nous le trouvons construit tantôt avec le partitif tantôt avec la postposition *päälle* :

... *armadha minua*... = *miserere mei* (Marc X, 48).
... *armadha meiden pälen*... = *(adiuva nos) misertus nostri*... (IX, 22).

Il est tentant de voir dans la seconde formule finnoise un décalque du suédois *(förbarma dig över oss)* mais dans un autre passage, en face du finnois : ... *ia hen armachti heiden pälens*..., nous relevons dans la Vulgate : ... *et misertus est super eos*... (VI, 34) de telle sorte que la locution finnoise se révèle comme étant un simple calque de la latine. Et un peu plus loin, cette impression se trouve confirmée par le parallélisme entre :

Misereor super turbam... (VIII, 2).
Mine armahdan canssan päle...

Ainsi, ce prétendu svécisme n'est qu'un latinisme de plus. Or ce latinisme n'est en dernière analyse qu'un hellénisme, ce qui en dit assez long sur la pérennité des locutions traduites d'une langue à l'autre quand il s'agit d'un texte sacré.

Que pareille construction ait été en finnois une innovation introduite à la faveur de la traduction semble à peu près certain mais est-ce bien une « faute de langue »? Ne convient-il pas plutôt d'y voir une formule étrangère qu'on a introduite exprès dans la seule intention de refléter plus fidèlement l'original? Et alors les constructions relevées en suédois comme en allemand ne sont à leur tour que des décalques du latin, l'allemand utilisant tantôt le génitif *(erbarme dich unser)*, tantôt la préposition *über (erbarme dich über uns)*, cette dernière correspondant au *super* du latin et à *ἐπὶ* du grec!

Par contre, H. Ojansuu est dans le vrai quand il voit un svécisme (ou un allémanisme) dans l'emploi du déictique anaphorique *se* en fonction de sujet « neutre » :

Ja se tapachtui, coska hen atrioitzi henen honesans... (Marc II, 15).
Et factum est, cum accumberet in domo illius... » (cp. encore II, 23).

... *jos se taidhais olla* (XIII, 22).
... *si fieri potest.*

Il a été aussi reproché à Agricola d'avoir utilisé le nominatif au lieu de l'essif du participe passé :

Ette me Lunastetudh meiden wihollisten kädhest, hende paluelisim ilman pelkemet (Luc, I, 74) (cp. H. Ojansuu, *op. cit.*, p. 168). *Ut sine timore, de manu inimicorum nostrorum liberati serviamus illi.*

Et il est vrai qu'en contraste avec cette construction, nous lisons (Marc, I, 7) :

... *jonga en mine kelvolinen ole cumartuna pästemen kengäin rihima.*
... *cuius non sum dignus procumbens solvere corigiam calceamentorum eius.* Aussi n'est-il pas sans intérêt de constater que la « faute » se trouve parfois contiguë à la forme correcte attendue :
... *cochta henen cochtasi haudhoista yxi inhiminen sastaisel hengel rivattu* (Marc V, 2).
... *statim occurrit de monumentis homo in spiritu immundo.*
... *sille että hen oli usein ialcapuis ia cahleis sidhottuna...* (id., 4).
... *quoniam saepe compedibus et catenis vinctus...*

Comment s'expliquer la coexistence à un verset d'intervalle de la « faute » et de l'emploi « juste »?

Il y a même plus grave. La locution latine *in spiritu immuno* a dû causer pas mal de casse-tête car elle est rendue par des formules qui jurent avec tout ce que nous savons des règles fondamentales de la syntaxe fennique (et finno-ougrienne). Nous trouvons :

... *yxi inhiminen rivattu sastaisel hengest...* « Un homme possédé par un esprit impur »
... *homo in spiritu immundo...* (Marc I, 23)

où, horribile dictu, l'épithète suit au lieu de précéder le substantif déterminé par elle! Un peu plus loin, nous retrouvons :

... *yxi inhiminen sastaisel hengel rivattu...* (id., V, 2).
... *homo in spiritu immundo...*

qui présente une sorte de compromis en ce sens que le complément de *riivattu* « possédé » précède cette fois le participe passé passif. Mais précédemment, nous avions lu (I, 32) l'extraordinaire construction :

... *caikinaiset sairat ia rivatudh percheleilde...*
... *omnes male habentes, et daemonia habentes...*

où l'ablatif pluriel *perkeleiltä* « des diables, par les diables » suit le participe passé passif employé substantivement (*riivatut* « les possédés »). Et cependant, on retrouve une formule moins surprenante dans :

... *se ioca oli perchelelde rivattu*... (V, 18).
... *qui daemonium habuerat*...

Ces perturbations de l'ordre des mots ne sont pas à assimiler à de simples décalques, car elles intéressent la structure fondamentale de la phrase. Il en est de même des cas où le verbe de négation se construit avec une forme conjuguée du verbe au lieu de n'être combiné qu'à son thème négatif. H. Ojansuu a relevé plusieurs infractions de ce genre. Ainsi, on lit (Luc X, 42) :

... *ioca ei poisotetan henelde,*
... *quae non auferetur ab ea.*

alors qu'à la place de *poisotetaan* nous attendrions *poisoteta.* De même, dans la Préface au N.T., on rencontre :

Ja mwtomat taas haruoin eli eijkinens witziwet Sarnan päle studerata.

« Et quelques-uns de leur côté ne consentent que rarement ou pas du tout à étudier la Parole. »

Le *witziwet* (= *viitsivät*) « ils (elles) consentent, daignent » est surprenant alors que l'on attend *viitsi* qui est le thème négatif obligatoirement construit avec le verbe de négation au présent de l'indicatif. Mais ces « fautes » sont rares et se perdent parmi les constructions régulières. Faut-il y voir des svécismes ou des allémanismes? Nullement, car la conjugaison négative latine autant que la grecque pouvait suggérer ce genre d'écart tout aussi bien. Toutes les « fautes » ne sont donc pas à mettre si l'on ose dire dans le même panier. Quand on constate une incorrection dans l'emploi du nominatif au lieu du partitif, plus spécialement quand le sujet du verbe est négatif, il n'est pas certain qu'on soit en présence d'une infraction à l'usage de l'époque comme dans cet énoncé mentionné par H. Ojansuu (Jean VIII, 49) où *Ego daemonium non habeo* est rendu par *Ei minulla ole Perkele* (au lieu du *perkelettä* attendu). De même, il n'est peut-être pas indiqué de voir dans le *ei swingan tachto* « il ne veut pas du tout » de la Préface au N.T. une forme « conjuguée » (qui serait à lire *tahtoo*) car il est des énoncés où le groupe *-ht-* se trouve maintenu au degré fort alors qu'il faudrait le degré faible : ... *iotca* ... *tachtoit lootolaisija tauans pereste wahingoitta* « qui voulaient nuire aux insulaires selon leur habitude » (Préface). On lit de même :

... *he teit henelle, milke he tachtoit...* (Marc IX, 13)
... *fecerunt illi quaecumque voluerunt...*

Qu'il ne s'agit pas de quelque bévue isolée est confirmé par :

... *Mites tachtot minua sinun tekemen?* (X, 51)
... *Quid tibi vis faciam?*

Ne serions-nous pas en présence d'une particularité dialectale, c'est-à-dire d'une variante où le groupe *-ht-* ne connaît pas de degré faible, comme c'est souvent le cas, par exemple, en ingrien? Dans ce cas, l'exemple invoqué par H. Ojansuu : *eikä he itze tachto wirghastans wari otta...* » « et ils ne veulent pas eux-mêmes s'acquitter de leur ministère », la forme *tachto* pourrait bel et bien être le thème négatif du verbe *tahto-* « vouloir » avec maintien du degré fort (*-ht-*) au lieu du degré faible (*-hd-*).

Il n'en demeure pas moins que certaines de ces bévues ou de ces incorrections ne s'expliquent pas facilement. Elles seraient le fait d'un traducteur dont la langue maternelle n'aurait pas été le finnois qu'elles ne surprendraient pas autrement. Or la critique finlandaise est désormais à peu près unanime pour voir dans Agricola un homme de langue maternelle finnoise. Alors, comment interpréter ces phénomènes déconcertants? Par le caractère hétéroclite des expédients utilisés pour rendre les expressions étrangères? Ou bien par le caractère composite de la langue employée?

La variance.

Ce qui est certain par contre, c'est que rien n'est plus composite précisément que la langue des textes attribués à Agricola. A plusieurs reprises, nous avons signalé dans ce qui précède quelques-uns des flottements les plus flagrants mais il convient de considérer de plus près ce phénomène.

Et d'abord la variance concerne la forme même des mots. Dans une même phrase ou dans des phrases qui se succèdent pour exprimer un même discours, ces variations surgissent perpétuellement. Nous allons en passer quelques-unes en revue.

C'est ainsi que nous lisons :

... *hwsi Iesus* (Marc XV, 34) « exclamavit Iesus »
... *Iesus hwti* (id., 37).

Ainsi, à deux versets d'intervalle, le *-t-* est passé à *-s-* devant l'*i* qui suit ou s'est maintenu (plus probablement a été rétabli par analogie).

Le degré faible de *-k-* est traité soit par zéro soit par *-j-* dans :

... *mine... teen* « je fais » (Marc XI, 29)
... *mine... tejen* « id. » (id., 33).

Le degré faible de *-t-* est tantôt représenté par *-d-* (prononcé *-δ-* et graphié *-dh-* ou *d-*), tantôt par *-j-* :

... *ia wei heidet corkian wooren päle...* (Marc, IX, 2)
... *et ducit eos in montem excelsum...*
... *ia tuli pilui, quin wariosi heijet...* (id. 7)
... *et facta est nubes obumbrans eos...*

Le degré faible et le degré fort alternent devant le suffixe de possessivation :

... *ia pani kätens henen pälens...* (Marc VIII, 23)
« et il lui imposa les mains »
... *hen taas pani kädhens henen silmeins päle...* (id. 25)
« ... il lui imposa à nouveau les mains sur les yeux. »

Le groupe *-nt-* est tantôt traité au degré fort (*-nt-*), tantôt au degré faible dans le même verset (Marc II, 16) :

syndisten cansa « avec les pécheurs »
synneisten cansa « id. ».

Les formes où *-h-* intervocalique est maintenu alternent avec celles où il s'est amuï :

... *cuhunga hen pandiin* (Marc XVI, 6)
... « où il fut déposé »
... *cunga he henen panit* (id. 7)
... « où ils le déposèrent ».

Le *-t* final est traité de deux façons dans la même phrase :

... *ne apostolit cokounsit Iesusen tyge ia ilmoitidh henelle caikia seke mite he teit ia opetit* (VI, 30).
... « les apôtres se réunirent autour de Jésus pour lui dire tout ce qu'ils avaient fait et enseigné ».

Les formes des mots ne sont pas moins bigarrées. Dans une même suite de phrases ou à l'intérieur d'une même phrase, les mêmes morphèmes apparaissent sous des aspects différents.

... *iotca mös... hende seura*NEET *ia paluell*UET *olit* (Marc XV, 41).
... qui aussi l'avaient suivi et servi. »

Une pareille variance peut affecter le même mot à une phrase d'intervalle :

... *eike he mös niiteken wsconUAt* (XVI, 13).
... *nec illis crediderunt*...
... *ettei uskonuEt niite*... (id. 4).
... *non crediderunt*.

On rencontre encore :

... *on ylesNOSnudh cooluista*... (VI, 14).
... resurrexit a mortuis...
... *se on cooleista ylesNOUsnudh* (id., 16).
... *hic a mortuis resurrexit*.

Bien mieux, un même mot peut figurer sous deux formes différentes pour ainsi dire côte à côte :

... *sen pite oleman* CAIKEIN *wimeisen ia* CAIKEDHEN *paluelian* (IX, 35)
... *erit omnium novissimus, et omnium minister.*
... *elkeTTe murehtico* (XIII, 11)
« ... n'ayez pas de souci... »
... *el*KET *mös ennen aiatelco... (ibid.)*
« ... ne pensez pas non plus d'avance... ».

Les désinences personnelles du verbe varient d'une phrase à l'autre et, comme toujours, aussi au cours de la même phrase :

Cussa sine tahdot, ette me meneMe ia walmistaM sinun södhexes Päsieislamban? (XIV, 12).
Quo vis eamus, et paremus tibi ut manduces Pascha?

La Vulgate, comme l'original grec, ne pouvait qu'inciter le traducteur à pourvoir les verbes de désinences constantes. A *-mus* du latin, la traduction oppose pourtant d'une part *-me* et d'autre part *-m*. Nous relevons encore :

... *me tadhoma* (X, 35) = *volumus*
... *istumma* (X, 37) = *sedeamus*
... *te anotta* (id. 38) = *petatis*
... *Woitteco* (ibid.) = *potestis?*
... *Wosimma* (id., 39) = *possumus.*

A y regarder de plus près, évidemment, une forme *tadhoma* doit se prononcer *tahdomma* puisque *dh*, qui représente dans la graphie d'Agricola un *-hd-* (plus exactement *-γδ-*) ne peut être conçu que comme le degré faible d'un *-ht-* (*tahto-* « vouloir ») et suppose par conséquent que la syllabe qu'il commence est fermée, donc comporte une géminée *-mm-* que la graphie n'a pas indiquée. Mais, abstraction faite de ces « rattrapages » de détail nécessités par l'insuffisance et, il faut le dire, l'inconstance de la graphie, il n'en demeure pas moins que les désinences varient perpétuellement, on ne sait au gré de quelle inspiration. Nous lisons ainsi :

... *jos waldakunda itzens wastan erka*NE... (Marc III, 24)
... *si regnum in se dividatur...*
... *jos hone itzens wastan erkane*PI (id., 25)
... *si domus super semetipsam dispertiatur...*

D'un côté *erkane* « se séparer » et de l'autre *erkanepi* « id. », pourquoi? Y a-t-il à cela une raison prosodique? A-t-on voulu allonger d'une syllabe la seconde énonciation parce que le texte de la Vulgate était comparativement plus long que dans le verset précédent? Nous lisons de même :

... *waan ioca teiden seasan tachto*PI *swrin olla...* (X, 43)
... *sed quicumque voluerit fieri maior...*
... *ia ioca teiste tachto olla ensimeinen...* (id., 44)
... *et quicumque voluerit in vobis primus esse...*,

avec cette différence que c'est la deuxième formule latine qui est la plus longue cette fois-ci et c'est précisément là que le traducteur a préféré la forme brève *tahtoo* « il veut » alors que dans la première il avait choisi *tahtoopi* qui compte une syllabe de plus. Il faut se rappeler que les gens du XVIe siècle lisaient surtout à haute voix et qu'en traduisant ils devaient se répéter le texte et leur traduction oralement. Mais toutes les variantes ne trouvent pas leur explication dans ce genre de recherche d'un certain équilibre rythmique. Nous butons parfois sur des contrastes qui ne se résolvent pas aussi facilement :

... *canssa carckapi canssa wastan ia waldakunna waldakunnan wastan...* (Marc XIII, 8)
... *exsurget enim gens contra gentem, et regnum super regnum...*

Le traducteur a construit la postposition *wastan* « contre » d'abord avec le partitif *(kansaa)* et ensuite avec le génitif *(valtakunnan)*. Cette dernière construction surprend bien qu'on trouve (Marc XIV, 57) *henen wastans* « contre lui » *(adversus eum)* en face de *hende wastan* (id., 56) *(adversus eum)* mais il s'agit ici d'une construction dont la structure n'est plus la même, la postposition étant employée élargie d'un suffixe de possessivation, ce qui fait que le génitif du pronom *(henen = hänen)* sert de déterminant du suffixe possessif et non pas de complément de la postposition ! Avons-nous alors affaire à un expédient pour rendre le *super* du latin ?

Mais quelles que soient les interprétations que l'on puisse donner du phénomène, la variance constatée des formes dans les textes d'Agricola est telle qu'on se trouve en présence non pas d'une forme de langue tant soit peu homogène mais d'une sorte de mélange perpétuel de formes qui semblent bien dériver de développements dialectaux distincts. On ne voit pas, en effet, pourquoi le traducteur, même quand il s'exprime en apparence spontanément, recourrait à tant d'échantillons divers des mêmes mots et des mêmes morphèmes dans un même contexte. Nous avons eu beau choisir de n'opérer qu'avec la traduction du Nouveau Testament, dans l'espoir de nous trouver dans un cas où c'est surtout l'influence de la Vulgate qui domine, nous n'avons pu découvrir un seul chapitre qui ne contiendrait que des spécimens d'un seul et même type morphologique ou morphonologique. Et cette variance apparaît naturellement aussi, parfois même dans des proportions amplifiées, dans les textes versifiés où elle a dû être exploitée à des fins prosodiques. Mais dans ce dernier cas, nous nous retrouvons dans les conditions, si souvent rencontrées ailleurs, où les formes poétiques sont puisées dans divers dialectes à la fois. C'est ce qui s'est passé en vogoul, par exemple, où des formes ostiakes ont été introduites dans les poèmes de facture archaïque, par exemple. Si donc l'on veut juger de la cohérence de la langue de la prose d'Agricola, il faut s'en tenir à ce qu'il a publié sous cette forme, encore que les rares textes tenus pour « spontanés » sont vraisemblablement des adaptations plus ou moins lâches ou des démarquages de textes étrangers, latins, allemands ou suédois.

Un autre phénomène vient compliquer l'étude formelle de la langue, c'est la variance ou même l'incohérence de la graphie. On ne sait jamais comment interpréter tel écart ou tel désaccord. Dans une même longue phrase de sa Préface au Nouveau Testament, Agricola écrit deux fois le mot *kirkoissa* « dans les églises ». La première fois, nous lisons *kircoisa* et la seconde *kirkoissa* (tout comme aujourd'hui). Mais nous ne savons pas quel phonème il a voulu représenter soit par *s* soit par *ss*. Avons-nous affaire à deux prononciations différentes, l'une avec une sifflante sourde simple et l'autre avec la géminée correspondante comme semblerait, à première vue, l'indiquer la graphie ? Nous ne le savons pas. Or la présence de la simple suggérerait que nous avons affaire à une forme occidentale et celle de la géminée à une forme orientale du mot ; à moins de supposer que les parlers de l'Ouest et du Sud-Ouest hésitaient encore entre les deux prononciations et que l'incohérence de la graphie ne ferait que refléter cette situation transitoire et confuse. Mais rien ne nous y autorise. Les inconséquences graphiques peuvent tout simplement provenir d'une incapacité à transcrire régulièrement le parlé. Ne voyons-nous pas chez nous en France, de nos jours, que bien des personnes peu instruites écrivent un même mot de plusieurs façons dans un même texte ? Et il n'y a pas encore si longtemps que des personnages augustes faisaient de même dès qu'ils écrivaient de leur propre main au lieu de dicter leur courrier. La notion d'orthographe, c'est-à-dire de transcription régulière du parlé, ne s'est dégagée que petit à petit dans la plupart des pays d'Europe. Si donc nous n'avions affaire qu'à ces vicissitudes purement graphiques, nous pourrions hésiter à concevoir la langue d'Agricola comme un mélange de formes hétéroclites. Ce qui contraint à la considérer comme telle, c'est que la variance affecte la morphologie comme nous l'avons longuement analysé dans les pages qui précèdent et ceci au point qu'on a souvent à constater la coexistence de deux systèmes différents. Il est évident qu'une forme *poikan* « mon fils » (quelle que soit sa graphie) ne se comporte pas morphonologiquement comme *poikani* « mon fils ». Dans la première variante, le *-k-* figure au début d'une syllabe fermée. S'il s'est maintenu en cette position, c'est que le système de l'alternance consonantique ne fonctionne plus de la même façon. Le sujet parlant a souvenir que le *-k-* en question a représenté le degré fort de consonantisme tant que la syllabe qu'il entamait était ouverte mais l'apocope de la voyelle brève finale a aboli cette situation. Inversement, une forme *tadhoma* (Marc X, 35), avec son *dh* qui note certainement un *-δ-* ne peut se concevoir que si l'on tient ce *-δ-* pour le degré faible d'un *-t-* (*tahto-* « vouloir ») et si nous supposons que cette forme résulte d'un plus ancien *tadhomma* (prononcé *taγδomma*) qui correspond au finnois moderne « *tahdomme* » « nous voulons ». Deux états de langue s'affrontent ainsi dans les textes d'Agricola, l'un où l'alternance consonantique fonctionne en gros comme dans la langue moderne (et comme en carélien, par exemple) et l'autre où elle assume dans de nouvelles conditions phonétiques une nouvelle fonction, celle de différencier des formes qui, sans cela, se confondraient. Ainsi, quand nous lisons : *leudhette te warsan sidhottun...* (Marc XI, 2), le *tt* géminé seul est susceptible de nous indiquer qu'il s'agit de voir dans la forme *sidhottun* un essif singulier (= *sidottuna*) et non un génitif accusatif qui devrait avoir la forme *sidotun*. Nous devons donc entendre ici « vous trouverez un ânon *(invenietis pullum ligatum)*, attaché (qui se trouve attaché) ».

La question est de savoir comment Agricola en était arrivé là. S'il s'était servi de son patois d'origine (qui aurait été celui de Pernaja, dans l'Uusimaa, hameau de Torsby), il est permis de penser que les formes employées auraient été plus cohérentes. Mais que pouvait-il lui rester de ce patois, en admettant qu'il ait vraiment eu le finnois pour langue maternelle? Nous savons que son père l'avait envoyé assez jeune à Viipuri suivre les cours de l'école de cette localité dont le parler était déjà passablement différent et où il s'était surtout initié au latin, sans parler du suédois. Parti ensuite de Viipuri pour s'établir avec son maître à Turku, il devait avoir déjà formé sa façon de parler en finnois car il avait atteint l'âge où ce stade de formation de l'expression personnelle est pratiquement dépassé. Il a donc apporté comme bagage linguistique à Turku une sorte de mélange ou, si l'on veut, de compromis entre le parler de Pernaja et celui de Viipuri. A Turku, il s'est trouvé aux prises avec une variante très différente de celle qui était la sienne. Que s'est-il alors passé? Et comment en est-il venu à se servir par écrit d'une langue aussi composite, aussi hétéroclite? Sans doute, il nous a bien avertis dans ses préfaces qu'il avait essentiellement utilisé la langue de Turku et que c'est seulement en cas de nécessité qu'il était allé chercher son bien ailleurs ou qu'il avait innové. Faut-il alors admettre que la « langue » de Turku était elle-même si composite? Cet aspect déroutant de la langue n'a pas retenu assez l'attention des théoriciens qui se sont occupés de l'œuvre d'Agricola. Nous reviendrons d'ailleurs sur cet aspect si singulier du premier finnois imprimé.

Le problème du vocabulaire.

L'une des difficultés les plus redoutables rencontrées par Agricola dans sa tâche de traducteur a été qu'il a souvent manqué de mots pour rendre dans sa langue maternelle les concepts exprimés par les termes latins (ou grecs) comme aussi suédois et allemands.

Certes, comme Martti Rapola l'a signalé à maintes reprises, la terminologie liturgique et celle des notions religieuses n'avaient pas attendu l'avènement d'Agricola pour se constituer en finnois. Elles avaient commencé à se construire dès les débuts de la mission chrétienne, c'est-à-dire bien antérieurement à la conquête suédoise. On a fait remarquer avec raison que certains termes de la vie chrétienne ont été empruntés à une forme ancienne du russe : *pappi* « prêtre », *risti* « croix », *kuoma* « parrain » (aujourd'hui « compère », tout comme le *koma* du hongrois), *pakana* « païen », *suuntio* « bedeau » (anciennement sorte de juge subalterne, tout comme le français *bedeau*). Le faciès archaïque de ces mots atteste leur ancienneté et ceci est confirmé par tout ce que nous savons de l'histoire de la civilisation nordique. Les idées du christianisme s'étaient infiltrées de bonne heure parmi les populations de ces parages périphériques de l'Europe et les premiers missionnaires avaient pu trouver assez facilement dans le vocabulaire finnois du XIe siècle des mots susceptibles de supporter les notions essentielles qu'ils étaient venus répandre. On a fait justement observer que le nom de la divinité principale du panthéon fennique *Jumala* a été utilisé pour désigner le Dieu des chrétiens et que le mot *pyhä* a été investi de l'acception de « saint » *(sanctus)* après avoir signifié ce qui est « sacré » dans l'acception païenne (le *tapu* des Polynésiens). Le mot *henki* « souffle » qui désignait déjà l'esprit ou démon ou double de l'être vivant répondait à peu près au *spiritus* du latin et au *pneũma* du grec. On lit ainsi :

... *ioca pilca puhu Pyhe Hengi wastan...* (Marc, III, 29)
... *qui autem blasphemaverit in Spiritum Sanctum...*

Mais ce même terme *henki* traduit aussi *anima (psuchḗ)* :

... *henge wapautta* (Marc III, 4)
... *animam salvam facere...*

Ce même mot, avec son relent païen, a été aussi employé pour désigner les démons ou mauvais esprits :

... *yxi inhiminen rivattu saslaisest hengest...* (I, 23)
... *homo in spiritu immundo...*

mais, sans doute, les acceptions prêtées au mot *henki* n'ont-elles pas semblé suffisantes puisque nous trouvons le mot suédois *sielu (själ)* « âme » (allemand *Seele*, angl. *soul*) également employé pour traduire *anima* :

... *kaikesta sinun sielustas...* (Marc XII, 30)
... *ex tota anima tua...*

C'est que les mots plus spécifiques du christianisme ou plus techniques de la religion et de la liturgie ne trouvaient plus d'équivalents assez sûrs dans le lexique traditionnel. Il a donc fallu recourir à l'emprunt. Ces emprunts ont été effectués le plus souvent, semble-t-il, par l'intermédiaire du suédois, puisque aussi bien les missionnaires venaient de Suède et travaillaient à la fois pour la plus grande gloire de l'Église de Rome et dans le meilleur intérêt du roi de Suède. Le mot désignant l'église est *kirkko* supposé avoir été pris à une langue germanique sans qu'on sache exactement laquelle. Le doute provient de ce qu'on sait que le christianisme a été introduit en Suède par des religieux anglais et l'on est donc porté à supposer qu'ils ont importé avec eux le mot anglo-saxon qui n'était d'ailleurs qu'une adaptation du grec et a donné de son côté *church* en anglais.

Quant à *dominus*, il est rendu constamment par *herra* qui est aussi un emprunt germanique, plus exactement un emprunt à l'allemand. D'autres notions importantes se trouvent supportées par des emprunts du même genre. La notion de péché est exprimée par le mot *synti* qui est emprunté au suédois bien qu'il semble qu'une tentative ait été faite pour lui trouver un équivalent du cru : *rikos* (aujourd'hui « crime, délit ») :

... *ut et Pater vester qui in caelis est, dimittat vobis peccata vestra* (Marc XI, 25)

... *senpälle että teiden Isen, ioca ombi taiuahis, teille mös ricoxet andexiannais.*

L'enfer s'appelle *helvetti* (du suédois *helvete*), le purgatoire *kiirastuli (skärseld)* dont Lauri Hakulinen (*Suomen Kielen Rakenne ja Kehitys* 3, p. 292) rappelle qu'il n'est qu'un décalque d'*ignis purgatorius*. Le carême est *paasto* (moyen suédois *fasta*) et la fête de Pâques se dit *pääsiäinen* qui a été forgé assez anciennement à partir du verbe *pääse-* « parvenir à sortir (du carême), se libérer, s'affranchir ». Hakulinen (*op. cit.*, p. 168) suppose que ce néologisme a été inventé pour échapper à la fâcheuse confusion qui aurait résulté de l'adoption du terme suédois (suédois moderne *påsk*, ancien *paska*) adapté d'après *Pascha* de la Vulgate, car son homophone finnois *paska* est un terme incongru (il signifie l'équivalent de notre « merde »). En tout cas, on trouve à côté de *pääsiäinen* les mots *laskiainen* « mardi-gras » (de *laske-* « déboucher dans ») et *loppiainen* « épiphanie » qui est dérivé d'un verbe attesté désormais seulement dans les dialectes : *loppe-* « finir, se terminer » (cp. *loppu* « fin »). Le suédois a encore fourni le verbe *vihki-* « consacrer » (suédois *viga*, allemand *weihen*, racine qu'on retrouve dans le latin *victima*), *kummi* « parrain », *lukkari* « sacristain » (littéralement « sonneur de cloche »), *luostari* « cloître », emprunté au suédois *kloster* et qui apparaît encore sous la forme *kluostari* avant d'avoir été amputé de son *k-* selon la règle d'adaptation à la phonétique finnoise. On y aura reconnu sans peine notre *cloître*. De même le nom de l'évêque était *piispa*, du suédois *bisp*, réduction de *biskop*, et celui de l'archiprêtre ou *provasti* (réduit désormais à *rovasti*) du suédois ancien *provaster* (devenu *prost*, du latin *praepositus*), etc. Au XVIe siècle, les traducteurs comme aussi les simples ecclésiastiques disposaient donc d'une terminologie abondante sinon complète ou même suffisante. Aussi bien, les textes d'Agricola fourmillent-ils de mots latins qui témoignent de l'embarras où il s'est trouvé pour dire certains des concepts avec lesquels il opérait quotidiennement : *evangelium*, *testamenti*, *apostoli*, *epistola*, *catechismus*, *texti*, *Historia*, *regula*, *Passio*, *psaltari* « psaume, psautier », *propheta*, etc. On y relève aussi (dans son calendrier) des noms de mois tels que *aprilis*, *maius*, *iunius* (il est vrai que ce dernier, dans le contexte est désigné par *kesäkuu*, comme de nos jours), etc. Des emprunts surprennent le lecteur non initié : *etikka* « vinaigre », *lachtuca* « laitue », etc. C'est qu'il s'agit de notions inconnues du public auquel il fallait s'adresser. De même, il était impossible de faire allusion au « lion » ou au « cyprès » ou à tel autre terme désignant une réalité exotique. Il est vrai qu'on s'y est pourtant essayé en fournissant des approximations plus ou moins contestables : *honka* « pin » pour « cyprès », *jalopeura* « grand élan, farouche élan » pour « lion » (à côté de *leijona*) et même *valaskala* « baleine » pour Léviathan! Mais Agricola ne s'est pas contenté de ces emprunts relativement explicables. Il n'avait pas de mot pour rendre le suédois *studera* « étudier » et il a employé *studerata*. Il a utilisé à plusieurs reprises le verbe suédois *bruka* « employer », venu lui-même du bas-allemand *bruken* (allemand *brauchen*). A côté du mot finnois *istuin* « siège », il emploie, par exemple *stoli* « id. » qui n'est que le suédois *stol* (allemand *Stuhl*). Certains de ces emprunts ont encore été si mal « digérés » qu'ils sont à peine adaptés : *domari* « juge » (aujourd'hui *tuomari*) a conservé son *d-* initial. Le suédois *offra* « sacrifier » est rendu par *wffrata* avec un *ff* que le finnois ne saurait prononcer (on a désormais *uhrata*) et le « lépreux » s'appelle *spitalinen* (prononcer *spitaalinen*) avec à l'initiale le groupe consonantique *sp-* qui détonne en fennique mais qui a fini par prendre pied dans la prononciation des dialectes les plus proches de la côte sud-ouest.

A vrai dire, on relève çà et là des inconséquences dans la reproduction graphique de ces emprunts. Alors que le suédois *bisp* est écrit *pijspa*, le *bövel* « bourreau » du même suédois est écrit *böueli* (= *pyöveli*) et conserve au moins visuellement son initiale sonore impossible à articuler pour de vrais Finnois. On a *domio* « jugement » (= *tuomio*) et *domita* « juger, condamner » (= *tuomita*) mais *teini* « diacre » (autrefois « étudiant, clerc ») du suédois *djäkne* a déjà assourdi son initiale en *t-*. Les *f-* du suédois se maintiennent en général : *falski* « faux », *fangi* « captif, prisonnier » (= *vanki*), *fati* « plat » (= *vati*). Ce dernier est même encore rebelle à la règle de l'alternance consonantique (on lit *fatisa* « dans un plat », au lieu du *vadissa* attendu, dans Marc VI, 28), etc. En revanche on lit *pockstaui* « lettre, caractère » (suédois *bokstav*, allemand *Buch-*

stabe), etc. Mais comment expliquer ces variations? Sont-elles à ranger parmi les innombrables inconséquences graphiques de ces textes ou proviennent-elles simplement du fait que certains mots avaient été déjà plus ou moins assimilés alors que d'autres étaient toujours ressentis comme des corps étrangers? N'avons-nous pas vu nos médecins français écrire *shock* le mot *choc* pour cette raison qu'ils venaient de le découvrir dans la terminologie médicale anglaise alors que *choc* avait été depuis longtemps « naturalisé » dans le langage courant? Mais il se peut aussi qu'il ait répugné à Agricola de traiter trop brutalement à la finnoise des mots suédois dont il se servait constamment quand il s'exprimait lui-même en finnois. Il ne serait pas impossible qu'il les ait tout simplement prononcés à la suédoise.

Les emprunts directs tant au suédois qu'au latin, voire à l'allemand ou au grec, avaient ce défaut commun d'être impénétrables à la plupart de ceux auxquels s'adressait la mission luthérienne. Pour approcher ce public, il fallait se servir de mots plus accessibles à sa compréhension. On a donc fabriqué des vocables nouveaux. Deux procédures s'offraient, inégalement utilisables. La première consistait à décalquer tout bonnement le terme étranger en le reproduisant pièce pour pièce avec des éléments autochtones. Ce procédé a reçu une très grande extension. Ainsi, la traduction latine de la Bible comportait le mot *firmamentum*. Chez Agricola, on trouve en face le mot *wahuistos* (= *vahvistus*) qui a été construit à partir du vocable *vahva* « fort, solide » par l'intermédiaire du verbe *vahvistaa* « fortifier, consolider » qui en est dérivé. Ce terme a d'ailleurs perdu depuis cette acception mais il est typique de la façon de faire des traducteurs de l'époque. Le *discipulus* de la Vulgate a été rendu par le composé *opetus-lapsi* obtenu par l'association du mot *opetus*, dérivé du verbe *opetta-* « enseigner » et de *lapsi* « enfant ». La gaucherie de ce « rendu » apparaît pleinement quand on considère que le terme *opetus* veut dire « enseignement » alors que *lapsi* a désigné étymologiquement un enfant au berceau! C'est qu'en réalité, il s'agissait de traduire le suédois *lärjunge* qui est lui-même un emprunt à l'allemand. Le *regnum* de la Vulgate, traduit par *rike* du suédois (allemand *Reich*), a été traduit par le composé *valtakunta*, à partir de *valta* « puissance » et *kunta* « troupe, groupe ». La notion de « pain azyme » a provoqué la création d'un composé *makialeipe* (= *makealeipä*) « pain doux » qui aurait été inspirée par la formule correspondante de l'anglais ancien. On sait en effet que le premier missionnaire qui a converti la Suède a été Saint Ansgar (mort en 865) qui était un religieux anglais. Le mot *incredulitas* plaçait le traducteur finnois devant une redoutable difficulté. Il ne disposait que d'une dérivation privative (en *-ton*/*-tön*), suffixale. Or l'idée de négation se trouvait exprimée en latin par un préfixe, en l'occurrence *in-* (qui répondait étymologiquement et sémantiquement au grec *a-*). La solution trouvée par les clercs du XVIe siècle (ou d'avant) a été le mot *epäusko* où l'élément *epä*, participe présent du verbe de négation *e-*, tenait lieu de préfixe. Cela a donné quelque chose dans le genre de ce que serait en français la « non-croyance ». Ce terme a fait fortune et s'est maintenu dans la langue qui a développé depuis par ailleurs un dérivé *uskottomuus* « incrédulité, incroyance » et aussi « infidélité ». On crédite Agricola d'autres néologismes du même genre : *epätoivo* « désespoir », *epätietoinen* « ignorant », *epälukuinen* « *innumerus* innombrable » et *epäjumala* « dieu du paganisme, idole » qui ne semble pas avoir été inspiré à première vue par le suédois *avgud* (allemand *Abgott*) encore qu'il soit très imprudent de se prononcer dans certains cas. C'est ainsi que le terme *epäusko* « incredulitas *(apistia)* » auquel nous venons de faire allusion a pu être suggéré d'abord par le suédois *otro* ou l'allemand *Unglaube* tout aussi bien que par le latin directement. Par contre *uskoton*, privatif d'*usko* « croyance » et son dérivé *uskottomuus* a manifestement été tout au moins contaminé par le suédois *trolös* « infidèle » et *trolöshet* « infidélité (allemand *treulos* et *Treulosigkeit*). Le développement sémantique propre au mot suédois *tro* (allemand *Treue*) a déteint sur celui du finnois *usko* « foi, croyance ». Dans d'autres cas, au contraire, l'origine du décalque apparaît assez clairement. On relève par exemple *esikuva* dans l'acception d'exemple *(exemplum)* et ce mot, se décomposant en *esi* « ce qui est devant » et *kuva* « image », n'est que la transposition terme pour terme de l'allemand *Vorbild* qui a inspiré le suédois *förebild*. Le *quotidianus* du latin s'est trouvé rendu par *jokapäiväinen* dans le Pater noster ; or *joka* « chaque » et *päivä* « jour » fournissent un adjectif composé qui dit la même chose que la formule française : « notre pain de chaque jour », laquelle reproduit le latin et son modèle grec (Luc, XI, 3).

Naturellement, comme on pouvait s'y attendre, Agricola, ses prédécesseurs et ses contemporains ont bien souvent prélevé des mots de la langue courante pour rendre tel ou tel terme du texte sacré et ils l'ont fait assez fréquemment en leur conférant une acception nouvelle, plus ou moins motivée par l'acception ou les acceptions traditionnelles. C'est ainsi que le mot *kapina* a servi pour rendre à la fois *tumultus* et *seditio* (suédois *uppror*, allemand *Aufruhr*). Ce vocable est un dérivé en *-na*/*-nä* d'un verbe *kapise-* qui signifie encore « produire du bruit, du fracas » ou même désigne un bruit assez peu éclatant (comme celui de chaussures sur la neige, etc.). Le mot *kapina* lui-même se trouve attesté dans la chanson populaire où il n'exprime que la notion de bruit (par exemple celui du traîneau crissant sur la neige), etc. Quant à son dérivé latin *seditiosus*, il a été rendu par *capinan-nostaija (kapinan-nostaja)* « celui qui soulève un tumulte ». Il est frappant que le traducteur ait recouru à ce composé insolite en finnois plutôt que de former le dérivé *kapinallinen* qui a fini par s'imposer par la suite. En revanche, pour traduire le *non est bonum* de la Vulgate (Marc VII, 27) il n'a pas hésité à dire *ei ole se cochtolinen* qui est cette fois un adjectif dérivé en *-llinen* d'un mot *kohta* « place, endroit » et signifie « équitable (à sa place) ». Le concept d'apparition a été exprimé au moyen d'un verbe dérivé *ilmesty-* construit à partir du mot *ilma* « air, temps » dont l'acception originelle était vraisemblablement celle d'extériorité. Bien d'autres exemples de ce genre de créations pourraient être donnés.

Ce qui est moins aisé à déterminer, ce n'est pas tellement l'inventaire de ce stock de néologismes que l'origine de cette terminologie. Les théoriciens ont été un peu promptement portés à en attribuer la quasi-totalité à Agricola mais ils sont revenus depuis sur cette première interprétation car ils ont pu se rendre compte de la présence d'une partie au moins de ces vocables dans d'autres textes qui ne sont certainement pas de la main d'Agricola, comme le recueil liturgique manuscrit attribué à Mathias Joannis Westh ou comme le passage de Temporal connu sous le nom de Fragment d'Upsal et improprement dénommé évangéliaire.

Le plus probable est que les clercs qui se sont succédé depuis les débuts de la mission chrétienne en Finlande, c'est-à-dire le milieu du XIIe siècle, ont peu à peu accumulé un nombre considérable de termes créés et souvent recréés ou réformés et réadaptés au cours des temps, au gré aussi de la mode et de l'exégèse de l'époque. Ainsi, le *conscientia* de l'Écriture est traduit chez Agricola par *omatunto*, composé consistant en l'adjectif *oma* « propre » et *tunto* « sentiment », dérivé nominal du verbe *tunte-* « connaître, sentir » or le Fragment d'Upsal porte de son côté *omatuntemus* qui a pour second terme un autre dérivé nominal du même verbe. Il y a donc tout lieu de supposer que souvent deux ou plusieurs solutions ont été simultanément ou successivement proposées pour rendre un même concept.

La langue d'Agricola et celle des autres variétés écrites.

Comme nous l'avons signalé au début de notre étude de la langue du XVIe siècle, nous ne possédons en dehors des écrits imprimés d'Agricola que des monuments manuscrits dont trois seulement sont de quelque étendue. Ce sont, comme nous l'avons déjà spécifié, le manuscrit d'une sorte de bréviaire connu sous l'appellation de Manuscrit Mathias Westh, un autre manuscrit se rapportant à un même ensemble de textes liturgiques communément désigné Codex Upsaliensis B 28 et le « Fragment d'évangéliaire » (plus exactement de Missel) d'Upsal.

Alors que le manuscrit Westh et le Codex B se présentent comme deux recueils similaires dont la langue est à peu près identique, compte tenu des inconséquences et aussi des vicissitudes de la graphie de ces textes copiés et recopiés, le Fragment se détache tant par son contenu que par la langue dans laquelle il est rédigé. Il a fait l'objet, entre autres, d'une étude spéciale due à Aarni Penttilä (*Upsalan Suomenkielisen Evankeliumikirjan Fragmentin kielestä. Vähäisiä kirjelmiä* LXXXVII. *Suomalaisen Kirjallisuuden Seura.* Helsinki 1931). A vrai dire, le titre sous lequel il est présenté est de nature à induire en erreur. Il s'agit en réalité du fragment d'un « temporal » dont les textes (extraits des évangiles, des épîtres, collectes et oraisons) sont entièrement conformes au temporal qui était encore en usage dans l'Église de France jusqu'à ces dernières années (cp. Missel quotidien vespéral du R. P. Morin. Nouvelle édition entièrement refondue par une équipe de prêtres de l'Oratoire, imprimatur du 4-1-1965. Droguet & Ardant. Paris). Nous avons donc affaire à un recueil de type catholique conforme à la liturgie en honneur depuis des siècles. Il y a même tout lieu de supposer que le texte de ce fragment reflète un état de langue relativement plus ancien que celui des textes imprimés sous la signature d'Agricola. Sans doute, M. Aarni Penttilä a-t-il estimé que ce fragment serait le vestige d'un recueil rassemblé entre 1537 et 1544 et ceci sur la foi d'une oraison qui n'a figuré que dans l'édition de 1537 du Missel suédois d'Olaus Petri *(The Swenska Messan).* Les éditions précédentes (1531, 1535) ne contiennent à la place de cette collecte qu'une prière beaucoup plus courte. Le traducteur du Fragment s'en serait inspiré comme il aurait également imité de très près les traductions suédoises de la Bible. Le *Missale Aboense*, en latin, imprimé en 1488 à Lübeck, ne contient de son côté qu'une collecte très brève aussi, qui ne peut avoir inspiré la formulation de celle trouvée dans le Fragment. Mais nous savons que les bréviaires manuscrits, et ensuite imprimés, que pouvaient se procurer les ecclésiastiques de Finlande étaient de provenance étrangère et ils ont pu comporter une autre formulation, celle-là même utilisée par l'auteur du Fragment. La démonstration présentée par Aarni Penttilä n'est donc pas concluante, puisque nous ne savons pas si le Fragment n'est pas une partie d'une compilation rassemblée et traduite par étapes successives et de plusieurs mains. La copie que nous avons devant nous semble avoir servi à quelque église de Finlande avant l'introduction de la Réforme. Elle a été mise au rebut, probablement parce qu'elle était trop « catholique » et c'est la raison pour laquelle elle a été utilisée comme doublure pour la reliure, avatar grâce auquel elle a pu parvenir jusqu'à nous dans une de ses parties.

Ce qui frappe lorsque l'on passe de la lecture de l'un à l'autre de ces textes, ce sont à la fois les discordances qui les séparent les uns des autres, mais aussi les ressemblances qui leur prêtent comme une sorte d'air de famille. Les discordances sont toutefois assez nombreuses et assez importantes pour exclure la possibilité que ces monuments proviennent d'un original commun. Cependant, les textes du manuscrit W et de son corollaire le Codex B 28 d'Upsal sont nettement plus proches de la variété de langue qui est celle des œuvres d'Agricola. Par contre, le Fragment en diverge notablement.

Ce que tous ces documents ont en commun, ce sont les inconséquences de la graphie et aussi l'hétérogénéité de la langue proprement dite. Mais, si l'on peut dire, la graphie du Fragment est encore plus inconséquente que les autres et surtout elle semble s'inspirer davantage des usages de l'écriture suédoise de l'époque. Le *-v-*, par exemple, y est constamment noté par *-ffu-* et *-ffw-*, le *-l-* en fin de syllabe par *-dl-*. A côté de *t*, on trouve *th* pour noter la même consonne et *tth* note la géminée à côté de *-tt-* et *-dt-*. Cette série de notations se trouve plus fréquemment employée que dans les imprimés d'Agricola. Mais la différence la plus caractéristique est que l'*ä* est constamment noté par *ä* au lieu qu'Agricola néglige le plus souvent d'utiliser ce caractère. Il est vrai que les textes d'Agricola sont imprimés alors que les autres sont demeurés manuscrits et que des considérations techniques ont pu être à l'origine de la généralisation de l'*e* en place de l'*ä*. Il se peut que l'imprimerie ait tout simplement manqué de caractères *ä*, qui sont d'une fréquence bien plus grande en finnois qu'en suédois. Les différences de graphie peuvent donc s'expliquer en partie par la différence dans la présentation ou plutôt la réalisation matérielle de ces documents.

Il ne fait pas non plus de doute que le texte du Fragment apparaît plus gauche et d'une traduction plus servile si possible que les textes correspondants d'Agricola. Dans l'ensemble, ils ont l'air, autant le manuscrit Westh que le Fragment, d'avoir suivi de plus près un modèle suédois, sans qu'il soit pourtant exclu que le traducteur soit parti de l'original latin.

La particularité qui détonne dans le manuscrit Westh, c'est que la 3e personne du singulier du présent de l'indicatif est marquée par la finale *-u*/*-y* :

siunau « (il) bénit » / Agricola *siugnapi*
tekey « (il) fait » / *tekepi*

mais çà et là surgissent également des formes en *-pi* :

eläpi « (il) vit »,

tout comme dans le texte correspondant d'Agricola. Il est donc difficile de voir dans ce monument manuscrit le témoignage d'une forme de langue foncièrement distincte. Les discordances plus marquées observées dans le choix des mots ou dans la construction des phrases révèlent seulement un manque d'aisance dans l'emploi du vocabulaire autochtone et une plus grande servilité par rapport au suédois ou au latin. Au lieu du cas adessif (*-lla*/*-llä*), le manuscrit recourt à la construction postpositionnelle avec *kanssa* « avec » : *sinun Pyhän Henges cansa* « avec ton Saint Esprit » *(cum Spiritu tuo)* au lieu du *pyhelle Hengelles* « id. » d'Agricola, etc. Mais quand on suit ligne par ligne les deux rédactions, force est de se rendre compte de leur identité foncière. L'une et l'autre procèdent en dernière analyse d'une même tradition dont nous ne pouvons malheureusement pas déterminer quand elle a commencé.

La langue du Fragment est nettement plus « suédisée » car les postpositions sont souvent ramenées devant le nom qu'elles déterminent : *wasten tätä miestä* « contre cet homme » / *temen Miehen wastan* (Agr.), *iälkin teijän laghin* « selon votre loi » / *teiden Lain ielkin* (Agr.). Le complément d'objet d'un impératif de 2e personne est mis à l'accusatif-génitif : *Catzo teidhän kwningan* « regarde votre roi » (Jean XIX, 14 : *Ecce rex vester*). Le déictique *se* et le nom de nombre *yksi* « un » sont constamment employés en fonction, l'un d'article défini et l'autre d'article indéfini ; le sujet est rejeté après le verbe presque toujours quand l'énoncé commence par un complément, etc. Pourtant, il arrive quelquefois qu'on bute inopinément sur une tournure d'allure finnoise caractérisée. On lit ainsi *iokw teistä* qui traduit *si quis* alors qu'Agricola a écrit *iocu teidhen keskenen* « quelqu'un d'entre vous ». De même, ce dernier s'est trouvé embarrassé par le *putat se religiosum esse* (Jacob, épître I, 26) qu'il a rendu par *näky Jumalalinen oleua* « paraît être religieux » tandis que nous lisons dans le fragment : *pitä hänensä iumalan palueliana* « se tient pour le serviteur de Dieu ». De même encore, le *A temetipso hoc dicis* (Jean XVIII, 34) a été simplement traduit dans le Nouveau Testament par *Sine sen sanot* où l'emphase se trouve exprimée à la fois par l'emplacement des mots et par l'appui de l'accent d'intensité de groupe sur le *sinä* « tu, toi » alors que le Fragment porte *Sinäpä sen sanot* où c'est l'enclitique *-pä* qui porte l'emphase, procédé éminemment finnois.

Par ailleurs, les versions manuscrites et le texte imprimé sont caractérisés par les mêmes variations. Plusieurs types de formes et de constructions s'y côtoient, qui supposent des prononciations variantes. En particulier, l'élision de la voyelle brève finale, la gémination de la consonne interne devant syllabe longue, etc., se rencontrent à côté d'autres traitements qui conservent la voyelle brève finale ou encore laissent subsister la consonne simple. Ainsi dans le Fragment, on lit à quelques lignes d'intervalle *leipää* (écrit *leijpä*) « du pain » et *leippää* (écrit *Leippä*). De même, à côté de la forme géminée *oikkialla* (écrite *oiickialla*) (= *oikealla*) qui présente un *-kk-* géminé devant la diphtongue *ia* (correspondant à *ea* d'Agricola dans *oikealla*), on rencontre dans le Fragment la forme *näkee* « voit » (écrite *näke*) avec un *k* simple tout comme dans *näki (nächij)* et *näkevät* « voient » *(näkeuädt)*. On a encore *tekee* « fait », parallèlement à *teki* « fit », etc. On a expliqué ces exceptions en alléguant que la 3e personne du singulier du présent des verbes devait déjà être abrégée dans ce type de parler, ce qui expliquerait la présence de l'occlusive simple à la place de la géminée qui aurait dû figurer en cet emplacement si la 3e personne en question s'était terminée sur une longue (comme dans la langue moderne). Mais cette explication semble réfutée par les infinitifs tels que *tietää* (écrit *tietä*). De même on trouve d'une part *kantaa* « porter » (écrit *canda*) et d'autre part *kanttaa* « id. » (écrit *kandta*). Le même phénomène est observé d'ailleurs dans le texte du manuscrit Westh où l'on relève des formes telles que *pittä* « tenir » (mais partout *pitää* dans le Fragment!), *anta* « donner » (en face d'*anda* chez Agricola), etc. Or il est de fait que la gémination ne se constate pas dans les textes d'Agricola. Par contre, on trouve de part et d'autres le degré faible de consonantisme souvent employé avec la désinence possessive mais il convient de rappeler que cet emploi se retrouve sur une aire très vaste des parlers fenniques, notamment en carélien.

De ces brèves remarques, il est aisé de déduire que la langue des manuscrits se distingue sur certains points très nettement de celle des premiers livres imprimés. Elle semble porter des caractères dialectaux qui ressortissent aux parlers du sud-ouest et non plus seulement à ceux de l'ouest en général. Le pasteur Westh auquel a appartenu le manuscrit qui porte son nom était de Rauma, petit port situé au nord-ouest de Turku, compris dans l'aire relativement étroite des parlers de ce type. Or il paraît assez vraisemblable que le vernaculaire de Turku ait consisté en un mélange de plusieurs éléments dialectaux : patois du sud-ouest, patois occidentaux du Häme dont un saillant n'était pas très éloigné de la ville épiscopale et même patois d'Uusimaa (Nyland) dont on sait qu'il a été le pays natal d'Agricola. Pour cette raison, les théoriciens finlandais, après s'être persuadés que le traducteur de la première Bible finnoise avait eu le patois d'Uusimaa pour langue maternelle, se sont ingéniés à essayer de retrouver dans sa façon de s'exprimer des vestiges de ce parler. Peu importe que dans leur zèle ils aient souvent attribué à ce dialecte des formes qui pouvaient à cette époque s'employer ailleurs, il n'en reste pas moins vrai que l'extraordinaire variance de la langue d'Agricola ne peut s'expliquer autrement que par un brassage de formes dialectales d'origines différentes. Car tout se bouscule au coude-à-coude dans les textes du grand précurseur : formes encore pleines, formes déjà évoluées, formes tout à fait usées. On dirait que s'y sont déversés des bouts d'énoncés venus, c'est le cas de le dire, de toutes les paroisses. Or, il nous a été souvent rappelé que plus de la moitié de ces paroisses du XVIe siècle se tassaient dans l'extrémité sud-ouest du pays qui représentait à elle seule, sur un territoire relativement exigu, la partie la plus importante de l'activité religieuse et intellectuelle. C'est donc cet idiome mélangé qui a servi de fondement à l'édification de la langue de la nouvelle Église. Agricola ne l'a d'ailleurs dissimulé ni à ses contemporains ni à la postérité quand il s'en est expliqué dans la Préface au Nouveau Testament où nous lisons : « ... ici, dans les livres du Nouveau Testament, c'est la langue de la Finlande Propre qui a été surtout employée. Et, en cas d'urgence, quand le besoin l'a exigé, des tournures et des mots des langues des autres (pays) y ont également été inclus. » Il a ajouté cet avertissement : « Que tout Chrétien ou tout homme de religion ou lecteur de ce Saint livre ne prenne en mauvaise part, si, dans cette traduction récemment commencée en langue finnoise, quelque erreur ait pu se glisser ou qu'il s'y trouve quelque chose d'étrange, de déconcertant ou qui a été innové. » Et il ajoute : *Nam nihil simul inceptum, et perfectum esse constat.*

Avec le recul du temps, on se représente volontiers que la lecture de cette traduction du Nouveau Testament a dû être pour bien des lecteurs une source d'étonnement, une cause de gêne et aussi de perplexité devant bien des phrases qui n'avaient d'intelligibilité que pour ceux qui connaissaient au moins la Vulgate ou avaient eu l'occasion de se pénétrer du texte sacré à travers la traduction suédoise, voire même celle de Luther. Le linguiste non-finnois, devant ce monument vénérable, ressent quelque chose d'analogue à ce qu'il a éprouvé devant les traductions de ce même Nouveau Testament en tahitien ou en hawaïen, par exemple, avec peut-être cette différence que la langue de ces dernières versions apparaît plus homogène que le finnois du XVIe siècle. Mais telle qu'elle nous apparaît désormais, la langue de ce milieu du XVIe siècle en Finlande représente le commencement d'une extraordinaire aventure spirituelle dont l'histoire des civilisations connaît peu d'équivalents.

Quatrième partie

LE PERFECTIONNEMENT DE LA LANGUE

Les 2/5ᵉ de la Bible étaient déjà mis en finnois quand Agricola mourut en 1557. Il restait à compléter la traduction ainsi qu'à achever de doter la mission luthérienne de ses moyens de propagande.

Mais Agricola n'avait lui-même pas attendu pour apporter des perfectionnements à sa façon de s'exprimer. La comparaison de plusieurs textes repris et retouchés par lui de son vivant en porte un témoignage assez clair. Un premier échantillon nous en est offert par les versions successives du *Pater Noster*.

Cette vénérable prière commence par cette formule, inattendue en finnois : *Isä meiden* « père de nous ». Nous savons que l'expression de la possessivation repose en fennique, comme dans les langues finno-ougriennes et plus généralement ouraliennes, sur l'emploi d'une désinence possessive. On s'attendrait donc à lire *Isämme* « notre Père » ou à la rigueur *Meidän Isämme* « notre Père à nous » (cp. le hongrois *Mi Atyánk*). La construction *Isä meiden* n'est que le décalque du *Paster Noster* de la Vulgate, lui-même copié du grec *patēr hemōn* et dont nous retrouvons les correspondants dans l'allemand *Vater unser*, non moins forcé, ou le suédois *Fader vår*. Il est d'ailleurs éloquent de découvrir que dans la variante olonetzienne de cette même prière, traduite pour les besoins de l'église pravoslave, on trouve également *Tāto meiän* (*tāto* « père »).

La version la plus ancienne reproduite ou écrite par Agricola semble être celle qui figure aux pages 776-788 de son Livre de prières *(Rucouskiria)*. On serait tenté de croire que c'est une autre version qui l'a précédée, celle de l'abécédaire *(Abckiria)* mais ce dernier texte n'est pas daté de manière sûre (on l'a situé tantôt en 1537 tantôt en 1543-4, la même année que le « Livre de prières »). Le latin *in caelis* y est traduit par *taiuahisa* (= *taivaissa*) alors que l'Abécédaire porte *taiusa* « dans le ciel » au singulier (= *taivaassa*). Le Nouveau Testament présente *Taiuais* (1548) et le Manuel

(Käsikiria), qui est de 1549 a *Taiuaisa*. La première version comportait encore l'-*h*- des formes archaïques et cette spirante a disparu des exemplaires suivants. L'élision de la voyelle brève finale caractérise la forme du Nouveau Testament mais cette finale se trouve rétablie dans le Manuel. Le texte de 1544 connaît *ricoxet* (= *rikokset*) « crimes » comme correspondant de *debita* tandis que *debitoribus* est rendu par *welhgolisten* « aux débiteurs » (de *velka* « dette »). Ce dernier terme est maintenu plus loin dans le même texte (pp. 817-828) mais *rikokset* y est remplacé par *meiden welkam* « nos dettes » (= *debita nostra*) (= *velkamme*). Par contre, les autres ouvrages ne connaissent plus que *synnime* « nos péchés » (N.T.) et *meidhen syndinne* « nos péchés » (Manuel). Quant à l'Abécédaire, il contient *meiden syndinne*, tout comme le Manuel de 1549! Le *hodie* latin est traduit *tenepene* dans le « Livre de prières » (= « en ce jour ») qui est une forme réduite de la locution *tänä päivänä* et s'emploie aujourd'hui couramment *(tänäpänä)* dans la langue populaire, encore que l'usage lui préfère *tänään*, plus réduit. Le Nouveau Testament lui oppose *tenepeiuenä* (= *tänä päivänä*) qui est la forme pleine et qui se trouve amputée de sa finale vocalique brève dans l'Abécédaire : *tenepeiuen*. Quant au Manuel, il revient tout bonnement à *tenepene*. Le *quotidianum* est traduit d'abord *iocapeiueijnen (jokapäiväinen)* mais les versions suivantes ont la forme sans *i* : *jokapäivänen* alors que c'est la première qui a été retenue par la langue. La 3e personne du singulier de l'impératif du verbe *ole-* « être » est employée d'abord sous la forme *olkohon* simultanément avec *olkoon* (écrit *olcon*) en 1544 puis est ensuite uniformisée en *olkon*. La 1re personne du pluriel « nous donnons, nous remettons, nous laissons » s'écrit *anname* en 1544 (= *annamme*) puis *annama* en 1548 (dans le N.T.) puis revient à *anname* en 1549.

La langue des contemporains.

L'évêque Agricola était encore en vie qu'était rédigé un autre document dont il est généralement fait peu de mention dans les études sur le finnois ancien. Il s'agit du message adressé au peuple de Finlande par Gustave Vasa en date du 21 novembre 1555, avec pour origine la bourgade de Helsingfors et non pas la ville de Turku. C'est évidemment une traduction d'un texte suédois établi par les soins de la chancellerie royale et mis en finnois par un clerc ou un commis sachant le finnois. Comme nous savons que le roi de Suède avait réquisitionné pour le service de ses bureaux un certain nombre d'écoliers (dans l'acception médiévale du terme), nous pouvons supposer que le traducteur avait été formé dans quelque école de Finlande et peut-être même au séminaire de Turku. Il se peut aussi qu'on ait affaire au travail d'un clerc déjà nanti de quelque fonction ecclésiastique dans l'entourage de Sa Majesté. Quoi qu'il en soit, ce document présente un grand intérêt. D'abord parce qu'il est le premier texte connu qui ne soit pas d'inspiration religieuse. C'est, si l'on ose dire, le premier pas de la langue finnoise sur une voie nouvelle où elle progressera lentement et non sans trébucher ou connaître de menaçantes vicissitudes avant de s'imposer définitivement. Ensuite, les particularités de la langue méritent d'être examinées de plus près.

Ce qui frappe au premier regard, c'est que nous retrouvons l'hétéroclisie si souvent évoquée dans les pages qui précèdent. C'est ainsi qu'à côté d'infinitifs I brefs en *asua* « habiter », on rencontre *seisoo* « se tenir debout » (*stå* du suédois). Le partitif singulier est terminé en voyelle longue résultant de la contraction entre la voyelle thématique et la voyelle suffixale : *väkee* (= *väkeä*), *moto* (lire *mootoo* = *muotoa*). Mais on trouve aussi *hangittua* « équipé », où cette contraction n'est pas enregistrée. La forme de la 3e personne du singulier du présent de l'indicatif est le plus souvent terminée en voyelle longue (non indiquée dans la graphie) : *tule* « il vient » (= *tulee*), *sanoo* « il dit », *anda* (lire *antaa*) « il donne », etc., mais on tombe aussi sur *langepi* « il tombe ». La désinence de la 1re personne du pluriel des verbes est le plus souvent en *-mme* : *taidamme* « nous pouvons », *tegemme* (prononcé *teγemme*) « nous faisons » (= *teemme*). Elle est écrite tantôt *-mme-* tantôt *-nme* : *sanonme* « nous disons », et il en est de même de la désinence possessive des substantifs : *armomme* « notre grâce », *mielemme* « notre pensée » mais *wihanme* « notre courroux » (= *vihamme*). Seul le verbe d'existence présente une forme en *-mma* (*olemma* « nous sommes ») mais elle alterne avec *olemme* « nous sommes » (= *olemme*). La désinence *mme* ne se trouve réduite à *-n* que dans *Meillen* « à Nous » qui contraste d'ailleurs avec *meillemme*. La 2e personne de pluriel des verbes est en *-tte* : *arvaatte* « vous estimez, jugez » mais on trouve aussi *asutta* « vous habitez » et même *te woitt* (= *te voitte*) « vous pouvez ». Une troisième forme est graphiée *andakate* « donnez », mais il se peut qu'on l'ait prononcée *antakaatte* (forme archaïsante de la langue d'aujourd'hui). La désinence correspondante des formes possessivées est en *-nne* : *rangaistoxenne* « votre châtiment » (= *rangaistuksenne*), *hyvyeksenne* (écrit *hyffuexenne*) « pour votre avantage, pour votre bien ». La désinence possessive de 3e personne est tantôt pleine, tantôt élidée : *tahtonsa* « leur volonté » (= *tahtonsa*), *itzensä* (= *itsensä*)

« soi-même » mais *wägytyszlensz* « leur perfidie ». L'élision frappe aussi les suffixes casuels *Länisz* (= *läänissä*) « dans le district », mais *maakunnassa* « dans la province », *kaickest Somen Maast* « hors de toute la Finlande » (= *kaikesta Suomenmaasta*). Constamment, le *-h-* est maintenu entre voyelles : *Makundahan* « dans la province » (= *maakuntahan* > *maakuntaan*), *tullehet* « étant venus », *tarvitahan* « il est besoin », *teuttehen* « est accompli, rempli » (= *täydetään*), *parahittain* « au mieux », *ielkehen* « après » (= *jälkeen*), etc. On note encore la présence du degré faible de *-t-* dans le conditionnel *pidäis* « devrait » (= *pitäisi*), le génitif pluriel *asuden* « des armes » et, chose curieuse, au côté des infinitifs III au cas illatif (*menemehen* « pour aller », *poltamahan* = *polttamaan*) « pour brûler », le cas illatif construit directement sur le thème verbal : *tekehen* « pour faire » qui détonne au milieu de ce texte car c'est une forme comme on n'en rencontre plus que dans des parlers passablement distincts de ceux du sud-ouest. Ajoutons que les graphies du type *sz* sont imitées de l'écriture allemande de l'époque et que, parmi tant d'inconséquences graphiques, ici comme ailleurs, il est soigneusement fait une distinction entre *canssa* « peuple » et *cansa* « avec », distinction aujourd'hui inversée (*kansa* « peuple » et *kanssa* « avec »).

Bien qu'il soit téméraire de vouloir trop déduire de ces remarques, il apparaît certain que le texte de ce message a été écrit par quelqu'un qui avait des notions déjà précises sur certaines habitudes graphiques et qui a au moins laissé se glisser une forme d'infinitif (*tekehen*) insolite jusque-là. Par ailleurs, nous nous trouvons en gros devant une langue peu différente de celle des monuments précédemment examinés. Tout au plus notera-t-on une propension à utiliser les formes non élidées de certaines désinences (désinences personnelles du verbe, désinences possessives de 1re et 2e personne). Comme il s'agit d'un document officiel diffusé au nom du roi, il se peut qu'on ait essayé de conférer par là au message une certaine solennité. Retenons-en que le clerc ou le commis qui a exécuté cette traduction avait conscience qu'il pouvait utiliser alternativement des formes pleines et des formes réduites et qu'il a surtout choisi les premières.

Le second document sur lequel il convient de jeter un coup d'œil a, contrairement au précédent, suscité quelques polémiques. Il s'agit d'un manuscrit contenant une traduction de la loi dite du roi Christophe (1441-48) qui établissait une sorte de code pénal et civil *(landslag*, en finnois *maanlaki)*. La traduction a été attribuée à un certain Martinus Olai, désigné dans l'histoire de la civilisation de langue finnoise sous l'appellation de *Herra Martti*. Ce personnage, peu connu, aurait été pasteur et prédicateur finnois pour la communauté de langue finnoise de Stockholm (1545-1550). Il aurait été ensuite curé de la paroisse de Rauma (1558-1577), puis chapelain à la cour de Jean III entre 1578 et 1582. On a supposé qu'il aurait collaboré avec la chancellerie royale et que c'est dans ces conditions qu'il aurait été amené à traduire le texte de cette loi. Toutefois, cette hypothèse a été mise en doute par M. Paavo Pajula (*Ensimmäinen Lainsuomennos*, *Suomalaisen Kirjallisuuden Seuran Tomituksia* 246. *osa*, Helsinki 1955) qui a attribué cette traduction à un autre contemporain d'Agricola, Jacobus Finno (Jaakko Suomalainen, pasteur et prédicateur de son état, dont il sera question plus loin). Cette traduction de la loi suédoise n'est pas connue dans le manuscrit original mais par des copies qui sont naturellement plus ou moins postérieures de telle sorte qu'il est impossible de se représenter quelle a pu être la langue de l'auteur. Ce qui est sûr, c'est qu'il s'agit d'une transposition le plus souvent très servile, surtout pour ce qui est de l'ordre des mots, au point même qu'on peut se demander parfois si les termes finnois n'ont pas tout simplement été superposés aux mots du suédois. Une loi est un texte qui exige, tout comme un texte sacré, une littéralité aussi rigoureuse que possible et il n'est pas surprenant qu'on ait à constater cette servilité poussée à l'extrême. Quant aux caractéristiques de ce finnois, elles sont celles des textes du type du Fragment de temporal d'Upsal mais l'*o* long ou l'*uo*, comme on voudra, est déjà graphié souvent en *uo* ; l'-*h*- intervocalique est maintenu mais l'-*h* final est tombé (*tarve* « besoin ») et les cas ne sont pas rares où il est également amuï entre voyelles aussi (*iokaitzens* « un chacun »). Les désinences sont élidées, y compris celle du translatif (-*x* au lieu de -*xi*), *kielen* pour *kielenä* (essif sg. de *kieli* « langue »), *kihlacunnas* « dans le baillage » (= *kihlakunnassa*), *kirians* « son livre » (= *kirjansa*), etc. mais çà et là on voit émerger des formes non élidées aussi, avec moins de fréquence pourtant. Manifestement, nous avons affaire à la même variété de langue que dans la plupart des textes de la même époque. C'est une composition d'éléments disparates parmi lesquels on rencontre parfois quand même quelque tournure idiomatique et même quelque traduction heureuse. Ainsi, le mot suédois *balk*, signifiant « corps d'une loi, ensemble d'un texte concernant une même jurisprudence », est rendu par le terme *kaari* qui par ailleurs a pour sens en finnois « courbe » et on ne s'explique pas très bien le choix de ce terme dans l'état actuel de nos connaissances du lexique fennique ancien.

Si du point de vue de sa consistance, le texte de cette traduction imputée à Herra Martti ou plus exactement à Martinus Olai ne semble pas devoir retenir beaucoup l'attention, par contre sa datation est importante. Les spécialistes finlandais le situent vers 1580, c'est-à-dire bien après la mort d'Agricola et plus de 30 ans après la parution du Nouveau Testament finnois. Si cette supposition est vérifiée, elle établira que la langue de Martinus Olai a pu n'être qu'un pâle reflet de celle du grand précurseur. Mais si la traduction en question a été exécutée plus tôt, autour de 1550, par exemple, il faut admettre que son auteur n'a pu s'appuyer sur le Nouveau Testament et que la langue dont il s'est servi était celle dans laquelle s'exprimaient tous les clercs et prédicateurs formés au séminaire de Turku. Dans ce dernier cas, la silhouette d'Agricola perdrait de ses dimensions ; il ne serait plus le fondateur mais seulement le grand utilisateur d'un patrimoine qui se serait constitué au cours de deux ou trois siècles parmi le clergé de Finlande. Agricola aurait rassemblé un nombre plus ou moins grand de traductions manuscrites éparses, d'âges divers, allant de fragments très archaïques à des rédactions plus fraîches et ceci se refléterait surtout dans ses premières productions, en particulier le « Livre de prières » *(Rucouskiria)*. Ainsi s'expliquerait la présence çà et là de formes qui surprennent à première vue, telles que la désinence *-ti* (au lieu de *-si*) conservée dans *Hyvestisiugnausti* « ta bénédiction » dont la composition même est antérieure au style d'Agricola qui emploie le simple *siunaus* (de même que le manuscrit Westh). Plutôt que d'y voir le témoignage d'un instinct sûr et d'une connaissance approfondie des dialectalismes, nous pensons qu'il convient de considérer ces archaïsmes comme des reliques conservées fortuitement dans un contexte plus ancien que les autres parties des recueils considérés. C'est un peu ce qui s'observe dans certains missels ou livres de messe de nos jours où certaines parties ont été prélevées dans des éditions bien antérieures. Le travail d'Agricola aurait davantage été celui de raboutage et de liaison, préfigurant en cela l'œuvre que devait accomplir dans la suite le grand réanimateur de la langue finnoise, Elias Lönnrot, le recréateur de l'épopée « populaire ».

Mais ce qu'Agricola avait fait par rapport à ses prédécesseurs anonymes, ses successeurs l'ont refait de leur côté en reprenant tout simplement ce qu'il leur avait légué. C'est ainsi que dans sa liturgie de la messe en finnois (*Se Pyhä Messu Somen kielen*, 1575), Paulus Juusten, qui avait été recteur du séminaire de Turku (1548-1554) avant de devenir évêque de Viipuri, pour terminer comme évêque de Turku, n'a fait que reprendre tels quels des textes de son prédécesseur sur le siège épiscopal. Martti Rapola, le meilleur connaisseur de toute cette période, a judicieusement rappelé un passage de la chronique latine des évêques de Finlande où Paulus Juusten raconte qu'au temps où il dirigeait le séminaire de Turku, il avait lui-même corrigé les traductions de psaumes qu'Agricola avait fait faire aux élèves à titre d'exercices pratiques. Il suivait en cela l'exemple de Luther et il est assez vraisemblable que la plupart des pièces du Psautier de David (1551) aient été finalement retouchées par Agricola après avoir été d'abord traduites par les élèves, discutées et corrigées par leur recteur et remises entre les mains de celui qui, sans être encore officiellement désigné comme évêque de Turku, continuait à exercer la direction du diocèse en tant que coadjuteur du prélat décédé. Une pareille procédure n'a rien de bien insolite, hélas, et nous en voyons des exemples de nos jours aussi.

L'autre contemporain dont nous connaissons l'œuvre en langue finnoise est ce Jacobus Finno ou Jacobus Petri, qui est désormais appelé Jaakko Suomalainen. Il naquit autour des années 1540, fit des études à Wittenberg et à Rostock, fut recteur du séminaire de Turku et pénitencier du chapitre cathédral de cette même ville. Il publia un petit catéchisme *(Cathechismus eli sen christilisen opin pää cappalet)*, un petit livre de prières *(Yxi vähä rucous kiria)* et un petit recueil de psaumes et de cantiques *(Yxi wähä suomenkielinen wirsikirja)* qui, suppose-t-on, a pu paraître en 1583. Sa langue est toujours aussi hétérogène que celle des autres auteurs de l'époque. Les formes élidées alternent avec les formes à finale vocalique (*Prophetail ia Apostolille* « aux prophètes et aux apôtres », *cocouxis/cocouxisa* « dans les assemblées », *muisa maacunnis* « dans d'autres provinces », *annetux* « pour (être) donné » / *leuitetyxi* « pour (être) répandu », etc.). Le groupe *ea* est traité en *ia* (*nopiamin* « plus vite » (Agricola a *nopiasta* « vite, rapidement ») ; le degré faible figure devant la diphtongue *oi* : *annoi* « (il) donna », *tadhoi* « (il) put », etc. ; le *-t* qui termine les formes de participe passé actif (en *-nut/-nyt*) est parfois amuï : *ollu* « été » (= *ollut*), *woin* « ayant pu » (= *voinut*) mais *saanut* « ayant obtenu, reçu », etc. On le voit, ce sont des phénomènes qui caractérisent tout aussi bien les textes d'Agricola.

Tous les témoignages que nous venons d'invoquer montrent, nous semble-t-il, que l'état de langue reflété par les publications successives d'Agricola se retrouve en gros dans les textes qui ont été rédigés par ses contemporains, que ceux-ci aient été un peu plus âgés ou passablement plus jeunes que lui. Nous avons affaire à ce parler de Turku auquel il a si expressément fait allusion dans la Préface au Nouveau Testament à laquelle il convient de se reporter toujours quand on veut apprécier la langue de l'époque. Mais ce qui est plus important, c'est qu'aucun progrès sensible ne puisse être découvert d'un texte à l'autre, d'un auteur à l'autre. C'est toujours la même inconsistance dans l'emploi des formes des mots, c'est la même variance dans la notation écrite, voire même dans la dérivation (Finno emploie côte à côte *aiatos* « pensée » et *aiatus* « id. », de même qu'il écrit sur la même ligne *oikea* « juste » et *selkiä* (= *selkeä*) « clair » avec une apparente désinvolture qui ne peut manquer de déconcerter le lecteur moderne. Tout se passe comme si ces hommes avaient eu en tête simultanément plusieurs jeux de formes et de graphies et ne s'étaient pas donné la peine de les départager. On aurait écrit sous l'effet de l'inspiration la plus capricieuse qu'on n'aurait pas écrit autrement. Une fois encore, cela rappelle le phénomène si souvent constaté de nos jours en français même dans les lettres écrites par des personnes peu sûres de leur orthographe et de leur langue.

C'est ce que confirment plusieurs autres documents des années qui suivent, en particulier l'instruction écrite adressée le 1er décembre 1584 par le roi Jean III au peuple de Finlande au sujet des relais de postes et des auberges. Nous y retrouvons les mêmes inconsistances graphiques (participes passés actifs *pitänedt* « tenu, ayant tenu » = *pitäneet* mais *tehned* « ayant fait » = *tehneet*), les mêmes variations morphologiques (*rual* « avec de la nourriture » mais *roan* « de la nourriture », *ielken* « après » = *jälkeen* / *ielkin* « id. » = *jälkiin*, *tahdomma* « nous voulons » / *tahdomme* « id. » et aussi *tahdoma*, *käskem* « nous ordonnons » / *käskemmä* « id. », *jyviä* « des grains » / *jyvitä* « id. », *miehi* « des hommes » / *miehit* « id. », *me* « nous » / *mö* (lire probablement *myö*) « id. », *wahti* « surveiller » (prononcer *vahtii*) (= *vahtia*) mais *watia* « exiger » (= *vaatia*), etc.). Les svécismes abondent comme il se doit. On tombera ainsi sur une tournure telle que *vlosköyhitelyx tulluet* « ayant été appauvris (suédois *utarma* « appauvrir », décalqué à partir des éléments *ulos* = suédois *ut* « vers le dehors » et *köyhittää* « appauvrir » (de *köyhä* « pauvre ») qui a été remplacé par le dérivé *köyhähdyttää* dans la langue moderne. Un autre document, la lettre adressée en avertissement au peuple de Finlande par le futur Charles IX en date du 2 octobre 1597, présente une langue similaire, où toutefois les désinences élidées sont plus fréquentes mais où apparaissent les mêmes particularités dialectales, celles qui sont propres aux parlers de l'extrême sud-ouest du pays. On y découvre toutefois quelques nouveautés par rapport aux documents antérieurs : le graphisme *-dz-* pour *-tz-*, la multiplication des formes où l'*-h-* s'est amuï et des 3es personnes d'impératif en *-koon*/*-köön* au lieu de *-kaan*/*-kään*.

Les écrits d'un autre contemporain : Maskun Hemminki ou Hemminki Maskulainen, né vers 1550 et mort en 1619, pasteur de son état, curé de Masku, près de Turku, reflètent par contre une nette inclination vers le dialecte de ce terroir. Ce sont essentiellement un petit recueil de cantiques (*Yxi wähä suomenkielinen wirsikirja* de 1605) et la traduction de la chronique latine des évêques de Turku : *Wanhain Suomen maan pijspain ja kircon esimiesten latinan kielised laulud* (de 1616). Nous rencontrons ici les diphtongues en *i* ouvertes en *e* : *vaeva* « peine » (= *vaiva*), *taevad* « les cieux » (= *taivaat*), *toevotan* « on espère » (= *toivotaan*), en *-u* ouvertes en *-o* *seora* « société » (= *seura*), etc. Parallèlement, les formes caractéristiques du sud-ouest abondent : *corkia* « haut » (= *korkea*), *tavoja* « des coutumes » (= *tapoja*), *tehdyjä* « faits » (= *tehtyjä*), etc. C'est de tous les monuments qui sont venus jusqu'à nous celui où s'affirme le plus nettement le dialecte en question. L'auteur s'est certainement alimenté dans son patois propre qui était celui de la paroisse de Masku et ceci confère à sa langue un peu plus d'homogénéité.

On a fait également grand cas d'un autre pasteur, mort en 1610, Liungo Thomae (Ljungo Tuomaanpoika) qui, à la différence des autres écrivains connus de la même époque, était originaire d'une contrée plus éloignée de Turku, plus exactement de l'Ostrobotnie. Il fut successivement curé de plusieurs paroisses sises au Nord de Vasa (Pyhäjoki, Saloiset, Kalajoki) et même archiprêtre de la Botnie septentrionale ou Pohjois-Pohjanmaa. C'est lui qui a donné la première traduction complète du code suédois de l'époque : « La loi de pays » (*landslag*, *maanlaki*, 1601) et la « loi municipale » (*Kaupungin laki*, 1609). Or, dans sa préface à la première de ces traductions, il proclame ouvertement son intention d'utiliser comme variété de finnois la langue de Turku et aussi celle de la « Botnie Orientale » *(itä pohia)*. A la vérité, sa variété de finnois ne diffère pas essentiellement des autres déjà utilisées. On y retrouve les mêmes discordances et les mêmes caractères généraux. Quel est alors l'apport de cette langue de la « Botnie orientale »? C'est ce qui n'apparaît pas trop dans les textes dont nous disposons et qui sont demeurés manuscrits, ce qui fait qu'ils n'ont guère exercé d'influence sur les contemporains ou même sur les successeurs.

Tout autre est l'importance d'un autre personnage qui a nom dans l'histoire de la littérature finnoise d'Eerik Sorolainen, plus exactement d'Ericus Erici. Né en 1545 à Laitila, entre Rauma et Turku, mort en 1625 dans cette dernière ville, il avait fait ses études à Rostock, cette université fondée en 1419, qui avait fini par supplanter Wittenberg comme centre théologique du luthéranisme nordique. Recteur du séminaire de Gävle en Suède, il avait été nommé évêque de Turku et appelé en 1602, croit-on, à présider la commission chargée de préparer l'édition complète de la Bible en langue finnoise. Il a publié en 1614 un catéchisme *(Catechismus eli christisen opin pääcappalet)*, un manuel de liturgie *(Käsikiria Jumalan palveluxesta ja christilisistä kircon menoista)* et une « postille » en deux parties (1621 et 1625).

La langue de ses écrits reflète en gros celle d'Agricola, mais en plus homogène dans ce sens que les formes propres aux dialectes du sud-ouest s'y affirment davantage (gémination de la consonne devant syllabe longue résultant d'une contraction : *kätteen* « dans la main », *hänen etteens* « devant lui », *iällens* (lire *jälleens*) « à nouveau », etc.), traitement en *ia* du groupe *ea* : *walkia* « feu » (= *valkea*), *coriasti* « joliment » (= *koreasti*), etc. Pourtant, les diphtongues en *-i* sont maintenues (*rucoili* « il pria ») et surtout, l'article, en particulier l'article indéfini *yxi* « un » (= *yksi*) est contamment employé à la suédoise de même que de nombreuses postpositions remplacent le cas approprié de la déclinaison, uniquement pour refléter plus fidèlement la tournure suédoise : *hänen lahians edestä* « pour ses dons » (suédois *för hans gåvor*), etc. Il est clair que dans ces conditions, ce prélat ne pouvait pas songer à modifier profondément l'allure de la langue de ce qui avait déjà été traduit de la Bible par Agricola (environ les deux cinquièmes). Il allait s'en tenir en gros aux mêmes principes et se résigner, peut-être inconsciemment, à laisser subsister les mêmes irrégularités et les mêmes inconséquences.

Il est généralement supposé que la commission réunie sous la présidence (également supposée) d'Eerik Sorolainen a entrepris de compléter la traduction de la Bible, c'est-à-dire des trois cinquièmes restants et que son mandat aurait également été de vérifier le texte de ce qu'Agricola en avait publié afin de le mettre au goût du jour et d'en corriger les erreurs tant du point de vue de la langue que de celui de l'exégèse luthérienne. La décision de constituer cette commission aurait été prise en 1602 et le travail aurait aussitôt commencé. Sa composition est connue. Y auraient siégé l'archiprêtre curé de la cathédrale de Turku Petrus Melartopaeus, le recteur du séminaire de Turku Marcus Helsingius, celui du séminaire de Viipuri Christian Bartolli, le curé de Turku Gregorius Teitti ainsi que trois chapelains de Turku, mais Bartolli mourut dès 1604, Melartopaeus partit pour la Suède, Helsingius décéda en 1609, Teitti en 1615, ce qui fait que Sorolainen demeura seul à accomplir cette tâche qui était au-dessus de ses forces. On suppose néanmoins (voir Martti Rapola, *Suomenkielinen proosa Ruotsin vallan aikana*, p. 88 et aussi *Suomen kirjallisuus II*, p. 140) que les choses auraient suffisamment avancé sous sa direction puisque le clergé de Turku aurait sollicité du roi de Suède la permission de fonder une imprimerie à Turku en vue de publier la Bible complète. On a fait également état d'une assertion d'un aumônier militaire, Carolus Pictorius, selon laquelle la Bible était déjà entièrement traduite en 1622 bien que non encore imprimée. On sait d'autre part que le successeur de Sorolainen sur le siège épiscopal de Turku, Isaac Rothovius, aurait distribué en 1627 des parties de la Bible à traduire entre plusieurs pasteurs et selon une déclaration de ce même prélat, le manuscrit de cette traduction aurait été prêt dès 1630. Ce qui obscurcit les choses, c'est que six ans plus tard, en 1636, l'Ordre du Clergé a demandé lors des États Généraux de 1636 que la traduction de la Bible en finnois fût confiée à des personnalités compétentes. C'est sous ces auspices que fut constituée une nouvelle commission en 1638, à la diligence de l'évêque Rothovius qui était Suédois et ne savait probablement pas le finnois. Elle eut pour président un Suédois, Aeschillus Petraeus qui fut bientôt nommé professeur de théologie à l'université créée à Turku en 1640. Nous avons relaté ailleurs (Histoire de la Finlande I, pp. 70-71) les circonstances qui ont entouré cet événement mémorable qui fut ressenti par les contemporains dans toute sa portée historique. Or Aeschillus Petraeus, dont nous venons de voir qu'il avait été nommé professeur de théologie, n'avait pas tardé a être élu recteur de la nouvelle institution dont le chancelier était, ex officio, l'évêque de Turku, en l'occurrence ce même Isaak Rothovius qui avait pris une si grande part à l'organisation des travaux de traduction de la Bible en finnois. Bien que Suédois de naissance et de formation, Aeschillus Petraeus avait appris le finnois et s'y était même tellement intéressé qu'il devait en rédiger une grammaire. Par ailleurs, il représentait la théologie, qui demeurait la science primordiale à laquelle toutes les autres disciplines étaient subordonnées, selon l'adage *philosophia theologiae ancilla.* Et puis, ce qui lui conférait à cette époque une particulière importance, c'est qu'il passait pour un excellent connaisseur des textes sacrés. Il était assisté par un autre universitaire, Martti Stodius, reconnu comme spécialiste des langues classiques et de l'hébreu, qui était natif de Turku et de langue finnoise, par le curé de Masku, Henrik Hoffman, natif de Masku, par le pasteur Gregorius Favorinus, curé de Piikkiö, paroisse située non loin de Turku. Ils étaient eux-mêmes aidés par deux assistants dont l'un parlait le dialecte du sud-ouest et l'autre celui du Häme. Le secrétariat et la révision générale incombaient à Jonas Raumannus, professeur au collège de Turku, dont le nom indique assez qu'il était originaire de la ville de Rauma, petit port qui se trouve à moins de cent kilomètres au nord-ouest de Turku, sur la côte du Golfe de Botnie. La commission avait reçu des instructions précises de la part du gouvernement royal.

Elle avait pour tâche de revoir les différentes traductions déjà exécutées çà et là, de relever les fautes et de les corriger.

Ce qui laisse supposer, comme l'indique justement Martti Rapola, que les traductions étaient déjà très avancées avant même la constitution de la commission, c'est que les travaux de celle-ci aboutirent en un temps record. L'impression put commencer dès l'automne 1640 chez Henrik Keyser, imprimeur à Stockholm. Elle fut terminée au début de 1642 et cet achèvement fut célébré par un Te Deum dans toutes les paroisses de Finlande le dernier dimanche de juillet de la même année. Les premiers exemplaires de luxe portèrent, avec le portrait de la reine Christine, un hommage ému de reconnaissance à celle qui avait accordé son patronage à l'entreprise qui venait d'être couronnée de succès. On y exaltait ses vertus et sa générosité. Ces exemplaires étaient vraiment imposants par leur dimension (in-folio), la qualité du papier, du caractère et de la présentation. Ils faisaient honneur à l'imprimerie suédoise du temps. Le contenu ne faisait pas moins honneur à ceux qui avaient assumé le soin de sa rédaction. Cette première traduction finnoise complète de la Bible était tirée à 1 200 exemplaires. Un premier tiers avait été relié plus ou moins luxueusement et généreusement distribué parmi les hautes personnalités du royaume sans regard pour l'utilisation qu'elles pourraient en faire car la plupart étaient incapables de lire le finnois. Les deux tiers restants furent détaillés feuille par feuille car le prix de l'ouvrage entier était si élevé qu'il équivalait pour l'époque à une véritable petite fortune. Rares étaient donc ceux qui pouvaient se le procurer en entier d'un seul coup. Sa vente, même détaillée, fut donc laborieuse et sa diffusion s'en ressentit. On peut dire que cette Bible de 1642, capitale dans les fastes de la langue finnoise, ne parvint qu'en un petit nombre de mains et ne fut lue que par un public très réduit.

Cet ouvrage cardinal, qui a dominé l'histoire de la langue finnoise mérite qu'on s'arrête à en examiner de plus près la langue. Son titre était *Biblia, Se on Coco Pyhä Ramattu* « La Bible ou l'Écriture Sainte entière ».

Une bonne fortune a fait qu'un exemplaire du Nouveau Testament d'Agricola a été récemment retrouvé dans un vieux château de Suède à Skokloster. On y a découvert qu'il portait de nombreuses corrections qui se sont avérées être de la plume de Henrik Hoffman, l'un des membres de la commission Aeschillus Petraeus. Martti Rapola, toujours infatigable, a pu ainsi donner un compte rendu détaillé de ce travail de correction opéré sur la traduction de l'Évangile selon Saint Mathieu par Agricola (Martti Rapola : Henrik Hoffman, *Puristinen Kielen korjaaja.* Suomi 110-3 ;

Helsinki 1963). Nous pouvons ainsi suivre les démarches par lesquelles l'un des réviseurs de la traduction de la Bible s'est appliqué à perfectionner le texte du premier grand traducteur. Mais toutes les corrections portées sur cet exemplaire n'ont pas été reproduites dans le texte définitif, ce qui confirme que celui-ci a été arrêté par la commission qui a jugé en dernier ressort de ce qu'il fallait imprimer. Malheureusement, nous ne savons rien de ce qui a pu se passer au sein de cette commission, ni comment elle a pris ses décisions. Mais l'essentiel n'est pas là, il réside dans le texte qui a été préféré et qui est parvenu jusqu'à nous. Or qu'y voyons-nous?

L'orthographe.

D'abord que la notation écrite a été simplifiée et régularisée.

C'est ainsi que nombre d'*e* figurant chez Agricola pour noter un *ä* ont été dûment remplacés par des *ä*. A dire vrai, les textes contemporains, surtout ceux qui nous sont parvenus sous forme de manuscrits, écrivaient déjà très souvent *ä*. Peut-être parce qu'ils n'étaient pas gênés par le manque de caractères *ä* qui a pu amener l'imprimeur des ouvrages d'Agricola à placer un *e* quand il manquait précisément de ce caractère. En tout cas, *ä* se trouve systématiquement généralisé, hormis quelques cas isolés où il se peut qu'on ait affaire simplement à des oublis lors de la correction du texte d'Agricola. On lit donc *pitä* pour *pite* (= *pitää*) « tient », *tämä* « celui-ci » pour *teme*, *hänelle* « pour lui, pour elle, à lui, à elle » pour *henelle*, etc.

Les notations *oo*, *o* font place partout à *uo*, soit que la prononciation de la diphtongue ait fini par s'imposer, soit que l'écriture *oo*, *o* (alternant avec de rares *uo*) ait déjà dissimulé la diphtongue *uo*. Mais cette notation avait commencé à se répandre avant 1642, notamment chez Hemminki, par exemple. Il en est de même d'*yö* au lieu d'*öö* et *öe* ou *ö*. On lit ainsi d'une part *huone* « maison » au lieu de *hoone*, *hone*, *juoma* « breuvage » pour *ioma*, *syödä* « manger » pour *söödhe*, *södhe*, *työtä* « du travail » pour *töte*, etc.

Pour ce qui est des consonnes, la gutturale sourde *k* est désormais signalée par trois graphies : *c* devant voyelle sombre : *canssa* « peuple », *tulcon* « qu'il vienne », *coconducon wesi* « que l'eau se rassemble », etc. Le *q*- disparaît devant *u* : *cuiwa* « sec », *cuin* « que » *(quiua, quin)*, etc. Le *k* qui demeure devant voyelle claire, n'est plus suivi d'un *i* ou *j* avant un *ä* ou un *ö* (graphie scandinave) : *kieuhe* est remplacé par *köyha* « pauvre », *kieudhen* « allant » par *käyden*, etc. Le -*kk*- géminé est régulièrement transcrit par -*ck*- :

caicki « tout, tous » au lieu de *caiki*, *lijckuwat* « ils bougent », etc. Le groupe *-ks-* est toujours noté *-x-* : *lihaxi* « en chair », *ruaxi* « comme nourriture, pour nourriture », *meiden cuwaxen* « à notre image », etc.

Le degré faible de *-k-* était indiqué par Agricola tantôt en employant *-gh-* tantôt en mettant simplement *-g-*. C'est ce dernier caractère qui est uniquement utilisé dans la Bible : *algusta* « à partir du commencement » mais cette notation est rarissime car le degré faible de *-k-* est désormais représenté soit par zéro soit par *-j-* ou par *-v-* selon les cas.

La première Bible présentait çà et là des notations en *th* qui indiquaient uniquement le *t*. Ce *th* a été biffé régulièrement dans celle de 1642. Pour ce qui est du degré faible de *-t-*, il est désormais noté par *-d-* et non plus par *dh* (à côté de *-d-*) (notation suédoise) : *wedet* « les eaux » contre *wedhet*, *pidimme* « nous tînmes » pour *pidhime*, etc.

Le *v*, qui était noté le plus souvent par *u* à côté de *w* et même *v*, est écrit *w* partout, à l'allemande et à la suédoise : *taiuas* « ciel » est remplacé par *taiwas*, *casuos* « ton visage » par *caswos*, etc. Le *tz* dont on estime généralement qu'il transcrivait une spirante dentale sourde géminée (θθ) est régulièrement noté cette fois par *dz* qui avait déjà fait son apparition chez les auteurs de la fin du XVIe siècle.

La grande insuffisance de cette transcription qui se voulait « orthographe » est qu'elle ne marque pas d'une manière satisfaisante la quantité des voyelles. Elle ne le fait pratiquement que dans le cas de l'*i* long (noté aujourd'hui *ii*) qui est écrit *ij* : *sijs* « ainsi » au lieu de *sis*, etc. Mais il convient de remarquer que cette notation était déjà très fréquente chez Agricola : *wijsas* « sage » (*wijsas* en 1642), *me kijtemme* « nous remercions » (1642 : *me kijtäm*), etc. Et puis, cette indication de la longue ne concerne le plus souvent que la syllabe initiale. C'est ce qui se passe en tout cas chez Agricola alors que la Bible de 1642 est sur ce point plus systématique. La voyelle de la 1re syllabe est mieux indiquée : *suu* « bouche » (au lieu de *sw*), *ja ei cuule* « ils n'entendent pas » (au lieu de *ia euet cwle*), *päälle* « sur » *(päle)*, *saarnaja* « prédicateur » *(sarnaija)*, etc. Mais cette notation ne concerne que les voyelles *aa*, *ää*, *uu*, *yy* et, dans les syllabes non initiales, il arrive que la longue soit notée de la même façon que la brève, c'est-à-dire par un seul caractère : *Algusa loi Jumala Taiwan ja Maan* répond à *Alghusa Jumala Loij Taiuaan ia Maan* « Au commencement Dieu créa le ciel et la terre » d'Agricola. Il apparaît que le précurseur a mieux noté la quantité que les membres de la Commission. De telles discordances surgissent constamment. Pourtant, on perçoit un certain effort de systématisation. Ainsi, l'illatif est indiqué le plus souvent par la longue : *erinomaiseen paickaan* « dans un endroit particulier » *(erinomaisen sijahan)*, *ihmiseen* « dans l'homme », *lännen puoleen* « vers l'ouest, du côté de l'ouest ». En revanche, la longue n'est pas indiquée dans un très grand nombre de cas où parfois elle était notée par Agricola : *mine annan teille Satheen* « je vous donnerai la pluie » est reproduit en 1642 sous la forme : *minä annan teille saten*, etc.

Par contre, les consonnes géminées sont indiquées régulièrement par deux caractères : *wähemmän* « plus petit » (gén. acc. sg.) au lieu de *wähemen*, *cuollet* « les morts » *(ne Cooluet)*, *hyljännet* « ayant abandonné » *(hylgenyet)*, etc.

Morphonologie.

Les règles « orthographiques » observées par les membres de la Commission révèlent que l'appareil morphonologique dont ils se servent n'est plus le même que celui de leur prédécesseur, ce qui n'a rien de surprenant puisqu'un siècle s'était écoulé entre temps. Ceci se fait sentir en particulier dans le traitement de l'alternance consonantique. En principe, l'alternance ancienne comprenait les oppositions suivantes :

p/*v*
t/*δ*
k/*γ*

Dans la Bible de 1642, elle n'est plus que l'appareil suivant :

p/*v*
t/*δ*
k/zéro, -*v*- ou -*j*-,

elle a donc perdu une partie de sa symétrie. Mais ceci est quelque peu fallacieux car on rencontre encore quelques cas où l'écriture porte un -*g*- dont il est difficile de dire s'il se prononçait encore en -*γ*- (*algusa* « au commencement », *sugut* « les générations », etc.) et d'autre part, les graphies *näimme* « nous vîmes » pour *nägime*, *jaoit* « ils partagèrent » pour *iaghoit*, etc. ne reflètent qu'une partie des notations rencontrées dans les textes d'Agricola, comme nous l'avons signalé plus haut. On peut donc dire que le traitement *k*/zéro (et accessoirement -*v*- et -*j*-) était déjà familier au traducteur du XVIe siècle. Les membres de la Commission n'ont fait qu'étendre ces formes en les substituant le plus souvent à celles qui maintenaient le -*γ*-. On ne peut donc pas dire que la langue d'Agricola pratiquait uniquement l'alternance consonantique de type archaïque, où le degré faible de -*k*- était toujours -*γ*-.

C'est un peu aussi ce qu'on observe en ce qui concerne la répartition du degré faible. On sait qu'Agricola l'employait souvent devant la désinence possessive mais, comme le fait remarquer Martti Rapola (*op. cit.*, p. 43), Henrik Hoffman remplace partout le degré faible par le degré fort : *hänen wäkens* « sa force » pour *henen wäens*, *näköns* « sa vue » pour *henen nägöns* « id. », etc. Toutefois, nous avions relevé déjà chez Agricola ces emplois de la désinence possessive avec le degré fort, emplois qui se sont généralisés par la suite jusqu'à devenir désormais les seuls tolérés. Le seul changement intervenu est donc la préférence donnée aux formes possessivées comportant le degré fort. Encore convient-il d'ajouter que des cas d'emploi du degré faible se constatent çà et là. Il en est de même en ce qui concerne la présence du degré faible devant une diphtongue en -*i*. Il semble que la tendance ait été d'employer le degré fort mais les cas où figure le degré faible sont encore assez nombreux.

Le phonème noté par Agricola tantôt *ch*, tantôt *h* et même parfois *c* (devant *t*) est uniformément écrit *h* : *tehkäm* « faisons » (pour *techkenme*), *Echtosta* « du soir » passe à *ehtosta*, *ia se tapactui nijn* « et il advint ainsi » à *ja tapahtui nijn*, etc.

Plus généralement l'-*h*- intervocalique a disparu dans le texte arrêté par la Commission et l'on a affaire à une contraction dont il y a lieu de penser qu'elle avait déjà abouti à une longue puisque dans certains cas la nouvelle graphie ne présente qu'un caractère : *sywään mutaan* « dans une profonde boue » *(syuehen Mutahan)*, *sywijn wesijn* « dans de profondes eaux » *(syuihin Wäsihin)*, *minuun* « en moi » *(minuhun)*, *taiwaast* « (du haut) du ciel » *(Taiuahast)*, *olcon* « qu'il soit » (et *olcoon* « id. ») *(olcohon)*.

Ce qui caractérisait bien des partitifs et des infinitifs I brefs de la première bible était le phénomène de contraction qui avait produit en finale des longues résultant de l'assimilation de la voyelle brève finale par la voyelle brève qui précédait. Ainsi un mot qui, dans la langue d'aujourd'hui a la forme *korkea* « haut, élevé » est noté *korke* (lire *korkee*) et on lit *ychte hetke* « (pas) un seul instant » (= *hetkeä*, partitif sg. de *hetki*, thème *hetke*-), *serke* « briser » (= *särkeä*), *oxi* « des branches » (= *oksia* d'*oksa* « branche »), *site opii* « la doctrine » (*sitä oppia*, part. sg. d'*oppi* « doctrine, enseignement »), etc. La Bible de 1642 rétablit très souvent la voyelle disparue, ce qui donne à la forme en question son aspect d'aujourd'hui : *lapsia* « des enfants », *minä olen syndiä tehnyt* « j'ai commis un péché » (*syndi* = *synti* « péché »), *sanoa* « dire », etc. Mais une fois de plus il faut rappeler que le texte d'Agricola présente aussi des formes pleines à côté des formes contractées, de telle sorte qu'ici encore, l'œuvre de la Commission a consisté à faire un choix entre deux solutions possibles mais il est symptomatique de ses intentions qu'elle ait choisi le maintien de la voyelle brève finale. Pour le cas des mots en *-ea/-eä*, son choix a été autre, elle a préféré les formes en *-ia/-iä* : *corkia* « haut », *nopiasti* « rapidement », *oikialle* « vers la droite, à droite », etc., or ces formes sont teintées de dialectalisme. Autre dialectalisme, c'est l'abrègement de la voyelle longue devant *h* et *s* fermant la syllabe : *nosnut* « étant monté » (= *nousnut*), *hahdet* « vaisseaux » (= *haahdet*), *pyhki* « il essuya » (= *pyyhki*), etc. mais ces phénomènes se trouvent chez Agricola également. Par contre, à part quelques rares exceptions, la Bible de 1642 a été dépouillée des dialectalismes qui consistaient à ouvrir l'*i* en *-e* des diphtongues en *i* : *paewa* « jour », *waewa* « peine », *rucoelen* « je prie », etc. dont on rencontre quelques spécimens isolés dans la première traduction.

Un autre trait, apparu déjà avant Agricola, était l'élision de la voyelle brève finale des mots élargis de certains suffixes à terminaison vocalique. Dans la première traduction de la Bible, de même que dans les écrits liturgiques, ces phénomènes sont nombreux et se présentent dans une apparente confusion, comme nous l'avons fait remarquer en décrivant la langue d'Agricola et de ses contemporains comme aussi de ses successeurs immédiats. Or cette confusion s'est perpétuée dans la traduction complète de 1642 avec toutefois une tendance marquée à rétablir la voyelle élidée dans un nombre appréciable de cas. Une rapide confrontation des textes le fait aussitôt apparaître, cependant que l'effort n'est pas aussi grand dans ce sens qu'on serait tenté de le supposer au premier abord. Par exemple, les substantifs et adjectifs déclinés au cas adessif (*-lla/-llä*) sont presque toujours terminés vocaliquement : *surulla* « avec de la peine, du chagrin », *maalla* « dans le pays », *lakeudella* « dans la plaine », *suurella rohkeudella* « avec un grand courage », *ihmisellä* « à l'homme, auprès de l'homme », *ravalla* « de siliquis » (Luc XV, 16), etc. Il en est de même pour ce qui est de l'allatif (*-lle*) mais ici se pose une question qui est de savoir si la voyelle *e* n'a pas été protégée de l'élision par la présence d'une séquelle de l'*-n* qui terminait cette désinence casuelle originellement. En l'absence de toute marque écrite, on ne peut que formuler une conjecture. Il se pourrait que les finales du suffixe casuel d'allatif aient connu une sorte d'occlusive glottale en toutes positions.

Un autre cas est généralement rétabli avec sa finale vocalique, c'est le cas essif (*-na/-nä*) dont la voyelle est si souvent élidée chez Agricola : *colmandena päiwänä* pour *colmandena peiuen*, *taambana*

« plus loin » (derrière) pour *tamban* (mais Agricola a aussi la forme pleine). Isolément, on rencontre des formes élidées : *tänäpän* « aujourd'hui » mais dans l'ensemble la voyelle est conservée. Il en est de même pour le translatif (*-ksi*), ce qui n'est pas une novation par rapport à Agricola mais s'oppose à l'usage de certains clercs postérieurs comme Jacobus Finno, par exemple. Par contre, l'inessif (*-ssa*/*-ssä*) est souvent réduit à *-s* et quand il apparaît plein, c'est sous la graphie *-sa*/*-sä*, qui suppose, admet-on, que la prononciation de la sifflante a été simple, ce qui caractérise les parlers occidentaux. On trouve même de nombreuses élisions là où Agricola avait la forme correspondante pleine : *meres* « dans la mer » (*merese* et *meresse*), *täsä sias* « en ce lieu » (*tesse sijassa*), etc. La graphie *-ss-* disparaît par contre complètement. La situation n'est guère différente pour l'élatif (*-sta*/*-stä*). A côté de la forme pleine : *sijtä ajasta* « depuis le temps » on rencontre *sijtä päiwäst* « depuis ce jour », *colmannest toistakymmenest... wuodesta* « depuis la treizième année », *waate Camelin carwoist* « un vêtement en poils de chameau », *muutamat Pappein lapsist* « plusieurs des enfants des prêtres », *cosca hän medzäst tule cotia* « quand il revient du bois », etc.

L'une des élisions les plus fréquentes est celle de la voyelle finale de la désinence possessive de 3e personne en *-nsa*/*-nsä* : *hänen kylkiluistans* « de ses côtes », *ajallans* « en son temps » (Agricola : *aiallansa*), *heidän apuns ja kilpens* « leur secours et leur bouclier » (Agricola : *heiden Apunsa ia Kilpense*), *sydämeens* « dans leur cœur » (Agricola : *sydhemehens*!), *hänen elämäns* « sa vie » *(heiden Elemensa)*, *hänen loppuns* « sa fin » *(heiden Lopunsa)*, etc. On peut même ériger en règle que c'est la forme élidée qui a été jugée la seule correcte par les membres de la Commission. C'est aussi la forme élidée qui se trouve utilisée régulièrement pour marquer la désinence possessive de 2e personne du singulier : *odzas* « ton front » (au partitif singulier : *sinun caswoas* « ton visage », tout comme dans Agricola : *sinun Casuoas*), *palwelialdas* « de la part de ton serviteur » (ablatif sg.) qui répond à *sinun paluuelialdas* d'Agricola), *sinun suusas* « dans ta bouche », *jocu sinun weljistäs* « l'un de tes frères », *sinun Jumalas* « ton Dieu », etc.

Il semble que la voyelle qui suivait un *-s-* ait été particulièrement sujette à élision car après les désinences possessives de 3e personne et de 2e personne du singulier et de nombreux cas d'élision de l'inessif, on constate aussi l'élision générale de l'*-i* final de la 3e personne du singulier du conditionnel : *olis* « serait », *pidäis* « devrait », *et rohkeis* « tu n'oserais pas », *lewäis* « se reposerait », *näkis* « verrait », etc. Bien mieux, les verbes contractes, qui forment encore aujourd'hui leur 3e personne du singulier du prétérit en *-si*, se présentent régulièrement sous la forme *-is* qui semble issue d'une métathèse *wastais* « il répondit », *siunais* « il bénit », *lupais* « il promit » alors que la première traduction de la Bible portait *wastasi* « il répondit », etc. Il en résulte, pour ces verbes et d'autres qui leur ont été assimilés, une confusion entre le prétérit et le conditionnel, qui ne pouvait guère servir la clarté de l'expression.

La Commission Aeschillus Petraeus n'a donc pas su concevoir une règle générale pour ce qui était du sort de la voyelle finale des mots élargis de suffixes et de désinences. Tantôt elle a tenu à la conserver, tantôt elle l'a résolument abolie, dans d'autres cas elle a laissé subsister les flottements constatés dans les monuments écrits de la langue de l'époque qui avait précédé.

Morphologie.

Les mêmes hésitations et les mêmes flottements se constatent aussi dans le domaine de la morphologie proprement dite. C'est ainsi que l'on voit se développer l'usage du thème vocalique aux dépens du thème consonantique si fréquemment utilisé chez Agricola où il engendre souvent des phénomènes d'assimilation. A côté de *toisna* « étant autre » *(tois-na)* on rencontre *toisena* comme à côté de *ensimäisnä*, *ensimaisenä* « en premier » et *wijsana* « étant sage » contre *wijsasna*, etc. Néanmoins de nombreuses formes se perpétuent qui ont disparu par la suite : *löytän* « on trouve » (= *löydetään*), etc.

Dans le même ordre d'idée, on assiste à une sorte de réaménagement de la déclinaison. Le génitif pluriel en *-in* est préféré aux formes en *-den* encore assez courantes chez Agricola : *astiain* « des récipients » (Agricola : *astioiden*), *poicain* « des fils », *pilwein* « des nuages », *wanhembain* « des parents, des ancêtres » (Agricola aussi), *caickein* « de tous, toutes » (Agricola *caikedhen* et *caikein*, Marc IX, 35) mais on tombe de temps en temps sur des formes qui résultent de contaminations diverses : *paimenitten* « des pâtres » (à côté de *paimendes* « de tes pâtres »), *eläwitten seas* « parmi les vivants » (on attendrait *eläväin*!), *heidän epäjumalittens cuwat* « les images de leurs idoles », etc., de telle sorte que la régularisation n'a pas été poussée jusque dans les derniers détails. Il en est de même des partitifs où l'on semble s'être donné pour règle de rétablir après syllabe accentuée la désinence *-ta/-tä* : *ystäwätä* « ami », *cunniata* « de l'honneur », *caupungita* « ville », *Jumalata* « Dieu » (à côté de *Jumalat* où il y a élision de la voyelle suffixale). On trouve de même au pluriel *ihanita wesoja* « des sarments superbes », *syndisitä* « des pécheurs », etc. Mais l'incohérence n'en est pas pour autant supprimée car on relève des constructions telles que *joiden*

« desquels » (Agricola présente *ioinenga*) à côté de *joinen*. Les génitifs pluriels en *-itten* se multiplient : *palvelioitten* « des serviteurs » à côté de *palwelijain*, *wäkewitten* « des forts » à côté de *wäkewäin*, *pacanoitten* « des païens », à côté de *pacanain*, *epäjumalitten* « des idoles », *camaritten* « des chambres », etc.

A l'illatif, c'est la voyelle longue qui est généralisée, la plupart du temps non indiquée par la graphie. On trouve donc *-ijn* au pluriel : *käsijn* « dans les mains », *corwijn* « dans les déserts » (au singulier *corpen* et *käten* ou *käteen*), etc. Mais de temps en temps, on tombe sur une forme plus archaïque en *-h-* : *cartanohon* « dans le manoir », *pilwihin* « dans les nuages », *kylihin* « dans les villages », etc.

Les désinences possessives ont été dans l'ensemble quelque peu simplifiées. Comme nous venons de le dire, la désinence de 2e personne du singulier est presque uniquement *-s* (= *-si*). Au pluriel en revanche, on rencontre soit *-nne*, tout comme aujourd'hui, soit *-n* (dans ce cas toujours précédé par le pronom personnel au génitif pluriel *teidän* « de vous » : *teidän Jumalanne* « votre Dieu » (mais aussi *teidän Jumalan*), *teidän päällen* « sur vous » (mais aussi *teidän päällenne*), etc. De la sorte, les substantifs possessivés de 1re personne du sg. et ceux de 2e pers. pl. ont même forme : *minun poican* « mon fils », *teidän lapsen* « votre enfant » (et aussi « vos enfants »). Pourtant, ces formes de 1re personne du sg. en *-n* côtoient des désinences pleines en *-ni* : *minun poicani* « mon fils », mais très souvent les désinences en *-ni* affectent des pluriels ou des génitifs sg. *minun rackan poicani* « de mon cher fils », *minun wiholliseni* « mes ennemis », *minun silmäni cadzowat händä* « mes yeux le regardent », etc. On a le contraste entre *minun Herrani cansa* « avec mon Seigneur » (génitif sg.) et *minun Herran* « mon Seigneur » (nominatif sg.). Pourtant, trop d'exceptions sont constatées pour qu'on puisse formuler une règle sur ce point : *minun käteni* « ma main », *minun huoneni* « ma maison », etc. Quant à la 1re personne de pluriel, elle apparaît sous deux formes, la longue en *-mme* et la brève en *-m* : *meidän Jumalamme palwelijat* « les serviteurs de notre Dieu », *meidän Jumalam edes* « par-devant notre Dieu », *meidän Isäim Jumala* « le Dieu de nos pères », etc. Ici, les formes brèves et les formes longues sont utilisées dans les mêmes conditions. Leur répartition n'est donc pas complémentaire mais dépend de causes qui nous échappent, du moins dans l'état actuel de nos connaissances. Pour ce qui est des 3es personnes possessivées, nous avons déjà dit qu'elles sont presque partout élidées en *-ns*.

Ce qui frappe tout de suite dans la conjugaison, c'est la totale disparition des 3es personnes du singulier en *-pi* au présent de l'indicatif. Partout, la terminaison est indiquée par une voyelle qui a dû se prononcer longue mais que la graphie n'indique pas comme telle : *tule* « vient », *pitä* « tient », *wallidze* « domine », *sano* « dit », *ylösnouse* « ressuscite », etc. La 1re personne du singulier ne fait pas difficulté, elle est marquée par la désinence *-n* comme précédemment mais la 1re du pluriel se présente, elle, sous deux formes, l'une longue et l'autre abrégée : *me olemme* « nous sommes / *me olem*, *me menemme* « nous allons » / *me menem*, *me sanoimme* « nous disions » / *me sanoim*, etc. De la sorte, la désinence en question est toujours homophone de celle du suffixe de possessivation correspondant. Mais il coexiste avec ces deux formes une autre désinence, pleine, qui a été « harmonisée » (*-mma/-mmä*) au vocalisme du verbe : *käskemmä* « nous ordonnons », *sanomma* « nous disons », etc. Le même état de chose est présenté par les désinences de 2e personnes du pluriel qui sont désormais longues, soit en *-tte* soit en *-tta/-ttä* : *näette* « vous voyez » / *näettä*, *saatte* « vous obtiendrez » / *saatta*, *olette* « vous êtes » / *oletta*, etc. Il arrive que les deux types de désinences se succèdent dans une même séquence : *cuuletta ja pidätte* « vous entendrez et vous tiendrez ».

Les quelques faits que nous venons de passer en revue rapidement révèlent que la normalisation n'a pas été poussée jusqu'au bout. C'est ce qui ressort d'autre part de l'étude des corrections portées par Henrik Hoffman sur son exemplaire du Nouveau Testament d'Agricola. Le texte final sur lequel s'était mise d'accord la commission Petraeus comporte moins d'inconséquences graphiques et une moins grande diversité de formes mais il est loin d'être homogène. A chaque page, on tombe sur des variantes qui viennent déranger l'homogénéité dont on pouvait supposer qu'elle avait été l'objectif des éditeurs de la Bible de 1642. Un rapide coup d'œil en convainc. C'est ainsi qu'en principe, les commissaires semblaient avoir choisi la forme en *-ia* des finales en *-ea*. On lit ainsi *corkia* « haut, élevé » mais on rencontre sporadiquement aussi *corke* « id. » (lire *korkee*, qui répond au *korkea* d'aujourd'hui). Dans ce même ordre d'idée, on trouve des partitifs singuliers en *henge* « de l'esprit » (= *henkeä*) *hetke* « du moment » (= *hetkeä*), *neuwo* « du conseil » (= *neuvoa*), etc., des infinitifs I brefs en *lähte* (lire *lähtee* = *lähteä*), *särke* « briser » (= *särkeä*, *serke* dans le texte correspondant d'Agricola), *walwo* « veiller » (= *valvoa*), etc. Un certain désordre s'observe en ce qui concerne l'application de l'alternance consonantique devant les diphtongues en *-i* : *tahtoi* « il voulut » à côté de *tahdoi* « id. », *tapahtui* « il advint » à côté de *tapahdui* « id. » mais *nuckui* « il dormit », *andoi* « il donna », etc. Ce même comportement contradictoire apparaît dans le conditionnel : *annais* « il donnerait », *annaisitta* « vous donneriez », *asetais* « il placerait », *pidäis* « il faudrait », *pidäisit* « ils devraient », *kirotais* « il maudirait », *täydyis* « il faudrait » mais *andaisin* « je donnerais », *ottais* « il prendrait », *lackais* « il cesserait » de même que *tekis* « il ferait », *näkis* « il verrait », *jättäis* « il abandonnerait », *unhottais* « il oublierait », etc. A quelques lignes d'intervalle, on voit s'opposer *cuolleista* « des morts » à *cuolluista* « id. », *nopiast* « rapidement » et *nopiasti* « id. », *jumalain* « des dieux », *jumalitten* « id. », *jumalden* « id. », etc.

Une partie de ces inconséquences provient sans doute d'une révision imparfaite. On relève ainsi que la forme *tahdoi* « il voulut » mentionnée ci-dessus, qui détonne dans le contexte de la nouvelle Bible, est celle qui figure dans le passage correspondant d'Agricola (Marc VI, 48-49). De même le *serke* « briser » d'Agricola (Marc XIV, 58) se retrouve tel quel dans le texte de 1642 sous la graphie « normalisée » de *särke*. Il y aurait lieu d'instituer toute une recherche philologique pour repérer ces « oublis » alors que dans d'autres cas la correction a été exécutée de bout en bout, notamment pour ce qui est des formes pronominales. Les pronoms personnels en *hyö* « ils », *myö* « nous », *työ* « vous » ont été soigneusement remplacés par *he*, *me*, *te*. De même, les accusatifs pluriels en *-t* du type *heijät*, *heidät* ont fait place à *heidän*, etc. Il serait intéressant de regarder de plus près sur quels points les « oublis » se sont produits car il se peut qu'il s'agisse de formes dialectales familières aux membres de la Commission ou plus particulièrement au secrétaire Raumannus dont on sait qu'il avait pour langue maternelle une forme très circonscrite de dialecte du sud-ouest de la Finlande. Ces détails ne sauraient être étudiés davantage ici et l'on renverra le lecteur aux travaux de Martti Rapola, notamment sur ce qu'il nous a appris du comportement de Henrik Hoffman, qui était l'un des membres de la Commission.

La syntaxe.

Tous les historiens de la langue finnoise s'accordent pour estimer que la Bible de 1642 se distingue de ce qu'avait produit Agricola par la plus grande correction des constructions de phrase. Ce serait surtout en matière de syntaxe que la Commission aurait redressé la situation en éliminant bon nombre de xénismes, tant latinismes que svécismes et allémanismes.

Une première pierre d'achoppement a été l'emploi par Agricola et ses contemporains ou ses émules de syntagmes postpositionnels (et même parfois prépositionnels) alors que l'usage finnois aurait exigé d'utiliser simplement un cas déterminé de la déclinaison. On trouve ainsi *corkialle wuorelle* « sur une montagne élevée » à la place de *corkian wooren päle* ; *mene sinun camaris sisel* « va dans ta chambre » est remplacé par *mene camarijs*, *he pidhit henen Prophetan edhest* par *he pidhit hänen Prophetana* « ils le prirent pour un Prophète » (*edestä* traduisait le suédois *för* ou l'allemand *für* pour rendre *sicut prophetam eum habebant* de Mathieu XIV, 5). De même, *tuskan cansa* « avec peine » est remplacé par *surulla* « avec chagrin », *sieluni tyge* « à mon âme » par le partitif singulier *sieluani*, *heiden ylitzens* « sur eux » par *heille* « à eux », allatif pluriel à acception de datif, etc. Mais force est tout de même de constater que ces corrections n'ont pas éliminé tous les emplois indus de ces syntagmes postpositionnels décalqués du suédois surtout, de l'allemand et aussi du latin. C'est ainsi que *super* se trouve encore souvent traduit par *päälle* ou *päällä* qui s'est depuis spécialisé dans l'acception « au-dessus ». Et le *per* du latin est encore régulièrement rendu par *cautta* « par, à travers » (= *kautta*) : *prophetan cautta* « par le prophète » mais ce même *cautta* rend aussi le latin *in* dans *minun nimeni cautta* = *in nomine meo* (Marc XVI, 17), par exemple, tandis que dans d'autres passages, c'est le cas qui a été changé : *meiden Cuuasa* « à notre image » (inessif sg.) est devenu *meidän cuwaxem* « en notre image » (translatif sg.). Mais ce genre de retouche a parfois déjà été opéré par Agricola lui-même. Ainsi, Martti Rapola montre que Henrik Hoffman (*op. cit.*, p. 78) a corrigé *nijlle peiwile* « in illis diebus » (Mathieu, XXIV, 19), en *nijnä päiwinä* (essif pluriel) mais une pareille correction avait déjà figuré dans la traduction par Agricola de l'évangile selon Saint Marc (XIII, 17) où l'on lit : *niine peiuine* (= *niinä päivinä*). Il arrive aussi qu'une postposition ait fait place à une autre : *Inhimisen tyge* « envers l'homme » > *ihmisen eteen* « devant l'homme » (qui est un svécisme!), etc. Ici non plus, la « normalisation » n'est ni complète ni systématique.

Un autre problème important était celui posé par l'article, aussi bien défini qu'indéfini. Il est indubitable que les commissaires réunis sous la présidence d'Aeschillus Petraeus ont désiré extirper les premières implantations de l'article dans l'usage écrit de la langue. Ce qui pouvait les y aider, c'était que le latin ne possédait pas d'article. En s'y reportant, on pouvait s'affranchir du modèle suédois ou allemand. Mais les instructions reçues exigeaient qu'on s'alignât sur la bible de Luther, tout au moins pour ce qui était de l'interprétation du texte original et cette obligation a pu contribuer au maintien de l'article çà et là. On trouve donc *eläwä* « le vivant » au lieu de *se Eleue*, *wanhurscas* « le juste » en face de *ne Wanhurscat* « les justes », *hiljaisuteen* « dans le silence » pour *sihen hiliasutehen*, *kylään* « dans le village » pour *sihen kylen*, *sen ylimeisen papin tyge* « chez le prince des prêtres » est remplacé par le simple :

ylimmäisen papin tygö, etc. Parallèlement *yxi apu* « une aide » est changé en *apu* « aide », etc. Mais il arrive là aussi que l'article incriminé ait été conservé, peut-être par inadvertance. C'est ainsi que l'on relève (Marc V, 25) *Ia yxi waimo joca oli sairastanut punaist tautia caxitoistakymmendä ajast aica... Et mulier, quae erat in profluvio sanguinis annis duodecim* qui a gardé l'article indéfini *yxi* figurait chez Agricola *(ibid.)* alors pourtant que le passage correspondant de Saint Mathieu ne le comporte pas : *Ia cadzo, waimo joca oli caxitoistakymmendä ajastaica punaista tautia... Et ecce mulier, quae sanguinis fluxum patiebatur duodecim annis...* Pourtant et le texte suédois *(een quinna)* et le texte allemand *(ein Weib)* incitaient à employer ici l'article indéfini. Les réviseurs ont éprouvé parfois de l'embarras, comme le dénonce judicieusement Martti Rapola (*op. cit.*, p. 59), qui signale que Henrik Hoffman, devant le texte d'Agricola (Mathieu XXVI, 7) : *accessit ad eum mulier habens alabastrum unguenti pretiosi* rendu par *edheskeui yxi waimo henen tygens iolla oli yxi Clasi callist woideet...* avait biffé les deux articles indéfinis *yxi* puis s'était ravisé et avait rétabli le premier : *yxi waimo* « mulier », solution qui a prévalu dans le texte de 1642 qui se lit : *Tuli yxi waimo hänen tygöns, jolla oli Clasi callist woidet...* Cet embarras avait déjà été celui d'Agricola car nous lisons par exemple : *Se Taiuas ombi coconans Herran, Mutta Maan hen on Inhimisten Lapsille andanut* (Ps. 115). « Le ciel appartient entièrement au Seigneur mais la terre, il l'a donnée aux enfants des hommes. » Le ciel est exprimé par *se Taiuas* mais la terre est simplement *Maan*, génitif-accusatif de *maa*. Nous avons rendu le passage en français en recourant dans les deux cas à l'article défini car nous avons affaire à deux concepts définis. En finnois, la Bible de 1642 porte : *Taiwas on coconans Herran, mutta maan on hän ihmisten lapsille andanut.* Les deux substantifs *taivas* « ciel » et *maa* « terre » figurent sans article. Les réviseurs ont donc estimé que la présence d'un article était superflue et il y avait à cela des raisons d'ordre structural. L'opposition nominatif/partitif peut dans une certaine mesure être exploitée pour distinguer le défini (nominatif) de l'indéfini (partitif) et cette même possibilité se retrouve pour ce qui est du complément d'objet. Or Agricola a été apparemment plus assuré d'exprimer le défini en employant l'objet au cas génitif-accusatif (objet dit total) qu'il ne l'a été devant le cas sujet. Une autre contradiction du même genre apparaît dans le texte de la Genèse où nous lisons d'une part : *Ja tuli Echtosta, ia amusta ensimeinen peiue* « Et le soir et le matin firent le premier jour » où *ensimäinen päivä* « premier » jour n'est pas précédé de l'article alors que nous lisons ensuite : *se toinen peiue* « le second jour » et successivement *se Colmas* « le troisième », *se Nelies* « le quatrième », etc. La Bible de 1642 ne présente plus du tout d'article, ce qui est conforme à l'usage actuel. Mais il se peut que l'usage suédois ait ici inspiré Agricola car le mot *först* « premier » apparaît dans nombre de clichés sans être précédé par l'article *den/det/de*, ce qui fait que l'absence d'article devant *ensimmäinen* dans la traduction d'Agricola ne s'explique pas nécessairement par l'observance d'une règle proprement finnoise, mais peut-être par une particularité du suédois! Quoi qu'il en soit il est évident que la nouvelle traduction ne contient qu'un petit nombre d'emplois de l'article défini ou indéfini.

Il a été d'autre part reproché à Agricola, comme à ses émules, d'avoir employé à tort et à travers le démonstratif anaphorique *se* en fonction de sujet « neutre » du verbe dans des locutions telles que : *Ja se tapachtui nijn* « Et il en advint ainsi » qui a été remplacé en 1642 par *Ja tapachtui nijn*. De même la tournure : *Ja Jumala näki, ette se oli hyue* « Et Dieu vit que c'était bien » a été remplacée par *Ja Jumala näki sen hyväxi* qui est d'un finnois impeccable (littéralement : « Dieu vit cela devenu bien »). Martti Rapola a montré (*op. cit.*, p. 60) qu'Agricola avait rendu le latin *non est bonum sumere panem filiorum...* (Mathieu XV, 26) par *Ei ole se souelias otta lastein leipe...* où le *se* représente le *thet* de la bible suédoise (aujourd'hui *det*) et l'*es ist nicht fein* de Luther, et que Henrik Hoffman l'avait corrigé en *Ei olle souelias, otta lasten leipä* (en 1642 : *ei ole sowelias, otta lasten leipä*). Ce même énoncé a été traduit : *Ei ole kaunista ottaa leipää lasten suusta...* par Pentti Saarikoski, *Evangeliumi Matteuksen mukaan* p. 64). Cependant, le titre même de l'édition de la Bible de 1642 est le suivant *Biblia* : Se *on Coco Pyhä Ramattu Suomexi* « La Bible, c'est-à-dire l'Écriture Sainte entière en finnois ». Ce *se on* « c'est » avec son *se* à travers lequel il n'est pas difficile de lire le *det* du suédois est assez symptomatique. Il dénonce que les efforts de purification entrepris pour nettoyer la langue des tournures étrangères qui la défiguraient n'ont eu qu'un succès partiel.

Ce demi-résultat apparaît encore plus contestable en ce qui concerne l'emploi des pronoms personnels antéposés au génitif pour indiquer la possession. Le plus souvent Agricola combine le pronom et la désinence possessive : *minun nimeni cautta* « par (en) mon nom » (*minun* « de moi »+*-ni* « mon, ma, mes »), *sinun Elin aicanas* « durant ta vie » (*sinun* « de toi »+*-s* « ton, ta, tes »), etc. En face, les réviseurs ont seulement laissé subsister : *elinaicanas*, de même qu'on lit d'une part dans le Nouveau Testament de 1548 : *Sentedhen pitepi inhimisen ylenandaman henen isens ia eitens ia pite waimoonsa kiinitarttuman...* (Marc X, 7-8), *Propter hoc relinquet homo patrem suum, et matrem, et adhaerebit ad uxorem* *suam*, et d'autre part en 1642 : *Sentähden pitä ihmisen eriämän Isästäns ja äitistäns, ja pitä idzens waimoons yhdistämään...* L'emploi du génitif *henen* (= *hänen*) « de lui, d'elle » surprend d'autant plus chez Agricola que le finnois utilise naturellement la désinence *-nsa/-nsä* « son, sa, ses, leur, leurs » dans l'acception d'un possessif réfléchi. Et cet usage s'est imposé pour ainsi dire malgré lui dans le texte ci-dessus quand il a écrit *waimoons* pour rendre *ad uxorem suam*. La désinence *-ns* suffisait ici pour rendre *suam*. C'est pourquoi le *henen* qui précède *isens* pour *patrem suum* est d'autant plus choquant. On s'explique assez bien que les réviseurs se soient efforcés d'éliminer ces tournures, surtout quand il s'agissait de substantifs possessivés se rapportant au sujet de la proposition, comme c'était le cas ci-dessus. Et pourtant, ces mêmes réviseurs ont laissé « passer » un nombre considérable de « fautes » : *minun nimeni cautta* « in nomine meo » reproduit tel quel le texte d'Agricola de même que *teidän jalcain alla* « sous vos pieds » *(de pedibus vestris)* (Agricola : *teiden ialcain alla*), etc. Bien mieux, il arrive même qu'on voie surgir un pronom antéposé là où Agricola n'en avait pas utilisé : *minun hamast nuorudestani* (Marc X, 20), *a iuventute mea* alors que le prédécesseur avait écrit seulement *hamast norudhestani*!

Une autre pierre de scandale était le pullulement des verbes composés à particule antéposée inséparable dont nous avons signalé plus haut la fréquence chez tous les écrivains du XVIe siècle. La Bible de 1642 a été dépouillée d'une partie de ces formes. Un premier procédé, a été de leur substituer le verbe simple : *toit* « ils amenèrent » pour *edhestoit* (qui traduit ici *offerentibus*). Mais Agricola avait dans le même passage (Marc X, 13) commencé par traduire *offerebant* par le simple *he toit* « ils amenèrent ». On a de même : *ia lapset ylescarckauat wanhembitans wastan* (*et consurgent filii in parentes*, Marc XIII, 12) qui a laissé place à *ja lapset carcawat wanhembitans wastan* mais un peu avant, dans le même verset, on peut lire chez Agricola : *Nin ombi welii weljens ylenandaua colemahan (Tradet autem frater fratrem in mortem)* que reproduit servilement le texte de 1642 : *Nijn on weli ylönandawa weljens cuolemaan...* En revanche, nous lisons dans le Nouveau Testament de 1548 : *nin he uloslexit ia tahdoit henen kiiniotta* (*exierunt tenere eum*, Marc III, 21) qui est remplacé en 1642 par : *menit he ia tahdoit hänen otta kijnni*. Le premier verbe composé a été remplacé par un verbe simple tandis que le second a été suivi et non plus précédé par l'adverbe qui lui servait de complément. Ce dernier procédé a connu une grande fortune. Au lieu d'*alasmeneuet* « ils descendent » on trouve *menevät alas* « id. ». On lit ainsi... *ne peiuet tuleuat, coska ylke heilde poisotetan* (... *Venient autem dies cum auferetur ab eis sponsus*, Marc II, 20) changé en ... *ne päiwät tulewat, että ylkä heildä otetan pois*, etc. Parfois, la traduction a été plus profondément modifiée de telle sorte que le nouveau texte ne comporte plus de verbe composé du tout et il semble qu'en bien des endroits on s'est ingénié à trouver une solution élégante pour échapper à la nécessité de recourir au complément d'orientation utilisé par Agricola. A ... *edhesjooxi yxi ia cumarsi hende ia kysyi henelle* (*procurrens quidam genu flexo ante eum, rogabat eum*, Marc X, 17), se trouve ainsi opposé : ... *tuli yxi juosten, cumarsi händä, kysyi hänellä...* Il s'agissait de rendre deux concepts, celui exprimé par *pro* du latin (le *pros* du grec n'a certainement joué aucun rôle) et celui de « courir ». Agricola avait rendu le premier par *edhes* (= *edes*) « en avant, vers l'avant » qui avait l'avantage de correspondre aux particules verbales du suédois et de l'allemand. La Commission a préféré rendre le *pro* du latin par le verbe *tuli* « vint » et l'idée de courir par le cas instructif de l'infinitif II (*juosten* « en courant ») mais ce faisant, a-t-elle vraiment « finnisé » la traduction? N'a-t-elle pas plutôt servilement décalqué la locution suédoise : *han kom löpande (springande)* ou même, archaïquement *han kom löpandes (springandes)*? Dans d'autres passages, la substitution du verbe simple au verbe composé ne s'est faite qu'au prix d'un sacrifice dont le sens a fait les frais. On lit par exemple : *Ia jotca ei teitä hywäile...* pour *et quicumque non receperint vos* (Marc VI, 11) qu'Agricola avait tout bonnement traduit par : *Ia cutca ei teite wastanrupe* où *wastanrupe* n'est autre chose que le décalque du suédois *mottaga* « recevoir » (*vastan* « contre » = suédois *mot* « id. » et *rupea-* « prendre », aujourd'hui « s'attaquer à, se mettre à... » = *taga* « prendre », anglais *to take*). Or *hyväillä* signifie présentement « caresser, cajoler » et cela depuis déjà le premier milieu du XVIIIe siècle, après avoir signifié (comme encore dans certains parlers caréliens, par exemple) « favoriser, traiter avec faveur, faire bon accueil ». Similairement, le *adhaerebit* de la Vulgate (Marc X, 7) qui avait été rendu par Agricola sous la forme du composé *kiinnitarttu-* (*pite... kiinitarttuman* « adhérera ») a été transposé dans la Bible de 1642 en *yhdistä-* « unir », ce qui a amené les réviseurs à laisser passer une construction aussi peu finnoise que la locution : ... *ja pitä idzens waimoons yhdistämän* « et il s'unira à son épouse ». Et puis, il faut le reconnaître, les passages sont nombreux où les verbes composés ont été reconduits tels quels : ... *minun nimeni cautta pitte heiden perkelet wlosaijaman, wsille kielile puhuman, kermeet poisaijaman* (*In nomine meo daemonia eiicient: linguis loquentur novis: serpentes tollent*, Marc XVI, 17-18) est tout juste noté un peu différemment par l'écriture en : ... *Minun nimeni cautta pitä heidän Perkelet ulosajaman, vsilla kielillä puhuman, kärmet poisajaman.*

Une fois encore, l'effort de normalisation n'a pas été poursuivi jusqu'au bout. Les retouches apportées dénoncent une tendance mais elles ne réforment pas de fond en comble la langue.

C'est aussi ce qui se passe au sujet des verbes auxiliaires dont Agricola et ses contemporains avaient fait une grande consommation, notamment pour exprimer le futur latin qui les gênait beaucoup. Le plus simple était de s'en passer complètement et d'exprimer le futur par le présent de l'indicatif comme le faisaient aussi les langues germaniques et plus spécialement le suédois ancien et l'allemand du temps de Luther. A un texte d'Agricola tel que : ... *henen pite mös wimein minua maasta ylesherettemen* « Il me réveillera finalement et me fera ressurgir de la terre » on lit dans la Bible de 1642 : *hän herättä minun wijmein maasta.* On lit encore (Mathieu III, 11) en face du latin *ipse vos baptizabit in Spiritu sancto* : ... *joca casta teitä Pyhällä Hengellä* alors que la traduction de 1548 portait : *Sen pite teite pyhel Hengel... castaman.* Le procédé constamment appliqué par Agricola a été, comme nous l'avons vu précédemment de rendre le futur par une périphrase composée du verbe *pitä-* « tenir » et du cas instructif du nom verbal en *-ma/-mä*, dénommé infinitif III dans la grammaire finnoise. C'est encore ce qu'on relève dans un cas comme celui-ci : *Maan pite Casuons andaman, ia puudh kedholla pite hedhelmens candaman* (Moïse XVI, 36) « La terre donnera sa végétation et les arbres dans la campagne porteront leurs fruits » (Agricola, 1549) est rendu en 1642 par : ... *maa anda caswons, ja kedon puut andawat hedelmäns.*

Il arrive parfois que les correcteurs, emportés par leur zèle, aient même sacrifié une nuance de l'original. Le verset 31 du chapitre VIII de Saint Marc : *quoniam oportet filium hominis pati multa, et reprobari a senioribus...* est traduit en 1642 : ... *ihmisen Poica on paljo kärsiwä, ja hyljätän wanhimmilda...* alors qu'Agricola avait écrit : ... *Inhimisen Poian pite palio kerssimen ia poishyljettemen wanhimilda...* Le latin *oportet* avait été rendu par le finnois *pitä-* qui lui correspond ici assez bien pour le sens. Sans doute, la construction *on... kärsivä* implique la fatalité ou la certitude quant à ce qui va se produire mais la forme *hyljätän*, en revanche, n'est qu'un passif au présent de l'indicatif et n'assume le sens futur que dans le contexte. Encore s'agit-il ici d'un futur ordinaire sans ajout d'une notion de nécessité.

A y regarder de plus près, il est toutefois aisé de découvrir que les auxiliaires employés par Agricola et surtout le verbe *pitä-* « tenir (d'obligation) » ont été très souvent reconduits : *auringoisen pile pimiemen ia cuu ei anna henen waluuans* (1548) devient : ... *pitä Auringon... pimenemän, ja Cuu ei anna waloans*, rendant l'un et l'autre ... *sol contenebrabitur, et luna non dabit splendorem suum* (Marc XIII, 24). Le premier futur de la Vulgate a été exprimé au moyen de la périphrase avec *pitä-* tandis que le second a été supporté tout simplement par le présent mais Agricola a recouru au présent avant la Bible de 1642. Parallèlement, le *cum autem videritis abominationem desolationis stantem...* (*ibid.*, 14) se trouve exprimé en 1642 par : ... *Nijn cosca te saatta nähdä häwityxen cauhistuxen* qui a été à peine retouché d'après le texte de 1548 où l'on lit : *Nin coska te saatta nähde hevitöxen iulmaudhen*. On pourrait sans peine multiplier les exemples qui illustrent cet état de choses. La Bible de 1642 ne signifie donc pas non plus ici un progrès décisif sur la traduction antérieure, elle n'est pas tellement débarrassée de ces tournures périphrastiques pourtant ressenties comme peu finnoises.

Ce qui oppose aussi parfois les deux textes, c'est le choix fait de la forme que revêt le complément d'objet. Agricola n'emploie pas toujours l'objet total là où nous le rencontrons dans la Bible de 1642 et inversement. On lit ainsi (Genèse I, 1-31) : *Ja Iumala teki... yhden swren walkiudhen ioca peiuen hallitzi, ia ydhen wähemen walkiuden ioca öön hallitzi...* « Et Dieu fit une grande lumière qui gouverna le jour et une moindre lumière qui gouverna la nuit »... sous la plume d'Agricola mais dans la Bible de 1642 nous avons respectivement *päiwä* (lire *päivää*) et *yötä*, c'est-à-dire le partitif, ce qui correspond à l'usage moderne. Mais tel n'est pas toujours le cas. Le ... *et morte efficient eos* (Marc XIII, 12) qu'Agricola avait traduit : ... *ia saattauat heijet colemahan* « et ils les feront mourir » a été « corrigé » en : ... *ja saattawat heitä cuolemaan* qui jure avec l'usage d'aujourd'hui. Il arrive aussi que des retouches apportées à l'emploi du complément d'objet aient été effectuées par Agricola lui-même dans un passage correspondant mais probablement traduit plus tard. C'est ainsi que Martti Rapola montre comment (*op. cit.*, p. 66) le *vidit duos fratres... mittentes rete in mare* (Mathieu IV, 18), traduit d'abord en : ... *näki hen caxi weliest... laskeuan werckons meren* a été corrigé par Henrik Hoffman en *laskeuan werckoja meren* mais une pareille correction figure déjà au verset 16 du chapitre I selon Saint Marc où l'on lit : ... *näki hen Simonin ia Andrean henen weliens werckoians heitteven merehen (vidit Simonen, et Andream fratrem eius, mittentes retia in mare)*. Ce qui prouve que le problème de la distinction du complément d'objet total et du complément partiel se posait déjà dans l'esprit du traducteur du premier Nouveau Testament. Ce même problème n'a fait par la suite que se compliquer et est devenu désormais l'un des points critiques de la syntaxe finnoise.

D'autres retouches seraient encore à évoquer, notamment celle consistant à remplacer le datif en *-n* par l'allatif (en *-lle*), etc. Mais dans l'ensemble, ces modifications ne changent guère le tableau que présente la nouvelle édition de la Bible par rapport à la traduction (incomplète) d'Agricola. De graves infractions à la syntaxe autochtone subsistent toujours, notamment l'emploi de la conjonction *jos* « si » pour introduire l'interrogation indirecte (au lieu de la particule interrogative *-ko/kö*), etc. Mais le plus difficile est d'apprécier ce qui s'est passé dans l'ordre des mots. Cet ordre a été très souvent changé sans qu'il soit toujours loisible de déterminer si ce changement a été une amélioration. Si, par exemple, il n'est pas douteux que l'ordre des termes était choquant dans une énonciation telle que : ... *toidh he henen tygens caikinaiset sairat ia riuatudh percheleilde* (... *afferebant ad eum omnes male habentes, et daemonia habentes*, Marc I, 32) la version de 1642 remet les choses en place : ... *toit he hänen tygöns caickinaisia sairaita ja Perkeleiltä rijwatuita.* En revanche, on ne voit pas l'avantage d'avoir changé la place de l'auxiliaire dans le passage suivant : *Sillä he ymmärsit, että heitä wastan tämän wertauxen sanonut oli* contre ... *sille he ymmersit, että hen heite wastoin temen tapauxen oli sanonut* (... *cognoverunt enim quoniam ad eos parabolam hanc dixerit*, Marc XII, 12). Le rejet de l'auxiliaire *oli* « était » en fin de proposition subordonnée est manifestement une imitation de l'allemand et du suédois de l'époque (lui-même influencé par l'allemand). Or cette construction étrangère pullule dans le texte révisé : *Ia joca pellolla on* contre *ia ioca ombi pellolla* (... *et qui in agro erit...* Marc XIII, 16), où l'indépendance d'Agricola par rapport à la Vulgate est évidente. Par contre, dans tel autre passage, c'est le texte retouché qui s'émancipe du calque : *Minä olen jocapäivä ollut teidän tykönän, ja oppettanut* (*quotidie eram apud vos in templo docens...* Marc XIV, 49) contre : *Mine olen ioca peiue teiden tykenen ollut ia oppetanut templis...* Mais il est malaisé de découvrir la raison qui a pu provoquer le changement de place de tel ou tel terme dans tel contexte déterminé. C'est surtout en ce qui concerne la place du sujet par rapport au verbe que les choses apparaissent peu claires. Quand Agricola traduit (Marc VI, 48) *Et circa quartam vigiliam noctis venit ad eos ambulans supra mare...* par *ia liki neljenne öen wartiona hen tuli heiden tygens kieudhen meren päle*, la Bible de 1642 oppose *Ia liki neljendenä yön wartiona tuli hän heidän tygöns käyden weden päällä*, on se demande ce qui a pu inciter les réviseurs ou le réviseur général Raumannus à rejeter le pronom *hän* « il » après le verbe *tuli*

« vint ». Le texte latin ne suggérait rien sur ce point puisqu'il n'a pas utilisé de pronom personnel sujet (pas plus d'ailleurs que le texte grec). Le rejet du sujet après le verbe ne peut avoir été suggéré que par la syntaxe germanique (suédoise et allemande) qui exige que le sujet soit inversé quand l'énoncé commence par un complément circonstanciel. Ceci revient à dire que les révisions opérées sous le contrôle de la Commission n'ont pas, de loin, éliminé systématiquement les xénismes (en finnois *muukalaisuudet*) comme on aurait pu le supposer.

Il semble d'ailleurs, à tout bien considérer, que les réviseurs aient eu des idées divergentes sur ce que devait être leur tâche ou même qu'ils n'aient pas eu une conscience bien claire de ce qu'il importait d'amender ou d'extirper. C'est ainsi que l'on tombe très souvent sur ces retouches contradictoires. Prenons quelques exemples pour illustrer ce phénomène. Le syntagme adnominal substantif+substantif employé par Agricola (Genèse I, 1-31) *wedhet meresse* « les eaux dans la mer » a été remplacé en 1642 par *meren wedet* « les eaux de la mer » et de même (Moïse XXVI, 3-6) *puudh kedholla* « les arbres dans la campagne » par *kedon puut* « les arbres de la campagne ». Or Martti Rapola (*op. cit.*, p. 69) a relevé parmi les corrections portées de la main de Henrik Hoffman dans l'exemplaire qu'il possédait du Nouveau Testament de 1548 que la locution *ei Taiwasten Engelitke* (*neque angeli caelorum*, Mathieu XXIV, 36) a été corrigée en *ei Engelitken Taiwas* « pas même les anges dans le ciel ». Qui ne voit qu'il s'agit ici d'un stéréotype suédois des plus courants? Le même auteur signale que Henrik Hoffman (*op. cit.*, p. 79) a souvent transformé des subordonnées en quasi-propositions participiales (la « construction participiale » des grammaires finnoises). Il cite entre autres exemples celui-ci : *minä tiedhän teiden etziwän ristinnaulittua Jesusta* (Mathieu XXVIII, 5 : *scio enim, quod Iesum, qui crucifixus est, quaeritis*) où Agricola avait écrit : ... *mine tiedhen että te etzitte site ristinnaulittu Iesusta.* Cette dernière version était modelée sur le latin. La correction de Henrik Hoffman a été retenue dans l'édition de la Bible de 1642 mais le verset 20 du chapitre VI selon Saint Marc : *Herodes enim metuebat Ioannem, sciens eum virum iustum et sanctum* qui est traduit dans le Nouveau Testament de 1548 en : *sille Herodes pelkesi Iohannest tieten henen oleuan hurskan miehen ia pyhen...* figure en 1642 sous une forme « amendée » en : *Sillä Herodes pelkäis Iohannest, että hän tiesi hänen hurscaxi ja pyhäxi miehexi...* Ce genre de substitution n'a pas échappé à Martti Rapola qui remarque (*op. cit.*, p. 80) cette particularité dans certaines des corrections de Henrik Hoffman. C'est qu'ici, deux solutions se présentaient, celle choisie par Agricola en employant la « construction participiale » et celle préférée dans plusieurs cas par Henrik Hoffman, et probablement aussi par ses collègues de la Commission, en « tournant » la quasi-proposition en un simple attribut au translatif. Le verbe *tietä-* « savoir », par exemple, admet encore maintenant ces deux solutions de telle sorte que le choix entre les deux est plutôt une affaire de style.

La mise à jour du lexique.

Ce sont les modifications lexicales qui, de beaucoup, l'emportent en nombre sur les retouches apportées au texte de la première traduction par les réviseurs de la Commission. Elles sont de plusieurs sortes. Il y a d'abord celles qui résultent d'un effort manifeste en vue de remplacer les emprunts par des mots proprement finnois. A cet effet, on a, comme toujours en pareille matière, appliqué plusieurs procédés. Le plus simple a consisté à affecter un mot du cru d'une nouvelle acception afin de rendre la nuance de pensée de l'original ou de l'emprunt. Ainsi, pour traduire *forbannattu* « maudit », on a employé *kirottu* dont le sens étymologique semble bien avoir été « insulté, vilipendé ». Le mot *falski* « faux » (suédois *falsk* du bas allemand *falsk*, haut allemand *falsch*, emprunté au latin *falsus*) a été remplacé par *väärä* dont le sens premier paraît avoir été « tors, de forme irrégulière » : *monda wäärät prophetat nouse* (*et multi pseudoprophetae surgent*, Mathieu XXIV, 11) a ainsi été substitué à *Falski prophetadt ylenouseuat* (cp. Martti Rapola, *op. cit.*, p. 88) mais Agricola avait déjà recouru au même mot dans le verset correspondant selon Saint Marc (XIII, 22) où le *Exurgent enim pseudochristi, et pseudoprophetae* avait été transposé en *Sille että wäret Christuset ylesnouseuat ia falskit prophetat*, en utilisant simultanément le mot étranger et le mot autochtone comme pour accréditer ce dernier dans l'acception exprimée par le premier. Il en est de même pour le mot *fati* « plat » remplacé par *astia* dont le sens était « récipient » en général. Mais ici encore, Agricola avait employé déjà ce même vocable dans des compositions du type *juomaastia* « récipient à boire, coupe », etc. Le mot *räntty* « taxe, impôt » (du suédois *ränta* et en fin de compte du français *rente*) a eu pour substitut naturel le mot *vero* « impôt » qui avait lui-même été emprunté antérieurement au germanique pour désigner le tribut. Il en a été de même du mot *katu* « rue », venu tardivement du suédois *gata* (allemand *Gasse* et avec un autre sens, anglais *gate*) qui a eu pour successeur provisoire le terme *kaju* « sentier entre des habitations ou des clôtures » mais Agricola l'avait aussi employé (Marc VI, 56), il est vrai pour désigner ce que la Vulgate appelait *in plateis (kuiale)*, c'est-à-dire ce que le grec désignait dans ce même passage par *agorà*. Des remarques identiques pourraient être faites à propos d'autres substitutions de termes, par exemple de *penninki* « monnaie, sou » par *raha* (étymologiquement « peau d'écureuil servant de monnaie d'échange »), de *kemppi* « champion » par *sankari* « héros, preux », de *tyyris* « cher, précieux » par *kallis*, etc. En réalité, un nombre appréciable de ces néologismes figure déjà dans les œuvres d'Agricola au côté des emprunts qu'il n'avait pas pu ou voulu ou osé éliminer tout à fait. Qu'ils aient été multipliés et employés davantage ne veut dire qu'une chose, c'est qu'on a poursuivi ici encore sur la lancée du grand prédécesseur.

Un second procédé a été celui du décalque, Les mots empruntés ont été remplacés par des néologismes du cru, fabriqués selon la même motivation. L'assemblage obtenu a simplement reproduit pièce pour pièce le mot d'origine étrangère. Le cas du mot *firmament* est sur ce point typique. Agricola, répétons-le, l'avait décalqué en *wahuistos* obtenu à partir d'un verbe *vahvistaa* « renforcer, fortifier » qui était lui-même dérivé de *vahva* « fort, solide ». Il s'agissait de refléter la motivation du latin *firmamentum* (à partir de *firmis*, etc.). La Bible de 1642 a commencé par employer tout simplement *Firmamenti* (dans le résumé introductif du chapitre I du premier livre de la Genèse) puis dans la suite, c'est le néologisme *wahwus* qui a été employé, soit un dérivé direct de *vahva*, terme qui a aujourd'hui le sens de « force, solidité, robustesse » *(vahvuus)*. Le mot *konsti* « art, artifice » a été remplacé par *taito* (aujourd'hui *taide*) qui est un déverbatif de *taita-* « pouvoir, être à même, être capable ». C'est l'étymologie de *konsti* (suédois *konst*, allemand *Kunst*) qui a incité le néologiste à fabriquer ce mot puisque l'allemand *Kunst* provient comme on sait de *können* « pouvoir ».

Un troisième procédé, également bien connu, a été de traduire le mot étranger par l'équivalent existant dans la langue ou d'en fabriquer un pour rendre compte du même sens. Ainsi, *amma* « nourrice » a été remplacé par *imettäjä*, nom d'agent construit à partir de *imettä-* « faire téter, allaiter », verbe factitif dérivé d'*ime-* « téter (le sein) ». Mais remarquons qu'Agricola (Marc XIII, 17) avait déjà eu l'idée d'employer le participe présent de ce même factitif : *imettävä* en cette même acception (*imetteuain* « aux allaiteuses, aux nourrices »).

Les changements lexicaux intervenus ne se limitent pas à ce genre de substitution. Très fréquemment, un nouveau vocable apparaît dans le texte de 1642 pour des raisons de propriété stylistique. On a cru devoir remplacer tel ou tel vocable par un autre qui paraissait plus apte à exprimer le sens de la Vulgate ou des traductions suédoise et allemande qui servaient de référence. Le mot *parabola* a été traduit par *tapaus* « événement » sans doute avant Agricola. Nous le rencontrons dans le Fragment de temporal d'Upsal (où il traduit *in proverbis* de Jean XVI, 25) mais il a été ajouté en surcharge pour remplacer la périphrase *peijttettydhen sanadhen* « à mots couverts ». En tout cas, c'est le terme retenu dans le Nouveau Testament de 1548. La Bible de 1642 lui a substitué *wertaus* (= *vertaus*) « comparaison » qui n'est autre chose que la traduction de l'allemand *Gleichnis* et du suédois *liknelse*. Le mot « abomination » *(abominationem)* avait été traduit par *iulmaudhen* chez Agricola ; il se trouve remplacé par *cauhistus* « épouvante, horreur », tandis que *omista-* « posséder » (Marc X, 17 *percipiam*) se voit substituer *peri-* « hériter ». Le verbe composé *vastanrupea-* « recevoir » est de son côté remplacé par *ottaa vastaan* qui a même sens et qui est un svécisme *(mottaga)* tout comme le mot qu'il a évincé. Parallèlement, on voit *hallitse-* « gouverner » faire place à *vallitse-* « dominer », *kiuiraunio* « tas de pierres » à *kiwistö* « murger », etc. Des mots rares ou déjà désuets ont été biffés et leurs équivalents plus usuels insérés à leur place, ce qui évidemment constitue sinon un progrès du moins une mise à jour qui ne pouvait manquer de rendre plus intelligible un texte dont il ne faut pas se dissimuler qu'il demeurait malgré tout peu accessible à ceux qui n'avaient pas fait quelques études. N'approchait pas qui voulait cette Bible qui s'adressait avant tout aux ecclésiastiques et en dehors d'eux à quelques rares privilégiés de la fortune comme aussi de l'instruction.

Image d'ensemble de la Bible de 1642.

Pour nous résumer nous dirons que cet imposant monument qu'est et demeure la Bible de 1642 apparaît sous un aspect composite. A chaque page, on y constate qu'elle n'a pu être fondue en un tout cohérent. En bien des points elle n'est que le texte d'Agricola à peine retouché, sauf en ce qui concerne la graphie car c'est sous cet aspect purement visuel qu'elle donne l'impression de quelque chose de moins inconsistant que ce qui avait été publié auparavant. Pour le lecteur finnois d'aujourd'hui, elle est nettement plus déchiffrable que ce qui l'avait précédée, les mêmes formes de mots étant le plus souvent graphiées de la même façon qu'aujourd'hui de telle sorte qu'on peut même parler d'une façon d'orthographe.

Pour ce qui est de la morphologie, la variance est moindre en ce sens que les mêmes morphèmes se présentent le plus souvent sous le même aspect mais d'un morphème à l'autre, il y a des incohérences parfois surprenantes. Nous avons montré que la désinence possessive de 2e personne du singulier est presque toujours *-s*, celle de 3e personne presque uniquement *-ns* mais aux autres personnes, les fortes réduites alternent avec les formes pleines : *-n* et *-ni* à la 1re pers. sg., *-n* et *-nne* à la 2e pers. pl. alors que la forme réduite *-m* est plus généralement employée à la 1re pers. pl. Il en est de même pour les désinences personnelles dans la conjugaison et les formes casuelles ne sont pas non plus exemptes de variations, certains suffixes casuels élidant leur voyelle finale plus souvent que d'autres. C'est essentiellement l'amplitude de ces variations qui s'est réduite par rapport à ce qu'elle était dans les premières traductions bibliques. Cette réduction a conféré un aspect dialectal plus marqué à cette langue artificielle en donnant comme une sorte de prédominance aux formes des parlers du sud-ouest bien que plus d'un dialectalisme ait été au moins graphiquement éliminé (ainsi les géminées ont disparu dans les cas où elles s'étaient installées dans les dialectes de la région de Turku). En revanche, d'autres formes dialectales ont été généralisées (prétérit en *pelkeis* « il craignit », *wastais* « il répondit », etc., les mots en *-ea/-eä* sont reproduits en *-ia/-iä*, etc.).

Le vocabulaire est plus développé, plus riche, certaines nuances ont été exprimées avec plus d'exactitude mais la phrase reste encore très gauche, encombrée qu'elle demeure de constructions imitées du suédois, de l'allemand et, cette fois dans une moindre mesure, du latin. Car ce qui frappe, c'est que l'allure de la phrase obéit moins à celle de la phrase latine de la Vulgate sous l'empire presque exclusif de laquelle Agricola était demeuré jusqu'au bout. On peut dire qu'à la latinisation a succédé la svécisation et l'allémanisation, ce qui n'a rien pour surprendre puisque les 98 ans passés entre la parution du Nouveau Testament d'Agricola et la publication de la Bible intégrale avaient considérablement contribué à la diffusion en Finlande de la langue suédoise et de la culture luthérienne d'inspiration allemande. La Réforme avait nationalisé l'Église en la séparant de Rome et en l'inféodant au pouvoir royal. Or la chancellerie royale s'exprimait de plus en plus en suédois ; la hiérarchie imposait de plus en plus la doctrine et les formules de Luther et tout ce qui était latin ne rappelait que trop l'époque où l'Église avait dépendu de Rome. La lutte contre le papisme abhorré n'avait pu complètement détrôner la langue latine qui restait encore pour longtemps le moyen d'expression privilégié des clercs et des savants, mais elle en avait quand même restreint l'usage et, surtout les gens instruits s'étaient davantage initiés au suédois ainsi qu'à l'allemand devenu indispensable au cours des guerres de religion.

De tout cela il résulte que la Bible de 1642 ne témoigne pas d'un état de langue homogène. Elle est un vêtement bariolé, refaçonné en partie, rajusté ailleurs, rapiécé par endroits, et ce vêtement n'a habillé la pensée d'aucun homme mais il a été appliqué sur le corps d'une doctrine qui s'était élaborée hors de Finlande et du monde nordique. C'était une langue impersonnelle destinée à traduire les aspirations d'un monde étranger qui ressortissait à une autre civilisation. Les membres de la Commission Petraeus n'avaient pu réussir à lui conférer une physionomie personnelle là où le grand Agricola lui-même n'avait pu marquer de son empreinte le moyen d'expression qu'il avait été le seul à contrôler en dernier ressort. Cette publication collégiale, avec toutes ses inconséquences, ses lacunes, ses approximations, devait pourtant dominer le développement de l'expression écrite en Finlande durant le siècle à venir.

L'état de la langue écrite au milieu du XVIIe siècle.

Si par son caractère composite et même hétéroclite la langue de la Bible collective ne nous donne pas une idée nette de ce qu'était le finnois écrit à l'époque de sa parution, nous pouvons essayer de remédier à cette lacune en recourant aux autres témoignages parvenus jusqu'à nous.

Le premier à enregistrer est celui qu'apporte la grammaire finnoise rédigée par le président même de la commission de rédaction et de publication de la Bible, l'évêque Aeschillus Petraeus (1593-1657). Ce prélat était né en Suède, avait fait ses études à Upsal d'abord, puis à Wittenberg et à Iéna ensuite. Il avait enseigné en divers postes, notamment en qualité de professeur de théologie à l'université nouvellement fondée (1640) de Turku. Il en a même été successivement recteur et vice-chancelier et c'est peu avant d'accéder au trône épiscopal qu'il a publié sa petite grammaire sous le titre *Linguae Finnicae Brevis Institutio*, imprimée à Turku en 1649. Elle est dédiée au fameux Pierre Brahe, gouverneur de Finlande, et l'auteur y déclare qu'il a été aidé par le professeur d'hébreu et de grec à l'université royale de Turku, Martinus Stodius, ainsi que par le pasteur archiprêtre (praepositus) Gregorius Favorinus, curé de Piikkiö. L'un et l'autre avaient été ses collaborateurs au sein de la commission qu'il avait présidée. Il est intéressant de constater que Stodius avait pour langue maternelle le dialecte du sud-ouest et que Favorinus, bien que né en Häme, était établi au milieu d'ouailles qui ne pratiquaient que l'un des parlers sud-ouest. Or ce qui frappe aussitôt quand on feuillette cette plaquette (rééditée en fac-similé par les soins de la Société de Littérature Finnoise en 1968), c'est que les paradigmes qui nous y sont proposés sont plus « pleins » que ceux rencontrés dans la Bible à la rédaction de laquelle ces trois personnages ont contribué. Ainsi, le cas inessif, tant au pluriel qu'au singulier est indiqué en *-sa/-sä*. L'allatif (baptisé datif) est soit en *-llen* soit en *-lle* (c'est sous cette dernière forme qu'il est généralisé dans la Bible). De même, les désinences personnelles du verbe sont « pleines » : *lugen* « je lis », *luget* « tu lis », *lugemme* « nous lisons », *lugette* « vous lisez ». Où les choses diffèrent (nous ne dirons pas qu'elles se gâtent, car cela impliquerait un jugement de valeur), c'est quand on en vient aux désinences possessives qui sont *-ni* « mon, ma, mes », *-s* « ton, ta, tes », *-ns* « son, sa, ses, leur, leurs », mais *-mme* « notre, nos », *-nne* « votre, vos ». Ceci est ce qui figure dans la partie paradigmatique de l'exposé mais quand on en vient aux exemples, on tombe aussitôt sur des formes plus réduites : *Hän on Turgus* « est Aboae », *hän on kyläs* « *est apud vicinum* », mais *hän on maasa* « *est in terra* » (opposé à *hän on maalla* « est ruri »). Et, ce qui est contradictoire, les illatifs ont conservé leur *-h-* : *Hän meni Turcuhun* « *ivit Abogiam* », *Pappilahan* « *in villam Sacerdotalem* », *meni metzähän* « *ivit in sylviam* », *tupahan* « *in hypocaustum* », *Kircohon* « *in Templum* », *istui mahan* (sic) « *sedit humi* ». On aura noté au passage la graphie *tz* qui détonne par rapport au *dz* de la Bible. Ces variations ne se limitent pas aux cas qui viennent d'être énumérés. D'une part, le conditionnel, lorsque son paradigme entier est donné, comporte toujours la voyelle brève finale *-i* à la 3e personne du singulier : *hän lukisi* « *utinam legeret* », mais plus loin on tombe sur l'exemple suivant : *perckelen tahto on / että hän käsitäis meitä pauloins* « *diaboli voluntas est, ut capiat nos suis laceis* », qui nous montre en outre que le degré faible de consonantisme figure dans cette dernière forme devant la diphtongue *-äi-*. Détail également inattendu, parmi les *Exempla syntaxeos* qui terminent la plaquette, on relève *oletta* « vous êtes », employé à deux reprises, alors que le paradigme indiqué précédemment ne portait que la forme *olette* « *estis* ». Comme on le voit, même dans un opuscule aussi mince, il n'a pas été possible de normaliser ou tout au moins d'uniformiser complètement !

Nous ne nous attarderons pas au témoignage trop incertain apporté par la grammaire perdue d'un certain Henricus Crugerus, laquelle aurait été rédigée vers 1640 et à laquelle le prélat grammairien danois Erik Pontoppidan a emprunté quelques éléments cités dans sa *Grammatica Danica* parue en 1668. Les quelques bribes transmises ainsi ne nous révèlent rien de bien saillant qui puisse nous aider à préciser l'image que nous essayons de nous faire du finnois de l'époque. Notons en passant que l'auteur danois emploie le terme *postposition* pour désigner les particules rectives qui répondent en finnois aux prépositions du danois et des autres langues indo-européennes connues par cet auteur. Presque vers le même temps, en 1637, avait paru le *Lexicon Latino-Scandicum* d'Ericus Schroderus qui fournit des gloses de mots latins en finnois (à côté de celles en suédois et en allemand). L'auteur, tout comme Pontoppidan, insiste sur la répugnance du finnois à tolérer des groupes de consonnes à l'initiale des mots ; il est également frappé par l'absence de genre grammatical, tout comme son émule danois, et lui aussi attire l'attention sur les postpositions. Quant aux mots reproduits, ils sont de ceux que nous connaissons par les textes du XVIe et du XVIIe siècles, à part quelques vocables qui apparaissent là pour la 1re fois, sans doute parce que nos documents de l'époque sont insuffisamment amples ou parce qu'ils n'ont pas été dépouillés complètement. Bien des remarques exprimées ci-dessus le laissent supposer puisque nous avons pu constater à plusieurs reprises que des innovations attribuées par exemple aux réviseurs de la Commission Petraeus se trouvaient déjà attestées dans les textes d'Agricola !

Si nous nous tournons maintenant vers d'autres témoins, nous constatons que ce qu'ils nous disent n'est pas de nature à changer l'idée que l'on se fait de la langue dont ils ont pu se servir. Tout au plus a-t-on affaire à des compléments d'information sur des secteurs de la langue moins délimités que ceux de la liturgie et de la prédication. Nous avons ainsi affaire à la traduction du code militaire suédois (1642) par les soins d'un certain Hardevicus Henrici, plus connu dans l'histoire finlandaise sous l'appellation de Hartikka Speitz, Il était né à Sääksmäki, petite agglomération située à mi-chemin entre Hämeenlinna et Tampere, en 1591, avait étudié le droit à Wittenberg, était devenu « lecteur de la loi » à Vehmaa, près de Turku, et avait eu des démêlés graves avec la justice. Condamné à mort, il avait vu cette condamnation muée en 6 années de prison. Il est mort en 1651. On lui prête une traduction du code suédois mais rien n'est moins sûr. Les textes que nous avons de lui sont écrits dans une notation qui se rapproche de celle de la Bible de 1642 mais comporte quand même de nombreuses inconséquences : *mahdais* « il pourrait », mais aussi *machdais* « id. », etc. Pour ce qui est de la langue proprement dite, elle est également composite. Les élisions sont nombreuses mais elles alternent avec des formes pleines : *sodas* « en guerre » / *omas Sädyssänsä* « dans son propre ordre », *juoxis* « en ébriété », *juopumal* « sans avoir bu », mais *cuolemalla* « par la mort », etc. A côté d'une forme *otetahan* « on prend », se lit *löytän* « on trouve ». Le degré faible de *-k-* est encore marqué par *-g-* : *algusa* « au commencement », *pellgon* « du champ, de la campagne », *pitä... Cogeteleman* « doit... éprouver », etc. On lit quand même aussi *wlwoswuodatta* « être répandu » (sang), etc. La diphtongue *-oi-* est traitée en *-oe-* ou conservée (*toewottapa* « espérable, à espérer », mais *rucoilewa* « priant »). Les diphtongues en *-i* ferment souvent la syllabe et entraînent l'emploi du degré faible de consonantisme : *pidäis* « il devrait », *machdais* « pourrait », etc. Le groupe *-ea/-eä* se présente soit en *-ia/-iä* soit conservé : *cårkia* « haut, élevé », mais *oikea* « droit, juste ». L'allatif est souvent terminé en *-n* : *Sotamiehillen* « aux soldats » mais on rencontre aussi *Jumalalle* « à Dieu ». La particule verbale *pois* alterne avec *poijes* pour indiquer l'idée de séparation, d'éloignement (suédois *bort*) alors que la forme *poijes*, constante dans le Fragment de temporal d'Upsal a été bientôt remplacée par *pois*. D'autres formes surprennent par leur archaïsme, comme par exemple le nombre des illatifs en *-h/-n* : *tekemähän* « pour faire », *kircohon* « dans l'église », *cachtehen osahan* « en deux parties », etc. Les participes passés actifs pluriels sont en *-nuet*, d'une part, en *-nehet* de l'autre (*oppinuet* et *oppinehet* à deux phrases d'intervalle!). Les formes verbales de 3e pers. sg. du présent de l'indicatif en *-pi* alternent, bien que moins fréquentes, avec celles terminées en voyelle longue (notée par un caractère simple) : *tapachtupi* « il advient », *se tule* « il arrive », *hän... tachto* « il veut ». Bien des termes techniques ou autres restent sans traduction ou sont graphiés assez grossièrement : *brwkeissa* « dans les ateliers », *Capabel* « capable » (glosé à côté *kellwollinen*), *Drålzi* « drots » (sénéchal du royaume), *Drottningi* « reine » (suédois *drottning*). Parfois, un équivalent est proposé comme déjà ci-dessus : *Massmestari* = *Raudan sulattaja eli keittäjä* « fondeur ou « cuiseur » de fer », *regulera* = *laita* « régler, conformer », etc. A y regarder de près, on s'aperçoit que la langue de Speitz est faite de pièces et de morceaux qui ressortissent à des traditions distinctes. On y retrouve des archaïsmes du genre de ceux qui foisonnent chez Agricola et d'autre part des formes qui sont identiques à celles rencontrées dans la Bible de 1642. Comment expliquer cette suite de discordances? L'homme était né en Häme mais il avait ensuite voyagé et il avait exercé des fonctions dans la région de Turku. S'est-il servi de brouillons de traductions antérieures? Ce qui est sûr, c'est qu'il est très en retrait par rapport au finnois de la Commission Petraeus.

L'exemple d'un autre traducteur de textes juridiques ne vient pas éclairer cette énigme. Nous voulons faire allusion à Abraham Kollanius, mort à Karkku en 1667, qui fut donc le contemporain de Speitz. Nous ignorons la date et jusqu'au lieu de sa naissance. Nous savons pourtant qu'il fit ses études de droit à Upsal et qu'il fut magistrat dans divers ressorts pour terminer comme substitut du procureur de Carélie. C'est lui qui retraduisit le code suédois ainsi que la loi sur l'Église et plusieurs recueils de jurisprudence. M. Martti Rapola a consacré une étude à sa langue (*Abr. Kollaniuksen Kielestä* : *Suomi V*, Helsinki 1925). Malheureusement, cette étude ne porte que sur la notation écrite employée par Kollanius et les particularités phonétiques qu'elle recouvre. Ce n'est qu'accessoirement qu'il y est traité de morphologie. Quant à la syntaxe, elle est tout simplement laissée hors de considération. Que ressort-il de cet ouvrage comme aussi de la lecture de textes de Kollanius ? Une première constatation s'impose : ni l'orthographe ni la langue elle-même ne sont davantage homogènes dans ces textes, encore que les discordances soient et moins nombreuses et moins criardes. On trouve ainsi *taloin poica* « propriétaire paysan » à côté de *talon poica*, *ennen* « avant, auparavant », à côté d'*ennein* « id. », *ilman* « sans » et *ilmain* « id. », *jocahinen* « chacun » mais *jocaihdhele* « à chacun » (*hdh* notant ici probablement une spirante dentale sourde géminée du type anglais *th* de *thing*, *thanks*, etc.), *tapahtu* « il arrive » et *tapahtupi* « id. », *colmen jacohon* « en trois parts » et *colmehen osahan* « en trois parties », *jälken*, *jälkin*, *jälkehen* « après, selon », *walkean* « du feu » (gén. acc. sg.), mais *walkiata* « du feu » (part. sg.), *rucoele* « il prie », *rucoile* « id. », etc. En revanche, il est manifeste que l'auteur se sert plus volontiers des formes casuelles et désinentielles non élidées, *cunniasa* « dans l'honneur », *laisa* « dans la loi », *werkosta* « hors du filet », *Äitin puolelda* « de la part (du côté) de la mère », *särkeämätä* « sans briser », *emännäxi* « pour épouse », *morsiamensa* « sa fiancée », *emändänsä* « son épouse », etc. Parallèlement, la longue est souvent notée par l'écriture en syllabe non-initiale : *maxacaan* « qu'il paie », *cuhdhutaan* « (il, elle) est appelé, réputé » (= *kutsutaan*), *ottamaan* « pour prendre » (mais aussi *kieldän* « on interdit », *marcaa* « marc » (monnaie) et *marca* « id. » au partitif sg.). Le *-h-* intervocalique est conservé (au moins dans l'écriture) assez fréquemment : *käräjähän* « dans le tribunal, au tribunal » (mais aussi *käräjään*), *warastetahan* « on vole » (mais *nimitetän* « on énumère »), *tehdään* « on fait » (et quelques lignes avant : *tehdän* « id. »), etc.

Les auteurs finlandais qui se sont occupés de Kollanius ont vu en lui un homme du Häme bien qu'on ignore son lieu de naissance. C'est une supposition qui leur a été suggérée par le fait qu'il est mort à Karkku et aussi par l'aspect de sa langue dans laquelle ils découvrent des traits dialectaux qui se réfèrent à cette région : formes non élidées, maintien au moins partiel de l'*-h-* dans les illatifs, le passif, etc. Ensuite, ils ont été très frappés par la graphie qu'il a utilisée pour noter ce que les autres textes indiquent au moyen des digrammes *tz* et *dz*, à savoir ce qu'on suppose avoir été la spirante géminée sourde *θθ* dont il a été déjà question. Mais, mise à part cette graphie insolite, les autres traits relevés dans la langue de Kollanius peuvent être observés chez Agricola, comme Martti Rapola l'a justement fait observer. En outre, nous rencontrons chez lui çà et là des archaïsmes inattendus : *wapadhesti* « librement », *wapadhe* « libre ». Les formes non élidées peuvent aussi bien être des vestiges que des dialectalismes car on sait combien le langage de la justice est conservateur. Il se peut donc que Kollanius ait, dans une certaine mesure, respecté des archaïsmes auxquels s'attachait cette solennité dont la procédure et la jurisprudence aiment entourer leurs arrêts. Rien n'est plus permanent que le langage des lois. Malheureusement, les traductions que nous possédons des lois suédoises en finnois ont eu un destin malencontreux. Il s'agit, comme nous avons vu, de manuscrits qui ont été, semble-t-il, enfouis dans des archives d'où ils n'ont été extraits que de nos jours de telle sorte que nous ne pouvons nous faire aucune idée des formules qui étaient pratiquement utilisées dans les différentes instances des tribunaux qui fonctionnaient en Finlande et où il a bien fallu expliquer la loi et les jugements rendus aux justiciables qui ne connaissaient pas d'autre langue que le finnois. Qu'on l'ait fait oralement est certain mais on a dû dans bien des cas disposer de manuscrits rédigés en finnois, plus ou moins bien traduits du suédois, et que se passaient les greffiers d'une génération à l'autre. Quand on compare aujourd'hui les traductions oubliées qui ont successivement revu le jour, force est néanmoins de constater qu'elles diffèrent sensiblement, sauf pour ce qui est de celles attribuées au fameux Herra Martin et à Ljungo Tuomaanpoica dont nous savons que le second a eu connaissance du texte du premier. Dans ce cas précis, le successeur a consciemment corrigé le prédécesseur mais nous cessons ensuite d'être renseignés sur ce qu'a fait un Olaus Erici Elimaeus (1570-1629) qui était surtout un auteur de traductions religieuses et qui était de son vivant un ecclésiastique, à la différence des autres traducteurs de textes juridiques.

Si l'on se borne à considérer l'impression d'ensemble que laisse la lecture des textes d'Abraham Kollanius, on ne peut se défendre d'y percevoir quelque chose de foncièrement différent de ce qu'écrivaient ses contemporains. Derrière les inconsistances de sa graphie, derrière aussi les discordances de forme qui confèrent à sa langue un caractère hétéroclite, les traits du finnois moderne commencent à se dessiner par moments. Est-ce parce qu'il s'est inspiré de son dialecte maternel qui aurait été une variété de dialecte du Häme? A-t-il été mû par le désir d'étoffer la langue de formes plus pleines dont il avait pu trouver l'exemple dans certaines de celles employées par Agricola? Ce qui est sûr, c'est que son finnois est moins usé, moins réduit, peut-être même moins évolué que celui qui s'écrivait de son temps.

C'est ce que vient confirmer l'usage qu'un autre homme de la même époque a fait de son côté du finnois écrit, le prédicateur Laurentius Petri Aboicus, né à Turku entre 1605 et 1610, mort en 1671, qui publia des sermons dont plusieurs avaient été prononcés dans des occasions mémorables de l'histoire de l'église luthérienne de Finlande. Même dans les passages qui semblent les plus solennels, il se sert d'une langue où les voyelles brèves finales sont fréquemment élidées, où certaines désinences sont réduites et, quand elles consistent en une suite de voyelles, ramassées en une longue. On relève, par exemple, des partitifs pluriels du type *Pawilisi* « des papistes » (= *paavilaisia*), des partitifs singuliers en *-t* comme dans *cosca me Herra Jumalat rucoilem* « quand nous prions Dieu, le Seigneur », *ihmist* « de l'homme » (= *ihmistä*), *neuwo* « du conseil » (= *neuvoa*), *wäke* « du peuple, de la foule » (= *väkeä*), *myrkyl* « avec du poison » *(myrkyllä)*, *ruumilisil silmil* « avec les yeux du corps » (= *ruumiillisillä silmillä*), *hyvi töitäns* « ses bonnes œuvres » (= *hyviä töitänsä.*), etc. A côté subsistent les formes « pleines » : *rucoilemme* « nous prions », *taiwalisia* « les choses célestes », *pyhiä töitäns* « ses saintes œuvres », *corwesa* « dans le désert », *puheilla* « avec des discours », *lähetäisi* « il enverrait » (mais *hawaidzis* « il remarquerait »), etc.

Cette apparente contradiction entre la façon dont un Kollanius écrit et celle dont un Laurentius Petri nous a laissé le témoignage imprimé peut s'expliquer de diverses manières. On peut naturellement penser, et c'est ce qu'ont fait nos confrères finlandais, qu'il s'agit d'une divergence d'origine dialectale. Kollanius était de Karkku, lieu situé non loin de Tampere, donc en territoire ressortissant à un dialecte distinct du parler de la région de Turku dont était natif Laurentius Petri. On peut aussi se demander si, les écrits de Kollanius étant profanes, il ne s'est pas affranchi du style biblique instauré par Agricola et ses successeurs immédiats. Une troisième circonstance ne saurait non plus être négligée : les écrits de Kollanius n'ont pas été imprimés de son vivant. Il n'a donc pas été contraint de tenir compte des habitudes typographiques de son temps ni de l'usage qui avait pu s'établir de suivre une certaine « norme » dans le maniement des formes de la langue écrite. D'un autre côté, on est en droit de penser que Laurentius Petri, rédigeant ses sermons pour les prononcer (ou après les avoir prononcés?) a dû tenir compte des nécessités du parlé. Quoiqu'il en soit, il n'est pas niable que nous sommes en présence de deux types de langue passablement différents dans leur forme extérieure car pour ce qui est de la syntaxe et du lexique, les divergences apparaissent négligeables.

On y voit peut-être un peu plus clair si l'on tient compte des comparaisons établies entre les différents écrits de l'époque, par rapport à ceux d'Agricola en particulier. A cette fin nous avons procédé à de rapides sondages afin de dresser une ébauche de statistique de fréquence des formes élidées ou réduites par rapport aux formes pleines. La comparaison a porté sur les écrits de 4 auteurs et sur la Bible de 1642, soit cinq témoignages en tout. Il est apparu que les formes élidées sont les plus nombreuses, relativement, dans la langue de Laurentius Petri : 66 %. Vient ensuite la Bible de 1642 avec 42 %, puis l'œuvre d'Agricola, 35 %, les écrits de Sorolainen avec 32 % alors que chez Kollanius la fréquence des formes élidées ou réduites ne dépasse pas 3 %! Cet écart énorme dénonce que nous avons affaire à deux types différents de l'usage sinon de la langue. Si, du point de vue de la plénitude des formes, nous considérons que la langue moderne présente une fréquence de 100 %, nous constatons que l'usage attesté chez Kollanius est déjà très proche de celui qui est devenu la norme.

Cette constatation révèle que dès cette époque, les deux termes de l'alternative se trouvent posés, qui resteront par la suite l'enjeu du choix à faire par les usagers de la langue finnoise. L'usage de la langue biblique est celui d'une forme de langue plus évoluée dans ce sens que le changement phonétique a nettement usé ou mutilé les éléments qui constituaient l'appareil morphologique du fennique commun. Les voyelles brèves *-a*/*-ä* sont déjà en partie tombées à la finale des suffixes casuels. L'*-e* (originellement suivi d'une occlusive glottale) est également tombé dans les désinences personnelles, possessives comme verbales. L'*-i* des 3es personnes du singulier du conditionnel est aussi tombé ainsi que dans quelques autres cas. Les *-a*/*-ä* des partitifs et des infinitifs se sont résorbés pour former des longues (*-oa* > *-oo*, *-ua* > *uu*, *-iä* > *-ii*, *eä* > *-ee*, etc.). Ce développement phonétique a abouti dans les dialectes actuellement attestés du sud-ouest à de telles mutilations que bien des mots sont devenus informes et les Finnois qui ne sont pas nés ou n'ont pas longuement vécu parmi ces patoisants sont parfaitement incapables de comprendre la moindre de leurs énonciations. Kollanius occupe donc une position à part du fait qu'il ressortissait de par sa naissance et sa pratique de la langue à une autre aire dialectale que celle où s'était élaborée la langue de la liturgie et de la Bible.

L'évolution de la langue biblique.

La Bible de 1642 n'était pas seulement un monument linguistique, elle était aussi par son format un meuble encombrant et lourd, d'acquisition plus qu'onéreuse ainsi que nous l'avons déjà dit plus haut. Ce « meuble » ne pouvait aisément se transporter et cette difficulté avait provoqué les plaintes répétées des aumôniers des armées en campagne. L'évêque de Turku, Johannes Gezelius l'Ancien (1615-1690), bien que Suédois de naissance et de langue, s'avisa qu'il fallait produire une édition plus commode et moins chère qui pourrait recevoir une plus grande diffusion, non seulement dans les armées mais aussi parmi la population. Il avait pris par ailleurs des dispositions draconiennes pour amener les fidèles à s'instruire plus complètement et plus régulièrement de la religion qu'il entendait faire respecter avec rigueur. Il avait ainsi donné une énergique impulsion aux efforts d'alphabétisation qui languissaient avant lui. Il fut décidé en 1680 de confier la publication de cette nouvelle Bible (souvent appelée Bible de Gezelius) à un ecclésiastique renommé à la fois pour sa connaissance des langues « classiques », de la théologie et aussi de la langue finnoise. Il recevrait pour instruction de profiter de l'occasion pour « corriger les fautes » qui avaient pu se glisser dans le texte de 1642. Il semble que par là on ait surtout entendu les erreurs d'interprétation de certains passages des textes originaux (grec, hébreu, Vulgate). Le choix se porta sur Henricus Florinus qui était réputé non seulement pour sa connaissance des langues bibliques mais aussi pour sa maîtrise du finnois, qui était sa langue maternelle. Il passait aussi pour un bon théologien. Il avait publié d'autre part en 1678 un glossaire *(Nomenclatura rerum brevissima latino-sveco-finnonica)* qui pouvait fournir une garantie de l'intérêt qu'il portait à l'étude du finnois comme aussi à celle du latin et du suédois. Il se mit tout de suite à l'œuvre et dès 1683, il avait révisé le Nouveau Testament. En 1685, c'était la Bible tout entière qu'il faisait paraître sous un format plus réduit, allégée qu'elle était de la plupart des notes et explications qui alourdissaient l'édition de 1642. Les illustrations et différentes enjolivures qui ornaient celle-ci avaient été également supprimées. Ce volume, sorti des presses de Turku (qui relevaient de l'évêque Gezelius) était donc plus maniable, moins cher et pour cette raison il fut tiré à un nombre d'exemplaires double de celui de la grande édition qui l'avait précédé. Les historiens de la langue finnoise, notamment Martti Rapola, insistent peu sur les amendements apportés par Florinus au texte même qu'il avait reçu mission de réviser. Rapola va jusqu'à écrire

(*Suomenkielinen Proosa Ruotsin vallan aikana*, p. 97) qu'il n'a introduit que peu d'amendements et parfois aussi quelques modifications malheureuses. En gros, il n'a pas touché à la langue dans laquelle le livre était rédigé. Il faut pourtant mettre à son crédit qu'il a substitué *tz* à *dz* pour noter la spirante dentale sourde *(θθ)* et que cette graphie s'est maintenue jusqu'en 1852. On estime que c'est grâce à cette notation que la langue moderne a été dotée d'un groupe *ts* (*t* étant séparé d'*s* par la limite syllabique!) en lieu et place des différentes réalisations qui persistent dans les dialectes, le groupe *-ts-* ne se rencontrant aujourd'hui tel quel que dans les patois au sud-est de l'aire finnoise proprement dite (Isthme de Carélie). Partout ailleurs, on n'entend que *θθ*, *tš*, *-tt-*, *-ss-* ou *-ht-*, cette dernière réalisation couvrant l'aire la plus étendue. Comme il est peu probable que l'on ait partout imité la prononciation de l'extrême sud-est, il est à supposer que le graphème *-tz-* a été prononcé *-ts-*, à l'instar de l'allemand *-tz-* par les clercs qui lisaient la Bible à haute voix soit pour eux-mêmes soit au cours des services religieux devant leurs paroissiens. S'il en a bien été ainsi, le *-ts-* qui caractérise la prononciation normale de la langue soutenue d'aujourd'hui, a été introduit arbitrairement dans le phonétisme de la langue. Il n'est pas le résultat d'une évolution phonétique mais d'une habitude de lecture.

Le rééditeur de la Bible, Henricus Florinus, s'est rendu célèbre par une autre publication, celle, en 1702, d'un recueil de proverbes finnois, le premier du genre, inaugurant par là une suite, qui devait être longue, de publications de ce genre. Le titre en est symptomatique : *Wanhain suomalaisten tawaliset ja suloiset sanan-lascut* « Proverbes coutumiers et amusants des anciens Finnois ». A vrai dire, il n'était pas l'inventeur de cette recherche car il avait été précédé dans cette voie par Laurentius Petri qui avait aimé en assaisonner parfois ses sermons. Néanmoins, il convient de retenir cette date de la publication du premier recueil de proverbes finnois parce qu'elle révèle que les membres du clergé, au contact de leurs paroissiens, commençaient à s'intéresser sinon au folklore du moins aux manifestations de la tradition populaire et cet intérêt allait grandir au cours des années à venir pour finir par dominer l'esprit de nombreux patriotes. Mais ce premier recueil, rassemblé sans aucune méthode ni sans le moindre souci de reproduire l'expression authentique des informateurs, est « normalisé » quant à la forme de la langue. Les mots sont habillés des graphies qu'ils auraient eues s'ils avaient figuré dans le texte de la Bible. Cela revient à dire que Florinus a traduit en finnois biblique le parler populaire. C'est à peine si les formes pleines se montrent plus fréquentes que celles élidées ou réduites.

L'édition Florinus de 1685 fut vite épuisée et les circonstances pénibles de l'époque ont fait qu'on n'en a retrouvé que très peu d'exemplaires. Aux alentours de 1730, le besoin fut ressenti de publier une troisième édition de la Bible, qui répondrait mieux aux nécessités du temps. Les représentants du clergé finlandais demandèrent aux États Généraux à plusieurs reprises des subsides en vue de cette réédition. Ce ne fut qu'en 1749 que les moyens nécessaires purent être réunis et la publication d'une 3e édition révisée fut confiée à l'archiprêtre Antti Lizelius qui avait montré beaucoup de zèle dans ses efforts pour faire admettre le finnois comme langue de l'Église. Il avait osé rédiger en cette langue les procès-verbaux des conseils de fabrique qu'il avait présidés et il devait bientôt publier la première gazette de langue finnoise, dont l'existence allait toutefois être éphémère.

Lizelius était originaire de Tyrvää, qui était situé dans l'aire des parlers du Häme. Il y avait vu le jour en 1758 et devait mourir à Mynämäki en 1795. Nous savons très peu de choses sur sa formation ni à plus forte raison sur ses conceptions en matière de langue finnoise. Sa révision apporta plusieurs nouveautés. D'abord il remplaça partout le *c* par *k* devant voyelle postérieure : *kartano* pour *cartano*, *kochta* pour *cohta*, etc. Ensuite, il nota la voyelle longue en syllabe non-initiale mais il ne le fit pas systématiquement : *rakenta* « (il) construit » à côté de *laittelee* « (il) prépare, (il) dispose ». Du point de vue morphonologique, il supprima les finales longues issues de contractions vocaliques : *neuwoa* « conseil » (partitif sg.) contre *neuwo* (lire : *neuvoo*), *wäkeä* « du peuple » contre *wäke* (lire *väkee*), etc. Il rétablit les voyelles finales élidées, notamment les *-a*/*-ä* des suffixes casuels : *maasa* « dans la terre », *templisä* « dans le temple », mais les finales en *-si* restèrent élidées : *tulis* « il viendrait » (pour *tulisi*), *olis* « il serait » (pour *olisi*), *sanas* « ta parole » (pour *sanasi*), etc. Çà et là, l'*-i* était rétabli alors que dans d'autres cas, la forme restait élidée. Continuant l'œuvre de purification du lexique, Lizelius a écarté à son tour plus d'un emprunt étranger. Il a remplacé par exemple un mot *krantzi* « couronne, guirlande » (suédois *krans*, allemand *Kranz*) par *seppele* (qui s'est maintenu) mais parfois il a introduit des substituts qui n'ont pas connu de succès : *parantaja* « guérisseur » pour *lääkäri* (suédois *läkare*, de *läka* « guérir »). Le calque était irréprochable mais il est vraisemblable que son emploi dans la langue populaire pour désigner le rebouteux ou le guérisseur a été un obstacle à son maintien en tant qu'équivalent du suédois *läkare* bien que le dictionnaire de Juslenius (1745) sur lequel nous reviendrons plus loin, le glose également « medicus ». Tout comme les réviseurs précédents, Lizelius a également changé tel vocable qui lui semblait impropre pour le remplacer par tel autre. Parallèlement, telle construction jugée étrangère a fait place à une locution paraissant plus « finnoise » mais il faut reconnaître que dans l'ensemble, cette Bible qui parut en 1758 ne renouvelait pas la langue. Celle-ci apparaissait plus étoffée et désormais marquée par cette « plénitude häméenne » *(hämäläinen täytelyys)* que vante Martti Rapola (*Suomenkielinen Proosa Ruotsin Vallan aikana*, p. 98). Comme le remarque justement cet auteur, la langue d'un Abraham Kollanius avait déjà un siècle plus tôt présenté ce même caractère et pour cette même raison que son auteur était lui aussi natif de l'aire des parlers häméens. Les sondages dont nous avons fait état plus haut ont montré à quel point la variété « häméenne » de la langue écrite différait de celle de la Bible et de la liturgie précisément par sa « plénitude », c'est-à-dire le maintien des voyelles terminales brèves. La variété dialectale (plus exactement la mixture de variétés dialectales) utilisée au début par les clercs qui ont les premiers noté le finnois par écrit et dont nous avons pu constater qu'Agricola s'était constamment inspiré, était une forme de langue phonétiquement plus évoluée et qui, par certains de ses traits, rappelle l'estonien. Les voyelles brèves finales étaient tombées non pas dans les formes primaires des mots, contrairement à ce qui s'est produit précisément en estonien, mais dans les formes élargies de suffixes ou de désinences. Ce sont ces morphèmes qui avaient été tronqués par l'usure phonétique. Les parlers du Häme n'avaient pas subi de semblable détérioration ; ils avaient conservé leurs voyelles brèves finales et l'on s'explique aisément qu'un Kollanius et un Lizelius aient trouvé plus « esthétiques » les mots à forme pleine par opposition à ceux qui devaient leur paraître tronqués et par conséquent plus vulgaires, plus négligés. La langue de la Bible, comme celle de la liturgie ne pouvait s'accommoder de cet état de choses. Elle se devait d'être solennelle, majestueuse, de « sonner plein », surtout que son usage n'était pas celui d'un vernaculaire quotidien. On la lisait à haute voix devant les fidèles et probablement aussi par-devers soi-même, dans le recueillement de la sacristie ou du cabinet de travail. Elle se scandait selon un rythme auquel on s'était accoutumé, comme l'a une fois de plus justement signalé Martti Rapola. Dans ces conditions, il est surprenant que les formes tronquées aient subsisté si longtemps dans le texte de la Bible et dans les textes utilisés pendant les services religieux. Ce maintien est dû sans nul doute au respect d'un texte archaïque, dont les particularités étaient appréciées comme quelque chose de vénérable. On en est venu à ce point que le lecteur des Bibles de 1642, 1685 et 1758 a pris pour anciennes des formes de mots qui étaient de faciès plus récent que celles par lesquelles on s'appliquait à les « renouveler ».

Mais la langue employée par écrit durant ce même temps avait-elle pris une autre tournure? Un examen, même rapide, de la plupart des textes connus de l'époque, convainc du contraire. Mais procédons par ordre.

En 1689 paraissait à Stockholm la deuxième grammaire attestée dans l'histoire de la langue finnoise, sous le titre *Hodegus Finnicus*, suivi de cet alléchant sous-titre : *Omnibus hanc linguam discere cupientibus valdè utilis* et dont le titre suédois était *Finsk Wägwisare* ou « Guide finnois ». Elle était l'œuvre d'un certain Matthias Martinius, natif du Häme où il avait vu le jour à Tuulos en 1665, et il devait finir sa vie comme curé de Hauho, non loin de là. Entre temps, après avoir fait ses études à Turku, il avait enseigné au lycée de Viipuri et connu même la captivité en Russie. Que révèle ou plutôt qu'enseigne cette « grammaire »? Elle reprend en gros ce qui se trouvait déjà dans celle de l'évêque Aeschillus Petraeus de 1649, quarante années auparavant. Toutefois, on y trouve d'entrée une innovation de taille : les gloses latines des mots finnois sont suivies (dans quelques cas même précédées) de gloses suédoises. C'est le signe que la langue suédoise s'était introduite profondément dans le milieu des Finnois instruits.

Les paradigmes, présentés selon la disposition adoptée par Petraeus et qui était celle de l'époque, contiennent en général des formes « pleines », c'est-à-dire que les suffixes sont terminés par leur voyelle brève quand il y a lieu mais, dans les exemples cités, ils se trouvent le plus souvent amputés de cette finale vocalique et même plus ou moins mutilés ou réduits. On lit ainsi *kädes* « dans la main » (p. 70), *osa asuwaisist* « une partie des habitants » (p. 72) qui contraste avec *puhdas vioista* « purus a scelere, reen ifrån Missgärning, pur de vices ». On lit aussi *elo* « de la vie » pour *eloa* (partitif sg.) à côté d'*istua* « être assis », *seisoa* « être debout », etc. A *pahasti* « mal » s'oppose *pahemmast* « plus mal » (p. 66) et *hyväst* « bien » (p. 85). Nous lisons côte à côte *me olemme anonet* « nous avons demandé » et *me olem lukenut (sic)* « nous avons lu » (p. 48). Le thème consonantique alterne avec le thème vocalique sans qu'on sache pourquoi : *cuningasna* « en tant que roi » mais *ruchtinana* « en tant que prince ». Des formes se coudoient, qui ressortissent à deux traitements distincts : *Turcuhun* « dans Turku » (illatif sg.) / *Turcun* (lire *Turkuun*) « id. », *luettapa* « à lire » / *luettawa* « id. » (part. présent passif), *lukein* « lisant » / *lukeden* « id. » (inf. II, cas instructif). On est surpris de découvrir certaines distinctions que la lecture des textes de l'époque ne confirme pas : *minun kirjan* « mon livre » mais *minun kirjani* « mes livres », *minun kirjani* « de mon livre » (gén. sg.), *minun kirjain* « de mes livres » (gén. pl.). L'allatif a pour suffixe tantôt *-lle*, tantôt *-llen* et il est expressément signalé qu'on emploie plutôt cet allatif en fonction de datif à la place du génitif. Il vaut mieux dire *Hän andoi minulle* « il m'a donné » (p. 83) que *Hän andoi minun* « id. », ce qui révèle que l'usage tendait à éliminer les formes en *-n* si fréquentes chez Agricola.

De tout cela, il apparaît que la langue enseignée par cet opuscule ne diffère pas de celle attestée dans la Bible de 1642. Elle n'est ni plus « pleine » dans ses formes ni plus homogène. Son auteur a beau être originaire du Häme, il ne fait que reproduire plus ou moins exactement la langue de la Bible.

A en juger pourtant par le contraste qui, comme chez son prédécesseur, éclate entre les formes mentionnées dans les paradigmes et celles figurant dans les exemples cités, on peut se demander s'il n'a pas néanmoins voulu indiquer comme une sorte de préférence pour les premières par rapport aux secondes. La norme informulée serait celle observée dans les paradigmes et elle se déciderait en faveur des formes « pleines ».

Ce qui le confirmerait dans une certaine mesure, c'est ce qu'écrit de son côté le pasteur Bertholdus Vhael (1667-1723) dans la grammaire éditée après sa mort par sa veuve en 1733 sous le titre *Grammatica Fennica* et dont le témoignage est d'autant plus précieux que l'auteur semble avoir mieux su pénétrer dans le système de la langue. Il se distingue avantageusement de ses prédécesseurs par la clarté de son exposé et l'exactitude de ses observations bien qu'il ne semble guère avoir saisi le mécanisme de l'alternance consonantique, par exemple.

Lui aussi communique des paradigmes « pleins » : *calasa* « dans le poisson », *calatta* « sans poisson », etc. Il maintient *-h-* intervocalique à l'illatif : *calahan* « dans le poisson », *caloihin* « dans les poissons » (forme actuelle). Il indique les variantes dialectales. Cette indication se limite d'ailleurs à signaler quatre dialectes : 1) celui d'Åbo *(Turku, Aboice)*, 2) celui de la côte *(maritimi)*, 3) celui du *Savo (Sawoice)*, 4) celui de Botnie *(Botnice)*. Ceci l'amène à formuler des remarques grâce auxquelles nous pouvons nous faire une idée approximative de ce qu'il concevait comme devant être les normes de la langue. Il note expressément (p. 15) que le dialecte de Turku « *excludit vocalem finalem* » des suffixes et désinences alors qu'il les indique lui-même formellement dans ses tableaux. Il ajoute que l'illatif sg. *calaan* est propre au dialecte de Turku, en face de *calahan* qu'il a fait figurer dans le paradigme avec le *-h-* que les autres dialectes intercalent (*reliquae dialecti interferunt* H) et il illustre cette règle des exemples *wetehen* « dans l'eau », *hirtehen* « dans la poutre, sur le gibet *(in truncum vel in patibulum)* ». Il semble donc réprouver les formes propres au parler de la région de Turku. Mais il n'approuve pas non plus d'autres formes qui appartiennent aux autres dialectes. Il propose pour sa part *osamme* « notre part » et *osanne* « votre part » alors qu'on dit à Turku *osam* et *osan*, en Savo *osanna* dans les deux cas. Par contre, il s'en tient à la désinence possessive de 2e personne du singulier du possesseur sous la forme *-s* qu'elle a adoptée à Turku et dans la Bible de 1642, tout en signalant qu'on dit *-si* en Savo et *-sti* en Botnie : *osasti* « ta part ». En revanche, pour ce qui est de la 3e personne, la désinence commune au possesseur singulier et au possesseur pluriel lui paraît être *-nsa/-nsä* alors que Turku (et la Bible) emploient *-ns* et le dialecte de Savo respectivement *-han/-hän* et *-sa/-sä* (*osahan* « sa part », *osasan* « leur part »), etc. Il ne veut pas non plus du suffixe d'allatif en *-llen* qu'il attribue au parler de Savo ; il condamne formellement l'emploi du degré faible dans les formes possessivées et présente en modèle : *poicani hamet* « la chemise de mon fils » *(tunica filii mei)* « non *pojani* », *wuoteni pää* « la fin de mon année » *(finis anni mei)* non *wuodeni* nec *wuosini* (p. 13), etc.

Pour ce qui est de la 3e pers. sg. du présent de l'indicatif et du potentiel, il signale qu'elle est exprimée assez souvent par *-pi* (*saepius tamen exprimitur* : RACASTAPI « il aime ») et il indique un détail qui a son importance, à savoir que les formes de la 3e personne du pluriel du prétérit se construisent en *-ivat/-ivät* dans le parler du Savo alors qu'il propose pour sa part le maintien des formes occidentales en *-it* (*racastit* « ils aimèrent »). Fidèle à son idéal de la « plénitude », il recommande de construire les formes de passif avec *-h-* alors qu'on se contente de la voyelle longue à Turku (*racastetahan* au lieu de *racastetaan* « on aime », qui est la forme d'aujourd'hui). Il en est de même pour les participes passés actifs : *säästänehet* « ayant épargné », *maxanehet* « ayant payé », etc.

Deux ou trois remarques ne laissent pas d'intriguer. On lit ainsi que si la 3e pers. pl. du prétérit est en *maxoit* « ils payèrent », *luulit* « ils crurent », par contre celle du verbe *säästää* « épargner » serait en *säästivät* « ils épargnèrent » (p. 81) et qu'on emploierait soit *särkiwät* soit *särjit* « ils brisèrent » (de *särkeä* « briser ») (p. 84).

Ainsi, Vhael prend plus nettement position en matière de régulation de la langue. Mais il ne va pas toujours non plus jusqu'au bout. Il préfère qu'on dise au conditionnel *maxaisi* « il paierait » plutôt que *maxais* mais il continue à dire *osas* « ta part » au lieu d'*osasi*. Tout en dénonçant comme un dialectalisme la douce sourde après nasale ou liquide dans les groupes *mb*, *nd*, *ld*, *rd*, il continue à écrire *kieldä* « de la langue (partitif sg.) alors qu'il présente dans ses paradigmes, les suffixes casuels *-lta/-ltä* de l'ablatif » et non plus *-lda/-ldä* comme le faisait encore Matthias Martinius quarante ans plus tôt. Et s'il mentionne une forme *wene* « canot » en face de *weneh* « id. » qu'il dit être du Savo, il emploie par contre une autre forme, en *-t* (*hamet* « tunica, chemise »), qui ne peut passer que pour une variante dialectale « botnienne ». Il signale comme propres au parler de Turku les contractions vocaliques du type *-oa* > *-oo*, *-ua* > *-uu*, *-eä* > *-ee*, etc. qui affectent les désinences des partitifs et des infinitifs brefs et qu'il remplace par les formes non contractées mais il hésite entre la douce sourde et l'occlusive sourde dans le cas, par exemple, des comparatifs qu'il écrit tantôt en *-mpi* tantôt en *-mbi* : *parembi* « meilleur », *sywembi* « plus profond » mais aussi *mustempi* « plus noir » et, détail caractéristique *matalempi (sic)* vel *matalembi (sic)* (p. 28).

Parmi les observations formulées dans ce petit livre, il en est une qui retient l'attention, c'est celle qui a trait à la présence des voyelles longues en syllabe non-initiale dans le parler de Turku. Constamment il nous est indiqué que les formes d'illatif, de passif, et certaines de génitif singulier, sont caractérisées par une voyelle longue issue de la contraction des voyelles séparées par *-h-* dans les autres dialectes *calaan* « dans le poisson » *(calahan)* (illatif sg.), etc. Ceci va à l'encontre de l'opinion souvent exprimée selon laquelle les parlers du sud-ouest auraient perdu toute longue dans les syllabes non-initiales déjà au XVIIe siècle ! Il est vrai que les 3es personnes du singulier du présent de l'indicatif sont écrites avec une brève (ou si l'on préfère avec un seul caractère) : *sano* « (il) dit », *särke* « (il) brise », etc. (p. 84), qui contraste à la fois avec les formes correspondantes indiquées pour le potentiel (p. 85) : *sanonee* « il pourrait dire », *särkenee* « il pourrait briser » et avec la forme portée au paradigme du verbe *säästää* « épargner » (p. 80) où nous lisons *säästää* « il épargne », *maxaa* « il paie », mais *luule* « il croit, il pense ». Ces discordances, qu'elles soient dues à l'auteur lorsqu'il a rédigé lui-même sa grammaire ou qu'elles se soient introduites après sa mort, lors de l'impression de l'ouvrage, n'en demeurent pas moins très suggestives. Elles rappellent que la langue n'était pas encore fixée et que l'usage devait comporter en réalité plus de variantes qu'il n'en apparaît dans l'exposé plus systématique qu'est forcément celui d'une grammaire dont l'intention normative est indéniable.

Douze ans plus tard, en 1745, paraissait l'« Essai d'un vocabulaire de la langue finnoise » *(Suomalaisen Sana-Lugun Coetus)* de Daniel Juslenius. Ce prélat (1676-1752), évêque de Porvoo (Borgå), s'était alors réfugié en Suède où il occupait le siège épiscopal de Skara après avoir parcouru une brillante carrière qu'avait interrompue l'invasion russe de la Finlande. Il avait enseigné à l'université de Turku l'hébreu et le grec, puis, lors d'un premier exil, l'éloquence et la poésie au collège de Vesterås, et s'était acquis une grande autorité par ses publications. Sa thèse avait traité de l'histoire de la ville de Turku (*Aboa vetus et nova*, 1700). Il avait ensuite soutenu (1703) une deuxième thèse consacrée à une sorte de « défense et illustration des Finnois » (*Vindiciae fennorum*) puis il avait rédigé un essai de comparaison entre le finnois et l'hébreu, etc. Ce « Vocabulaire » est le premier lexique proprement finnois. Il est trilingue puisque les mots finnois sont glosés en latin et en suédois. Il s'agit plus précisément d'une liste alphabétique de mots groupés d'après l'étymologie de telle sorte que le mot primaire servant d'entrée est suivi de ses dérivés parmi lesquels certains sont probablement fabriqués de toutes pièces, comme les infinitifs passifs construits sur chaque thème verbal. Les dimensions de l'ouvrage sont importantes : 568 pages grand in-octavo, qui contiennent dans les 16.000 mots. C'est considérable et pourtant on a pu noter qu'une partie des vocables utilisés dans la traduction de la Bible n'y figurait pas et bien d'autres lacunes s'y constatent. Néanmoins, on est en présence du premier recueil important des éléments lexicaux de la langue.

Pour ce qui est de l'orthographe, Juslenius s'est conformé à l'usage de son temps, non sans faire observer dans sa préface en latin que certaines graphies n'étaient pas très rationnelles. Il déclare notamment qu'il est superflu d'employer *c* devant voyelle sombre alors que *k* suffirait (C *certe supervacaneum est, cum ejus locum* K *apte supplere posset*) et que l'*x* n'est prononcé que comme un *ks* (*sonus* X *per* KS *edici*). Les indications que sa préface contient au sujet de la prononciation sont précieuses. C'est ainsi qu'il décrit de la façon suivante la prononciation du phonème noté par *tz* : *productum lingva dentibus interposita* et il le compare au *th* des Anglais, mais il ne dit pas si nous avons affaire à une spirante simple ou à une géminée, comme le supposent les théoriciens finlandais.

Au demeurant, les vocables consignés dans ce lexique présentent la forme de ceux attestés dans la Bible et dans une partie des textes de l'époque. L'auteur avait lui-même comme parler maternel une variété de dialecte du sud-ouest, mais surtout il était sous la domination de la langue biblique, ce qui n'est que très explicable de la part d'un ecclésiastique doublé d'un universitaire.

Le dépouillement, même très partiel, des publications de la période allant de la fin du XVIIe siècle aux dernières années du XVIIIe siècle ne fait pas apparaître de changement considérable dans la manière dont la langue écrite est utilisée. A cet égard, la comparaison entre 3 versions successives des directives rédigées à l'intention des juges, qui constituent une sorte de code de la procédure à la fois civile et pénale, est très instructive. Il s'agit des traductions d'un même passage de ce code, datant respectivement de 1648, 1738 et 1759, la première étant l'œuvre d'Abraham Kollanius dont il a déjà été question plus haut et les deux autres émanant de Samuel Forseen (1686-1744) qui avait fait une carrière d'auxiliaire de la justice et d'administrateur. Un même trait caractérise avant tout ces trois versions : leur servilité par rapport à l'original suédois ; elles fourmillent de constructions qui ne sont que de purs décalques. Ce qui les oppose par contre entre elles, c'est la fréquence relative des formes « pleines » et des formes « élidées ». Alors que le passage traduit par A. Kollanius ne comprend que 2 mots élidés (*näkyis* « paraîtrait » et *sois* « accorderait, conférerait »), on en relève 20 dans la première traduction Forseen, dont *näkyis* mais seulement 9 dans le remaniement qui en a été fait (et imprimé) en 1759. Le même conditionnel *näkyis* y figure aussi alors que les formes *kirjas* « dans le livre », *paicas* « dans le lieu, la place », *omas asiasans* « dans sa propre cause », *ruumillans* « avec son corps », *wapaudens* « sa liberté », sont respectivement remplacées par *kirjasa*, *paicasa*, *omasa asiasansa*, *wapaudensa*, etc. Comme on le voit, les formes élidées se raréfient progressivement. Parallèlement le recueil de sermons publié de 1747 à 1749 par le pasteur Juhana Wegenius fourmille de formes élidées : *sinun syndis* « ton péché », *meidän elämäm* « notre vie », *teidän sydämmen* « votre cœur », *Hänen Ylösnousemisens* « Sa Résurrection », *käwis* « irait », *Maa järis* « la terre trembla » (mais un peu plus loin : *hän järisi* « il trembla » et *Teidän Jumalanne* « votre Dieu »). De même on lit *sormee* « du doigt » (partitif sg.) qui est caractéristique du dialecte de Turku (= *sormea*) et le degré faible apparaît devant les diphtongues en *-i* : *tahdoi* « il voulut », *tapahdui* « il advint » mais *repeis* « il se déchira ». La graphie est souvent inconséquente : *teke* « il fait » mais aussi *tekee* « id. ». Des dialectalismes se dissimulent même peut-être sous ces inconséquences. On lit ainsi d'une part *malat* « les poutres » (de *malka* « poutre ») et d'autre part, dans la même tournure, *malaat*, ce qui laisse supposer qu'on a affaire au traitement dialectal du type *jalka* « pied » / *jalaat* (la langue normale d'aujourd'hui ne connaît que *jalka*/*jalat* dans les deux cas). A moins de supposer que l'auteur s'est servi successivement de deux formes dialectalement distinctes !

La langue d'Antti Lizelius, qui avait été le réviseur des éditions de 1758 et 1776 de la Bible, n'est pas moins bigarrée quand il écrit, par exemple dans la première gazette parue en langue finnoise en 1776 (*Suomenkieliset Tietosanomat* « Informations en langue finnoise »). On lit ainsi : *wiimeises Joulu kuusa* « dans le dernier mois de décembre » où le cas inessif est représenté d'un côté par *-s* et de l'autre par *-sa*, c'est-à-dire le suffixe casuel non élidé. Les longues ne sont qu'inégalement notées par l'écriture dans les syllabes non initiales : *raikaseen* (= *raikkaaseen*) « dans le frais » (illatif sg. de *raikas*), *tehdän* « on fait, il est fait » (= *tehdään*), *pakotta* « il force, il contraint » (= *pakottaa*), mais *kuiwaa (kortta)* « (de l'herbe) sèche », mais *mennenä wuonna* « l'an passé » (= *menneenä vuonna*), *wanhudesta* « de vieillesse » (= *vanhuudesta*), etc. Le degré faible apparaît devant les diphtongues en *i* : *otais* « prendrait » (= *ottaisi*), *ruveja* « des escarres, des gerçures » *(rupi)*, *annoi* « il donna » (mais *tapoja* « des manières, des coutumes », *tottui* « il s'habitua », etc.). On relève ainsi côte à côte : *taidais* « il pourrait » (= *taitaisi*) et *taittais* « il se pourrait, on pourrait » (= *taitaisi*), etc. Généralement, le groupe *-ea-/-eä-* est traité en *-ia-/-iä-*, mais on bute néanmoins sur une forme *sokeesti* « aveuglément », par exemple. Le prétérit de la 3e pers. pl. est en *-it* mais on rencontre un *saiwat* « ils reçurent, ils obtinrent » à côté de plusieurs *sait* « id. ». La désinence de la 1re pers. pl. des verbes est le plus souvent en *-mme*, ce qui n'empêche pas qu'on tombe çà et là sur des formes en *-mma/-mmä* : *tahdomma* « nous voulons (à côté de *tahdomme*), *jätämmä* « nous laissons ». A cela s'ajoutent quelques dialectalismes : *hejän* « d'eux, d'elles » (= *heidän*), ce qui nous fait revenir à l'état de choses constaté du temps d'Agricola. Le groupe *-nk-* semble soustrait à l'action de l'alternance consonantique : *aurinkon nousemus* « le lever du soleil », *kuninkas* « roi » / *kuninkan* « du roi » (lire *kuninkaan*), *kaupunkit* « les villes » (= *kaupungit*), *sanken* « très » (= *sangen*), etc. Le groupe *-lk-* a pour degré faible *-lv-* dans *halvot* « bûches » (singulier nominatif *halko*). Il en est de même pour le groupe *hk* : *tahwotan* « on oint, on frotte » (= *tahkotaan*). Si l'on en juge par la graphie, le *-k-* entre deux voyelles claires avait encore pour degré faible un *-j-* au moins dans certains mots : *näjit* « ils virent ». Mais ces « dialectalismes » épars se heurtent à d'autres formes qui reflètent l'état de langue de la Bible. A côté de *sanken* « très » on trouve en effet *sangen* aussi !

La situation ne se modifie guère dans les années qui suivent. Il suffit de jeter un coup d'œil sur les écrits des dernières années du XVIIIe siècle pour s'en convaincre. Si l'on lit par exemple ceux de Kristfrid Ganander (1741-1790), qui était natif d'Ostrobotnie, notamment ses contes choisis (*Uudempia uloswalituita satuja*, 1784), on retrouve les mêmes inconséquences, plus ou moins fréquentes selon la nature du texte. Les formes élidées ne sont pas rares (*Grekan kieles* « en langue grecque », *heillens* « à eux-mêmes », *wastais* « répondit », *olis* « serait », *rohkenis* « s'enhardirait ») et le *-h-* intervocalique se trouve maintenu çà et là : *lapsihin* « dans les enfants » (illatif pluriel = *lapsiin*), *ylösajatellehet* « ayant inventé, imaginé » (mais *antanet* « ayant donné »). Des formes de frappes différentes sont employées tour à tour : *toiselleen* « à l'autre » à côté de *toiselle*, *itensä* « lui-même » à côté d'*itsiänsä* « id. ». Le *-t* du participe passé actif tombe parfois : *ei se ollu madhollinen* « ce n'était pas possible », *kuollu ruumis* « un corps mort », etc. On relève une désinence *-tta* dans *tahdotta* « vous voulez », une 3e personne du singulier de l'impératif en *-kään* (*lähtekään* « qu'il jaillisse ») à côté d'autres en *-koon* (*polttakoon* « qu'il brûle »). On bute sur un participe passé passif pluriel *kokoonpandut* « rassemblés » (*kokoonpannut*). Le verbe de négation est toujours employé au singulier avec un sujet au pluriel : *sitä ei he taida eikä enimmitten tahdo sallia* « ils ne peuvent pas et ne veulent plus le permettre ». Les groupes *mb* et *nd* sont très souvent maintenus : *eläinden* « des animaux » (génitif pl.), *luondo* « création, nature », *oppineimbain* « des plus savants » (gén. pl.) (mais *parempi* « meilleur », *eluisampi* « plus avantageux », etc.). Il est inutile d'insister sur le caractère composite d'une semblable langue, surtout si l'on songe qu'elle a été employée de cette façon par un ecclésiastique dont le parler maternel était empreint, au moins à l'origine, de traits passablement différents de ceux qui caractérisent les parlers du sud-ouest.

De quelque côté que l'on se tourne, c'est donc la diversité que l'on rencontre, non seulement d'un auteur à l'autre mais dans la langue d'un même écrivain ou d'un même usager. Tel exposé d'un Almanach de 1765 fourmille de formes d'illatifs singuliers en *-h-* : *wetehen* « dans l'eau », *wiluhun* « dans le froid » mais ne note pas ce phonème quand il s'agit d'autres formes analogues. On relève ainsi les inconséquences suivantes dans la graphie d'un seul et même membre de phrase : ... *se on totisesti alcu ja syy ollut monihin cowin ja cuolettawaisin tautein, nijncuin pistoxijn ja täkytautijn* « ... cela a été en vérité le début et la cause de bien des maladies graves et mortelles comme la pleurésie et la phtisie ». Le suffixe d'illatif pluriel a été, comme on le voit, noté successivement en *-hin*, *-in* et *-ijn*. Même inconséquence dans la graphie des formes de pluriel du participe passé actif : *cuolleet* « morts » mais *tottunet* « habitués, accoutumés », dans celle du partitif sg. *wahwa ruocaa* « de la nourriture forte ». Des formes élidées surgissent çà et là : *heidän polwens* « leurs genoux », *hänen... tahtoisans* « dans sa volonté » mais *heidän jäsenensä* « leurs membres », etc.

Certes, l'hétérogénéité varie, si l'on peut dire, de dosage d'un usager à l'autre, probablement au gré du substrat dialectal ou de circonstances qui nous échappent aujourd'hui, faute de connaître les conditions exactes où ces textes ont été rédigés. On sent à travers ces discordances la perpétuelle présence du texte de la Bible dont nous savons qu'il avait à peine changé d'une édition à l'autre. C'est ainsi qu'une forme *lugusa* « dans le chapitre (d'un livre) » semble bien être un archaïsme et peut-être même que sa prononciation a été très différente de celle suggérée par la présence du *-g-*. On se représente assez volontiers que ce *-g-* dissimule un *-v-* qui est celui de la prononciation actuelle *(luvussa)* mais ce n'est pas sûr, car il se peut aussi que le *-g-* ait été lu autrement dans ce mot particulier alors que, dans d'autres vocables, il avait disparu ou été remplacé par un *-v-*. C'est, semble-t-il, le cas du degré faible de *-k-* dans le groupe *-lk-*. Nous lisons ainsi dans un texte de Juhana Frosterus (1720-1809) *jalwoillansa* « sur leurs jambes » (= *jaloillansa*). On relève ailleurs, dans un almanach de 1765 *aiwomme* « nous avons l'intention » (= *aiomme*). Dans un autre almanach, de 1767 celui-là, nous trouvons le génitif singulier *hauwin* « du brochet » *(hauki)* (aujourd'hui on emploie *hauen* dans la langue normale), etc.

D'autres traits s'ajoutent à ce tableau. Le vocabulaire comprend encore pas mal de mots d'emprunt « mal digérés » tels que *klasi* « verre » (devenu *lasi*), *duomari* « juge » (= *tuomari*), *klook* « avisé, intelligent » (suédois *klok*, allemand *klug*), *christitty* « chrétien », *christillisys* « christianisme », *medicamenti* « médicament », *recepti* « ordonnance (médicale) », etc.

Les décalques se multiplient : *peräänajatus* « réflexion » (suédois *eftertanke*, allemand *Nachdenken*), *päälle tarkoitus* « intention » (suédois du XVIIIe siècle : *påsyfflande*), *ylösajatella* « inventer, imaginer » (suédois *upptänka*), *suurennus klasi* « verre grossissant » (suédois *förstoringsglas* = all. *Vergrösserungsglas*), etc. Un certain nombre de ces formations étaient évidemment incompréhensibles à quiconque se trouvait incapable d'aller chercher leur motivation dans la langue étrangère qui en avait fourni le modèle. Il en était de même pour bon nombre d'autres néologismes, plus ou moins dérivés de vocables du cru, mais dont l'acception était nouvelle et ne pouvait apparaître qu'à des gens initiés au concept qu'ils étaient chargés de supporter. Mais cet effort poursuivi dans l'intention d'enrichir le lexique et de l'alléger d'un apport excessif d'éléments étrangers souvent difficiles à assimiler phonétiquement, n'empêchait pas les mêmes hommes de transplanter dans leur langue maternelle des constructions et des tournures qui leur étaient devenues familières en suédois, en allemand comme aussi en latin et même parfois en français. C'est que le XVIIIe siècle avait affermi l'emprise de l'administration suédoise sur le pays ; un nombre de plus en plus grand de personnes de toutes classes s'était mis à s'exprimer en suédois et, surtout on vivait, notamment dans les agglomérations urbaines et dans les milieux instruits comme aussi dans certaines branches de l'activité économique, « à la suédoise ». Les notions par lesquelles s'exprimait la vie de tous les jours correspondaient à des habitudes ou à des institutions suédoises et l'on était amené à penser inconsciemment selon les catégories de la langue suédoise. Même chez ceux qui étaient réputés connaître le plus sûrement leur finnois, on bute à chaque page sur ces articles définis et indéfinis qui n'ont que faire dans cette langue, sur des passifs, sur des tournures absolument contraires à l'usage autochtone : *se on paljota parembi, että poisjättää sencaldaisen wahingollisen pesemisen kylmäsä wedesä* « Il est bien mieux d'abandonner ce genre de lavage nuisible à l'eau froide » *(det är mycket bättre att bortlämna ett sådant skadligt tvättande i kallt vatten)*. La construction *att*+infinitif du suédois a été tout simplement décalquée en *että*+infinitif I bref : *se on wahingollinen, että syxyillä* MAATA *ilman suojatta* « il est nuisible de coucher en automne sans abri » *(att ligga)*. Le nombre de verbes transitifs construits avec un complément d'objet pronominal pour rendre les verbes réfléchis du suédois et de l'allemand est impossible à déterminer, tellement ce « xénisme » est fréquent : *huwitta itziensä* « il s'amuse » (suédois *han roar sig*), *rijsuwat itzensä* « ils se déshabillent » *(avkläda sig)*. On lit ainsi encore : *Ihmellinen on se wäki ja kiiret jolla yxi lindu ilmasa itzensä syöstä* « Il est merveilleux de voir la force avec laquelle un oiseau dans l'air s'élance ». Cette petite phrase extraite d'un texte de Juhana Frosterus ne contient pas moins de 4 fautes : l'article *se* « le », l'article indéfini *yxi* « un », le syntagme *lindu ilmasa* « oiseau dans le ciel » *(en fågel i luften)* et enfin *itzensä syöstä* « s'élance » qui se dirait aujourd'hui *syöksähtää lentoon* « prend son essor » (*störta sig* que Cannelin, dans son dictionnaire suédois-finnois rend encore par *syöstä itsensä*, *syöksyä*!).

De tels exemples pourraient être multipliés indéfiniment et on en relève chez tous ceux qui ont écrit en finnois au cours de ce siècle de telle sorte qu'à l'orée du XIXe siècle, la langue écrite se présente dans un état de confusion qui l'expose à tous les risques. Ce qui ne veut pas dire qu'elle était insuffisante ni hors d'état de faire face aux besoins d'expression du temps. Il suffit de prendre connaissance, par exemple, de la gazette de Lizelius pour se convaincre aussitôt que le finnois de 1776, en dépit de son hétérogénéité et de ses « xénismes », peut et sait exprimer ce que le suédois et l'allemand de la même époque savaient exprimer de leur côté.

Aucune ambiguïté n'entache ce qui est communiqué ; la pensée est clairement formulée et, dans les cas extrêmes, un emprunt ou un décalque vient sauver la situation. Mais un pareil état de choses est celui de bien des langues de par le monde et non des moindres. Sans doute, la littérature finnoise de cette fin du temps des « lumières » est assez indigente quant à son contenu. Elle consiste, en dehors des textes liturgiques ou de l'Écriture, en homélies, sermons, récits édifiants de toutes sortes et, par le truchement des almanachs et de menus traités pratiques, en une sorte de littérature sommaire destinée à répandre dans la population rurale les notions de ce qu'on a appelé plus récemment la *Basic Education* : rudiments d'hygiène, conseils simples aux agriculteurs, notions générales d'instruction primaire. Tel était le niveau de ce qui était profane, le reste ressortissant plus ou moins directement et plus ou moins complètement à la religion et à l'exercice du culte luthérien. La langue écrite de la fin du XVIIIe siècle était et restait une langue cléricale, timidement étendue à l'expression de données profanes des plus élémentaires. Il ne se pouvait donc pas qu'elle n'allât pas au-devant d'une crise et c'est ce qui devait se produire dès les premières années du siècle nouveau.

Cinquième partie

LA LANGUE DE LA TRADITION POPULAIRE

Tandis que la langue écrite, toute cléricale, se développait comme nous venons de le décrire brièvement, la langue parlée poursuivait son cheminement plus ou moins obscurément puisque les documents que nous possédons à son sujet se réduisent à peu de choses. Essentiellement, elle consistait en une variété de formes dialectales dont les isoglosses divergeaient plus ou moins selon les cas. En gros, les parlers finnois de ce secteur plus particulier du domaine fennique compris entre le Golfe de Botnie, le Golfe de Finlande et les vastes étendues de forêts et de landes de l'est et du nord-est, se divisaient en deux groupes principaux : les parlers d'ouest et ceux de l'est. A vrai dire ce classement a été opéré en fonction de critères surtout phonétiques. C'est ce qui ressort des études publiées sur les dialectes de Finlande. C'est ainsi que le premier critère choisi a été celui du traitement du degré faible de *-t-*. On sait que ce degré faible était représenté en fennique commun par la spirante dentale sonore *-δ-*. Or cette spirante, nous l'avons vu, s'était maintenue dans la variété dialectale, fort composite d'ailleurs, qui a servi de fondement à la langue écrite, où les anciennes notations semblent assez claires : *dh* et *d*, correspondant à la notation du phonème correspondant en suédois de la même époque. Par la suite, les choses allaient changer. A l'est, la spirante s'est tout simplement amuïe et c'est l'état qui se trouve attesté par le témoignage de mots tels que *pata* « pot, marmite », génitif singulier *padan* d'une part et d'autre part *pa'an*, *paan*. On a de même *vesi* (thème *vete-*) « eau », gén. sg. *veden* d'une part et de l'autre *ve'en*, *veen*, etc. Mais à l'ouest, les choses ne se sont pas maintenues longtemps dans cette situation. Le *-δ-* a évolué soit en *-r-*, soit en *-l-* et est passé même à *-d-*, c'est-à-dire à une occlusive dentale sonore, sous l'effet de l'écriture et aussi de l'enseignement. L'ancienne spirante n'a subsisté que dans une enclave très exiguë, à l'extrême sud-ouest. Par contre, à l'est, le zéro ne pouvait guère donner de développements ultérieurs, encore que le hiatus entre la voyelle qui le précédait et celle qui le suivait n'ait pas toujours abouti à une longue mais suscité des consonnes adventices qui ont plus ou moins comblé le vide que l'amuïssement du -*δ*- avait pu laisser. On a vu ainsi surgir des -*v*-, des -*j*- ou des -*h*- qui ont servi à maintenir la division syllabique. Un deuxième critère a été cherché dans le traitement de ce que l'orthographe actuelle de la langue écrite note par *ts*. La prononciation courante de la langue normale consiste désormais à articuler deux phonèmes *t*+*s* séparés par la limite syllabique : *metsä (met(sä))* « forêt ». Une prononciation analogue n'est en réalité constatée qu'à l'extrême sud-est du domaine et, partout ailleurs, ce qui répond au groupe -*ts*- est passablement hétéroclite. On trouve, dans un secteur très réduit sur la côte du Golfe de Botnie une spirante sourde du type -*θ*-, géminée, soumise ou non à l'alternance consonantique. Cette prononciation en *meθθä* (avec, dans un tout petit rayon, l'alternance *meθθä*/*meθän*) répond à l'état de langue signalé par Juslenius dans la préface de son Essai d'un vocabulaire finnois, ainsi que nous l'avons remarqué plus haut. Une troisième réalisation est celle en -*ss*- : *messä* « forêt » avec ou sans alternance consonantique (dans ce dernier cas le degré faible est réduit à la sifflante sourde simple *mesän* « de la forêt »). On trouve ailleurs -*tt*- (alternant dans certains secteurs au degré faible avec -*t*-) : *mettä* « forêt » / *mettän* ou *metän* « de la forêt ». C'est l'état des parlers occidentaux alors qu'à l'est, on rencontre -*ht*- qui, selon les régions, est ou n'est pas soumis à l'alternance consonantique : *mehtä*/*mehtän* ou *metän* ou *mehän*. Une troisième isoglosse sépare le groupe ouest du groupe est, c'est celle représentée par le traitement du groupe -*lk*-. On sait que dans la langue normale d'aujourd'hui, ce traitement n'est pas non plus uniforme et les discordances rencontrées résultent précisément des différences qui opposent sur ce point les dialectes. A l'ouest, *lk* devant voyelle claire a donné -*lj*- : *jälki* « trace » / *jäljet* « les traces » et -*lv*- devant voyelle sombre : *halko* « bûche » / *halvot* « les bûches ». Parallèlement, le groupe -*rk*- a formé son degré faible en -*rj*- devant voyelle claire : *kärki* « pointe » / *kärjet* « les pointes ». On a eu de même *nälkä* « faim, famine » / *näljän* « de la famine » et *märkä* « humide » / *märjät* « humides ». Devant -*a*, le traitement a été différent : *jalka* « pied » / *jalaat* « les pieds », *sarka* « champ » / *saraat* « les champs », etc. En face de ces traitements, les dialectes de l'est opposent le degré zéro à *k* : *jälki* / *jälet*, *nälkä*/*nälät*, *märkä*/*märät*, *kärki*/*käret*, *halko*/*halot* (en face de *halvot* à l'ouest), *jalka*/*jalat*, etc.

Une quatrième différenciation s'est introduite entre l'est et l'ouest. Dans ce dernier secteur, les groupes *kl*, *kr*, *pl*, *pr*, *tr* se sont réduits à la seule liquide *l* ou *r* par suite de la vocalisation de l'occlusive qui précédait : *kakla* « cou » / *kaula*, *nekla* « aiguille, épingle » / *neula*, *kakra* « avoine » / *kaura*, *nakris* « rave » / *nauris*, *atra* « charrue » / *aura*, *kupla* « bulle, vessie natatoire » / *kuula*, *kopra* « poing, poignée » / *koura*, etc. Le groupe *tv*, conservé tel quel à l'est, est passé à l'ouest à *-δv-* d'abord puis a suivi à partir de là le développement pris par *-δ-* dans les parlers occidentaux : *latva* « cime (d'arbre) / *laδva*, *ladva*, *larva*, *lalva*.

Pour ce qui est des voyelles, elles se sont maintenues de part et d'autre mais les diphtongues qu'elles avaient formées ont eu des destins différents. Nous avons déjà vu que les anciennes longues *oo*, *öö*, *ee*, dont la trace subsistait encore, au moins graphiquement, dans la langue écrite du XVIe siècle, s'étaient scindées de bonne heure en *uo*, *yö*, *ie*. La diphtongaison a atteint les autres longues à l'est : *aa* est passé à *oa (maa* « terre, sol, pays » > *moa*, *jää* « glace » > *jeä)*. Seules les longues *uu/yy* n'ont pas bougé. Ce phénomène s'est déroulé tôt au Moyen Age et on a pu faire remarquer que son isoglosse se superpose à la ligne de démarcation tracée par le traité de Pähkinäsaari (1329) entre la Suède et Novgorod. Les territoires de la zone d'influence russe ont étendu la diphtongaison alors que les autres ne l'ont pas achevée. Ce qui s'est passé à l'ouest par la suite n'a concerné que les trois diphtongues déjà formées, qui se sont ouvertes en *ua*, *yä*, *iä* ou *ia*.

Les linguistes finlandais ont procédé à de nombreuses investigations pour rendre compte des changements phonétiques intervenus au cours des siècles dans les différents dialectes, car ils ont distingué tant à l'est qu'à l'ouest plusieurs subdivisions dialectales. Leur classement, tel qu'il est généralement adopté aujourd'hui, reconnaît 7 groupes de parlers qui sont, en partant de l'extrême sud-ouest les suivants : 1) les parlers du sud-ouest, 2) les parlers du Häme, 3) ceux d'Ostrobotnie, 4) du centre et du nord de la Botnie, 5) du Nord, 6) du Savo, 7) du sud-est.

Naturellement, comme toujours en matière de dialectologie, il apparaît que les isoglosses relevées sur le terrain ne coïncident pas avec cette subdivision dans bien des cas. Il y a des enjambements, des empiètements et aussi des enclaves mais il n'est pas de notre propos d'entrer ici dans un examen détaillé des données dialectologiques finnoises. Nous ne retiendrons de ces faits que ceux qui sont susceptibles de jeter quelque lumière sur le développement de la langue écrite et ultérieurement sur celui de la langue parlée issue de la forme écrite de la langue. A cet égard, les formes dialectales de la morphologie sont d'un bien plus grand intérêt encore que les variations phonétiques. C'est ainsi que le suffixe casuel de l'inessif est en *-ssa/-ssä* à l'est, avec un saillant qui pénètre profondément dans la ligne de démarcation des dialectes orientaux et occidentaux, laquelle va, en gros, de Kotka sur le Golfe de Finlande à Kokkola sur le Golfe de Botnie. On dit partout dans cette aire : *maassa* « par terre, dans la terre », *kylässä* « dans le village ». Au sud-ouest, on ne trouve plus qu'-*s* : *maas*, *kyläs*. Entre les deux aires on rencontre le suffixe à sifflante simple : *maasa*, *kyläsä*. On a vu qu'au XVIe siècle, et plus particulièrement dans les écrits d'Agricola, les trois types suffixaux étaient représentés, inégalement il est vrai, autant qu'on en puisse juger à travers les inconséquences de la graphie. Le cas des formes de 3e personne du singulier du présent de l'indicatif n'est guère moins typique. A l'est, on trouve une désinence -*pi* après monosyllabe et -*vi* dans les autres cas. Le -*pi* a disparu de bonne heure après monosyllabe dans les parlers de l'ouest mais par contre il a affecté encore longtemps les formes dissyllabiques et polysyllabiques ainsi que nous l'avons vu déjà. Par contre, parallèlement, les mêmes 3es personnes apparaissent avec une simple finale vocalique (*racasta* « il aime », etc.) dont la graphie ne nous permet pas de restituer à coup sûr la prononciation puisque de temps en temps, le signe de la longueur (redoublement du caractère notant la voyelle) peut laisser supposer qu'il s'est agi d'une finale longue. On relève côte à côte *teke* « il fait » et *tekee* « id. », cette dernière graphie correspondant à la fois à l'orthographe et à la prononciation normale modernes. Beaucoup d'autres traits divisent ainsi les dialectes sans qu'il soit toujours possible, faute de monuments anciens, de déterminer si l'on a affaire à une variance ancienne ou simplement à un développement tardif. Nous examinerons ces problèmes dans le détail quand il y aura lieu, et seulement dans la mesure où leur connaissance permet d'éclairer ce qui s'est passé dans l'évolution de la langue commune.

La poésie finnoise.

C'est par le canal de la poésie que la tradition populaire a réussi à s'introduire dans le développement historique de la langue écrite. Mais ce processus ne s'est amorcé que lentement. En effet, les premiers vers en langue finnoise parvenus à notre connaissance sont ceux qu'avait composés Agricola. Or ces vers, qui sont inspirés de bonnes intentions mais auxquels fait défaut l'inspiration poétique, ont été construits selon une métrique étrangère. Plus précisément, ce sont des vers imités des vers allemands dits *Knittelverse* qui étaient alors à la mode en Allemagne et dont s'est servi entre autres le célèbre Hans Sachs. Pour sa part Agricola, qui avait connaissance qu'il existait de son temps une poésie populaire, s'est bien gardé d'y puiser des règles de métrique. Il considérait cette poésie comme une sorte d'émanation du diable ou en tout cas comme l'expression d'un paganisme contre lequel il voulait lutter de toutes ses forces.

La première allusion expresse à l'existence d'une métrique populaire distincte de la versification cléricale se trouve dans la petite grammaire due à l'évêque Aeschillus Petraeus *(Linguae Fennicae brevis institutio, 1649)*, un siècle après la parution du Nouveau Testament finnois d'Agricola. Elle est contenue dans un bref paragraphe intitulé *De Prosodia* (p. 65). Il nous est dit que le rythme quantitatif n'est pas observé en finnois *(Quantitatum observatio nulla hic in usu est)* mais que le vers se compose d'après un rythme obtenu par le nombre des syllabes et que le dernier pied présente une même terminaison *(... versus tamen componuntur habitâ certarum syllabarum ratione, ita, ut ultimae versuum syllabae eandem habeant terminationem)*. Ce qui apparaît à l'auteur comme une particularité proprement finnoise, c'est l'allitération, mais il se hâte d'ajouter que de pareils vers sont plutôt sophistiqués et spécifiques de « cette langue » *(Et tales Rythmi sunt magis artificiosi, & in hâc linguâ peculiares)*. Il préfère les vers sans allitération et donne comme modèle la traduction de la première strophe du psaume 129 *(De profundis clamavi ad te Domine...)*. Mais Aeschillus Petraeus, dont nous savons qu'il avait été aidé dans la rédaction de sa grammaire par le professeur de grec et d'hébreu à l'université de Turku, Martinus Stodius, et par l'archiprêtre D. N. Gregorius qui étaient l'un et l'autre de langue maternelle finnoise, nous a aussi fourni quelques indications intéressantes sur les licences que se permettaient les versificateurs de son temps. Elles consistaient à abréger certains mots par élision de la voyelle brève finale et à en allonger d'autres (ou les mêmes) par l'addition de suffixes ou d'enclitiques. Il trouve ainsi qu'il est facile de composer des vers en finnois *(Est autem facilis ratio Rhytmos componendi in hâc linguâ...)*. Au lieu de *nouse* « lève-toi » on peut dire *nous* « surge », au lieu de *walkiudella* « avec la clarté », *walkiull*, de même que *mua* pour *minua* « moi, me », *lohdut* pour *lohduta* « consoler », *tänäpän* pour *tänäpäiwänä* « aujourd'hui », *waiwoi* pour *waiwoja* « des tribulations ». Inversement on peut allonger *walaise* « (il) éclaire » en *walaisepi* « illuminat », *kirkos* « dans l'église » en *kirkosakan (sic)* « ne quidem in templo », etc. Incidemment, il revient sur les « rythmes » des Finnois en citant un proverbe ou si l'on préfère un dicton :

Päiwän sappi satehexi
Cuun kehä poudixi

qu'il traduit en : *Solis halo pluviam, Lunae vero siccitatem portendit* « Halo du soleil, pluie, halo de la lune, beau temps ». Ce dicton (reporté à la main par G. Porthan dans le dictionnaire de D. Juslenius sous la forme *Päiwän sappi satehixi, Cuun kehä poudixi, ja tuulixi* « Halo du soleil, pluie, halo de la lune, beau temps et vent », sous la forme figurant dans la grammaire de Matthias Martinius de 1689) présente à la fois l'allitération et la rime. Il en est de même de plusieurs autres du même genre qui suivent dans le texte de Petraeus et sont relatifs aux temps de gestation des animaux. Nous y retrouvons l'allitération qui semble avoir marqué aux yeux des clercs de l'époque le caractère spécifique de toute poésie populaire finnoise.

Pourtant, la situation avait changé. La mission luthérienne avait étendu son action au pays entier. Les pasteurs des paroisses éloignées, vivant parmi leurs ouailles, s'étaient peu à peu intéressés à leur vie et à leur façon de penser ou de sentir. Ils avaient été frappés aussi par la façon de s'exprimer des paysans qui les entouraient et qui ne parlaient que leur patois. Il est certain que ces prêtres des campagnes n'ont pu communiquer avec leurs ressortissants qu'en se servant de la même variété dialectale. La langue de la Bible, qui n'était pas parlée, mais tout au plus lue à haute voix, ne pouvait les aider à se faire comprendre de leur audience. Il y a donc eu un contact linguistique quotidien entre le pasteur et les paroissiens, au cours duquel le prêtre s'est familiarisé avec les moyens d'expression de ceux auxquels il s'adressait par ailleurs du haut de la chaire. C'est dans ces conditions que les représentants du clergé ont appris à connaître les manifestations de la tradition populaire, dictons, proverbes, énigmes et aussi poèmes de différents genres. L'un d'entre eux, qui a fait surtout une carrière universitaire puisqu'il fut professeur de poésie à l'université de Turku, Ericus Justander (1623-1678), a composé à l'occasion du mariage de Charles-Gustave X et d'Hedvige Éléonore en 1654 un épithalame qu'il n'a pas hésité à intituler : *Imitatio Antiquorum Tavvast-Finnonicorum Runorum.* De par sa naissance, Justander était pourtant un Finnois du sud-ouest mais il avait connaissance qu'il existait une poésie proprement finnoise, plus ou moins archaïque, dont il avait reconnu la valeur esthétique puisqu'il a songé à en faire hommage à son souverain en une circonstance solennelle. Cette poésie populaire de tradition ancienne lui apparaissait comme celle des gens du Häme et il la désigne par le terme *runo* qui ne quittera plus l'histoire de la civilisation finnoise. Par ce terme, a-t-il voulu désigner les poèmes ou les chantres qui les récitaient ? C'est dans cette dernière acception que le mot avait déjà été utilisé par Jacobus Finno et la Bible de

1642. Il est donc probable qu'il convient de le traduire par « chantre » ou « barde ». Cet épithalame est effectivement composé en octosyllabes qui riment et où les allitérations ont été multipliées : *Pani pyssyt pääle parhat* « Il dressa les fusils les meilleurs » ou encore : *Herra hurskas holho heitä* « Le Seigneur juste prendra soin d'eux », etc. Un trait doit retenir l'attention, important du point de vue de la suite des choses : l'ordre des termes est souvent inversé dans les syntagmes qualificatifs : *liput laweet* « les larges étendards » (*laweet* « larges »), *trumbut tuimat* « les tambours stridents » (*tuima* « strident »), etc. Or le qualifiant précédait toujours jusque-là le terme qualifié et c'est dans la tradition poétique populaire qu'il pouvait en être autrement, pour des raisons métriques évidentes.

Un autre ecclésiastique, Tuomas Rajalenius (date de naissance inconnue, mort en 1688) a publié en 1667 un poème de circonstance en l'honneur d'Andreas Pacchalenius qui venait de transposer en finnois la Cantio Cygnea. Or ces quelques vers, sans envolée poétique, sont dignes d'intérêt pour cette raison qu'on y trouve deux traits caractéristiques de la poésie de tradition populaire. On y lit en effet les deux vers suivants :

Jumalall on onnen ohjat,
Luojalla lykyn awaimet.
« Dieu tient les rennes du bonheur,
Le Créateur les clefs de la félicité. »

Nous avons ici affaire au parallélisme ou procédé de reprise en refrain qui est si typique de la poésie populaire finnoise. Le même concept se trouve exprimé deux fois dans deux vers successifs, avec des tournures synonymes. Mais un autre petit détail révèle que l'auteur s'était familiarisé avec la poésie populaire, c'est qu'il emploie l'expression :

Eij caatehen cainaloisa
« Pas dans l'emprise de l'inimitié ».

Littéralement, le mot *cainaloissa* signifie « dans les aisselles » (*kainalo* « aisselle ») mais il se trouve que l'expression en question est courante dans la langue de la poésie populaire et il est piquant de constater qu'on la retrouve telle quelle dans le Kalevala (chant XLIII, vers 339) où nous lisons : *Ei katehen kainalossa.* De pareilles coïncidences ne sauraient être fortuites ; elles révèlent qu'un homme comme Tuomas Rajalenius, qui était natif du Häme, avait eu connaissance directement de quelques textes authentiques de frappe kalevalienne. C'est que, comme nous venons de le rappeler, ces ecclésiastiques s'intéressaient de plus en plus aux populations dont ils avaient la charge. Par ailleurs, beaucoup d'entre eux prenaient peu à peu conscience de leur particularisme finnois. Aussi, quelques années plus tard (1689), dans le chapitre où il traite de la prosodie, Matthias Martinius, après avoir repris dans des termes identiques les définitions de son prédécesseur Petraeus, change quelque peu de ton en offrant à son souverain, en hommage de reconnaissance, quelques vers écrits à la finnoise *(rythmi fennici)*. Ce sont des octosyllabes rimés où il a intercalé des allitérations et plusieurs de ces vers, par ailleurs bien minables, éveillent comme un écho de la poésie populaire : *Lainehisin Laulamahan, Kiwistoihin Kiljumahan* « Pour chanter dans les ondes, pour vociférer dans les pierres ». L'année qui suivit la parution de ce *Hodegus Finnicus* (1689) fut marquée par l'entrée de la versification finnoise dans la littérature lors de la publication en 1690 de la messiade intitulée *Ilo-laulu Jesuxesta* « Chant de joie sur Jésus ». Son auteur avait signé ce poème de 2265 vers du nom de Matthias *Salamnius*, latinisation du nom de rivière *Siikajoki* « La rivière au saumon » (le mot *siika* désigne plus précisément la variété de salmonidé appelée coregonus lavaretus) : *salmo+amnis* > Salamnius. Il était né vers 1650 en Pohjanmaa, mais ce qui a dû être déterminant, c'est qu'il avait été envoyé en Ingrie *(Inkerinmaa)* pour y exercer son ministère de prédicateur parmi les populations luthériennes qui venaient de s'implanter dans le pays sous la protection de la couronne de Suède. Or l'Ingrie était le pays de la poésie populaire par excellence, qui devait y être alors particulièrement florissante. Salamnius y apprit probablement à faire des vers selon l'antique mètre kalevalien et sa messiade en a été l'expression concrète. Ces vers sont d'une belle frappe et il a été remarqué qu'ils étaient presque tous corrects. C'est à peine si l'on en compterait une cinquantaine qui enfreindraient les règles héritées des bardes anciens. La rime est abandonnée, l'allitération régulièrement observée. Les refrains ou reprises reproduisent bien fidèlement l'allure des poèmes anciens :

Kosk' oli aika joutununna,
Määrä-päiwät päätynynnä...
« Lorsque le temps fut venu,
Les dates échues... »

ou encore :

Syndyi soimesa Jumala,
Herra pahnoilla parahin!
« Il est né dans une crèche Dieu,
Le Seigneur le plus sublime sur la paille! »

L'ordre des mots est celui qui se rencontre dans la poésie populaire :

Herra wastaisi wakainen...
Le Seigneur, immaculé, répondit...
Mustan lohdutus murehen...
« La consolation du noir chagrin... »

De même, on tombe çà et là sur des tournures qui rappellent celles relevées dans la poésie populaire qui sera recueillie durant le siècle suivant :

Itze ulwos kiiruhtaapi...
« Lui-même se précipite dehors... »

où *itze* (= *itse*) joue le rôle d'un pronom de 3e personne à peine emphatisé. Il en est de même du cliché :

Käypi sinne, käypi tänne,
Waan ei löytäne lepoa...
« Il va par là, il va par ici,
Il ne peut trouver de repos... »

qui fait tout de suite penser à ce passage du Kalevala (IX, 523-524) :

Lyökse sinne, lyökse tänne,
Vaan ei löytänyt lepoa...
« Il se lance par-ci, il se lance par-là,
Mais il n'a pas trouvé de repos... »

Une autre expression kalevalienne retient aussi l'attention : le terme *halliparta* « barbe chenue » pour désigner un vieillard ; ou le terme *uros* pour désigner un homme dans la force de l'âge : *Kunga kuljetta urohot?* « Où vous rendez-vous, les hommes? » Le verbe *lie-* au potentiel (la seule forme attestée en fennique) est employé dans l'acception d'un futur :

Minä siihen syytöin lienen « Je serai innocent de cela ». Bien d'autres traits seraient à signaler mais ils ne feraient que compléter cette description sommaire d'une langue poétique visiblement inspirée de celle de la chanson populaire. Comme nous l'avons dit plus haut, il est vraisemblable que c'est durant son séjour en Ingrie que Salamnius a été amené à s'intéresser davantage à la tradition populaire bien que les critiques finlandais s'accordent pour supposer que cet intérêt s'est éveillé en lui dans sa Botnie natale, ce qui est une pure conjecture.

Un autre poème, tout de circonstance celui-là, nous est parvenu du seuil même du XVIIIe siècle. Il s'agit d'une sorte d'hymne (*Ilo-laulu* « chant de joie ») inspiré par la victoire remportée à Narva le 20 novembre 1700 sur Pierre le Grand par Charles XII de Suède, victoire qui fit tant de bruit à l'époque dans toute l'Europe. Son auteur ne s'est désigné que par les initiales *IGHS*, ce qui fait que sa personnalité est restée ignorée. Récemment, M. Pentti Virrankoski (*Sananjalka* 10, pp. 36-53) a proposé d'y voir un certain Josephus Calamnius (nom hybride obtenu par latinisation à partir de *Kalajoki* « rivière au poisson » *(Cala+amnis)* qui fut pasteur dans cette région et fit partie d'une véritable dynastie sacerdotale. Il serait le père de ce Gabriel Calamnius qui a laissé quelques poèmes conçus en vers kalevaliens et qui vécut de 1695 à 1754. L'hymne de 1701 est un spécimen très caractéristique d'imitation de la chanson populaire et, cette fois, il est indéniable que son auteur n'a guère pu trouver de sources d'information que dans son propre secteur, c'est-à-dire la région située entre Raahe (Brahestad) et Kokkola (Gamlakarleby), dans le nord de la Botnie. Ce pays était le berceau de cette dynastie des Calamnius à laquelle nous venons de faire allusion ci-dessus. Ce qui rehausse l'intérêt de cet hymne, c'est qu'il fait un contraste saisissant avec un autre, traduit celui-là du suédois, dont l'auteur fut le pasteur Antero Aschelinus (1638-1703) qui, lui, était natif de Turku. Ce dernier a écrit dans une langue toute différente et, naturellement, sa métrique n'a rien à voir avec celle du Kalevala ; ses vers sont d'inégale longueur et bourrés de mots dont les formes ont été élidées ou même amputées au point que le rythme obtenu est saccadé et entrecoupé.

De quelques années plus tard date la complainte *(Valitus-runo)* de Bartholdus Vhael, l'auteur de la grammaire dont il a déjà été question. C'est une longue lamentation élevée au sujet des violences et sévices que la population de Finlande a eu à connaître sous l'occupation russe et c'est aussi un appel pathétique au roi Charles XII afin qu'il vienne en aide au pays. Ce texte, de 1734, est en vers kalevaliens. La langue en est passablement bigarrée et ne suit pas les règles exposées dans la grammaire qui devait paraître après la mort de Vhael en 1733. Est-on à même de parler de dialectalismes? A peine, car la langue écrite apparaît çà et là, du moins sous le revêtement de la graphie. Un mot *lijckuwi* « il se meut » qui est propre aux parlers orientaux surprend alors que l'on trouve par ailleurs *rijsupi* « il dépouille ». On relève une forme *apuhunne* « à notre aide » telle qu'on en rencontrait chez Agricola et même un archaïsme comme *wihamiesti* « ton ennemi » qui a conservé son *-t-* après le thème consonantique (on dit aujourd'hui *miehesi*). Les formes *pelwosa* « dans le champ », *ihwan* « tout à fait » sont d'aspect occidental alors que dans le vers *Tulen tuiman tehoitessa* « tandis que le feu cruel fait rage », l'infinitif II à l'inessif *tehoitessa* présente le traitement caractéristique des parlers orientaux (*-h-* au lieu de *-hd-*). Ces inconséquences ou plutôt ce mélange de formes ressortissant à des dialectes différents n'est pas nouveau mais il montre que la langue poursuivait son même cheminement sous la plume des clercs qui s'en servaient, même chez ceux d'entre eux qui avaient par ailleurs une autre idée de la norme. Les formes élidées, soigneusement évitées dans la grammaire du même auteur, pullulent dans sa versification. Il était tentant de recourir à cet expédient facile pour se soumettre aux exigences de la versification populaire.

Le même thème de lamentation a été choisi par Gabriel Calamnius (1695-1754) dont nous venons de mentionner plus haut le nom au sujet de l'hymne de victoire attribué à son père. Il est traité dans un poème daté de 1720, imprimé à Turku en 1734, sous le titre *Suru-Runot Suomalaiset* « Plaintes en vers finnois ». Nous savons qu'il était natif de Botnie, plus précisément de Kalajoki où déjà son père Joseph avait exercé son ministère. Comme chez ses prédécesseurs, la langue n'est pas homogène. On trouve un génitif sg. *nahan* « de la peau » (*nahka* « peau ») mais un élatif *oljesta* « de, à partir de la paille » (*olki* « paille ») or ces deux traitements sont incompatibles car ils ressortissent à des aires dialectales distinctes. Il en est de même du contraste entre les deux inessifs dans le vers *hengen hädäs*, *heldehesä* « dans la détresse de l'âme, dans l'embrasement » dont l'un a pour suffixe *-s* et l'autre *-sä*. La notation graphique embarrasse. Que faut-il supposer comme prononciation derrière le *tz* qui apparaît constamment : *Ruotzin* « de Suède », *metzän* « de la forêt », *wallitzi* « violenta », etc.? Les dialectes environnants ne connaissaient pas d'autre prononciation que celle en *-ht-*, si l'on en infère de ce qui se constate de nos jours. De même, les désinences de 2e personne du pluriel en *-tta*/*-ttä* jurent avec celles si nombreuses en *-mme* de 1re personne de pluriel. Le *-pi* qui termine si souvent les 3es personnes du singulier du présent de l'indicatif rappelle également l'usage d'Agricola chez qui ces désinences alternaient avec les terminaisons en voyelle longue. Et puis, çà et là, un cliché surgit qui rappelle le style de la chanson populaire : *Läpi soiden, läpi maiden* « A travers les marais, à travers les terres » qui évoque les formules *Läpi pään, läpi kypärin* « A travers la tête, à travers le casque » (*Kalevala*, XII, 356) où le mot *läpi* n'apparaît que comme préposition gouvernant le génitif. Une fois de plus, nous avons affaire à une langue composite, mais le fond reste toujours le même, celui hérité des premières traductions de la Bible et de la liturgie.

Le mouvement « fennophile ».

Au cours même du XVIIe siècle, l'attention de plus d'un clerc s'était tournée, comme nous l'avons déjà dit, vers la tradition populaire et le prédicateur Laurentius Petri dont il a été question plus haut avait même commencé à recueillir des dictons et des proverbes dans lesquels il voyait une expression de la sagesse populaire inspirée plus ou moins par la Providence. Son gendre Henricus Florinus, dont nous avons vu qu'il avait été le réviseur de l'édition de la Bible de 1685, avait publié en 1702 le premier recueil de proverbes dans lequel il avait repris ceux déjà réunis par son beau-père de même que ceux que lui avait remis son beau-frère Gabriel Tammelinus. Le petit-fils de Laurentius Petri, Laurentius Tammelin qui était professeur de mathématique à l'université de Turku avait pu écrire, comme l'a rapporté Martti Rapola (*Suomenkielinen Proosa Ruotsin Vallan aikana*, p. 152) que la langue finnoise était tout aussi riche que les autres langues et qu'on y pouvait expliquer toutes choses. Daniel Juslenius dont la contribution essentielle a été cet « Essai d'un vocabulaire finnois » déjà mentionné, avait de son côté proclamé dès le début de sa carrière l'excellence de la poésie finnoise qu'il n'avait pas hésité à comparer à la poésie hébraïque de la Bible et, dans son cours inaugural, en 1712, il employait le terme *filofennus* pour désigner ceux qui s'efforçaient de découvrir les richesses de la langue et de la tradition populaire finnoises. Dès 1700, il avait écrit lui-même une étude sur l'histoire de la capitale de la Finlande de l'époque, la ville de Turku, sous le titre *Aboa vetus et nova*, qui avait été suivie, comme nous l'avons signalé, par un plaidoyer *Vindiciae Fennorum* où il exaltait les vertus de sa patrie. Sous l'effet des désastres dont la Finlande avait été la première victime à la suite des revers essuyés par Charles XII, il avait rédigé une sorte d'appel et de justification de son peuple dans *De miseriis Fennorum* (1715). On sait aussi quelle fut l'importance de sa contribution à la connaissance du lexique finnois de son temps.

Il était réservé à Henricus Gabrielus Porthanus, plus connu sous le nom de Henrik Gabriel Porthan (1739-1804), d'être le grand animateur des recherches concernant la tradition populaire finnoise. Ses origines le faisaient remonter à une famille de bourgeois de Viipuri du nom de Purtanen, latinisé en Porthanus, puis suédisé en Porthan. Lui-même était né à Viitasaari, dans cette Ostrobotnie qui avait fourni déjà tant d'hommes d'église et d'érudition. Son père était curé de Viitasaari mais du côté de sa mère, qui était une Juslenius, il était apparenté à Daniel Juslenius.

Si nous croyons devoir mentionner ces détails, c'est qu'ils ont leur importance car ils nous rappellent que toute l'activité intellectuelle de la Finlande de cette époque jaillissait du milieu sacerdotal. L'université était sous le contrôle de l'Église et presque exclusivement représentée par des clercs. Et quand ils n'étaient pas pasteurs ou professeurs, les intellectuels étaient des fils ou des petits-fils de pasteurs dont les familles formaient de véritables dynasties. Jamais recrutement ne fut plus exclusif. Pourtant, Porthan, qui fut d'une extrême précocité intellectuelle, ne se fit pas prêtre. Dès 1762, il était devenu privatdocent à l'université de Turku sans avoir pris les ordres et fut bientôt après chargé des fonctions de bibliothécaire-adjoint de l'université (en 1772) tout en poursuivant son enseignement qui était celui de ce qu'on appelait alors l'éloquence et dont il devint titulaire en 1777. Il avait acquis un vaste savoir et était très au courant de ce qui se passait dans ce siècle des « Lumières ». Résolument rationaliste, il suivait de très près le développement des idées et de la littérature non seulement en Suède mais aussi au Danemark et en Allemagne où il fit un voyage qui le mena, entre autres endroits, à Göttingen. Son principal titre de gloire aux yeux de la postérité est la suite d'études qu'il publia de 1766 à 1778 sous le titre *Dissertatio de poesi Fennica* et qui fut une révélation pour ses contemporains. C'était un travail philologique souvent assez méticuleux, passant en revue les manifestations connues à cette époque de la poésie de langue finnoise. Il y étudie la poésie de caractère archaïque, qu'il ne distingue pas toujours de son imitation plus récente, et il examine également les productions qui étaient à l'époque plus « modernes ». Il essaie, par ses analyses, de caractériser les traits originaux de cette poésie en s'inspirant de ce qu'il savait de la métrique antique, de la poésie hébraïque et aussi des productions poétiques des autres pays. C'est ainsi qu'il prisait la poésie d'Ossian et y voyait la quintessence d'une inspiration populaire. Il avait constaté que la poésie de tradition ancienne était surtout répandue à l'est du pays, dans les provinces de Savo, de Kainuu, de Carélie. Il faisait la distinction entre la poésie païenne et la chrétienne et expliquait l'origine de la première à partir des incantations magiques comme aussi des chansons de nourrices. Ce genre d'interprétation était dans la ligne de ce qui se pensait un peu partout à l'époque. On était en plein mouvement préromantique et, en Suède, l'intérêt s'était fixé sur le passé nordique, les vieux chants païens des Edda qui venaient d'être retrouvés et qui fournissaient une matière quasi inépuisable de réflexions dont s'alimentait chez les Suédois un patriotisme exacerbé par les revers que leur nation n'avait pas cessé de subir durant toute cette période.

Porthan devait par la suite compléter son œuvre en publiant successivement une étude intitulée *De fama magiae fennis attributae* où il exposait ses vues sur les traditions concernant les pratiques magiques puisque de longtemps les Finnois avaient passé pour être de redoutables sorciers. On lui doit aussi une courte description des dialectes finnois *(De praecipuis dialectis linguae fennicae)* et surtout une édition critique de la Chronique des évêques de Finlande (1784-1800) de Paulus Juusten. En collaboration avec le pasteur Eerik Lencqvist, il avait écrit un ouvrage sur les pratiques de sorcelleries observées en Finlande (*De superstitione veterum Fennorum theoretica et practica*, 1782), etc. Il s'est distingué par de nombreuses autres publications portant sur l'histoire, l'ethnologie et les traditions des Finnois. Son enseignement a peut-être eu une portée encore plus considérable que celle de son œuvre écrite. Il avait de nombreux élèves qu'il suivait avec attention et auxquels il suggérait leurs inspirations. Il avait été d'autre part l'un des fondateurs de la société *Aurora* (1770) qui avait bientôt rassemblé toute l'élite intellectuelle de Turku. C'était une sorte d'association qui tenait à la fois du cercle de notables (on y portait épée, comme dans les loges maçonniques), du cénacle littéraire et du club d'esprits plus ou moins avancés. Cette société *Aurora* édita bientôt un périodique sous le titre *Tidningar utgifne af et Sällskap i Åbo* « Nouvelles éditées par une société à Åbo » qui paraissait en suédois et contenait à la fois des poèmes inédits ou traduits, des études littéraires, des essais, etc. En 1803 il devait donner le départ à un autre périodique, purement littéraire : *Allmän Litteraturtidning* « Gazette générale de littérature ».

La personnalité et l'œuvre de Porthan ont été jugées si importantes par les historiens finlandais qu'ils appellent volontiers les années où il a enseigné l'ère de Porthan. On estime qu'il a donné une impulsion décisive aux travaux qui se sont vite multipliés pour faire connaître le présent et le passé de la Finlande et révéler les trésors de sa culture populaire. Ces efforts allaient comme on dit dans le sens de l'histoire ou plus exactement de la mode du jour car, partout en Europe, l'intérêt se portait vers la vie pastorale que les pré-romantiques aimaient à décrire dans des poèmes néo-anacréontiques. Paysans et bergères étaient les objets d'une délectation ingénue qui faisait bon marché des réalités. Toutefois, il est bon de signaler ici que le mouvement intellectuel plus particulièrement incarné par la personnalité de Porthan était dans une grande mesure parti du milieu suédo-finlandais où de pareilles tendances s'étaient fait jour depuis des dizaines d'années.

Les tristes événements qui avaient bouleversé la Finlande pendant la plus grande partie du siècle avaient éveillé un particularisme qui n'attendait qu'une occasion propice pour se déclarer. Les intellectuels et les notables souffraient de dépendre trop étroitement de Stockholm et aussi de voir s'implanter en terre finlandaise des fonctionnaires venus de Suède, qui ignoraient la langue du pays et n'avaient en tête que d'imposer une sorte d'intégration à ce que l'on considérait volontiers comme la mère-patrie, de l'autre côté du Golfe de Botnie. Pour échapper à l'emprise suédoise, il n'était qu'un moyen : en revenir à l'usage de la langue finnoise qui était celle de la très grande majorité du peuple. Par ailleurs, les évêques sévères, voire même rigoureux, qui s'étaient succédé sur le siège de Turku, avaient contraint leur clergé à alphabétiser les masses. L'objectif était ambitieux : parvenir à mettre tout chrétien en état de lire lui-même la Bible. Les pasteurs exigeaient donc un minimum de connaissance des rudiments de la lecture de la part des jeunes gens présentés à la Confirmation. C'était en général le sacristain-bedeau qui se chargeait de faire ainsi l'instituteur. Les pasteurs faisaient annuellement des tournées dans leurs ressorts, qui étaient vastes, et convoquaient les paroissiens pour vérifier périodiquement s'ils n'avaient pas trop oublié les rudiments de cette lecture et s'ils étaient encore capables de lire quelques lignes d'un texte sacré, d'une prière ou d'un récit édifiant. Ils devaient également répondre à des interrogations sur le catéchisme. Cette pratique, très astreignante pour les membres du clergé et très impopulaire parmi les populations, avait quand même eu pour résultat que dans les dernières années du XVIIIe siècle, le paysan finnois était, sinon le plus instruit d'Europe, du moins l'un des moins obscurcis par l'ignorance. Les nombreux écrits édifiants parus au cours de toutes ces années, les almanachs, guides et autres brochures édités pour répandre les notions élémentaires de culture, d'élevage, d'hygiène, etc. confirment qu'un public de lecteurs s'était constitué dans les campagnes, surtout dans celles qui n'étaient pas trop éloignées des agglomérations urbaines. Mais tandis que ce processus se poursuivait, les habitants des villes, les fonctionnaires petits et grands, les notables de tous parages, les couches supérieures de la société finlandaise se suédisaient de plus en plus profondément. Il est assez symptomatique qu'un Porthan ait écrit en suédois quand il n'écrivait pas en latin. Plus d'un « fennophile » déclaré ne se servait pas du finnois. S'il était très instruit, il lisait en outre l'allemand, le français, quelques rares fois l'anglais, mais le finnois ne jouait aucun rôle dans sa vie intellectuelle. On comprend qu'un tel état de choses ait irrité les patriotes vraiment attachés à la tradition finnoise.

Or ces patriotes se recrutaient à peu près exclusivement dans le clergé ou dans ceux qui approchaient le clergé.

L'un des élèves et disciples de Porthan fut précisément un pasteur de village, Kristfrid Ganander, originaire lui aussi de Botnie, qui avait fourni bien des matériaux à Porthan pour ses études sur les traditions populaires de sa région. Il rédigea en 1786-87 un dictionnaire finnois-suédois *(Nytt Finskt Lexicon)* qui ne fut jamais imprimé. Il s'agit d'un gros manuscrit de près de 3.000 pages conçu pour compléter le vocabulaire publié en 1744 par Daniel Juslenius que Porthan avait de son côté enrichi de nombreuses additions dans son exemplaire interfolié (celui qui a été reproduit photographiquement en 1968 par les soins de la Société de Littérature Finnoise). A la différence de ce vocabulaire, le manuscrit de Ganander contient de nombreuses indications phraséologiques, allant jusqu'à reproduire des phrases entières ou des vers entiers provenant de poèmes populaires recueillis de son temps. Qu'y trouve-t-on? Pour une part énorme, des citations extraites de la traduction de la Bible. Le reste de la prose est fourni par des dépouillements (qui ne sont pas exhaustifs) d'ouvrages édifiants. La poésie est représentée d'une part par les œuvres également édifiantes de plusieurs prédicateurs et par les traductions des psaumes, le tout en vers écrits selon une métrique étrangère. Ce qui est le plus original et surtout le plus intéressant du point de vue de l'histoire de la langue, c'est qu'il y a parmi les citations près de 2.000 vers provenant de poèmes populaires. Ces vers ressortissent souvent à des poèmes disparus et leur témoignage est donc d'un prix inestimable. Ce manuscrit de Ganander publié dans les années 1937-1940 sous forme de photocopie a donné lieu à de nombreuses études intéressantes, notamment celle de M. Osmo Hormia (*Gananderin Sanakirjan Lähteet* « Les sources du dictionnaire de Ganander, 1961) qui a minutieusement repéré la provenance de plus de 6.000 vocables contenus dans l'ouvrage en question. Mais ce qui est plus intéressant encore, c'est que Ganander a cité la plupart de ses exemples dans des notations variées qui reflètent plus ou moins fidèlement les caractéristiques dialectales des originaux. Alors que le vocabulaire de Juslenius était relativement « normalisé » par référence à la traduction de la Bible, nous avons affaire à la diversité dialectale dans toute sa beauté. C'est un phénomène très important car il préfigure la crise qui se produira par la suite quand les partisans des différents dialectes s'affronteront.

La découverte de la poésie de type archaïque.

Si Porthan et ses contemporains avaient pris connaissance de spécimens plus ou moins nombreux et plus ou moins importants de ce qu'était la poésie populaire attestée de leur temps, cette connaissance était restée une matière d'érudition qui avait provoqué les réflexions d'un milieu restreint où les patriotes éclairés avaient puisé dans ces monuments archaïques des pensées consolatrices ou encourageantes. Ils y voyaient à peu près unanimement le témoignage de la grandeur du passé finnois et l'assurance que le peuple finnois n'était nullement inférieur aux autres peuples. Il avait son histoire, encore qu'elle ne fût pas écrite, et il avait révélé dans cette tradition populaire toujours vivante des qualités d'intelligence et de sagesse qui permettaient d'espérer dans son avenir. Ce réconfort était le bienvenu car la situation du pays n'était pas souriante. Aussi, dans les moments où l'on pouvait être tenté de désespérer, il était utile de pouvoir trouver refuge dans la suprême ressource de tout peuple en péril : la langue nationale. Et cette langue semblait surtout se manifester dans toute sa force sous les espèces de la poésie. C'est en elle qu'y éclatait tout son « génie ».

Le XIXe siècle devait y apporter une étonnante confirmation. Dès ses premières années, la prospection de la poésie populaire de type ancien commença. Elle fut menée dès le début par plusieurs chercheurs opérant séparément. Il ne saurait être question de rappeler ici les phases successives de leurs démarches ni les publications qui leur firent suite. Ce qui importe davantage, c'est de constater que ces recherches aboutirent bientôt à une découverte décisive : celle des régions où la tradition populaire semblait s'être conservée à l'état pur. Or ces régions étaient situées au-delà des frontières de l'État finlandais de l'époque, surtout en Carélie orientale et aussi, plus au sud, dans le pays d'Ingrie, entre Saint-Pétersbourg et l'Estonie.

La langue du Kalevala.

C'est en 1835 que devait éclater comme un coup de tonnerre une publication qui allait bouleverser la situation de la langue finnoise. Cette année-là, un médecin de campagne nommé Elias Lönnrot (1802-1884), qui naquit la même année que Victor Hugo et devait le précéder de peu dans la tombe, publiait un poème épique intitulé *Kalevala*. C'était un ouvrage qui se divisait en 32 chants et formait un tout d'un bout à l'autre. Le personnage central en était l'un des héros de l'épopée populaire carélienne : *Väinämöinen*, sorcier chenu doué d'une puissance surnaturelle, et il s'y mêlait à tous les autres personnages plus ou moins mythiques autour desquels s'étaient constitués des cycles de chants épiques divers. Délibérément, Lönnrot, sous l'influence des théories de son temps sur l'épopée, avait forgé cet ensemble de récits en un tout pour reconstituer ce qu'il pensait avoir été l'épopée primitive du peuple finnois. Il s'était rendu sur place au cours de plusieurs voyages et avait relevé lui-même de la bouche des bardes caréliens les vers des différents chants qu'ils produisaient durant les veillées ou en différentes autres circonstances. Il avait comparé les variantes enregistrées des différents côtés selon les différents informateurs et il avait choisi celles qu'il estimait les meilleures, les complétant au besoin quand il supposait que tel ou tel détail devait y être contenu. Il n'avait pas hésité à composer lui-même les vers de liaison qui lui avaient paru nécessaires et il avait disposé les poèmes ainsi reconstitués selon un plan qu'il s'était lui-même construit en fonction de l'idée qu'il se faisait de cette poésie épique. Le succès de cette publication fut énorme. Elle eut un retentissement qui franchit les frontières finlandaises. On s'y intéressa non seulement en Allemagne et dans les pays nordiques mais même à Paris où Léouzon Le Duc en traduisit des passages et crut devoir en rendre compte à l'Institut. Lönnrot avait été encouragé dans son entreprise par la Société de Littérature Finnoise qu'il avait contribué à fonder le 16 février 1831 et dont il avait été le premier secrétaire. Cette association s'était donné pour mission de tout faire afin de promouvoir l'usage de la langue finnoise et son perfectionnement. C'est d'ailleurs à cette occasion que Lönnrot, pour donner une appellation finnoise à la nouvelle société, avait fabriqué le mot *kirjallisuus* à partir du mot *kirja* « livre » sur le modèle du suédois *litteratur* emprunté à l'allemand *Litteratur*, lui-même venu du latin *litteratura*, tout comme son correspondant français.

Infatigable dans sa prospection comme aussi dans la refonte et la publication des textes qu'il relevait parmi les bardes caréliens, Lönnrot publiait en 1840-41 un recueil de poèmes populaires intitulé *Kanteletar taikka Suomen Kansan Vanhoja Lauluja ja Virsiä* « La cithare ou anciens chants et poèmes du peuple de Finlande ». Cette publication éveilla un enthousiasme dont on a aujourd'hui de la peine à se représenter la véhémence. Un certain nombre de ces poèmes ou chants furent presque aussitôt traduits en suédois ou dans d'autres langues, en particulier par les soins du poète J. L. Runeberg (1804-1877) en qui la Finlande révérait son poète national bien qu'il fût de langue suédoise. Cependant, sur sa lancée, Lönnrot poursuivait ses publications en faisant paraître en 1842 un recueil de dictons *(Suomen kansan sanalaskuja)* et en 1844 un autre, d'énigmes et devinettes *(Suomen kansan arvoituksia)*. Enfin, en 1849 paraissait une nouvelle édition du Kalevala, qui comprenait 50 chants au lieu de 32 et 22.800 vers au lieu de 12.076. C'est à cette édition définitive que nous nous rapporterons constamment dans cet ouvrage chaque fois que nous renverrons au texte du Kalevala.

S'ajoutant à bien d'autres publications et recueils qu'il serait trop long d'énumérer ici, l'apport de Lönnrot a jeté dans la littérature de langue finnoise une masse énorme de formes poétiques et de clichés de toutes sortes ainsi que des variantes dialectales qui détonnaient par rapport au finnois biblique *(Pipliasuomi)* qui avait dominé jusque-là sans partage, en dépit du surgissement de particularités dialectales éparses dont le nombre n'avait jamais été suffisant pour remettre en question le fond même de la langue.

C'est que la plupart des textes utilisés par Lönnrot, qu'ils eussent été recueillis directement par lui-même ou prélevés dans des recueils rassemblés par d'autres chercheurs, étaient de dépendance carélienne. Nous voulons dire qu'ils avaient été recueillis auprès de sujets parlant une variété dialectale carélienne, plus particulièrement ce qu'on appelle le carélien septentrional, car Lönnrot et ses contemporains avaient concentré leurs efforts sur les territoires du nord de la Carélie Orientale où ils avaient trouvé une mine quasi inépuisable de poèmes de toutes sortes allant des incantations de sorcellerie jusqu'aux récits épiques ou aux évocations lyriques les plus élégiaques. Or ces parlers caréliens, car la Carélie du nord était un pays étendu, à faible densité de population, où le patois local variait d'un hameau à l'autre, n'étaient déjà plus comparables à ceux qui s'étaient développés au cours des temps sous la domination de l'État suédois et surtout de l'église luthérienne et de sa Bible. Les Caréliens appartenaient à l'église pravoslave et avaient vécu sous l'administration russe depuis toujours. Même les traités les plus avantageux pour la Suède les avaient laissés dans la zone d'intérêt russe. Ils avaient développé une tout autre mentalité et si même ils parlaient une variété de langue qui ressemblait assez aux dialectes de l'est de la Finlande, notamment à ceux du Savo, leur « langage » n'était pas le même. Ils pensaient et sentaient autrement. Ils avaient trouvé pour s'exprimer d'autres formules qui, par leur étrangeté comme aussi par leur sonorité, ne laissaient pas de ravir les patriotes de Finlande qui se laissaient prendre au charme de cette langue à la fois différente et pourtant proche. Le carélien ne pouvait manquer de faire figure de langue poétique et presque même d'une sorte de langue sacrée, en tout cas consacrée à l'expression même de la poésie. Les théories et les goûts romantiques de l'époque firent le reste. Les raffinements rythmiques du vers kalevalien, la « douceur » d'une prononciation où les voyelles connaissaient une fréquence plus grande, le contenu même des textes révélés au public, tout cela ne pouvait manquer de séduire les esprits qui s'inquiétaient des insuffisances, des gaucheries ou des laideurs de la langue écrite, cette langue que personne ne parlait puisque chacun l'accommodait à la sauce de son propre dialecte. Et puis, on se disait que ce carélien était « pur » en ce sens qu'on n'y retrouvait pas de svécismes ni d'allémanismes et encore moins de latinismes. C'était une langue fraîche, pleine, une langue qui flairait bon la forêt et l'eau des grands lacs ; elle formait contraste avec la langue des traductions, de l'Église luthérienne, de la chancellerie et des vulgarisateurs, laquelle exhalait une odeur de papier. Pour toutes ces raisons, elle allait agir profondément sur le comportement de la langue écrite au moment où celle-ci allait être appelée à assumer de nouvelles missions.

Comment cette langue de la poésie carélienne se présentait-elle à travers le vêtement dont Elias Lönnrot l'avait habillée? Car il n'avait pas reproduit tel quel ce qu'il avait entendu de la bouche des bardes qu'il avait écoutés. Il avait plus ou moins adapté leur prononciation, plus ou moins régularisé les formes des mots, en même temps qu'il avait « arrangé » leur texte. Bien mieux il avait incorporé dans son épopée (comme aussi dans ses autres publications) des textes relevés avant lui ou en même temps que lui par d'autres collecteurs qui les avaient de leur côté adaptés ou plus ou moins triturés de diverses façons. La plupart les avaient « rapprochés » de la langue écrite traditionnelle en tenant plus ou moins compte de leur propre dialecte maternel. Or ces hommes étaient natifs de régions différentes. C'est ainsi que Lönnrot lui-même avait pour pays d'origine l'*Uusimaa* (Nyland). Il était le fils d'un tailleur de village mais de père comme de mère il était de souche häméenne et il avait fait ses études successivement à Tammisaari (Ekenäs), Turku, Porvoo et Hämeenlinna avant d'entrer à l'université de Turku. Une pareille instruction ne pouvait que produire en lui un mélange plus ou moins homogénéisé des différentes façons de s'exprimer en finnois. Il n'en était guère autrement des autres prospecteurs. Ainsi, Kaarle Aksel Gottlund (1796-1872) était de langue suédoise et n'avait appris le finnois qu'à la faveur de séjours chez des parents de Finlande, dans la ville de Kuopio qui était en pays de Savo, et il s'était plus ou moins adapté au parler de cette région. Le médecin de district Zachris Topelius, qui avait commencé à recueillir de la poésie populaire dès 1803, était de la petite ville d'Uusikaarlepyy sur la côte du Golfe de Botnie entre Kokkola au nord et Vaasa au sud. Mais les textes qu'il avait pris sous la dictée lui avaient été fournis par des colporteurs caréliens. Reinhold von Becker (1788-1858), qui était né à Kangasniemi en Savo, s'exprimait, tout au moins par écrit, dans une langue très nettement dominée par celle de la tradition biblique. Quant à Adolf Ivar Arwidsson (1791-1858) qui fut l'un des principaux animateurs de ce qu'on a pu appeler l'école romantique de Turku, il s'exprimait en suédois. Dans ces conditions, Lönnrot ne pouvait rassembler que des échantillons très hétérogènes et la tâche d'en faire un tout cohérent était presque surhumaine. C'est pourtant ce qu'il a su accomplir après s'être lui-même profondément familiarisé avec les différentes variétés de patois de ses informateurs.

Du point de vue de la prononciation, les textes ne posaient que peu de problèmes. L'*s* était prononcé très chuintant, mais la notation en *s* par l'écriture ne laissait pas soupçonner cet état de choses et le lecteur finnois de la région de Turku pouvait aussi bien prononcer autrement ce phonème sans aucun inconvénient ; il pouvait aussi ignorer la mouillure provoquée par l'*i* dans certains cas et interpréter à sa guise la graphie *-ts-* qui répondait chez les Caréliens à une affriquée mouillée géminée (*t́t́ś*). L'occlusive glottale n'existait pas dans les fins de mot où les parlers occidentaux avaient conservé sa trace soit par un hiatus soit le plus souvent par l'assimilation à la consonne initiale du mot suivant, comme c'est le cas aujourd'hui même dans la langue normale. Par contre, il en était autrement des diphtongues. Nous avons déjà signalé que les longues *aa* et *ää* s'étaient diphtonguées respectivement en *oa* (et *ua*) et *eä* (et *iä*). Lönnrot a diversement reflété ces phénomènes. On lit *sijoa* « de la place » (= *sijaa*), *vastoavat* « ils répondent » (= *vastaavat*), *väheäkänä* « pas même un peu » (= *vähääkään*), etc. Mais en première syllabe, comme aussi dans bien d'autres positions, nous rencontrons la longue propre aux dialectes occidentaux du finnois : *saari* « île », *pää* « tête » ; *aalto* « vague », *maat* « les terres », *ääni* « voix », *ääri* « bord, limite », etc.

Les occlusives sourdes suivies d'*l* ou d'*r* ont été adaptées intentionnellement par Lönnrot, comme il s'en est expliqué lui-même dans sa préface. On lit donc *neulat* « les aiguilles » (Kalevala, XLII, 85) pour *neklat*, *kaura* « avoine » pour *kakra*, ce qui n'empêche pas de rencontrer des formes telles que *kupla* « bulle, pustule », *kopru* « chute d'eau » (= *kouru*), etc. Inversement, le mot *latva* « cime, extrémité, etc. » figure partout sous cet aspect oriental (à l'ouest on a *larva*, *lalva*, etc.).

L'alternance consonantique présente en carélien quelques

particularités qui correspondent d'ailleurs à celles des parlers orientaux du finnois. Ainsi le groupe *-lk-* a pour degré faible *-l-* : *kulemme* « nous avançons, nous cheminons » (= *kuljemme*), *jalalla* « avec le pied » (on avait à l'ouest *jalaalla* ou *jallalla*, etc.). Parallèlement *-rk-* a pour degré faible *-r-* : *kärelle* « sur la pointe » (de *kärki* « pointe » = *kärjelle*). Le groupe *-ht-* (dont le degré faible est noté *-hd-* à partir de la Bible de 1642) alterne avec *-h-* au degré faible : *kahen* « à deux » (= *kahden*), *lähen* « je pars » (= *lähden*), *lehosta* « hors du bosquet » (= *lehdosta*), etc. Naturellement, le *-t-* a pour degré faible zéro : *vesi* « eau » / *veen* (parfois noté *ve'en*) « de l'eau » (génitif sg.). Ces traitements sont caractéristiques des parlers orientaux en général et on peut suivre leurs isoglosses depuis le Golfe de Finlande jusqu'au Golfe de Botnie à peu près le long de l'ancienne ligne de démarcation du traité de Pähkinäsaari. Rappelons que les parlers fenniques du sud du Golfe de Finlande, notamment l'estonien connaissent des phénomènes analogues. Les textes publiés par Lönnrot suivent assez strictement les traitements du *-t-* et du groupe *-ht-* mais çà et là, une forme a échappé à l'attention. C'est le cas, par exemple du pluriel nominatif *kohlut* (*Kalevala* XXXI, 111 et XXXIV, 98) qui correspond au singulier *kohtu* « matrice, sein, giron » et qui a un traitement de type occidental.

Plus étrange apparaissait le traitement du degré faible du groupe *sk* : *poski* « joue » / *posella* « sur la joue », *koski* « rapide, chute d'eau » / *kosen* « du rapide », etc. Mais souvent, le degré fort se trouve maintenu : *kaski* « essart » / *kasken* « de l'essart » (*Kalevala* XXXI, 251, 261) mais *Ei kaski kaselle tunnu...* (XXXI, 299) « L'essart ne semble pas un essart ». On a de même *Ahin keihojen keselle* « au milieu des lances d'Ahti » (*id.* XXX, 114), mais *keskelle tulen palavan* « au milieu du feu brûlant » (*id.* XXXI, 160), etc. Parallèlement on trouve *tuhassa* « dans la cendre » (de *tuhka* « centre ») mais *tuhkat* « les cendres », etc. Il est aussi très symptomatique de constater que le génitif singulier du mot *ruoka* « nourriture » a été transcrit sous les espèces de *ruoan* (*Kalevala*, XXXII, 399), qui n'est attesté nulle part dans les dialectes mais seulement dans la langue écrite !

Dans le domaine de la morphologie, l'adaptation a été poussée encore plus loin. C'est ainsi que le suffixe de l'illatif se termine régulièrement en *-n*, et comme l'*-h-* s'y trouve maintenu, cela nous vaut des formes telles que : *kuuluhun kylähän* « dans le fameux village » (*Kalevala* XI, 108), *toisehen talohon* « dans l'autre maison », etc. Plus généralement, il y a maintien de l'*-h-* intervocalique : *kaunihin* (gén. sg. de *kaunis* « beau, belle »), *taivahinen* « céleste », *vaatteihissa* « dans des vêtements », *keitettihin* « on cuisait », *voitehia*

« des onguents » (*voide* « onguent, graisse »), *saatanehe* « on pourrait se procurer, pourrait être procuré », mais çà et là surgissent des exceptions : *jokainen* (*Kalevala* XXIII, 515, L, 551), *yhteinen* (*id.* XXXII, 419) mais *alahainen* (*id.* IX, 132, XV, 56) à côté d'*alainen* « bas, inférieur » (dans de nombreux passages), etc.

Le sort fait aux finales en *-ie* des textes caréliens est plus éloquent encore. Il s'agit, rappelons-le, des dérivés du type *valkea* « blanc, clair, lumineux », *oikea* « juste, droit, direct », *kepeä* « léger », *kipeä* « malade, souffrant », etc. Ces types de terminaison avaient pratiquement disparu de l'usage où s'était généralisée la finale *-ia/-iä*, ce qui était l'état de la Bible de 1642 alors que les traductions d'Agricola et de ses contemporains présentaient tantôt *-ea/-eä*, tantôt *-ia/-iä* tantôt encore un *-ee* résultant de la contraction des deux voyelles. Ce phénomène affectait d'autres formes de mots aussi, telles que les partitifs singuliers, les infinitifs, les verbes contractes. Lönnrot avait commencé par adapter les textes recueillis en substituant à *-ie* du carélien, qui représentait à la fois *-ea* et *-eä*, les groupes *-ia/-iä* (passés parfois à *-ja/-jä*). Puis, il s'est ravisé et a généralisé les variantes en *-ea/-eä*. C'est la seule forme qui se trouve désormais dans le texte définitif du Kalevala, par exemple, c'est-à-dire la 2e et dernière édition, celle de 1849. D'ailleurs, nous pouvons lire l'explication qui reflète la conception de l'auteur. Dans une note au bas d'une page de sa préface à l'édition de 1849, il rappelle que les formes en *-ea/-eä* sont issues d'un état plus ancien en *-eta/-etä* et qu'il est alors préférable de maintenir l'*-e-* au lieu d'employer *-ia/-iä* car ces dernières variantes s'opposent à d'autres en *-ee* alors que « par places » on « entend encore les formes pleines *hopea* « argent », *valkea* « blanc, clair, lumineux », *sorea* « joli, gracieux », *leveä* « large, étendu ». »

Voici donc ressurgie cette notion de « plénitude » qui avait obsédé tous les réviseurs de la Bible. Aussi n'est-on pas surpris de ne trouver que très peu de formes élidées. Il n'en subsiste que çà et là, alors que les suffixes casuels, les désinences possessives et les désinences verbales sont partout pleines : *kalliolla* « sur la roche », *mielellä hyvällä* « de bonne humeur », *käessä* « dans (la) main », *suussa* « dans la bouche », *ohrasta* « de l'orge », *hiiloksesta* « de braises », *petäjästä* « de pin », *vävyni* « mon gendre », *kaulasi* « ton cou », *kynsihinsä* « dans ses ongles », *kaljahansa* « dans sa bière », *jokena* « en fleuve », *kesänä* « en été », *laulajamme* « notre chanteur », etc.

Les désinences verbales sont pleines aux deux premières personnes du pluriel. On a toujours *-mme* à la 1re et *-tte* à la seconde et, ce qui est plus remarquable, la 3e personne du singulier du présent de l'indicatif et du potentiel est terminée en *-vi*. C'est là un archaïsme car les parlers caréliens ne présentent plus ce *-vi* mais des terminaisons qui varient selon les lieux et les cas. Ainsi, le Kalevala porte *tulevi* « vient » tandis que le carélien du nord n'a plus que *tulov*. Quand le verbe est de thème monosyllabique, on a *-pi* au lieu de *-vi* et seulement dans ce cas, à la différence de la langue écrite qui multipliait les *-pi* même pour les verbes de thème dissyllabique ou polysyllabique. Ainsi lisons-nous uniquement : *ottavi* « prend », *seisovi* « se tient debout », mais *käypi* « va ». A vrai dire, c'est aussi ce qu'on trouve en gros dans les relevés caréliens, avec toutefois des variantes *(eččiä* « il cherche » = *etsivi* et, dans la langue normale d'aujourd'hui : *etsii)*. Cela prouve que les bardes caréliens ont chanté leurs épopées dans une langue qui était déjà pour eux une langue archaïque et ils y ont glissé çà et là une forme qui se trouvait en usage dans leur parler de tous les jours.

Une autre forme de la conjugaison posait un problème : celle de la 3e personne du pluriel du prétérit. Dans la langue de la Bible, elle était seulement affectée du *-t* du pluriel : *itki* « elle pleura » / *itkit* « elles pleurèrent » (sur *itke-* « pleurer »). De pareilles formes se rencontrent sporadiquement dans le Kalevala mais elles ont été remplacées par des formes analogiques en *-ivat*/*-ivät* reconstruites d'après la 3e pers. pl. du présent : *jäivät* « elles restèrent », *vierivät vesipisarat* « les gouttes d'eau roulèrent », *työntivät* « ils poussèrent », etc. Bien mieux, quand le mètre s'opposait à l'emploi de cette forme en *-ivat*/*-ivät* qui avait une syllabe de plus, l'expédient a consisté à la remplacer par le singulier :

Sini itki saaren immet (*Kalevala* XXIX, 387)

« Aussi longtemps pleurèrent les filles de l'île... », alors que le texte d'origine portait :

Sinis itkit Saaren immet... (cp. Matti Kuusi, *Perinnetietoa*, p. 41).

Ce remplacement n'est pas aussi insolite qu'il paraît à première vue. La poésie populaire fait bon marché de l'accord en nombre entre le sujet et le prédicat. Ne lisons-nous pas aussi dans le même chant (vers 49-51) :

Tuossa istui niemen neiet
Rannalla meren sinisen ;
Katselevat, käänteleivät...

« Là-bas étaient assises les demoiselles du promontoire,
Au bord de la mer bleue ;
Elles regardent, elles se tournent... »

Mais dès que le pluriel du prétérit est employé, on trouve la forme en *-ivat/-ivät* :

Jäivät raukat rannikolle... (XXX, 383)
« Elles restèrent les pauvrettes sur le rivage... »

La conjugaison employée dans le Kalevala (et plus généralement dans les publications de Lönnrot) se distingue encore par l'emploi du mode potentiel dont la langue biblique ne faisait pratiquement aucun usage. Il est toutefois difficile de définir l'acception exacte de ce mode à travers les textes. Il exprime une notion d'incertitude, une supposition, voire même une condition :

Et totelle tuotakana
Vääjänne väheäkänä... (*Kalevala*, XXX, 289-290)
« Si tu n'obéissais pas à cela non plus,
Si tu ne cédais pas si peu que ce soit... »

Mais dans les énoncés positifs, c'est à un futur que nous avons affaire :

Äsken lienen mies minäki (*id.* XXXI, 239)
« Tantôt, je serai un homme moi aussi... »

Comme les relevés sur place comportaient de nombreux emplois du passif ou du réfléchi, cette conjugaison est amplement représentée. A ce point que Lönnrot s'est cru obligé de le signaler expressément au lecteur dans sa préface où il mentionne qu'en carélien et en dialecte du Savo on se sert de verbes réfléchis *(itsekohtaiset eli isteyntyvät toimisanat)* et il donne en exemple les formes *käänteleikse* « il se tourne » qu'il rend dans son finnois par *kääntelee itseänsä*, *ajaikse* « il s'avance, se meut » *(ajaa itsensä)*, *siirräikse* « il se déplace » *(siirtää itsensä eli itseänsä)*, *siirtihe* « il se déplaça » *(siirti itsensä eli itseänsä)*, *siirräime* « je me déplace » *(siirrän itseni eli itseäni)*, etc.

Un trait qui pouvait à bon droit surprendre le lecteur finnois de l'époque, c'était la liberté avec laquelle les mots étaient disposés dans la phrase. Alors que la prose de type biblique restait attachée à la règle traditionnelle qui veut que le déterminant précède le déterminé en finno-ougrien, la poésie, au contact des productions populaires, s'était déjà accoutumée à placer de temps en temps un qualifiant après son qualifié, mais dans l'ensemble on n'allait guère au-delà de cette licence. Les chantres caréliens, eux, s'en permettaient d'autres et le *Kalevala* en est continuellement l'illustration. Bien mieux, dans certains cas, l'ordre des mots était utilisé à des fins expressives :

Ei ketänä muuta VASTEN,
VASTEN *vaivaista sinua* (*Kalevala*, XXVI, 248-249)
« Contre personne d'autre,
Contre toi misérable. »

Quelques vers plus haut (id., 227-28) on avait pu lire :

Maasta asti TAIVOSEHEN,
TAIVOSESTA *maahan asti*...
« Depuis la terre jusqu'au ciel,
Du ciel jusqu'à la terre... »

La postposition du déterminant va jusqu'à construire des syntagmes du type : *sialla sillä* « à cette place » (XXVII, 51), *talossa tässä* (*ibid.*, 26) « dans cette maison-ci » qui alternent avec, naturellement, des formules telles que *tuolla paikalla* « à cette place-là ». Il arrive même qu'on trouve dans deux vers consécutifs :

Sanovi sanalla TUOLLA,
Lausui tuolla lausehella (XLIII, 113-114)
« Il dit cette parole-là,
Il énonça cette phrase-là. »

Les composés eux-mêmes apparaissent parfois en ordre inversé qui ne laisse pas de surprendre dans une langue comme le finnois : *kataja kangas* « le genévrier de la lande » au lieu de *kangaskataja*, *vesa lehti* « pousse de feuille » pour *lehtivesa*, *vyö lappa* « ceinture à boucle » pour *lappavyö*, etc.

Le qualifiant peut même se trouver séparé de son qualifié par l'interposition d'un autre mot :

Silta liekkui lehmuksinen (XXVII, 19)
« Le plancher bougea, (qui était) de tilleul »

ou encore :

Sen susi sulalla seisoi (XLVI, 36)
« Un loup se dressait sur son plat (du fer de lance). »

Le terme habituellement postposé d'un syntagme adnominal peut se trouver antéposé :

Kasvatit kanoja parven,
Koko joukon joutsenia... (XXX, 421-22)
« Tu as élevé une bande de poules,
Toute une troupe de cygnes... »

Le complément d'orientation d'un verbe, généralement fourni par un adverbe ou un mot à un cas déterminé, se trouve aussi parfois placé devant le verbe, comme s'il s'agissait d'un préverbe :

Ovet auki paiskatkatte... (XLVI, 184)
« Les portes, ouvrez-les violemment... »
Kiinni lyökätte lujahan! (*id.*, 186)
« Fermez-les solidement. »

Le verbe de négation, souvent réduit à sa seule forme de 3e personne du singulier *(ei)*, bien que presque toujours placé avant le verbe, plus exactement avant son thème négatif ou le participe, peut être inversé :

Ollut ei linnassa lihoa... (XXX, 335)
« Il n'y avait pas de viande au château... »

Il est donc certain que le lecteur attentif a été frappé par cette extraordinaire liberté de l'ordre des mots, liberté comparable à celle dont peuvent s'enorgueillir certaines langues indo-européennes, et nous venons de voir que le barde savait en tirer des effets stylistiques.

L'emploi fait des cas de la déclinaison était souvent très différent de celui attesté dans la langue écrite. D'abord il est des cas qui étaient pratiquement ignorés de celle-ci et dont le rôle apparaît important, comme par exemple le cas instructif (*-n*) :

Kaikki on tarpehen talossa (XXVI, 437)
« Tout, on peut en avoir besoin à la maison »...
Viekätte vävy tupahan,
Hivuksin hatuttomana,
Käen kintahattomana (XXI, 116-18).
« Conduisez le gendre dans la salle,
Sans chapeau sur les cheveux,
Sans mouffles aux mains. »

Le partitif apparaît aussi, très fréquemment, dans des acceptions correspondant à celles d'autres cas :

Kust'on koppa kanteletta? (XL, 235)
« De quoi est (faite) la caisse de la cithare? »
Usein hyvän isännän
Jäänyt on kinnasta kivelle,
Hattua havun selälle,
Suohon sukkoa vajonnut (XXV, 497-500).
« Souvent le bon maître
A laissé (ses) moufles sur la pierre,
(Son) chapeau sur les aiguilles de sapin,
Dans le marécage enfoncées (ses) chaussettes. »

Le partitif est aussi construit comme complément de lieu de verbes de mouvement :

Karjan käyessä mäkeä,
Astu sie mäen alatse (XXXII, 353-4).
« Quand le troupeau va sur la colline,
Toi, descends au bas de la colline. »

Qu'il s'agit bien d'une acception spatiale ressort des exemples suivants :

Viiakkoa vierressänsä
Sinä astuos ahoa (id., 359-60).
« S'il descend (le troupeau) dans le taillis,
Toi, va dans l'essart. »

d'une part et plus encore d'autre part de :

Olen kuin alli aalloksessa,
Tavi laajalla lahella,
Uiessa vilua vettä,
Vettä jäistä järkyttäissä (XXII, 413).
« Je suis comme le canard dans les vagues,
Le plongeon dans la vaste baie,
Nageant dans l'eau froide,
M'ébrouant dans l'eau glacée. »

Le prolatif en *-tse* se rencontre aussi plus fréquemment qu'ailleurs :

nenätse niemen « par le bout (le nez) du promontoire »
nenitse niemen « id. »
saaren kainalotse (aussi *kainaloitse*) « auprès de l'île » (littéralement « sous l'aisselle de l'île »), etc.

Le translatif (en *-ksi*) apparaît dans des locutions telles que :

Kuului koivun itkeväksi (XLV, 79)
« On entendit le bouleau qui pleurait »
Sai tuossa sanoneheksi... (XXVIII, 132)
« Il trouva alors à dire... »

Bien d'autres remarques seraient à ajouter mais il ne saurait être question d'établir ici la grammaire du Kalevala pas plus que celle des textes oraux relevés de tous côtés. Ce serait d'ailleurs une tâche décevante, car ces textes, retouchés, adaptés, soumis à toutes sortes de manipulations, ne reflètent pas l'usage vivant des informateurs qui les avaient dictés. Mais tels qu'ils sont, ces textes exercent toujours une grande action, car ils sont constamment cités dans les grammaires et les études portant sur l'usage de la langue. On les donne en modèles de locutions proprement finnoises et dignes d'être imitées. Il en est de même des procédés stylistiques utilisés par les bardes et dont le plus voyant, déjà signalé comme tel par Lönnrot est, outre un emploi perpétuel de verbes onomatopéiques, l'association fréquente d'un infinitif avec précisément un verbe de sens difficile à définir mais qui apporte une note pittoresque ou expressive :

itkeä hyryttelee « il pleure tout bas », *käydä kulleroittelee* « il marche en levant les pieds allègrement », *lauloa hyrehtelevi* (*Kalevala*, XXXIX, 276) « il chante à voix basse », etc. Mais à côté de ces constructions où le verbe de concept général se trouve employé à l'infinitif, il y a des locutions similaires où les deux verbes jumelés sont conjugués parallèlement :

Orjat lietsoi löyhytteli... (XXXIX, 73)
« Les esclaves soufflèrent (la forge) en s'époumonant. »
... *Kyynel vieri kyyhkäteli* (XLI, 186)
« La larme roula, dégoulina. »

Contrairement à ce que l'on attendrait d'une poésie populaire, les vers du Kalevala, même quand on se reporte aux textes d'origine, tels qu'ils ont été relevés, contiennent un important développement des moyens d'articuler la phrase et aussi le discours. On se sert ainsi de conjonctions :

Konsa on karja kankahalla,
Sinä suolle soiverraite
Kun karja solahti suolle,
Silloin korpehen kokeos,
Karja käyessä mäkeä,
Astu sie mäen alatse... (XXXII, 349-54)

« Quand le troupeau est dans la lande,
Toi, sur le marécage faufile-toi,
Quand le troupeau s'est glissé sur le marécage,
Alors dans la garenne rends-toi.
Le troupeau allant sur la colline,
Descends, toi, au bas de la colline... »

Dans ces 6 vers, les deux procédés s'affrontent, celui de subordination au moyen de conjonctions *(konsa* et *kun)* et celui par emploi d'une forme nominale du verbe *käyessä* « en allant ». Cette situation n'est pas caractéristique de la langue populaire, comme nous l'avons vu, puisqu'elle apparaît déjà dans les traductions datant du XVIe siècle. Constamment, les deux procédés se côtoient :

Kun tunsi vävyn tulevan,
Sanan virkkoi, noin nimesi... (XXI, 21-22)

« Quand elle vit le gendre venir (= venant)
Elle dit cette parole, elle s'exprima ainsi... »

Il en est de même dans :

Ehkä tuon on tarvinnetki,
Ennenkun ero tulevi, ...
« Peut-être en pourras-tu avoir besoin »,
Avant que ne vienne le départ... »

contrastant avec :

Ellös tätä ennen syökö
Karjan mentyä metsälle (XXXII, 31-32)
« Ne mange surtout pas ceci avant
Que le troupeau ne soit allé au bois. »

L'idée d'antériorité est ici supportée d'une part au moyen de l'adverbe *ennen* « avant » et d'autre part à l'aide du partitif singulier du participe passé passif *mentyä* alors que dans le cas qui précède, c'est la conjonction *ennenkun* (= *ennenkuin*) qui assume cet office.

La proposition relative peut être introduite soit par un pronom soit par un adverbe :

Kun ei siitä kyllin liene,
Saaos Hiien hiihtoneuvot,
Lemmon leppäiset sivakat,
. . . .
Joilla hiihät Hiien maita... (XVII, 461-465)
« Si ce ne devait pas être suffisant,
Saisis-toi des engins de ski du Diable
Des skis en (bois d')aune du Malin,
. . . .
Avec lesquels tu skieras dans les terres du Diable. »
Veistin ankaran venosen,
Jok' on tuulessa tukeva, ... (XVIII, 686-7)
« J'ai taillé un fier bateau,
Qui est solide dans le vent... »

A côté de *joka*, l'interrogatif *kuka* sert également de pronom relatif :

Ei saatu sitä kaloa,
Kuta vasten nuotta tehty (XLIX, 84)
« Ne fut pas pris le poisson,
Pour lequel le filet (était) fait. »

Ce même *kuka* alterne avec *mikä* pour désigner les choses :

Mitä läksin, senpä sainki,
Kuta pyysin sen tapasin (XI, 365-6)
« Ce que j'étais allé chercher, je l'ai eu,
Ce que je demandais, je l'ai obtenu. »

Inversement, *mikä* peut servir de relatif rapporté à un objet déterminé :

Ei saanut sitä kalaista,
Mitä mielensä pitävi (V, 160-61)
« Il ne prit pas le poisson
Dont il avait envie. »

Parfois, la conjonction de subordination entraîne l'emploi d'un mode déterminé du verbe :

Saat jos tahtonet satoja... (XII, 350)
« Tu en auras, si tu voulais, des centaines »...
(*tahtonet*, potentiel : « tu voudrais, tu pourrais vouloir »)
Tuon sinulle juoaksesi,
Josp' on joisit kaiken päivän (XII, 71-72)
« Je t'en apporterai à boire,
Même si tu buvais toute la journée »
(*joisit*, conditionnel-optatif « tu boirais »).

La conjonction *jotta*, très fréquente en diverses acceptions, comporte aussi des emplois où elle est associée au conditionnel :

Pane kaksi kämmentäsi
Kahen puolen kaiteheksi,
Jott' ei vilja vieprahtaisi,
Tie-puolehen poikeltaisi... (XIV, 189-192)
« Mets tes deux mains
Des deux côtés en protection
Afin que le gibier ne s'échappe,
Que sur le côté il ne rebrousse... »

Ce qui est frappant, c'est la multiplicité des articulations utilisées pour assembler le discours :

Sekä soitti jotta lauloi (XLVII, 3)
« Et il joua (de la cithare) et il chanta. »
Lähe tuonne, kunne käsken (XXX, 31)
« Va là où je t'ordonne. »
Sini itki ja sureksi,
Kunnes saaren maat näkyvi... (XXIX, 396-7)
« Il pleura et s'affligea tout le temps,

Pendant que les terres de l'île sont en vue *(sic)* ».
Sille neiti antaminen,
Kelle mielensä tekevi... (XVIII, 467-8)
« A celui-là il faut donner la fille,
Celui qu'elle trouve à son goût. »
Niin on neiti taatolassa,
Kuin marja hyvällä maalla... (VIII, 75-76)
« Ainsi est la fille dans la maison paternelle,
Comme la baie dans la bonne terre »...

Ces exemples, qui pourraient être indéfiniment multipliés, montrent que la langue de la poésie de type kalevalien était solidement charpentée grâce aux nombreux procédés d'articulation qu'elle avait développés. Elle disposait d'un important appareil de relatifs, de conjonctions et d'adverbes qui tendaient à se constituer en un double jeu de formes puisque la perpétuelle reprise des vers en refrains incitait le chantre à s'équiper de deux séries synonymes de mots-outils :

Enkä nyt tuota tieäkänä,
Miten olla, kuin eleä... (V, 208-9)
« Je ne sais même plus cela,
Comment être, comment vivre... »

Aux procédés articulatoires conjonctionnels ou pronominaux s'ajoutaient d'autres tournures, plus originales, obtenues en exploitant les ressources autochtones :

Sie vanno valat ikuiset
Et sotia käyäksesi... (XI, 295-6)
« Toi, jure des serments éternels,
Que tu n'iras pas à la guerre... »

Et la réponse est :

Vannon mie valat ikuiset
En sotia käyäkseni (id., 301-2)
« Je jure, moi, des serments éternels,
Que je n'irai pas à la guerre... »

L'articulation a été réalisée au moyen de la désinence possessive affixée à l'infinitif I (dit « long »). Et, chose plus curieuse, le verbe de négation a été construit avec l'infinitif I long possessivé et non avec le thème négatif du verbe (qui aurait été *käy*)!

La subordination peut de son côté être exprimée, dans une phrase suppositive, par l'emploi de l'enclitique *-ko/-kö* d'interrogation :

Tietäisinkö, en sanoisi (L 382 et 396)
« Si je le savais, je ne le dirais pas » (= Le saurais-je (que) je ne le dirais pas).

Il est évident que cette richesse, voire cette pléthore, de procédés expressifs ne pouvait que ravir tous les esprits qui reprochaient au finnois écrit sa raideur, sa gaucherie et même son insuffisance. Mais en dehors de ces considérations, ce qui a enchanté les premiers lecteurs des poèmes « restaurés » par Lönnrot, c'est leur extraordinaire richesse en vocabulaire. On y découvrait un trésor de mots inconnus, d'allure très finnoise, et aussi des dérivés de toutes sortes qui permettaient de nuancer l'expression pour ainsi dire à l'infini. Parmi les vocables qui se distinguaient du lexique auquel avait habitué la langue écrite, il y a des termes tels que *virkkaa* « dire, proférer », *pakista* « causer », *piennar* « lisière, bord (du chemin) », *soppi* « coin, recoin », *määttää* « emplir, bourrer » (cp. notre franc-comtois *remburrer*), *miero* dans la locution *joutua mieron tielle* « aller mendier, prendre le bâton de mendiant », *korvo* « baquet (à anses) », *ulappa* « haute mer, large » (originellement tout plan d'eau dégagé), *vaara* « butte, crêt », etc. qui décrivent le plus souvent un autre milieu ou d'autres modes de vie. Et puis, il y avait aussi un afflux extraordinaire d'onomatopées, surtout des verbes exprimant des bruits, des mouvements et dont la signification est souvent très malaisée à saisir : *lipsahtaa* « glisser », *kaikerrella* « pousser des cris plaintifs », *sihertää* « siffler, pousser un cri strident », *pajahtaa* « détoner, faire un bruit éclatant », *niekottaa* « balancer », *pilpattaa* « chantonner », *torkutella* « se promener nonchalamment », *ravahtaa* « sursauter, faire un bond », *melskahtaa* « faire plouf », *tokaista* « frapper, cingler », *tyrskähtää* « faire un bond en projetant des éclaboussures », *täristä* « trembloter, tressaillir », *urista* « gémir, geindre », *vankua* « glapir, pousser des cris discordants », *vengottaa* « se débattre en se retournant (poisson) », *ärjötellä* « houspiller », etc.

Cette profusion de termes expressifs contrastait naturellement avec la pauvreté de la langue écrite en ce genre de mots. Il est constant qu'une langue savante ne comprenne qu'un petit nombre de termes de cette catégorie. Plus intéressante était par contre l'utilisation que la poésie populaire avait faite de certaines dérivations : *laulanta* « action de chanter, chant » (*laulaa* « chanter »), *astunta* « action de marcher, de faire des pas », *pistäntä* « action de piquer », etc. Et surtout, les allures du verbe étaient volontiers marquées en utilisant des verbes dérivés : *ongitella* « pêcher à la ligne pendant un certain temps » (à partir d'*onkia* « pêcher à la ligne »), *melastella* « godiller, pousser (un canot) à la godille » (*melata* « godiller »), *rakennella* « disposer par couches, édifier en s'y reprenant à plusieurs fois » (de *rakentaa* « disposer par couches, construire »), *kolistella* « faire quelque bruit, un bruit répété » (*kolista* « faire un bruit »), *vierähtää* « faire brusquement tourner, dégringoler » (*vieriä* « tourner »), etc. Certes, il suffit de feuilleter le vocabulaire de Daniel Juslenius pour se rendre compte que ces dérivés y sont souvent déjà enregistrés mais il suffit aussi de parcourir quelques pages de la littérature de l'époque pour découvrir que ces verbes dérivés étaient en général peu employés alors que les verbes composés foisonnaient partout.

Il ne faudrait pas s'imaginer pourtant que le lexique des poèmes kalevaliens était homogène ni même exempt d'éléments étrangers. On y relève de nombreux emprunts russes et, chose qu'a fort bien signalée M. Veikko Ruoppila (*Kalevala ja kansan kieli* « Le Kalevala et la langue populaire », Helsinki 1967), on y trouve même des emprunts relativement récents au suédois : *kyyti* « charroi », *tali* « suif », *kuppi* « tasse », *viltti* « feutre », *kellari* « cave », *kannu* « bidon », *tynnyri* « tonneau) et même des mots du type *esiliina* « tablier » (suédois *förkläde*), etc. Il est même vraisemblable qu'un mot *vellova*, par exemple « ondulant en vagues » (*Kalevala*, IV, 201) n'est pas autre chose qu'une adaptation du suédois *välla* « jaillir, bouillonner » et il en est de même du verbe *valkaella* « marteler, aplatir au marteau » qui n'est que le suédois *valka*, lui-même pris à l'allemand *walken* « laminer ». Ce n'est pas tout, çà et là sautent aux yeux des formes qui sont celles des dialectes occidentaux. Ainsi le mot *taula* « amadou » n'apparaît dans le *Kalevala* (XXIII, 138 et XLIII, 110) que sous les espèces de *tauloa* (partitif sg. = *taulaa*) alors qu'une variante reproduite dans la grande collection de textes populaires intitulée *Suomen kansan vanhat runot* « Les poèmes anciens du peuple de Finlande » porte bien *takloa* qui est le traitement carélien. Mais A. A. Borenius, prenant un passage correspondant sous la dictée d'Ontreinen Jyrki Malinen, il est vrai pas mal d'années plus tard (en 1871 et en 1877), a noté lui aussi *tauloa* et il serait assez improbable qu'il y eût là une retouche de sa part car il semble bien s'être attaché à reproduire très fidèlement ce qu'il entendait. Rappelons que le même texte oral relevé d'après ce même Malinen, par le même prospecteur, comporte une forme *karehta*, partitif singulier, « de l'envie, de la rancune » (= *kadetta*) que Lönnrot avait d'abord notée de son côté *karetta* (*Alkukalevala*, Chant I, vers 5) puis « carélisée » en *kaetta* (Kalevala, VI, 26). C'est ainsi que nous lisons *eilen* « hier » (*Kalevala* XXV, 222) qui est également attesté dans les variantes alors que nous attendrions *eklen* si nous avions réellement affaire à un terme carélien septentrional et *eglen* en carélien méridional. Les exigences du parallélisme des vers repris en refrain a amené le barde à utiliser successivement deux variantes lexicales, celle de l'ouest comme celle de l'est en matière de lexique :

Sai tuvat tulelliseksi,
Pirtit valkealliseksi... (XVIII, 289-90)
« Il équipa les maisons avec le feu,
Il pourvut les chambres du feu. »

Le mot *tupa* et le mot *pirtti* ont été utilisés comme synonymes et de même *valkea* et *tuli*. Bien d'autres exemples pourraient être mentionnés.

Il n'est donc pas surprenant que la langue transmise par ces textes publiés après avoir été diversement triturés soit par Lönnrot soit par d'autres avant et après lui apparaisse très composite et aussi très éloignée des récits oraux qu'ils sont censés reproduire. Déjà plus d'un contemporain en avait été frappé et même offusqué. C'est la raison de la réprobation exprimée avec véhémence par un C. A. Gottlund, par exemple, qui voulait de l'authentique et non du factice. Encore convient-il d'ajouter que les arrangements pratiqués par Lönnrot n'ont même pas « normalisé » la langue de ces poèmes. Constamment on relève des discordances ou des inconséquences. Ainsi *kuni* « quand » alterne avec *kun* (Kalevala XXV, 631 et suivants), la forme brève du pronom personnel de 1re personne du singulier *mä* alterne avec *ma* « je », souvent peut-être pour se plier à l'harmonie vocalique : *kyllä mä* « Oui moi... » / *muistan ma* « je me rappelle ». L'alternance consonantique est appliquée différemment dans le même mot et le même vers : *Keskelle kosen kiveä...* (XL, 51) « Sur le milieu de la pierre du rapide... » (on devrait avoir ou *Keselle* ou *kosken*). Le cas essif se construit sur les mêmes mots tantôt en utilisant le thème consonantique, tantôt le thème vocalique :

*Kun oisi sanallis*SENA,
Mielellisnä, *kielellis*NÄ (*Kalevala*, XXVII, 161-162)
« Si elle était parlante,
Pensante, causante. »

Sans doute, plus d'une variante s'explique par les exigences du parallélisme :

Käänny, *pursi*, *Pohjalasta*,
Käännäite kohen kotia
« Détourne-toi du Nord, navire,
Tourne-toi vers la maison. »

Dans la même acception, le même verbe est employé sous deux espèces : *käänny* est l'impératif de *kääntyä* dérivé en *-y-* qui a un sens réfléchi et *käännäite* qui n'est autre que la forme réfléchie ou, si l'on préfère, la voix réfléchie construite sur le thème *kääntä-*. Semblablement, on trouve :

Tiera tehnyt kuulun kaupan,
Ikikaupan iskenynnä, ... (*id.* XXX, 87-88)
« Tiera a fait le fameux marché,
Il a topé le marché fatal... »

Deux participes passés actifs sont successivement employés, le premier au nominatif singulier *(tehnyt)*, l'autre au cas inessif *(iskenynnä)* et cette alternance se répète fréquemment au long des 50 chants du poème :

Jo on laulettu paremmat,
Jalommatki jaksettuna (XXVI, 287-88)
« Déjà les meilleurs ont été enchantés,
Les plus valeureux maîtrisés. »

Le premier participe passé passif est au nominatif, le second à l'essif. Cette même opposition entre le nominatif et l'essif se retrouve à un autre étage, celui des attributs du sujet :

Selvänä etinen ilma,
Taakea takainen taivas... (XLIII, 45-46)
« Il est clair l'air de devant,
Il est bouché le ciel de derrière. »

Le premier attribut est à l'essif *(selvänä)*, le second au nominatif (*taakea* « épais, dense », probablement venu du scandinave : néonorvégien *tåka* « brouillard épais », norvégien *tåke* « id. », *tåket* « couvert de brouillard », etc.).

Kuolo Kullervo-urohon,
Loppu ainakin urosta... (XXXVI, 344-45)
« La mort de Kullervo le brave,
La fin pour toujours du brave... »

Le complément de nom se trouve exprimé dans le premier vers au génitif (*urohon* « de l'homme brave ») tandis qu'il est énoncé au partitif dans le second *(urosta)*.

Bien d'autres variantes se rencontrent d'un vers à l'autre et parfois à l'intérieur d'un seul et même vers. Elles disent éloquemment que la langue à laquelle on a affaire est composite et que les arrangements qu'elle a pu subir ne l'ont pas homogénéisée. Il n'en saurait être autrement et ceci pour bien des raisons. D'abord, comme nous l'avons déjà répété, les relevés de textes oraux étaient dès l'origine divergents et même plus ou moins frelatés. Ensuite, ces textes étaient en eux-mêmes composites en ce sens qu'ils avaient été perpétuellement retouchés par les hommes et les femmes qui les chantaient et n'en comprenaient pas toujours tous les éléments. L'étymologie populaire avait fait son œuvre et des locutions entières avaient été remplacées ou refaites selon l'idée que le chantre ou la chanteuse pouvait se faire de leur signification. C'est là un phénomène banal qui se manifeste dans tous les folklores sous toutes les latitudes. Des termes vieillis, des constructions désuètes ont donné lieu à toutes sortes de rattrapages et occasionné toutes sortes de déformations. Les textes relevés ressortissaient en outre à des variétés différentes de dialectes, même en terrain carélien où la variance dialectale était très sensible. Et si perdus que fussent les hameaux où les prospecteurs étaient allés chercher leurs textes, les gens qu'ils y avaient rencontrés n'avaient pas échappé à toute influence venue de l'extérieur. Bien des « bardes » caréliens avaient parcouru des années durant les campagnes de Finlande le balluchon au dos pour y gagner leur vie à faire du colportage. Ils y avaient appris beaucoup de choses, retenu des mots, des locutions, échangé des idées, découvert d'autres modes de vie et reçu des inspirations nouvelles. La langue de la Bible ne leur est pas restée entièrement inconnue. C'est ce que semble suggérer le passage suivant (Kalevala, XXXII, 439-40) :

Ylitse tahon Jumalan,
Päitse auvon autuahan.
« Par-dessus la volonté de Dieu,
Par-dessus la vertu miséricordieuse »

qui fait songer à la traduction donnée par Agricola du verset 62 du chapitre XIV de Saint-Marc :

... ia teiden pite näkemen Inhimisen Poian istuuan Auuun oikealla polela... (*... et videbitis Filium hominis sedentem a dextris virtutis Dei...*). Dans bien d'autres passages, on serait tenté de retrouver des bribes de la traduction de la Bible, de quelque édition qu'il s'agisse, mais dans l'état actuel de nos connaissances, il n'est guère possible de déterminer avec précision ces éléments car nous ne pouvons pas retrouver la filière par laquelle ils sont parvenus dans les solitudes caréliennes.

De tout ce qui précède, il ressort que la publication des éditions du Kalevala, de celles de la Kanteletar et de bien d'autres ouvrages consacrés à la poésie populaire a apporté dans le milieu des fennophiles, appelés par leurs adversaires « fennomanes », un trésor inépuisable de ressources linguistiques jusque-là presque complètement ignorées. Il était alors tentant pour eux, sous l'inspiration des doctrines qui avaient cours à l'époque, d'y voir le témoignage monumental de la grandeur passé du peuple finnois et d'y trouver un instrument à utiliser pour le réhabiliter et le réinstaller dans tous ses droits. Il n'était pas moins tentant de vouloir s'emparer des richesses que recélait la langue de la tradition populaire pour façonner une nouvelle forme d'expression, plus pure de tout mélange étranger, partant plus authentiquement nationale et aussi plus neuve, plus riche de sève en comparaison de la langue exclusivement écrite dont les clercs s'étaient servis jusque-là. Il ne faut pas oublier que dès le début du XIXe siècle, l'emprise cléricale sur la langue écrite, qui avait été totale depuis le XVIe siècle, avait commencé à se desserrer. Des laïques se mettaient à leur tour à écrire en finnois et ils ne se sentaient plus tenus de respecter dans sa lettre une langue qui assumait à leurs yeux une nouvelle mission : celle de servir de moyen authentique d'expression pour une nation entière et non plus pour une religion ou une prédication moralisante. On savait désormais que la langue écrite n'était plus toute la langue finnoise ; il en existait une autre version, qui sentait davantage son terroir et semblait demander d'être à son tour cultivée et exploitée.

La « révolte des dialectes ».

Les historiens de la langue finnoise ont accoutumé de dater de 1820 le début d'une période assez confuse du développement de la langue écrite. Ils s'accordent généralement à constater que celle-ci stagnait depuis plusieurs dizaines d'années. Les auteurs qui l'utilisaient, peu nombreux, presque uniquement membres du clergé ou proches de cet ordre, ne se montraient pas capables de promouvoir la langue ; ils ne s'en servaient d'ailleurs que pour les besoins du culte, de l'éducation religieuse, de la dévotion et aussi de ce que nous appelons l'éducation de base, ainsi que nous l'avons déjà signalé plus haut. Certes, celui qui regarde les textes de plus près découvre tout de même que certains de ces auteurs introduisaient volontiers çà et là quelque innovation qui consistait le plus souvent à utiliser un mot dialectal ou une forme étrangère à la morphologie de ce qui constituait la langue de l'Église. Ces particularités étaient plus ou moins nombreuses, plus ou moins voyantes selon la personnalité des auteurs, leur origine ou leur goût. Dans l'ensemble, de telles variantes ne changeaient guère le faciès du finnois écrit.

Une même constatation vaut pour ceux qu'on a appelés les « poètes populaires » *(rahvaanrunoilijat)* ou poètes de terroir qui étaient de souche paysanne, plus ou moins instruits, et qui disaient des vers de circonstance dans les fêtes, réunions ou cérémonies de villages. Ils ne formaient pas un groupe homogène, car il y avait parmi eux des paysans cossus, déjà pas mal instruits, plus ou moins autodidactes, d'autres qui étaient totalement illettrés, d'autres enfin qui étaient des colporteurs, des artisans ambulants, voire même de vrais trimardeurs. On a conservé d'eux dans les archives, notamment celles de la Société de Littérature Finnoise, des milliers de vers plus ou moins inspirés, le plus souvent conçus selon la métrique kalevalienne et dont la langue est passablement hétéroclite. On y trouve surtout du finnois biblique et, surajouté ou entremêlé, du dialecte, le plus souvent celui de Savo car le plus grand nombre de ces « trouvères » étaient natifs de l'Est de la Finlande. Dans cette poésie, qui cherchait volontiers des modèles tantôt dans les chants de type kalevalien, tantôt dans les psaumes, on trouve souvent l'expression d'une sorte de revendication nationale. On y déplorait l'état misérable où se trouvait réduite la langue finnoise et on y exprimait l'espoir de la voir établie dans ses droits. Mais nulle part il n'est dit de quelle langue il s'agissait, si c'était de celle écrite par les « messieurs » ou de celle parlée par le paysan.

La « révolte » à laquelle nous faisons allusion s'est donc déclarée autre part et naturellement, comme toujours, chez les intellectuels. Le tout aurait commencé un certain 8 janvier 1820 par un article « explosif » de Reinhold von Becker dans le numéro 1 de l'hebdomadaire qu'il lançait sous le titre *Turun Wiikko-Sanomat* « Gazette hebdomadaire de Turku ». Il y exprimait ses souhaits aux Finnois pour l'année qui venait de commencer en écrivant qu'il était désirable que « les livres finnois vinssent des dialectes et fussent nettoyés de leurs incorrections étrangères ». Dans le numéro suivant du même hebdomadaire, il récidivait en ajoutant : « Pour le grand dommage de la langue finnoise, les premiers livres finnois ont été écrits dans cette langue passablement minable des Finnois du littoral dans laquelle par-dessus le marché se sont introduits trop de mots du suédois et du latin, lesquels ont obscurci la clarté de notre langue. Et bien que ces livres, sur l'ordre des Pouvoirs publics, aient été dans une certaine mesure épurés des dialectalismes, beaucoup sont demeurés sans amélioration. Après quoi bien des gens, suivant ces livres, ont écrit le finnois de la même manière et se sont habitués non seulement à écrire et à lire autrement que ne parlent les purs Finnois, mais aussi à croire que c'est dans les livres que se trouve la langue la plus pure. Chacun comprend pourtant que la langue n'est pas issue des livres, mais que ce sont les livres qui naissent de la langue et que pour cette raison il faut rectifier les livres d'après la langue et non la langue d'après les livres. »

L'auteur de ce propos était lui-même né à Kangasniemi, en pays de Savo. Il était professeur assistant à l'université de Turku où il enseignait l'histoire. Il avait déjà fait un voyage de prospection qui l'avait conduit au Nord de la Finlande, en Laponie et en Carélie Septentrionale (ce que les auteurs finlandais appellent *Vienankarjala*). Il y avait retrouvé les fameux chants populaires que Lönnrot allait bientôt exploiter si prodigieusement. Il était par ailleurs imbu des conceptions de l'époque ; il croyait que la langue est une entité mystérieuse jaillie spontanément des profondeurs de l'âme populaire. Il n'avait pas manqué non plus d'être frappé par l'apparente homogénéité des parlers qu'il avait entendus dans la bouche des paysans qu'il avait visités. Il savait d'autre part trop bien le suédois, l'allemand, les langues classiques pour ne pas sentir combien la langue écrite s'était chargée de calques étrangers, sans parler des nombreux emprunts plus ou moins bien assimilés. La citation ci-dessus résume la pensée des hommes de cette génération ; ils étaient à la recherche d'une langue nouvelle, plus pure, plus authentiquement nationale. Pourtant, ils s'exprimaient eux-mêmes en suédois. Ils n'avaient pu se soustraire à cette nécessité qui s'était imposée à tout Finlandais au cours du XVIIIe siècle dans la mesure où il avait voulu acquérir un minimum de savoir et de culture. En réalité, la position du finnois en tant que langue écrite n'avait fait que se détériorer. Plusieurs facteurs y avaient contribué : l'invasion de l'administration locale par ce qu'on appellerait aujourd'hui des « parachutés » de Suède, la suédisation des couches les plus élevées de la population du pays, la diffusion rapide des modes de vie venus du continent et plus particulièrement de Grande-Bretagne et de France. Or ces courants intellectuels et économiques autant que sociaux traversaient d'abord la Suède et n'étaient véhiculés que par une expression suédoise. Peu à peu, la langue finnoise écrite avait vu se restreindre l'aire de son emploi ; elle n'alimentait plus qu'un secteur toujours plus étroit de la vie sociale, celui du culte et de la dévotion. En revanche, le clergé avait développé, comme le reconnaissait von Becker lui-même, une énorme activité parmi les masses qu'il avait réussi à alphabétiser plus ou moins complètement. L'institution des *kinkerit* auxquels nous avons déjà fait allusion, ces assemblées où les paroissiens étaient convoqués pour subir des examens périodiques au cours desquels ils devaient montrer qu'ils n'avaient pas complètement oublié ce qu'ils avaient appris dans les écoles du dimanche, avait entretenu une certaine connaissance de la lecture. Or celle-ci se faisait dans la langue du catéchisme et de la Bible. A cela s'ajoutait qu'une quantité de livres de piété avaient été publiés durant le XVIIIe siècle et pendant les premières années du XIXe siècle. C'étaient pour la plupart des traductions du suédois, même quand il s'agissait d'ouvrages allemands, anglais ou français, tel celui d'un certain Jean Bernières de Louvigny (1602-1659) mis en finnois par l'infatigable pasteur Henrik Renqvist (1789-1866) qui fut l'un des animateurs du mouvement piétiste. Or ce Renqvist, qui eut des ennuis avec la hiérarchie pour son zèle intempestif, écrivait à peu près dans la langue de la traduction de la Bible, en conservant jusqu'aux particularités les plus saugrenues de la graphie de celle-ci. Par ailleurs, son style, assez relâché, fourmillait de svécismes. Il ne dédaignait pas d'écrire *täällä maan päällä* « sur cette terre », par exemple, tout comme avait fait Agricola alors que cette locution avait été dès 1642 finnisée en *maalla* « sur la terre », qui est la vraie formule. On lit aussi *ristin päällä* « sur la croix » pour *ristillä*, etc. Cette littérature piétiste avait répandu très profondément dans les masses rurales la connaissance de la langue biblique, ce *Pipliasuomi* devenu odieux aux nationalistes comme Reinhold von Becker. C'est ce dont ces intellectuels ne s'étaient pas avisés dans leur tentative de restauration de la langue.

C'est que Becker, suivi par plus d'un autre, notamment par C. A. Gottlund dont il a déjà été question, voulait tout simplement changer le fondement de la langue. Il estimait pour sa part qu'une nouvelle langue écrite, édifiée à partir des dialectes, devrait suivre les dialectes de l'est qui étaient à ses yeux plus « pleins » et moins contaminés par les langues étrangères. Gottlund allait d'un pas plus loin ; il proposait que chacun se servît du dialecte qui lui plaisait. Son propre choix était fait. Il avait érigé le parler de Savo en langue écrite pour son usage personnel, dans l'espoir d'être imité. Seulement, Gottlund, bien que né en terre finlandaise et précisément en Savo, avait surtout une culture suédoise et il n'était pas parfaitement maître de son finnois dans lequel il glissait des constructions à sa façon, ce qu'on a appelé des « gottlundismes » *(gottlundilaisuukset)*. Il ne pouvait donc pas donner lui-même l'exemple. Et puis, quelle était en dernière analyse la meilleure façon de finnois? Comme un peu partout ailleurs vers le même temps, on se demandait où se parlait la langue la meilleure, c'est-à-dire la plus « pure ». Ceux qui étaient natifs du Savo opinaient naturellement pour ce dialecte ou, pour se rapprocher davantage de la réalité, pour cet ensemble de patois, mais ils trouvaient des opposants chez ceux qui prônaient les parlers de la Carélie septentrionale où émergeaient de l'oubli les poèmes kalevaliens, ceux qui préféraient les dialectes du Häme, de Botnie, etc. Les seuls parlers qui se trouvaient délaissés par ces messieurs étaient ceux de l'ouest et surtout du sud-ouest, du Littoral, comme on disait volontiers, car ils étaient souvent limitrophes des parlers suédois et à Turku s'était constituée depuis longtemps une sorte de parler bâtard qui choquait la sensibilité nationaliste. En outre, ce parler de Turku était urbain et la pureté dialectale ne s'imaginait qu'en milieu rural, parmi ces populations que la ville n'avait pas corrompues, qui étaient demeurées, comme on disait ; *ofördärvad* (en finnois *turmeltumaton*). Ces réactions n'ont rien qui puisse surprendre ; elles étaient banales. Partout on cherchait la langue « pure ». Cette recherche s'est poursuivie jusqu'à nos jours. Certains linguistes étrangers, transposant ce souci en France, n'ont-ils pas prétendu que c'était le tourangeau qui était le français le plus pur? Une pareille assertion paraît aujourd'hui puérile et dénote une méconnaissance totale de ce qu'est une langue, plus particulièrement une langue de civilisation. Elle n'était pas moins ingénue en ce qui concerne le finnois du début du XIXe siècle puisqu'il s'agissait de l'équiper pour lui permettre de s'affirmer précisément en tant que langue de civilisation.

Cependant, les meilleurs esprits étaient ébranlés. C'est ainsi que Lönnrot, qui s'était familiarisé avec les différentes variétés de finnois oriental et avec les parlers caréliens, avait lui-même pris une position favorable à un changement du dosage dialectal à l'intérieur de la langue. Il ne parlait pas d'en changer les fondements mêmes, c'est-à-dire sa structure morphologique, mais il estimait qu'il fallait envisager de susciter de nouvelles constructions de phrases, originales, c'est-à-dire d'un patron différent de celui des phrases suédoises, qu'il fallait fabriquer de nouveaux vocables, pour remplacer les termes étrangers, qu'il fallait éliminer les séquences qui offusquaient l'oreille et les remplacer par d'autres plus harmonieuses, qu'il convenait de rassembler des synonymes, d'enrichir la langue de sonorités nouvelles, de lui conférer plus « de plénitude » et plus de « perfection ». Il n'hésitait pas à proposer des formes nouvelles pour certains mots, etc. Ce programme, qu'il avait suggéré à la Société de Littérature Finnoise dès 1835, s'il avait été mis en application, aurait évidemment bouleversé le finnois écrit. En gros, cela revenait à faire prévaloir les parlers de l'est sur ceux de l'ouest. Nous avons dit que ces parlers semblaient plus cohérents que ne l'étaient les parlers de l'ouest et surtout ceux du sud-ouest, car ces derniers étaient morcelés en aires séparées par des isoglosses très marquées. Ainsi, en face du seul traitement par zéro du degré faible de *-t-*, on trouvait soit *-δ-* (encore assez vivant au début du XIXe siècle) soit *-l-*, soit *-r-* et les choses étaient analogues pour ce qui était du degré faible de *-k-*, en particulier après *l* et *r*. La morphologie de la langue écrite, bien que de plus en plus normalisée, était encore passablement hétéroclite alors que tel patois pris en soi donnait l'impression d'un parler homogène. Pour toutes ces raisons, Lönnrot allait jusqu'à proposer de tenir également compte des parlers de Carélie.

En face de cette poignée d'intellectuels : universitaires, écrivains, membres des professions libérales, tous très patriotes et très « fennomanes », il y avait le grand nombre de ceux qui continuaient à se servir du finnois écrit traditionnel. Cette majorité comptait dans ses rangs d'autres intellectuels, qui montraient plus de réserve ou de prudence. L'un d'eux fut l'ecclésiastique Gustaf Renwall (Kustaa Renvall) (1781-1841) qui fut tour à tour, et parfois en même temps, pédagogue, enseignant, théologien, grammairien, lexicologue et pour finir archiprêtre. Il était né à Halikko dans le sud-ouest, sur la côte du Golfe de Finlande. Il avait soutenu une thèse sur la régulation de la langue : *De orthoëpia et orthographia linguae fennicae* (1810-11) puis une autre intitulée *De signis relationum in lingua fennica* (1815-17). On lui doit le premier dictionnaire moderne du finnois : *Suomalainen Sana-Kirja*, *Lexicon linguae fennicae* (avec gloses en latin et en allemand) dont les deux volumes parurent successivement en 1823-26, donc au moment même où les fondements de la langue écrite étaient remis en question. Peu avant sa mort, il publia en 1840 une grammaire finnoise : *Finsk språklära, enligt den rena vest-finska, i bokspråk vanliga dialecten* (Grammaire finnoise, selon le pur dialecte occidental habituel de la langue des livres). Il avait aussi fait partie du comité désigné pour réviser le psautier. Son dictionnaire, qui est encore aujourd'hui très utile, rassemble ce qu'avait réuni Daniel Juslenius et une partie de ce que contenait le manuscrit resté inédit de K. Ganander, sans parler de ce que l'auteur avait collecté de son côté. Dans une longue préface en latin, il a exprimé ses vues sur le finnois de son temps ; il constate que les parlers finnois se divisent en deux grands groupes qu'il nomme l'un *Inferior* et l'autre *Superior*, ce qui correspond aux groupes sud-ouest et est. Parmi ces parlers, il dénonce celui de Turku comme étant trop suédisé *(svethizans)* alors que le dialecte d'Olonetz se voit reprocher d'être trop russisé *(russizans)*. Ce qui est plus original, c'est qu'il déclare qu'aucun dialecte isolé n'est parfait et ne peut arguer de sa supériorité sur tous les autres, ce qui est une réponse aux partisans du dialecte de Savo. Chacun a ses qualités et ses défauts *(laudes... vitia)*. Il est donc nécessaire de fonder la langue commune sur l'ensemble des dialectes. Il reconnaît que la langue des livres, surtout écrits en prose, se sert d'éléments où prévaut le « dialecte inférieur utilisé jadis autour de Turku » et qu'il qualifie de « *manca, mutilata et varie corrupta* ». Il reconnaît aussi que cette langue est devenue « *hodie purior* » parce qu'on lui a injecté des formes en provenance de la Haute Satakunta et des environs de Tampere. Toutefois, en poésie, c'est le dialecte *superior* (= oriental) qui prévaut. Il admet qu'il serait utile de puiser du vocabulaire dans ce dialecte mais il ne recommande pas de lui emprunter des formes de mots. Entrant dans le détail, il se déclare partisan du maintien de la graphie *-d-* pour noter le degré zéro de *-t-* qu'il dit être prononcé en *-δ-* (*th* anglais doux, islandais *-ð-*, etc.). Par contre il condamne les variantes *-l-* et *-r-* autant que le traitement oriental en zéro (qui alterne dans certains mots avec *-j-* ou *-v-*). Il maintient aussi la graphie *-ts-* qui correspond selon lui a une prononciation en *-θ-*. En morphologie, il ne se montre pas enthousiaste à l'idée d'introduire dans la langue écrite commune la conjugaison « réciproque » (= réfléchie) qui caractérise les dialectes orientaux et il la déclare même « incertaine » tout en renvoyant sur ce point aux publications d'Ab. Poppius (*Dissertatio de reciproca Conjugationum forma in lingua Fennica* I, Upsal, 1818) et de Reinhold von Becker *(Finsk Grammatik)*. Cela revient à dire qu'il ne prend pas parti sur ce dernier point.

Cette même préface contient des indications grammaticales et des paradigmes qui sont d'un très grand intérêt. On y lit que le génitif singulier d'un mot *jälki* « trace » est en *jäljen* (ce qui est l'état actuel) mais que celui de *härkä* « bœuf » est en *härjän* (= *härän*), ce qui montre qu'il suit les dialectes occidentaux sur ce point. Par contre, le génitif sg. de *tuhka* « cendre » est *tuhan* (traitement oriental) et, à la rigueur, *tuhwan* (occidental). Il n'y a pas contraction en voyelle longue des séquences en *-a/-ä* aux finales des partitifs singuliers (*taloa*, etc.). Le pluriel de la 3e personne du prétérit de l'indicatif et du présent du conditionnel est en *-ivat/-ivät (sanoiwat, sanoisiwat)* mais pour le prétérit il est indiqué entre parenthèses qu'on peut avoir affaire à des formes en *sanoit* bien qu'elles soient plus rares *(rarioris sunt usus)*. Il y a d'autre part maintien de *-h-* dans certaines formes : *rakas* « cher » (gén. *rakkahan*), *peitet* « couverture » (= *peite*) (gén. *peittehen*) mais les formes sans *-h-* sont également présentes : *rakkaan*, *peitteen*, etc. Par contre, les passifs sont sans *-h-* : *sanotaan* « on dit », *sanottiin* « on disait », etc. De même les thèmes vocaliques du participe passé actif : gén. sg. *sanoneen*, *wastanneen*, ce qui est l'état de choses actuel. Renvall justifie longuement les graphies en *-mp-*, *-nt*, *-nk*, *-lt*, etc. à la place des traditionnels *-mb-*, *-nd-*, *-ng-*, *-ld-*, etc. en arguant que les occlusives s'y entendent exactement comme les *p*, *t*, *k* intervocaliques en général. En bref, la langue décrite par cet auteur est bien celle de la Bible telle qu'elle avait été accommodée peu à peu par les différents usagers. On se trouve en présence d'un corps de formes passablement homogène, désormais très peu différent de celui qui constituera par la suite la langue nationale commune à la Finlande entière.

Le témoignage de Renvall est d'un grand poids. Il atteste que, dès 1823, l'entreprise voulue par un Reinhold von Becker, un Gottlund et plus ou moins acceptée par un Lönnrot, était vouée à l'échec. Il est clair qu'elle se heurtait à plusieurs impossibilités. La première était que la langue de la Bible s'était solidement installée. Elle n'était plus seulement un langage plus ou moins hermétique de clercs, mais elle était devenue la langue de lecture de beaucoup de Finnois qui pratiquaient la Bible et priaient dans cette langue. C'était aussi la langue dans laquelle étaient habillés les psaumes et cantiques chantés dans toutes les églises du pays tous les dimanches et jours de fête. C'était enfin la langue par laquelle s'exprimait le piétisme qui animait des régions entières et par le truchement duquel le finnois écrit s'était mué en un langage de l'oraison et aussi de la méditation intérieure. Trop de Finnois priaient et pensaient en cette langue.

Et qu'apportait la langue venue de l'est? Des poèmes aux sonorités suaves ou émouvantes, des rythmes, une éblouissante richesse de mots plus sonores les uns que les autres, mais ces mots, si évocateurs qu'ils fussent du passé, du paysage, des prestiges plus ou moins séduisants mais aussi plus ou moins inquiétants du terroir finnois, n'apportaient pas de supports pour les notions du monde nouveau dans lequel il fallait s'intégrer à tout prix si l'on voulait survivre. Les incantations de Väinämöinen ou les complaintes des paysannes de Carélie ou d'Ingrie n'ouvraient pas l'avenir.

Entrée en scène des théoriciens.

Jusque-là, l'étude de la langue s'était fondée uniquement sur des données empiriques. On était partisan de tel dialecte plutôt que de tel autre, de tel amalgame ou de tel dosage selon ses origines ou son éducation. On pratiquait la langue en l'écrivant car il n'était pas question de la parler telle qu'on l'écrivait. Pour s'exprimer oralement dans l'usage de tous les jours, on recourait soit au dialecte, voire même au patois, soit à un langage patoisant plus ou moins mâtiné d'expressions empruntées à la langue écrite. Et puis surtout on s'exprimait en suédois. Car tous ces amis de la tradition finnoise étaient au moins bilingues. Ainsi, Lönnrot, pour faire ses études, avait dû acquérir une connaissance approfondie du suédois. On ne pouvait pas accéder à un certain niveau d'instruction sans cet indispensable outil que continuait à être le suédois. Il n'était pas seulement la langue de la « bonne société », celle de la nouvelle bureaucratie venue au pouvoir sous le sceptre du Tsar, il était, à mesure que le latin reculait, de plus en plus la langue de l'université et même celle de l'enseignement en général. C'est que le suédois n'était pas seulement la langue de la communication officielle à l'intérieur des frontières de l'État finlandais reconnu comme Grand Duché de Finlande, il était aussi le truchement des communications avec la Suède et, par l'intermédiaire de celle-ci, avec le reste de l'Occident. Pour qui savait bien son suédois, l'apprentissage de l'allemand n'était plus si laborieux et ouvrait l'accès à toute la culture allemande alors parvenue dans plus d'un domaine à l'un de ses sommets. Le finnois était une prison pour l'esprit qui aspirait à connaître le vaste monde. Il n'y a donc rien de surprenant dans l'attitude de ces patriotes finnois qui voulaient faire prévaloir la langue finnoise mais ne pouvaient pas s'y enfermer. Les traductions de la Bible et de la liturgie, les publications piétistes, les petits ouvrages de vulgarisation ne fournissaient pas un bagage suffisant pour un être pensant à mesure que l'on avançait dans le XIXe siècle.

Il convient de se rappeler que l'université de Finlande, transférée de Turku à Helsinki, la nouvelle capitale, à partir de 1827, n'obtint qu'en 1851 de posséder une chaire de langue et littérature finnoise, qui fut donnée au grand linguiste Mathias Alexandre Castrén (1813-1852). Helléniste, puis orientaliste, Castrén, qu'avait enthousiasmé la 1re édition du Kalevala et qui était imbu des enseignements de linguistes tels que Rasmus Rask et Franz Bopp, s'était d'abord lancé avec Elias Lönnrot en Laponie et en Carélie Orientale pour y relever sur place des poèmes populaires puis il avait obtenu de maigres subsides pour aller étudier de plus près les autres langues finno-ougriennes au cours de voyages qui l'entraînèrent jusqu'au fond de la Sibérie. C'est lui qui a rapporté les premières descriptions d'ensemble du samoyède, de l'ostiak, du tongous, du bouriate, des idiomes ket et kotte de l'Iénissei, sans parler du zyriène, etc. Mais Castrén, miné par les fatigues endurées au cours de ses explorations sibériennes, mourut l'année qui suivit sa nomination à la chaire de Helsinki. C'est à Lönnrot que cette chaire devait échoir en 1853. Il avait dû, pour s'y « habiliter » produire une thèse sur la langue vepse qu'il était allé étudier sur place. Il avait aussi précédemment publié, dès 1841-42, une « Contribution à la grammaire de la langue finnoise » *(Bidrag till finska språkels grammatik)* et il devait faire paraître en 1854 une étude sur le dialecte lapon d'Enare (Inari), la première du genre. Lönnrot n'était donc pas non plus étranger à la linguistique théorique et il s'en est inspiré dans son enseignement.

Mais les linguistes n'étaient pas d'accord en ce qui concernait le jugement à porter sur la langue finnoise. Si Elias Lönnrot, avec plusieurs autres, estimait qu'il convenait de la perfectionner au plus vite afin d'en faire une langue de civilisation capable de suffire aux besoins d'un État moderne, M. A. Castrén doutait du succès rapide d'une pareille entreprise et il se tint à l'écart du mouvement profinnois. Il s'exprimait d'ailleurs en suédois et ses notes ont été rédigées en cette langue ainsi que les ouvrages qu'il put faire paraître de son vivant. A défaut du suédois, c'était l'allemand qui était la langue préférée de ces théoriciens.

Pourtant, le grand animateur du mouvement finnois fut un homme de grand talent qui n'était pas linguiste. Il s'appelait Johan Vilhelm Snellman (1806-1881). Né à Stockholm, fils d'un capitaine au long cours de langue suédoise, il avait fait ses études à Turku, où il n'avait pas tardé à se spécialiser en philosophie. Il avait bientôt adopté les idées de Hegel et devait s'imposer par la publication d'un ouvrage intitulé *Versuch einer speculativen Entwicklung der Idée der Persönlichkeit* (Essai d'un développement spéculatif de l'idée de personnalité, 1841), immédiatement suivi d'un autre : *Läran om staten* « Théorie de l'État » (1842). Il avait fait un voyage d'étude en Suède et en Allemagne, s'était fait suspendre, à l'université, de son poste de docent pour avoir fait des déclarations trop hardies et s'était retiré à Kuopio où lui avait été confiée la direction d'un établissement d'enseignement secondaire. C'est de cette petite ville éloignée, perdue parmi les grands lacs, qu'il commença à s'adresser au public de Finlande dans un hebdomadaire intitulé *Saima* qui ne tint que deux ans et qui était complété d'une part par un supplément littéraire *(Kallavesi)* et de l'autre par un périodique de langue finnoise *Maamiehen ystävä* « L'ami du cultivateur », qui n'était qu'une publication vulgarisatrice. Il savait mal le finnois et était contraint de se faire corriger par un collaborateur, mais le *Saima*, qu'il écrivait à peu près à lui tout seul, ne tarda pas à émouvoir à la fois les pouvoirs publics et le grand public, dans la mesure où il pouvait être question de grand public pour une feuille qui ne tirait pas même à 1.000 exemplaires. Néanmoins, ce *Saima* (du nom du grand lac de l'est de la Finlande) fit sensation et répandit les idées de Snellman. Du point de vue de la langue, elles étaient simples :

il fallait ériger le finnois en langue nationale et pour ce faire amener l'élite de langue suédoise à changer de langue. C'était, selon lui, à ce prix seulement que pouvait être créée une nation finnoise car il n'était pas à ses yeux de nation sans langue propre. C'était la langue qui était le support d'une civilisation. Cette idée, déjà exprimée autour de 1820 par les intellectuels de Turku, avec un Arwidsson en tête, lui semblait justifiée par sa doctrine de l'État qui était elle-même inspirée de Hegel. Mais en réalité, il ne faisait que rejoindre les patriotes hongrois de la fin du XVIIIe siècle qui, eux aussi, avaient opiné dans le même sens, selon la formule célèbre : *A nyelvében él a nemzet* « C'est dans sa langue que vit la nation ». Eux aussi avaient jugé que la langue est l'expression de la nation, qu'il n'existe pas de nation sans sa langue propre. Ils avaient estimé que la résurrection de la Hongrie dépendait de la réfection de la langue hongroise. Certes, la situation était très différente en Finlande où la langue écrite n'avait jamais connu l'essor qui avait élevé la langue hongroise aux XVIe et XVIIe siècles et d'autre part, il n'y avait pas eu en Hongrie cette « guerre des dialectes » *(murteiden taistelu)* qui mettait aux prises les finnisants, surtout depuis le début du XIXe siècle.

Quoi qu'il en soit, la campagne poursuivie par Snellman à travers bien des vicissitudes eut de rapides effets. On eut beau lui interdire le *Saima* après deux ans de parution, il reprit son combat dans un autre périodique : *Litteraturblad för allmän medborgerlig bildning* (Journal littéraire pour l'éducation civique) dont le ton fut moins vif mais qui fut aussi suspendu au bout de deux ans pour ne reprendre qu'en 1855 (jusqu'en 1863). Cette campagne patriotique débouchait en réalité sur une révolution sociale et culturelle puisqu'elle visait à substituer la langue finnoise à la suédoise à tous les étages de la société finlandaise. Une pareille perspective avait de quoi épouvanter les esprits conservateurs mais elle exaltait les jeunes talents. Ce fut le cas d'August *Ahlqvist* (1826-1889) qui était précisément né à Kuopio d'une mère finnoise, fils naturel d'un officier de langue suédoise qui fit une carrière brillante. Ahlqvist devait donner à la Finlande un écrivain, un linguiste et celui qui essaya le premier de formuler les principes d'une régulation systématique de la langue, uniquement fondée sur des considérations scientifiques.

Le cas d'Ahlqvist est typique de ce qui s'est passé durant cette période critique de l'histoire de la langue finnoise. Il avait été élevé dans cette sorte d'exaltation enthousiaste qui avait animé une partie de la jeunesse. Les idées exprimées d'abord à Turku vers 1820 puis la nouvelle prédication commencée par Snellman, la découverte du Kalevala, la fondation en 1831 de la Société de Littérature finnoise *(Suomalaisen Kirjallisuuden Seura)*, la création d'une association d'étudiants Savo-Carélie où l'on communiait dans la fennophilie entre jeunes gens de milieux différents, la parution de publications périodiques en finnois, notamment l'Abeille *(Mehiläinen)* de Lönnrot qui n'avait eu qu'une vie éphémère, la sortie en 1847 de la *Suometar* (La Finnoise), appelée à un avenir plus durable, tout cela entretenait une fermentation des esprits qui provoquait de temps en temps quelque éclat. Les autorités suivaient de très près ces mouvements et leurs manifestations. Elles n'hésitaient pas à sévir. Ahlqvist fut ainsi interdit à l'université pour un discours d'étudiant où il s'était laissé emporter par sa véhémence naturelle. Il fut forcé de gagner sa vie en faisant le métier de précepteur, ce qui ne l'empêcha pas d'écrire car il eut un précoce début de carrière qui annonçait un futur écrivain. Mais cet écrivain, qui s'était mis à rédiger un journal intime, avait d'abord choisi de le faire en suédois! Or, nous le savons, il était issu d'un milieu finnois authentique et sa mère avait eu bien du mal à apprendre quelques rudiments de suédois. Mais, dans le cadre de l'association estudiantine *Savo-Karjala*, il avait déjà œuvré en faveur du perfectionnement de la langue finnoise au sein d'une sous-association spécialement consacrée à cette tâche et qui s'appelait *Suomalais-Seura* « La société finnoise ».

Il ne saurait être question de suivre ici les phases successives de la carrière de ce patriote finnois qui commença par être un poète, un écrivain, un traducteur, devint un linguiste, fit des voyages de prospection chez les Vogouls et les Ostiaks et parmi bien d'autres populations de langue finno-ougrienne, publia de nombreux travaux de linguistique, depuis une description du vogoul jusqu'à une grammaire du vote, une du mordve, et une série d'études sur le finnois (Les mots de civilisations des langues finnoises occidentales : *De vestfinska språkens kulturord*, 1871, Structure de la langue finnoise I : *Suomen kielen rakennus* I, 1877, etc.). Ces publications, parues en suédois, en allemand et en finnois, forment un tout imposant qui fait honneur à la science finlandaise. Jusqu'au bout, il déploya une activité multiple intéressant à la fois la grammaire comparée des langues finno-ougriennes, leur histoire, les dialectes fenniques proches du finnois, les dialectes finnois proprement dit, la littérature, la régulation de la langue. C'est ce dernier aspect de son œuvre que nous examinerons ici.

D'abord pour reconnaître qu'il n'a pas été constant dans ses attitudes ou dans ses appréciations, ce qui ne saurait surprendre quand on considère qu'il a débuté très tôt et a rapidement acquis une expérience dont il lui a fallu tenir compte à mesure que le temps s'écoulait.

Et d'abord quelle fut sa position dans ce que les linguistes finlandais appellent la « guerre des dialectes » *(murteiden taistelu)* qu'ils font durer de 1820 à 1870 ? Natif de Kuopio, ayant pour langue maternelle une variété de dialecte de cette province (Savo), il était naturellement enclin à préférer les parlers orientaux à ceux de l'ouest et surtout du sud-ouest. Nous savons qu'il avait commencé par établir une hiérarchie selon laquelle il mettait en tête les parlers du Savo, plus particulièrement ceux du nord de cette province. Ensuite venait le carélien du nord (que les dialectologues finlandais ont accoutumé de traiter à part, en tant que langue séparée du finnois), puis venaient les parlers de Botnie (partie septentrionale) et quant aux autres, ils étaient jugés moins satisfaisants. Le moins bon était aux yeux d'Ahlqvist le dialecte d'Uusimaa, qui se trouvait être le pays d'origine du grand Elias Lönnrot. Par la suite, en contradiction évidente avec cette classification qui s'identifiait pratiquement à celle proposée par Reinhold von Becker, il reconnut que tous les dialectes devaient être considérés comme égaux, chacun ayant ses qualités et ses défauts, ce qui était le point de vue de Gustave Renvall. Le tout était précisément de définir en quoi consistaient ces caractéristiques.

Sa doctrine n'est pas exprimée en clair. Il faut la dégager de l'infinité d'observations, recommandations et critiques qu'il fit paraître tout au long de sa carrière dans un grand nombre de publications périodiques ou autres. C'est ainsi qu'il tint une rubrique de défense de la langue finnoise dans la *Suometar* sous le pseudonyme Antti Barbarus. Il écrivit dans les journaux de langue suédoise aussi bien que dans ceux de langue finnoise : *Morgonbladet*, *Finlands Allmänna Tidning*, *Helsingfors Dagblad*, *Suomi*, *Valvoja*, etc., sans parler du *Mehiläinen*, du *Kanava*, etc. Plus tard, afin de systématiser cette action, il créa (1876) la *Kotikielen Seura* « Société pour la langue maternelle » qui édita par la suite la revue *Virittäjä* « L'animateur », devenue aujourd'hui la revue de linguistique finnoise la plus répandue comme aussi celle qui jouit du plus grand crédit.

C'est en critiquant toutes les publications de langue finnoise qui lui tombaient sous les yeux qu'Ahlqvist a été amené à formuler des règles, des recommandations et des interdits qui ont eu des fortunes diverses mais qui ont profondément agi sur le développement du finnois moderne. Sans son intervention, la langue finnoise de nos jours ne serait certainement pas ce qu'elle est devenue.

L'objectif proposé par Snellman était de créer une langue finnoise de civilisation susceptible d'assumer toutes les tâches qu'un idiome de ce genre doit remplir pour servir d'expression à une nation moderne. Pour sa part, Snellman ne voyait pas d'un bon œil l'offensive lancée contre la langue traditionnelle par les partisans des dialectes. Il remontrait que la langue de type « oriental » attestée dans les chants populaires n'était en réalité qu'une « langue morte » car elle n'était même plus parlée par les chantres qui avaient conservé ces poèmes, si tant il était qu'elle l'eût jamais été. C'était vrai. Il suffit encore aujourd'hui de comparer les relevés de poèmes kalevaliens et ceux de récits ordinaires pour être frappé par la différence qui existe entre la langue kalevalienne et les parlers vivants de Carélie, d'Ingrie, etc. Il faisait valoir qu'en revanche, la langue de la Bible, si forte que fût son « odeur de papier », était désormais connue de tous, même si elle n'était parlée par personne. Il convenait de la développer et non pas de la remplacer par une autre qui ne la vaudrait pas. Ce raisonnement ne semble pas avoir agréé entièrement à Ahlqvist, surtout au début. L'homogénéité relative des parlers orientaux l'obsédait et aussi la richesse de leur morphologie. Par contre, il ne se montrait pas si enthousiaste au sujet de leur pléthore lexicale. Il avait compris que cette immense quantité de vocables, primaires ou dérivés, comprenait trop de mots plus ou moins complètement synonymes et il craignait l'irruption dans la langue écrite de ces éléments qu'il jugeait indésirables. Il est vrai que lui-même parfois a proposé d'observer des distinctions subtiles que l'usage n'a pu admettre pour cette raison que la langue ne peut s'encombrer de subtilités dont la distinction finit par accabler l'usager au lieu de lui être utile à l'expression de sa pensée. Comme le signale M. Ilmari Kohtamäki (*Ankara puutarhuri*, « Le rigoureux jardinier », 1956, pp. 142-43), il avait une fois proposé de distinguer les formules construites avec le cas comitatif du type *metsämies läksi koirinensa* « le chasseur est parti avec ses chiens » de celles obtenues au moyen de la postposition *kanssa* « avec » dans *Uusi Testamentti selityksien kanssa* « Le Nouveau Testament avec des explications ». Le comitatif ne devait, arguait-il, exprimer que ce qui accompagne nécessairement et pour ainsi dire par nature alors que *kanssa* « avec » signale une autre situation : celle où l'accompagnement n'est pas nécessaire. Cette subtilité était d'autant plus mal venue que la construction avec *kanssa* est ressentie par les Finnois comme un svécisme. Or précisément, l'un des soucis constamment exprimés par les réviseurs et les grammairiens, voire même certains usagers de l'époque, était d'épurer la langue des décalques du suédois.

Il est vrai que sur ce point, Ahlqvist a montré une réserve qui détonne dans l'atmosphère de l'époque. C'est ainsi qu'il semble avoir quelque peu répugné à condamner sans appel l'emploi du cas ablatif pour exprimer le complément d'agent des verbes passifs. Nous avons à plusieurs reprises indiqué que cette construction, si fréquente dans les traductions et les textes d'Agricola et de ses contemporains, passait pour un décalque du suédois : *Skapad av Gud* = *Jumalalta luotu* « créé par Dieu ». Il faudrait dire *Jumalan luoma* « id. » qui correspond indéniablement à une formule de type finno-ougrien. Mais Ahlqvist avait lui-même souvent employé la construction avec l'ablatif et nous avons rappelé qu'elle est attestée également en vote, si l'on en juge par le témoignage autorisé de notre confrère estonien Paul Ariste.

Il n'est guère de problème qu'Ahlqvist n'ait étudié en matière d'usage de la langue et, le plus souvent, il a proposé des solutions ou formulé des recommandations.

En matière d'orthographe, il s'est opposé aux tentatives de certains qui, tel un Wolmar Schildt-Kilpinen, auraient désiré noter les voyelles longues à l'aide d'accents dans le genre de ceux qui sont en usage en hongrois. Cette idée avait été suggérée par le linguiste danois Rasmus Rask. La tentative fit long feu. Lancée en 1847, elle ne se prolongea que dans les écrits de Kilpinen et ceci jusqu'en 1889. Elle a laissé le souvenir d'une curiosité sans autre importance. Par contre, la question de l'occlusive glottale en fin de mot se posait. La tradition de la langue écrite l'ignorait. Çà et là, quelques graphies trahissaient qu'on avait prononcé une géminée à la jonction d'un mot terminé par une occlusive glottale et du mot suivant commençant par une consonne. Renvall avait noté par *-h* la place de cette occlusive dont il y a lieu de se demander si, dans certaines régions, elle ne se faisait pas encore nettement sentir entre voyelles par une sorte de syncope ou césure plus ou moins nettement marquée. Après quelques hésitations, Ahlqvist a renoncé à toute notation, même dans des cas de quasi-composés tels qu'*itsekkin* (= *itsekin*) « lui-même, elle-même aussi », *sinnepäin* « vers là », etc. La langue actuelle a suivi sa recommandation.

Plus importante était la question de la représentation graphique du degré faible de *-t-*. La tradition biblique léguait le *-d-* qu'on ne se gênait pas pour lire selon les aires dialectales en *-l-*, *-r-*, *-j-*, *-v-* ou même zéro. Avec Lönnrot et bien d'autres, il choisit de continuer à noter ce degré par *-d-* qui fut lu en occlusive sonore (comme notre *d*) par ceux qui avaient l'habitude de la prononciation suédoise. Cela revenait à introduire dans la langue un phonème étranger qui jurait avec son phonétisme historique. Ce *-d-* a fourni la seule occlusive simple sonore admise dans la langue, déséquilibrant ainsi son consonantisme. Pour ne pas quitter ce consonantisme, il faut rappeler que les degrés faibles du type occidental en *-lj-*, *-rj-* furent recommandés par Ahlqvist dans le cas des mots tels que *jälki* « trace », *kärki* « pointe » et même *härkä* « bœuf », *nälkä* « faim » : *jäljen*, *kärjen*, *härjän*, *näljän*, etc. La langue actuelle ne connaît pas les formes du type *härjän* et *näljän* mais *härän*, *nälän*, préférant ici le traitement oriental!

Ce qui va dans la tradition constante des réviseurs et des défenseurs du purisme, c'est la préférence donnée aux partitifs en *-ta/-tä* dans les mots imparisyllabiques : *vaikeata* (*vaikea* « difficile »), *tärkeätä* (*tärkeä* « important) et de même *elämätä* « de la vie » (= *elämää*) ; *lusikkata* « de la cuiller » (= *lusikkaa*), etc. La justification d'une telle recommandation est symptomatique : il faut lutter contre l'usure qui réduit les formes grammaticales. Pour cette même raison, il a recommandé de substituer aux suffixes d'abessif en *-ta/-tä*, attestés depuis Agricola, les formes en *-tta/-ttä* en provenance des dialectes orientaux, que plus d'un auteur avait déjà utilisées.

Que fallait-il faire de la conjugaison réfléchie dont les poèmes kalevaliens présentaient tant de formes? Ahlqvist l'employait lui-même par endroits mais il ne la recommanda pas car il estimait que son utilisation causerait trop de difficultés à ceux qui ne l'avaient pas acquise dès l'enfance. Il se déclara pour l'utilisation plus poussée des verbes dérivés d'acception réfléchis en *-utu-/-yty-* : *sulkeutua* « se fermer » (*sulkea* « fermer »), *kätkeytyä* « se cacher » (*kätkeä* « cacher), etc. C'était là une réaction de linguiste finno-ougriste, inspirée par la comparaison avec les autres langues finno-ougriennes. D'ailleurs, Ahlqvist s'était lié d'amitié bientôt avec le linguiste hongrois Pál Hunfalvy (1810-91) et il échangea avec lui une correspondance qui révèle qu'ils discutèrent de bien des problèmes qui les préoccupaient l'un et l'autre. Or on sait que la Hongrie vivait durant cette même période une ère de renouveau national après des années de combats et de persécutions. La *nyelvújítás* (rénovation de la langue) avait déjà fait son œuvre. On en était parvenu au stade de la consolidation et l'expérience hongroise ne pouvait qu'être très instructive pour Ahlqvist et ses contemporains. A vrai dire, Hunfalvy ne s'était pas distingué au cours de cette période comme un partisan de la novation. Il était même de ces membres de l'Académie des Sciences de Hongrie qui devaient en 1872 confier à G. Szarvas le soin de diriger la revue *Magyar Nyelvőr*, dont la mission était de redresser ce que les novateurs avaient fait en luttant contre leurs néologismes au nom de la tradition plus ou moins exactement interprétée. On comprend qu'il n'ait pu donner à son confrère finlandais que des conseils de prudence.

Cette prudence a amené Ahlqvist à recommander l'emploi de l'attribut au nominatif dans bien des cas où il a été remplacé depuis par le partitif. De même, pour ce qui est de la forme du complément d'objet, il a formulé des règles qui n'ont pu être appliquées mais il est vrai que c'est là un chapitre particulièrement ardu de la syntaxe du finnois, même de nos jours où continue à régner une certaine confusion due à la subtilité de certaines règles. Nous reviendrons plus loin sur ce problème délicat. Disons qu'en ce qui concerne le pronom personnel, il a prôné les formes d'accusatif en *-t* : *minut* « me », *sinut* « te », *hänet* « le, la », etc. qui étaient des particularités propres aux parlers orientaux. Sa critique, en général, ne dédaignait pas de toucher même aux questions les plus menues. Il s'y reprenait au besoin à plusieurs fois pour faire admettre son point de vue et n'hésitait pas à engager de longues et même spécieuses polémiques. Il édita un certain temps une revue consacrée à ces discussions, la *Kieletär*. A ce propos, il convient de préciser que les noms de publications en *-tar/-tär*, suffixe de dérivation formant des féminins, qui furent à la mode à l'époque, étaient inspirés du Kalevala où ce suffixe servait à désigner des divinités ou des esprits féminins. La *Kieletär* était la « Déesse de la langue » de même que la *Suometar* était la « Déesse de la Finlande ». On se plaçait sous l'invocation d'une puissance spirituelle symbolique, non exempte d'un certain paganisme!

Ahlqvist s'est exprimé très souvent en toutes ces occasions sur les principes qu'il avait choisis pour se guider dans son action. Tout d'abord et avant tout, il faut connaître les lois qui gouvernent la langue. A cet effet, il faut connaître non seulement sa structure présente, mais aussi son histoire. C'est donc au linguiste qu'il revient de se prononcer. N'importe qui ne peut fabriquer des mots nouveaux. Il faut savoir le faire à bon escient en tenant compte des données linguistiques. Souvent il fait allusion à la langue en soi *(kieli itse)* comme à une entité qui se développe en vertu d'une force interne plus ou moins inanalysable. En d'autres circonstances, il a fait appel à l'usage sans d'ailleurs définir autrement ce phénomène, mais comme il revient non moins souvent sur les erreurs que commettent ceux qui ne savent pas convenablement la langue, il y a lieu de supposer que cet usage est à ses yeux celui des sujets de souche finnoise authentique. Ne se plaint-il pas que le finnois soit écrit trop souvent par des gens dont il n'est pas la langue maternelle? D'un autre côté, cependant, il invite l'élite de langue suédoise à écrire et même à parler finnois. Il suppose qu'ils ne le feront qu'en tenant strictement compte de ce que font les fennophones.

Pour faire de la langue finnoise de son temps une langue de

civilisation, il fallait la doter non seulement d'une syntaxe souple, d'une morphologie claire et d'une orthographe pratique mais aussi et presque surtout d'un vocabulaire capable de satisfaire à l'expression de concepts nouveaux, nés ou élaborés à l'étranger, dans des pays dont les langues étaient plus ou moins connues ou pratiquées des Finlandais. Cela impliquait la création massive de terminologies nouvelles et l'épuration de nombreux emprunts. Cette tâche, nous le savons, n'était pas nouvelle, elle était déjà celle qui s'était imposée aux premiers clercs qui avaient écrit du finnois. La traduction de la Bible de 1642 s'était faite en s'inspirant des directives données à la commission Petraeus de supprimer les fautes relevées dans la partie déjà traduite par Agricola et de les remplacer par du bon finnois. Les éditions ultérieures avaient été chaque fois épurées et corrigées dans une même intention et toujours le principe qui avait prévalu avait été d'utiliser d'une part une langue aussi « pleine » que possible et autant que faire se pouvait, exempte de xénismes, c'est-à-dire de mots décalques et tournures imités du suédois, de l'allemand et du latin. On sait aussi qu'en dépit de tous ces efforts, les décalques et les mots étrangers n'avaient pas cessé d'envahir la langue. Il suffit de lire d'un peu près les écrits publiés entre 1770 et 1820, par exemple, pour se convaincre que l'infiltration étrangère avait étendu ses ravages d'autant plus facilement que les clercs n'étaient plus les seuls à écrire en finnois et que les profanes qui s'y employaient étaient tous plus ou moins suédisés, de par les études préparatoires qui leur avaient été imposées. Et puis, sous l'impulsion des mouvements nationalistes profinnois, à partir du début du XIXe siècle, certains intellectuels s'étaient mis à écrire en finnois, qui ne le savaient qu'imparfaitement puisqu'ils étaient de langue maternelle étrangère.

Vis-à-vis de ces svécismes, puisque c'étaient surtout eux qui étaient mis en cause, Ahlqvist a adopté peu à peu une attitude qui lui a valu l'exécration de certains « fennomanes ». Il ne voulait pas se couper de la Suède ni de la civilisation suédoise. Ses voyages vers l'est l'avaient convaincu de la supériorité de la manière de vivre occidentale et il n'est pas douteux que l'éveil du panslavisme le remplissait d'inquiétude non seulement pour le sort de sa propre patrie finlandaise mais aussi pour celui de toutes ces populations de langues finno-ougriennes qu'il avait visitées et étudiées. Néanmoins, il était trop grand connaisseur du finnois et des langues finno-ougriennes pour ne pas souffrir à la lecture de décalques par trop criards, notamment ceux de clichés tels que *se tahtoo sanoa* « cela veut dire » (= *det vill säga*) qu'il voulait voir remplacer par *se on* « c'est-à-dire » et qui n'est en suédois qu'un gallicisme.

Il condamnait cet autre cliché : *verrata itsensä kenen kanssa* « se comparer à quelqu'un » au profit de la construction *verrata itsensä kehen* « id. » *(jämföra sig med någon, sich mit jemand vergleichen)*, etc. Il n'hésita pas à s'en prendre au texte même du Kalevala en dénonçant les svécismes qu'il y avait relevés : *Kuinka teitä kutsutahan* (XLVII, 146) « Comment vous appelle-t-on? » pour *Miksi teitä kutsutaan* « id. » (= *Huru kallens I?*) ou encore, plus choquant :

> *Kysyi siitä poiallansa,*
> *Jos oli mitä vajoa* (XV, 609-10).
> « Elle demanda ensuite à son fils
> Si quelque chose lui manquait. »

Il est évident que l'emploi de la conjonction *jos* pour introduire une interrogation indirecte est inconcevable dans une langue de type finno-ougrien. Lönnrot avait certainement commis une erreur. Il aurait dû écrire, comme le suggérait Ahlqvist *oletko mitä vajoa* « te manque-t-il quelque chose? ». Mais ce détail révèle en même temps qu'un connaisseur aussi avisé des parlers orientaux que l'était Lönnrot se trouvait lui aussi tellement imbu des catégories grammaticales du suédois qu'il en perdait parfois le sens de ce qui était proprement finnois. Mais Ahlqvist pouvait-il s'ériger en juge rigoureux? N'a-t-il pas lui-même commis constamment des « svécismes »? M. Ilmari Kohtamäki *(op. cit.)*, les signale à plusieurs reprises et il relève, entre autres « abominations » des verbes à préverbes du type *ulospuhua* « exprimer » *(uttala, aussprechen)*, *ulossulkea* « exclure » *(uteslута, ausschliessen)*, etc. Ces emplois contredisent les assertions répétées d'Ahlqvist selon lesquelles il s'opposait à l'introduction de constructions inintelligibles au plus grand nombre, car des composés verbaux du type ci-dessus ne pouvaient être compris que par ceux qui étaient rompus à l'expression suédoise ou même allemande. La vérité était qu'aucun de ceux qui s'appliquaient alors à écrire en finnois n'était à même de se passer de ces svécismes qui n'étaient le plus souvent que des allémanismes obtenus par décalque de clichés beaucoup plus anciens dont un certain nombre remontait jusqu'au grec ancien. Ce qui était en cause, c'était l'ensemble des procédés par le truchement desquels s'était diffusée la civilisation européenne occidentale d'origine gréco-latine. Il n'était au pouvoir de personne d'y remédier dans l'immédiat. La question était même de savoir s'il se pouvait qu'on y remédiât jamais et surtout s'il était souhaitable de le tenter.

Le vocabulaire savant était la grande faiblesse du finnois comme de toute langue utilisée par une population en retard sur le développement intellectuel et technique du monde civilisé. De par sa position, la Finlande était située à la périphérie du monde qui était alors le foyer du progrès. On était loin des centres anglais, français, allemands et, si l'on considère les moyens de communication de l'époque, on peut s'étonner que les relations entretenues avec les grands pays du continent aient été si étroites et relativement si rapides. Mais comme toujours jusque-là, c'était la Suède et surtout Stockholm qui servaient de relais. La pensée nouvelle parvenait à travers le suédois, indirectement à travers l'allemand. Les mots dont il fallait se servir pour l'exprimer étaient à inventer par rapport à ces deux langues principales. C'est ce qui explique la nature des néologismes créés en nombre accru à mesure que s'avançait le XIXe siècle.

Ahlqvist a pris largement sa part du travail de fabrication de vocables nouveaux. Il n'était pas le premier à le faire puisqu'on sait que tout écrivain finnois avait avant lui agi de même, par nécessité. Une circonstance particulière l'y avait contraint : il avait de très bonne heure traduit plusieurs ouvrages de géographie et d'histoire, sans parler des poèmes suédois qu'il avait adaptés, notamment plusieurs de Runeberg, qui fait figure de grand poète finlandais mais n'a jamais écrit qu'en suédois. Parmi les mots qu'on lui attribue, on relève *edeltäjä* « devancier, prédécesseur » par lequel il a remplacé en 1846 le terme *edelläkävijä* qui était le décalque du suédois *föregångare*, lui-même imité de l'allemand *Vorgänger* décalqué du latin *predecessor*. Évidemment le composé *edelläkävijä* était plus servile par rapport au suédois (ou à l'allemand), construit qu'il était de deux termes qui reflétaient respectivement *före*, *vor*, et *gångare*, *Gänger*. Ajoutons que ce composé jugé insuffisant ou malvenu par Ahlqvist s'est maintenu avec l'acception plus spéciale de « précurseur, pionnier ». Pour ce qui est d'*edeltäjä*, il apparaît comme le nom d'agent d'un verbe *edeltää* « précéder » qui semble bien avoir été à son tour fabriqué l'année d'avant (1845) par Kilpinen mais avec l'acception de « supposer, prévoir » *(förutsättä, voraussetzen)*, acception qui a été reprise en 1865, soit vingt ans plus tard, par un autre néologisme, le verbe *edellyttää*. Comme on le voit, le terme *edeltäjä* était une innovation à la deuxième puissance, ce qui montre combien le vocabulaire a été l'objet d'élaborations successives. Ahlqvist avait forgé l'année précédente le vocable *lähettiläs* « ministre plénipotentiaire », à partir du verbe *lähettää* « envoyer » sur le patron du suédois *gesant* emprunté à l'allemand *(Gesandter)* (et suédisé d'autre part en *sändebud*). Ce qui est curieux et caractéristique de l'attitude d'Ahlqvist, c'est que le mot présente le traitement zéro du *-t-* du groupe *-ht-*, traitement qui est celui des dialectes orientaux. Mais il est à remarquer qu'il ne l'a pas fait ici pour introduire une forme orientale. Il a seulement respecté l'usage qui s'était établi depuis Agricola qui ne connaissait que la forme *lehette* « envoyer, *mittere* », forme reproduite de son côté par Daniel Juslenius et aussi par Renvall qui, plus conscient que son prédécesseur, avait cru devoir remarquer entre parenthèses « pro *lähdettää* ». Le mot « chaleur » a été obtenu par un autre procédé, simultanément semble-t-il, par Ahlqvist et par Samuel Roos, un médecin de district (qui avait précédé Lönnrot à Kajaani) et qui a fabriqué pas mal de néologismes de son côté. Il s'agit du vocable *lämpö* « extrait » de l'adjectif *lämpöinen* « chaud ». Notons en passant que ce procédé par « abstraction » avait été largement utilisé par les novateurs hongrois. Il permet de reconstituer une sorte de radical à partir d'un mot qui apparaît à tort ou à raison comme étant une sorte de dérivé. Cependant, tous les néologismes lancés par Ahlqvist sont loin d'être de frappe aussi heureuse. Son *päiväntasaaja* « équateur » a été directement tiré du latin et signifie littéralement « égalisateur du soleil », ce qui n'est évidemment pas très clair. Par contre *vastarinta* « résistance » est le résultat d'une élaboration plus compliquée. Le mot *rinta* désigne la « poitrine » mais dans les dialectes, on trouve des verbes dérivés (*rinnustella* par exemple) signifiant « lutter poitrine contre poitrine » et c'est probablement par cette « abstraction » purement sémantique qu'il faut expliquer le composé auquel nous avons affaire et qui a fait fortune. Ces quelques échantillons suffisent à illustrer la « manière » d'Ahlqvist, laquelle ne différait guère de celle de ses contemporains ou de ses prédécesseurs. Aussi bien, les procédés de fabrication de mots nouveaux sont peu nombreux : dérivation, composition, « abstraction », amputation, téléscopage, plus rarement l'utilisation d'un mot obscur à des fins nouvelles, presque jamais des vocables dont le corps phonique ait été monté de toutes pièces. Ce à quoi Ahlqvist répugnait, à la différence de bon nombre de ses contemporains, c'était de puiser dans le stock dialectal ou d'affecter un mot déjà existant d'une acception totalement nouvelle, plus ou moins immotivée par rapport à son sens habituel ; il craignait d'obscurcir la langue en l'encombrant de mots peu ou mal motivés. La solution préférable aux yeux du grand théoricien était celle consistant à fabriquer des termes nouveaux presque immédiatement intelligibles ou faciles à deviner à partir de leur contexte. Ceci était d'une particulière importance puisqu'on voulait faire l'éducation des masses et y répandre l'instruction.

L'enrichissement du vocabulaire.

La période dite de la « guerre des dialectes » a été l'une des plus fertiles de l'histoire de la langue pour ce qui est de l'accroissement délibérément voulu du vocabulaire. L'écrivain Jacob Judén (Jaakko Juteini, 1781-1855) n'avait pas attendu Ahlqvist ni même Lönnrot pour proposer et employer des mots de sa fabrication : *kirjapaino* « imprimerie » (1810) (suédois *boktryckeri*), *murre* « patois, dialecte » (suédois *brytning* « accent étranger ») à partir de *murtaa* « briser, casser, rompre » (suédois *bryta*), *lentolehti* « tract » (suédois *flygblad*, allemand *Flugblatt*), etc. Reinhold von Becker, dont il a été question plus haut, qui fut le traducteur officiel du Sénat de Finlande de 1829 à 1856 et qui avait édité le périodique *Turun Wiikko Sanomat* (de 1820 à 1827 puis de 1829 à 1831), partisan fougueux des parlers orientaux, a lancé, grâce à son périodique, de nombreux néologismes : *väestö* « population » (à partir de *väki* « gens, peuple »), *toimenpide* « action, disposition, mesure » (suédois *åtgärd*), à partir de *toimi* « occupation, action, affairement » et *pide* « action de tenir » (*pitää* « tenir »), *ilmapuntari* « baromètre » (*ilma* « air »+*puntari* « peson »). C'est à lui qu'on doit le terme *sivistys* « civilisation » construit à partir d'un verbe *sivistää* qui, dans les parlers orientaux, voulait dire « mettre en ordre, ranger, défricher » et qu'il avait employé lui-même dans l'acception de « policer (les mœurs) » dès 1822. Son dérivé *sivistys*, la même année, signifiait « action de policer, de cultiver » et Lönnrot en 1847 devait en faire l'équivalent de l'allemand *Kultur*, soit notre « civilisation ». Becker a aussi été chercher dans ces mêmes parlers un terme tel que *mäntä* pour désigner le « piston » d'un moteur or ce mot n'avait jusque-là servi d'appellation que pour le baratton des barattes primitives. Le médecin Samuel Roos (1792-1878) devait se distinguer en inventant le terme appliqué à l'électricité : *sähkö*. Il l'avait tout simplement extrait d'un verbe *sähkiä* (1845) qui signifie « jeter des étincelles » et coexiste avec *säikyä* « jeter des fulgurations ». C'est lui aussi qui a proposé *kaasu* pour équivalent de « gaz ». Ce terme dialectal signifiait originellement « brouillard peu dense ». Carl Nicolas Keckman (1793-1838), qui fut le premier « lecteur de finnois » à l'université de Helsinki (1829-38), devait lancer *kielioppi* « grammaire » (allemand *Sprachlehre*) et aussi *käytäntö* « pratique » (de *käyttää* « employer, utiliser » (inspiré par le suédois *bruk* « emploi » et l'allemand *Gebrauch*), sur lequel Ahlqvist fabriqua en 1856 son *käytännöllinen* « pratique (adjectif) ». Abraham Poppius (1793-1866), qui fut l'un des fondateurs du périodique *Sanan-Saattaja Wiipurista* « Le courrier de Viipuri », a créé *aamupäivä* « matinée » (forme dialectale du Savo), *soveltua* « s'adapter, s'appliquer » (à partir de *sopi-* « convenir, s'adapter, s'ajuster », *viihdyke* « divertissement, passe-temps » (1820), *henkitorvi* « trachée-artère » (*henki* « souffle » et *torvi* « tube, tuyau »). Le pourfendeur de la langue écrite biblique, Carl Axel Gottlund, qui s'était mis comme on sait à écrire en dialecte du Savo (un peu à sa façon) et qui fut après Keckman le second lecteur de finnois à l'université (1839-1875) a été l'un des auteurs les plus productifs en néologismes. Il est vrai que beaucoup de ses « créations » ont fait long feu. C'est lui qui a lancé, à partir d'un mot dialectal, le terme *aatos* « idée, pensée ». Il a aussi construit *kirjasto* « bibliothèque » (sur *kirja* « livre » et probablement en pensant à l'allemand *Bücherei*). Il est plus surprenant de constater qu'on l'ait attendu pour construire *kuningatar* « reine », à partir de *kuningas* « roi » (1828) alors qu'on avait utilisé le mot suédois d'emprunt *trottningi* ou *trottninki* ou même *drottningi (drottning)* qui écorchait les bouches finnoises. Seulement voilà, le suédois *kung (konung)* n'avait pas développé de dérivé féminin et les usagers finnois ont été peu imaginatifs puisqu'ils se sont pliés longtemps à l'usage suédois alors qu'en allemand le mot *König* avait produit un féminin *Königin* (on notera que l'anglais s'est comporté comme le scandinave : *king/queen*).

Comme il fallait s'y attendre, c'est Elias Lönnrot, toujours lui, qui a fourni le plus gros apport en néologismes. Il y avait à cela plusieurs raisons : sa culture était vaste, elle allait de la linguistique à la médecine en passant par le droit et la botanique. Il s'était en outre familiarisé avec la plupart des dialectes, surtout ceux de l'est, en même temps qu'il avait étudié le carélien, le vepse et le lapon. Il s'était intéressé à la mathématique et, brochant sur le tout, il a publié le *Kalevala*, la *Kanteletar*, etc. De 1866 à 1880 il a enfin rédigé un grand dictionnaire finnois-suédois *(Suomalais-ruotsalainen sanakirja, Finsk-svensk lexicon)* qui a réuni une énorme masse de mots prélevés de tous côtés. Ces mots, il les a complétés souvent par des néologismes qu'il avait lui-même fabriqués. En revanche, il n'avait pas cru devoir procéder au dépouillement des publications de son temps, ce qui fait que cet ouvrage, toujours très précieux, contient à la fois trop de choses et pas assez. Il comprend des termes dont on n'est pas toujours sûr qu'ils sont authentiques et il présente des lacunes gênantes. En tant que médecin, il a inventé les termes *kuume* « fièvre » (à partir de *kuuma* « très chaud »), *laskimo* « veine », *valtimo* « artère » (dont la motivation demeure obscure), tous termes qui sont de 1837. En grammaire, il a employé *lause* « phrase » (de *lausua* « déclarer, énoncer »), *monikko* « pluriel » (*moni* « maint, plusieurs »), *yksikkö* (1836) « singulier » (mais le même signifiant avait paru dès 1820 dans la revue de langue suédoise Mnemosyne avec l'acception mathématique d'« unité » qui est aussi demeurée dans l'usage), *pääte* (1835) « désinence, terminaison » (de *päättää* « terminer »). Il a aussi inventé *sanasto* « vocabulaire » (*sana* « mot, vocable »), *ääntiö* « voyelle » (*ääni* « voix ») (1856) après avoir proposé *kerake* « consonne » (1837) (*kera* « avec », probablement sur le modèle de « consonne », allemand *Mitlauter* ; *kera* est une particule orientale). En botanique, on lui doit *emi* « pistil » (à partir d'*emä* « mère, matrice, femelle »), *hede* « étamine » (1859) à partir de *hedelmä* « fruit » ou du mot dialectal *hetiä* « éclore, jaillir », etc. Pour le droit, il a forgé *irtaimisto* « biens meubles » (1863) (à partir du suédois *lösegendom*, *irti* « idée de séparation » répondant au suédois *lös*, allemand *los*), *haaste* « assignation » ou « citation » en justice (*haaste* est attesté dès 1786 mais avec le sens de « provocation, défi »). Il aurait construit aussi le terme *pääoma* « capital » (*pää* « tête, chef » et *oma* « ce qui est propre, ce qui vous appartient en propre) qui s'appuie certainement sur son étymologie latine. C'est lui qui a doté la Finlande finnoise du terme *tasavalta* « république » (de *tasa* « égal » et *valta* « pouvoir ») dont le sens étymologique est comme une sorte de manifeste politique. Il a aussi fourni *porvaristo* « bourgeoisie » (1848) à partir de *porvari* « bourgeois », emprunté au suédois *borgare*, allemand *Bürger* (ce terme germanique a donné notre *bourgeois*). Il est évident que Lönnrot a eu à l'esprit le dérivé suédois *borgarskap* emprunté à l'allemand *Bürgerschaft* « représentation de la bourgeoisie » et aussi l'allemand *Bürgertum* « bourgeoisie ». Le suffixe *-sto/-stö* exprimant une idée de collectivité était d'ailleurs très prisé des néologistes de l'époque : *ilmasto* « climat » (1860), sur *ilma* « air, temps », *jäämistö* « masse de la succession, héritage » sur *jäädä* « laisser », *kasvisto* « flore », sur *kasvi* « plante, végétal » (1860), tous les deux de Lönnrot, *koneisto* « mécanisme » (1865) sur *kone* « machine, engin », *köyhälistö* « prolétariat » (1848) sur *köyhä* « pauvre », etc. La variété de l'apport néologique de Lönnrot est extraordinaire. C'est lui qui a introduit le terme *ongelma* « problème, énigme » (1833) à partir d'un vocable qu'il a par ailleurs employé dans le *Kalevala*. C'est dire qu'il l'avait « pêché » dans les « dictées » caréliennes qu'il avait utilisées. Dans la bouche des bardes, il semble que le mot ait voulu dire quelque chose comme « parole magique, concept magique » (*Kalevala* : I, 52, XVI, 142, 320, XVII, 38). On le trouve notamment dans la formule *Läksi saamahan sanoja, Ongelmoita ottamahan* « Il partit obtenir des paroles, prendre des formules ». Aujourd'hui, dans les publications scientifiques, *ongelma* se trouve employé alternativement avec l'emprunt *probleema* qui reste imprononçable pour bon nombre de Finnois. Ces dérivés en *-elma/-elmä* : *runoelma* (1836) « poème », *lauselma* « énonciation, aphorisme » (1836), *rakennelma* « bâtisse, bâtiment » (suédois *byggnad*) sont parmi les néologismes qui portaient le plus manifestement une sorte d'estampille populaire puisque les dialectes en abondaient, surtout ceux du *Kalevala*. Outre les vocables cités ci-dessus, Lönnrot a également lancé *suudelma* « baiser » (1836) dérivé du verbe *suudella* « osculor, kyssa, donner des baisers » qui figure dans l'Essai de vocabulaire de Daniel Juslenius de 1743 et que les étymologistes rapportent à *suu-* « bouche » tout comme *osculum* du latin provient d'*os*.

Lönnrot a fourni plus de mille termes de jurisprudence et de droit, un bon quart du lexique de la terminologie botanique de langue finnoise, un nombre indéterminé mais considérable de vocables de toutes sortes qu'il a semés dans ses publications ou introduits dans son grand dictionnaire où il a rassemblé plus de 60.000 entrées.

Ses contemporains travaillèrent à qui mieux mieux pour apporter chacun sa quote-part à l'édifice commun. L'écrivain Pietari Hannikainen (1813-99), qui édita le périodique *Kanava* « Canal » (1845-47) et fut ensuite le rédacteur en chef de la *Suometar* en même temps qu'il publia des « Lectures pour les cultivateurs » (*Lukemista Maamiehille*, 1849-51) mit en usage des termes tels que *ajanmukainen* « moderne » (suédois *tidsenlig*, allemand *zeitgemäss*), *kansakoulu* « école communale » (*kansa* « peuple », suédois *folkskola*, allemand *Volksschule*), *osake* « action (de société anonyme) » obtenu en affectant le mot *osa* « part, partie » d'un suffixe diminutif *-ke* (*kieleke* « languette », *lahdeke* « anse, crique, petite baie », etc.), probablement pour traduire *share* de l'anglais. Le terme composé *osakeyhtiö* « société anonyme » ne devait toutefois apparaître qu'en 1874, pour traduire le suédois *aktiebolag* d'après l'allemand *Aktiengesellschaft*), etc. On lui doit aussi *valokuva* qui a fini par admettre l'acception « photographie » (1853) et décalque l'allemand *Lichtbild*, etc. A Paavo Tikkanen (1823-73), l'un des fondateurs de la *Suometar*, qui publia un manuel de géographie (1848 : *Suomen Suuriruhtinaanmaan nykyinen tilasto* « État présent du Grand-duché de Finlande »), et qui est considéré comme l'un des premiers vrais journalistes de langue finnoise, on doit de son côté *uskonto* « religion » (sur *usko* « croyance, foi », *uskoa* « croire »), *valtio* « État » (sur *valta* « pouvoir » peut-être inspiré du russe *vlast'*). Naturellement, il a aussi produit en 1847 le mot *aikakauskirja* « revue, périodique » *(tidskrift*, allemand *Zeitschrift)* à partir du composé *aikakausi* « période de temps » (fabriqué par J. F. Cajan en 1839). Quant à son *ilmiö* « météore », il n'a pas gardé longtemps l'acception qu'il lui avait attribuée en 1846 car, dès 1853, il apparaît avec sa signification actuelle de « phénomène ». Ce changement de sens est instructif ; il prouve qu'on ne saurait méconnaître certaines lois qui gouvernent l'évolution des langues. Le mot *ilmiö* est construit sur *ilmi*, particule signifiant « extériorisation, mise au jour, mise en évidence » : *tulla ilmi* « apparaître au grand jour, se manifester », *käydä ilmi* « se dégager, ressortir », *saada ilmi* « mettre au jour, découvrir, faire apparaître, etc. ». Il en est résulté que ceux qui ne connaissaient pas la convention proposée au sujet de ce mot par son auteur l'ont interprété en vertu de ce que leur suggérait le mot *ilmi* dont il était issu. C'est là l'effet de ce qu'on appelle la motivation. Ce transfert de sens a rétabli le lien de motivation entre le dérivé *ilmiö* et le mot souche sur lequel il avait été formé.

L'un des plus productifs parmi les néologistes de cette période a été Wolmar Schildt, en littérature Volmari Kilpinen (1810-1893). Homme de grande culture, il avait d'une part traduit en finnois deux chapitres de l'Anabase (1832) et d'autre part une partie de la géométrie d'Euclide (1847). A la différence de ses émules, il ne s'est pas contenté de glisser des néologismes dans les textes qu'il publiait. Il en a fait paraître des listes entières séparément. Il avait une très grande connaissance de la langue et c'est surtout à son intuition qu'il s'en remettait quand il construisait un mot nouveau. N'étant pas linguiste, il ne s'embarrassait pas trop de scrupules grammaticaux et cela lui a été reproché. On lui reconnaît de nombreuses trouvailles et parmi les plus heureuses : *ympärä* « cercle » (à partir de l'adjectif *ympyriäinen* « rond »), *henkilö* « personne » (*henki* « esprit, âme »), *yksilö* « individu » (*yksi* « un »), *esine* « objet » (1842) d'après le suédois *föremål* (*före* « devant » = finnois *esi*+ *mål* « cible, objectif »). Ce vocable faisait bon marché du deuxième terme du composé suédois mais, comme il ne pouvait tel quel être relié à aucun mot finnois existant, la motivation qui lui était propre suggérait l'idée de quelque chose situé devant. Il est curieux de constater que le néologisme hongrois correspondant : *tárgy* (1772) a été originellement un emprunt au vieux français *targe* « bouclier » puis « cible » (cp. anglais *target*) et son auteur, David Szabó Baróti, lui avait assigné délibérément le sens de « obiectum ». Or dans l'acception d'objet « ce sur quoi se porte l'action, l'intérêt, l'attention, etc., Lönnrot a créé plus tard (1856) le mot *kohde*, formé sur *kohta* « endroit, place située en face ou vis-à-vis ». Il l'a employé pour désigner en grammaire le complément d'objet et ce terme coexiste aujourd'hui dans les grammaires avec l'emprunt *objekti*. De ce fait, le finnois se trouve posséder deux termes différents susceptibles de supporter deux acceptions distinctes. Ajoutons que si le premier *(esine)* ne s'explique pas de lui-même, ce qui est contraire à la règle d'après laquelle les mots nouveaux devaient être immédiatement accessibles à tout sujet maître de sa langue, le second, par sa motivation, suggère assez aisément ce qu'on a voulu lui faire dire (*kohta* « place, point déterminé dans l'espace », *kohdata* « rencontrer, toucher, intéresser », etc.).

Il serait fastidieux de prolonger cette revue des néologismes qui ont fait leur apparition dans l'usage écrit du finnois entre 1800 et 1880. On peut se résumer en disant que tous ceux qui ont écrit soit en finnois soit même en suédois sur le finnois, y sont allés de leur contribution. Cela ne s'est pas fait sans un certain doublonnage car des mots différents ont été souvent proposés pour désigner les mêmes concepts. En d'autres circonstances, tel mot forgé pour dire un concept déterminé a fini au bout d'un temps plus ou moins prolongé par dire tout autre chose. Ainsi le nom d'instrument *soitin*, formé sur *soittaa* « jouer de la musique, produire des sonorités musicales », inventé par le pasteur J. Canstrén en 1810 pour dire « archet de violon », s'est trouvé à partir de 1838 employé dans l'acception plus générale d'instrument de musique! Sur *nayttää* « montrer, faire voir, présenter » (ou son itératif *näytellä*) Reinhold von Becker avait construit en 1844 *näytelmä* pour dire « phénomène » alors que l'année suivante (1845), Pietari Hannikainen employait le verbe *näytellä* dans le sens de « représenter, donner une pièce de théâtre ». En 1847, Ahlqvist d'une part, Antero Varelius de l'autre (qui fut le collaborateur de Lönnrot pour son grand dictionnaire) se servaient de *näytelmä* dans le sens de « pièce de théâtre », sens dans lequel Hannikainen avait utilisé *näytös*, surgi en 1829 et utilisé par Gottlund en 1832. Mais ce dernier mot n'est pas tombé pour autant au rebut, on l'a spécialisé dans l'acception « acte d'une pièce de théâtre ». Dans ce même ordre d'idée ou, si l'on préfère, pour ne pas sortir de ce même centre d'intérêt, *teatteri* (emprunté au suédois qui l'avait emprunté lui-même au français) a été finnisé en *näyttämö* « lieu où l'on donne des représentations théâtrales » (1865) et bien plus tard en *katsomo* (1902) sans pourtant que le vieux terme d'emprunt ait pu être déraciné. La raison de ce maintien de *teatteri* envers et contre toutes les tentatives de finnisation est simple : le mot désigne à la fois le lieu des représentations théâtrales, l'institution elle-même, la nature de son activité, etc. Les substituts proposés ne prenaient en charge qu'une partie de ces acceptions. Quelque chose d'analogue est advenu au mot *tilasto* créé par Tikkanen en 1848 sur le terme *tila* « situation », « place », « espace », etc. Il lui avait conféré le sens de « situation » et on le retrouve dans le dictionnaire de Lönnrot quelques années après avec l'acception « statistique »! Le *tilasto* tel que l'avait défini son créateur faisait en partie double emploi avec la souche dont il était issu. C'est d'ailleurs le défaut de très nombreux néologismes que de supporter des définitions trop étroites ou par trop spécialisées alors que le terme d'origine qu'ils veulent remplacer avait des sens plus étendus. Il suffit de songer à notre *oléoduc* censé traduire le *pipe-line* des Anglo-Saxons.

Il ne faudrait pas néanmoins se représenter que cet élan créateur s'est dépensé plus ou moins futilement dans le désordre ou la confusion. Les novateurs avaient une doctrine ; elle s'était peu à peu composée sinon élaborée au cours des deux siècles précédents ainsi que nous l'avons observé. Il s'agit pour les uns comme pour les autres de créer une langue homogène commune à tous les Finnois, aux formes pleines, aux énonciations claires et aux modes d'expression conformes à ce qui devait être le « génie de la langue » encore que cette expression n'ait pas été employée par les « fennomanes ». Ils se contentaient d'en appeler à la pureté et à la correction de l'usage, situant cette pureté et cette correction dans les variétés dialectales qui leur semblaient avoir été le moins exposées aux actions des langues étrangères. Un exemple suffit à confirmer ce qui vient d'être dit. C'est ainsi que le prédécesseur d'Elias Lönnrot, le Dr Samuel Roos, dans le poste de médecin de district à Kajaani, avait défini de son côté l'objectif à atteindre. Il s'agissait pour lui de déterminer la variété la plus pure de la langue, celle qui possédait les modes expressifs les plus parfaits et était en même temps la plus riche en vocables expressifs, celle aussi qui conservait le mieux les vestiges des temps plus « lumineux » du passé, celle que parlaient ceux des Finnois qui gardaient leur originalité nationale et étaient toujours animés par l'esprit de la poésie, chez qui en somme « la cithare de Väinämöinen trouvait encore un écho alors que les autres l'avaient perdu et oublié jusqu'à son nom » (cp. Anja Aalto, *Samuel Roos, suomalainen sanaseppä*, *Suomi* 108:2, Helsinki 1959, pp. 82-83). Une pareille déclaration devait conduire son auteur à opter pour le dialecte de Savo qu'il connaissait bien mais il n'est pas allé jusqu'à l'extrémité où un Gottlund s'était fourvoyé. Il reconnaissait que les autres variétés dialectales étaient issues d'un même original et qu'il convenait d'exploiter ce qu'elles recélaient de bon. Cela conduisait à instituer comme forme idéale de la langue celle qui se rapprocherait le plus de la langue initiale, autrement dit le fennique commun. Roos n'y voyait pas si clair mais ses recommandations y tendaient. C'est ainsi qu'il aurait voulu rétablir la prononciation de la spirante gutturale sonore -γ- notée *-g-* dans le texte de la Bible, et il était naturellement aussi partisan de garder le -δ- qui faisait fonction de degré faible de *-t-*. De toute façon, il estimait qu'il convenait d'examiner la prononciation, la morphologie, la « construction » et aussi l'harmonie de la langue afin de déterminer les améliorations à introduire pour rendre à la langue l'efficacité et la pureté qu'elle aurait perdues. Car il ne faut pas s'y tromper, dans l'esprit de la plupart de ces néologistes, il s'agissait moins d'innover que de restaurer. On était à la recherche de la pureté ancienne et de la perfection originelle. On concevait l'évolution parcourue par les différents parlers comme une sorte de détérioration plus ou moins détestable ; on révérait ceux des dialectes qui semblaient s'être le mieux conservés au cours des temps. La tâche qu'on assumait était celle qui consistait en somme à lutter contre les effets, nous serions tentés de dire, les outrages du temps, et aussi contre les déformations qu'on imputait à l'action des langues étrangères, plus particulièrement le suédois. Aussi, il est remarquable que les vocables nouveaux, qu'ils aient été créés pour la circonstance ou qu'ils aient été extraits des dialectes, sont toujours de forme « pleine ». Ils ont au moins deux syllabes et souvent davantage. On ne rencontre jamais ces monosyllabes dont étaient si entichés les novateurs hongrois : *gép* « machine » (à partir de *gépely* « treuil »), *cím* « adresse » (à partir de *címer* « armoiries »), *elv* « principe » (sur *elő* « partie antérieure, devant »+-*v*), *gyár* « usine » (à partir de *gyárt* « fabriquer, faire », etc.). Cette attitude était celle adoptée déjà au XVIe siècle par les premiers réviseurs de la Bible, ceux de la commission Petraeus. Leurs successeurs avaient formulé la même exigence et avaient, d'édition en édition, étoffé toujours davantage les mots eux-mêmes, en même temps qu'ils expulsaient les termes étrangers et qu'ils écartaient les constructions les plus manifestement imitées du suédois, oubliant souvent celles imitées du latin. Foncièrement, rien n'avait changé dans le propos des hommes ni même dans les procédures qu'ils appliquaient. Avec les progrès de la linguistique, on s'efforçait seulement de tenir compte des données mises au jour par les chercheurs qui avaient exploré les dialectes et même les langues apparentées, comme c'était le cas pour un Ahlqvist, un Lönnrot, un Castrén, un Europaeus, etc. Ce souci de la plénitude s'associait à un autre, celui de l'euphonie. On voulait non seulement une langue belle, claire, pure mais aussi une langue mélodieuse. Un Samuel Roos a expressément fait allusion à cette exigence de « musicalité » (*melos* écrivait-il). Presque tous entendaient ou croyaient entendre résonner cette musique dans les vers du *Kalevala* et de la *Kantelelar* tels que beaucoup l'avaient perçue dans la récitation des bardes caréliens. Le parler de cette Carélie du nord qui apparaissait comme le berceau des chants de la tradition populaire était, si l'on veut, l'incarnation même de la musicalité finnoise. Tous étaient sous ce charme. On aurait dit que l'enchanteur Väinämöinen, cet Orphée nordique, les attirait irrésistiblement. Cette attraction allait avoir les conséquences les plus importantes sur l'avenir de la littérature de langue finnoise.

La langue finnoise et les pouvoirs publics.

Comme nous l'avons déjà indiqué, la fin de l'ère suédoise avait laissé la Finlande dans une situation linguistique assez différente de celle constatée en 1642 lors de la publication de la première bible intégrale en finnois. Insensiblement, le suédois s'était imposé comme langue officielle de l'administration, de la justice et plus généralement de tous les pouvoirs publics. L'usage du finnois écrit était confiné au seul milieu clérical tandis que la majeure partie de la population continuait à se servir de ses dialectes pour s'exprimer dans la vie de tous les jours. La séparation de la Suède et le passage sous l'autorité du tsar n'avaient rien changé à cet état de choses. Seule une poignée de patriotes éclairés s'était dépensée, comme nous l'avons vu, pour perfectionner le finnois et s'en servir auprès des masses rurales comme moyen d'expression proprement national. C'était ouvertement l'objectif que s'était fixé en 1831 la Société de Littérature Finnoise et c'était aussi ce à quoi aspiraient les publications qui avaient fait leur apparition çà et là sans pouvoir se maintenir longtemps alors que les périodiques de langue suédoise poursuivaient plus ou moins leur carrière. Au début, nous l'avons dit, ce mouvement profinnois (fennophile pour les uns, bientôt appelé par dérision fennomane par d'autres) avait fini par inquiéter les hommes au pouvoir. Surtout à partir du moment où un Snellman prêchait une doctrine qui paraissait dangereuse. Ceux qui prenaient le plus ombrage des « menées fennomanes » n'étaient pas les personnages qui entouraient la personne même du souverain, mais les chefs de la bureaucratie finlandaise. Ils craignaient avec raison l'avènement d'une langue autre que celle dont ils se servaient. Cette langue, méprisable à leurs yeux, était celle du peuple, surtout du peuple des campagnes avec lequel ils n'entretenaient aucun commerce humain. Certes, on ne pouvait pas empêcher les paysans de parler leur patois ni même de prier en finnois biblique, mais il n'était pas nécessaire de les laisser développer leur pensée et exprimer leurs revendications dans leur propre langue ou une façon de cette langue qui prendrait les allures d'une langue de civilisation. Le développement du finnois favoriserait la promotion de gens issus des couches profondes de la population ; il se créerait une classe sociale nouvelle, instruite, désireuse de partager les avantages du pouvoir. L'exclusion du finnois de la vie publique, son confinement dans des tâches obscures, préservaient les privilèges que conférait la connaissance du suédois, connaissance sans laquelle aucune carrière, aucune promotion sociale, aucune réussite ne se concevait. Les milieux officiels furent donc résolument opposés à tout empiètement du finnois sur le domaine où régnait le suédois. Les classes sociales supérieures réagissaient dans le même sens. Les personnes de qualité, en particulier les femmes, se croyaient déshonorées à la seule pensée d'avoir à parler cette langue de rustres qu'était le finnois. L'instruction et la qualité sociale avaient pour support le suédois. C'était grâce à cette langue aussi qu'on entretenait avec le reste du monde des relations de plus en plus animées. Le suédois ouvrait la porte de l'allemand et aussi du français qui étaient à l'époque les deux langues indispensables à quiconque en Finlande voulait être de son temps. Toutes les études se faisaient en suédois, toutes les délibérations aussi et tous les actes officiels étaient rédigées en suédois.

Les initiatives des « fennomanes », jugées inquiétantes, inspirèrent à quelques administrateurs une mesure qu'ils finirent par faire approuver par le tsar Nicolas Ier. Celui-ci rendit en 1850 un rescrit interdisant rigoureusement l'usage de la langue finnoise autrement que pour les besoins du culte et de la vie pratique la plus élémentaire. Toute publication littéraire était interdite, même si elle était simplement traduite du suédois. Il faut dire que ce rescrit ne reçut pas une application rigoureuse puisque dès l'année suivante, le jeune Yrjö Koskinen publiait son étude historique sur le canton de *Hämeenkyrö (Kertomus Häämeenkyrön pitäjästä)* et le finnois faisait son entrée officielle comme langue magistrale à l'université où le grand linguiste M. A. Castrén inaugurait la première chaire de langue et littérature finnoises alors qu'il n'avait été jusque-là que vaguement toléré sous forme de cours dispensés par un « lecteur » dont la charge fut d'ailleurs maintenue. Quelques années plus tard, dès que purent se réunir les États-Généraux (1863), les représentants de la paysannerie, ce fameux Quatrième Ordre qui a joué un rôle si important dans l'histoire finlandaise (comme aussi dans la suédoise), réclamèrent l'égalité des droits entre les deux langues suédoise et finnoise. Martti Rapola (*Pelto jää taakse*, p. 15) rappelle justement qu'en cette même année 1863, le porte-parole de ce « *Quart État* », s'exprimant devant la Société de Littérature Finnoise, avait déclaré qu'il était désiré et désirable que le finnois fût institué en langue d'expression de la civilisation et introduit dans tous ses droits. Il avait, par la même occasion, exprimé la gratitude des paysans envers les patriotes qui avaient « avec un zèle infatigable » au cours de tant d'années contribué par leurs travaux à enrichir la langue, à rassembler et classer les souvenirs qui s'évanouissaient dans la mémoire du peuple et éclairé les temps obscurs du passé de la nation. Cette même année 1863 devait marquer une date décisive dans le statut de la langue finnoise. L'empereur Alexandre II, à l'occasion d'une revue passée au camp de Parola où étaient réunis des volontaires finlandais, avait publié un nouveau rescrit proclamant l'égalité des deux langues du pays et prescrivant que l'administration devrait se mettre en état d'appliquer les stipulations de ce rescrit dans un délai de vingt ans, soit avant 1883. Les fonctionnaires de tous rangs disposaient de ce temps pour apprendre le finnois afin de pouvoir rédiger en cette langue les actes officiels concernant tout Finlandais de langue finnoise. A peine est-il besoin d'ajouter que la machine administrative tout entière se mit à opposer à ce rescrit une résistance passive, et même parfois ouverte, de tous les instants. Aussi bien, le délai expirant en 1883 n'allait-il pas être observé. L'intervention du tsar eut pour premier effet de déchaîner tous les tenants du suédois. Leur presse fit campagnes sur campagnes pour dénoncer les tares dont souffrait d'après eux la langue finnoise. Par tous les moyens, ils s'opposèrent à la création d'établissements scolaires où l'enseignement aurait été donné en finnois. Il fallut en créer au moyen de souscriptions privées, faute de pouvoir obtenir des subsides de l'État ou des collectivités publiques. Pourtant, comme il apparaît des textes qui nous sont restés de cette époque, les Finnois étaient déjà parvenus à se rendre maîtres de procédés d'expression parfaitement adaptés aux besoins du monde moderne. Une fois de plus, Martti Rapola a raison, quand il relève (*Pelto jää taakse*, p. 15) que ce porte-parole des paysans auquel nous venons de faire allusion, un certain Aukusti Mäkipeska, avait su s'exprimer avec beaucoup de propriété et de clarté. C'est ce que confirment les documents rédigés par plus d'un homme issu directement du peuple, sans parler de ces poètes paysans dont il a été question. Par ailleurs, des répertoires de toutes sortes, des traités et des manuels des diverses branches du savoir, des études scientifiques et historiques avaient vu le jour en grand nombre. On soutenait des thèses de doctorat devant l'université de Helsinki, on rédigeait avec bonheur des articles de journaux. Les premières pièces de théâtre jouées en finnois annonçaient un prochain essor de l'art dramatique national, au côté de ce théâtre suédois qui continuait à occuper les scènes fréquentées par le public lettré. Indubitablement, la langue était prête à servir. Il ne manquait que des usagers pour l'exploiter.

A la recherche des usagers.

C'est une fois de plus Martti Rapola qui a le mérite de décrire en termes clairs la situation telle qu'elle se présentait dans les années 1860-1870. Pour nous faire comprendre le contraste qui existait alors entre l'état de la langue et l'usage qui en était fait pratiquement, il a cru devoir évoquer ce qui s'était passé deux cents ans auparavant, en 1666, lors du synode réuni à Turku par l'église de Finlande. Le prédicateur Laurentius Petri Aboicus y avait prononcé trois fois le même sermon, à la demande de l'évêque Johannes Gezelius qui était Suédois. Le premier avait été dit en latin, le second en suédois et le troisième en finnois. Or, de ces trois textes, le finnois seul avait été imprimé. Parce qu'il y avait un public pour le lire. Oh, sans doute un public réduit de clercs et de gens suffisamment cultivés pour savoir lire et pour comprendre ce qu'ils lisaient, mais c'était un public dont il fallait tenir compte. En 1866, le public éclairé n'avait cure d'un texte finnois. La plupart de ceux qui en faisaient partie n'étaient même plus capables de parler finnois et s'ils le pouvaient, ils ne savaient plus se servir que du suédois pour dire des choses savantes ou difficiles. Tout ce qui ressortissait à la vie intellectuelle était d'expression suédoise. Il y avait donc eu un recul funeste du finnois au cours de ces deux siècles passés. Martti Rapola va plus loin, il constate qu'en ces premières années 1860, il n'y avait de notoriété publique à Helsinki que deux familles où l'on se parlait en finnois! L'une était celle d'Yrjö Koskinen et l'autre celle de Julius Krohn. Il nous rapporte (*op. cit.*, p. 18) qu'Yrjö Koskinen y fut soutenu par son épouse qui était originaire de Hämeenkyrö et possédait bien la langue parlée de ces parages, et en ce qui concerne Julius Krohn, il fallut qu'il enseignât lui-même sa femme pour l'amener à parler en famille le finnois. Mais Krohn lui-même était issu d'une famille de bourgeois allemands de Viipuri. Il avait appris le finnois de la bouche des fermiers de son père et ce n'est que plus tard qu'il s'était mis à écrire en finnois, sous le pseudonyme de Suonio (de Suoniosaari, lieu-dit proche du domaine de son père près de Viipuri), des poèmes de fort belle venue qui ont marqué une date dans l'histoire de la littérature finnoise. Ce jeune bourgeois de grande culture devait être de 1862 à 1875 docent de langue et littérature finnoise à l'université de Helsinki. Mais sa langue maternelle n'était pas le finnois. Nous savons par ailleurs que chez les Lönnrot, on ne parlait pas non plus finnois mais suédois. Et il en était de même dans les familles de la plupart des partisans les plus convaincus du finnois! Les paysans seuls parlaient leur dialecte entre eux et ne se servaient du finnois écrit que dans les circonstances solennelles : à l'église ou pour prononcer une harangue en public. On priait aussi en finnois biblique et l'on y prêchait dans les réunions libres des piétistes.

Cette ségrégation sociale condamnait le finnois à rester inemployé en tant que véritable langue de civilisation. Comment en sortir? Le grand Snellman, dont le prestige et l'influence furent énormes, n'hésitait pas : il fallait amener les Suédois de Finlande à se servir du finnois, en d'autres termes à se finniser volontairement. Il invitait donc tous les vrais patriotes à changer de langue pour mettre fin à la division du pays en deux classes qui ne tarderaient pas à devenir ennemies. Pour y parvenir, il fallait créer des établissements d'enseignement purement finnois. C'est ce qui se fit, difficilement, lentement, non sans échecs. Mais la réussite fut quand même telle qu'elle dépassa finalement les espérances. En effet, un facteur nouveau intervint en faveur du finnois. La modernisation de la Finlande, bien que très lente et peu étendue, jeta dans les agglomérations urbaines une main-d'œuvre de langue finnoise. Parallèlement, dans les milieux ruraux, certains sujets d'élite finirent par émerger et acquérir dans la société des positions plus ou moins importantes. Tous ces éléments sortaient de la masse finnoise et s'emparaient de tous les instruments de culture qui s'offraient à eux pourvu qu'ils leur fussent accessibles en finnois. Ce qui n'exclut pas qu'il y en avait encore beaucoup qui préféraient se suédiser pour s'intégrer à la classe dirigeante. Ainsi se produisaient des déchirements au sein des familles. Le choix de la langue était devenu à la fois, selon les cas, un facteur de division ou un facteur d'unification du corps national. Il en est résulté une tension qui a travaillé la société finlandaise à tous les niveaux. En effet, un déséquilibre s'était produit du fait qu'une poignée d'intellectuels s'étaient mis en tête de doter la nation d'une nouvelle langue de civilisation. Jusque-là, une certaine répartition des tâches s'était effectuée d'elle-même entre les deux idiomes qui coexistaient. Chacun disposait de son domaine propre et aussi de son public propre. Le suédois était la langue des maîtres et le finnois celle des serviteurs, sauf dans les secteurs côtiers où l'homme de la terre était lui-même un colon suédois. Même quand on professait le plus pur patriotisme finlandais (on disait même *finsk* « finnois » en suédois!), on ne l'exprimait qu'en suédois. Le poète qui incarna par excellence le concept de patrie fut, on le sait, Johan Ludvig Runeberg qui n'écrivait qu'en suédois, mais exaltait les vertus du peuple de langue finnoise et prisait ses traditions populaires. On s'enthousiasmait pour le *Kalevala* mais on l'expliquait ou on l'interprétait en suédois. Un personnage de la taille de M. A. Castrén ne croyait même pas qu'il fût possible de renverser le statut linguistique tel qu'il s'était établi et tel aussi que la constitution de 1777, valable pour la Suède, l'avait sanctionné. C'est que les franchises et les droits du pays semblaient liés au respect de cette constitution largement vétuste. On ne voulait pas y toucher, de peur de s'exposer au pire, c'est-à-dire à l'introduction des lois russes et à l'abolition des libertés auxquelles on tenait par-dessus tout. Certains partisans fanatiques du suédois, ceux que les fennophiles appelaient *svekomaner*, sobriquet inspiré d'un jeu de mot approximatif entre *svensk* « suédois » et *sveka* « tromper, duper », allaient même jusqu'à voir dans les efforts des partisans du finnois de véritables menées antipatriotiques. La loi suédoise était le fondement, la garantie suprême de l'indépendance ou tout au moins de l'autonomie, la langue dans laquelle était rédigée la constitution était à leurs yeux sacrée ; ils la considéraient comme intangible. En face d'eux, Snellman et ses disciples opinaient qu'une nation ne saurait subsister sans disposer d'une langue bien à elle, dont elle userait sans partage. Ils n'admettaient pas que la société finlandaise pût rester divisée en deux blocs inconciliables et ils estimaient que l'unification ne pouvait se faire que par l'adoption d'une langue nationale unique, utilisée par tous. Cette langue ne pouvait être que le finnois qui avait conservé seul tous les précieux vestiges et les reliques du passé. Car une nation ne pouvait se passer d'histoire, conception très hégélienne, et l'histoire finnoise était seule capable d'inspirer du patriotisme aux habitants de ce qu'on a souvent appelé *Suomen kannas*, l'Isthme Finlandais.

Le plan Snellman était d'une grande hardiesse. Il voulait doter dans les plus courts délais la langue finnoise d'un public cultivé susceptible de lui imprimer un développement rapide et de l'asseoir solidement dans ses fonctions de langue de civilisation. Il fallait donc rallier des sujets parlants et écrivants dans le camp du suédois. Ce sont ces transfuges qui ont assuré le progrès de la langue finnoise. L'opération a pris son temps. En réalité, elle s'est prolongée bien au-delà de la période que nous venons de considérer sommairement, à savoir celle allant de 1820 à 1870. On peut même dire qu'elle n'a pris fin qu'après la première guerre mondiale, lorsque l'État finlandais est devenu indépendant. Mais le choix décisif s'est fait à partir de 1860 environ. C'est à cette époque que des bourgeois et des intellectuels de formation suédoise, associés à des Finnois de souche paysanne mais qui avaient réussi à s'élever à une condition nouvelle, ont délibérément décidé de changer d'orientation linguistique. Tous ceux d'entre eux qui n'étaient pas nés dans des familles finnisantes ont appris le finnois après coup, souvent à l'âge d'homme, comme par exemple Julius Krohn et ils se sont mis à écrire et à parler une langue dont ils n'ont fini par se rendre maîtres que laborieusement et parfois jamais complètement. La transformation du finnois en moyen d'expression des classes supérieures de la Finlande a été le résultat d'initiatives individuelles, d'adhésions isolées, et, dans tous les cas, d'actes de pure volonté. Il ne faut jamais oublier ce trait essentiel de l'histoire du finnois.

La langue de la littérature.

Au début des années 1860, un autre problème s'est posé avec une acuité nouvelle : celui de la langue littéraire. Certes, des poèmes avaient été publiés, des récits en prose aussi et même des essais de pièces de théâtre qui n'avaient d'ailleurs été jouées que par des amateurs, mais ce qu'avaient écrit un Jacob Judén (Jaakko Juteini, 1781-1851), un Pietari Hannikainen (Petter Hannén, 1826-51) ne témoignait ni de beaucoup de talent ni d'une grande inspiration et leur langue ne s'était pas écartée de celle habituellement écrite depuis des dizaines d'années. A partir de 1860, Ahlqvist d'une part (sous le pseudonyme Oksanen) et Julius Krohn (sous celui de Suonio) s'étaient mis à écrire des poèmes qui révélaient une certaine élégance de la forme et davantage d'inspiration poétique mais il faut bien dire que leur production ne pouvait constituer un apport décisif. Il était donné à Aleksis Stenvall, désormais plus connu sous le pseudonyme d'Aleksis Kivi, de créer pour ainsi dire la langue de la nouvelle littérature de langue finnoise, celle attendue depuis presque le début du siècle par tant d'intellectuels profinnois. Il n'est pas sans intérêt pour l'histoire de la langue finnoise de s'arrêter un instant à considérer de plus près son cas. Il naquit en 1834 dans le canton de Nurmijärvi, en Uusimaa (Nyland), en bordure de la zone de langue suédoise. Il était le fils de cultivateurs pauvres et avait commencé par ne parler dans sa famille que ce patois d'Uusimaa au sujet duquel des opinions sévères s'étaient exprimées si souvent. Il partageait ce désavantage avec son éminent compatriote Elias Lönnrot. A l'école qu'il avait fréquentée, on ne lui avait appris que le suédois. Péniblement parvenu jusqu'à l'université, il ne devait jamais terminer ses études qui furent d'ailleurs assez intermittentes et au cours desquelles il s'était initié à la langue et à la littérature finnoises en même temps qu'à l'histoire et à la littérature en général. La misère et les privations l'avaient contraint à quitter Helsinki pour se replier sur son terroir d'origine et jusqu'à sa mort (1872), il vécut une existence précaire, finalement ternie par l'aliénation mentale à partir de 1871.

Kivi avait commencé par écrire en suédois. Nous savons qu'il avait composé en cette langue des poèmes et même une ébauche de pièce de théâtre dont le titre était *Bröllopsdansen* « Danse nuptiale » dont il devait reprendre par la suite l'argument et le développer en finnois pour offrir à la littérature finnoise sa première véritable comédie : *Nummisuutarit* (1864) qui a été traduite en français sous le titre « Les cordonniers de la lande » mais ce titre peu évocateur pourrait être avantageusement remplacé par quelque autre tel que « Cordonniers de village », par exemple. Il semble que le jeune paysan qu'il était ne se soit enthousiasmé pour l'expression en langue finnoise que sous l'influence de ses maîtres et plus généralement du milieu intellectuel qui dépendait plus ou moins étroitement de l'université. Nous savons que plus d'un universitaire s'était intéressé à lui, notamment Julius Krohn, dont on sait la passion pour le finnois. Quoiqu'il en soit, Kivi se distingua dès 1860 en obtenant le prix attribué par la Société de Littérature finnoise à une pièce de théâtre rédigée en langue finnoise. Ce prix fondé en 1858 par un anonyme (qui s'appelait en réalité Nicolai Kiseleff) ne put être décerné tout de suite faute de candidats. L'année suivante, il fut augmenté, passant de 100 à 150 roubles d'argent, sans pour autant susciter un bien grand intérêt puisque la Société ne reçut que trois manuscrits. Elle distingua celui de Kivi tout en émettant à son sujet bien des réserves qui portaient à la fois sur le style, la langue, la disposition de l'œuvre, la façon dont les personnages étaient présentés, etc. Le manuscrit, complètement refondu, ne fut publié qu'en 1864. Ce drame était intitulé *Kullervo* et s'inspirait comme de bien entendu d'un épisode du *Kalevala.* Kivi semble avoir voulu l'écrire en vers puis, sous l'effet des critiques exprimées par la Société de Littérature Finnoise, il se résolut à n'employer que de la prose, solution qui indisposa la critique parce que la versification semblait être de rigueur pour ce genre de pièce, surtout à partir du moment où il était question de l'épopée kalevalienne. Ce détail, qui ne retiendrait pas autrement l'attention, avait en réalité une très grande importance parce qu'il dénotait que dans l'esprit d'un homme comme Kivi, la prose était l'égale des vers. Seulement, il ne pouvait s'agir de n'importe quelle prose et pour « chausser les cothurnes », selon l'expression d'Ahlqvist, Kivi crut bon de rehausser l'expression prosaïque en recourant à divers artifices. Le premier fut celui de libérer totalement l'ordre des mots, notamment en plaçant l'adjectif épithète après le mot qualifié : *takoja kuuluisa* « un forgeron renommé » (dans le Kalevala : *takoja iän-ikuinen* « le forgeron éternel »), *riidat verisel* « des luttes sanglantes », etc. De même, il faisait venir le génitif après le mot qu'il déterminait : *seliltä soitten* « des étendues plates des marais », etc. Constamment, le verbe était relégué en fin de phrase, ce qui aurait pu passer pour être une réminiscence de l'ordre originel des mots : *puheensa mieltani lämmittää* « son discours réchauffe mon esprit », etc. Ces mêmes procédés sont également appliqués en grand d'un bout à l'autre de la comédie des « Cordonniers de village » (1864) où en plein dialogue entre paysans, on bute sur des constructions aussi alambiquées que : *Tosin on tyttö päiviä tuimia koettaa saanut* « En vérité, la fille a dû éprouver des jours cruels ». D'entrée, l'inversion du sujet intervient parce que l'énoncé a commencé par un autre terme que le sujet, ce qui est considéré comme un svécisme criant. Ensuite, l'adjectif *tuimia* « cruels » suit le substantif *päiviä* « jours », enfin le participe passé actif *saanut* (associé à l'auxiliaire *on* « est »), formant le passé composé *on saanut* « a dû », vient après l'infinitif *koettaa* « éprouver ». C'était de quoi choquer les esprits critiques et plus particulièrement un linguiste de l'envergure d'Ahlqvist. Il en était de même quand un père s'adressant à sa fille s'écriait... « *heidän kädestänsä elos ja vaattees saanut olet.* » « ... C'est de leurs mains que tu as reçu le vivre et les habits. » L'auxiliaire *olet* « tu es » se trouve relégué tout en fin d'énoncé, ce qui jurait avec l'ordre des mots observé dans le langage courant, surtout dans les dialectes. Et puis, ces textes étaient hérissés de svécismes : *enkä tiedä ihmisten naurusta tämän häärelken ylitse* « je ne saurai rien des risées des gens au sujet de cette expédition nuptiale » *(ylitse* = suédois *över*), *kaksitoista riksiä ... joi hän ylös* « il a bu les douze écus... » (suédois *dricka upp*), *itsensä suorittaa* « il se tire d'affaire » (suédois : *han redar sig*), *se ei vahingoita* « cela ne nuit pas » (suédois *det skadar inte*), *peräänaattelen* « je réfléchis » (suédois *tänka efter* »), etc. Des listes interminables de ce genre de décalques ont été relevées par tous ceux qui ont étudié cet auteur. On se reportera en particulier au petit ouvrage d'E. A. Saarimaa (*Selityksiä Aleksis Kiven teoksiin* « Explications pour les œuvres d'Alexis Kivi », 4e édition, Helsinki 1964). Or il semble bien que cette comédie n'ait guère été retouchée par d'autres que son auteur. La raison en est qu'il l'avait éditée à ses frais et n'avait pas été obligé de tenir compte de la « censure » qui s'est exercée sur ses autres publications. A vrai dire, il lui est arrivé de la solliciter lui-même, en demandant par exemple à B. F. Godenhjelm (1840-1912), qui fut lecteur d'allemand à l'université (de 1866 à 1901) et auteur de dictionnaires, de revoir son orthographe qu'il savait incertaine. Nous savons de source sûre qu'une autre de ses pièces (*Karkurit* « Les fugitifs », 1867) a été revue de très près par Julius Krohn et il en a été de même du roman « Sept frères » *(Seitsemän veljestä)* qui passe pour être le premier grand monument de la prose finnoise. Ce dernier ouvrage, écrit et récrit de bout en bout trois fois, a été édité aux frais de la Société de Littérature Finnoise et à ce titre avait été préalablement revu, en particulier par Julius Krohn mais aussi probablement par d'autres membres de la commission de lecture. Certains critiques ont même par la suite émis l'opinion que les corrections portées par ces censeurs n'avaient pas toujours été opportunes. Mais, ce qui nous intéresse ici, c'est de constater qu'elles ont bien été opérées et ceci dans l'intention de rendre la langue de Kivi plus correcte ou tout au moins plus conforme à l'idéal que concevaient alors les membres de la Société de Littérature Finnoise et plus généralement les intellectuels qui s'occupaient activement de promouvoir le finnois en langue de civilisation.

Le lecteur d'aujourd'hui relèvera pour sa part que ces interventions n'ont pas homogénéisé la langue de Kivi qui demeure, même sous l'aspect définitif où elle est désormais fixée, très composite et très factice. Et d'abord, elle varie d'une œuvre à l'autre. Cela ne s'explique pas seulement par la nature du sujet traité mais probablement aussi par l'évolution même qui s'est produite chez l'écrivain à mesure qu'il affinait ses moyens d'expression. Le drame de Kullervo présente un état de langue très composite où se mêlent sans se fondre des éléments manifestement empruntés à la langue du *Kalevala*, d'autres hérités de la Bible, dont la traduction la plus récente à l'époque était celle de 1853, d'autres encore aux écrits en finnois publiés dans les années qui avaient précédé immédiatement. Il semble que Kivi ait désiré assouplir l'ordre des mots en introduisant des constructions inusitées ou d'autres qu'il avait repérées dans le Kalevala mais qui n'étaient pas de mise dans un texte en prose, même de haute tenue. Il arrive parfois qu'on se demande où tel ordre des termes a pu lui apparaître car le suédois de son temps ne comportait déjà plus de pareilles libertés et il ne pratiquait pas d'autre langue. La langue des *Nummisuutarit*, ainsi que nous venons de le signaler, contient un nombre considérable de svécismes associés à ce que Kivi avait lui-même appelé des « provincialismes », par quoi il entendait les locutions patoisantes qu'il a mises dans la bouche de ses personnages. Mais l'action de cette comédie est située en Häme, cette province dont s'étaient recommandés les premiers puristes de la langue au XVIIe siècle, or il éclate aux yeux que ces formules patoisantes ou ces mots de terroir n'ont rien à faire avec les parlers du Häme, même de ceux qui se trouvent en bordure de l'Uusimaa. A cet égard, rien n'est plus irréaliste que le langage des paysans mis sur scène par Kivi. Ils parlent le plus souvent comme la Bible ou les livres édifiants des piétistes quand ils ne jargonnent pas en suédois mal finnisé. Il est vrai que si Kivi avait voulu rendre leur façon authentique de s'exprimer, il aurait dû les faire parler dans leur dialecte, ce qui aurait rendu la pièce inaccessible au public auquel il la destinait. Reste le roman des « Sept frères ». Sa langue est relativement dépouillée par rapport à celle des œuvres précédentes. La construction des phrases est moins compliquée, l'ordre des mots moins insolite mais ces paysans illettrés s'entretiennent à longueur de pages dans le plus pur style de la Bible qu'ils n'ont pu lire et dont ils reprennent à leur compte les effets expressifs sans presque les assaisonner de ces quelques « provincialismes » qu'on attendrait de la part d'un écrivain qui penchait vers le réalisme. Ceci est d'autant plus surprenant que si les autres œuvres de Kivi reflètent assez précisément les influences étrangères qu'il avait subies et qui l'avaient inspiré, le récit des Sept Frères peut à bon droit passer pour une narration originale de bout en bout et dont la puissance suggestive ne s'est pas affaiblie au cours des temps. Ces paysans sont vus par un des leurs qui les a compris comme personne et qui sait les interpréter fidèlement, seulement l'obstacle du langage se dresse ici et contraint l'écrivain à se servir d'une langue qui n'est pas celle de ses héros. Ce n'est même pas la langue renouvelée, refaçonnée par les clercs et les universitaires depuis le début du siècle, c'est toujours cette bonne vieille langue des prédicateurs et des piétistes, à peine moins composite, à peine régularisée. On ne rencontre plus de désinences verbales en *-mma/-mmä* à la 1re personne du pluriel ni en *-tta/-ttä* à la 2e mais le prétérit apparaît encore souvent à la 3e personne du pluriel en *-it* et non en *-ivat/-ivät*, les pronoms personnels forment leur cas-objet en *-n* au singulier et non en *-t* (*minun* « me », *sinun* « te », *hänen* « le, la ») et ils n'admettent pas toujours de *-t* au pluriel où alternent *meidän* « nous » et *meidät* « id. », *teidän* « vous » et *teidät* « id. », *heidän* « les, eux, elles » et *heidät* « id. ». La désinence du cas illatif est *-sen* au singulier et *-sin* au pluriel dans les mots dont le thème vocalique se termine par une longue : *huoneesen* « dans la maison », *vaatteisin* « dans les vêtements » ; certaines élisions sont encore fréquentes, notamment à la 2e personne du singulier du possesseur : *isäs* « ton père », *veljes* « ton frère » mais aussi *veljesi* « ton frère », etc. On relève beaucoup de formes élidées de la 3e personne du singulier du conditionnel : *sais* « il obtiendrait », *tekis* « il ferait », *tulis* « il viendrait » mais on lit aussi *olisi* « il serait » à côté d'*olis*, etc. Les autres élisions sont plus rares : *täys* « plein » pour *täysi*, *rupes* « il a commencé » (= *rupesi*), etc. D'une page à l'autre, des archaïsmes surgissent, isolés : *itsiämme* « nous-mêmes » (partitif) (mais à quelques pages de là : *puolusta itseäs* « défends-toi »), un caritatif en *-toin/-töin* à côté d'autres en *-ton/*

-tön, une forme de dérivation en *-nen* à côté d'une autre en *-inen*, etc. Par archaïsmes, nous entendons ici naturellement les formes conservées dans le texte de la Bible finnoise dont Kivi était imbu à un point qu'on ne saurait imaginer. Il faut reprendre phrase par phrase ce qu'il écrit pour son propre compte ou ce qu'il fait dire à ses personnages pour découvrir à quel point la narration comme aussi les discours et les dialogues sont truffés de sentences et d'expressions tirées de la Bible. Il n'est donc pas surprenant que la langue de Kivi, si factice qu'elle soit, si peu homogène, si variante d'une œuvre à l'autre, ne représente, tout compte fait, que l'adaptation à une mission nouvelle de la langue qui avait été lue en chaire dans les églises de Finlande au cours des siècles. Il ne saurait y avoir de doute : ni la langue kalevalienne ni les modernisations qu'elle a inspirées n'ont vraiment pénétré dans la façon de finnois dont Kivi s'est servi avec une dextérité et une efficacité croissantes et dont on est en droit de se demander ce qu'elle aurait fini par devenir si la folie et la mort n'avaient mis prématurément fin à la carrière de l'homme dans lequel la Finlande révère désormais son premier grand écrivain de langue finnoise. Ainsi, la « guerre des dialectes », les campagnes les plus ardentes en faveur d'une refonte de la langue à partir d'éléments orientaux n'avaient pu entamer l'esprit de ce grand inspiré.

A cela, il y a peut-être une raison essentielle. Kivi était né en milieu finnois mais au contact des Suédois de Finlande de l'Uusimaa. Il avait, nous l'avons dit, fait ses classes en suédois. La source essentielle de sa lecture finnoise avait été la Bible, avec, comme complément, des publications diverses plus ou moins édifiantes qui l'avaient plus ou moins profondément marqué dans les années de son adolescence. Son patois natal était par contre totalement insuffisant pour alimenter sa pensée. En réalité, c'était en suédois qu'il avait appris à penser alors qu'il avait appris à prier dans le finnois d'église. Nous savons, grâce à E. A. Saarimaa (*op. cit.*, p. 5) que Kivi s'était servi fréquemment du dictionnaire suédois-finnois (*Svenskt-Finskt Handlexikon*, Helsinki 1853) de cet esprit si curieux et si ouvert qu'était D. E. D. Europaeus à qui l'on doit de nombreux relevés dialectaux et de non moins nombreuses études linguistiques, parfois très originales. Saarimaa nous dit qu'il y avait recouru pour étoffer son vocabulaire finnois, ce qui revient à nous révéler qu'en écrivant en finnois, Kivi a opéré à la façon de l'élève qui « fait du thème »! On est moins surpris après cela de constater qu'il a utilisé peu de néologismes et qu'il n'en a fabriqué que 3 si l'on s'en tient au témoignage de Martti Rapola (*Sanojemme ensiesiintymiä*, Helsinki 1960). Ce seraient : « plan d'urbanisation » *(asemakaava)*, « cogiter, ruminer » (*tuumiskella*, dérivé de *tuuma* « idée, réflexion »), « rideau de théâtre » (*väliverho* de *väli* « intervalle » et *verho* « rideau, écran »). C'est bien peu et cela donne à réfléchir. D'autant plus qu'on peut lire à longueur de page des textes de lui qui ne contiennent pratiquement pas de mots nouvellement lancés dans l'usage à son époque. Ceux que l'on repère çà et là sont d'ailleurs d'acception assez générale : *aatos* « idée, pensée » (lancé par Gottlund en 1817), *häiriö* « dérangement » (apparu en 1853), *miehistö* « équipage » (qui est de 1865), *arvelu* « perplexité, conjecture » (de Lagervall en 1834, année de la naissance de Kivi), *piste* « point (géométrique) » (de Kilpinen, 1835), *säde* « rayon » (d'un cercle) *(ibid.)* ; *taistelo* « combat, bataille » (de Lönnrot en 1836), etc. A côté de cela, il s'en tient encore à de vieux décalques suédois charriés par la Bible : *kanssapuhe* « conversation » (suédois *samtal*), aujourd'hui remplacé par *keskustelu*.

Tout se passe comme si Kivi s'était peu intéressé au développement de la langue, plus particulièrement à celui de son vocabulaire. Se sentait-il trop peu sûr de lui pour s'essayer à fabriquer des mots nouveaux comme tant d'autres le faisaient autour de lui? Ce n'est pas certain. Il est plus vraisemblable qu'il n'ait pas eu à souffrir personnellement de l'indigence du vocabulaire de civilisation du finnois de son temps parce qu'il se bornait à décrire le monde finnois tel qu'il l'observait dans la vie de chaque jour. Pour cela, il n'avait pas besoin d'inventer des procédés nouveaux. La société finnoise dans laquelle il vivait, celle des paysans et de ceux qui les fréquentaient, n'avait pas bougé beaucoup depuis des siècles. Elle était, certes, à la veille d'un grand changement mais c'était à peine si l'on en percevait les prodromes. Pour dire la vie rurale ou la vie religieuse d'un pays encore très arriéré, la langue de la mission luthérienne suffisait, complétée par celle du *Kalevala* et par les « provincialismes » indispensables à l'évocation des réalités locales. Le plus révolutionnaire dans la langue de Kivi, c'est autre chose : c'est d'avoir fait parler des personnages du monde rural ou même de l'histoire dans cette langue factice qu'il s'était peu à peu composée tant bien que mal. Et le tour de force le plus extraordinaire dans toute cette genèse de la nouvelle langue littéraire est sans nul doute l'aventure advenue à la pièce de théâtre d'inspiration biblique, intitulée *Lea*, qui fut la première pièce jouée en finnois dans un vrai théâtre et interprétée par une véritable artiste dramatique en la personne de l'actrice suédoise Charlotte Raa qui obtint un succès immense le 10 mai 1863, jour d'où l'on a accoutumé de dater le début du théâtre de langue finnoise. Ce succès est d'autant plus inattendu que l'actrice en question avait appris son rôle sans savoir le finnois! Elle s'était comportée comme ces cantatrices qui chantent dans une langue qu'elles ne comprennent pas. Cet épisode est très symptomatique. Il vient confirmer ce qu'enseignait le grand Snellman, à savoir que la langue finnoise devait être prise en charge par l'élite de langue suédoise. Toutes les bonnes volontés devaient être mobilisées à cet effet car on n'avait pas le temps d'attendre que se formât une élite issue des profondeurs de la masse rurale de langue finnoise. Les hommes que le destin avait chargés de diriger le pays se sentaient contraints à forcer l'allure. Mais ils n'étaient pas au bout de leurs peines.

Existait-il même une autre solution? Comme nous l'avons sans cesse répété, il n'y avait pas de forme parlée de langue qui fût tant soit peu commune aux différentes régions du pays. C'était en partie la raison pour laquelle un grand nombre de ceux-là mêmes qui parlaient constamment le dialecte de leur terroir recouraient au suédois dès qu'ils avaient à s'entretenir avec d'autres finnisants en provenance d'autres lieux. On pouvait se communiquer par écrit tout ce qu'on voulait mais on pouvait difficilement se le dire. Les divergences de prononciation, de débit, de construction et de forme des mots, de vocabulaire aussi étaient vraiment trop grandes. Il aurait fallu égaliser tout l'ensemble des dialectes, ce qui supposait un long labeur dont on ne pouvait même pas entrevoir le résultat. On ne pouvait donc choisir d'autre point de départ que la langue écrite, parvenue non sans peine à une consistance acceptable sinon toujours satisfaisante. Dans de telles conditions, il n'était guère plus difficile de passer du suédois au finnois que du dialecte à la langue écrite. D'autre part, les Suédois de Finlande instruits et les personnes de langue finnoise qui avaient acquis la maîtrise du suédois ne se servaient que d'une langue homogène, modelée sur la langue écrite du royaume de Suède, ce qu'on appellera plus tard *rikssvensk* ou « suédois d'État ». Ce suédois-là était pratiquement du suédois écrit utilisé comme langue parlée. Les gens qui s'en servaient étaint déjà rompus à l'usage d'un langage oral châtié, homogène, tout proche de ce qui s'écrivait et s'imprimait. L'auteur de ces lignes se souvient de l'impression très forte produite en 1919 sur les étudiants d'Upsal par leurs camarades suédois de Finlande venus leur rendre visite. Ils avaient été frappés par la haute tenue de leur parler. En dépit d'un accent « finnois » (« *finsk brytning* »), ces Suédois d'au-delà du Golfe de Botnie se servaient d'un langage très proche de la langue écrite et, pour reprendre l'expression entendue alors dans la bouche du Premier Curateur de la Nation de Stockholm à l'université d'Upsal, l'écrivain Ragnar Josefsson, ils « parlaient imprimé ». Une telle préparation rendait ceux des patriotes finlandais de langue suédoise qui le désiraient particulièrement aptes à acquérir l'usage parlé du finnois écrit. Au lieu de partir du bas, en s'élevant des profondeurs populaires, la nouvelle langue parlée commune à la nouvelle nation finlandaise allait descendre de la langue écrite pour s'installer au sein des familles en commençant par celles de la société des notables, des dirigeants et des intellectuels. Mais, comme nous l'avons reconnu plus haut, ce mouvement ne s'est produit qu'en vertu d'un décret de la volonté. On a voulu être Finnois, on a voulu s'exprimer en finnois, on a voulu participer à l'édification d'une civilisation d'expression finnoise. Un pareil comportement a fait bon marché des préjugés de caste, des préventions de toutes sortes et il a exigé de la part de ceux qui s'y sont résolus un grand courage civique, une persévérance obstinée, une dépense colossale d'énergie. Et ne comparons surtout pas ces patriotes à ceux qui changent de langue par force ou par ambition personnelle et troquent une langue maternelle insuffisante contre une langue de civilisation de plus grande efficacité. En partant du suédois pour aboutir au finnois, le chemin parcouru pouvait paraître inverse. On quittait une langue fière de plusieurs siècles de culture littéraire et qui avait également fait ses preuves dans tous les autres domaines de la vie pour se servir d'une autre qui n'était pas seulement moins formée, moins élaborée mais aussi moins bien équipée et surtout dont les catégories étaient irréductiblement étrangères. Les structures grammaticales n'étaient plus les mêmes, l'agencement des mots différait, le lexique était, du point de vue international, complètement immotivé. On se lançait dans une extraordinaire aventure, qui pouvait certes, exercer une sorte de fascination sur certains esprits téméraires mais qui avait de quoi épouvanter bien des imaginations moins effervescentes. Pour trouver quelque chose de semblable dans l'histoire des langues, il faut aller en Hongrie où un aristocrate tel que le comte Étienne Széchenyi (1791-1860) n'a pas non plus craint de se mettre à apprendre le hongrois pour y écrire ses pensées au sujet des réformes par lesquelles il voulait régénérer sa patrie alors qu'il possédait l'allemand, le français et même l'anglais!

La bataille du finnois.

Les historiens de la langue finnoise ont proposé de considérer l'année 1870 comme le point final de l'évolution du finnois moderne archaïque, relevé à partir de cette date par le finnois moderne contemporain *(nykysuomi)*. C'est aller un peu vite en besogne. En réalité, la langue n'avait pas encore achevé l'édification de son système moderne. Elle n'avait même pas encore pu établir son orthographe définitive. On écrivait encore *w* pour *v*, on écrivait aussi *lukia* « lecteur » au lieu du *lukija* d'aujourd'hui, conseillé par Ahlqvist. D'ailleurs l'œuvre, précisément, des hommes tels qu'Ahlqvist et ses émules n'était pas encore achevée. On se battait toujours pour ou contre telle solution à tel problème grammatical ou lexical. Et même si l'on avait déjà élagué bien des aspérités et fait disparaître pas mal de discordances ou d'inconsistances, il en restait un bon nombre, ainsi qu'en peuvent témoigner les textes qui nous sont restés de cette époque-là. On ne saurait donc dire que 1870 marque une délimitation vraiment tranchée entre deux phases successives de l'histoire de la langue.

Ce qui était gagné, c'était la « guerre des dialectes ». Comme nous venons de le relater plus haut, le fonds ancien de la langue écrite était conservé. On n'y introduisait pas de formes nouvelles de la déclinaison et la conjugaison avait juste subi quelques modifications. Le nombre des cas de la déclinaison était le même, y compris le comitatif qui, selon la recommandation d'Ahlqvist, ne s'employait plus qu'au pluriel possessivé, le qualifiant qui s'y accordait étant toutefois exempt de cette possessivation. On devait donc dire et écrire *tyttärineen* « avec sa fille (ou ses filles) » et *kauniinen tyttärineen* « avec ses belles filles ». L'élision était abolie partout et le groupe *-ea*/*-eä* rétabli à la place d'*-ia*/*-iä* qui traînait encore chez Kivi dans bien des mots. La forme « brève » de la désinence possessive de 3e personne faisait son apparition (*lapsilleen* « à ses enfants », *naistaan* « sa femme »). Le prétérit se construisait en *-ivat*/*-ivät* « au lieu de prendre simplement *-t* (*tiesivät* « savaient » pour *tiesit*, *tulivat* « venaient » pour *tulit*, etc.). Il en était de même au conditionnel (*tiesisivät* pour *tiesisit*, *tulisivat* pour *tulisit*). Par contre, les formes « réfléchies » de la conjugaison n'étaient pas admises généralement et le passif continuait à s'employer avec une fréquence égale ainsi que les constructions réfléchies du type suédois *muuttaa itsensä* « il se transforme » (suédois *han förändrar sig*) au lieu de *muuttuu* (l'un et l'autre employés concurremment par Kivi). On n'avait pas encore su décider ce qu'on ferait des formes de l'infinitif II (*sanoen* « disant », *sanoessa* « en disant » qu'on écrivait encore souvent en *sanoin*, *sanoissa*, etc.). Au génitif pluriel des mots en *-a*/*-ä*, *-o*/*-ö*, *-u*/*-y*, on employait encore volontiers les formes en *-in* : *kalain* « des poissons », *tyttöin* « des jeunes filles », etc. On continuait à user volontiers des thèmes consonantiques : *vuorten* « des montagnes », *nuorna* « étant jeune », *onnetonna* « étant malheureux », etc. Le caritif en *-ton*/*-tön* avait évincé celui en *-toin*/*-töin*, etc. Mais il restait une foule de points de détail où les règles n'était pas nettement définies en dépit des recommandations plus ou moins pressantes de certains, notamment d'un Ahlqvist, par exemple.

Si donc en gros, la cohésion de la langue s'était raffermie, ni sa grammaire ni son lexique n'étaient arrêtés dans tous leurs contours. En particulier, le vocabulaire changeait rapidement d'aspect non seulement par suite de l'introduction de mots nouvellement fabriqués mais aussi par l'invasion de termes provinciaux ou régionaux et même de mots purement dialectaux que tel ou tel admettait parce qu'ils flattaient son esprit ou son oreille.

La langue était donc prête à servir et à faire face aux nouvelles missions qui allaient lui être assignées mais il demeurait que peu de gens savaient l'utiliser ou voulaient l'utiliser sans parler du trop grand nombre de ceux qui étaient bien incapables d'en profiter. Les années à venir allaient mettre la langue à l'épreuve, au-dedans comme du dehors. La bataille du finnois allait commencer.

Sixième partie

LA FIXATION DE LA LANGUE

Bien qu'un Snellman ait déploré que se multiplient les études de grammaire au détriment, pensait-il, des œuvres littéraires originales, la grammaire normative a trouvé son compte dans les nombreux travaux effectués de tous les côtés en vue de déterminer la forme que la langue commune, à la fois écrite et parlée, devait prendre pour satisfaire à l'idéal plus ou moins confus que s'en étaient représenté les uns et les autres parmi les partisans du finnois langue de civilisation nationale.

L'orthographe.

Le plus aisé était de définir les règles orthographiques à faire respecter. Entre les dernières années du XVIIIe siècle et le milieu du siècle suivant, la graphie s'était peu à peu épurée. Les *tz* et *dz*, qui avaient eu la vie si dure, avaient fait place à la notation en *ts* et le *w* à l'allemande s'effaçait devant *v*. Un *-j-* était désormais écrit (mais pas encore par tout le monde) pour séparer les deux voyelles des finales en *-ia/-iä* dans des mots tels que *lukia* « lecteur », *etsiä* « chercheur, celui qui cherche » qui s'écrivaient de plus en plus en *lukija* et *etsijä*, etc. Cette notation avait été proposée dans l'intention de rapprocher l'orthographe de la prononciation, la solution idéale étant de noter tous les sons effectivement émis et de ne les noter que par un seul signe, toujours le même. Mais cette louable intention n'a pas été réalisée complètement. D'abord parce que l'on n'a pas noté la présence de l'occlusive glottale qui apparaît en fin de mot dans bon nombre de cas : après *-e* (*taide* « art », *kuume* « fièvre », *tule* « viens », *sinulle* « à toi », etc.), après *-i* (dans *tietysti* « naturellement », *laajalti* « largement », etc.), après diverses voyelles finales (*taa* « de par derrière », *lähemmä* « plus près », *luo* « vers », après les infinitifs I brefs : *antaa* « donner », *elää* « vivre », *tulla* « venir », *mennä* « aller », etc.

Naturellement, il ne pouvait être question de refléter certaines assimilations. Ainsi, *n* devant *k* (*onki* « ligne de pêche », *rengas* « anneau ») ne se prononçait pas en *n* mais en *η*, c'est-à-dire en gutturale nasale, par suite de l'assimilation à *k*. De même cet *-n-* se prononçait en *-m-* devant *p* : *lähden pois* « je partirai ». D'autres assimilations par contre ont été notées par l'orthographe dans le cas, par exemple, de *sellainen* « tel que cela » *(sen+lainen)* mais pas dans *samanlainen* « pareil, identique », etc. Le *-j-* liant deux voyelles successives dans *siat* « les porcs » (de *sika* « porc »), *etsiä* « chercher » n'est pas indiqué par l'orthographe, ce qui aboutit à créer des distinctions graphiques du type : *etsiä* « chercher » mais *etsijä* « chercheur » et il y a bien d'autres écarts de ce genre de telle sorte que la règle d'une orthographe ajustée à la prononciation n'a pas été appliquée avec rigueur, comme il fallait d'ailleurs s'y attendre puisque son application intégrale aurait compliqué à l'infini la notation de la prononciation réelle.

Cette prononciation elle-même était presque impossible à définir avec précision. La langue parlée « civilisée » *(sivistynyt)* n'était qu'une abstraction. Elle ne pouvait devenir une réalité qu'à partir du moment où l'on se mettrait à parler la langue écrite. Plusieurs phonèmes posaient alors des problèmes. Il y avait d'abord le cas présenté par le degré faible de *-t-*. La Bible avait fini par le noter régulièrement *-d-*. Les grammaires et les critiques parues entre 1820 et 1870 s'étaient résignées à adopter cette graphie. Mais comment fallait-il l'interpréter dans la prononciation? Elle avait noté longtemps un *-δ-*, comme nous l'avons signalé plus haut. Or personne ne prononçait plus cette spirante dentale sonore, hormis quelques patoisants dans des enclaves de plus en plus réduites. La plupart des dialectes produisaient *-l-* ou *-r-* ou rien du tout, c'est-à-dire zéro ou encore *-j-* ou *-v-* selon les mots. C'était la situation que nous avons décrite. Elle a subsisté très longtemps puisque les manuels de finnois des écoles primaires en tenaient encore compte il n'y a pas si longtemps. Pratiquement, le *-d-* demeurait imprononçable en occlusive dentale sonore (notre *d*) tant qu'il ne s'agissait que de sujets dont la langue maternelle était une variété quelconque de finnois. Mais les Suédois de Finlande, descendants des colons venus de Suède et répartis sur le littoral en Uusimaa, en Ostrobotnie ou ailleurs, possédaient dans leur dialecte suédois ce phonème et le possédaient aussi les Finnois suédisés, notamment ceux qui constituaient une partie des classes supérieures de la société et dont la langue, même parlée, s'inspirait du suédois de Suède sous sa forme écrite. Ceux des Finlandais qui avaient pris la décision de repasser du suédois au finnois et les étrangers qui s'étaient résolus à se finniser ne connaissaient pas la difficulté qui embarrassait les Finnois d'origine. Ils prononçaient gaillardement toutes les occlusives sonores et pouvaient donc émettre un *-d-* là où l'orthographe suggérait cette prononciation. Aussi singulier que cela puisse paraître, ce sont les parleurs nouvellement convertis à l'usage du finnois qui ont pu implanter dans la langue une prononciation qui lui était étrangère et qui avait en outre le défaut de jeter la perturbation dans son phonétisme. En effet, l'introduction d'une occlusive dentale sonore dans un système qui ne possédait en fait de phonèmes sonores, outre *v* que des liquides et des nasales, dérangeait la symétrie héritée de la tradition populaire. On avait désormais d'une part une série d'occlusives sourdes *p*, *t*, *k* et en face une seule et unique occlusive sonore sous les espèces de ce *-d-*. L'apparition de cet intrus a beaucoup choqué les linguistes car il est évident qu'il n'est pas le produit de ce qu'on appelle une « évolution » phonétique. Pour cette raison, certains y voient comme une sorte de violence faite à la langue mais il faut quand même considérer que l'insertion du phonème *-d-* a fourni un élément utile pour uniformiser les phénomènes d'alternance consonantique dans la mesure où ils concernent l'opposition degré fort/degré faible du *-t-*. Une semblable solution n'a pas été apportée à l'alternance de *-k-* avec un degré faible correspondant. Faute d'un phonème propre à marquer nettement cette alternance. nous nous trouvons en présence de solutions multiples. Le plus souvent *-k-* alterne avec zéro : *vika* « défaut, vice » / *viat* « les défauts, les vices », *jalka* « pied » / *jalat* « les pieds », *virka* « office, emploi » / *virat* « les offices, les emplois », *liika* « superflu, excès » / *liian* « trop, excessivement », etc. Dans d'autres cas, de fréquence moindre, le degré faible de *-k-* est un *-v-* ou un *-j-* : *suku* « famille » / *suvut* « les familles », *kyky* « capacité, faculté » / *kyvyt* « les facultés, les capacités », *kulkea* « marcher, avancer » / *kuljen* « je marche, j'avance », *kärki* « pointe » / *kärjet* « les pointes », etc. Ces disparités ont même engendré une certaine confusion car les traitements dialectaux ont différé. Alors qu'à l'ouest le degré faible de *-k-* a conservé une expression sous différentes formes (notamment *-v-* et *-j-*), à l'est, le degré zéro s'est généralisé et ceci a déteint sur l'usage de la langue écrite où des formes à degré zéro se sont introduites dans un nombre appréciable de mots : *härkä* « bœuf » / *härät* « les bœufs » (au lieu d'un plus ancien *härjät*), *pelkään* « je crains » / *pelätä* « craindre » (mais *peljästyä* « prendre peur, s'effrayer », etc.). Il y aurait eu avantage à disposer d'un succédané du *-γ-* (noté *gh* ou *g* dans l'ancienne Bible) qui aurait fait office de degré faible en toutes positions. En dépit de tardives notations en *-g-* (*sugusa* « dans la famille »), rien ne s'est produit de semblable à ce qui a eu lieu pour le *-d-*. Pourtant, le suédois aurait pu fournir cette fois aussi un *-g-* qui aurait rendu le même service.

Un autre phonème faisait difficulté, celui répondant aux notations successives *-tz-*, *-dz-* et *-ts*, Mais à la différence du *-d-*, il pouvait aisément se résoudre en un groupe *-t-*+*-s-* puisque les parleurs finnisants savaient prononcer et le *t* et l'*s*. Cette lecture du graphème *-ts-* permettait d'établir une uniformité là où les dialectes présentaient des réalisations phoniques passablement bigarrées, ainsi que nous l'avons montré plus haut. Ici encore, nous nous trouvons devant une solution qui ne procède pas de l'évolution phonétique mais d'une intervention consciente dont les auteurs ont attendu une uniformisation souhaitable de la prononciation de la langue parlée « normale ». Le dilemme avait été de choisir l'un des dialectalismes ou de tolérer plusieurs prononciations. Il était élégant d'en sortir en mettant tout le monde d'accord sur une troisième solution qui était par ailleurs facile à appliquer.

Il restait un dernier petit problème, celui du degré faible de *-nk-*. Sa notation était *-ng-* qui n'était pas sans ambiguïté. Cet *-ng-* avait reflété tout aussi bien le degré fort dans les écrits des premiers traducteurs puisque l'habitude avait été comme on sait de noter l'occlusive sourde par un *b*, *d* et *g* après nasale et liquide. Comme nous l'avons montré, cette graphie a laissé supposer que les parlers de l'ouest connaissaient en cette position une prononciation « douce » de l'occlusive sourde dans le genre de celle connue en danois moderne et en allemand. Quoiqu'il en soit, la prononciation « normale » admise est désormais celle qui lit *-ng-* en géminée sonore *-ŋŋ-* : *lanka* « fil » / *langat* « les fils », *kuningas* « roi », *penger* « lisière, bord », etc. Dans ces conditions, le degré faible de *-nk-* se trouve être représenté par une géminée sonore constituée par la gutturale nasale sonore. Cette alternance s'intègre au système que forment les groupes à nasale et à liquide : *mp*, *nt*, *lt*, *rt* : *ampua* « tirer (avec une arme de trait) » / *ammun* « je tire », *antaa* « donner » / *annan* « je donne », *silta* « pont » / *sillat* « les ponts », *virta* « fleuve, courant » / *virrat* « les fleuves, les courants ». C'est le résultat d'une assimilation du même genre. Le *g* ne sert que de signe arbitraire pour la signaler graphiquement.

Les liaisons.

Nous ne savons pas comment les premiers intellectuels qui se sont mis à parler le finnois écrit en famille ont pu prononcer cette nouvelle variante orale. Par la suite, les théoriciens et surtout les normaliseurs ont attiré l'attention sur certaines conditions dans lesquelles les séquences de deux mots doivent être prononcées. Il s'agit de celles où le premier vocable se termine par cette fameuse occlusive glottale dont nous savons qu'elle était encore sensible pendant la première moitié du XIXe siècle. Elle a pratiquement disparu de la prononciation actuelle lorsque le mot qui en était affecté est émis isolément ou lorsqu'il vient en finale absolue. On pourrait supposer que ce phonème n'existe plus mais il n'en est rien. Dans la prononciation de plusieurs dialectes, sa présence se fait toujours sentir dans les séquences où un vocable qui a possédé cette occlusive glottale terminale se trouve immédiatement suivi d'un autre commençant par une consonne. La finale du premier s'élargit alors du premier élément d'une géminée dont le second n'est autre que la consonne initiale du mot suivant. Ce phénomène d'assimilation élargissante ne se produit évidemment que si la séquence à laquelle on a affaire lie les deux mots en un tout émis d'un seul trait. Il s'agit donc d'une « liaison » qui fait penser à celle que nous connaissons en français bien qu'elle soit de nature différente. De la sorte, les séquences du type *tule tänne* « viens ici », *mene pois* « va-t-en », *tämä ei miellytä minua* « ceci ne me plaît pas » se prononcent respectivement *tulettänne*, *meneppois*, *tämä ei miellytämminua*. Il en est de même aussi dans le cas des énonciations telles que : *en tahdo hänelle pahaa tehdä* « je ne veux pas lui faire de mal » *(en tahdohhänelleppahaa tehdä)*, etc. Mais il est des cas où cette liaison est facultative, comme par exemple après la désinence possessive de 3e personne en *-nsa/-nsä* : *oman tunnustuksensa mukaan* « de son propre aveu » *(oman tunnustuksensa*MM*ukaan)*, etc. Les choses se compliquent encore lorsqu'il s'agit des adverbes : ceux en *-lti* et *-sti*, car certains exigent la liaison et après d'autres elle est facultative : *tietysti* « naturellement », *laajalti* « largement » veulent l'assimilation alors qu'*äänetï* « silencieusement » ou *peräti* « tout à fait » l'admettent sans l'exiger ! Bien mieux, les linguistes de nos jours conseillent (*Suomen Kielen Käsikirja*, p. 115) de marquer par une césure la présence de l'ancienne occlusive glottale dans le cas où le mot qui suit commence non plus par une consonne mais par une voyelle : *anna olla* « laisse » *(anna//olla)*, etc. Cela revient à dire qu'il faut lier d'une part et séparer de l'autre. En effet, les séquences liées forment un tout émis d'un seul trait alors que les séquences césurées sont coupées en deux ! Ainsi, le respect de l'étymologie entraîne deux effets contraires sur le débit du parlé. Dans un cas, on abandonne toute démarcation orale entre deux mots qui se suivent et dans l'autre, au contraire, on marque plus ou moins nettement la fin de mot puisque l'occlusive glottale n'a jamais figuré dans une autre position. Il ne semble pas que cette contradiction ait frappé ceux qui ont formulé ces règles. Ce qui par contre a retenu leur attention, c'est qu'elles demeurent souvent totalement ou partiellement inobservées, ce qui s'explique si l'on considère que le public parlant finnois n'est pas homogène. A côté de ceux qui connaissent et pratiquent spontanément la liaison, il y a tous ceux qui ne la connaissent que par apprentissage et, à ces derniers, elle occasionne à tout moment des difficultés. Il est assez curieux que les normaliseurs n'aient pas tenu compte de cet embarras où ils placent une partie au moins des locuteurs et leurs efforts pour faire observer ces phénomènes de liaison ont d'autre part rendu plus difficile la prononciation du finnois aux étrangers qui désirent l'acquérir.

La forme des mots.

Pour ce qui est plus généralement de la forme même des mots, ce qui demeure le trait essentiel de la langue normalisée, c'est qu'on a continué à s'inspirer de l'idéal qui avait animé les premiers réviseurs de la Bible, ceux qui avaient préparé l'édition de 1642 et qui a trouvé son expression dans le terme « plénitude » *(täyteläisyys)*. Cette plénitude a d'abord comporté le rétablissement des voyelles brèves finales dans tous les cas où elles avaient été élidées. Cette restitution est allée très loin, jusqu'à rétablir par exemple l'-*i* des désinences possessives de 2e personne du singulier, élision qui était encore largement observée par un Alexis Kivi, par exemple, et qui réapparaît de temps à autre dans des écrits reflétant le parler régional de l'ouest. De ce point de vue, la langue normalisée s'est rangée au côté des parlers caréliens septentrionaux dont les prospecteurs de la poésie populaire avaient fait leur idéal.

Les autres manifestations de cette aspiration à utiliser des formes « pleines » ne sont pas aussi cohérentes. La désinence de l'inessif a été renforcée en *-ssa*/*-ssä* au lieu de la forme en *-sa*/*-sä* qui apparaît à l'ouest et naturellement de celle en *-s*, qui est élidée. Cette désinence à *s* géminé était celle des dialectes du centre et de l'est qui couvrent une aire importante du territoire finlandais. Par contre le suffixe d'allatif est généralisé en *-lle* (à finale en occlusive glottale) et les variantes en *-llen* ont été éliminées. L'illatif, après voyelle longue, n'est plus indiqué au moyen de l'élément *-sen* (pluriel *-sin*) mais par une forme secondaire issue d'une contamination : *-seen* (pluriel *-siin*). La « plénitude » s'est accommodée de la disparition de l'-*h*- intervocalique dans les suffixes, alors que ce phonème subsistait dans les formes de la langue kalevalienne : *vieras* « hôte, étranger » / *vieraat* « les hôtes, les étrangers », *vaate* « vêtement » / *vaatteet* « les vêtements », *talo* « maison » / *taloon* « dans la maison », *anneta-* « être donné »/ *annetaan* « on donne », *annettiin* « on donna », etc. On a de même *antanut* « ayant été donné » / *antaneen* (gén. sg.), *antaneet* (nom. pl.), *elänyt* « ayant vécu » / *eläneen*, *eläneet*. Cet amuïssement a réduit toutes ces formes d'une syllabe par rapport à celles qui figurent dans le Kalevala : *vierahat*, *vaattehet*, *talohon*, etc. L'-*h*- n'a été gardé qu'après diphtongue ou voyelle longue : *maa* « terre, pays » / *maahan* « dans la terre, par terre, dans le pays », *taloihin* « dans les maisons », *vaatteihin* « dans les vêtements » (à côté de *vaatteisiin*, forme hybride), etc. Une autre réduction s'est généralisée : c'est celle qui affecte la désinence possessive de 3e personne. Après voyelle brève, il est devenu habituel de construire non plus la forme -*nsa*/ -*nsä* mais une autre obtenue par l'allongement de la voyelle brève devant un simple -*n* : *taloaan* « sa maison » (partitif sg.), *pojalleen* « à son fils » (= *pojallensa*), *ystävilleen* « à ses amis » (= *ystävillensä*), etc. Il est vrai que cette suffixation raccourcie a l'avantage de ne pas poser la question de la liaison avec le mot suivant quand celui-ci commence par une consonne. Dans ces conditions, la « plénitude » n'a pas été atteinte dans tous les secteurs de la langue puisque un nombre considérable de formes accusent des réductions et des détériorations provoquées par l'usure phonétique ou si l'on préfère par l'évolution phonétique dont témoignent les dialectes et plus particulièrement ceux de l'ouest. Ces formes « usées » avaient fait leur apparition déjà chez Agricola et dans les textes des autres auteurs de son temps et elles témoignaient du développement qui s'est amplifié depuis lors dans les différents dialectes, mais elles coexistaient, surtout chez Agricola, ainsi que nous l'avons vu, avec des formes dont la « plénitude » ne laissait rien à désirer. Dans ce sens on peut dire que la langue normalisée des alentours de 1880 avait à la fois gardé des développements relativement avancés et qu'elle avait rétrogradé dans d'autres cas pour retrouver un état de choses ancien. Il n'est pas sans intérêt de retenir que la réfection a été voulue et délibérément exécutée alors que l'usure a été subie avec plus ou moins de résignation.

Si l'on se demande dans quelle mesure la réfection a amélioré le rendement de la langue, on est contraint de reconnaître qu'elle ne l'a pas augmenté. Le réétoffement des suffixes casuels n'a pas changé leur signification propre ni leurs fonctions. Qu'on prononce *talossa* « dans la maison » ou seulement *talos*, que l'on dise *talosta* « hors de la maison » ou *talost* ne confère rien de plus aux mots affectés de ces suffixes. Il en est de même des désinences possessives car *isäs* « ton père » dit autant que *isäsi* et *lapsem* « notre enfant » autant que *lapsemme*. Par contre, le réélargissement du suffixe a rendu service dans le cas où son usure engendrait l'ambiguïté : *isäni* « mon père » est plus clair qu'*isän* qu'on était obligé de construire avec le génitif singulier du pronom personnel : *minun isän* ce qui ne pouvait manquer d'entraîner à la longue la disparition de l'*-n* suffixé : *minun isä* « mon père », évolution qui s'est effectivement accomplie en estonien écrit, par exemple. Et ceci vaut encore davantage pour les désinences personnelles du verbe ainsi que nous avons pu le constater en étudiant la langue écrite d'Agricola et de certains de ses successeurs. C'est la raison pour laquelle les formes pleines s'étaient imposées peu à peu dès les XVIIe et XVIIIe siècles dans la conjugaison et parallèlement dans le paradigme de la possessivation où les désinences de pluriel en *-mme*, *-nne* ont fini par l'emporter. Les désinences personnelles du verbe *-mme* « nous », *-tte* « vous » ont corrélativement éliminé celles qui étaient « harmonisées » du point de vue vocalique : *-mma/-mmä* et *-tta/-ttä* dont un Elias Lönnrot faisait encore un fréquent usage. Ce phénomène a eu pour effet de simplifier le paradigme verbal puisque ces désinences personnelles peuvent se joindre aussi bien aux verbes dont le thème est de vocalisme clair qu'à ceux dont le thème est de vocalisme sombre.

Un autre trait caractérise aussi la nouvelle langue normalisée : la variance de certaines formes grammaticales. Elle apparaît surtout dans la forme revêtue par le génitif pluriel des noms. Celui-ci se présente avec les désinences *-in*, *-ten*, *-iden/-itten* selon une répartition qui n'est pas toujours très fixée. Et d'abord les formes en *-in*. On sait qu'elles proviennent de la réduction en *-in* d'un ancien suffixe *-t-e-n* dont la dentale, étymologiquement identique au *-t* de pluriel des nominatifs, s'était amuïe de bonne heure après être passée par une spirantisation sonore en *-δ-* dont nous avons signalé des traces chez Agricola. Un mot *pelto* « champ » avait donc formé son génitif pluriel en *peltoden* (*d* = *-δ-*) puis en *peltoen*, forme que nous relevons encore chez Alexis Kivi où elle ne peut être qu'un archaïsme plus ou moins voulu. Le groupe *-oe-* s'est diphtongué en *-oi*, ce qui a abouti à la forme actuelle *peltoin* « des champs » qui est de style archaïsant. Il en est de même de toutes les formes semblables : *kalain* « des poissons », *asiain* « des affaires », etc. Ces génitifs s'emploient désormais dans certains clichés ou dans un style soutenu. Ils ont fait place à des génitifs construits sur le thème de pluriel en *-i-* : *peltojen* « des champs », *kalojen* « des poissons », *kylien* « des villages », etc. Ces génitifs en *-i-en* se sont généralisés vers la fin du XIXe siècle. A l'opposé, les noms possédant un thème consonantique construisaient leur génitif pluriel au moyen d'un suffixe *-t-e-n* joint au thème consonantique : *vierasten* « des hôtes, des étrangers », *kielten* « des langues », *vetten* « des eaux », etc. Il s'agissait comme on le voit d'une même utilisation du suffixe de pluriel *-t*, avec cette différence que la dentale avait pu se maintenir après consonne, position phonétiquement plus solide que celle entre voyelles. En face de ces génitifs, qui reviennent étymologiquement à une même construction originelle, celle où c'était le pluriel en *-t-* qui était adopté pour fournir le paradigme de pluriel du génitif, on rencontrait, dès le fennique commun, des formes établies sur le thème de pluriel en *-i-* dont nous avons analysé maints exemples. Au cours du XIXe siècle, ces formes ont peu à peu gagné du terrain au détriment de celles qui s'étaient construites avec le seul suffixe *-t*. En réalité, les génitifs comportant *-i-* ne sont même que des formes hybrides où l'*-i-* s'est combiné avec le *-t-* de telle sorte qu'elles ont adopté des aspects différents selon les conditions phonétiques où s'est développé ce processus de contamination. Dans le cas des génitifs pluriel en *-ien* : *kylien* « des poissons », *sotien* « des guerres », etc., la spirante dentale issue de l'ancien *-t-* intervocalique a totalement disparu. Elle n'a laissé qu'un hiatus souvent rempli dans la prononciation moderne par un *-j-* plus ou moins marqué (*kielien* « des langues », *poikien* « des fils, des garçons », etc.) que l'orthographe ignore. Mais quand la syllabe prédésinentielle portait l'accent secondaire du mot, la dentale s'était plus ou moins maintenue et ce maintien a abouti à des formes où le suffixe de génitif pluriel apparaît sous les espèces d'un *-den* ou d'un *-tten*, ces deux variantes étant de même signification fonctionnelle et sémantique. On relève ainsi : *asunto* « habitation » / *asunnoiden* « des habitations », *vieras* « hôte, étranger » / *vieraiden* « des hôtes, des étrangers » / *tarina* « conte » / *tarinoiden* « des contes », etc. Tous ces génitifs peuvent aussi s'écrire et se prononcer en *-tten* : *asunnoitten*, *vieraitten*, *tarinoitten*, etc. Or ces suffixes posent des problèmes. La forme *-den* est demeurée longtemps imprononçable pour une grande partie des locuteurs (qui lui ont substitué par exemple *-ren*) et d'autre part, celle en *-tten* viole manifestement la loi de l'alternance consonantique puisqu'elle exige que soit prononcée une géminée devant une syllabe fermée. Une pareille géminée ne peut faire l'effet que d'un degré fort. Sous quelque aspect que l'on examine cette suffixation en *-den*/*-tten*, elle ne peut que détonner dans le système de la morphologie finnoise.

Le partitif, qu'il s'agisse du singulier ou du pluriel, oppose deux morphèmes : l'un en *-a*/*-ä* et l'autre en *-ta*/*-tä*, comme on sait. En principe, la forme à dentale se fixe sur les thèmes imparissyllabiques : *asia* « affaire, chose » / *asiata*, pl. *asioita*, *tärkeä* « important » / *tärkeätä* / *tärkeitä*, etc. Les monosyllabes et les dissyllabes terminés par une voyelle longue se sont intégrés dans cette classe de mots : *suo* « marais » / *suota/soita*, *vapaa* « libre » / *vapaata/vapaita*, etc. Mais dès la seconde moitié du XIXe siècle, des simplifications sont intervenues. Les singuliers ont admis la suffixation en *-a/-ä* : *vaikeaa* « difficile », *tärkeää* « important » alors que les pluriels continuaient à prendre le suffixe à dentale *-ta/-tä* : *vaikeita*, *tärkeitä*, etc. Mais un nombre imposant d'imparissyllabiques ne prennent pas le suffixe à dentale : *ystävä* « ami » / *ystävää/ystäviä*, bien qu'on rencontre sporadiquement des archaïsmes tels que *jumalala*, *ystävätä*, etc. La répartition des formes avec et sans dentale a occasionné et occasionne toujours de grandes difficultés et reste l'un des chapitres les plus confus de la morphologie pratique de la langue. Par contre, les mots ayant un thème consonantique construisent régulièrement leur partitif en *-ta/-tä* : *pieni* « petit » / *pientä* (mais *pieniä* au pluriel) / *kieli* « langue » / *kieltä* (pl. *kieliä*), etc. Comme on le voit la confusion est grande et l'usager a beaucoup de mal à se débrouiller comme le montrent les recommandations multipliées à son intention dans les grammaires et les guides. Il est des cas où les différentes variantes obtenues par le jeu des suffixations sont de valeur stylistique à peu près égale : *peruna* « pomme de terre », *perunojen* « des pommes de terre », *perunoja* « des pommes de terre » (partitif), *perunoita* « id. », *perunoiden* « des pommes de terre » (génitif), etc. Ces formes « parallèles » *(rinnakkaismuodot)* comme disent les grammaires, sont utilisables *ad libitum* de telle sorte qu'elles créent une énorme synonymie dont l'intérêt est assez médiocre du point de vue de la clarté et de l'efficacité de l'expression. Les efforts de certains normaliseurs, tels que E. A. Saarimaa, pour réduire cette synonymie encombrante n'ont pas eu le succès escompté par leurs auteurs. Or cet état de choses s'est peu à peu établi après 1870 bien qu'il ait été amorcé dès le début de la langue écrite ainsi que nous l'avons si souvent dénoncé. Ce foisonnement de variantes était inévitable dès lors qu'on estimait nécessaire de puiser des formes parallèles dans plusieurs dialectes au lieu de s'en tenir à un parler homogène. La porte était ainsi ouverte à toutes les contaminations et toutes les hybridations imaginables et il est curieux que les élaborateurs de la langue, au cours des premières décennies du XIXe siècle, n'aient pas porté leur attention sur cette situation bien qu'un Ahlqvist semble s'en être soucié pour sa part.

La construction de l'illatif confirme que la tendance à la multiplication des variantes n'est pas morte. On sait que le pluriel de ce cas était dès le début marqué par trois sortes de suffixes : *-n* devant lequel l'*i* du thème de pluriel était allongé et qui résultait de la réduction d'un suffixe plus plein en *-ihin* qui subsiste dans les mots où le thème de pluriel se termine par une diphtongue en *-i* : *taloihin* « dans les maisons », *kaloihin* « dans les poissons », *tärkeihin asioihin* « dans les choses importantes », etc. Mais les diphtongues résultant de la contraction d'une voyelle longue et de l'*-i-* de pluriel exigeaient le suffixe de forme *-siin* (anciennement *-sin*, comme on en trouve encore chez Alexis Kivi) : *hampaisiin* « dans les dents », *huoneisiin* « dans les chambres » (faisant pendant aux singuliers : *hampaaseen* « dans la dent », *huoneeseen* « dans la chambre ») et il en est résulté une nouvelle contamination qui a amené certains locuteurs à dire *korkeisiin* au lieu de *korkeihin* et *kevyisiin* au lieu de *kevyihin* (de *kevyt* « léger ») tandis que d'autres formaient de leur côté des illatifs pluriels en *hampaihin* et *huoneihin*.

Cette dernière contamination a été longtemps condamnée par les normaliseurs dont plus d'un aurait même voulu éliminer les illatifs pluriels en *-siin* (*vaatteisiin* « dans les vêtements », *veneisiin* « dans les canots », etc.) pour leur substituer partout les suffixes en *-ihin* (*vaatteihin*, *veneihin*, etc.). Parallèlement, ils auraient préféré le génitif pluriel en *-i-en* dans des mots tels que *kaupunki* « ville » *(kapunkien* au lieu de *kaupungeiden*, *kaupungeitten)*, *peruna* « pomme de terre » (*perunojen* ou lieu de *perunoiden* ou *perunoitten*, etc.). Mais ces propositions n'ont pas été adoptées, pas plus par les officiels que par les usagers ordinaires. Ces mêmes normaliseurs n'ont pas eu plus de succès en ce qui concerne les partitifs pluriels du type *kaupungeita*, *perunoita* qui auraient pu être remplacés par *kaupunkeja* et *perunoja*, etc. La situation créée par cette nombreuse synonymie est celle-ci : certaines formes ont acquis une saveur archaïque ou poétique, ce qui revient souvent au même dans la littérature de langue finnoise, telles que *ystäväin* « des amis », *voimain* « des forces », *pappein* « des prêtres », etc. De même *vetten* « des eaux » détonne quelque peu par rapport à *vesien* alors que *lasten* « des enfants » est au contraire moins recherché ou si l'on préfère moins alambiqué que *lapsien*. Les partitifs en *-ta/-tä* font plus « recherché » dans le cas de mots tels que *vaikea* « difficile » *(vaikeata/vaikeaa)*, *tärkeä* « important » *(tärkeää/tärkeätä)* alors qu'*ilmiötä* « du phénomène » (part. sg.) est la seule forme usuelle ainsi que *valtiota* (de *valtio* « État »), etc. En revanche, on lit et on entend à peu près aussi fréquemment les partitifs pluriels *asuntoja* et *asunnoita* « des habitations », *kapunkeja* et *kaupungeita* « des villes », etc. Il ne fait aucun doute non plus qu'un illatif pluriel en *hampaisiin* fait plus « correct » que celui en *hampaihin* « dans les dents », par exemple. Inversement, les illatifs pluriels du type contaminé *korkeisiin (taloihin)* « dans les hautes (maisons) » passent encore pour négligés. D'autre part, les formes courtes ont été préférées dans la composition : *asiaintila* « état de choses », *pappeinkokous* « synode » (littéralement « assemblée des prêtres ») ou bien le caractère du concept à exprimer a requis une forme plus soutenue du mot : *ulkoasiainministeriö* « ministère des affaires étrangères ». Enfin, il y a aussi tous les « clichés » où s'est maintenue la forme archaïque : *kättensä työllä* « du travail de ses mains », *kautta rantain* « par des circonvolutions », etc.

Cette exploitation de la synonymie est fatale. Aucune langue ne saurait s'y soustraire. L'usager s'est ingénié à répartir les formes coexistantes selon des aires sémantiques distinctes. Par là, il a essayé d'échapper à la synonymie devenue trop gênante. Mais un inconvénient n'a pu être évité : celui de laisser certains mots admettre tel type de désinence alors que d'autres vocables de même structure en adoptent un autre. Les variantes des suffixes ont ainsi créé des types distincts de déclinaison alors que la langue ignorait à l'origine cette division en classes morphologiques plus ou moins différenciées. Un mot *vuori* « montagne » fait son génitif pluriel en *vuorien* (la variante *vuorten* est rare ou archaïsante) tandis que *nuori* « jeune » utilise habituellement *nuorten* et que *suuri* « grand » ne connaît guère usuellement que *suurten*, etc. Ceci a abouti à la multiplication de paradigmes distincts et aussi à d'innombrables combinaisons de détail d'un paradigme à l'autre. On ne saurait dire qu'un pareil développement ait simplifié le profil de la morphologie. Et pourtant, un connaisseur aussi éminent du finnois que l'est le professeur Osmo Ikola n'a pas hésité à écrire (*Suomen kielen käsikirja*, p. 122) : « La multiplicité des formes du génitif pluriel n'est pas un inconvénient tel qu'il y ait lieu de recommander une réglementation. »

A travers ces contradictions, il apparaît que deux doctrines se sont contrariées : celle des partisans d'une normalisation visant à la simplicité et à la régularité et celle qui préconisait de s'en tenir aussi étroitement que possible à l'usage populaire. Or ce dernier n'étant pas homogène, il ne pouvait offrir de modèles uniques à imiter dans la langue écrite ou dans sa variété orale. Ces deux conceptions du perfectionnement de la langue se sont affrontées parfois chez les mêmes personnes. La raison en est que le plus souvent la recherche du finnois « pur » conduisait vers les dialectes alors que la normalisation aurait exigé de choisir dans chaque cas la solution la plus simple ou la plus pratique, sans considérer les variantes dialectales. Cette impossibilité de faire un choix judicieux est apparue dans le cas des verbes dérivés en *-tta/-ttä* construits sur des thèmes en *-a* ou *-o*. Ainsi, sur un substantif (ou adjectif) *kirja* « livre » (originellement : « bigarré, colorié ») on a construit *kirjoiltaa* « écrire » de même que sur *kunnia* « honneur » le dérivé *kunnioittaa* « honorer », etc. En face on rencontre d'autres verbes qui présentent la terminaison *-ottaa* : *erottaa* « séparer » et qui sont souchés sur des noms en *-o* : *ero* « différence, séparation ». La langue ancienne variait dans le traitement de ces verbes secondaires et souvent, même sur un thème en *-a*, on avait construit un verbe en *-otta* : *kirjottaa* « écrire ». Cette élimination de l'*-i-* a été considérée par certains comme un avantage et ils ont essayé, mais vainement, de la généraliser. De leurs efforts, il n'est résulté qu'un grand trouble de telle sorte que les grammaires et les guides rivalisent d'instructions plus ou moins claires à l'usage des locuteurs et ceux-ci continuent à commettre des erreurs plus ou moins fréquentes. Or ce maintien à tout prix de l'*-i-* était inspiré par une considération purement étymologisante. On estimait avoir affaire au changement d'*-a* en *o* devant *i*, si le thème présumé à l'origine du dérivé avait fini en *-a*. Mais d'un cas à l'autre, l'analyse a pu varier ; on a poussé plus ou moins loin la recherche étymologique. C'est ainsi que le verbe *hajoittaa* « disperser » a été conçu par les uns comme souché sur *haja* « idée de dispersion » (qui est défectif et ne s'emploie plus qu'à certains cas de la déclinaison : *hajalla* « en état de dispersion », *hajalle* « passé en état de dispersion ») et par les autres comme dérivé d'un verbe *hajota* « se désintégrer, se décomposer ». Ces derniers ont naturellement recommandé la forme *hajottaa* qui a pourtant du mal à s'affirmer. On peut alors se demander pourquoi le souci étymologique s'est montré si fort. C'est qu'ici encore l'émondage d'une voyelle a pu passer pour un appauvrissement de la langue et, partant, pour un procédé contraire à la « plénitude » recherchée. On s'est trouvé pris dans un dilemme et l'on n'a voulu ni aller à l'encontre de l'étymologie, ni trancher par trop dans le vif.

Cette même hésitation s'est fait sentir dans le réglage de l'alternance consonantique à laquelle nous avons fait allusion ci-dessus. Deux problèmes se posaient : celui des traitements du degré faible, point sur lequel les dialectes de l'ouest étaient en désaccord avec ceux de l'est, ce dont nous avons traité sommairement plus haut, et celui de la répartition des degrés fort et faible au long du paradigme des mots. Il apparaît en effet que l'alternance s'est trouvée difficilement applicable dès que deux occlusives ou deux groupes consonantiques terminés par une occlusive se sont contrariés au sein d'un même mot selon les formes prises par celui-ci dans son paradigme. C'est ainsi qu'un privatif comme *hengetön* « inanimé » (de *henki* « esprit, souffle » + *-tön* suffixe privatif) présente le degré faible *-ng-* du groupe *-nk-* alors que la syllabe qui suit est ouverte puisque le *-t* du suffixe ne commence que la dernière syllabe. C'est en contradiction avec la règle qui prescrit que toute occlusive ou groupe à occlusive doit se trouver au degré fort devant syllabe ouverte. Ici, la raison de cette « dérogation » est que les autres formes du mot *hengetön* sont du type *hengettömän* (gén. sg.), *hengettömässä* (inessif), etc. Dans ces formes, la géminée *-tt-* ferme évidemment la syllabe qui suit *-nk-* et exige le degré faible *-ng-* (*-ηη-*). Il y a eu généralisation du degré faible. C'est ce qui s'est produit dans bien d'autres cas. Ainsi, le partitif pluriel d'un mot tel que *harakka* « pie » est *harakoita* dont le *-k-* ne peut être ressenti que comme le degré faible de *-kk-*. Il en est de même du génitif pluriel *harakoiden* (alors que la variante *harakoitten* serait régulière de ce seul point de vue). Les autres formes du pluriel sont du type *harakoissa* « dans les pies », *harakoille* « aux pies », etc. Ici encore la généralisation s'est faite au détriment du degré fort. Ce même phénomène affecte aussi de nombreux verbes. Un verbe dont le thème vocalique est en *-aa/-ää* ou en voyelle+*-a/-ä* telle que *lupaa* « il promet, il permet » possède, on le sait, un thème consonantique en *-t* : *luvat-* qui apparaît notamment à l'infinitif, ce qui confère à ce dernier la forme *luvata (luvat-+-ta)*. La présence du *-t-* est ici conforme à la loi de l'alternance consonantique puisque à la suite de la collision qui s'est produite lors de l'accolement du suffixe d'infinitif I bref au thème du verbe, on a eu, en effet la combinaison *vastat-+-ta*' (issu d'un ancien **-tak*) où la géminée dentale résultant de l'agglutination produisait un degré fort qui ne pouvait théoriquement exister devant une syllabe fermée qui est ressentie encore aujourd'hui comme telle, surtout chez les locuteurs qui font la « liaison » consonantique dont il a été question plus haut. Par contre, ce qui ne cadre plus du tout avec le mécanisme de l'alternance, c'est la présence du *-v-* dans le thème verbal lui-même à partir du moment où la seconde syllabe s'est ouverte. La forme correcte aurait dû être **lupata* et non *luvata.* Tout se passe comme si le locuteur s'était trouvé incapable d'appliquer l'alternance deux fois dans le même mot. Ce même phénomène se manifeste dans bien d'autres cas. Ainsi, le passif du verbe *anta-* « donner », est au présent de l'indicatif *annetaan.* La présence du degré faible *-nn-* de *-nt-* surprend devant syllabe ouverte et ceci d'autant plus que le *t* du suffixe de passif figure de son côté également le degré faible d'un suffixe en *-tta-/-ttä-* dont la géminée se retrouve au prétérit *annettiin.* Dans cette dernière forme, le degré faible *-nn-* est à sa place et c'est donc par contamination qu'il s'étend au présent. On a de même encore *luetaan* « on lit » (*lukea* « lire »), *tullaan* « on vient » (<*tul-ta-an*), *lähdetään* « on part » (*lähteä* « partir »), etc. Il arrive alors qu'on ait affaire à une succession de degrés faibles non moins immotivés : *odotetaan* « on attend » (*odottaa* « attendre ») où *-d-*, *-t-* et *-t-* sont tous trois des degrés faibles devant syllabe ouverte ou considérée comme telle. C'est que toute voyelle longue est traitée en général comme conférant la qualité ouverte à la syllabe, même si celle-ci est fermée par une consonne. Ainsi le cas illatif du mot *apu* « aide » est *apuun* (alors que le génitif singulier est *avun*) de telle sorte que l'*aa* d'*odotetaan* fait de la syllabe finale une syllabe ouverte « morphonologique » alors que cette même syllabe est « phonétiquement » une syllabe fermée. Cet état de choses s'explique évidemment par le fait que les voyelles longues en question résultent d'une contraction consécutive à l'amuïssement de la consonne qui séparait originellement les deux voyelles, comme nous avons pu le voir précédemment. C'est ainsi que le *-h-* intervocalique des illatifs, qui s'est maintenu dans les formes kalevaliennes a donné lieu à la production de voyelles longues : *talo* « maison » / *talohon* > *taloon*. On a donc *sota* « guerre » / *sotaan* « dans la guerre » (mais *sodan* « de la guerre »), etc. Pour toutes ces raisons, une forme de passif en *luvataan* « on permet, on promet » est doublement irrégulière du point de vue de l'application de l'alternance.

Un autre développement a également compliqué les choses phonétiquement. Une distinction s'est en effet établie entre les diphtongues issues de la collision d'une voyelle longue et d'un *-i-* de pluriel et celles résultant seulement de la combinaison de la finale brève du thème vocalique et ce même suffixe *-i-* de pluriel. Alors que celles-ci sont réputées « faibles » ou « brèves », les autres, bien que phonétiquement identiques, sont conçues comme l'équivalent d'une voyelle longue constituant une syllabe ouverte même devant consonne. D'où le contraste entre *tytöille* « aux jeunes filles » (allatif pluriel) et *oppaille* « aux guides » (*opas* « guide, génitif singulier *oppaan* « du guide », anciennement *oppahan*, *oppahille*, etc.).

Ce n'est pas tout, dans d'autres cas encore, le degré fort a été généralisé et non plus le degré faible. Un adjectif *julkinen* « public » forme ainsi son partitif singulier en *julkista* et son génitif pluriel en *julkisten*. On a parallèlement *vapisen* « je tremble » et *vapista* « trembler » (infinitif I). Par contre, l'infinitif *rangaista* « punir, châtier » alterne avec *rankaisen* « je punis, je châtie », etc. On pourrait sans peine multiplier les échantillons de disparités de ce genre. Accumulées, elles brouillent le tableau des alternances de telle sorte que les règles formulées se trouvent contrariées par de très nombreuses exceptions dans un sens ou dans un autre, par généralisation tantôt du degré faible (le plus souvent), tantôt du degré fort. Que certaines de ces exceptions soient peu gênantes, c'est évident. La présence d'une voyelle longue dans la syllabe finale, lorsqu'elle ouvre la syllabe au degré fort : *kotaan* « dans la cabane » (*kota* « cabane »), *kukkaan* « dans la fleur » (*kukka* « fleur ») ou encore *hampaan* « de la dent » (*hammas* « dent »), *lupaan* « je permets, je promets » (*luvata* « promettre, permettre »), est un phénomène assez clair pour que le locuteur soit amené à appliquer sans hésiter le degré fort. Il en est de même des génitifs en *-in* du type *jalkain* « des pieds » (*jalka* « pied »), *pappein* « des prêtres » (*pappi* « prêtre »), etc., qui sont d'ailleurs d'un usage de plus en plus rare. C'est encore le cas du degré fort généralisé devant les suffixes de possessivation : *poikani* « mon fils », *tyttönsä* « sa jeune fille », *kirjallisuutemme* « notre littérature », etc.

Il est aussi des cas où l'alternance fonctionne à plein même si elle intéresse deux consonnes ou deux groupes de consonnes dans un même mot. On rencontre par exemple l'opposition *ajatella* « penser » / *ajattelen* « je pense » mais ces cas sont très rares.

Ce qu'on vient de lire, et qui n'est qu'une très sommaire revue des phénomènes les plus voyants, montre que la normalisation n'a pas introduit beaucoup d'ordre dans ce foisonnement de développements contradictoires. Il semble même que les normaliseurs n'aient guère apporté de soin à régulariser cette partie de l'appareil morphonologique de la langue. Il leur aurait fallu procéder à des choix dont les effets auraient probablement gêné les habitudes de la population de langue finnoise, qui continuait dans son immense majorité à se servir pour les besoins courants des formes dialectales plus ou moins adaptées aux exigences de la langue écrite. Mais, quoi qu'il en soit, l'alternance consonantique, telle qu'elle s'est installée à peu près définitivement entre 1800 et 1880, a perdu à peu près le caractère fonctionnel qu'elle avait déjà assumé partiellement dans la langue d'un Agricola, ou de ses contemporains. Nous avons montré qu'au XVIe siècle, très souvent, par suite de l'apocope de la voyelle brève finale, l'alternance avait été exploitée pour différencier des formes de mot que leur terminaison ne distinguait plus. Un mot *poikan* « mon fils » s'opposait à *pojan* « du fils » par le seul jeu de l'alternance alors qu'un mot *isän* « père » pouvait s'interpréter soit en « du père » (génitif sg.) soit en « mon père », auquel dernier cas il devenait presque toujours nécessaire de le faire précéder par le génitif *minun* « de moi », du pronom personnel correspondant, afin d'échapper à l'ambiguïté. Le rétablissement des voyelles brèves finales a eu pour effet de circonscrire le rôle ou si l'on préfère de diminuer le rendement de l'alternance, qui ne sépare plus qu'un petit nombre de formes : *tahtomme* « notre volonté » / *tahdomme* « nous voulons », mais une forme *tahdot* veut aussi bien dire « les volontés » que « tu veux », etc.

L'état d'équilibre qui s'est consolidé à mesure que le siècle avançait a conservé les phénomènes d'alternance tout en consentant d'importantes et nombreuses dérogations sans que le rendement du procédé y ait gagné, bien au contraire, puisqu'il n'intervient plus que dans quelques cas isolés pour différencier un petit nombre de mots les uns des autres. L'alternance ne résulte pas d'une contrainte phonétique puisqu'une prononciation du type de celle des génitifs pluriel en *-tten* est courante : *muitten* « des autres », *tunteittensa* « de ses sentiments », *lähteitten* « des sources », etc., sans parler des génitifs tels que *astelten* « des pas », etc. On peut donc prononcer une occlusive géminée devant syllabe fermée comme aussi une simple sourde (*sotain* « des guerres »), etc. Que les grammaires expliquent ces « exceptions » par l'histoire de la langue, plus particulièrement ici par les développements phonétiques qui se sont accomplis dans les différents dialectes, ne change rien à la chose. Le mécanisme de l'alternance consonantique n'a aucun fondement phonétique dans les parlers finnois depuis que nous pouvons en avoir connaissance, c'est-à-dire depuis les textes les plus anciennement attestés. Comme d'autre part la langue n'a pas su exploiter cette alternance à des fins expressives, celle-ci ne saurait être considérée que comme une « forme » coercitive dans laquelle elle est enfermée. Elle fait partie de la « forme » matérialisée de la langue et doit être reconnue comme telle. Cette constatation est grave du point de vue théorique. Elle confirme que tous les éléments formels constituant l'appareil matériel, plus spécialement l'appareil morphonologique d'un idiome donné, ne répondent pas nécessairement chacun à une finalité déterminée. Ils peuvent rester plus ou moins inexploités ou être exploités dans des directions divergentes. Il n'en demeure pas moins que la langue élaborée en Finlande à partir du début du XIXe siècle a maintenu en gros le système de l'alternance consonantique, accommodé de nombreuses exceptions, sans en tirer un parti notable pour l'efficacité ou la netteté de l'expression.

La syntaxe.

La syntaxe a par contre été élaborée avec plus de souci pour la clarté ou pour l'expressivité. Ce souci s'est manifesté, nous l'avons vu, dès la parution de la 1re traduction intégrale de la Bible, celle de 1642. Car le finnois « pur » ou « correct » qui était l'idéal auquel tendaient les réviseurs était avant tout celui où la phrase se construisait selon des règles observées dans les dialectes et non selon celles imitées du suédois, de l'allemand ou même du latin. A cet égard, l'expression écrite, utilisée pour rendre une pensée exprimée dans des langues de type structural différent, était sujette à épouser les formes revêtues par cette pensée en vertu de catégories dont certaines n'avaient pas d'équivalent finnois. Il était presque impossible de ne pas décalquer avec des mots finnois ce qu'on avait appris et ce qu'on pensait en latin puis en suédois et enfin, partiellement, en allemand, voire même chez certains, vers la fin du XVIIIe siècle, en français. La révision consistait à épurer la langue en supprimant les calques et en leur substituant des expressions construites à partir des catégories propres du finnois.

C'est l'ordre des mots qui a causé dès le début le plus de difficulté. Originellement, il était relativement fixe. La règle finno-ougrienne (et ouralienne) voulait, on le sait, que toutes les déterminations précédassent le prédicat. Ce dernier venait donc en fin de phrase. Peu d'aménagements tempéraient cette rigueur. La phrase commençait par le sujet et les compléments du prédicat s'intercalaient entre lui et le prédicat. Les déterminations du sujet précédaient ce dernier. Mais nous avons vu qu'Agricola, nettement plus que ses contemporains ou prédécesseurs immédiats, avait usé de plus de liberté. Dans de nombreux cas que nous avons analysés, il avait tout simplement suivi servilement l'ordre des mots de la Vulgate. Dans bien d'autres cas, il s'était laissé imposer celui de la traduction suédoise ou de la traduction de Luther. Plus on fouille les phrases qu'il a écrites, plus on découvre qu'il a surtout essayé de respecter l'ordre des mots des textes dont il s'est inspiré. Est-ce donc lui qui a libéré l'ordre des mots finnois? Nous avons rappelé qu'il est malaisé de l'affirmer comme certains ont cru pouvoir le faire. Le témoignage des dialectes, auquel nous avons vu qu'un linguiste aussi averti que le regretté Lauri Kettunen croyait pouvoir faire appel, n'est pas non plus susceptible de prouver que le fennique commun avait déjà libéré largement son ordre des mots. Les parlers fenniques sont attestés à une date si basse qu'ils ne nous apparaissent plus sous leur aspect originel. Les uns ont subi l'action du nordique, les autres celles du balte et les plus orientaux sont tombés de bonne heure sous la coupe des anciens Russes. Or, le balte, le nordique ancien et le russe ancien connaissaient une liberté de l'ordre des mots qui a d'ailleurs disparu du nordique moderne. Dans ce sens, l'influence du suédois à partir du XIIIe siècle n'a pas contribué tellement à émanciper l'ordre des mots du finnois écrit. En effet, le suédois autéposait le qualifiant au qualifié et même bientôt le génitif au déterminé. Par contre, selon la règle germanique, il procédait obligatoirement à l'inversion du sujet dans les propositions commençant par un complément du verbe. Si donc l'antéposition du qualifiant allait dans le même sens que l'ordre observé en finno-ougrien, il n'en était plus ainsi de l'inversion du sujet.

Dès le XVIIe siècle, nous avons vu apparaître timidement des constructions où le qualifiant se trouvait postposé au qualifié et il est manifeste que ces constructions étaient imitées de la langue des poèmes de tradition populaire ou kalevalienne. Ce trait caractérise, on le sait, la langue de la versification et la fréquence des syntagmes qualificatifs à qualifiant postposé a été expliquée par des raisons métriques. Il se peut que cette construction ait aussi été imitée de la versification balte et de la versification nordique à l'époque ancienne où la poésie kalevalienne s'est créée et a reçu ses premiers développements en terroir finnois. Quoi qu'il en soit, il est curieux que cette liberté de l'ordre des mots, reprise par la poésie finnoise moderne, n'ait pas été admise dans la prose écrite de style courant. C'est d'autant plus surprenant que l'accord observé obligatoirement en nombre et en cas entre le qualifiant et le qualifié autorisait la postposition aussi bien que l'antéposition. Il est vraisemblable que les normaliseurs du XIXe siècle, qui avaient tous une solide culture suédoise, n'aient pas été tentés de doter la langue de cette facilité dont ils ne jouissaient pas tant qu'ils s'exprimaient en suédois ou même en allemand. Il en a été de même pour les syntagmes au génitif. Le terme affecté de la suffixation de génitif est resté antéposé dans la langue normale. La poésie et, exceptionnellement, la prose poétique ont par contre recouru volontiers à cette facilité mais c'est demeuré une licence et on peut même dire qu'elle n'a pas été utilisée à plein pour des fins expressives mais seulement pour des effets rythmiques ou pour des raisons métriques. Quant aux autres compléments du nom, l'usage qui s'est établi les a renvoyés après le terme complété : *osa kirjoja* « une partie des livres », *hänen käsityksensä tieteestä* « sa conception de la science », *ruotsinkielen opetus suomalaisissä kouluissa* « l'enseignement de la langue suédoise dans les écoles finnoises », *naisten taistelu oikeudestaan omaan elämäänsä* « la lutte des femmes pour leur droit à leur propre vie », etc. Mais on rencontre aussi d'autres constructions où l'antéposition refait son apparition : *jalkamatkalle lähtijöille* « à ceux qui partent en excursion pédestre », *hänen poissa olonsa* « son absence » (= son séjour au loin), *elämästä ilakoiminen* « l'action de se divertir au sujet de la vie », *eteenpäin pyrkimys* « l'aspiration au progrès » (= l'aspiration vers l'avant), *pöydästä poislähdöllä* « en quittant la table » (= par le départ de la table), etc. Ces exemples ramassés au hasard d'une lecture (Ain'Elisabeth Pennanen : *Kaksi raukkaa*, 1968) témoignent de l'usage d'un écrivain finnois des années qui ont précédé et suivi la première guerre mondiale mais dont le style s'était formé avant cette guerre. Ils trahissent les hésitations de l'usage d'alors au sujet de l'ordre des mots à observer dans ce genre de syntagmes où l'antéposition assimile le complément à un qualifiant, ce qui procède de la vraie tradition finno-ougrienne alors que la postposition est nettement plus récente et selon toute vraisemblance due à l'imitation du suédois. Or ce même écrivain emploie d'autre part des syntagmes tels que *tähdet taivaalla* « les étoiles dans le ciel », formule, nous l'avons vu, jugée incorrecte par les réviseurs de la Bible de 1642 qui lui avaient substitué *taivaan tähdet* « les étoiles du ciel » parce qu'ils avaient trouvé avec raison que *tähdet taivaalla* « les étoiles au ciel » (= sur le ciel) sentait par trop son suédois *(stjärnorna på himmelen)*. Les normaliseurs modernes laissent donc passer ces constructions dont il convient de dire qu'elles tendent à s'installer également en hongrois ainsi que nous le signalons ailleurs. Un problème analogue se pose également aux Français au sujet des décalques de l'anglais dans des locutions telles que *l'homme dans la rue*, *les pneus les meilleurs dans le monde*, etc.

La place du sujet par rapport au verbe a par contre été discutée âprement depuis les débuts mêmes de la normalisation de la langue, c'est-à-dire dès le XVIIe siècle. Ce qui a surtout choqué les puristes, c'est l'inversion du sujet dans les cas où l'énoncé commence par un complément circonstanciel ou lorsqu'une subordonnée précède la proposition principale. On lit ainsi des énoncés tels que : *Ja sitten tapahtui pieni ihme...* « Et ensuite se produisit un petit miracle... » et même, sous la plume d'un auteur souvent donné en modèle pour sa langue proprement finnoise, Juhani Aho, une construction comme celle-ci : *Me vanhemmat emme ehkä enää tule uutta luomaan, mutta joll'emme me, tekevät sen varmaan nuoret.* « Nous, les anciens, nous ne créerons peut-être plus quelque chose de neuf mais, si ce n'est pas nous, ce sera sûrement fait par les jeunes. » Nous avons observé l'ordre des termes autant que possible en recourant en français à l'emploi du « passif » mais il est évident que le profil de cet énoncé répond entièrement à celui d'une phrase suédoise. On alléguera que l'auteur a voulu mettre en relief le verbe « faire » (*tekevät* « font, feront ») mais il est souvent malaisé de taxer telle inversion de faute contre l'usage « finnois » et dans d'autres cas de lui trouver quelque justification stylistique. C'est ainsi que le professeur Osmo Ikola (*Suomen kielen käsikirja*, p. 306) estime que l'inversion a servi à éviter toute ambiguïté dans une phrase telle que celle-ci, écrite par le professeur Martti Rapola, justement réputé pour la qualité de son style : *Mutta aina ei tarkoittamiani rakenteita voida selittää näin.* « Mais les constructions auxquelles j'ai fait allusion ne peuvent pas toujours être expliquées ainsi. » On est surpris d'une pareille interprétation car où est ici le sujet? Le groupe *tarkoittamiani rakenteita* « les constructions auxquelles j'ai fait allusion » passe aux yeux des grammairiens finlandais pour être le complément d'objet (au partitif) du verbe passif (celui-ci étant négatif). Il n'y a donc pas de sujet explicite, à moins de supposer que c'est l'infinitif *selittää* « expliquer » qui sert de sujet. Mais qui empêche de construire, pour exprimer la même idée, une phrase du type : *Mutta ei voida aina näin selittää tarkoittamiani rakenteita?* Cette « transformation » a le mérite de faire apparaître qu'il n'existe pas de sujet explicite du verbe de négation construit avec le thème négatif du verbe (ici le thème négatif passif *voida*). Un pareil réaménagement de cet énoncé révèle d'ailleurs que les analyses des grammairiens finlandais sont parfois surprenantes. En effet depuis Agricola, nous constatons que le verbe de négation a tendance à être placé en tête d'énoncé, surtout si l'auteur veut rattacher la phrase ainsi ajoutée à celle qui précède au moyen de l'enclitique *-kä* accolée au verbe de négation. C'est d'ailleurs ce que signale expressément Osmo Ikola (*op. cit.*, p. 305). Au demeurant, cette question de l'emplacement du verbe de négation n'a plus quitté l'ordre du jour et il y aura lieu de nous y arrêter à nouveau plus loin.

La nature même du sujet a de son côté provoqué de nombreuses controverses qui, pour certaines d'entre elles, se poursuivent de nos jours.

Alors qu'un Aleksis Kivi concevait le verbe dit « passif » comme ayant un sujet, conception que reflète encore en 1880 la grammaire d'E. N. Setälä, l'usage conseillé par les normaliseurs n'a plus regardé le substantif ou le pronom combiné à un passif que comme sa dépendance objectale, ce qui a soulevé plusieurs difficultés auxquelles nous ferons allusion plus loin. Une fois le passif écarté, il demeurait trois possibilités : celle de choisir pour sujet du verbe un nom (substantif ou pronom) au nominatif, celle de construire le verbe avec une dépendance subjectale au partitif et enfin celle d'employer le verbe sans sujet explicite à la 3e personne du singulier. On a obtenu ainsi des énoncés du type : *Tähän tietoon ei voi luottaa* « On ne peut pas se fier à cette information » où la forme verbale se rapporte à un sujet indéterminé et la construction dans son ensemble correspond à celle du français avec *on* (ainsi que nous l'avons traduite ci-dessus). Parallèlement, l'usage s'est répandu de plus en plus de laisser tomber le sujet explicite dans des énoncés tels que *sataa* « il pleut » (pour *sataa vettä* « il tombe de l'eau »), *hampaitani särkee* « j'ai mal aux dents » (= « ça fait mal à mes dents »), toutes formules qui rappellent celles connues en hongrois (*esik* « il pleut » pour *esik az eső* « le tombant tombe », *fáj a fogam* « j'ai mal aux dents » = « ma dent fait mal »), etc.

Où les complications commencent pour l'usager, c'est lorsque le sujet explicite est supporté par un nom, substantif ou pronom. Quand doit-on utiliser le nominatif et quand le partitif? La règle formulée par les grammaires veut que le nominatif soit employé si le sujet est considéré dans sa totalité et que le partitif soit choisi pour exprimer le sujet associé à l'action plus ou moins partiellement. Le nominatif ne pose guère de problèmes, notamment au singulier. Les énoncés du type : *Lapsi leikkii lattialla* « L'enfant joue sur le plancher » répond à l'usage correspondant des autres langues à déclinaison (russe, allemand) et il en est de même au pluriel : *Lapset leikkivät lattialla* « Les enfants jouent sur le plancher ». Il y a accord entre le sujet et le verbe, accord qui est d'autant plus apparent que les 3es personnes de pluriel des verbes ont pour marque le même morphème que les nominatifs pluriels des substantifs, c'est-à-dire *-t*. C'est ce qui éclate pour ainsi dire dans un énoncé quelque peu plus membré tel que : *Suomalaiset yritykset ovat itsenäisyytemme aikana kokeneet sekä rakenteellisen että toiminnallisen vallankumouksen.* « Les entreprises finlandaises ont subi pendant la période d'indépendance une révolution à la fois structurale et fonctionnelle. » Les pluriels nominaux au nominatif *suomalaiset yritykset* « les entreprises finlandaises » sont affectés du *-t* de même que les formes verbales *ovat* « sont » et *kokeneet* « ayant subi » (participe passé actif pluriel au nominatif, de *koke-* « éprouver, subir »). Pourtant il arrive constamment qu'un verbe figure au singulier bien qu'il ait un nominatif pluriel pour dépendance subjectale. On lit ainsi des élocutions telles que : *hänellä oli jo omat pienet kokemuksensa* « il a eu déjà ses propres petites expériences ». Le verbe *oli* « est au singulier alors que sa dépendance subjectale est au nominatif pluriel. Il en est de même dans les constructions *Tytöllä on siniset silmät* « La jeune fille a les yeux bleus », etc. Le désaccord sert ici à indiquer qu'on a affaire à un sujet collectif ou, pour être plus exact, cette construction a été développée dans ce sens, ce qui aboutit à distinguer désormais les deux locutions : *Koulussa on hyviä opetusvälineitä* « Il y a à l'école d'excellents matériels d'enseignement » et *Koulussa on hyvät opetusvälineet* « L'école possède un excellent matériel d'enseignement ». Osmo Ikola (*Suomen kielen Käsikirja*, p. 265) croit devoir signaler à cette occasion que ce nominatif pluriel correspond au seul substantif collectif *opetusvälineistö* « ensemble des matériels d'enseignement », alors que le partitif veut dire de son côté que l'on a affaire à une série de matériels ou d'éléments de matériels qui ne forment pas un tout. En d'autres termes, le partitif supporte le concept de pluralité plus ou moins indéterminée alors que le nominatif, même sans accord en nombre avec le verbe, implique toujours un minimum de détermination. Ceci va jusqu'à conférer aux nominatifs pluriels la valeur de sujets définis, ainsi qu'il a pu apparaître des exemples ci-dessus et c'est ce que confirme une opposition : *Miehet hakkaavat pihalla puita* « Les hommes (en question) coupent du bois dans la cour » et *Pihalla on miehiä hakkaamassa puita* « Il y a des hommes en train de couper du bois dans la cour ». Du point de vue de l'expression, le nominatif et le partitif faisant fonction de sujet se répartissent donc les tâches de signaler le nombre, le défini et l'indéfini de même que la totalité et la partialité. Une locution *lasissa on vettä* « Il y a de l'eau dans le verre » est indiscutablement partitive alors qu'au pluriel, dans *Laivassa on jo matkustajia* « Il y a déjà des voyageurs sur le bateau » le partitif exprime aussi le nombre plural indéterminé, face à *Matkustajat ovat jo laivassa* (Osmo Ikola, *op. cit.*, p. 265) « Les voyageurs sont déjà sur le bateau ». Nous verrons par la suite quels problèmes surgissent à l'occasion de l'emploi de ces différentes formes du sujet. Retenons pour le moment que l'accord ne se fait pas entre le partitif pluriel et le verbe, qui demeure au singulier : *Auttajia on nuorisolta kuitenkin aina puuttunut.* « Les aides ont pourtant toujours manqué à la jeunesse » (= La jeunesse a pourtant toujours manqué d'aidants).

Un autre trait affecte les constructions où le sujet se trouve figuré par un partitif, singulier ou pluriel : elles ne sauraient comporter de complément d'objet direct. C'est ainsi qu'une énonciation : *Useita siviilihenkilöitä sai surmansa* « Plusieurs civils ont perdu la vie » est considérée comme grossièrement fautive bien qu'on en rencontre des exemples dans l'usage parlé, même parfois dans la langue des journaux, qui reflète souvent les négligences du parlé. Cette interdiction de construire un complément d'objet en association avec un verbe dépendant d'un sujet partiel pèse lourdement sur l'usage que le locuteur peut faire des constructions objectales. Elle le contraint à user d'expédients plus ou moins inélégants. C'est ainsi qu'il conviendrait de dire à la place de l'énoncé fautif mentionné ci-dessus : *Useat siviilihenkilöt saivat surmansa* « Plusieurs personnes ont perdu la vie ». L'emploi du déterminatif *useat* « plusieurs », qui est un nominatif pluriel, rétablit la situation et permet de construire le verbe avec un complément d'objet. Une pareille gymnastique s'avère parfois assez difficile, surtout quand il s'agit de rendre en finnois les dépêches d'agence où l'énoncé comporte un sujet au partitif. Ainsi, Osmo Ikola *(op. cit., ibid.)*, qui condamne la formule : *Satoja ranskalaisia sotilaita on menettänyt henkensä* « Des centaines de soldats français ont perdu la vie », propose de lui substituer soit *Sadat ranskalaiset sotilaat ovat menettäneet henkensä* soit *Satoja ranskalaisia sotilaita on kuollut* « Des centaines de soldats français sont morts ». Dans le premier cas, la substitution consiste comme précédemment à trouver un sujet au nominatif qui corresponde approximativement au sens de l'énoncé alors que dans le second cas, c'est une autre tournure qui a été adoptée. On sent que le locuteur n'est pas à son aise, surtout quand il se trouve dans la nécessité de refléter une pensée étrangère. Une fois de plus, le problème de la traduction se pose, ce qui est un phénomène perpétuel dans les langues telles que le finnois, dont les usagers sont contraints de s'alimenter intellectuellement à des sources d'information étrangères.

L'identification du sujet grammatical suscite des difficultés dans une série d'autres énoncés où le verbe est employé au singulier. Les grammaires finnoises groupent arbitrairement ces emplois sous une même rubrique alors qu'il s'agit en réalité de constructions distinctes. Il y a d'abord les constructions dites « impersonnelles » du type : *Hänen täytyy lähteä* « Il faut qu'il parte, il lui faut partir ». La dépendance personnelle du verbe est ici, depuis le XVIe siècle, au génitif. Si l'on en croit l'enseignement traditionnel, le sujet du verbe « impersonnel » serait l'infinitif I bref (ici *lähteä* « partir »). Ce qui inspire quelque doute au sujet de cette analyse, c'est qu'on met ces locutions dans le même panier que celles du type : *Meidän on määrä lähteä huomenna* (Osmo Ikola, *op. cit.*, p. 266) « Nous devons partir demain » où le sujet du verbe (*on* « est ») n'est autre que le substantif *määrä* « but, destination, intention » et l'infinitif I bref *lähteä* « partir » ne saurait y être conçu autrement que comme son complément de finalité. C'est d'ailleurs ce qui correspond bien à l'étymologie de cet infinitif. Originellement il était le cas « latif » en *-k* d'un substantif déverbatif issu du thème verbal *lähte-* exprimant la notion de surgissement et par suite de départ. Littéralement, la locution en question dit « Notre destination est de partir demain ». Dans ces conditions, le verbe impersonnel du genre *täytyy* « il faut » n'a pas pour sujet l'infinitif I bref. Dans l'état actuel de la langue, il est vraiment impersonnel.

La relation entre le verbe et le complément d'objet est également l'un des points épineux de la syntaxe du finnois moderne. Les grammaires descriptives et les « guides » rivalisent d'ardeur pour éclairer l'usager et le mettre en garde contre les fautes qu'il serait tenté de commettre. Ces précautions s'expliquent par la complexité même de l'usage qui s'est établi depuis le XVIe siècle sous l'effet de diverses considérations sur lesquelles nous reviendrons plus loin lorsqu'il sera question de l'interprétation générale de la grammaire finnoise.

Dans l'usage reconnu correct, le complément d'objet du verbe apparaît sous trois aspects formels distincts : 1) au nominatif singulier et pluriel, 2) au génitif singulier et 3) au partitif singulier ou pluriel. Font exception les pronoms personnels et l'interrogatif *ken* qui opposent au singulier le partitif et une forme spécifique d'accusatif en *-t*. Le problème qui se pose à l'usager est de savoir quelle forme il doit choisir pour exprimer le complément d'objet dans telle ou telle circonstance déterminée. Or ce problème occasionne des difficultés aux Finnois, même à ceux qui ont pour langue maternelle une variété dialectale considérée à tort ou à raison comme plus particulièrement et authentiquement « pure ».

Une première dissymétrie apparaît dans l'emploi alternatif du génitif singulier et du nominatif pluriel pour exprimer ce que les grammaires appellent le « complément d'objet total ». Ces formes sont utilisées complémentairement quand l'action verbale intéresse l'objet dans son entièreté : *Hän luki kirjan* « Il lut le (un) livre » mais : *Hän luki kirjat* « Il lut les livres ». Le génitif s'oppose ici au nominatif dans la catégorie du nombre. Il n'en est pas de même dans d'autres locutions, c'est-à-dire en combinaison avec un impératif de 2e personne, singulier et pluriel, ou de 1re personne pluriel : *Anna tämä kirja minulle* « Donne-moi ce livre », *Antakaa tämä kirja minulle* « Donnez-nous ce livre », *antakaamme tämä kirja hänelle* « Donnons-lui ce livre », etc. Ici, le nominatif est utilisé à la fois au singulier et au pluriel : *Anna hänelle kauniit kirjat* « Donne-lui les beaux livres », etc. Mais le nominatif n'est plus de mise au singulier quand l'impératif est à la 3e personne : *Antakoon kirjan* « Qu'il donne le (un) livre », *antakoot kirjan* « Qu'ils donne le (un) livre » ! D'où une première complication.

Le nominatif est également construit au singulier en combinaison avec la forme « passive » du verbe : *Kirje lähetettiin.* « La lettre a été envoyée, on a envoyé la lettre. » Mais ce n'est pas tout, ce même nominatif singulier en fonction de complément d'objet est de rigueur dans plusieurs autres locutions où la dépendance objectale se rapporte à un infinitif et ceci dans la mesure où l'infinitif en question dépend ou non d'un impératif (de 1re pers. pluriel et de 2e personne), d'un verbe passif ou, plus généralement, de quelque tournure impersonnelle. On lit ainsi : *Muistakaa nyt heti lähettää sana, jos jotain tapahtuu teille.* « Souvenez-vous d'envoyer tout de suite un mot si quelque chose vous arrive. » On a semblablement : ... *tällainen kysyntä voidaan täyttää vain tuottavuuden ja tehokkuuden lisämisellä...* « une pareille demande ne peut être remplie qu'en augmentant la productivité et l'efficacité »... ou encore ... *hänen piti saada liikennelupa* « il lui a fallu obtenir une licence de circulation »... De même on lit : *Hänenkin oli hankittava kuorma-auton ammattiajokortti...* « A lui aussi, il lui a fallu se procurer une carte professionnelle pour les poids-lourds... ». Tout ce qui peut être assimilé à l'expression de l'impersonnalité requiert l'emploi du nominatif : *Asuinympäristön tärkeä vaatimus on tarjota mahdollisuus sekä eristäytymiseen että osallistumiseen.* « Une exigence importante de l'environnement des habitations est d'offrir la possibilité à la fois de s'isoler et de participer. » Le substantif *vaatimus*, exprimant une acception qui évoque la contrainte ou la nécessité a décidé de l'emploi du nominatif pour le complément de l'infinitif *tarjota* « offrir ». On lit en effet *mahdollisuus* « possibilité ». Cette contamination sémantique apparaît encore plus flagrante dans le cas suivant : *Eikö suunnittelija ole epäonnistunut tehtävässään järjestää asukkaan tapoja ja arvostuksia vastaava ympäristö?* « L'auteur de projets n'a-t-il pas échoué dans sa tâche d'organiser l'environnement correspondant aux habitudes et aux appréciations de l'habitant? » Ici, c'est le mot *tehtävä* « tâche » qui supporte le concept d'obligation impersonnelle dont dépend l'infinitif *järjestää* « organiser » qui à son tour a pour dépendance objectale le syntagme *vastaava ympäristö* « environnement correspondant ». Nous ne saurions insister davantage sur ces règles complexes qui sont le cauchemar de l'usager, mais le moins qu'on puisse dire est que les normaliseurs n'ont pas réussi à introduire beaucoup de clarté dans ce mécanisme. Le principe d'où les grammairiens sont partis est de déterminer les emplois d'après des considérations sémantiques. C'est ainsi qu'Osmo Ikola (*op. cit.*, p. 279) essaie d'expliquer pourquoi l'on peut à la fois dire *Hän sai luvan rakentaa mökin meidän maallemme* « Il a reçu la permission de construire la (une) cabane sur notre terre » et *Hänelle annettiin lupa rakentaa mökki meidän maallemme* « La permission lui a été donnée de construire la (une) cabane sur notre terre. » Dans la formule 1, c'est le génitif qui exprime la dépendance objectale de l'infinitif *rakentaa* « construire » alors que dans la formule 2, cette même dépendance figure au nominatif *(mökki* au lieu de *mökin).* Dans l'un et l'autre cas, l'infinitif complète le mot *lupa* « permission » qui figure au génitif après le verbe *sai* « il a reçu » mais au nominatif après *annettiin* « on lui a donné ». Le génitif de l'objet de l'infinitif de la formule 1 s'expliquerait *(op. cit., ibid.)* parce qu'on peut admettre que le syntagme *sai luvan* « a reçu la permission » est l'équivalent d'un verbe simple. Cela revient à dire que c'est le mot *lupa* « permission » qui entraîne l'emploi du nominatif en combinaison avec l'infinitif qu'il a pour complément! Mais il reste à savoir quand un substantif de ce genre d'acception forme un ensemble avec le verbe qu'il complète. On comprend que l'usager n'y voie pas toujours très clair. Aussi notre auteur s'empresse-t-il de le rassurer en ajoutant : « L'usage est hésitant et les fautes commises en enfreignant ce point ne sont pas tenues pour graves. »

L'expression de l'objet dit « partiel » ou plus exactement de l'objet figurant au partitif, que ce soit au singulier ou au pluriel, semble à première vue plus simple. La règle est que le partitif se trouve employé dès que l'objet n'est pas intéressé dans sa totalité par l'action verbale. On a : *hän joi vettä* « il a bu de l'eau », *he ovat syöneet mansikoita* « Ils ont mangé des fraises », etc. Ces emplois sont clairs pour un Français car ils correspondent à ce qu'il connaît dans sa propre langue. Mais le partitif se rencontre aussi dans d'autres énoncés où il ne saurait être question de l'expliquer aussi facilement. Mon maître Setälä a ainsi mentionné la locution *Piika lakaisee lattiaa* « La domestique récure le plancher » qu'il a opposé à *Piika lakaisee lattian* « id. ». Ici, le partitif signale qu'il s'agit d'une action en cours, dont l'achèvement n'est pas envisagé par le locuteur alors que le génitif singulier implique la notion que le récurage sera mené à bonne fin. En d'autres termes, cela revient à dire que le partitif exprime un « aspect imperfectif » de l'action verbale alors que le génitif (ou son substitut le nominatif) suggère un « aspect perfectif » de cette même action. M. Osmo Ikola (*op. cit.*, p. 277) a repris avec une légère variante les exemples cités par Setälä : *Tyttö lakaisi parhaillaan lattiaa, kun avasin oven.* « La jeune fille récurait le plancher quand j'ai ouvert la porte » et *Tyttö lakaisee illalla lattian* « La jeune fille récure le plancher le soir ». Pour faire apparaître pleinement le sens imperfectif de la première phrase, il a cru devoir ajouter l'adverbe *parhaillaan* « en ce moment, maintenant » et dans la seconde il a interalé l'adverbe de temps *illalla* « le soir », afin cette fois de faire ressortir le caractère perfectif de l'action verbale. En fait, dans la pratique, les choses ne sont pas de loin aussi simples. Certains verbes, qu'ils expriment ou non une action révolue ou menée à son terme, se construisent avec un complément d'objet au partitif. On lit ainsi : *Kuusitoista nuorisojärjesttöa on kehottanut hallitusta ryhtymään toimiin lainuudistuksen aikaansaamiseksi.* « Seize organisations de jeunesse ont invité le gouvernement à entamer le processus de la révision de la loi. » Le passé indéfini (les grammaires finnoises disent le « parfait ») *on kehottanut* « a invité » nous semble exprimer une action qui s'est bien accomplie puisque la démarche des organisations de jeunesse en cause a bien eu lieu mais une autre considération intervient : le verbe *kehottaa* « inviter, inciter, exhorter » n'implique pas sémantiquement que l'action visée soit effectivement accomplie. Par ce canal, une sorte de contamination s'est produite qui a entraîné l'emploi du partitif de l'objet du verbe en question alors que ce complément a quand même été intéressé par une action effectivement révolue! Il en résulte que le complément d'objet est conçu tantôt comme partiel et tantôt comme total, selon l'idée que le locuteur se fait du caractère de l'action verbale ou même de l'effet produit par cette action dans telle circonstance déterminée. Osmo Ikola (*op. cit.*, p. 277) constate que les erreurs commises par le locuteur finnois moyen sont plutôt rares et que ce qu'il appelle son « oreille linguistique » *(kielikorva)* le guide habituellement comme il faut. C'est dire que l'on renonce à tout réglage précis de ces emplois. En fait, les verbes tendent à se répartir en trois classes : 1) ceux qui exigent l'emploi du génitif (et du nominatif), 2) ceux qui exigent l'emploi du partitif, 3) ceux qui admettent tantôt l'un et tantôt l'autre selon les circonstances ou selon les intentions de l'usager.

A ces difficultés se surajoutent celles suscitées par l'opposition des assertions affirmatives et des négatives. Tout sujet négatif et tout complément négatif figurent au seul cas partitif. On a ainsi : *muuta valintaa ei ollut* « il n'y avait pas d'autre choix » ou encore *sitä ei tapahtunut* « ce n'est pas arrivé » (= rien de cela n'est arrivé), etc. On a parallèlement : *lehti ei ota kantaa* « le journal ne prend pas position » ou encore : *Mielipiteen puuttuminen ei vaivaa kaikkia lehtiä* « Le manque d'opinion ne gêne pas tous les journaux », etc. Le partitif est ainsi devenu le porteur de toute négation ou nuance négative. C'est ainsi que l'interrogation qui suppose une réponse négative comporte l'emploi du partitif : *Onko sinulla kelloa* « As-tu une montre »? (Réponse = non) par opposition à *Onko sinulla kello?* « As-tu la montre, une montre? » (Réponse = oui).

Sur le tout vient brocher un autre usage qui n'est pas fait pour clarifier les choses. Le nominatif, le génitif singulier et le partitif fournissent des compléments circonstanciels du verbe qui se comportent exactement de la même façon que les compléments d'objet. On lit ainsi *Hän mietti asiaa koko päivän* « Il a médité la chose toute la journée » ou *Odottakaa hetkinen* « Attendez un moment » ou encore : *Hänen täytyi olla kokonainen vuosi ulkomailla* « Il a dû séjourner une année entière à l'étranger », etc. Mais dès qu'intervient une négation ou même seulement un semblant de négation, c'est le partitif qui est employé : *Hänellä ei yksikään kotiapulainen ollut 8-10 kuukautta kauempaa.* « Elle n'avait jamais une seule domestique plus de 8 à 10 mois. » De même : *En kysynyt asiaa enää kolmatta kertaa* « Je n'ai plus posé de question sur l'affaire une troisième fois », etc. Dans tous ces cas, ces compléments circonstanciels sont traités à l'instar des compléments d'objet correspondants. Et ce n'est pas tout, il est constant aussi que le partitif fasse son apparition dans des cas où il exprime un complément circonstanciel de lieu : *Hän kääntyy kasteista niitynsyrjää rantaan.* « Il tourne par la lisière humide de rosée de la prairie vers le rivage. » On rencontre ainsi des énoncés tels que : *Vanha Gösta asteli leveätä hyvin lapioitua tietä päärakennuksen edustalla... Odotti vieraita.* « Le vieux Gösta arpentait la large allée bien pelletée devant le bâtiment principal... Il attendait des invités. » Le verbe *astella* « arpenter, faire des pas » a pour complément de lieu le partitif *tietä* « chemin, allée » tout comme le verbe *odottaa* « attendre » a pour complément d'objet le partitif pluriel *vieraita* « des hôtes, des invités ». Le premier est conçu comme complément de lieu parce que le verbe *astella* est ressenti comme intransitif alors que le second passe pour un complément d'objet pour cette raison que le verbe *odottaa* est représenté comme transitif. C'est donc ici encore le caractère du verbe qui décide de l'interprétation que la grammaire donne à la construction en cause. Cela revient à dire que le sens joue dans cette interprétation un rôle déterminant. Ajoutons que tout verbe dérivé en *-lla/-llä* est habituellement construit avec un complément exprimé au partitif!

L'exploitation du « partitif ».

La distinction partitif/nominatif ne pose guère moins de problèmes dans un autre cas d'emploi, celui où il s'agit de donner forme à l'attribut du sujet. Ici à nouveau, il faut savoir choisir entre l'attribut au nominatif et celui au partitif. Une fois de plus, reportons-nous à l'enseignement du maître Setälä. L'exemple qu'il cite est celui-ci *Omena on makea* « La pomme est douce » opposé à *Omena on makeata* « La pomme est douce (par nature, en tant que fruit) ». Le nominatif signale une qualité occasionnelle, actuelle alors que le partitif suggère un concept générique. On lit ainsi : *elämä on suhteellista* « la vie est relative » (en soi, de par sa nature). Inversement on lit : *tulos on ollut hyvä* « le résultat a été bon » qui se rapporte à un certain résultat obtenu dans certaines conditions. Tout cela serait très clair si, à chaque pas, on ne butait sur des énoncés où la règle définie ci-dessus ne paraît pas avoir été appliquée : *Hevonen on kotieläin* « Le cheval est un animal domestique » (Osmo Ikola, *op. cit.*, p. 273) qui se trouve mentionné à côté de cet autre énoncé : *He ovat kaksoset* « Ils sont des jumeaux, ils sont jumeaux » alors que dans ce dernier cas il semble bien que la règle s'applique puisqu'il s'agit d'une constatation concernant un cas défini. Inversement, on lit d'autre part *Pahinta oli köyhyys* « Le pire, c'était la pauvreté » qui, bien que se rapportant à un cas précis dans une circonstance déterminée (Ain'-Elisabeth Pennanen : *Kaksi raukkaa*, p. 389) est quand même exprimé au partitif du superlatif (*pahinta* de *pahin* « le pire »), etc. La règle n'est pas plus clairement suivie au pluriel de l'attribut. On lit par exemple (Harju-Mörsäri-Rainio : *Asiatekstejä*, p. 194), sous la signature de Kullervo Rainio, un énoncé... *ihmisen keinot ovat monin verroin ovelammat...* « les moyens de l'homme sont plusieurs fois plus ingénieux »... où il semblerait qu'il s'agisse d'un attribut de nature. Alors pourquoi le nominatif? Le même auteur (*ibid.*, p. 197) écrit *olemme köyhiä* « nous sommes pauvres » où le partitif pluriel *köyhiä* (de *köyhä* « pauvre ») fait allusion à une situation déterminée dont l'aspect est décrit dans la première partie de l'énoncé (*Jos meitä alituisesti häiritään ulkoapäin...*) « Si nous sommes perpétuellement dérangés de l'extérieur... », etc. Les grammaires ajoutent à la confusion en classant parmi les attributs des compléments circonstanciels du verbe : *Hän on tunnettua sukua* « Il est d'une famille connue » qui fait son pluriel en : *He ovat tunnettua sukua* « Ils sont d'une famille connue » (Osmo Ikola, *op. cit.*, p. 273). Ces énoncés sont assimilés à ceux du type : *Hän on maamme oppineimpia miehiä* « Il est un des hommes les plus instruits de notre pays » / *He ovat maamme oppineimpiä miehiä* « Ils sont parmi les hommes les plus instruits de notre pays ». Mais dans toutes ces formules, l'accord en nombre entre le sujet et le prétendu attribut ne se fait pas et cette particularité suffit à distinguer ces constructions de celles où l'attribut s'accorde en nombre avec le sujet. Seules ces dernières contiennent un attribut ou plusieurs attributs du sujet, les autres ne comportent que des compléments du verbe, même si ce verbe est le verbe d'existence. Structuralement ces deux types de constructions reposent sur des combinaisons opposées, alors même que leurs acceptions sémantiques peuvent paraître synonymes. C'est ce qui apparaît, dans un même texte, à quelques lignes d'intervalle (*Asiatekstejä*, p. 174) quand nous lisons successivement : *Tämä ongelmakimppu on mutkikas ja moninainen...* « Cet ensemble de problèmes est compliqué et multiple... » et plus loin : *Siksi luonnonsuojelun ongelma on lohdutonta kehän kiertoa.* « C'est pourquoi le problème de la protection de la nature est un cercle vicieux désespéré. » Dans le premier énoncé, les deux adjectifs *mutkikas* « compliqué » et *moninainen* « multiple » sont susceptibles d'être accordés en nombre si nous transformons la phrase en la dotant d'un sujet au pluriel. Dans le second, il ne saurait être question de pratiquer un pareil accord. Le partitif veut dire ici que ce problème participe de ce qui est « un cercle vicieux ». La nuance de sens est du même ordre que celle obtenue en français lorsque nous disons : « Ils étaient propriété de leur maître » (... *he olivat herransa omaisuutta*, *Asiatekstejä*, p. 184) au lieu de : « ils étaient la propriété de leur maître » ou encore quand nous opposons : « Les systèmes sont un produit de l'entendement » (*Järjestelmät ovat järjen tuotetta*, id., p. 200) et « Les systèmes sont le produit de l'entendement », etc. Ainsi, un énoncé ... *tämä on vasta alkua* (Ain-Elisabeth Pennannen, *op. cit.*, p. 487) répond à notre « ... ceci n'est qu'un commencement » et non pas à « ceci est le commencement ». Ce dernier exemple suggère que l'opposition nominatif-partitif a été mise à profit pour exprimer la distinction entre le défini et l'indéfini. Quoi qu'il en soit, l'utilisation de l'attribut du sujet place l'usager devant des choix qui sont difficiles à faire à moins de s'en rapporter uniquement à l'usage qui, peu à peu, fixe certaines locutions, en dehors de toute considération sémantique. C'est ainsi que les auteurs du petit recueil de « modèles » destinés à l'enseignement du finnois aux étrangers (*Suomen kielen harjoituksia ulkomaalaisille*, par Vilho Kallioinen avec la collaboration de Kari Tolvanen et Seppo Kahila) alignent un certain nombre de petits énoncés du type *Meri on kylmä* « La mer est froide » mais *Vesi on kylmää* « L'eau est froide », *juomalasi on kirkas* « le verre à boire est limpide » mais *Uimalan vesi on kirkasta* « L'eau de la piscine est limpide », etc. Il est aisé de se représenter le désarroi de l'étranger devant ces oppositions que rien ne semble justifier. Mais il y a mieux : l'énoncé *juomalasimme ovat säröiset* « Nos verres à boire sont fêlés » est proposé alternativement avec *juomalasimme ovat säröisiä*, ce qui fait qu'on est en droit de se demander quelle est la raison dernière de ces emplois contradictoires. Force est de constater que les normaliseurs n'ont pas réussi sur ce point non plus à faire adopter des règles simples. Ce qui ne veut pas dire que cette absence de règle autorise toutes les licences. Le sujet de langue finnoise réagit assez durement à certaines « fautes » commises par l'étranger parce qu'elles détonnent avec les clichés dont il a l'habitude et ces clichés ne s'acquièrent que par un long apprentissage au cours duquel le locuteur doit inscrire dans sa mémoire une multitude de cas particuliers. La situation qui en résulte pour la langue est assez grave car elle entretient une grande confusion, état de choses qui n'était pas celui de la langue écrite de style biblique où l'emploi du partitif était nettement plus limité. La prolifération du partitif aux dépens du nominatif dans les fonctions d'attribut du sujet est le trait le plus marquant de la syntaxe moderne qui semble s'être inspirée en partie des usages dialectaux. On a voulu du « bon finnois » et l'on a trouvé expédient de mettre en exploitation une opposition qui, effectivement, permettait d'exprimer bien des nuances plus ou moins subtiles mais alors deux solutions se présentaient : ou tolérer la totale liberté de l'emploi de l'un ou l'autre cas ou régler nettement et impérativement la répartition de ces cas. Seulement, la liberté totale ne se maintient pas facilement. Les routines de l'usage introduisent des clichés qui, à force d'être répétés, finissent par s'imposer comme la seule solution conçue comme correcte. Faute d'être intervenues à temps pour limiter la liberté d'usage, les grammaires normales ont laissé échapper l'occasion d'introduire un peu d'ordre dans un foisonnement dont l'exubérance est devenue désormais des plus gênantes.

La phrase complexe.

Pour ce qui est de la phrase complexe, nous avons vu qu'au cours de son histoire, la langue écrite, celle de la Bible, avait développé tout un appareil de conjonctions de coordination, de conjonctions subordinatives et d'enclitiques qui lui avaient fourni les moyens de reproduire plus ou moins fidèlement l'allure du discours tel qu'il est organisé dans la Vulgate ou dans les traductions suédoises et allemandes de la Bible. Une partie au moins de ces procédés semble bien avoir déjà été utilisée à une époque ancienne où les dialectes fenniques formaient un tout plus ou moins homogène. Par ailleurs, le fennique avait hérité du finno-ougrien des types de constructions que nous avons appelés des « quasi-propositions » et qui avaient pour pivot une forme nominale du verbe. Ces diverses constructions rendaient à peu près les mêmes services que les propositions subordonnées. Mais en même temps, elles ne pouvaient manquer de paraître plus ou moins similaires à celles trouvées tant dans le texte latin que dans l'original grec du Nouveau Testament. Du temps d'Agricola, nous avons pu constater qu'elles lui servaient bien souvent à serrer de plus près l'expression latine (plus rarement la grecque) de telle sorte qu'elles prennent souvent l'air de simples décalques. Dans plus d'un cas, on est en droit de se demander si nous avons affaire à un énoncé original ou simplement à une imitation servile du latin. Toutefois, la présence de semblables quasi-propositions dans les dialectes, et plus particulièrement dans ceux qui ont fourni les textes du Kalevala, contraint à penser qu'il s'agit bien de quelque chose d'autochtone. La question qui se posait était alors de savoir quel sort il fallait faire à cet appareil passablement important et qui avait rendu service dans la transposition des quasi-propositions latines. Comme par ailleurs le sentiment le plus répandu était que ces locutions se distinguaient par leur caractère authentiquement finnois, elles sont apparues comme des éléments dignes d'être conservés. Selon leur structure, ces quasi-propositions ont connu des fortunes différentes.

Celle qui est la plus originale en ce sens que les autres langues finno-ougriennes n'en présentent pas d'équivalent est la construction dite « participiale » parce que la pièce maîtresse en est fournie par les participes présents et passés. On lit ainsi : *Toivon hänen tulevan ajoissa* « J'espère qu'il (qu'elle) viendra à temps ». Cette locution est obtenue en combinant le participe (ici participe présent) au génitif singulier avec un autre génitif singulier qui se trouve en l'occurrence exprimer la dépendance subjectale de ce participe fonctionnant dans des conditions qui rappellent celles où apparaît en français l'infinitif dans des énoncés du type : « Je le vois venir par la route » (= Je le vois qui vient par la route). La différence est que les énoncés finnois sont plus nombreux et se répartissent en constructions de types plus variés. Mais ces emplois ne se rencontrent que dans la dépendance d'un verbe de diction, de réflexion, de constatation : *Kuulin postin saapuvan* « J'ai entendu venir la poste », *Luulen sinun tehneen oikein* « Je crois que tu as bien fait », etc. Mais ce participe au génitif singulier peut également avoir un complément d'objet : *Näin poliisin saavan karkulaisen kiinni* « J'ai vu le policier attraper le fugitif ». De la sorte, le participe est pour ainsi dire encadré de deux génitifs dont l'un exprime sa dépendance subjectale et l'autre sa dépendance objectale. Ce participe figure immuablement au génitif singulier, même s'il est dans la dépendance d'un passif : *Nähtiin poliisi saavan karkulaisen kiinni* « On a vu le policier attraper le fugitif ». Et si la dépendance subjectale du participe est identique à celle du verbe dont il est le complément, celle-ci se trouve marquée au moyen de la possessivation : *Vastasimme saapuvamme huomenna* « Nous avons répondu que nous arriverions demain ». Par ailleurs, si la dépendance subjectale est « partielle » ou indéterminée, elle peut figurer au partitif : *äiti kertoi vieraita olevan tulossa* « (Notre) mère a dit que des invités allaient venir ». Si le complément du participe est un attribut qui se rapporte au sujet ou plus exactement à la dépendance subjectale de ce même participe, ce terme se met au nominatif : *Luulen hänen olevan terve* « Je crois qu'il est en bonne santé » ou à tel autre cas approprié : *hän näkee Marsin palavan punaisena meren yllä* « il voit Mars briller rouge au-dessus de la mer ». Quand il s'agit d'un constat, par contre, la dépendance du participe est traitée selon les règles qui définissent la forme du complément d'objet : *Mies kertoi jäässä olevan railon* « L'homme a raconté qu'il y avait une fente dans la glace » mais *Kerrottiin jäässä olevan railo* « On a raconté qu'il y avait une fente dans la glace ». Dans le premier cas, la forme du génitif *railon* (*railo* « fente, fissure ») est imposée par sa dépendance du verbe *kertoi* « raconta » tandis que le nominatif, dans l'autre phrase, s'explique comme étant déterminé par la forme passive *kerrottiin* « on a raconté ». Le passif, on le sait n'admet de forme d'accusatif qu'en ce qui concerne les pronoms personnels et l'interrogatif *ken* « qui » : *Kerrottiin talo myydyn huutokauppalla* « On a raconté que la maison avait été vendue aux enchères » (mais : *Mies kertoi talon myydyn huutokauppalla* « L'homme raconta que la maison avait été vendue aux enchères »). On a donc : *Väitettiin hänet lahjotun* « On a prétendu qu'il avait été corrompu ».

A ces règles déjà compliquées s'ajoutent d'autres indications et contre-indications dont le détail n'a pas sa place ici, parmi lesquelles toutefois il en est une fort importante : la règle selon laquelle la construction participiale ne peut être employée négativement. Si l'on veut la nier, c'est sur le verbe dont elle dépend qu'il faut faire porter la négation : *Hän ei sanonut tulevansa* « Il a dit qu'il ne viendrait pas » (= Il n'a pas dit qu'il viendrait), *Koska sen ei katsota sopivan lapsille, sitä on perin vähän* (*Asiatekstejä*, p. 243) « Comme on considère que cela ne convient pas aux enfants, il y en a très peu » (*ei katsota* « on ne considère pas). Cette solution de fortune n'est pas sans ambiguïté, comme le fait remarquer Osmo Ikola (*op. cit.*, pp. 293-4) qui avertit ses lecteurs qu'ils ne doivent pas se tromper sur le sens que peut avoir une phrase telle que : *Isä ei huomannut poikien lähtevän veneellä.* Elle ne veut pas dire « Le père a remarqué que les garçons n'étaient pas partis avec le canot » mais bien « Le père n'a pas remarqué que les garçons étaient partis avec le canot ». Force est donc de changer de construction en vue d'exprimer une négation dépourvue d'ambiguïté.

Le participe au génitif singulier ne figure pas uniquement en association avec un verbe transitif ou même un verbe passif comme nous venons de le voir dans les exemples mentionnés ci-dessus mais il se construit aussi avec un verbe intransitif ou une locution impersonnelle : *Hän näkyy ostaneen uuden polkupyörän* « Il semble avoir acheté une nouvelle bicyclette », *Hän näkyi olevan sairas* « Il paraissait être malade », *Tämä tuntuu olevan vaikea tehtävä* « Ceci semble être une tâche difficile », etc.

Les autres emplois des formes nominales du verbe sont, si l'on veut, moins originales en ce sens qu'elles correspondent à des constructions analogues dans les autres langues finno-ougriennes. Mais les unes comme les autres ont cette particularité qu'elles peuvent être « transformées » en propositions subordonnées dont la structure et le fonctionnement répondent à ce que connaît l'usage suédois, par exemple. Il est éloquent que la syntaxe finnoise présentée à des étrangers dans le petit livre d'exercices que nous avons mentionné plus haut insiste constamment sur ce point essentiel. A titre d'échantillons, reprenons quelques-uns des exemples qu'il fournit de ce genre de transformation. On lit (p. 38) :

Näin isän ja Jussin astuvan autosta. « J'ai vu mon père et Jussi descendre d'auto » = *Näin, että isä ja Jussi astuivat autosta* « J'ai vu que mon père et Jussi descendaient d'auto ».

Kerrotaan miehen jääneen auton alle « On raconte que l'homme est resté sous l'auto » = *Kerrotaan, että mies jäi auton alle* « On raconte que l'homme est resté sous l'auto ». Toutefois, dans ce dernier cas, le petit livre en question propose deux variantes : *Kerrotaan, että mies on jäänyt auton alle* « id. » et *Kerrotaan, että mies oli jäänyt auton alle* « On raconte que l'homme était resté sous l'auto », ce qui dénonce que la subordonnée a l'avantage d'apporter des précisions de temps que la construction participiale ne comporte pas ici. Dans d'autres cas au contraire, il n'y a qu'une solution possible : *Kirkkoa sanotaan jo rakennettavan* « On dit que l'église se construit déjà » = *Sanotaan, että kirkkoa jo rakennetaan* « On dit que l'on construit déjà l'église », etc. Avec les autres formes nominales du verbe, on a les correspondances suivantes : *Auringon laskiessa ilma alkoi käydä viileäksi* « Le soleil baissant, l'air a commencé à devenir frais » = *Kun aurinko laski, ilma alkoi käydä viileäksi* « Quand le soleil a baissé, l'air a commencé à devenir frais ». *Saunottua käväistiin uimassa* « Après la sauna, on est allé nager » = *Kun oli saunottu, käväistiin uimassa* « id. ». *Vanhus tuli lähemmäksi nähdäkseen paremmin* « Le vieillard s'est approché pour voir mieux » = *Vanhus tuli lähemmäksi, että näkisi paremmin* », etc.

Ce parallélisme, nous l'avions déjà rencontré chez Agricola et chez ses contemporains. Il n'a fait que se perpétuer et, comme toujours en pareil cas, une répartition s'est opérée dans l'usage. Une partie des locutions constituées par des quasi-propositions est désormais considérée comme de style soutenu. C'est ce que confirme notre petit ouvrage (p. 42) lorsqu'il propose à l'étranger auquel il s'adresse de « transformer » en quasi-propositions du genre « langue écrite » *(kirjakielenomaiseksi lauseensvastikkeeksi)* des énoncés du genre : *Minä kuulin, että vieraat ovat jo lähteneet* « J'ai entendu dire que les invités sont déjà partis » = *Minä kuulin vieraiden jo lähteneen* ou encore *Kun syksy tulee, niin muuttolinnut lähtevät pois* « Quand l'automne vient, les oiseaux migrateurs s'en vont » = *Syksyn tullessa muuttolinnut lähtevät pois* « L'automne venant, les oiseaux migrateurs partent », etc. La langue d'usage courant n'a retenu qu'un nombre relativement limité de stéréotypes susceptibles d'être employés sans conférer à l'expression un accent trop pédant ou trop solennel. Mais la langue écrite elle-même semble se désintéresser de plus en plus des quasi-propositions qui ont le défaut de détonner par rapport aux stéréotypes imposés par l'action du suédois et des autres langues pratiquées par un grand nombre d'usagers. Il arrive qu'on lise des pages entières sans en rencontrer du tout. Leur rendement s'amenuise donc de plus en plus. Il est vrai que ces quasi-propositions posent trop de problèmes. Pour ne citer qu'un exemple, les puristes hésitent (Osmo Ikola, *op. cit.*, p. 274) sur la forme à donner au nom qui sert d'attribut dans des locutions telles que : *Hän myönsi ratkaisun olevan vaikea* (ou *vaikean*) « Il concéda que la solution était difficile (est difficile) ». Faut-il employer le nominatif *vaikea* « difficile » ou son génitif singulier *vaikean*? Dans le premier cas, on accorde en nombre et en cas le complément du participe *olevan* « étant » et l'attribut de ce même complément alors que dans le second cas, cet attribut fait pour ainsi dire bande à part. Par contre, il faut toujours dire : *Minä luulin olevani valmis* « Je croyais être prêt » où *valmis* « prêt » figure au nominatif, ce qui laisse supposer qu'il se rapporte au pronom sujet *minä* « je » qui est évidemment un nominatif!

Plus généralement, c'est l'ensemble de l'appareil des participes et des infinitifs qui se trouve de plus en plus confiné dans les limites du style élevé, voire même du style guindé. C'est ainsi qu'aux étrangers, il est signalé qu'au lieu de dire : *Presidentin pitämä puhe oli melodramaattinen* « Le discours tenu par le président était mélodramatique », on peut avantageusement se servir de la formule : *Puhe, jonka presidentti piti, oli melodramaattinen* « Le discours qu'a tenu le président était mélodramatique ». Parallèlement, on doit choisir plutôt *Palautan kirjan, jonka lainasin* « Je rapporte le livre que j'ai emprunté » que de dire : *Palautan lainaamani kirjan* (= Je rapporte le livre emprunté par moi). (*Suomen kielen harjoituksia ulkomaalaisille*, p. 45 et p. 77.) Il n'échappera à personne que l'alternative ainsi offerte revient à suggérer l'emploi de formules désormais communes au finnois et au suédois.

Conclusions.

Après avoir jeté ce regard sur l'évolution de la langue écrite entre 1880 et 1920, force est donc de constater que la « normalisation » n'a pas abouti dans tous les cas à fixer un usage constant, ni des formes mêmes des mots ni des assemblages où ils s'intègrent ni des phrases où ces assemblages se combinent.

Pour ce qui est des formes, une large variance a subsisté, que l'usage a parfois utilisée plus ou moins heureusement pour nuancer les différents styles ou départager certaines acceptions. Mais même en dehors de ces spécialisations, bien des formes de suffixes ou de désinences restent employées à peu près, indifféremment, au gré de la fantaisie ou du sentiment de l'écrivain. Un partitif singulier *tärkeää* (de *tärkeä* « important ») voisine avec *tärkeätä* qui est mieux « conservé » et répond davantage au désir de « plénitude » que nous avons si souvent trouvé chez ceux qui ont façonné la langue moderne. Les génitifs pluriels *muitten* « des autres » et *muiden* « id. » (de *muu* « autre ») alternent d'une page à l'autre dans des conditions stylistiques identiques. On relève également un assez grand nombre de génitifs pluriels en *-in*, pourtant considérés comme archaïsants : *silmäin edessä* « devant les yeux », *heidän jalkainsa alla* « sous leurs pieds », etc. Cette situation se perpétuera jusqu'à nos jours sans que des choix aient été pris d'une manière catégorique. Il semble que les normaliseurs soient partagés entre deux désirs contradictoires, celui de définir un usage régulier et aussi celui de ne rien laisser se perdre des éléments ou des procédés dont la langue dispose ou peut éventuellement disposer. Cette attitude hésitante laisse pendant ce temps l'usage se développer sans le contrôle rigoureux qui pourrait seul dépouiller la langue de trop de formes parasites. A cet égard, l'attitude finnoise contraste avec celle adoptée par les Hongrois qui ont voulu élaguer le plus possible les ramifications trop exubérantes de leur morphologie.

Dans ces conditions, l'évolution qui s'est accomplie en Finlande entre 1880 et 1920 n'a pas apporté de solutions définitives à la plupart des problèmes qui s'étaient posés à un Ahlqvist et à ses contemporains. Pourtant, les publications destinées à l'œuvre de perfectionnement de la langue s'étaient multipliées. Après la série publiée à partir de 1841 par la Société de Littérature Finnoise sous le titre *Suomi*, la Société pour la langue maternelle *(Kotikielen Seura)* avait fondé en 1897 la revue *Virittäjä* « L'animateur », plus spécialement destinée à proposer des solutions aux problèmes d'usage mais qui ne tarda pas à consacrer la plus grande partie de ses quatre cahiers annuels à l'étude scientifique non seulement du finnois proprement dit mais plus généralement du fennique et des langues finno-ougriennes, voire même ouraliennes et ouralo-altaïques. Ces travaux, qui englobent non seulement la linguistique synchronique mais aussi la grammaire comparée, la linguistique historique, la dialectologie, s'étendent également à l'ethnologie, pour le plus grand bien de la science. La partie normative continue, de fascicule en fascicule, à éclairer le grand public sur ce qu'il doit dire et sur ce qu'il ne doit pas dire, mais le tout est formulé en termes fondés sur une considération rigoureusement scientifique des faits.

Auparavant, en 1880, le grand dictionnaire finnois-suédois d'Elias Lönnrot avait été achevé mais il ne pouvait guère servir à la normalisation de la langue puisque son illustre auteur l'avait bourré d'une multitude de vocables dialectaux et même de néologismes de son cru. Avaient également vu le jour la grammaire et la syntaxe du grand linguiste E. N. Setälä qui, elles, étaient strictement normatives, opéraient avec des exemples fabriqués *ad hoc* et enseignaient impérieusement le « bon usage » bien que personne à l'époque ne se servît encore régulièrement de la forme de langue qui s'y trouvait proposée plutôt que décrite. Simultanément se précisait l'étude systématique des dialectes, donnant lieu à de nombreuses monographies qui portaient le plus souvent d'ailleurs sur la phonétique plus ou moins comparative. Mais ces recherches se poursuivaient en ordre dispersé et sans aucun esprit de synthèse.

Si l'on procède à un bilan sommaire des progrès et des questions encore non résolues, on constate que la langue finnoise écrite, telle qu'elle se présentait dans les premières années de l'indépendance de l'État finlandais, s'était rechargée d'éléments dialectaux tout en maintenant le plus gros de ce qui constituait l'essentiel de son appareil expressif. Elle était composée de deux sortes d'éléments : ceux légués par la tradition biblique plus ou moins normalisée et ceux admis depuis le premier tiers du XIXe siècle et dont le plus grand nombre étaient empruntés aux parlers de l'est, voire même à ceux d'obédience carélienne. Pour ce qui était de son efficacité, on peut dire que cette langue répondait entièrement sinon toujours parfaitement à sa destination, qui était d'exprimer à l'usage des masses de langue finnoise tout le contenu de la civilisation occidentale moderne. Il suffit de parcourir les nombreux ouvrages parus durant ces quarante ans pour se convaincre qu'on a pu dire en finnois tout ce qu'on a voulu. La science pure y a trouvé son compte tout autant que l'information générale et la fiction ou la poésie. La langue n'a jamais fait obstacle à l'acquisition de pensées nouvelles, nées à l'étranger. On a pu exposer les données de la mathématique et de la physique ou de la biologie tout aussi bien que celles de la philosophie ou de la linguistique. Les médecins ont pu s'exprimer sans contraintes et, dans le domaine proprement littéraire, un Koskenniemi a pu écrire de la poésie symboliste avec une perfection qui ravit le lecteur de Baudelaire ou de Verlaine dont il semble d'ailleurs s'être inspiré. Un Eino Leino, imbu de poésie kalevalienne, a produit des chefs-d'œuvre d'une force suggestive surprenante tandis qu'un

Juhani Aho a donné des pages d'une prose saturée de régionalismes grâce auxquels il a sauvé de l'oubli le monde finnois de son temps, aujourd'hui disparu. Un Linnankoski a réussi à se forger une prose poétique grâce à laquelle il a fait connaître de par le monde la vie finnoise et les paysages de Finlande. Pendant ce même temps, la langue servait aussi à la propagande politique, à la lutte pour l'émancipation des hommes de la terre finlandaise et à la définition d'une société nouvelle. Que demander de plus d'une langue de civilisation?

Septième partie

L'AVÈNEMENT DU FINNOIS « LANGUE NATIONALE »

On se rappelle que le tsar Alexandre II avait proclamé en 1860 que le finnois devrait servir de langue officielle de l'administration et de la justice à partir de 1880, à l'égal du suédois. Dans son rescrit, il avait fixé à ces vingt ans le délai accordé aux pouvoirs publics pour se mettre en devoir d'appliquer cette prescription dans tous les domaines où il convenait de la faire observer. Ce faisant, le maître de toutes les Russies n'avait pas eu pour seul souci de faire preuve de libéralisme. Certes, il savait qu'en favorisant le finnois, il venait d'accorder une importante satisfaction à la majorité de ses sujets du Grand-Duché et par là il était en droit d'espérer qu'il allait s'assurer leur attachement. Mais il n'est que trop certain qu'une autre intention l'y avait porté : celle de détacher la Finlande le plus nettement possible de la Suède et par là du reste de l'Occident. Une Finlande finnisée totalement serait coupée du monde et livrée à la merci du gouvernement de Saint-Pétersbourg. Le seul inconvénient de l'opération était qu'elle devait s'exécuter aux dépens de la classe dirigeante finlandaise qui s'était complètement suédisée. En outre la dichotomie linguistique garantissait que les classes supérieures et les inférieures ne fraterniseraient pas aisément pour s'unir contre les Russes. Le maintien des prérogatives du suédois dressait une barrière qui s'opposait à l'avènement d'une société finnoise moderne, dont on pouvait craindre qu'elle ne se comporterait pas comme on le désirait. Il s'agissait de conserver et non d'innover, or les milieux qui bénéficiaient de l'usage du suédois étaient précisément les plus conservateurs, non seulement de mentalité mais aussi d'intérêt.

Le rescrit était la lettre de la loi, mais il restait à l'appliquer et la mauvaise volonté des milieux suédisants s'acharna à empêcher par tous les moyens le développement du finnois. Certains eurent même le ridicule de se prévaloir d'une clause oubliée de la constitution suédoise aux termes de laquelle toute langue étrangère était interdite dans l'usage administratif sur toute l'étendue du royaume. Cela revenait à proclamer que le finnois était une langue étrangère qui devait céder la place au suédois, ceci en vue de maintenir cette constitution périmée que la plupart des patriotes considéraient pourtant comme la charte de leurs franchises et la suprême garantie de l'autonomie finlandaise puisqu'elle avait été explicitement reconnue en 1809 par le tsar Alexandre Ier, premier grand-duc de Finlande.

L'échéance de 1880 n'avait donc pas été tenue. Le suédois continuait à dominer dans l'administration et à l'université comme il dominait aussi dans la vie intellectuelle du pays et en tant que langue des familles des classes sociales autres que la paysannerie et le prolétariat, qui commençait à se constituer dans les agglomérations urbaines. A mesure que le pays se modernisait, la séparation se faisait plus tranchée entre paysans, ouvriers, une poignée d'intellectuels finnisants et les suédisants qui détenaient à peu près tout le pouvoir tant dans la vie publique que dans l'économie et la vie que l'on appellerait aujourd'hui « culturelle ».

L'urbanisation grandissante, l'industrialisation, le progrès des campagnes et le développement des moyens de communication comme aussi de ceux d'information avaient peu à peu dérangé l'équilibre de la société. Les paysans affluaient dans les villes où ils pouvaient plus facilement louer leurs bras ; les gagne-petit de langue finnoise voyaient s'améliorer leur condition matérielle et leurs fils ou leurs filles trouvaient le moyen d'accéder à l'instruction. Les écoles de langue finnoise, qui avaient fini par se multiplier, avaient produit toute une génération de finnisants déjà passablement instruits et tous plus ou moins animés du désir de s'exprimer dans leur langue maternelle en toute circonstance. La plupart étaient devenus plus ou moins bilingues mais ils se servaient systématiquement du finnois comme langue principale afin de s'affirmer face à leurs compatriotes de langue suédoise. Les affrontements s'étaient multipliés entre « fennomanes » et « svécomanes ». Mais si la situation du finnois s'était renforcée, celle du suédois n'en avait guère été ébranlée pour autant. Il continuait à tenir des positions très solides : l'administration centrale supérieure, souvent aussi l'administration provinciale, les leviers de commande de l'économie (banque, industrie, commerce de gros), l'université, la justice et surtout le gouvernement où le Sénat continuait à délibérer en suédois, quand on n'essayait pas d'y introduire le russe.

La période difficile commencée à partir de l'avènement au trône de Nicolas II, les troubles sociaux, et bientôt même les premiers remous révolutionnaires gênèrent l'action des finnisants. Il était vital de rester uni pour résister à la russification et aux tentatives d'asservissement qui se multipliaient et devenaient de plus en plus dangereuses. Dans un pareil climat, il ne pouvait plus être question de déchaîner dans le pays une guerre des langues. D'ailleurs, les organisations ouvrières, syndicales et politiques, en liaison étroite avec les sociaux-démocrates de Suède, ne portaient guère d'intérêt à la querelle des langues. La socialdémocratie finlandaise professait un internationalisme de bon aloi qui lui interdisait de prendre part à ce combat dans lequel elle voyait surtout une lutte déchirant entre elles les classes dirigeantes. Le parti finnois le plus exalté était en effet représenté par des personnalités et des milieux qui incarnaient en même temps un certain conservatisme plus ou moins teinté de libéralisme pour lequel les socialistes ne nourrissaient aucune sympathie. Pourtant, en dépit de leur indifférence, la cause du finnois faisait des adeptes partout : dans la paysannerie, dans le clergé des campagnes où le « fennomanisme » était de tradition, dans les milieux urbains où s'installaient les récents immigrés du monde rural. La plupart de ces derniers se sentaient tout dépaysés dans les villes où la bourgeoisie et même l'artisanat ne se servaient que du suédois. Le finnois mordait partout sur le domaine suédois. Certaines agglomérations ne retentissaient plus que des accents finnois, telles Tampere, par exemple, ou Kuopio ou Jyväskylä, etc. Les faubourgs de Helsinki étaient bientôt habités presque exclusivement par des gens qui ignoraient le suédois. Bien plus, certains chefs des mouvements agraires, de même que certains dirigeants des formations syndicales ou social-démocrates étaient logés à la même enseigne. Tous ces nouveaux venus à la vie active ou à la vie publique étaient impatients de pouvoir se débarrasser de l'entrave qu'était devenu le suédois.

Les soubresauts révolutionnaires qui secouèrent la Finlande en 1917 et 1918 : liquidation du régime russe, la proclamation de l'indépendance le 6 décembre 1917, la guerre civile de janvier-mai 1918, la répression qui suivit, furent des événements qui bouleversèrent le pays sans modifier la situation respective des langues. Il y a eu à cela plusieurs causes. D'abord, la résistance active, à laquelle le peuple finlandais fut invité dès le début de la guerre mondiale de 1914-1918, fut animée surtout par des Suédois de Finlande. Ce furent eux qui s'appuyèrent d'abord sur la Suède et allèrent chercher ensuite de l'aide auprès de l'Allemagne. La fameuse légion finlandaise qui se battit sur le front est contre les Russes aux côtés des Allemands fut constituée surtout par des volontaires de langue suédoise. Le gouvernement provisoire qui eut la douloureuse mission de mater l'insurrection « rouge » était dominé également par des politiciens suédisants. Les nécessités de l'heure firent qu'on se tourna vers la Suède et vers l'Allemagne pour obtenir l'intervention d'une brigade de volontaires suédois d'une part et de divisions allemandes de l'autre. Les officiers de métier qui prirent le commandement des troupes recrutées par le gouvernement légal étaient issus de la classe sociale qui parlait suédois et la plupart avaient servi dans l'armée du tsar. Les tâches d'édifier le nouvel état indépendant, de le faire reconnaître à l'étranger ne purent guère être assumées que par des personnalités qui appartenaient aux milieux d'expression suédoise. C'étaient ces hommes-là qui savaient le français ou l'anglais, qui avaient voyagé à l'étranger, qui s'étaient fait des relations dans les sphères dirigeantes internationales. Ils dominaient d'autant plus l'appareil du nouvel État que de nombreux finnisants s'étaient trouvés exclus de la vie publique à la suite de la guerre civile pour avoir choisi le « mauvais côté ». Un certain nombre avait même été emprisonné, jugé, condamné tandis que d'autres avaient pris le chemin de l'exil. La répression avait décimé donc les finnisants et réduit leurs troupes au silence sauf dans celles des provinces où la paysannerie avait pris une grande part à la lutte contre les révolutionnaires, comme par exemple en Ostrobotnie et dans le centre du pays.

C'est de ce côté, précisément, que le parti finnois est reparti à l'assaut des positions qu'il convoitait depuis si longtemps. Dès 1920, la lutte pour l'hégémonie reprit entre les deux langues qui se partageaient le pays. Cette fois, les positions du suédois ne purent être sauvées. La devise *yksi mieli yksi kieli* « Unité d'esprit, unité de langue » rassembla les éléments de langue finnoise à la seule exception des socialistes et des syndicats qu'ils animaient, lesquels demeurèrent sinon neutres du moins très modérés en matière de langue. La bataille fit particulièrement rage autour de l'université. Les partisans de la finnisation arguaient que les chaires tenues par des professeurs enseignant uniquement en suédois étaient trop nombreuses et qu'elles ne correspondaient pas au pourcentage qu'aurait exigé une équitable répartition au prorata de la population. Cela revenait à vouloir limiter à 10 % l'effectif de ces chaires puisque le nombre des citoyens ayant le suédois pour langue maternelle n'excédait pas ce pourcentage. Plusieurs lois furent successivement votées et promulguées à partir de 1922. Le détail de cette lutte, dont l'âpreté faillit mettre en péril l'unité du pays, a été relaté dans un ouvrage récent : *Kielitaistelu Suomessa 1917-1939*, dû à Pekka Kalevi Hämäläinen et dont le manuscrit a été rédigé en anglais, puis traduit en finnois

(Helsinki 1968). Il est symptomatique de constater que son auteur est un enseignant de l'université de Californie bien qu'il soit d'origine finnoise. C'est grâce au recul que lui a conféré l'éloignement qu'il a pu procéder à l'analyse de ce qui s'est passé durant l'entre-deux guerres. Les passions s'étaient déchaînées de part et d'autre à un point presque incroyable pour l'observateur étranger. Mais il faut considérer que derrière cette lutte des langues s'est déroulée en réalité une véritable guerre sociale qui a mis aux prises possédants et détenteurs des « leviers de commande » et ceux qui estimaient avoir acquis assez de maturité et de qualification pour les saisir à leur tour. Le grand nombre était à l'avantage du finnois contre le suédois qui représentait une minorité en perpétuelle décroissance. Et cette minorité elle-même était scindée en deux groupes distincts : la classe qui avait dirigé les affaires du pays, publiques autant que privées, et celle des anciens colons suédois restés sur le littoral ou sur leur glèbe à l'intérieur des terres. Ces colons parlaient leur suédois de terroir, fragmenté en patois plus ou moins différenciés, alors que l'élite de langue suédoise, dont certains éléments étaient issus de la population finnoise, se servait d'une variété de la langue suédoise écrite qu'elle avait au cours des siècles adaptée au parlé. C'est pour cette raison que le suédois parlé dans les milieux bourgeois de Finlande avait à la fois un accent quelque peu archaïque aux oreilles des Suédois de Suède en même temps qu'il les frappait par sa « tenue », comme nous l'avons déjà signalé plus haut. Mais entre 1919 et 1939, cette élite qui se servait d'un suédois de classe cultivée, a essayé de rameuter les pêcheurs, les cultivateurs et les ouvriers des cantons de peuplement suédois pour les intéresser à sa cause alors que plus d'un de ces colons fraternisait volontiers avec les socialistes de langue finnoise. Une lutte serrée s'engagea pour défendre les « terres suédoises », c'est-à-dire pour interdire autant que se pouvait l'immigration finnoise dans les secteurs de peuplement suédois. Le parlement connut des séances orageuses et des manifestations se déroulèrent dans les rues, organisées par les étudiants ou animées par eux. L'université connut des grèves auxquelles s'associèrent certains professeurs. Les partisans du suédois reçurent par contre le soutien de hautes personnalités dont le civisme et les attaches finnoises ne pouvaient être mis en doute, mais il leur fut difficile de se faire écouter. Les mesures draconiennes exigées par les finnisants extrémistes ne visaient à rien moins qu'à abolir définitivement l'usage du suédois dans la vie publique. L'objectif dont on ne faisait nul mystère était de faire de la Finlande une nation unilingue. Mais sa réalisation menaçait de produire des répercussions incalculables sur la situation du pays dans le monde. De par son isolement, le finnois, livré à lui-même, ne pouvait être que l'expression d'une civilisation réduite à ses seules proportions nationales. Autant dire qu'en s'enfermant dans cette langue, l'État finlandais se transformait en une sorte de prison intellectuelle et morale. C'est ce dont la Finlande avait été préservée par l'activité de son élite de langue suédoise qui, par le truchement de sa langue, restait en communication permanente avec la Suède et aussi le reste du monde scandinave. Par ce canal, la civilisation occidentale parvenait jusqu'aux rivages du « Promontoire finnois » *(Suomen niemi)* pour reprendre une formule traditionnelle. Le divorce d'avec le suédois impliquait la rupture plus ou moins brutale avec l'Occident. Il ne resterait plus alors qu'une alternative : se rattacher au monde d'expression russe ou s'associer aux « cousins germains » d'Estonie qui venaient eux aussi d'accéder à l'indépendance. Mais quelles ressources le million d'Estoniens pouvait-il bien offrir? Quant à la solution russe, elle était exclue puisque le puissant voisin faisait plus peur que jamais. C'est pourquoi un finnisant aussi autorisé que l'était mon regretté maître E. N. Setälä, qui se servait lui-même volontiers du suédois avec une maîtrise inégalée, s'opposa de toutes ses forces à la solution qui tendait à éliminer le suédois de la vie finlandaise à plus ou moins brève échéance.

La seconde guerre mondiale mit inopinément fin à ce déchirement national. La Finlande aux prises avec un ennemi surpuissant ne pensa plus qu'à se battre et elle fut heureuse de recevoir l'appui moral et matériel que la Suède lui apporta avec une inimaginable générosité. Quand le pays, tout meurtri, amputé, se remit aux travaux de la paix, l'atmosphère se trouva épurée. Il n'était plus question de se couper de la Suède, quel que fût le désir d'entretenir les relations les meilleures avec l'adversaire qu'on avait si âprement combattu. Une fois de plus, la présence de la culture suédoise apparut comme une sorte de garantie d'indépendance et la querelle linguistique passa au second plan, encore que par moments, elle se réveille localement mais sous forme de petits heurts qui ne causent plus aucun ébranlement.

Le dirigisme linguistique.

Durant toute cette période d'effervescence et de luttes constamment renouvelées, les finnisants ont poursuivi leur travail de défense et de perfectionnement de la langue et il est intéressant de considérer de plus près comment ils s'y sont pris.

Comme nous avons vu, déjà du temps d'Auguste Ahlqvist, la considération scientifique du langage était intervenue dans le choix des propositions formulées pour normaliser la langue et aussi pour la rendre ou plus riche ou plus efficace. Mais à partir de la fin du siècle, les linguistes finlandais, imbus des théories mises à la mode par l'école allemande dite des néogrammairiens *(Junggrammatiker)* étaient devenus plus circonspects dans leurs interventions. Leur principal intérêt s'était tourné vers l'étude des dialectes et aussi celle des autres langues fenniques comme des langues finno-ougriennes en général. La « grammaire comparée » était devenue reine en linguistique et elle consistait essentiellement à tenir compte des faits relevés dans les dialectes tant dans le présent qu'au cours de l'histoire. Ces faits, dûment classés, étaient ensuite interprétés selon la doctrine du jour, c'est-à-dire qu'on cherchait à s'expliquer avant tout les développements phonétiques et les changements des formes des mots. Cette explication, on croyait l'avoir trouvée en comparant les variantes relevées dans le plus grand nombre possible de cas parmi les dialectes. En effet, la grammaire comparée à la néo-grammairienne n'avait pas su se débarrasser du mythe selon lequel la langue populaire, donc dialectale, était la seule authentique, la langue écrite étant considérée comme une sorte de produit bâtard qu'il n'était pas intéressant de regarder de plus près. Dans cet état d'esprit, les documents anciens de la langue n'étaient utilisés que dans la mesure où ils pouvaient jeter quelque lumière sur le développement « spontané » des dialectes. Leur consistance n'intéressait pas en elle-même et dès que l'on y flairait quelque chose d'artificiel, on s'en détournait. Même lorsqu'on se prenait à examiner les emprunts aux langues étrangères, on n'y procédait que pour en tirer des enseignements sur l'évolution phonétique proprement dite et ce fut l'une des originalités du grand Setälä que d'avoir essayé de voir au-delà. Dans ces conditions, il ne fallait plus attendre des linguistes qu'ils se passionnent pour les problèmes pratiques de la langue écrite. Mais comme ils ne pouvaient pourtant s'en désintéresser complètement, leur rôle consista désormais à lutter contre toute innovation qui leur apparaissait plus ou moins contraire à ce qu'ils avaient trouvé dans les dialectes. Par contre, ils étaient prompts à proposer des réfections susceptibles d'aider à rétablir l'ancien état de choses, tel qu'ils le concevaient à partir de leur grammaire comparée, le plus souvent même seulement de leur phonétique comparée interdialectale. C'est ainsi que si l'on était pour la mobilité de l'ordre des mots contre ceux qui voulaient le fixer pour le spécialiser à certaines fins expressives, c'était parce qu'on estimait avoir reconnu que les dialectes avaient, anciennement comme récemment, observé cette liberté. De même, si l'on bannissait l'*-i-* des verbes factitifs en *-ta-/-ttä-* dans certains cas, c'était parce qu'il semblait que cet *i* n'était pas « étymologique ». Ce faisant, on obéissait à la vieille tradition qui recherchait partout les formes les plus « pures », c'est-à-dire conformes à l'état où elles se présentaient dans les variétés dialectales considérées comme les plus conservatrices. En bref, l'action exercée consciemment par les linguistes était puriste et conservatrice. On voulait « maintenir » comme si l'on était persuadé que la forme ancienne de la langue était parfaite et qu'il fallait s'en tenir à ce qui la rappelait le plus fidèlement. Les linguistes, au lieu de perfectionner la langue, agissaient donc comme un frein d'autant plus puissant que leur autorité avait grandi.

A cela s'ajoutait un autre facteur non moins déterminant : la conception qu'on se faisait de la structure grammaticale de la langue finnoise. En dépit des affirmations réitérées des théoriciens, on continuait à classer les faits de langue et à interpréter leur mécanisme d'après les traditions de la grammaire classique. La grammaire d'E. N. Setälä, qui fut considérée longtemps comme la codification modèle de la langue, était fondée sur les distinctions reconnues par la grammaire latine puis par celle du suédois et de l'allemand. On aurait dit qu'on se souciait de projeter en finnois les modes suédois, latins ou allemands d'expression. La morphologie distinguait trois sortes de « parties du discours » : les noms (substantifs, adjectifs, pronoms), les verbes et les « particules », rubrique sous laquelle on comprenait adverbes, conjonctions et mots rectifs de tous ordres. Quant à la syntaxe, elle ne s'inspirait que des catégories avec lesquelles les grammairiens opéraient de tous côtés, plus particulièrement en Allemagne et en Suède. La phrase simple s'analysait en sujet, verbe ou prédicat, complément d'objet et compléments circonstanciels ; la phrase complexe était disséquée en propositions principales et propositions subordonnées et les constructions supportées par une forme nominale du verbe étaient ajoutées en annexe sous la dénomination *lauseenvastike* que nous pourrions rendre par la traduction « succédané de phrase » (qui répond à notre « quasi-proposition »). Cette analyse avait un avantage pratique. Elle ne désorientait pas les élèves ou les étudiants qui par ailleurs apprenaient les langues d'Europe occidentale et les langues classiques. Elle permettait de « faire du thème », c'est-à-dire de trouver les constructions finnoises au moyen desquelles on pouvait rendre ce qu'exprimait la phrase étrangère, qu'elle fût suédoise, allemande, latine, voire française ou anglaise. Mais cette facilité était rachetée et peut-être même complètement annulée par l'inconvénient de ne plus se rendre compte du mécanisme réel de la phrase finnoise. On partait à la recherche de sujets, d'objets ou de relations qui n'existaient pas et qu'il fallait de toute force supposer afin de faire cadrer tant bien que mal l'interprétation du finnois avec celle des autres grammaires. Il n'est peut-être pas inutile d'en donner quelques exemples, ne fût-ce que pour faire mieux saisir l'importance de cette défiguration de la langue. Reportons-nous à cet effet au manuel *Suomen kielen käsikirja* où la syntaxe a été traitée par l'un des meilleurs spécialistes, le professeur Osmo Ikola. Nous y trouvons (p. 266) que dans l'énoncé *Pelottaako sinua lähteä merelle?* « Est-ce que cela te fait peur de partir en mer? », le sujet serait représenté par l'infinitif I bref *lähteä* « partir ». Mais à la page suivante (p. 267) nous lisons que dans un énoncé tel que *Minua pelottaa* « J'ai peur », le verbe *pelottaa* est sans sujet! Comment se fait-il que la dépendance, s'il en existe une, soit qualifiée de sujet? Ceci surprend quand on se rappelle que l'infinitif I bref, qui s'est terminé originellement en *-k*, était affecté d'un suffixe casuel de « latif » car ce *-k* passé en occlusive glottale et qui ne se rappelle au souvenir de l'usager que devant un mot commençant par une consonne *(lähteä merelle* doit se prononcer : *lähteämmerelle)* ne peut servir que de complément de mouvement orienté. Est-il loisible de voir dans un mot élargi d'un suffixe casuel un terme faisant fonction de sujet? Ne serait-il pas plus conforme à la structure de la langue d'y voir un complément du verbe *pelottaa* qui serait alors conçu comme étant sans sujet explicite? Ceci est confirmé par l'énoncé suivant : *Meidän on määrä lähteä huomenna* « Nous devons partir demain » que notre auteur range parmi les constructions où c'est l'infinitif qui joue le rôle de sujet du verbe (ici représenté par *on* « est »). On se demande alors quelle est la fonction exacte du mot *määrä* « but, destination, etc. » qui se présente au nominatif singulier alors que l'infinitif I bref *lähteä* est, répétons-le, « marqué » par rapport à la forme du nominatif. Cette marque l'affecte aussi dans les locutions du type : *Minun täytyy nyt lähteä* « Il me faut maintenant partir » (*op. cit.*, p. 266) où l'analyse des grammaires finnoises le fait passer pour le sujet du verbe *täytyy* « il faut ». Cela reviendrait à dire, toutes proportions gardées, qu'en français, dans l'énoncé correspondant « Il faut partir », le sujet de *faut* serait *partir*. Il ne fait aucun doute que nous avons affaire à des constructions distinctes les unes des autres et qu'elles n'ont été regroupées sous une même rubrique qu'en fonction de leur signification. La classification sémantique l'a emporté ici sur la considération de la forme des mots.

Cette classification brave la contradiction. C'est ce qui est trahi par la surprenante remarque lue (*op. cit.*, p. 275) au sujet de la locution : *Jos ei osaa uida, ei pidä lähteä yksin vesille* « Si l'on ne sait pas nager, il ne faut pas partir seul sur l'eau ». L'infinitif *lähteä* « partir » devrait être conçu comme le sujet du verbe de négation *ei* (*ei pidä* « il ne faut pas ») alors que l'infinitif *uida*, de même structure, serait le complément du verbe *ei osaa* « on ne sait pas ». C'est que *lähteä* dépendrait d'un verbe employé impersonnellement alors qu'*uida* dépendrait d'un verbe de 3e personne du singulier sans sujet ! Cela revient à faire une subtile distinction entre le verbe à allure « impersonnelle » et le verbe sans dépendance subjectale explicite. Car il y a lieu de remarquer que le verbe *pitää* « tenir » n'est pas ici à la forme dite « passive ». Il figure seulement à la 3e personne du singulier du présent de l'indicatif de telle sorte que rien ne justifie la distinction proposée dans sa rection par rapport à *osaa* (d'*osata* « savoir, pouvoir ») qui se présente dans les mêmes conditions. Il n'a donc pas été tenu compte de la forme de ces locutions mais seulement de leur contenu, considéré en relation avec les locutions de sens analogue ou équivalent dans les langues occidentales pratiquées par les grammairiens finlandais.

La définition de l'objet n'est pas plus satisfaisante dans certains cas. Ainsi lisons-nous (*op. cit.*, p. 279) que le syntagme *suuren rikkauden tuovana* « apportant une grande richesse » s'analyserait en complément d'objet au génitif singulier+participe présent, dans un énoncé tel que : *Hän piti yritystä suuren rikkauden tuovana* « Il considéra l'entreprise comme apportant (devant apporter) une grande richesse ». A y regarder de plus près, l'œil du finno-ougriste discernera dans ce génitif *suuren rikkauden* le déterminant du dérivé déverbatif *tuovana* (au cas essif singulier), ce qui se rendrait littéralement par : « Il considéra l'entreprise comme porteuse d'une grande richesse ». Et il en est de même dans l'autre exemple offert dans le même contexte : *Tämä on varmaankin tuloksen tuottava yritys.* « C'est sûrement même une entreprise qui portera résultat » (= porteuse d'un résultat). Une fois encore, l'interprétation s'est trouvée suggérée par la grammaire traditionnelle des langues indo-européennes d'Occident. On a opéré cette fois encore avec des données sémantiques sans se soucier de l'aspect formel des énoncés.

Une pareille procédure contient en elle-même une contradiction. Les linguistes auxquels nous avons fait allusion ont prêché le retour à l'usage populaire tel qu'il est révélé par les dialectes. Mais ce retour aux sources implique une reconsidération totale de l'interprétation des faits de langue étudiés. Or, loin d'y procéder, on s'est appliqué à ranger les phénomènes observés sous des rubriques inventées pour organiser la description de phénomènes d'une autre nature. C'est se condamner à ne plus rien comprendre du mécanisme réel de la langue, mais c'est en même temps ouvrir la porte aux constructions de type étranger. En effet, pour faire cadrer les faits avec le classement imposé, on est forcé de les adapter plus ou moins en les dénaturant. La langue est poussée vers un changement de sa forme interne et c'est bien ce qui se constate comme nous aurons l'occasion de le redire plus loin.

Le souci de ne pas agir sur la langue autrement que pour faire respecter « les lois » qui commandent son évolution a paralysé plus d'un théoricien aux yeux duquel les innovations proposées par des grammairiens, d'autres linguistes ou même de simples usagers sont apparues comme autant de violences faites au langage. L'école néo-grammairienne concevait l'évolution linguistique comme étant le produit de facteurs soustraits à l'action consciente de l'homme. Mais ces mêmes théoriciens se sont avisés plus d'une fois que l'évolution « spontanée » entraînait la langue un peu loin, et ils sont intervenus pour freiner cette évolution théoriquement fatale. Par exemple, ils ont protesté avec véhémence contre l'emploi du pronom personnel sujet associé avec le verbe dans les cas où aucune emphase ne porte sur la personne du sujet. C'est ainsi qu'il est enseigné qu'on doit dire *ostan tämän auton* « j'achète cette auto » (*Suomen kielen harjoituksia...*, p. 11) ou *Saatteko huoneen? (ibid.)* « Aurez-vous une chambre ? » à moins de vouloir mettre en relief la personne du sujet : *Me yritimme parhaamme* (*id.*, p. 12) « Nous, nous avons essayé de notre mieux », etc. Il est vrai que cette restriction ne concerne que les pronoms personnels sujets de 1re et 2e personnes. On ne saurait dire autrement que : *Hän kutsui minut päiväiselle* « Il (elle) m'a invité à déjeuner » ou *He tilaavat uuden puvun* (*id.*, p. 11) « Ils (elles) commandent un nouveau costume », etc. Pourtant, deux causes se combinent pour généraliser l'emploi du pronom personnel sujet aux 1re et 2e personnes : cette dissymétrie entre les deux premières personnes et la troisième et l'action du suédois, de même que celle de l'allemand et plus récemment de l'anglais. Les linguistes distinguent donc deux sortes d'évolutions : celle qu'il faut laisser s'accomplir sous peine de faire violence à la langue et celle qu'il faut si possible empêcher parce qu'on estime qu'elle aurait des effets nuisibles soit pour la clarté de l'expression soit pour son économie. Comme on le voit, c'est une position contradictoire et elle a gêné depuis 1880 l'action consciente de ceux qui étaient pourtant les plus éclairés et qui pouvaient intervenir le mieux en connaissance de cause dans le développement de l'usage. De fait, si l'on feuillette la collection du *Virittäjä* qui a été depuis 1897 le principal périodique du dirigisme ou, si l'on préfère, du contrôle de l'usage, on s'aperçoit que ses édits ou ses conseils ont surtout été négatifs. Il a exprimé des interdictions plus ou moins motivées mais peu de propositions tendant à enrichir et à perfectionner la langue. On pourrait dire la même chose de ce qui a été publié ailleurs ou de ce qui a été diffusé plus récemment par les émissions de la radio. Presque toujours les théoriciens se sont tenus sur la défensive, offrant ainsi un contraste avec ceux de la génération précédente qui n'avaient pas trop hésité à proposer des solutions nouvelles, même si une partie des innovations qu'ils recommandaient n'a pas réussi à s'implanter dans l'usage. A cet égard, la situation en Finlande est devenue semblable à celle où se trouvent bien d'autres pays. On défend pied à pied les parties ou les éléments de la langue que l'on estime menacés mais on ne se soucie guère d'aller de l'avant et de tracer les lignes de développements futurs susceptibles d'améliorer le rendement de l'expression finnoise.

Les contacts avec le monde non-fennique.

Nous avons vu que dès la fin du XIXe siècle, plus précisément à partir des années 1880, les relations s'étaient développées entre la Finlande et les pays d'Occident. Les moyens de communication étaient devenus plus rapides et plus sûrs ; l'information se répandait avec une célérité inconnue auparavant et l'industrialisation engendrait le besoin de nouer des relations commerciales avec les pays même les plus éloignés. Nous avons vu également que la société finlandaise avait changé de composition avec l'avènement de nombreux éléments d'origine finnoise qui désiraient s'emparer du pouvoir dans tous les domaines. Mais l'information et les communications avec le vaste monde ne pouvaient se faire en finnois. Pour ce qui était transmis par la Suède, le suédois suffisait mais pas au-delà. Comme les échanges s'étaient étendus au continent européen, et notamment à l'Allemagne, qu'ils concernaient aussi les pays anglo-saxons, les idées qui accompagnaient ces échanges se trouvaient exprimées en allemand et en anglais. En outre, une poignée d'intellectuels et d'artistes avaient cherché et pris des contacts avec la France ou plus particulièrement avec Paris et avec la littérature, la peinture, la sculpture, voire même la science françaises. Par tous ces canaux, on avait appris à connaître d'autres façons de vivre et d'autres façons de penser. Pour le dire en suédois, il suffisait de s'approprier les moyens que les Suédois du royaume *(rikssvenskar)* avaient su inventer à cet effet mais dès qu'il s'agissait de rendre ces pensées nouvelles en finnois, on en était réduit à ses propres moyens. Il fallait y adapter la langue, la mettre en état de dire ce monde nouveau et de le faire si possible d'une manière originale, par un savant travail de traduction. Le problème éternel du rattrapage se posait une fois de plus. On s'employa à le résoudre en créant un nombre appréciable de vocables nouveaux à partir de mots du cru. Pour dire *téléphone*, par exemple, après avoir jusque vers 1920 utilisé le mot d'emprunt dont se servaient ceux qui parlaient suédois : *telefooni* (suédois *telefon*), on a fabriqué *puhelin* « instrument pour parler », à partir de *puhele-* « causer, converser » et ce mot a fait fortune. Le développement de la publicité a suggéré la création des termes *mainos* « réclame », *mainostaa* « faire de la publicité, de la réclame », *mainostus* « publicité », *mainostoimisto* « agence de publicité », etc. Tous ces vocables ont été dérivés de *mainitaa* « mentionner, citer, signaler » sur lequel on avait déjà construit *maine* « réputation, renommée », etc. A partir du suédois *biograf (teater)* on a fabriqué *elokuva* « film » et *elokuvata* « filmer », etc. La sonorisation a été désignée par le mot *äänitys* sur le verbe *äänittää* « sonoriser (un film) » et aussi « enregistrer », lui-même dérivé d'*ääni* « voix, son, bruit ». Le nom du disque a été obtenu par composition : *äänilevy* (*levy* « plaque, disque » qui a donné de son côté *levyttää* « enregistrer sur disque »), etc. Les créations de ce genre ne se comptent pas. Elles avaient l'avantage de doter le lexique de termes plus ou moins heureusement motivés et dont la compréhension étaient souvent presque immédiate. C'est ainsi qu'un mot *perinne* « tradition » fait penser à *periä* « hériter », *perintö* « héritage », *perinnöllisyys* « hérédité », etc.

Les mots étrangers.

Cette situation s'est pourtant détériorée vers la fin de la période d'entre les deux guerres mondiales et plus encore après 1945. Le flot des termes étrangers qui se sont littéralement engouffrés dans le vocabulaire des journaux, des notices techniques, de la publicité, de la littérature scientifique et technique a été tel qu'il semble avoir à la fois surpris et débordé les défenseurs de l'authenticité de la langue. Bien mieux, on a assisté à un recul des néologismes finnois devant l'invasion des termes étrangers qu'ils avaient momentanément remplacés. Ainsi par exemple, le mot *arvostelija* « critique (littéraire, etc.) », qui semblait s'être imposé dans l'usage, a brusquement dû céder le pas à l'emprunt *kriitikko*, entraînant dans son retrait le mot *arvostelu* « critique » qui a fait place à *kritiikki* tandis qu'*arvostella* « critiquer » passait la main à *kritisoida* et *kritikoida*, sans parler naturellement des adjectifs *kriitillinen* puis *kriittinen* « critique », lesquels avaient probablement été à l'origine de tout le mal parce que l'usager « instruit » ne s'était pas satisfait d'*arvosteleva* qui ne rendait le mot *critique* que dans sa seule acception « exerçant sa critique » alors que les adjectifs d'emprunt avaient l'avantage de transmettre également les acceptions issues de *kriisi* « crise ». Or cette capitulation devant les termes étrangers a entraîné bien des inconvénients. Le premier est d'avoir introduit des mots dont l'initiale est imprononçable pour un Finnois de bonne souche puisqu'elle est constituée d'un groupe de consonnes. Ensuite, la quantité de la première syllabe est tantôt longue (*kriitikko*, *kriitillinen*, *kriittinen*) tantôt brève (*kritiikki*, *kritisoida*, *kritikoida*). Le mot *kritiikki* se distingue des autres par sa deuxième syllabe longue! Enfin, les adjectifs *kriitillinen* et *kriittinen* opposent un *-tt-* et un *-t-* à l'*-s-* de *kriisi* « crise » dans la mesure où ils admettent les acceptions issues de ce dernier terme. Ceci dérange l'économie phonologique puisque *kriisi* présente un *-s-* qui ne figure pas le *-t-* du thème devant *-i* (cas des mots finnois du type *vuosi* « année » / *vuote-*, *vesi* « eau » / *vete-*, *käsi* « main » / *käte-*, etc.). L'avantage de l'emprunt est sans doute qu'il permet de rendre par ces termes les expressions (et surtout les clichés) où il figure dans les langues de diffusion mondiale telles que l'anglais, le français et l'allemand. Mais cet avantage est-il si précieux? Le mot *kriisi* et ses dérivés transmettent une multitude d'acceptions qui les rendent souvent ambigus. On est amené à penser les choses et les événements au moyen de termes qui s'appliquent à des situations très différentes et par là on en vient à accepter des démarches de pensée qui sont étrangères à ce que serait la réaction spontanée du sujet parlant devant ces situations. On en vient à dire comme en français : « une situation critique », « une température critique », « un esprit critique ». Est-on plus avancé pour cela? On est en tout cas aux antipodes de la réaction qui a suggéré aux techniciens de traduire *radar* par *tutka*, motivé par *tutkia* « étudier, scruter, examiner ». Toutefois, l'invasion des termes étrangers en finnois moderne pose d'autres problèmes encore qu'il convient d'examiner brièvement.

Ce qui importe, c'est de considérer de plus près ce que cette invasion lexicale peut produire de répercussions sur la tenue générale de la langue.

L'arrivée massive de mots dont la structure phonique n'a rien de commun avec celle du finnois peut modifier le phonétisme en général. Deux traits essentiels caractérisent ces vocables : 1) ils contiennent des phonèmes qui sont ignorés de l'usager habituel. Ces phonèmes sont les occlusives *b* et *g* (*d* ayant été laborieusement introduit auparavant dans la langue de prononciation soutenue), les chuintantes *š* et *ž* de même que les affriquées *č* et *ǯ*, la sifflante sonore *z*, la spirante sourde labiale *f*, sans naturellement parler des spirantes dentales þ, δ (δ étant pratiquement disparu même des dialectes) et de la spirante gutturale sonore γ (également disparue) ; 2) les phonèmes étrangers, même quand ils correspondent à peu près à ceux de la langue, s'y trouvent combinés selon d'autres règles : a) des sonores peuvent commencer le mot *(demokratia, groteski, zoologi)* ; b) peuvent également commencer le mot des phonèmes inconnus de l'usage autochtone : (*faabeli* « fable », bien que les emprunts suédois aient conservé les initiales en *f-* dans les dialectes de l'extrême sud-ouest : *fanki* « prisonnier », etc.) ; c) les initiales peuvent être formées de groupes consonantiques ou de voyelles longues inconnues en cette position (*traditio*, *klassillinen*, *draama*, *blokki*, *brutaalinen*, *projekti*, *plastiikka*, etc., *eetos*, *ooppera* etc.) ; d) les consonnes peuvent se trouver associées en groupes inconnus (*optimisti*, *tekniikka*, *teksti*, *kotletti* « côtelette », *arktinen* « arctique », etc.). En outre, ces mots sont naturellement soustraits aux deux lois fondamentales qui régissent le phonétisme finnois : 1) l'harmonie vocalique, 2) l'alternance consonantique. Un verbe *debytoida* « débuter » est un véritable défi tant pour les oreilles que pour les bouches alors que *debyytti* « début » choque moins du seul point de vue de l'application de l'harmonie vocalique. Un mot *fasadi* « façade » ne saurait être intégré dans l'alternance consonantique où le *-d-* ne peut être conçu que comme le degré faible de *-t-*. On est d'ailleurs en droit de s'étonner que l'usage n'ait pas traité le *-d-* français en *-t-* (comme dans *marmelaati*, à côté de *marmeladi*). De même, des génitifs singuliers tels que *subjektin* « du sujet », *objektin* « de l'objet » sont de graves infractions à l'alternance consonantique en plus de leur aspect aberrant, dû à la combinaison *-k+t- (subjekti, objekti)*. Pourtant, dans de nombreux mots, on a essayé de faire quand même jouer l'alternance grâce à quelques artifices assez simples. L'occlusive finale sourde a été géminée : *tyyppi* « type », *tyypillinen* « typique », *tekniikka* « technique » / *tekniikan* « de la technique » (gén. sg.), *sonetti* « sonnet » / *sonetit* « sonnets » (nom. pl.), *presidentti* / *presidentin* (gén. sg.). On a aussi finnisé la finale en lui donnant la forme ou du moins l'aspect d'une dérivation ordinaire : *miimikko* « mimique » (gén. sg. *miimikon*, etc.), *repliikki* « réplique » (gén. sg. *repliikin*), etc. Le degré d'adaptation des emprunts varie énormément d'un cas à l'autre. Certains ont été à peu près complètement intégrés, d'autres font encore figure d'éléments étrangers. Le terme *tyyli* « style », déjà ancien, est allé rejoindre le lot important des vocables dont l'initiale consonantique a été simplifiée alors que *stilistiikka* « stylistique » a conservé cette initiale complexe et *stilistinen* « stylistique » a fait de même en doublant bien inutilement *tyylillinen* déjà tout à fait adapté. Le même désordre est observé en ce qui concerne la reproduction de la forme phonique du terme étranger. Tantôt les occlusives sonores ont été assourdies, tantôt maintenues, les occlusives sourdes tantôt géminées, tantôt laissées simples et ceci dans la même série de termes. On relève ainsi *sapatti* « sabath » (parfois *sabatti*), *rekisteri* « registre », *priki* « brigue, brig (bateau) » mais *makaaberi* « macabre », *logiikka* « logique », *figuuri* « figure », *etydi* « étude », etc. On relève aussi *eliitti* « élite », *esteetti* « esthète », *foneettinen* « phonétique », etc. mais à côté on rencontre *rutiini* « routine », *auto* « auto » tandis que les emprunts latins ou latinisés en *-tio* présentent l'occlusive sourde simple : *interpretaatio*, *traditio*, etc. A *esteettinen* « esthétique » s'oppose *estetisoida* « esthétiser » alors qu'*esteetikko* « esthète » laisse supposer un *-tt-* réduit à *-t-* devant syllabe fermée. Dans *sitaatti* « citation », le premier *-t-* est demeuré simple alors que le second a été géminé (du latin *citatum*, par le canal de l'allemand *Zitat*), etc. Évidemment, ces inconsistances s'expliquent par le plus ou moins d'adaptation subie mais elles créent le désordre dans l'usage parlé comme dans l'orthographe. C'est ce qui se confirme dans la répartition des quantités vocaliques. On a *sosiaalinen* « social » qui s'oppose à *sosialismi* « socialisme » de même que *siviili* « civil » à *sivilisaatio* « civilisation ». A *esteetti* « esthète » correspond *estetismi* « esthétisme » comme à *probleema* « problème », *problemaattinen* « problématique » lequel s'oppose à son tour à *problematiikka* « problématique », etc. Certes, les puristes, les grammairiens, les linguistes ne se sont pas fait faute de proposer des règles pour mettre un peu d'ordre dans ce chaos mais ni leurs enseignements, ni leurs critiques ni leurs recommandations, dont la presse, les publications de toutes sortes et la radio se sont constamment faites l'écho, n'ont obtenu de résultat bien tangible. Un pareil état de choses est fatal et il se reproduit dans toutes les langues où affluent trop de mots d'emprunt. Certains de ces termes persistent longtemps à l'état de corps étrangers, ayant même conservé leur graphie d'origine alors que d'autres commencent à être adaptés et un troisième groupe se trouve déjà presque totalement assimilé. On note *korrekti* « correct » à côté de *korrehtuuri* « épreuve (d'imprimerie) », *sekki* « chèque (bancaire) » à côté de *šekki*. C'est encore plus frappant dans le cas du français *collage*, employé d'ailleurs dans l'acception technique américaine : « rédaction de textes obtenus par la mise bout à bout de fragments collés (la technique des coups de ciseaux) ». Sous la signature d'un même auteur, on lit successivement les graphies *collage* et *kollaaši*, qui se retrouve ailleurs adapté en *kollaasi*, ce qui n'oppose plus de difficulté de prononciation.

Rien en soi dans ces phénomènes n'a de quoi surprendre l'historien des langues mais il est un fait qui mérite l'attention : c'est le comportement des usagers, même de ceux d'entre eux qui devraient écrire ou parler en parfaite connaissance de cause. Il en est qui se livrent à une véritable orgie de mots d'emprunt, délaissant l'acquis des générations précédentes. Alors qu'on aurait pu supposer qu'un terme *perinne* « tradition » et *perinteellinen* « traditionnel » s'étaient définitivement implantés dans le lexique général, on est surpris de buter presque à chaque page de tel ou tel ouvrage sur *traditio* et *traditionaalinen*. De même, on ne lit plus guère qu'*analyysi* et *analysoida* au lieu d'*eritellä* et d'*erittely* qui semblaient pourtant avoir reçu l'approbation générale. La lecture d'un ouvrage tel que l'excellent essai publié par l'historien de la littérature Kai Laitinen (*Suomen kirjallisuus* 1917-1967) est révélatrice de cette nouvelle mentalité. Cet opuscule fourmille de termes étrangers. Sur la seule page 112, choisie au hasard, on relève successivement les termes suivants : *romaani*, *harmoninen*, *panoraama*, *lyriikka*, *kriisi*, *intensiivinen*, *reaktio*, *kriitikko*, *detalji*, *lyyrinen*, *akvarelli*. Le contexte où ces mots apparaissent n'est guère moins instructif : *avioliittokriisi* « crise conjugale », *intensiivississä pienoisromaaneissaan* « dans ses romans petit format intenses », *upeita detaljeija täynnä* « plein de détails splendides », *maisema-akvarelleissa* « dans des aquarelles de paysages (descriptions lues dans un roman) », etc. Il s'agit de situations qui n'ont rien d'exotique et qui font partie du paysage intellectuel du Finnois moyen. Or ce même Finnois moyen a certainement quelque peine à pénétrer le sens exact de ces locutions auxquelles il ne peut avoir accès qu'à l'aide de son dictionnaire ou de ces listes de termes étrangers plus ou moins bien expliqués qui se trouvent dans tant de manuels ou de répertoires. L'auteur a visiblement écrit à l'intention de ses pairs. Il a choisi des mots qui lui semblent plus adéquats parce qu'il est constamment plongé dans la lecture d'ouvrages suédois, allemands, anglais, français et qu'il vit par la pensée dans ce monde cosmopolite de la littérature comparée. Il est vraisemblable qu'il s'exprime désormais ainsi spontanément. C'est tout au plus de temps en temps qu'il a remplacé *traditio* par *perinne* ou *kriitikko* par *arvostelija*, etc. (notamment p. 167 du même ouvrage où les deux mots se suivent à une ligne d'intervalle, probablement pour éviter la répétition). Ainsi, le néologisme finnois est relégué au rang d'accessoire auquel on fait appel quand on a besoin d'un synonyme (voir encore p. 203 : *teatteriarvostelija/kulttuurikriitikko*, etc.).

Comme toujours, l'utilisation des termes étrangers est estimée indispensable par ceux qui les emploient dans une acception que le néologisme proposé pour le remplacer ne saurait avoir ou n'aurait que difficilement. Il est évident que *persoonallisuus* ne trouve pas d'équivalent exact construit à partir de *henkilö* « personne » et que le dérivé *henkilöllinen*, assez rare, n'a pas encore pleinement assumé l'acception dans laquelle *persoonallinen* se trouve le plus souvent utilisé mais si l'on songe au mot hongrois *személyiség* et au dérivé *személyi* (de *személy* « personne ») qui ont pleinement acquis ces acceptions, on peut se demander pourquoi un développement semblable n'a pas eu lieu ici. Cela provient sans doute du refus collectif des écrivains et penseurs d'habiller leur pensée en mots finnois au prix d'un effort trop considérable de réadaptation. Pour recréer les acceptions désirées, il faut repenser les concepts et les ajuster plus étroitement aux signifiants nouveaux que l'on crée à cet effet ou aux termes déjà existants dont la motivation se prêterait à un changement de signification dans cette direction. Cet effort, les hommes de 1820 à 1920 l'ont plus ou moins accompli, suivant en cela l'exemple de leurs grands devanciers qui n'avaient cessé de se l'imposer depuis le XVIe siècle. Songeons que si Agricola et ses successeurs avaient négligé de produire cet effort, l'invasion des vocables étrangers aurait tout emporté et la langue aurait perdu son faciès « finno-ougrien ». Il se serait produit quelque chose de comparable à ce qui a été observé en anglais où la langue s'est chargée d'une telle quantité de matière lexicale franco-latine que seule sa carcasse grammaticale et sa prononciation ont subsisté, non sans avoir subi elles-mêmes de sérieuses détériorations.

La clarté de la pensée n'y a d'autre part rien gagné. Quand un connaisseur aussi autorisé de sa langue que fut notre éminent confrère Martti Rapola croit devoir employer le mot *kriteeri* « critère » alors qu'il vient d'utiliser quelques lignes plus haut l'équivalent *tuntomerkki* qui est transparent pour tous ses lecteurs (*Suomen kielen käsikirja*, p. 75), il n'a en rien amélioré son texte destiné au grand public. Et quand, dans la page précédente, il a employé la locution *psykologiset syyt* « des causes psychologiques », il a repris un mauvais cliché de l'allemand, du français, de l'anglais et du suédois. Il s'est exprimé dans le jargon international qui, pour être très répandu, n'en est ni moins impropre ni moins inesthétique. Il aurait pu dire avec plus de pertinence ce qu'il voulait expliquer en ne se servant que d'éléments du cru.

Si ce processus d'internationalisation (disons plus justement d'occidentalisation) devait se poursuivre, l'idéal de « démocratie linguistique » qui est encore celui d'un normaliseur aussi éclairé que Lauri Hakulinen, serait renié. Une diglossie se produirait finalement et il y aurait deux sortes de langage : celui des élites instruites et celui des masses, si éclairées et informées que soient celles-ci. On aboutirait vite à un état de choses semblable à celui que nous connaissons en français et dont nous éprouvons tous les inconvénients.

Mais parallèlement, les efforts des puristes continuent dans un autre sens. Ils s'ingénient à découvrir des différenciations plus subtiles les unes que les autres afin de spécialiser les locutions synonymes ou quasi synonymes dans des acceptions distinctes. Nous aurons à revenir sur cet aspect des choses.

En conclusion, constatons que si la masse des mots étrangers introduits dans le langage savant, voire même pédant, est considérable, leur présence n'est pas encore parvenue à déséquilibrer le phonétisme considéré comme « normal ». Le stock des voyelles n'a pas varié car sur ce point les vocables étrangers n'ont exercé aucune influence. Quant au consonantisme, il ne s'est pas étoffé. La seule véritable acquisition qu'a faite la prononciation « normale » (celle de ce qu'on appelle désormais *yleiskieli* « langue générale » ou « langue commune ») est celle du *d* (occlusive dentale sonore) qui est quand même ressenti comme un phonème « artificiel » par un très grand nombre de sujets parlants. Pour ce qui est des chuintantes, des sifflantes sonores, etc., la prononciation courante les élimine en leur substituant des phonèmes du cru plus ou moins voisins : *sampanja* « champagne », *saketti* « jaquette », *salonki* « salon » (*-nk-* substitué à notre voyelle nasale), *stuertti* « steward », etc. Mais même prononcés ainsi, ces vocables demeurent « indigestes », ils détonnent par leur seule graphie et ne peuvent donc dissimuler leur caractère étranger. Les combinaisons de phonèmes qui les composent restent déconcertantes pour le parleur normal. Quand on se sert de ces emprunts, on utilise un phonétisme nettement différent de celui de la langue maternelle et on se plie à des règles morphonologiques différentes également. Un Finnois instruit qui recourt à ce genre d'éléments utilise simultanément deux systèmes phonologiques, voire même plusieurs s'il tient à « raffiner » et à produire les termes en question en imitant le plus possible leur prononciation d'origine. C'est ainsi qu'au lieu de dire *följetongi*, il produira plus ou moins exactement *feuilleton* (*fɔ̈jtõ*).

Les catégories grammaticales étrangères.

Si l'action étrangère n'a guère d'effets sur le phonétisme, en est-il de même sur le système grammatical?

La forme même des mots, en d'autres termes la morphologie, n'a pas apparemment subi d'altération provoquée de l'extérieur. Les changements qui sont intervenus au cours du XXe siècle n'ont pas modifié la structure des mots ni les règles de leur formation. L'effort de normalisation a porté sur quelques points que nous avons eu l'occasion de signaler plus haut et qui sont essentiellement :

1) la répartition des thèmes vocaliques et des thèmes consonantiques dans les paradigmes des noms, pronoms et verbes ; 2) la répartition des formes des suffixes casuels selon les classes de mots ; 3) la répartition des formes des suffixes modaux, temporels et celle des désinences dans le paradigme verbal.

D'une manière générale, le thème consonantique a été écarté au profit du thème vocalique. Ainsi, les essifs du type *vuonna* « en l'année » (*vuosi* « année »), *huomenna* « demain », *läsnä* « près », etc, se sont mués en adverbes et sont de ce fait sortis du paradigme de la déclinaison des mots correspondants. Ce ne sont plus que des fossiles. Quant aux essifs tels que *lasna* « étant enfant » (*lapsi* « enfant »), *nuorna* « étant jeune » (*nuori* « jeune ») ils ont disparu de l'usage et si, par aventure, on en rencontre quelque exemplaire égaré, il s'agit d'un archaïsme voulu.

Par contre, le thème consonantique demeure d'un emploi constant au partitif singulier : *lasta*, *nuorta*, *vierasta* (de *vieras* « invité, étranger »), *kirjoitusta* (*kirjoitus* « écrit, article »), etc.

Au génitif pluriel, les choses n'ont pas été simplifiées. Les mots possédant un thème consonantique forment en principe au moins une variante de génitif pluriel sur leur thème consonantique : *vieras* « étranger, invité » : *vierasten* « des étrangers, des invités », *nuorten* « des jeunes » (*nuori* « jeune »), *kielten* « des langues (*kieli* « langue »), *ihmisten* « des hommes, des humains » (*ihminen* « homme, être humain »). Mais une partie de ces vocables peut aussi construire son génitif pluriel (en *-ien* ou *-iden/-itten*) sur le thème vocalique : *kielien* « des langues », *vieraiden* « des étrangers, des invités », *vesien* « des eaux » (*vesi* « eau »), etc. Toutefois, dans l'usage courant, une partie de ces noms ne se sert que de l'un de ces deux types de gé nitif pluriel. On ne rencontre guère que *lasten* « des enfants», *miesten* « des hommes », *nuorten* « des jeunes » et uniquement des formes telles que *naisten* « des femmes », *teosten* « des œuvres » mais *huoneiden* « des chambres, des appartements » *(huone)*, *suhteiden* (ou *suhteitten*) « des relations, des rapports » *(suhde)*. En réalité la latitude définie par les grammaires s'est changée en une coercition qui oblige le locuteur à se servir dans chaque circonstance particulière de telle forme et non pas de telle autre. On trouvera *jäsenten* « des membres » *(jäsen)* plutôt que *jäsenien* qui aura une saveur archaïsante, etc. Cette coexistence de formes parallèles, synonymes dans leur fonction grammaticale, donne donc lieu à toutes sortes de variations stylistiques plus ou moins subtiles et parfois arbitraires.

C'est ce qui se reproduit en ce qui concerne la forme de certains suffixes casuels. Alors que la forme *-ta/-tä* du partitif singulier est de rigueur en combinaison avec le thème consonantique : *suurta* (*suuri* « grand »), *miestä (mies)*, *jäsentä (jäsen)*, etc., la répartition devient plus capricieuse lorsqu'il s'agit des thèmes vocaliques, surtout au pluriel. Ceux d'entre eux terminés par une voyelle longue ou une diphtongue ne font pas difficulté : ils n'admettent que la forme *-ta*/*-tä* : *puuta* (*puu* « arbre, bois »), *voita* (*voi* « beurre »), *vapaata* (*vapaa* « libre »), *puita* « des arbres », *vapaita* « libres », *huoneita* « des chambres », etc. Les autres thèmes se construisent de plus en plus avec *-a*/*-ä* : *vaikeaa* (*vaikea* « difficile »). C'est ce genre de forme que l'on entend exclusivement dans le parlé, même châtié. En revanche, les textes, même de prose courante, contiennent encore souvent des partitifs singuliers en *tärkeätä* « important » *(tärkeä)*, *vaikeata* (à côté de *vaikeaa*) et ces formes en *-ta*/*-tä* alternent avec celles en *-a*/*-ä*. Par contre, les partitifs tels que *ystävätä* (*ystävä* « ami »), *mentävätä* (*mentävä* « devant aller », dans un cliché tel que : *hän alkoi luetella, mitä hänellä oli tekemistä ja minne mentävätä* « il commença à énumérer ce qu'il avait à faire et où il avait à aller »), ont été éliminés.

Au pluriel, la concurrence que se font les deux formes a engendré un nombre appréciable de doublons : *kaupungeita* « des villes » / *kaupukeja* « id. », *perunoita* « des pommes de terre » *(peruna)* / *perunia* / *perunoja* « id. », etc. Mais ici encore l'usage a préféré tantôt l'une, tantôt l'autre variante de telle sorte que la latitude n'existe pas en réalité pour le sujet parlant, sous peine de détonner et d'employer une forme hors du style dont il se sert. Les règles de répartition des formes concurrentes sont d'ailleurs passablement compliquées et comportent des exceptions qu'il faut connaître. Les classements proposés pour guider l'usager sont fondés sur des distinctions compliquées : nombre des syllabes, nature de la voyelle présuffixale, partie du discours, etc. Un trisyllabe du type *asia* ou *valtio* fait toujours son génitif pluriel en *-iden* : *asioiden*, *valtioiden* mais un trisyllabe en *-ja*/*-jä* ne prend cette désinence que si ce suffixe dérivatif des noms d'agent est précédé de la voyelle *-i-* : *tulija* « arrivant » / *tulijoiden*, *tekijä* « auteur » / *tekijöiden*, etc. Si quelque autre voyelle précède le suffixe *-ja*/*-jä*, on rencontre uniquement la forme en *-ien* : *kantaja* « porteur », *kantajien*, *kyntäjä* « laboureur » *kyntäjien*, etc. Or il semble que le locuteur ait répugné bien des fois à se servir d'une désinence aussi corpulente qu'*-iden* (et parallèlement *-itten*). Aussi tombe-t-on, dans des textes qui ne prétendent à aucun raffinement littéraire, sur des génitifs pluriels en *-in* qui sont pourtant réputés n'appartenir qu'au style recherché. On relève ainsi sur une même page (Kai Laitinen : *Suomen Kirjallisuus 1917-1967*, p. 216), *kirjailijain* « des écrivains » à côté de *kirjailijoiden* « id. » et en y regardant de plus près on s'aperçoit même que dans l'ensemble de l'ouvrage, ce sont les formes en *-in* de ce mot qui l'emportent en fréquence. Dans un autre texte relevant de la prose normale *(asiakieli)*, on trouve également côte à côte *markkinain* « des marchés » et *markkinoiden* « id. » (*Asiatekstejä*, p. 110). Et comme si ces alternances ne suffisaient pas, voici qu'on rencontre même de temps en temps dans un texte de journal ou de revue des illatifs pluriels du genre : *vihreisiin metsiin* « dans les forêts vertes » (Erno Paasilinna, *Asiatekstejä*, p. 75) alors que l'usage littéraire établi aurait voulu *vihreihin.* Mais, comme nous l'avons mentionné plus haut, cette licence est désormais tolérée.

Les normaliseurs ne semblent pas s'inquiéter de ces développements qui ne sont pas pour simplifier l'usage correct de la langue et qui, en tout cas, mettent en cause son homogénéité. Nous savons que cette hétérogénéité est ancienne puisque nous l'avions trouvée dans les écrits d'Agricola et de ses contemporains et qu'elle est due en dernière analyse au désir de faire entrer en ligne de compte le plus grand nombre possible de variantes dialectales. C'est dans cet esprit que les grammaires continuent à enseigner que l'on peut indifféremment former le génitif pluriel de certains noms en *-iden* ou *-itten.* Toutefois, sur ce dernier point, les textes les plus récents accusent une régression sensible de l'emploi des désinences en *-itten*, ce qui peut à première vue paraître assez singulier puisque les sujets parlants ont souvent quelque peine à articuler un *-d-* alors qu'ils savent aisément prononcer *-t-* ou *-tt-*. Mais ce qui confirme que les spécialisations stylistiques de ces variantes ne sont pas observées aussi strictement que le voudraient les grammaires, c'est que le génitif *-in* de pluriel est parfois remplacé par une variante de style moins soutenu même dans des clichés où il semblerait définitivement admis. On lit ainsi tantôt *Yhdysvaltain* « des États-Unis », tantôt *Yhdysvaltojen* « id. » (*Asiatekstejä*, pp. 97 et 107). L'usage n'est donc pas encore bien fixé.

Le problème du passif.

Aucune solution simple n'a été trouvée pour résoudre ce problème qui a hanté toute l'histoire du finnois écrit. Nous avons montré comment Agricola et ses contemporains, comme aussi ses successeurs, avaient été amenés à forcer la structure de la langue en décalquant les constructions passives du latin. Par la suite, à mesure que le latin a laissé la place au suédois et à l'allemand, le passif en usage dans ces deux langues, surtout la suédoise, a continué à agir sur l'expression écrite. Les textes les plus récents contiennent un nombre plus ou moins important d'emplois du passif. On y lit des clichés tels que *palveluun kiinnitetään erityistä huomiota* (*Asiatekstejä*, p. 117) « une particulière attention est attachée au service », *Tuotteiden laatuun kiinnitetään entistä suurempaa huomiota.* « Une plus grande attention qu'auparavant est attachée à la qualité des produits » (*id.*, p. 118) ou des locutions telles que : ... *sen on arvioitu olevan 6000 markkaa.* « ... il est estimé que ce sera 6.000 marks » ou : ... *suurempaa kasvua ... ei odoteta tapahtuvan.* « ... une plus grande croissance n'est pas attendue » (= ... « il n'est pas attendu que se produise une plus grande croissance »), etc. Dans le style administratif. commercial, technique ou simplement dans celui de l'exposé qui se veut objectif, il y a foison de ces emplois. Ils alternent avec des verbes dérivés réfléchis : *Ostokeskukset ... sijoittuvat kaupunkien ulkopuolelle* « les centres d'achat sont placés hors des villes » (= se placent hors des villes). La raison en est simple : le passif ou « unipersonnel » (improprement dénommé ainsi par certains grammairiens) ne peut recevoir de complément d'agent et se construit théoriquement avec un complément d'objet. C'est ainsi qu'un énoncé : *Kirje näytettiin hänelle* « La lettre lui fut montrée » est conçu comme répondant à notre « On lui a montré, on lui montra la lettre ». Il en résulte que la forme du pronom personnel ou du pronom interrogatif *ken* construite avec le « passif » porte désormais le *-t* de l'accusatif : *Hänet nähtiin* « Il fut vu, on le vit ». On a de même *Heidät rangaistettiin* « Ils ont été châtiés, on les a châtiés ». Naturellement, si le complément d'objet est considéré comme étant « partiel », c'est au partitif qu'il figure : *Saavutettiin hyviä tuloksia* « On a obtenu de bons résultats, de bons résultats ont été obtenus ». Mais, quand le complément est explicite, c'est-à-dire représenté par un substantif au nominatif aussi bien au singulier qu'au pluriel tout se passe comme s'il jouait le rôle de sujet du verbe passif. Le seul écart constaté est que la forme verbale n'est pas soumise à l'accord en nombre : *Puut kaadettiin* « les arbres furent abattus » de même que *Puu kaadettiin* « l'arbre fut abattu ». La forme du verbe passif, quand elle est simple, demeure donc indifférente au nombre et c'est cette circonstance qui incite à concevoir la dépendance du verbe comme un complément d'objet quand il se trouve que le verbe a un sens transitif. Dans les temps composés, ce désaccord est plus voyant : *Puu on kaadettu* « L'arbre a été abattu » mais *Puut on kaadettu* « Les arbres ont été abattus ». Et ici surgit une nouvelle difficulté. A côté de locutions du type : *Huonekalut on maalattu* « Les meubles ont été peints » on trouve *Huonekalut ovat maalatut* « Les meubles sont peints » (*Suomen Kielen Käsikirja*, p. 159) où l'accord dénonce la dépendance du verbe comme étant subjectale. Or cette fonction ne se dégage clairement qu'au pluriel car *Huonekalu on maalattu* est ambigu : on ne sait comment rapporter le mot *huonekalu* « meuble » au temps composé *on maalattu*. C'est ce qui a inspiré certains normaliseurs à proposer qu'en cas où la dépendance du passif doit être conçue comme le sujet, le participe passé passif soit mis au partitif : *Tupakointi on kiellettyä* « Il est défendu de fumer » (= L'action de fumer du tabac est défendue). Dans ce cas, l'ambiguïté se trouve dissipée. Cette solution partielle ne résout pas toutes les difficultés. Les grammaires et les publications normalisatrices mettent à qui mieux mieux en garde les usagers contre l'emploi estimé incorrect du participe passé passif dans des locutions du type : *Hän oli onnettomuudesta kovin järkytetty* « Il était durement secoué par l'accident ». Il faudrait y substituer : *Hän oli onnettomuudesta kovin järkyttynyt* où le passif est remplacé par la forme appropriée du verbe réfléchi dérivé en *-u/-y* (*järkyttyä* « se trouver ébranlé, s'ébranler »). Similairement, il ne faut pas dire : *minä olen vakuutettu siitä* « J'en suis convaincu » mais : *minä olen vakuuttunut siitä* « Je m'en suis convaincu ». L'emploi du participe passé passif est estimé ici provenir de l'imitation du suédois : *jag är övertygad* (allemand : *ich bin überzeugt*). Mais cette solution comporte l'inconvénient d'introduire une nuance nouvelle qui est celle de l'action réfléchie. Si l'on dit *minä olen vakuuttunut siitä* « Je m'en suis convaincu », on signale un processus qui a dépendu du sujet seul alors que *minä olen vakuutettu* suggère que le sujet a acquis sa conviction sous l'effet d'un facteur qui lui est extérieur. Afin d'échapper au décalque suédois (allemand, français, anglais, etc.), on a donc fait le sacrifice d'une nuance qui n'est pas sans importance du point de vue de l'information. Mais dans d'autres circonstances, le recours à la dérivation réfléchie du verbe permet d'exprimer le complément d'agent : *Ei kukaan säästynyt hänen romanttiselta pilkaltaan* (Ain'Elisabeth Pennanen : *Kaksi rakkautta*, p. 446) « Personne n'était épargné par son ironie romantique ». Et nous revoici devant un complément d'agent exprimé au moyen de l'ablatif! Pourtant, dans le même texte (p. 519) à une question : *Jalkaan sinä olet haavoittunut* « Tu es blessé aux jambes », le blessé répond par : *Shrapnellin sirpaleista* « Par des éclats de shrapnell » où le complément d'agent est exprimé cette fois par l'élatif. Nous retrouvons donc le même embarras que chez Agricola, ce que souligne, s'il en était besoin, une autre locution (p. 522) où nous lisons : ... *(hän on) haavoittunut vain sääristä* « il n'est blessé qu'aux jambes » où l'élatif fournit non plus le complément d'agent mais celui de lieu. Les normaliseurs, s'étant rendu compte de ce genre de difficultés en sont venus à préconiser de remplacer le participe passé passif par d'autres tournures qui leur semblent plus finnoises. Au lieu de dire : *Hän oli pakotettu tekemään niin*

« Il était contraint de faire ainsi », il conviendrait de dire : *Hänen oli pakko tehdä niin* (*Suomen Kielen Käsikirja*, p. 165-6) « Force lui était de faire ainsi ». C'est un aveu que la structure de départ du finnois n'offre pas ici de solution élégante, ce qui explique la persistance du décalque envers et contre tout. On s'en aperçoit quand il s'agit de rendre en finnois un texte suédois : les participes passés de cette langue sont rendus systématiquement par des participes passés passifs : *Beseglad med blod är klyftan*, *Beseglad med blod och brand...* (Kai Laitinen : *Suomen Kirjallisuus 1917-1967*, p. 21) « Il est scellé de sang, l'abîme, scellé de sang et d'incendie... ». Ces deux vers d'un poème de Bertel Gripenberg (1878-1947) ont été traduits : *Verellä sinetöity on kuilu*, / *sinetöity verellä ja tulella...* Le participe passé *beseglad* (de *besegla* « sceller ») a été les deux fois rendu par *sinetöity* « scellé » (= qui a été scellé). Il ne saurait en être autrement puisque l'autre participe passé a gardé une acception active qui ne lui permet pas de faire fonction d'attribut du sujet, pas plus d'ailleurs que d'attribut de l'objet. Si soucieuse qu'elle soit d'écrire dans une bonne langue, Ain'Elisabeth Pennanen laisse passer : *Koko yön oli Laisa kuin sähköistetty* « Toute la nuit, Lisa fut comme électrisée » (*op. cit.*, p. 321). On lit aussi *Työ tuli tehdyksi* « Le travail fut fait », *Sain lopultakin veneen maalatuksi* « J'ai réussi finalement à peindre le canot » (*Suomen Kielen Käsikirja*, p. 165), etc.

Le complément d'agent ne peut être exprimé que par une seule construction qui est d'un tout autre patron. Il s'agit de l'infinitif III (en *-ma*/*-mä*) qui se construit avec le génitif de la dépendance personnelle ou de la dépendance d'agent : *suurten puiden reunustama tie* « un chemin bordé de grands arbres ». En réalité, rien dans tout cela ne supporte le concept de passif. Il se dégage seulement de la construction. Le contraste entre cet emploi et celui du participe passé passif ressort d'une phrase comme celle-ci : *Teoksen peruskaava on annettu jo eräissä Lehtosen 1918 julkaisemissa novelleissa.* (Kai Laitinen, *op. cit.*, p. 26) « L'argument fondamental de l'ouvrage est déjà donné dans certaines nouvelles publiées en 1918 par Lehtonen ». Le terme *julaisemissa* (de *julkaisema* « action de publier) est antéposé à *novelleissa* « dans les nouvelles » avec lequel il est accordé à la fois en cas et en nombre comme tout autre adjectif dans la même position (à quelques rarissimes exceptions près). L'acception « passive » de la locution ne ressort que du sens du dérivé en *-ma*/*-mä*, pas même en réalité de sa forme car dans *muutamissa novelleissä* « dans quelques nouvelles », l'épithète antéposée et accordée n'a pas de sens passif bien qu'elle soit affectée du même morphème *-ma*. Plus généralement, les noms verbaux en *-ma*/*-mä* ne sont pas investis d'une acception passive :

kuolema « mort » (*kuole-* « mourir »), *tapahtuma* « événement » (*tapahtu-* « advenir, se produire »), *elämä* « vie » (*elä-* « vivre »), *syntymä* « naissance » (*synty-* « naître »), etc. On en est donc réduit à dire d'une part : *käytetty puku* « un vêtement porté, usagé » sans référence à un agent quelconque mais *äidin ompelema puku* « le vêtement cousu par la mère » où l'agent se trouve exprimé par la construction épithétique. Nous retombons alors dans les constructions dont il a été question déjà plus haut lorsque nous avons considéré les quasi-propositions. Ajoutons que l'expression du « passif » se trouve en plus compliquée par d'autres dissymétries dont l'une des plus voyantes est celle-ci : le passif négatif peut être exprimé soit par le participe passé passif soit par le cas abessif du déverbatif en *-ma/-mä*, appelé dans les grammaires infinitif n° 3. On a parallèlement *Pukua ei ole vielä puhdistettu* « Le vêtement n'a pas encore été nettoyé » (*Suomen kielen harjoituksia...*, p. 32) et *Puku on vielä puhdistamatta* (= « le vêtement est encore non nettoyé » ou « le vêtement est encore sans nettoiement »). Or l'abessif en question n'a en lui-même aucune marque spéciale indiquant une acception passive quelconque. Celle-ci se dégage une fois de plus de la locution comme il apparaît par opposition avec une locution du même type mais dont les termes ont d'autres valeurs sémantiques : *Hän ei rikastu tekemettä työtä* « Il ne s'enrichit pas sans travailler » (= sans faire du travail) ou encore *Emme onnistu tuhlaamatta voimiamme* « Nous ne réussirons pas sans gaspiller nos forces », etc. D'autres exemples pourraient confirmer si besoin en était que la langue ne dispose pas d'un appareil simple et commode pour exprimer le passif comme par exemple le fait le suédois moderne. Les expédients les plus divers ont été tour à tour utilisés pour rendre cette catégorie, et cela dès les plus anciens contacts du finnois avec l'expression germanique et l'expression latine, mais en dépit de tous ces efforts, il n'est toujours pas possible d'exprimer le complément d'agent sans recourir à une construction ressentie comme étrangère. Les ablatifs ont été rigoureusement proscrits de même que les élatifs qui apparaissent fréquemment chez Agricola et ses premiers successeurs. Ce refus d'admettre une solution pourtant retenue par les fondateurs de la langue écrite s'explique peut-être par le fait que les formes du verbe dit passif sont utilisées dans la langue parlée et dans les dialectes à d'autres fins. En effet, à l'est, les dialectes se servent de la forme du passif pour exprimer la 3e personne de pluriel et, dans la langue courante d'aujourd'hui, le passif, combiné avec le pronom personnel *me* « nous », tend à évincer la première personne de pluriel en *-mme* : *me mennään* « nous allons », *sitten me tultiin kotiin* « ensuite nous sommes rentrés chez nous ». Le passif a même totalement éliminé la 1re personne du pluriel de l'impératif en *-kaamme*/*-käämme* car on n'entend pratiquement plus que *mennään* « allons-nous en », *Lähdetään jo pois!* « Partons donc », etc. Les puristes ont bien du mal à lutter pour empêcher que ces constructions ne pénètrent trop avant dans ce qu'on appelle désormais *yleiskieli* (que nous rendons par langue générale).

Les noms de nombre.

Une épine particulièrement douloureuse est constituée par l'appareil des noms de nombre, tant ordinaux que cardinaux. Ici, le finnois fait preuve d'originalité par rapport aux autres langues finno-ougriennes (et même ouraliennes), à l'exception toutefois du lapon. Deux difficultés se présentent : la combinaison des noms de nombre pour former des chiffres cardinaux et ordinaux et leur emploi syntaxique. Comme on le sait, le finnois opère avec 10 noms de nombre pour exprimer les nombres jusqu'à cent. Les dizaines se construisent à partir d'une combinaison des noms d'unités et du nom de nombre « dix ». Mais au nominatif, le complément du nom de nombre se met au partitif singulier et, naturellement le nom désignant la dizaine *kymmenen* en fait autant. On obtient alors *kaksi kymmentä* « vingt » (= « deux dizaines »), *kolme kymmentä* « trente » (= « trois dizaines »), etc. Quand il s'agit d'exprimer un nombre plus ou moins élevé, cela donne des séquences imposantes de ces constructions accumulées : 1970 s'écrit *tuhat* « mille », *yhdeksän sataa* « neuf cents », *seitsemänkymmentä* « soixante-dix » ou plus exactement *tuhatyhdeksänsataaseitsemänkymmentä*. Et si nous avons affaire à un nombre 6457, on le lira *kuusituhatta neljäsataaviisikymmentäseitsemän*. Comme on le voit, on a affaire à des tranches successives de deux noms de nombre dont le premier figure au nominatif et le second au partitif singulier.

Mais même si le nom de nombre est simple, il se construit au nominatif avec un complément au partitif singulier, à la seule exception de l'unité : *yksi*. On a donc *yksi kirja* « un (seul) livre » d'une part et d'autre part : *kaksi kirjaa* « deux livres », *kolme kirjaa* « trois livres », *neljä kirjaa* « quatre livres », etc. Il en est de même avec un nombre plus important : *kolmesataa viisikymmentä kirjaa* « trois cent cinquante livres », etc. Aux cas obliques, les choses changent d'aspect ; le nom de nombre ne fonctionne plus comme substantif pourvu d'un complément au partitif singulier mais comme adjectif accordé au terme qu'il qualifie et ceci au singulier : *kahdella kirjalla* « avec deux livres », *kolmeksi päiväksi* « pour trois jours », *viidessätoista kaupungissa* « dans quinze villes », etc. Si nous voulons dire « avec 4.862 marks » nous aurons à produire l'énoncé : *neljälläluhannella kahdeksallasadallakuudellakymmenellä kahdellamarkalla.*

Les ordinaux ne sont pas plus commodes à manier. Chaque nom de nombre est affecté du suffixe ordinal et chacun se décline pour sa part : *365*e se dit *kolmassadaskuudeskymmenesviides* et, pour reprendre l'exemple cité par Osmo Ikola (*Suomen Kielen Käsikirja*, p. 140), on a au cas adessif : *kolmannellatuhannennella kahdennellasadannellaviidennälläkymmenennellä neljännellä* pour dire « avec le 3254e ».

Le moins qu'on puisse dire est qu'un pareil dispositif est encombrant. Il a été ressenti comme une entrave presque intolérable par tous ceux qui ont été contraints d'opérer avec des calculs tant soit peu compliqués. A ce point même que vers 1920, des techniciens de langue maternelle finnoise avouaient qu'ils préféraient compter en suédois plutôt que de s'empêtrer dans toutes ces constructions. Aussi, les puristes ont-ils dû lâcher du lest et consentir à admettre désormais comme correct l'usage qui s'est établi dans la vie courante de ne plus accorder que le dernier nom de nombre cardinal ou ordinal. Cette concession sera-t-elle suffisante? La tendance apparaît de ne plus du tout accorder le nom de nombre cardinal ni parfois les ordinaux, même relativement simples.

L'expression des catégories du défini et de l'indéfini.

Dès les premiers textes, la question de la distinction du défini et de l'indéfini s'était posée. Or le finnois, comme toutes les langues finno-ougriennes, ne possédait pas à l'origine d'articles. Seules deux langues finno-ougriennes se sont dotées de cet outil. L'une est le hongrois qui dispose depuis le XVIe siècle d'un article défini et se sert de plus en plus aussi d'un article indéfini. L'autre est le mordve, qui n'utilise qu'un article défini postposé ou même, si l'on préfère, suffixé. A la rigueur, on peut considérer que le permien (zyriène et votiak) recourt de son côté aux suffixes de possessivation pour exprimer ce que l'article défini dit dans les langues qui en possèdent un. Cet expédient se retrouve en samoyède et dans certaines langues turkes.

Pratiquement, l'article sert à identifier le substantif par opposition à l'adjectif. Dans cette fonction, le finnois s'en passe, même dans les cas où la forme du mot est ambiguë. Cette ambiguïté est d'ailleurs très partielle. Un nom ne peut être adjectif en finnois que s'il n'est pas affecté de certaines marques uniquement spécialisées dans la dérivation substantive. Ainsi, le mot *pimeä* peut à la fois dire « obscur » et « obscurité » tandis que *pimeys* ne dit que « obscurité ». C'est que l'adjectif ne peut figurer comme tel qu'en deux fonctions : 1) comme qualifiant antéposé (dans la langue poétique parfois postposé) accordé en cas et en nombre au mot qu'il détermine, 2) comme attribut du sujet ou de l'objet avec lesquels il est également accordé en cas et en nombre. S'il figure seul comme sujet ou objet ou complément circonstanciel, il fait par là-même fonction de substantif et s'il est affecté d'un suffixe casuel sans être combiné à un substantif, il est de ce seul fait substantivé et de même s'il se trouve affecté d'un suffixe de possessivation. Un terme *pimeässä* « dans l'obscurité » est nécessairement substantif s'il est employé isolément, c'est-à-dire s'il n'est pas suivi d'un autre nom au même cas et au même nombre : *pimeässä pirtissä* « dans la masure obscure », etc. A cela s'ajoute que, de par leur étymologie, un nombre appréciable de noms ne sont conçus que comme des substantifs : *kala* « poisson », *joki* « cours d'eau », *järvi* « lac », *vuori* « montagne ». Ces noms ne peuvent qualifier un autre nom qu'en lui étant antéposés soit à la forme du nominatif singulier *kalakeitto* « soupe au poisson, soupe de poisson » ou à celle du génitif (singulier et pluriel) : *kalanluu* « arête de poisson », *talonemäntä* « la maîtresse de maison » (*talo* « maison, *emäntä* « maîtresse de céans »), *talojen ikkunat* « les fenêtres des maisons ». Dans ces conditions, l'identification du nom substantif par opposition au nom adjectif ne présente aucune difficulté ainsi qu'en fait foi cette phrase relevée au hasard : *Humoristien kirjoissa on enemmän asiaa ja tavaraa kuin ns. (niin sanottujen) vakavamielisten ja vakavasti otettavien* (Veijo Meri : *Asiatekstejä*, p. 192). « Dans les livres des humoristes, il y a plus de choses et de substance que dans ceux des esprits dits sérieux et à prendre au sérieux. » L'adjectif composé *vakavamielinen* « qui a l'esprit sérieux » et le participe présent passif *otettava* « qui est à prendre » jouent ici le rôle de substantifs et ne sauraient être interprétés autrement par quiconque sait quelque peu de finnois. De même, si *vieras* est adjectif et signifie « étranger » dans *Vieras mies tuli taloon* (titre d'un roman de Mika Waltari) « Un (homme) étranger vint à la maison », en revanche il ne peut être que substantif dans : *Hän odotti vieraita* « Il attendait des invités (des hôtes) ». On serait alors en droit de se demander comment il se fait que Mika Waltari n'ait pas tout simplement choisi pour titre *Vieras tuli taloon* puisque dans cette position, le terme *vieras* ne pouvait pas non plus être ambigu. La raison est différente. Si *vieras* ne pouvait être interprété autrement que comme un substantif, en revanche, il ne permettait pas de déterminer si la personne étrangère venue à la maison était un homme ou une femme. C'est l'absence de toute marque du genre grammatical qui a contraint ici l'écrivain à employer un syntagme épithétique. Il aurait de même été amené à écrire *Vieras nainen* « une étrangère » s'il s'était agi d'une femme. Mais le problème de l'article et celui du genre grammatical sont totalement distincts, comme en apporte la preuve le hongrois qui se trouve aux prises avec les mêmes difficultés dès qu'il est nécessaire de faire une distinction de sexe. Ce qu'il y a lieu de retenir, c'est que le finnois dispose de procédés clairs pour séparer le substantif de l'adjectif sans recourir à l'article défini ou indéfini. Cet état de choses dispense de l'usage d'articles.

Mais l'article sert dans d'autres langues à indiquer si le concept auquel on a affaire est ou n'est pas défini. Plus exactement, il sert à faire saisir par l'interlocuteur ou le lecteur que l'on est en présence d'un concept déjà connu ou inversement d'un concept nouveau présenté pour la première fois. C'est du moins l'une des missions de l'article car, selon les langues, il peut en assumer d'autres. Et c'est dans l'expression de l'opposition entre le connu et l'inconnu que la difficulté a surgi dès le début de la langue écrite. Comme nous l'avons vu, Agricola a utilisé un article défini sous les espèces du démonstratif anaphorique *se*, tout comme le faisait l'auteur du Fragment d'Upsal ou celui des manuscrits Westh. Qu'il n'ait pas été très conséquent dans l'emploi de cet article est une autre chose. Quant à l'article indéfini, c'était *yksi* « un, une », le nom de nombre, qui le fournissait. Mais, comme pour *se*, son emploi n'était pas régulier. Ce flottement dans l'emploi des deux articles s'explique assez quand on songe que la langue populaire les ignorait. Par ailleurs, le latin se passait d'article et c'était pourtant à partir du latin de la Vulgate, et plus généralement du latin médiéval, que les textes liturgiques tout comme les textes bibliques étaient traduits. En outre, les langues voisines ignoraient aussi l'article, à l'exception du suédois et de l'allemand, surtout de ce dernier qui avait déjà étendu considérablement l'emploi de l'article par rapport aux langues nordiques ainsi que j'ai eu l'occasion de le signaler dans ma thèse secondaire : « L'emploi de l'article en gotique » (1929). La coercition qui s'est exercée sur le finnois en ce qui concerne l'article n'a pu affecter que ceux qui se servaient du suédois en plus de leur dialecte finnois. A cela s'ajoute que l'article défini du suédois (comme du nordique en général) a été suffixé de très bonne heure de telle sorte qu'un décalque servile ne pouvait s'opérer qu'à la condition de suffixer au nom un élément déictique approprié, comme cela a eu lieu en mordve.

Sans doute, le suédois se sert aussi d'un article antéposé *(den, det*, pluriel *de)* mais ce déictique de sens très affaibli n'entre que dans des constructions déterminées et le plus souvent en combinaison avec l'article suffixé. La plus fréquente de ces constructions est le syntagme épithétique défini : *den fria mannen* « l'homme libre », *den vackra kvinnan* « la jolie femme », *det gröna gräset* « l'herbe verte », etc. Il n'est donc pas improbable qu'une formule *Se Usi Testamenti* (= *Se Uusi Testamentti*) « Le Nouveau Testament » employée par Agricola ait été inspirée du suédois *Thet Nyia Testamentit* bien que la solution choisie par le traducteur finnois s'apparente davantage à la construction allemande correspondante *Das Neue Testament* puisque l'allemand ne possède pas d'article postposé.

Dès l'édition de la Bible de 1642, il apparaît que le souci constant des réviseurs sera d'éliminer cet emploi de l'article, défini aussi bien qu'indéfini (avec *yksi*), dans lequel est ressentie une action étrangère susceptible d'adultérer la langue. Cette lutte contre les articles ne s'est pas relâchée jusqu'à nos jours et le résultat est que la prose normale l'a totalement éliminé. Toutefois, l'état de choses ainsi créé n'est pas sans mettre parfois dans l'embarras l'usager trop accoutumé à l'expression suédoise, allemande, française ou anglaise. Les auteurs de syntaxes ont donc signalé dès 1880 les procédés élégants par le moyen desquels le caractère défini ou indéfini d'un substantif pouvait être suggéré sans enfreindre les règles de la syntaxe traditionnelle. Le grand E. N. Setälä, par exemple, a attiré l'attention sur l'utilité de recourir à l'ordre des mots pour distinguer le sujet déterminé du sujet indéterminé. Pour reprendre la formule avec laquelle il a opéré, il a opposé les deux énoncés *Ukko istuu tuvassa* et *Tuvassa istuu ukko*. Le premier veut dire : « Le vieillard est assis dans la chambre » et le second « Un vieillard est assis dans la chambre ». C'est l'inversion du sujet qui exprimerait l'indéfini. Mais il convient de remarquer aussi le changement dans l'emplacement du complément circonstanciel de lieu qui passe de la fin de l'énoncé à son début. C'est ce que semble confirmer : *Suomessa alkoi torstaina varsin harvinaislaatuinen oikeudenkäynti* (*Asiatekstejä*, p. 44) : « En Finlande a commencé mardi un procès d'un genre particulièrement rare. » Le sujet *oikeudenkäynti* vient effectivement après le verbe *alkoi* « il commença » dont il est même séparé par le complément de temps *torstaina*, sans parler de l'épithète antéposée au sujet. Inversement, le sujet serait défini dans : *Tällaiselle rehellisyydelle arvostelukykyinen lukija antaisi arvoa* (*id.*, p. 43) : « A une telle honnêteté, le lecteur capable de sens critique donnerait quelque prix. » Le mot *lukija* « lecteur » est antéposé au verbe *antaisi* « donnerait ». La règle est donc bien observée. Pourtant, on tombe souvent sur d'autres constructions telles que : *Tulevaisuuden liikemuodoksi kaupungeissa kehittyy tavaratalo* (*Asiatekstejä*, p. 116) : « Dans l'avenir, c'est le grand magasin qui sera le mode de commerce dans les villes. » Il n'est pas douteux que le sujet *tavaratalo* « grand magasin », qui vient en fin d'énoncé est défini mais en plus il est placé en position emphatique. Tel n'est pas le cas dans cet autre énoncé : *Tämän puolen ohella on huomio yllyttäjäjutussa kohdistunut Suopoon* (*ibid.*, p. 48) : « A côté de cela, l'attention s'est tournée, dans le procès des agitateurs, vers la *Suopo* » (La police de sûreté de l'État). Le terme *huomio* « attention » vient bien après l'auxiliaire *on* bien qu'il soit évidemment déterminé. Ici, il ne saurait être question d'un sujet mis en vedette puisque nous avons affaire à un cliché. Mais il arrive aussi que le terme précédant le verbe soit indéterminé comme il apparaît dans : *Mielenkiintoinen ilmiö on, että näitä erikoismyymälöitä ilmestyy myös tavaratalojen ja ostoskeskusten yhteyteen* (*id.*, p. 116) : « Un phénomène intéressant est que ces points de vente particuliers se manifestent aussi en liaison avec les grands magasins et les centres d'achats. » Le mot *ilmiö* « phénomène » est indéterminé bien qu'il soit qualifié par l'adjectif composé *mielenkiintoinen* « intéressant ». L'inversion n'est donc pas le procédé unique pour marquer l'indétermination, pas plus que l'antéposition ne signale dans tous les cas la détermination. D'autres facteurs interviennent aussi : contexte, conditions de débit, clichés, etc. La forme dans laquelle apparaît le substantif peut aussi jouer son rôle. Ceci est particulièrement sensible au pluriel où le nominatif est généralement ressenti comme étant défini : *Hyvänä esimerkkinä ovat urheiluliikkeet ja tupakkakaupat.* « Les magasins d'articles de sport et les débits de tabac (en) sont un bon exemple. » (*Asiatekstejä*, p. 116). De même, un substantif déterminé par un génitif exprime volontiers un concept défini s'il figure au nominatif. D'où l'emploi du partitif pour le rendre indéfini : *Ennen kaikkea tapahtuu yksiköiden, kauppaliikkeiden, valtavaa kasvua... (ibid.)* « Avant tout se produira une puissante croissance des unités, des magasins... » Le sujet *kasvua* est au partitif précisément pour garder au concept son caractère indéfini.

Les conditions de débit, le contexte, les assemblages syntactiques, les valeurs respectives des significations sont des facteurs qui jouent un rôle décisif quand il s'agit de substantifs assumant d'autres fonctions que celle de sujet du verbe. Pour se rendre compte de la complexité de l'opération par laquelle l'usager parvient à situer les concepts et à les classer en définis ou indéfinis, il suffit de confronter le texte suédois d'une strophe d'un poème d'Emil Zilliacus, citée par Kai Laitinen (*op. cit.*, p. 53) avec sa traduction en finnois :

Led på en värld som dig tycktes förvriden,
lyst av minnenas aftonglöd
sjöng du ännu, en främling i tiden,
sånger om trohet och ära och död.

« Las d'un monde qui t'a semblé distordu,
Éclairé par le crépuscule des souvenirs,
Tu as encore chanté, (un) étranger dans le temps,
Des chants de fidélité, d'honneur et de mort. »

Le texte finnois, rendu littéralement, par conséquent libre de toute contrainte métrique, est :

Kyllästyneenä maailmaan, joka sinusta näytti vääristyneeltä,
muistojen iltahehkun valaisemana
lauloit vielä, vieraana ajassa,
lauluja uskollisuudesta ja kunniasta ja kuolemasta.

Au suédois *en värld* « un monde » répond *maailmaan* de même que *minnenas* « des souvenirs » (avec l'article défini postposé *-na*) est rendu par *muistojen* (de *muisto* « souvenir »). L'indéfini *en främling* « un étranger » a pour contrepartie *vieraana* « en étranger » alors que *i tiden* « dans le temps » est reflété par *ajassa* (d'*aika* « temps »). Cela revient à dire que les substantifs finnois ont été traités partout comme s'ils n'étaient pas « marqués », ce que confirme le rendu des mots indéfinis *trohet* « fidélité », *ära* « honneur » et *död* « mort » par *uskollisuudesta (uskollisuus)*, *kunniasta (kunnia)*, *kuolemasta (kuolema)*. La répartition des concepts définis et indéfinis n'est pas indiquée formellement mais elle se dégage d'un ensemble de facteurs combinés. Que ce processus ne soit pas toujours univoque est évident. Comment le traducteur français doit-il rendre : *On saatava valita vapaasti hallitusmuoto*? Faut-il dire « On doit pouvoir choisir librement *un* mode de gouvernement » ou « On doit pouvoir choisir *le* mode de gouvernement »? N'est-on pas amené à se décider en fonction des clichés de la langue de traduction? Ainsi, on n'hésitera pas à transposer *On hävitettävä nälkä ja köyhyys...* (*Asiatekstejä*, p. 87) par « Il faut supprimer la faim et la pauvreté... » parce que nous n'avons pas l'habitude de nous exprimer autrement. Par contre, le *vieraana* du texte cité plus haut qui reflétait le suédois *en främling* peut et doit même être dit « en étranger » sans emploi de l'article indéfini français. Inversement, en dépit de son partitif, une locution *Läksyjä ei ole luettu* « On n'a pas appris les leçons » ne saurait être rendue par « On n'a pas appris de leçons » car le partitif complément négatif du passif est antéposé au verbe, tout comme dans la variante positive du même énoncé : *Läksyt on* *luettu* « Les leçons ont été apprises » (*Harjoituksia*, p. 12 et 54). Par contre, dans d'autres énoncés, c'est seulement le contexte ou la circonstance présente qui permet de concevoir tel substantif comme exprimant un concept défini ou indéfini. Ainsi : *En tilaa vielä laskua* « Je ne demande pas encore l'addition (dans un restaurant) » nous paraît répondre à notre formule française où le substantif « addition » est précédé de l'article défini tandis que dans *He eivät tilaa uutta pukua*, nous hésitons entre « Ils ne commandent pas d'habit neuf », « Ils ne commandent pas un habit neuf » et « Ils ne commandent pas l'habit neuf ». La contrepartie positive n'est pas plus claire pour nous : *Tilaan jo laskun* « Je demande déjà l'addition » et *He tilaavat uuden puvun* « Ils commandent un habit neuf », « Ils commandent l'habit neuf » (*Harjoituksia*, p. 11 et 53). Il faut se représenter la circonstance où ces énoncés sont produits pour en décider.

Les catégories du défini et de l'indéfini ne sont pas non plus en elles-mêmes exemptes d'ambiguïté. Dans de nombreux cas, notamment au pluriel, il y a interférence entre le défini et la totalité d'une part, entre l'indéfini et la partialité d'autre part. C'est le cas des sujets de ces deux énoncés : *Julkiset rakennukset vaurioituivat* « Les bâtiments publics ont été endommagés » et *Julkisia rakennuksia vaurioitui* « Des bâtiments publics ont été endommagés ». Mais cette complexité n'est propre ni au finnois ni au français, elle est inhérente à ces catégories de pensée. Il n'en demeure pas moins que le finnois se trouve embarrassé pour dire l'équivalent d'un énoncé français tel que « J'ai bu un (bon) vin » et « J'ai bu le vin » car *Join viinin* signifia à la fois « J'ai bu le vin » et « J'ai bu un vin ».

Pratiquement, l'usager n'est pas gêné tant qu'il demeure à l'intérieur du système d'expressions qui lui est familier. Il ne ressent d'embarras que lorsqu'il veut s'accommoder à une communication exprimée dans des catégories qui lui sont étrangères ou plutôt qui ne trouvent pas une expression correspondante dans sa propre langue. C'est ce qu'ont éprouvé inversement tous ceux qui ont fait l'apprentissage d'une langue sans articles, alors que leur idiome de départ était pourvu de ces outils. A tout propos, ils sont arrêtés par l'absence de l'article. Cette absence est en soi plus gênante pour eux que pour ceux qui se trouvent enfermés dans la langue sans articles. C'est ce qui explique la réaction de certains de nos lycéens qui se sentent plus à l'aise en grec qu'en latin. Mais l'absence d'article dans une langue n'est pas un signe d'infériorité. Le latin en est un exemple éclatant, qui a servi de langue suprême de civilisation en Occident durant des siècles. Un Descartes a pu encore s'exprimer en latin sans que sa pensée en ait été amoindrie et, plus près de nous, les savants et techniciens soviétiques se servent d'une langue qui ne connaît pas d'articles non plus alors que des idiomes tels que le tahitien usent d'un article comparable au nôtre.

Les controverses fréquentes surgies ces dernières années parmi les linguistes de Finlande au sujet de l'expression des catégories du défini et de l'indéfini sont donc hors de proportion avec leur objet. Le défaut d'article n'est pas un inconvénient en soi. S'il apparaît comme tel, c'est qu'on a désormais affaire à un public de plus en plus nombreux qui entretient des contacts bilingues, voire même plurilingues et s'est accoutumé à utiliser l'article hors de sa langue maternelle. On est alors en présence de véritables décalques syntaxiques et l'on conçoit qu'ils choquent tous ceux qui ont conscience de l'originalité de leur langue. Ce qui, tout de même, ne saurait être oublié, c'est qu'un redressement a été opéré consciemment sur ce point depuis les débuts de la langue écrite. A en juger par ce qu'on trouve dans les textes du XVIe siècle, on aurait pu penser que l'article s'installerait rapidement en finnois. Il n'en a rien été et ceci est imputable à la résistance opposée à son introduction. Une fois de plus la volonté consciente des hommes, en réalité d'un petit nombre d'hommes, a eu raison des forces obscures qui poussaient la langue dans une direction qu'ils jugeaient nuisibles. Il importe peu qu'ils aient eu raison ou tort quant au fond même de la chose, ce qui est instructif, c'est qu'ils ont réussi à l'emporter. Une évolution qui avait toutes les apparences d'être inéluctable a été bloquée et l'ancien état de choses s'est trouvé rétabli.

Les relations avec la langue parlée.

A partir de 1880, le finnois langue « générale », fondé sur la tradition écrite, a commencé à se développer sous une forme parlée. Nous avons constaté que ces débuts furent laborieux. Ce n'est que petit à petit que les familles de la « bonne société » se sont mises à parler finnois à la place du suédois. On peut même dire que pendant assez longtemps, elles ont été bilingues ainsi qu'il apparaît d'écrits de toutes sortes, notamment des mémoires rédigés par des personnalités ayant joué un rôle plus ou moins important dans la vie publique. Et même quand on était passé totalement au finnois, on restait nécessairement en relations étroites avec celles des familles aisées ou notables qui continuaient à ne se servir que du suédois, tout en professant un « fennomanisme » théorique. Cette contradiction a frappé beaucoup d'observateurs et j'ai personnellement connu des patriotes très ardents qui n'en omettaient pas moins de parler suédois dès qu'ils se retiraient dans la vie privée.

Quant à ceux qui s'étaient décidés sans retour pour le finnois intégral, parlé aussi bien qu'écrit, ils se trouvaient devant un dilemme : user d'une variété dialectale de la langue ou transposer dans le parlé ce qui n'avait jusque-là servi qu'à l'expression écrite. Le comportement des usagers a alors été différent, selon qu'ils avaient ou non des racines finnoises. Pour ceux qui avaient dès l'enfance parlé quelque variété de finnois populaire, la question qui se posait était de savoir comment épurer ce langage de ce qui était par trop aberrant par rapport à la langue écrite. Pour les néophytes transfuges du suédois, il s'agissait de savoir habiller leur pensée en formes finnoises. Et ces formes, ils ne pouvaient guère aller les puiser que dans la tradition écrite faute de contact avec le parler vivant qui s'était développé indépendamment de la langue écrite. Ceux-là avaient à lutter contre leurs habitudes suédoises. C'est ainsi que les formes nominales du verbe finnois leur causaient des difficultés de même que le manque de tout article. Involontairement, ils étaient amenés à reconstruire leurs phrases, de patron suédois, avec des mots finnois. Cette procédure les éloignait des dialectes qui avaient évolué dans de tout autres conditions, surtout dans l'est du pays, moins exposé à l'action du suédois. Cette situation était encore sensible à l'époque où a éclaté la première guerre mondiale. Elle transparaît dans les textes qui reflètent plus ou moins fidèlement l'expression familière ou courante des individus. Ceux qui procédaient du fond finnois laissaient çà et là passer quelque dialectalisme, les autres lâchaient des svécismes plus ou moins « horrifiques ».

Cet état de choses n'a pas complètement disparu, loin de là, mais un phénomène nouveau se constate : la langue enseignée par l'école, utilisée par la presse, la radio, la télévision, les administrations, a commencé à évoluer indépendamment des dialectes. La prononciation s'est émancipée de celle des dialectes et surtout les formes des mots comme les assemblages où ils se combinent ont commencé à changer selon des lois qui ne sont plus celles reconnues jusqu'ici par les dialectes. C'est quelque chose de nouveau dans l'histoire de la langue car les linguistes qui ont voulu expliquer l'évolution du finnois, à vrai dire surtout du point de vue phonétique, ont toujours considéré que la langue écrite était hors de cause dès qu'il s'agissait de rendre compte des changements phonétiques intervenus depuis le XVIe siècle. Tout s'expliquait selon eux par les développements qui s'étaient accomplis au sein des dialectes. La langue écrite et sa variante parlée n'auraient fait que refléter ces changements en les accommodant plus ou moins sous l'effet d'interventions conscientes de la part des écrivains et de tous ceux qui s'étaient appliqués à façonner la langue écrite. Un détail révèle assez éloquemment cette manière de voir. Pour rendre compte des formes abrégées des pronoms personnels *minä* « je, moi », *sinä* « tu, toi » qui s'entendent couramment désormais en *mä* et *sä*, Martti Rapola, qui fut l'un des maîtres les plus autorisés de l'histoire du finnois, ayant constaté que rien de comparable ne se retrouve dans les dialectes, ne consent à y voir des innovations récentes, surgies en milieu urbain, plus précisément à Helsinki parmi les jeunes, qu'en admettant qu'il y a là comme une sorte de reflet des abrégements en *mää* et *sää* attestés, eux, dans les dialectes, de même aussi qu'une imitation des réductions dues à des emplois des pronoms en question en position inaccentuée (*Johdatus suomen murteisiin*, p. 81, note 1). Comme si une pareille réduction ne pouvait pas se produire spontanément dans un parler faubourien ou familier! Ce même langage de Helsinki comporte la prononciation du *-d-*, degré faible de *-t-*, car une partie de la population est passée de l'usage du suédois à celui du finnois et elle possédait ce phonème en suédois. Par contre, le suédois connaît des répartitions très particulières de la quantité syllabique et le parler des classes peu instruites s'en ressent, d'autant plus qu'un élément jusque-là inconnu est venu ajouter sa perturbation sous les espèces d'un argot composé surtout de mots suédois plus ou moins mal digérés.

Sous l'effet de ces différents facteurs, une nouvelle façon de langue parlée s'est créée, qui forme désormais un contraste assez marqué avec la langue écrite normale. C'est ce qui apparaît dans le texte reproduit d'après un enregistrement du professeur Pauli Saukkonen, dont fait état Päivi Rintala (*Suomen Kielen Käsikirja*, p. 318). Mais ce texte, n'est qu'un échantillon qui ne peut figurer qu'entre bien d'autres plus ou moins variés. Car le concept même de langue parlée est devenu presque insaisissable, comme dans tous les cas où une langue de civilisation s'est généralisée et étendue à toutes les couches de la société. Où commence le parlé? Un discours d'apparat, une communication officielle, un exposé scientifique ou technique procèdent de la langue écrite quand ce ne sont pas uniquement des lectures à haute voix ou de l'écrit appris par cœur. Dans ce cas, on a plutôt affaire à une langue écrite oralisée. Mais l'exposé présenté plus spontanément devant un public instruit se ressent aussi du modèle écrit. A l'autre bout, il y a le langage négligé des familiers, le langage débraillé assaisonné d'argot, les jargons de métiers, de collectivités plus ou moins fermées, etc. Et puis, il y a en Finlande le parlé mitigé de tous ceux qui patoisent encore ou ne se sont pas départis de leurs régionalismes. On entend constamment prononcer en *-r-* ou *-l-* le degré faible de *-t-*, ce qui confère une saveur populaire au parlé mais on entend également les traitements de type oriental : zéro, *-v-* ou *-j-* selon les cas, ce qui si l'on en croit certains, s'admet plus facilement. Dans ces conditions, il est très hasardeux de vouloir définir les caractères propres de la variante parlée de la langue normale ou « générale » *(yleiskieli)*.

Ce qui frappe toutefois l'observateur, c'est que le parlé, même des gens instruits et soucieux de correction, répugne désormais à l'emploi des formes nominales du verbe. Elles sont évincées par les constructions moins serrées obtenues en remplaçant les phrases à quasi-propositions par des phrases à propositions multiples, relatives et subordonnées conjonctives. C'est ce que nous avons signalé plus haut lorsque nous avons remarqué qu'on renonçait à se servir de la « construction participiale » à laquelle on préfère la relative introduite par *että* « que ». Parallèlement, on abandonne aussi les noms verbaux qui expriment la simultanéité ou la succession dans le temps au profit des subordonnées temporelles introduites par des conjonctions de temps. Sur toute la ligne, c'est l'expression à la suédoise qui l'emporte ici.

Un autre fait se remarque : la suppression de l'accord en nombre du verbe à la 3e personne. On entend : *ne tulee* « ils viennent », *ne on menneet* « ils sont partis », etc. Ici, nous nous rapprochons de l'expression suédoise aussi, bien que ce désaccord en nombre du sujet et du verbe conjugué se constate dans une partie des dialectes. Par ailleurs, nous avons signalé que la 1re personne du pluriel tend à laisser la place à la forme passive du verbe, combinée avec le pronom personnel *me* « nous » : *me mentiin* « nous sommes partis ». Le verbe de négation tend à se réduire à la seule 3e personne du singulier *ei* mais c'est déjà ce qui se pratiquait du temps d'Agricola et c'est ce qui s'est implanté dans la langue écrite d'Estonie. Une partie même des syntagmes qualificatifs est évitée dans la conversation. Ainsi, au lieu de dire : *Monet asuvat valtion rakennuttamissa vuokrataloissa*, on utilise : *Monet asuvat vuokrataloissa, jotka valtio on rakennuttanut.* On a donc tendance à préférer « Beaucoup habitent dans des maisons locatives que l'État a construites » à « Beaucoup habitent dans des maisons locatives construites par l'État ». Cela revient à reléguer la détermination qualificative après le qualifié au lieu de la lui antéposer selon la règle finno-ougrienne. Cela va jusqu'à dire *Pidän jutuista, jotka ovat hauskoja* « J'aime les histoires qui sont plaisantes » plutôt que *Pidän hauskoista jutuista* « J'aime les histoires plaisantes ». (*Harjoituksia...*, p. 46 et 78). Cette préférence trahit que la démarche de l'esprit n'est plus la même.

L'énorme diffusion reçue par la variété écrite de la langue au cours des dernières années aura pour effet de conférer à la langue « générale » ou « commune » un faciès uniforme mais d'ici à ce que ce résultat soit obtenu, la langue parlée gardera son aspect hétérogène, voire même parfois hétéroclite. C'est ce qui se reflète dans les œuvres des écrivains plus ou moins « réalistes ». Ils croient devoir faire parler chaque personnage selon son langage propre, lequel est tantôt du patois plus ou moins altéré, tantôt de l'argot, ce qui abolit l'unité de style à laquelle pourtant d'autres écrivains attachent plus de prix. Il en résulte que d'une page à l'autre, d'une publication à l'autre, on rencontre des variétés distinctes de la langue et d'innombrables variantes dans la forme. Dans un même texte, à quelques lignes d'intervalle, deux mots, employés dans des conditions identiques, se présenteront sous deux formes différentes : *muiden* « des autres » et *muitten* « id. », *kirjailijoiden* « des écrivains » et *kirjailijain* « id. », etc. D'une page à l'autre, dès que l'écrivain fait parler ses personnages dans ce qu'il estime être leur façon propre de s'exprimer, on voit défiler pratiquement presque toutes les variantes repérées au cours des temps dans tous les monuments que nous connaissons de la langue, à en croire que rien n'a changé depuis le XVIe siècle! On dirait que les mêmes problèmes se posent et qu'ils attendent toujours une solution.

Ce qui frappe, en effet, dans le parlé prêté par les écrivains à leurs personnages, c'est qu'on y voit revenir comme des fantômes du passé, des formes que des siècles de travail semblaient avoir définitivement bannies.

Il y a d'abord l'élision. Constamment, les conversations reproduites contiennent des formes élidées : *Sulla on uus auto.* « Tu as une nouvelle auto » (Veijo Meri, *Suku*, p. 107). Nous lisons aussi : *tulis* « viendrait » (Eila Pennanen : *Tilapää*, p. 107), *olis* « serait », *vois* « voudrait », etc. Les voyelles finales se sont résorbées et ont allongé la voyelle qui précédait : *iskee* (infinitif I) « frapper » (pour *iskeä*), *oikee* « juste » (= *oikea*), *kelloo* « heure » (= *kelloa*), etc. L'-*i* du prétérit est amuï : *Maksoks ne?* « Ont-ils payé? » — *Makso* « Ils ont payé » (pour *maksoi*), *ampu* « il tira » (= *ampui*), *usko* « il crut » (= *uskoi*). On lit ainsi : *Akat pelästy ja rupesivat peräänlymään* (Lassi Sinkkonen, *Solveigin laulu*, p. 41) « Les bonnes femmes ont eu peur et ont commencé à battre en retraite ». Le -*ts*- de la langue écrite est rendu par -*tt*- : ... *tulin mettän kautta kotiin* « je suis rentré à la maison par la forêt » (*metsän kautta* « par la forêt »). Naturellement, certains mots auxiliaires inaccentués ont subi des amputations plus ou moins sensibles : les pronoms personnels : *mä* (= *minä*) « je », *sä* (= *sinä*) « tu », *mun* « de moi », *mut* « me », *sun* « de toi », *sua* « te » (partitif), *sut* « te »

(= *sinut*), etc. Les formes sans *i* de l'ouest pullulent dans des mots tels que *sellanen* « tel » (= *sellainen*), *semmonen* « de ce genre » *(semmoinen)*, *takasin* « en arrière » (= *takaisin*), *lämpösenä* « tout chaud » (café) (= *lämpöisenä*), *tarkottaa* « avoir l'intention » (= *tarkoittaa*). La particule interrogative est entendue en *-ks* : *Onks ne pyytäneet sut sinne?* (*Solveigin laulu*, p. 117) « Est-ce qu'ils t'ont demandée là-bas? », *Eiks ole hullua?* (*Tilanpää*, p. 41) « Est-ce que c'est pas fou? ». On lit *tää* « ceci » pour *tämä*, *nää* pour *nämä* « ceux-ci ». On retrouve les déictiques *toi* « celui-là », *noi* « ceux-là ». Certaines formes verbales fréquentes ont été plus ou moins réduites : *Oota kun mä tuun, mä opetan sulle* (*Suku*, p. 108) « Attends que je vienne, je t'apprendrai à vivre ». (= *Odota* « attends », *tulen* « je viens »). On lit encore *mä nään* « je vois » (= *minä näen*), *mä meen* « je vais » (= *minä menen* », etc. Des assimilations se retrouvent qui sont de vieilles connaissances : *tuleksä* « viens-tu »? *annaksä* « donnes-tu »? etc. Naturellement, les dialectalismes affleurent partout, plus ou moins accommodés par les sujets parlants : *lähdetääs* « partons » (*Tilanpää*, p. 56), *Yks ukko rupes puhuun kaupassa politiikkaa...* (*Suku*, p. 12) « Un vieux bonhomme s'est mis à parler politique dans la boutique » avec un illatif construit sur le thème verbal nu (*puhu-* « parler »), *Mulle rupes tuleen kiire* « La hâte s'est mise à me venir » (*Yhden yön tarinat*, p. 23). On tombe sur des archaïsmes inattendus : *Tuossa kulmatalossa on yksi rouva kun pitää lapsia...* (*Tilapää*, p. 95) « Là-bas, dans la maison qui fait le coin, il y a une femme qui garde les enfants... » où *kun* rappelle le *kuin* qui a servi de relatif tant de fois chez Agricola et chez ses contemporains.

Cette langue parlée négligée abonde en emplois du déictique *se* (pluriel *ne*) en fonction d'article défini alors que le nom de nombre *yksi* sert d'article indéfini comme dans l'énoncé ci-dessus. On relève entre autres des phrases telles que : ... *ne vaaleet oli värjänneet tukkansa valkoiseksi...* « les blondes *(valeet* pour *vaaleat)* avaient teint leurs cheveux en blanc (Veijo Meri : *Everstin autokuljettaja*, p. 75) ... *ne tummat esitti kesämuotia (ibid.)* « les brunes présentaient la mode d'été ». On a d'autre part : *Kuskasin yhtä everstiä...* (*Yhden yön tarinat*, p. 120) « J'ai conduit un colonel » ou encore : ... *mä huomasin pienen pöydän jossa istuu yks kaveri* (*Solveigin laulu*, p. 194) ... « je remarquai une petite table où était assis un copain ».

Les constructions étrangères (de type suédois surtout) abondent :

... *kymmenen kruunun edestä ne saatanat juhli koko illan* (*Yhden yön tarinat*, p. 81) ... « pour dix couronnes, les bougres festoyaient toute la soirée »,

où l'emploi d'*edestä* (suédois *för*, allemand *für*) subsiste à la place de l'élatif *(kymmenestä kruunusta)* bien qu'il ait été condamné dès les temps de la Bible de 1642! On lit de même :

Kai Elsi mut vastaan ottaa. « Sûrement, Elsa me recevra. » Ici, l'auteur (ou l'imprimeur) n'a pas écrit *vastaan* « à la rencontre » et *ottaa* « elle prend » en un seul mot mais cela ne change rien aux conditions d'émission de l'assemblage et c'est cet assemblage qui avait été condamné par les réviseurs de la première Bible intégrale. Il y a mieux. Le même personnage dit (*op. cit.*, p. 60) : *Se oli vilustanut itsensä* « Il avait attrapé froid » (littéralement « Il s'était refroidi ». C'est le décalque du suédois : *han förkylde sig* et la version finnoise en est *hän oli vilustunut* (de *vilustua* « prendre froid », verbe inchoatif en *-u-*). Pourtant, ce svécisme flagrant est consigné dans le *Nykysuomen sanakirja* « Dictionnaire du finnois contemporain » qui donne le ton en matière d'usage.

Et puis, cette langue parlée de tous les jours est assaisonnée de formules provenant de la langue écrite, de la langue de la Bible et elle foisonne de mots étrangers, plus particulièrement de mots suédois à quoi s'ajoute de plus en plus une dose croissante d'argot, puisé lui aussi surtout en suédois. C'est ainsi qu'on tombe sur un énoncé tel que : *Otetaanko päällystakki vai ei?* « Est-ce qu'on prend le pardessus ou non? » (*Suku*, p. 85). Ici, le passif est d'allure presque soutenue, de même que dans : *Multa ei tietysti kysytty halusinks mä vai en lähteä Emsalöhön* (*Solveigin laulu*, p. 106) « Il ne me fut naturellement pas demandé si je désirais ou non partir pour Emsalö ». Biblique est la formule : *Sitten se meni Fransun tykö.* « Ensuite elle se rendit auprès de Fransu. » (*Suku*, p. 116).

On est surpris de s'imaginer dans la bouche de certains de ces personnages d'instruction rudimentaire des expressions telles que : *Ainoat mitkä eivät reagoineet...* (*Solveigin laulu*, p. 136) « Les seules qui ne réagirent pas... », *se saattoi olla isän idea...* « ça a dû être l'idée de mon père » (*id.*, p. 179) ou encore : *Samaan paikkaan minne lapset eivät normaalisti päässeet* (*id.*, p. 60) « Dans un endroit même où les enfants ne pénétraient pas normalement ». On croirait entendre les expressions mêmes dont se servent en France tant de gens de peu d'instruction.

A ces mots demi-savants se mêlent tous les termes familiers dont beaucoup sont à peine adaptés du suédois : *sinun systeris* « ta sœur » *(syster)*, *famu* « grand'mère » *(farmor)*, *mutsi* « maman », *pröystäillä* « se vanter, faire des manières » *(brösta sig*, allemand *sich brüsten)*, *kroppani* « mon corps» *(kropp)*, *skolekirja* « livre scolaire » (*skola* « école », *skolbok* « livre scolaire »), *Mä en kledjannut itseäni kahta minuuttia kauempaa...* (*Solveigin laulu*, p. 140) « Je me suis habillée en moins de deux minustes » *(klädä sig)*, mais il y a aussi des mots, voire même des tournures d'autres provenances : *Se oli kokonainen stoori* (*id.*, p. 98) « Ça été toute une histoire », ... *ei siitä ainakaan mitään traumoja tullut...* (*Tilapää*, p. 54) « il ne m'en est du moins pas venu de rêves » (allemand *Traum*), *tämä möblemangi* « cet ameublement » (*id.*, p. 85), etc.

On se tromperait toutefois si l'on pensait, comme certains auteurs sont trop prompts à le dire, que cette langue du parlé quotidien a perdu tout vestige de la vieille forme fennique. A côté des phrases qui pourraient se transposer en suédois (voire même en français) terme pour terme, on rencontre aussi des énoncés de frappe ancienne : ... *kun ei koskaan tiedä, mitä tulee tarvinneeksi joskus...* (*Tilapää*, 85) ... « comme on ne sait jamais ce dont on peut avoir besoin des fois... ». La fameuse construction participiale n'a pas été totalement oubliée : *Börjen on nähty aamulla lähtevän naisen kanssa veneellä* (*Solveigin laulu*, p. 130) « Börje a été vu ce matin partant avec une femme en canot ». Ou encore : *Mitä sä luulet mun tekevän?* « Qu'est-ce que tu crois que je fais? » (*id.*, p. 188) et de plus ... *mutta nyt mä huomaan tehneeni virheen* (*id.*, p. 72) « ... mais maintenant je m'aperçois que j'ai fait une faute ». Toujours dans le même style on relève des énoncés tels que : ... *kohta famulle muutettuani...* « tout de suite après que j'ai eu déménagé chez grand'mère... ». Un autre personnage, présenté comme étant un jeune ouvrier avide de lecture dit : *Siitä se johtuu mun uppoamiseni tekstiin* (*id.*, p. 219) « C'est de là que vient que je m'enfonce dans le texte ». C'est là un reflet de la langue des journaux ou de celle des livres.

Il est par contre un trait commun à toutes les conversations reproduites d'après le parlé dans les récits qui se piquent de réalisme, c'est la relative liberté de l'ordre des mots. On lit ainsi : *Sen naisen ne oli tuoneet takaisin* (*Suku*, p. 81) « La femme, ils l'avaient ramenée ». Et à peine plus loin sur la même page : « *Kovat on mammoilla jutut* » « Vertes elles sont leurs histoires aux petites mères ». Et ce qui est encore plus caractéristique : ... *sairaaks te molemmat mut haluatte tehdä...* « c'est malade que vous voulez me rendre tous les deux... ». On lit aussi *Solkivat heinää* ... « ils ont froyé le foin » à quoi il est répondu : *Solkevat ne.* « Qu'ils froyent ». (*Suku*, p. 80), etc. Aucun doute n'est possible, le sujet parlant se prévaut des facilités que lui offre la structure morphologique de la langue pour placer les termes selon la hiérarchie qu'il leur confère. Une tendance de ce genre se fait puissamment sentir dans le français parlé contemporain.

Après ce qui vient d'être mentionné, il n'est pas surprenant de constater que les formes, comme les constructions, varient non seulement d'un sujet à l'autre, ce qui est naturel quand on a affaire à une langue plus ou moins fortement teinte de dialectalismes divers, mais aussi dans la façon de s'exprimer d'un seul et même individu. A défaut de pouvoir faire état d'enregistrements du parlé quotidien, nous ne pouvons alléguer que le témoignage apporté par les écrivains qui ont voulu faire parler chacun de leurs personnages dans son langage personnel. Si ces témoignages reflètent tant soit peu ce qui se passe dans la réalité, et c'est une supposition assez vraisemblable, nous sommes en pleine variance. On relève ainsi : *Minäkin ihmettelin, missä mä olin.* « Moi aussi je me suis demandé où j'étais » (*minä/mä* « moi, je ») (*Yhden yön tarinat*, p. 47). Un peu plus loin dans le même ouvrage on découvre : *Ja kun on karvanen ranne. Onhan kissakin kaunis, vaikka on karvainen* (p. 63) « Oui quand c'est un poignet velu. Mais le chat est beau aussi malgré qu'il soit velu » (*karvanen/karvainen* « velu »). Toujours dans le même texte : *Sulla on uus auto.* « Tu as une auto neuve » — *Joo uusi.* « Oui, neuve » (p. 107) (*uusi/uus* « neuf, neuve). Dans *Lehtori Liljeberg* d'Eino Seisä (p. 70), à deux lignes d'intervalle on trouve : *se on minun oppilas* « c'est mon élève » et *minun oppilaani* « mon élève », où la relation possessive est successivement supportée par le seul génitif du pronom personnel *(minun)*, comme c'est souvent le cas dans le parlé quotidien, et par le mot possessivé combiné avec le génitif en question *(minun oppilaani)*. Dans le récit du personnage principal de *Solveigin laulu* de Lassi Sinkkonen (p. 41) on lit : *Akat pelästy ja rupesivat peräänlymään* « Les bonnes femmes s'effrayèrent et se mirent à battre en retraite ». Le sujet (*akat* « les bonnes femmes ») est tantôt accordé et tantôt employé avec le prétérit singulier, élidé de son *-i*. Sur une même page (p. 64), on rencontre pêle-mêle les formes élidées *kertois* « raconterait », *sais* « recevrait, obtiendrai », *hakattais* « serait massacrée » et *puuttuisi* « manquerait », *jatkuisi* « continuerait », *menisi* « irait », *olisi* « serait », etc. On trouve constamment des contrastes comme : *siellä puut humisevat ja linnut laulaa* (*Tilapää*, p. 63) « là les arbres bruissent et les oiseaux chantent » avec accord et désaccord du sujet et du verbe, etc. On ne saurait donc s'y tromper : cette langue orale de la conversation courante, à quelque étage qu'elle se situe, est composite. Peut-être même encore plus composite que ne l'était la langue des premiers imprimés du XVIe siècle.

Dans la mesure où cette expression orale est plus ou moins authentiquement reproduite et introduite dans la langue de la littérature, elle ne peut que contribuer à remettre en cause l'intégrité de la langue écrite. On se retrouve dans la situation des clercs de Turku du temps d'Agricola, qui ont sans doute utilisé, comme nous l'avons mentionné tant de fois, une sorte de langue véhiculaire faite d'un mélange instable d'éléments provenant des quatre coins du pays. La nouvelle langue parlée, celle des hommes et des femmes de toutes les classes de la société risque d'être quelque chose d'hétéroclite, constitué de formes phonétiquement usées, d'un vocabulaire où les termes immotivés seront de plus en plus nombreux et garderont souvent un revêtement phonique étranger, qui ne manquera pas à la longue d'introduire des phonèmes jusqu'ici inconnus de la prononciation courante. On ne dira pas *bussi* « autobus » impunément. Un jour viendra où tous les mots étrangers en *b-* garderont cette occlusive sonore jusqu'ici imprononçable pour des bouches finnoises. Le phonétisme de la langue aura alors changé. Certes, il se sera enrichi si l'on veut mais cet enrichissement ne sera-t-il pas payé par la perte de l'harmonie qui s'était établie au cours des siècles dans la prononciation de la langue « générale »?

L'historien de la langue, en parcourant tous ces produits de la littérature dernier cri (les textes d'où ont été extraits les exemples mentionnés ci-dessus étaient tous de fraîche date : de 1967 à 1970), se prend à rêver et il se demande s'il ne se trouve pas reporté de quatre siècles en arrière. Il est vrai qu'il se publie constamment et en bien plus grande quantité des livres d'une autre facture dans les pages desquels leurs auteurs prêtent à leurs personnages des propos « rédigés » en langue « générale ». Mais il n'est pas de mise de recourir à cette expression livresque en parlant dans la vie de tous les jours ; on encourrait le blâme des interlocuteurs, comme il apparaît dans cette réflexion d'un personnage de Veijo Meri (*Yhden yön tarinat*, p. 54) qui s'exclame : *Luulen, että se oli kansankoulunopettaja, se puhui eloisasti kirjakieltä...* « Je pense que c'était un instituteur ; il parlait gaiement une langue livresque ». Ainsi donc, la langue fondée par Agricola et ses émules, perfectionnée avec amour et persévérance par tant de générations d'intellectuels, mise au point par tant de savants, de grands écrivains, de poètes et d'artistes, demeure au seuil des temps nouveaux une langue des livres. Ce qu'elle a été dès ses débuts.

Récapitulation.

En quoi la langue « générale » ou « commune » *(yleiskieli)* consiste-t-elle maintenant, en 1970?

Comme toute langue de civilisation, elle est, nous n'avons cessé de le répéter, composite. Le fonds est fourni par les dialectes occidentaux. Mais ceux-ci, comme les dialectologues finlandais l'ont souvent fait observer, ne forment pas un tout homogène en face du bloc des dialectes orientaux. Un regard jeté sur une carte indiquant les isoglosses convainc qu'à l'est on a affaire à des parlers très peu différenciés, caractérisés par des traits uniformes alors qu'à l'ouest, c'est la dispersion. Le fonds dialectal que l'histoire a offert à la langue écrite lors de ses débuts manquait donc d'homogénéité. Les dialectes occidentaux se divisent en effet en gros en deux groupes : ceux qui ont fortement réduit la corpulence de leurs formes et ceux qui ont préservé cette « plénitude » *(täytteläisyys)* qui obsédera si longtemps les bâtisseurs de la langue commune. Dès Agricola, on perçoit un effort pour élargir la mesure trop étroite de ces dialectes de l'ouest et notamment de ceux de l'extrême sud-ouest, c'est-à-dire de la région de Turku qui était alors le cœur de la vie finnoise. Ce parler de Turku avait quand même l'avantage d'être déjà plus mêlé ; il avait certainement admis des éléments venus des provinces adjacentes et peut-être même de plus loin puisque les clercs qui s'en servaient avaient reçu leur première formation dans différents centres plus ou moins éloignés. Agricola n'avait-il pas lui-même fait ses premières classes à Viipuri? A travers ses textes apparaît déjà le souci de conserver à certaines formes une certaine rondeur que les mots du cru avaient probablement déjà perdue. Nous avons pu remarquer combien, sur certains points, et dans certains cas, sa notation reflétait une volonté de conserver des formes «pleines», donc exemptes de toute érosion. Ce qui n'empêche que les mêmes vocables apparaissent sous d'autres notations qui révèlent une usure déjà avancée. Manifestement, le grand précurseur n'avait pas eu le temps ni le moyen de « normaliser » sa langue. Il se peut, en effet, comme on l'a souvent pensé, que le plus clair de son travail ait consisté à raccorder les uns aux autres les fragments plus ou moins importants des traductions éparses qu'il avait héritées de ses prédécesseurs et qu'il lui a fallu compléter. S'il en a bien été ainsi, il est compréhensible qu'il se soit trouvé aux prises avec des difficultés insurmontables. Pour aboutir à rédiger des textes cohérents, il lui aurait fallu prendre une infinité de choix d'une page à l'autre, souvent d'une phrase à l'autre. Il lui aurait fallu décider une fois pour toutes que tel suffixe revêtirait telle forme, que telle finale serait notée par telle ou telle terminaison, que tel phonème serait généralisé de préférence à tel autre, etc. Ce qui a dû certainement l'embarrasser le plus, ce sont les problèmes posés par la graphie. Il avait trouvé les notations écrites de ses prédécesseurs et ceux-ci avaient tant bien que mal adapté les règles d'écriture du latin, du suédois et de l'allemand à la transcription des phonèmes finnois. Ils avaient varié eux-mêmes et, de copie en copie, un nombre de plus en plus grand de variantes s'étaient accumulées. Agricola n'avait pu remettre de l'ordre dans ce fatras. D'abord parce qu'il n'était pas un homme de science dans l'acception moderne du terme, ensuite parce qu'il n'a pas pu se consacrer uniquement à cette tâche et aussi parce que lui-même a hésité au cours de sa carrière. Tantôt, telle séquence de caractères est venue sous sa plume, tantôt telle ou telle autre. Il aurait fallu faire un choix définitif, élaguer tout ce qui allait à l'encontre et veiller à ce qu'une graphie, une fois choisie, fût utilisée systématiquement ou rétablie partout lors des corrections. C'était, pour l'époque et dans les conditions où Agricola opérait une prouesse impossible. L'expérience a prouvé par la suite qu'il a fallu des siècles pour parvenir à « fixer » l'orthographe. Mais la graphie n'était qu'un aspect des choses. Une normalisation analogue aurait dû être appliquée à tout le reste : forme des mots, leurs assemblages, structure des phrases, etc. Il ne faut avoir aucune idée de ce que signifie un pareil travail pour s'imaginer qu'il est aisé d'imposer aux autres et de s'imposer à soi-même de toujours écrire le même mot de la même façon et de toujours utiliser le même morphème dans une même fonction. Rien que de décider et d'appliquer l'emploi, par exemple, d'un suffixe d'illatif en *-h-n* dans tous les cas où il se devait, était un effort surhumain. Surtout pour un homme qui entendait constamment autour de lui des prononciations divergentes de ce même suffixe.

Les premiers clercs qui ont écrit du finnois, Agricola et ses contemporains comme aussi ses successeurs immédiats, ne pouvaient donc pas s'affranchir des formes du parler de Turku, même si cette variété de la langue ne leur agréait pas. Et c'est donc ce parler qui a servi de fondement pour l'édification de la langue écrite. La langue commune actuelle en porte nettement les traits essentiels. Or ces traits la situent à l'ouest. Il y a d'abord, le traitement de l'ancien degré faible du *-t-*. Il est désormais figuré par le phonème *-d-*, prononcé en occlusive dentale sonore. A plusieurs reprises, il a été répété que ce phonème détonne dans le phonétisme finnois qui ne connaît d'autre occlusive sonore que la gutturale nasale *-ŋ-* géminée jouant le rôle de degré faible du groupe *-nk-* (prononcé *-ŋk-*). Derrière ce *-d-* introduit par l'enseignement, se profile l'*-r-* ou l'*-l-* des dialectes occidentaux, pour ne pas parler du *-δ-* qui ne s'est maintenu que dans une enclave près de Rauma. Ce *-d-* a été introduit dans les formes de pluriel des pronoms personnels : *heidän*, *heidät*, *meidän*, *meidät*, *teidän*, *teidät*. Le degré faible de *-k-* dans les groupes *-lke-*, *-rke-* est *-lj-*, *-rj-* (*jälki* « trace » / *jäljen*, *kärki* « pointe » / *kärjen*, etc.). Les groupes du type *-kl-*, *-kr-*, *-pl-*, *-pr-*, *-tr-*, *-pj-* présentent leur forme occidentale en voyelle+liquide ou semi-voyelle : *kaula*

« cou » (*kakla* à l'est), *kaura* « avoine » *(kakra)*, *taula* « amadou » *(tapla)*, *hauras* « fragile, délicat » *(hapras)* (mais *hipiä* « teint » au lieu de *hiviä*!). Occidental est aussi le maintien des longues *aa* et *ää* qui se sont diversement diphtonguées à l'est. A cela s'ajoute que les pronoms personnels du pluriel sont en *me*, *te*, *he* et non en *myö*, *työ*, *hyö*, que le verbe d'interdiction est en *älä*, *älkää*, *älköön*, etc., que les 3es personnes du singulier du présent de l'indicatif et du présent du potentiel sont terminées par une longue (*antaa*, *antanee*, *sanoo*, *sanonee*, *lukee*, *lukenee*, etc.) pour ce qui est des verbes dont le thème vocalique se termine sur une voyelle brève, etc. Au regard de ces traits occidentaux, la langue de nos jours oppose d'autres caractères, proprement orientaux qui lui confèrent un faciès nettement nouveau par rapport, par exemple, à la langue de la Bible de 1642. Le plus marquant de ces caractères est que les suffixes casuels ont été réétoffés, c'est-à-dire qu'ils se terminent en voyelle brève : *-lta/-ltä* « ablatif », *-sta/-stä* « élatif », etc. Et surtout, la marque du cas inessif est *-ssa/-ssä*, pas même *-sa/-sä* qui se trouve attesté dans les parlers häméens. Il s'agit là d'une véritable réfection, sans doute obtenue par emprunt aux dialectes de l'Est, mais en introduisant cette forme à sifflante sourde géminée suivie d'une voyelle brève, c'est à une restauration qu'il a été procédé et cette opération a été effectuée en opposition au développement « normal » ou « naturel » qui s'était déjà amorcé à l'ouest et surtout à l'extrême sud-ouest dès avant le XVIe siècle. Des formes usées ont été remplacées par leurs correspondantes « pleines », c'est-à-dire celles conservées dans l'état où elles avaient existé plus anciennement et même jusqu'en fennique commun. Or une pareille restitution *ad integrum*, pour parler comme les médecins, a été le résultat d'un acte volontaire et conscient des clercs et des autres intellectuels qui se sont occupés du finnois au cours des XVIIIe et XIXe siècles. Plus généralement, les voyelles brèves finales qui s'étaient élidées à l'extrême sud-ouest ont été rétablies. De même, les contractions qui s'étaient produites quand deux voyelles s'étaient rencontrées, notamment en fin de mot, ont été « défaites » et le groupe des deux voyelles brèves rétabli : *taloa* (partitif sg. de *talo*), *tärkeä* « important », *vaikea* « difficile », *kylpeä* « se baigner », *puhua* « parler », etc. Les groupes en *-ia/-iä* ont été rétablis en *-ea/-eä* : *komea* « superbe », *leveä* « large », etc. Comme il a été signalé plus haut, ce rétablissement ne s'est achevé qu'à date récente puisque Lönnrot a cru devoir s'expliquer à ce sujet dans la préface à la 2e édition du Kalevala. Toutes ces dispositions tendaient uniformément à « réétoffer » les mots en vertu de ce culte de la « plénitude » qui s'est, comme on l'a vu, institué dès avant la première édition complète de la traduction de la Bible. Mais celle-ci, dans son vêtement linguistique était en retrait sur les textes d'Agricola car une sorte de régularisation avait notamment abouti à n'employer que les formes élidées de certains cas et surtout les formes réduites des suffixes de possessivation que l'usage moderne a rétablis dans toute leur corpulence, notamment à la deuxième personne du singulier du possesseur où un Alexis Kivi notait encore un *-s* au lieu d'un *-si*. Il en était de même des 3es personnes du singulier du conditionnel qui ont repris leur voyelle finale en *-isi* au lieu des formes élidées en *-is* qui se rencontrent sporadiquement dans la littérature jusqu'à la 1re guerre mondiale.

De ce point de vue de la « plénitude », plusieurs formes détonnent par contre assez curieusement. D'abord, l'*-h-* intervocalique de certaines suffixations a été abandonné et les voyelles venues en contact confondues en une longue : *taloon* « dans la maison » (mais la langue kalevalienne a *talohon*), *annetaan* « il est donné » *(annetahan)*, *vieraat* « les invités, les hôtes » *(vierahat)*, etc. La « plénitude » n'aurait été réalisée que si ces formes avaient conservé ou avaient retrouvé cet *-h-* intervocalique dont les dialectes du sud-ouest ont pourtant gardé des vestiges. Parallèlement, les 3es personnes du singulier à finale vocalique longue : *tulee* « vient », *antaa* « donne », *puhuu* « parle », *etsii* « cherche », *löytyy* « se trouve » sont moins « corpulentes » que celles en *-vi* du Kalevala et encore moins que celles en *-pi* (*tulepi*, etc.) qui étaient plus proches de l'état initial (*-pa*/*-pä*). Sur ce point la langue générale ou commune n'a pas respecté le principe de « plénitude », pas plus que dans le cas de la suffixation possessive de 3e personne du type *isältään* « de la part de son père » en face d'*isältänsä*. Pourtant cette forme réduite a été empruntée aux dialectes de l'est et elle a connu une fortune extraordinaire, au point de supplanter peu à peu la forme plus pleine en *-nsa*/*-nsä* dans les cas obliques dont le suffixe finit en voyelle brève. C'est que le prestige des parlers orientaux était devenu tel entre la fin du XVIIIe siècle et le début du XXe que l'on essayait à qui mieux mieux d'orientaliser la langue. C'est ce qui explique l'introduction des accusatifs pronominaux en *-t (minut*, *sinut*, *hänet*, *meidät*, *teidät*, *heidät*, *kenet)* et aussi celle du suffixe d'abessif en *-tta*/*-ttä* au lieu de *-ta*/*tä* issu d'un ancien **-tak*/**-täk*. Il a semblé à ceux qui ont été les partisans de cette substitution que la forme à géminée était plus « pleine » alors que la simple figurant devant l'occlusive glottale correspondait pourtant mieux au système de l'alternance consonantique. Mais l'orientalisation ne s'est pas arrêtée là, elle a aussi intéressé le lexique. Le mot *ilta* « soir » a remplacé *ehtoo* de même que *kesä* « été » a éliminé de l'usage courant le mot *suvi*. Le vocable *nisu* « froment » a fait place à *vehnä* « id. », *pii* « dent de rateau » à *piikki*, *puida* « battre le grain » à *tappaa*, *lyhde* « gerbe » à *sidon*, *sitoma*, etc. Le mot *vasta* a peu à peu repoussé *vihta* pour désigner ces verges de bouleau utilisées dans la sauna, etc. Chez certains écrivains, cette recharge lexicale a pris des proportions considérables, notamment dans l'œuvre d'un Juhani Aho, par exemple.

Tout autre est le cas du groupe *-ts-* des vocables tels que *metsä* « forêt ». On sait que cette graphie, qui avait succédé à *tz* et *dz*, répondait primitivement à une prononciation -θθ-, c'est-à-dire à une spirante dentale sourde géminée du type de l'anglais *th* ou du grec moderne θ. Les prononciations dialectales variaient et les dialectes orientaux, d'ordinaire moins différenciés que les parlers de l'ouest, s'opposaient entre eux dans le traitement de ce groupe consonantique. Un seul territoire le prononçait en *t*+*s*, à savoir l'Isthme de Carélie. Toutefois, comme il a été indiqué plus haut, on se tromperait en supposant que c'est de là qu'est venue la prononciation actuelle de la langue commune. Nous avons affaire à une action de la graphie, soutenue par la prononciation des suédisants qui étaient bien incapables de produire autre chose en l'occurrence. C'est donc d'une lecture arbitraire que procède la prononciation admise désormais comme la seule correcte.

Le mélange de formes orientales et de formes occidentales a eu pour conséquence que de nombreuses dissymétries se sont installées. Ainsi, en face du traitement en *-lj-* et *-rj-* des groupes *-lk-* et *-rk-* devant *-e-*, nous rencontrons devant *-ä* le traitement oriental en *-l-* et *-r-* : *nälkä* « faim », *nälän* « de la faim », *härkä* « bœuf », *härät* « les bœufs ». Le souci de la « plénitude » n'a pas empêché de préférer le traitement plus radical des parlers de l'est dans le cas de mots tels que *jalka* « pied » / *jalat* « les pieds », *halko* « bûche » / *halot* « les bûches, le bois à brûler » alors que les formes occidentales en *näljän*, *härjät*, *halvot* étaient plus suggestives du point de vue de l'alternance consonantique et il en était de même de *jalaat* « les pieds, les jambes », etc. Le rétablissement de la longue orientale devant *-h-* dans *pyyhkiä* « essuyer », *jäähtyä* « se glacer » n'a pas touché le mot *hahmo* « forme, figure », etc. L'assimilation du *-t* au *k-* du mot (ou du suffixe ou de l'enclitique) qui suit a été proscrite et l'on doit prononcer *luvatkoon* « qu'il permette, qu'il promette », *hypätkää* « sautez » et de même *pojat, kuulkaa!* « les gars écoutez » au lieu des *luvakkoon*, *hypäkkää* et *pojak kuulkaa* de l'ouest (M. Rapola : *Johdatus suomen murteisiin*, p. 64), mais inversement, l'assimilation de l'occlusive glottale finale à la consonne initiale du mot suivant dont il a été question plus haut a été instituée en règle impérative alors que les dialectes orientaux ne la pratiquent pas.

Si l'on récapitule tous ces faits, on s'aperçoit qu'ils étaient déjà en puissance dans l'œuvre écrite d'Agricola. Sous sa plume, on trouve de tout, des constructions typiquement occidentales, quand elles ne sont pas même des particularités de l'extrême sud-ouest, comme aussi des formes indubitablement orientales de faciès sinon de provenance. C'est que nous ignorons quelle était la répartition des isoglosses au début du XVIe siècle, de telle sorte qu'il est impossible de retracer sûrement les frontières séparant à cette époque les différents dialectes. D'autre part, on a dépensé beaucoup d'ingéniosité et de labeur pour déterminer le dosage dialectal de la langue d'Agricola. Que celui-ci ait été de langue maternelle finnoise est plus que vraisemblable. Qu'il se soit frotté de bonne heure à une forme orientale de finnois ne l'est guère moins puisqu'il a fait ses premières études à Viipuri. Qu'il ait su le suédois de très bonne heure aussi est à peu près sûr car nous avons témoignage qu'il possédait cette langue avec la maîtrise voulue. Il est à peine besoin de rappeler qu'il fut un latiniste éminent, qu'il a appris du grec et qu'il a certainement su l'allemand. D'autre part, une partie au moins des textes qu'il a publiés provenait d'anciennes traductions transmises de clerc en clerc et nous savons peu de choses sur le traitement auquel il les a soumis. Tout porte à croire qu'il les a rectifiées peu à peu, à mesure qu'il avançait dans son œuvre et qu'il acquérait une idée plus précise de la tâche qui lui incombait. L'introduction d'éléments orientaux n'a probablement pas été son fait à lui seul ; ses prédécesseurs avaient dû y recourir déjà, comme semble l'attester la présence des formes pronominales en *myö*, *työ*, *hyö* dans le Fragment d'Upsal qui a l'air d'être d'une rédaction plus ancienne que tout ce qu'a pu écrire Agricola lui-même. On peut donc dire que l'orientalisation a commencé dès le début de la langue écrite. Elle s'est poursuivie comme on sait jusqu'à la première guerre mondiale et c'est seulement à partir des années 1920 que les écrivains, les intellectuels, le grand public lettré ont commencé à se détourner de cet orientalisme dont la langue porte désormais des marques indélébiles. Un recul est même à enregistrer. Les formes défectives de la « conjugaison réfléchie », dont l'implantation avait d'ailleurs été critiquée par un Ahlqvist, ont pratiquement disparu des écrits récents. Le style poétique seul comporte encore mais de moins en moins des carélismes ou des savoïsmes caractérisés. La guerre des dialectes, devenue fusion plus ou moins harmonieuse, est une phase révolue.

La leçon du passé.

Comment en est-on venu là? Quels enseignements faut-il en tirer?

La langue commune actuelle n'est pas le résultat d'une longue évolution déterminée par des facteurs soustraits à l'emprise des hommes. C'est ce qu'un linguiste aussi avisé et aussi compétent que le fut Martti Rapola a proclamé plus d'une fois au cours de ces dernières années. Il voulait rappeler par là que l'état actuel de la langue « générale » *(yleiskieli)* ne s'explique pas par une évolution phonétique propre. Aucun dialecte finnois ne possède par exemple de *-d-*, hormis quelques parlers situés en bordure des aires suédoises, et tout le monde est d'accord pour reconnaître que ces parlers n'ont pu exercer aucune influence sur l'introduction du *-d-* dans la langue écrite. Cet événement est dû à la volonté arrêtée de quelques théoriciens qui étaient à la recherche d'une solution élégante pour marquer le degré faible de *-t-*. Ils répugnaient à généraliser les variantes occidentales *-r-* et *-l-* qui avaient l'inconvénient de créer trop d'homophones et aussi d'estomper le mécanisme de l'alternance. Leur souci de doter la langue commune de formes « pleines » leur faisait rejeter d'autre part les traitements attestés à l'est puisque le plus souvent, le degré zéro était apparu à la place de l'ancienne spirante dentale sonore *-δ-* qu'il était par ailleurs impossible de raviver. Le *-d-* est resté longtemps une notation purement symbolique avant d'être vraiment réalisé phonatoirement. Cette réalisation a coûté beaucoup de peine à un nombre considérable de sujets, adultes ou élèves des écoles élémentaires, mais elle a été admise et elle est considérée comme la seule valable dans la prononciation châtiée. Plus haut, il a été question du *-ts-* qui a connu une origine analogue, avec cette différence que les phonèmes qui composent ce groupe existaient dans la langue depuis toujours et leur combinaison ne suscitait pas de difficulté mécanique mais seulement un changement d'habitude, ce qui n'est pas rien non plus.

Le réétoffement des suffixes, avec, quand il y avait lieu, le rétablissement de la voyelle brève finale élidée ou fondue dans une voyelle précédente, ne répond non plus à rien de ce qui s'est passé dans les dialectes. Là, la situation était différente car une partie des dialectes avait conservé ces formes pleines et il n'était que de les faire admettre dans l'usage général mais on se représente volontiers l'effort qu'a pu exiger de chaque locuteur l'apprentissage de ces nouvelles formes. Dire *isäsi* « ton père » au lieu d'*isäs* n'est pas commode quand on a toujours élidé la voyelle au point d'en venir à ignorer même qu'il pouvait s'en trouver une. Et il en a été ainsi dans un nombre considérable de cas. Les dialectes sont allés leur chemin, mais la langue écrite a suivi celui qui lui a été tracé par l'élite qui s'en est servie et qui l'a façonnée selon l'idée qu'elle se faisait d'une langue parfaite.

Mais en quoi consistait-elle, cette perfection recherchée par tous ceux qui se sont occupés de la langue commune?

Pour Agricola, nous le savons, c'était d'être accessible (sinon immédiatement intelligible) à l'ensemble des Finnois. Et c'est ce qui l'a amené à compléter la langue de Turku en l'additionnant d'éléments en provenance d'autres régions mais il se peut que ce souci ait déjà été celui des premiers clercs, anonymes, qui ont commencé à traduire par écrit les textes sacrés. Le grand précurseur avait aussi en tête une autre tâche, celle de doter la langue des éléments que les dialectes ne lui fourniraient pas et qui lui manquaient pour devenir une langue de civilisation. Il a donc fabriqué de nouveaux mots et il n'a pas hésité à imiter des procédés expressifs étrangers, inspirés du latin, du suédois ou même de l'allemand. C'est pour cette raison qu'il a utilisé un passif qui semble bien avoir été créé pour les besoins de la cause. On sait que beaucoup des locutions qu'il a utilisées ont été par la suite abandonnées parce qu'elles étaient ressenties comme étrangères.

Les successeurs ont cru devoir apporter des corrections aux traductions d'Agricola. D'abord parce qu'ils y découvraient des « svécismes » et autres tournures non finnoises. Et à partir de ce moment a commencé la lutte contre le suédois, lutte qui a fini par devenir chez certains une véritable obsession. La révision de 1642 s'est faite dans cet esprit. On a pu voir qu'elle n'était pas complète de ce point de vue car il était impossible à des bilingues de se libérer complètement des catégories d'expression du suédois. De nos jours encore, les conseils prodigués au public, les règles formulées en vue d'obtenir des usagers qu'ils emploient une langue correcte portent très souvent sur l'élimination de svécismes ou de locutions considérées comme telles.

En même temps qu'était engagée cette lutte contre l'envahissement de la langue par le suédois, certains des usagers prônaient l'emploi des mots à formes « pleines » qu'ils trouvaient ailleurs que dans la langue de la Bible et de la liturgie. Dès le XVIIe siècle, des textes présentent des formes qui préfigurent exactement celles qui sont aujourd'hui définitivement admises. Cette recherche de la « plénitude » est allée de pair avec une autre : celle du « finnois le plus pur ». On s'est demandé où se trouvait ce parler quasi idéal. On l'a situé selon les cas en Ostrobotnie, en Häme ou en Savo sans trop pouvoir décider laquelle de ces provinces détenait le privilège du finnois « pur ». La découverte progressive des chants populaires et plus généralement de la langue du folklore a peu à peu déplacé le lieu où se situait ce langage pur dont l'intervention seule pourrait arrêter la détérioration de la langue sous l'effet de l'influence suédoise grandissante. Par la suite, c'est même au-delà des frontières, en Carélie du Nord, qu'a été localisé ce paradis du fennisme authentique. Les publications de Lönnrot ont matérialisé cet idéal, notamment dans la *Kanteletar*, et dans les deux éditions du *Kalevala*, dont la langue avait été fortement remaniée par le génial médecin qui était lui-même issu de cet Uusimaa de si mauvaise réputation pour son dialecte trop mêlé de suédois. On sait que les premières décennies du XIXe siècle ont ouvert les portes à une irruption massive de mots et de formes plus ou moins fidèlement prélevés en carélien, en savo ou plus généralement dans les parlers de l'est.

C'est durant cette période héroïque de la percée des éléments orientaux en finnois écrit, que la langue a changé de faciès. En dépit de son prestige, la langue de la Bible a cessé d'être le modèle de toute expression « civilisée ». Elle a même été remise en question par une poignée de rêveurs mais cette « guerre des dialectes » n'a intéressé en réalité qu'une toute petite élite qui était impuissante à renverser les choses et à liquider une forme de langue cultivée depuis trois siècles, devenue le réceptacle de la pensée religieuse de toute la nation. Tous les luthériens finlandais d'expression finnoise priaient dans cette langue et leur foi était trop ancrée, faisait trop partie d'eux-mêmes pour qu'ils fussent même tentés d'en abandonner la formulation pour la remplacer par une forme d'expression qui ne pouvait pas ne pas leur paraître étrangère et qui portait en elle trop de relents de religion pravoslave. Cette « guerre des dialectes » n'a été, quand on la ramène à ses proportions, qu'une escarmouche vite réglée. D'autant plus que les pasteurs et membres du clergé étaient fortement représentés parmi ceux qui s'appliquaient à développer la langue écrite.

Toutefois, ce qui a été le trait commun des hommes de ces générations, c'est qu'ils ont su procéder avec une hardiesse très rare en matière linguistique. Ils n'ont pas craint de proposer des modifications de la forme des mots, de la consistance du vocabulaire, des règles de la syntaxe et du style. Tout ce qui éloignait du mode suédois d'expression leur apparaissait finnois et digne d'être retenu. Il fallait retrouver l'authenticité perdue, se refaire une expression propre qui émanciperait l'esprit national des sujétions que lui avait imposées la longue symbiose avec la Suède. On a donc essayé de tout « finniser », sans toujours se rendre compte que ce qui semblait être finnois ne l'était peut-être pas toujours tellement.

Avec M. A. Castrén, Auguste Ahlqvist et leurs successeurs, les linguistes de métier entrèrent en scène. Ils avaient reçu l'enseignement des linguistes allemands, dont les travaux dominaient alors la linguistique. Or cette science, qu'ils avaient renouvelée, s'appliquait à étudier le langage en lui-même, à en noter les manifestations et à en découvrir le mécanisme.

Ce qui animait ces linguistes d'esprit moderne, c'était le respect des faits. Ils étaient surtout frappés par le phénomène le plus marquant de tout développement linguistique : le changement dans le temps. Ceci les avait amenés à remonter dans le passé afin de découvrir les formes anciennes des langues et, après avoir déterminé celles-ci, ils essayaient de retracer l'évolution de chaque langue au cours des temps. A cette occasion, ils avaient cru remarquer que c'étaient les dialectes qui offraient les meilleures données pour expliquer les changements intervenus, qui étaient avant tout les modifications ayant affecté la prononciation. Autrement dit, ils reconstituaient l'histoire phonétique des langues à partir de l'étude des dialectes. Les langues écrites les intéressaient peu en dehors de celles, très anciennement attestées, qui étaient les seuls monuments anciens de certaines langues comme le sanscrit, le vieux-perse, le grec homérique, etc. La tâche qu'on s'assignait était de « restituer » la forme supposée la plus ancienne de la langue.

L'idéologie régnante, inspirée par les théories romantiques, concevait le parler populaire comme étant la seule source authentique de toute langue. Or la langue populaire, c'était le dialecte, la langue uniquement orale, que la civilisation n'avait pas encore corrompue. Il fallait revenir à cette source afin de pouvoir rendre compte de ce qu'était le phénomène linguistique. Ceci rejoignait les idées reçues en Finlande depuis la fin du XVIIIe siècle où le rousseauisme ne découvrait de pureté que parmi le peuple, voire même parmi les peuplades arriérées. Il fallait aller chercher la vérité linguistique chez les *Naturvölker*, tout le reste apparaissant plus ou moins frelaté. A cet égard, la Carélie offrait aux linguistes un champ d'exploration idéal. On y rencontrait des populations qui avaient conservé des traditions d'avant la Réforme et qui continuaient à vivre une existence que les esprits romantiques trouvaient bucolique. L'éternel complexe de la pastorale pouvait s'y complaire à souhait. Toutefois, les prospecteurs qui parcoururent les solitudes caréliennes n'étaient pas tous des linguistes et même parmi ceux qui l'étaient, peu avaient assez de maîtrise sur eux-mêmes pour pouvoir s'imposer les méthodes rigoureuses élaborées par l'école allemande. Car celle-ci révérait le fait linguistique, tel qu'il était dégagé par la grammaire comparée. Ces savants enregistraient, interprétaient, expliquaient l'évolution des formes des langues mais ils ne s'enhardissaient pas à aller au-delà. Ils n'étaient que des observateurs et rien n'était plus loin de leur pensée que l'idée d'intervenir dans les destins d'une langue. Ils y auraient vu comme une sorte de sacrilège.

Sous l'effet de cette doctrine, les linguistes de Finlande ont peu à peu perdu l'audace d'innover et d'essayer de doter le finnois commun de procédés qui n'étaient pas déjà en usage à date ancienne, ce qui revient à dire, absents des dialectes. Car c'étaient toujours les dialectes qui passaient pour être le réceptacle des formes autochtones de la langue et ce qu'ils ne connaissaient pas était tenu pour un apport étranger, ou une innovation arbitraire. Une pareille attitude a fortement contrarié le développement des procédés expressifs en général et plus particulièrement la création de mots nouveaux au moment même où les contacts internationaux, les progrès de la science comme aussi ceux de la technique exigeaient le développement rapide d'une terminologie moderne et la mise au point de moyens plus aptes à prendre en charge l'expression des concepts nouveaux. Le nouvel idéal de la régulation du langage est devenu (et reste) l'observance aussi stricte que possible des règles désormais reconnues comme gouvernant le langage correct mais cette correction du langage est fonction de ce que l'on connaît ou croit connaître de l'histoire des dialectes. L'objectif proposé est d'écrire et de parler en bon finnois, c'est-à-dire en une langue exempte d'éléments étrangers et surtout de constructions de phrases ou de locutions imitées des langues étrangères. Car la lutte contre le seul suédois ne suffit plus. Depuis la fin de la seconde guerre mondiale, l'anglais, surtout dans sa variété américaine, fait de plus en plus sentir son action. Bien que la Suède reste l'intermédiaire privilégié pour la majeure partie des informations qui viennent de l'Occident et même du reste du monde, les agences de toutes sortes diffusent une grande partie des informations en anglais et c'est aussi en anglais que parviennent les ouvrages de technologie, les publications scientifiques, la publicité mondiale, etc. En outre, le nombre des ouvrages traduits de l'anglais ou de l'américain dépasse de beaucoup tout ce qui est traduit des autres langues.

Devant une pareille situation, les défenseurs de la langue finnoise sont en position difficile. Leur premier souci est de faire respecter la pureté de l'expression autochtone sans pouvoir passer à la contre-offensive qui consisterait à équiper la langue de moyens plus efficaces, même au prix de quelques décalques ou de quelques innovations que l'étymologie ou l'histoire des dialectes ne cautionneraient pas.

Ainsi les destins de la langue finnoise de civilisation apparue au XVIe siècle ont été divers. Créée par la volonté des missionnaires chrétiens, développée par le labeur conscient des missionnaires luthériens, réétoffée et rechargée d'éléments indigènes par l'effort hardi des réformateurs qui se sont acharnés de 1642 à 1900 à en faire une langue capable de supporter l'expression de la civilisation moderne et des aspirations d'une nation, elle est maintenant sous le gouvernement d'une élite que le scrupule scientifique empêche de prendre les grandes initiatives qui pourraient se révéler nécessaires sinon à sa conservation du moins à son progrès.

Cette langue doit son succès et sa grandeur à l'effort d'une élite réduite en nombre qui a su la façonner en recourant plus d'une fois à des interventions que le linguiste traditionaliste ne peut considérer que comme autant d'opérations arbitraires. Au lieu de se laisser imposer l'évolution « aveugle » résultant de changements phonétiques incontrôlés et d'actions analogiques plus ou moins « spontanées », ils ont souvent réussi à remonter le temps, à refaire ce qui avait été défait, à réimplanter ce qui s'était étiolé ou perdu. Oui, l'histoire de la langue finnoise « générale », cette *yleiskieli* qui est maintenant devenue la langue normale de la Finlande finnoise, n'est pas celle des développements évolutifs dont on peut donner l'explication en se fondant sur des « lois » phonétiques ou autres, elle est l'histoire des actions successives par lesquelles ces hommes résolus, animés d'un idéal ambitieux, ont littéralement édifié à partir des dialectes dans lesquels ils ont puisé, un moyen d'expression répondant à leurs besoins. Ils ne se sont pas toujours souciés de savoir si l'étymologie ou la phonétique historique autorisaient les choix qu'ils ont faits. Ce qui leur importait, c'était de doter leur patrie d'une langue belle, expressive, claire. Que leurs efforts n'aient pas pu aboutir à lui conférer cependant une consistance homogène n'a pas entièrement dépendu d'eux. Toute langue est composite à un degré plus ou moins élevé, même le dialecte réputé le plus « pur ». L'histoire des langues a révélé que le concept de « pureté » linguistique n'est pas une notion claire et que le plus souvent la prétendue « pureté » n'est que le jeu d'une illusion. Cette même histoire enseigne que les langues sont d'autant plus composites que les tâches auxquelles elles sont destinées, ou vouées, sont plus nombreuses et plus diverses. Or c'est le propre de toute langue de civilisation que d'assumer des tâches multiples et de répondre à des sollicitations plus ou moins nombreuses. L'hétérogénéité ne pouvait donc être évitée mais ce qui pouvait être fait a été réalisé, du moins dans le sens que désiraient les bâtisseurs finnois. La langue finnoise, telle qu'elle nous est connue aujourd'hui n'est que ce qu'ils ont fait d'elle, consciemment, hardiment, envers et contre tout, c'est-à-dire contre le temps qui use tout et contre les mauvaises habitudes qui détériorent tout.

Certes, le finnois n'est pas unique en son genre mais son exemple est l'un des plus éclatants et c'est pour cette raison qu'il doit être médité par tous et peut-être aussi suivi par certains.

Les perspectives d'avenir.

L'histoire s'efforce d'éclairer le passé mais elle incite par là-même à envisager l'avenir. Quelles sont alors les perspectives qui s'ouvrent à la langue finnoise à partir de maintenant?

Comme l'ont signalé les spécialistes finlandais, les conditions dans lesquelles la langue est désormais appelée à se développer ont subi un changement radical. Jusqu'à ces dernières années, la plupart des usagers du finnois avaient encore plus ou moins pied dans les dialectes. Plus d'un écrivain y puisait pour assaisonner son style et plus d'un locuteur y revenait pour exprimer son ironie, son émotion ou son attendrissement. Dans plus d'un écrit, les personnages inventés par les romanciers parlaient une variété plus ou moins édulcorée de patois. Certains poètes continuaient à y trouver des formes de mots suggestives ou tout simplement des éléments plus dociles pour la versification. Il y avait donc un contact perpétuel entre la forme « normale » et la forme régionale, voire même locale de la langue. J'ai personnellement connu des intellectuels qui se seraient crus déshonorés s'ils n'avaient, dans dans la conversation quotidienne, laissé échapper quelques accents dialectaux. L'un prononçait un *-r-* à la place de *-d-*, l'autre n'y prononçait rien du tout, d'autres encore élidaient les finales ou réduisaient en fin de mot les groupes vocaliques en voyelles longues, etc. Ces variantes étaient inspirées par le seul usage dialectal.

La prodigieuse mutation qui a complètement transformé la société finlandaise a vidé les campagnes au profit des agglomérations urbaines et le lien s'est trouvé rompu chez les jeunes entre leur parler et celui du terroir d'origine de leurs familles. Les moyens modernes de diffusion ont répandu la langue normale jusqu'au fond des solitudes les plus éloignées. Le développement des moyens de communication rapides a agi dans le même sens. Pour la radio et pour la télévision la Finlande tout entière n'est plus qu'une seule audience, où que soient localisés auditeurs et téléspectateurs. Enfin, facteur non négligeable, l'implantation éparse sur tout le territoire de près d'un demi-million de réfugiés de Carélie a brouillé les patois en y mêlant des formes qui ne caractérisaient auparavant que les dialectes de l'extrême sud-est. Une sorte de petite guerre des dialectes s'est déroulée sur toute l'étendue du pays, ce qui a attaqué l'homogénéité des variétés dialectales partout où les immigrés se sont trouvés nombreux. Et puis, brochant sur le tout, l'enseignement, auquel nul n'échappe plus, a chassé peu à peu le parler local au profit de la langue commune qui commence à mériter son appellation : *yleiskieli* (*yleinen* « général, commun, public »+*kieli* « langue »).

L'action de tous ces facteurs réunis a déjà presque totalement privé la langue commune du soutien des dialectes. La voilà pour ainsi dire déracinée.

Une nouvelle langue parlée se développe, qui va évoluer selon ses lois propres ou, pour être plus près de la réalité, selon les impulsions nouvelles qu'elle recevra de la part de ceux qui s'en serviront. Or ces impulsions ne seront plus excitées par les habitudes dialectales. Elles résulteront d'autres incitations et répondront à d'autres nécessités. Cela revient à dire que la langue normale ne trouvera plus d'appui qu'en elle-même.

Cette nouvelle situation s'établit au moment où la mission même qui va lui incomber sera nouvelle. Le finnois a cessé d'être la langue de l'émancipation des masses comme aussi des esprits. Elle est devenue langue d'État et elle exerce à son tour la domination qui a été arrachée au suédois. Elle s'est faite ainsi l'instrument du pouvoir, de l'appareil bureaucratique, de tout ce qui dirige et impose sa loi. Mais elle n'a d'efficacité que dans les limites territoriales de l'État de Finlande. Dès qu'on les franchit, on ne peut plus se servir de cette langue, à moins de rencontrer des compatriotes ou de se retrouver dans des colonies finlandaises à l'étranger. Le suédois lui-même ne vous tire pas d'affaire, car sa validité expire aussi aux frontières de la Suède et c'est tout au plus s'il peut être utile pour les contacts avec la Norvège et le Danemark. Au sud du Golfe de Finlande, le finnisant se trouve sinon dépaysé du moins désemparé, car il ne comprend rien de ce qui se dit ou s'écrit en estonien et il ne se fait pas davantage entendre avec son finnois. Le finnisant est donc isolé dans le vaste monde. Force lui est d'apprendre à se servir d'une ou de plusieurs grandes langues de civilisation. Parmi celles-ci, l'allemand a longtemps tenu la première place, surtout entre les deux guerres mondiales. Le russe, en dépit de maintes tentatives plus ou moins heureuses, n'a pas réussi encore à s'imposer. En revanche, l'anglais se répand de plus en plus, à mesure que la vie matérielle s'organise à l'américaine. La langue finnoise n'est, pour tout dire, qu'un mode d'expression uniquement destiné à l'usage intérieur. Ceci n'est certes pas nouveau et Agricola y avait fait allusion, mais jusqu'à ces derniers temps, la vie finnoise était demeurée assez repliée sur elle-même, quelque peu à la périphérie des zones actives de l'Europe. Selon l'expression populaire finnoise, on s'y sentait « derrière le dos de Dieu » *(Jumalan selän takana)*, loin de tout mais sous un ciel libre et au contact d'une terre que l'on avait eu du mal à conquérir et à garder. On pouvait vivre sa vie finnoise sans être brouillé par les interférences d'accents venus du dehors. Il n'en est plus de même dans un monde où une étincelle informe instantanément toute la planète du moindre événement advenu de l'autre côté du globe. Et cette information instantanée est apportée sous les espèces d'une communication conçue dans une langue étrangère.

Le problème qui se pose est alors de savoir si le finnois va suffire aux besoins d'expression d'une vie qui n'a plus rien de commun avec la réalité au contact de laquelle il avait été façonné. Est-il convenablement équipé pour faire face aux nécessités nouvelles? N'est-il pas travaillé par des contradictions qui pourraient le disloquer? Dispose-t-il de ressources qui lui permettraient de s'affirmer? Et puis quelles missions les Finnois eux-mêmes vont-ils lui assigner? Celle de traduire pour l'usage intérieur les concepts qui ont cours dans le monde moderne ou celle d'exprimer seulement la réalité nationale? Vont-ils renoncer à repenser par les catégories propres de leur langue les concepts en question afin de doter le monde d'une interprétation originale de ces notions? A lire ce qu'expriment les théoriciens des diverses disciplines, il n'est pas aisé de s'en rendre compte. Les uns, qui paraissent désabusés, seraient sur le point de baisser les bras et de laisser les choses aller leur train sans plus tenter d'en diriger le cours tandis que d'autres estiment indispensable de commuter en finnois toute pensée, même de provenance étrangère, reprise à son compte par tout sujet de langue finnoise. Mais est-ce là une tâche réalisable? Une civilisation n'est-elle pas caractérisée par les catégories dans lesquelles elle dépose le contenu de sa pensée? Est-il possible de participer à une civilisation sans s'assimiler ces catégories et par conséquent ajuster le langage à leur expression?

Avec de telles prémisses, le linguiste ne peut que signaler les conditions « techniques » dans lesquelles s'ouvrent ces perspectives d'avenir. C'est ce qui va être brièvement tenté dans ce qui suit.

Le trait le plus voyant du finnois de nos jours est qu'il utilise de plus en plus une double terminologie. L'une est de frappe autochtone et l'autre, hétéroclite, est fournie par les emprunts de plus en plus nombreux faits aux langues de grande diffusion, plus particulièrement à l'anglais et à l'allemand au travers desquels parviennent un nombre important de termes français et aussi de vocables latins et grecs ou de néologismes fabriqués à partir du latin et du grec. On sait que ces mots, parfois hybrides, constituent une partie essentielle de la terminologie qui supporte les concepts élaborés par la science et la technique des pays dits occidentaux.

Dans un même texte, ou dans un même entretien, on voit ou entend se côtoyer des mots étrangers et des mots du cru : *motiivi* / *vaikutin*, *positiivinen* / *myönteinen*, *riimi* « rime » / *loppusointu*, *materiaali* / *aineisto*, *kontakti* / *tuntuma*, *fonetiikka* / *äänneoppi*, *teema* « thème, argument » / *aihe*, *sosiaalinen* / *yhteiskunnallinen*, *objektiivinen* / *asiallinen*, *suggestio* / *heräte*, *debytoida* / *aloittaa*, *impressio* / *vaikutelma*, *stimulatio* / *kiihoke*, etc. On rencontre parfois des hybrides tels que *huippumoderni* « hypermoderne » *(huippu* « faîte, cime », etc.). Ce parallélisme lexical n'est certes pas toujours exact en ce sens que les termes qui se correspondent ne véhiculent pas toujours des notions entièrement identiques et, surtout, les substituts opposés aux emprunts portent en eux-mêmes des harmoniques différents qui proviennent de ce qu'ils sont motivés alors que le vocable étranger n'éveille pas de résonance de ce genre et demeure plus « abstrait ». Ainsi *kriteeri* n'évoque rien à l'esprit finnois et peut donc être employé un peu à tort et à travers sans que l'usager ait à rendre immédiatement compte de l'emploi qu'il en fait. Au contraire, *tuntomerkki* (*tunto* « connaissance, reconnaissance » et *merkki* « marque, signe ») est transparent et ne peut guère être utilisé hors de tout lien avec son acception étymologique. Il en est de même pour ce qui est d'un terme *analyysi* qui, pas plus que son dérivé *analysoida* « analyser », ne représente quoi que ce soit qui retentisse dans la mémoire linguistique finnoise. En revanche son équivalent, un néologisme qui a déjà été plus d'une fois mentionné ci-dessus et peut se targuer d'avoir vécu plus d'un siècle, le mot *erittely* et le verbe dont il est tiré : *eritellä* restent très « imagés ». L'un et l'autre suggèrent un partage en petites quantités ou en lots distincts car ils procèdent en fin de compte du mot *erä* qui désigne toute portion, partie détachée ou détail. Il est donc patent que l'emploi du terme du cru exige davantage le respect de l'étymologie ou, plus exactement, de la motivation qui le relie à d'autres vocables alors que le mot venu du dehors, dans son isolement, peut être utilisé dépouillé de tout harmonique plus ou moins gênant. A cela s'ajoute que le mot étranger fait plus « savant » ou plus « cultivé », qu'il se soustrait à l'écoute ou à la lecture indiscrètes. L'héroïne d'un roman publié récemment à titre posthume (Ain'Elisabet Pennanen, *Kaksi raukkaa*, p. 176) nous rapporte qu'elle avait mêlé ses propos de tant de mots savants *(kulttuurisanoja)* que « si quelqu'un l'écoutait, il n'en avait guère de profit ». Ce phénomène est universel et il sert à dissimuler dans certaines circonstances ce que l'on veut communiquer uniquement à son destinataire (le cas du médecin qui parle d'une « forte hyperthermie ») ou à dire les choses sans les dire d'une manière trop brutale. C'est que le terme étranger sert à euphémiser le discours, d'où la multiplication, dans la bouche d'un locuteur ou sous la plume de l'écrivain, de termes tels que *eroottinen*, *seksuaalinen*, *perversi*, *egosentrinen* (à côté d'*itsekeskeinen* déjà ancien), *frigiidi*, *epälojaalinen* « déloyal », etc. A ce compte, les termes étrangers assument une fonction importante et il n'existe aucune langue au monde qui puisse s'en passer. La question est de savoir dans quelle mesure ces éléments finissent par prendre le dessus sur ceux du cru afin de les remplacer dans leurs autres acceptions, celles pour lesquelles on n'a pas véritablement besoin d'eux. On ne voit pas que *kritikoida* « critiquer » ait quelque raison d'évincer *arvostella* ni que *horisontti* soit plus ou moins expressif que *taivaanranta* (cp. allemand *Himmelsrand*) ou *näköpiiri* (cp. hongrois *láthatár* ou *látóhatár*), etc. Il convient donc de prendre garde à ne pas laisser les emprunts refouler les mots autochtones dans une zone marginale où ils finiront par ne plus garder qu'une saveur archaïsante. Or il ne semble pas que ce danger ait ému les usagers qui continuent à émailler leur conversation ou leurs écrits de ces « xénismes ». A ce rythme, il ne se passera pas longtemps avant que nombre d'excellents termes de belle frappe finnoise aillent rejoindre au magasin des accessoires démodés un certain nombre de mots qui s'y trouvent déjà relégués comme le semble un mot tel qu'*aihe* qui a fait place à *teema* (dans l'acception de sujet, argument d'une pièce ou d'un roman). Cette mise au rancart de mots autochtones, qu'ils soient anciens ou qu'il s'agisse de créations nouvelles, est d'autant plus néfaste que d'autre part de nombreux termes étrangers restent sans aucun équivalent accepté ni même parfois proposé : *rooli* « rôle », *romaani* « roman », *teatteri* « théâtre », *historia* « histoire », etc. Sur ce point le finnois s'est moins bien équipé que son lointain cousin le hongrois qui a dans les mêmes acceptions les mots *szerep*, *regény*, *színház*, *történet* (et aussi *történelem*), etc. Il est vrai que le finnois peut s'enorgueillir d'avoir inventé *puhelin* « téléphone » alors qu'on dit en hongrois *telefon*. Par contre on dit toujours *hotelli* (hgr. *szálloda*), *paketti* (hgr. *csomag*), *tapetti* (hgr. *szőnyeg*), *arkkitehtuuri* (hgr. *építész*), *presidentti* (hgr. *elnök*), *poliisi* (hgr. *rendőr*), *halli* (hgr. *csarnok*), *kenraali* (hgr. *tábornok*), *piano* (hgr. *zongora*), *konsertti* (hgr. *hangverseny*), etc. Comme on le voit, bien des termes de la vie courante n'ont pas été finnisés alors qu'ils ont été magyarisés. C'est ce qui apparaît en particulier dans les manuels rédigés à l'intention des étrangers. Ainsi, les exercices *(Suomen kielen harjoituksia ulkomaalaisille)* auxquels nous avons emprunté plus d'un témoignage ne contiennent pas moins de 55 mots d'emprunt relativement récents, dans 47 pages de format réduit et de typographie très espacée. Et parmi ces termes, on relève, par exemple *poleemiset artikkelit* « des articles polémiques » ou *monumentaalinen* ou *skeptinen* ou *melodramaattinen* ou encore *askeettinen*!

Il est donc évident que les usagers et plus spécialement ceux qui assument le contrôle de la langue ne développent plus le même effort qu'autrefois pour tenir à jour le vocabulaire non seulement savant, mais aussi celui de la vie quotidienne. C'est d'autant plus inattendu que la langue n'a rien perdu de sa richesse en procédés dérivatifs. Elle continue à disposer d'un appareil dont les linguistes et grammairiens sont particulièrement fiers et qu'ils font valoir complaisamment dans toutes les occasions qui se présentent. Alors on est en droit de se demander ce qui se passe.

Les progrès de la linguistique sont pourtant propres à dissiper les conceptions romantiques du langage au nom desquelles tant de chercheurs croyaient devoir s'abstenir de toute intervention dans le cours de l'évolution de la langue. D'ailleurs tout un groupe d'entre eux s'est même appliqué à définir les règles qu'il convient d'observer pour développer et perfectionner la langue. Alors? Ne faut-il pas expliquer ce qui se passe par d'autres raisons, qui ne sont pas linguistiques mais dépendent du changement d'esprit d'une partie importante de l'opinion publique? N'est-il pas symptomatique de lire dans un recueil de textes destiné aux lycées et au grand public (Harju-Mörsäri-Rainio : *Asiatekstejä*, p. 77), dans un extrait de presse signé Erno Paasilinna. l'assertion suivante : « Notre langue originale est un dialecte intérieur, un moyen privé d'information et c'est ce qu'elle restera. L'histoire propre de notre langue est l'histoire de notre sujétion : les membres âgés de notre personnel culturel et de notre bureaucratie parlent russe, la classe possédante suédois, les officiers l'allemand et la jeunesse l'anglais. Notre nouvelle école primaire enseigne l'anglais et le prestige de la langue russe a également augmenté. » Ce constat désabusé reflète-t-il un état d'esprit défaitiste? En tout cas, il confirme toutes les données que nous fournit l'histoire de la langue finnoise et qui ont été brièvement signalées au cours de cet ouvrage : elle a été ce que l'ont faite les hommes qui s'en sont occupés et elle reflète dans son état actuel l'esprit qui les a animés.

Théoriquement, rien n'empêche aujourd'hui, pas plus que dans le proche avenir, tout usager finnois de se doter de vocables fabriqués avec les éléments du cru. Au lieu de *sitaati* « citation », il est parfaitement possible de dire *toiste* (de *toistaa* « répéter, redire, etc. »), de même qu'il est facile de substituer *seloste* (de *selostaa* « rendre compte, rapporter, exposer ») à *referaatti* ou *tiedote* (de *tiedottaa* « informer, faire savoir ») à *raportti* (également rendu par *tiedonanto* « action de donner une information »), etc. Sans doute, certains de ces substituts peuvent paraître un peu trop longs. Ils comptent souvent un plus grand nombre de syllabes que le terme d'emprunt. Ainsi *yhteiskunnallinen* est plus encombrant que *sosiaalinen* mais *erittely* n'est pas plus corpulent qu'*analyysi* et *interpretaatio* est nettement plus lourd que *tulkinta*, etc. C'est même si vrai que les efforts faits ces dernières années pour abréger une partie des mots jugés trop longs ont porté sur les termes étrangers : *klassillinen*, *loogillinen*, *teknillinen*, *traagillinen* qu'il est proposé de réduire en *klassinen*, *looginen*, *tekninen*, *traaginen*, proposition que le public suit avec plus ou moins de constance.

C'est qu'un autre problème se pose aussi : celui de la longueur des mots. Déjà, j'ai eu l'occasion d'y faire allusion dans l'*Esquisse de la langue finnoise* et j'avais alors attiré l'attention sur la corpulence parfois excessive des mots, exagérée encore par l'emploi de suffixes eux-mêmes passablement étoffés. A cela s'ajoute que de nombreux mots composés atteignent de ce fait une longueur impressionnante. Soit un énoncé pris au hasard, tel que : *mutta siitä minulla ei ole henkilökohtaista kokemusta* « mais je n'en ai pas l'expérience personnelle » est déjà plus long à prononcer que le bout de phrase français correspondant (20 syllabes dont une longue à voyelle longue contre 11 syllabes brèves !), en revanche, un composé *ennakkoluulottomuudessaan* « dans son manque de préjugés » qui aligne hardiment ses neuf syllabes (où se trouvent 3 voyelles longues !) ne manque pas d'effrayer l'étranger qui apprend le finnois. Certes, à considérer les choses de plus près, le défaut n'est pas si réel. Le mot est élargi de morphèmes qui lui confèrent une extension d'emploi telle que l'on est dispensé de recourir à des mots-outils comme en français ou en suédois mais il n'en demeure pas moins que la fréquence des mots longs est très grande. Pourtant, en réalité, il n'est pas plus long de dire *yhteiskunnassa* que d'émettre « dans la société » car le compte des syllabes y est le même et, d'autre part, la langue peut procéder dans plus d'un cas à des abrégements : *kansalliskirjallisuus* « littérature nationale », *yhteisvastuu* « responsabilité commune (ou solidaire) », *erikoissanonta* « locution particulière », *suurlehti* « un grand journal », etc. De même, il a été conseillé d'employer *horjuvuus* « hésitation, irrésolution » plutôt que *horjuvaisuus*, *eroavuus* « différence » plutôt que *eroavaisuus*, *myöntyvyys* « bienveillance, mansuétude » de préférence à *myöntyväisyys* bien que cette recommandation n'ait pas l'air d'avoir eu beaucoup d'effet. De la sorte, le finnois écrit ou savant abonde surtout en mots longs. Pratiquement, il n'a pas de monosyllabes car même ceux qui se présentent dans le dictionnaire comme tels se trouvent souvent élargis d'une syllabe lorsqu'ils sont augmentés d'un affixe : *maa* « terre, pays » / *maalla* « à la campagne », *yö* « nuit » / *yöllä* « la nuit », *jää* « glace » / *jäässä* « dans la glace », etc. Il faut donc opérer le plus souvent avec des vocables de trois syllabes et plus. Et cette situation n'a pas été améliorée par l'introduction des mots étrangers qui sont en majorité de facture latine, grecque ou même gréco-latine. La plupart de ces emprunts ont reçu une syllabe supplémentaire lors de leur passage en finnois : *tekniikka*, *teknillinen* « technique » (suédois *teknik*, allemand *Technik*), *absoluutti* (et même *absoluuttinen*), *populaari*, *konkretisoida* « se concrétiser », *idealisoitu* « idéalisé ». Ce phénomène s'explique puisque les termes en question sont eux-mêmes relativement corpulents. Nous en faisons l'expérience en français où l'on a depuis longtemps signalé la longueur indue d'un mot tel que *constitutionnalité* et nous entendons assez les parleurs des différentes radios trébucher sur la prononciation de *pluridisciplinarité*, etc. La raison en est la même, car les termes de facture gréco-latine sont constitués par des formes encore « pleines » alors que les mots de la tradition dite populaire ont été réduits par les changements phonétiques dont ils ont subi l'effet. Les emprunts latins ont réétoffé le français tout comme les mots finnois ont été restitués dans une forme plus « pleine » au cours des siècles qui se sont écoulés depuis Agricola et ses contemporains. Seulement en français, ce réétoffement n'a porté que sur la partie du vocabulaire réinjectée dans la langue et non sur l'ensemble de la forme externe de la langue comme cela a été le cas en finnois. A cet égard, les Finnois ont procédé autrement que les novateurs hongrois. Ces derniers se sont souciés de produire des mots brefs, si possibles réduits à une syllabe unique. Ils ont ainsi créé *gép* « machine » (finnois *kone*), *gyár* « usine » (finnois *tehdas*), etc. Mais ces néologismes s'intégraient à un lexique déjà très fourni en monosyllabes (environ un millier) alors que les monosyllabes étymologiques finnois n'atteignaient pas la centaine et que le dissyllabisme était la règle. Pour obtenir des mots courts, il eût fallu amputer et cette opération allait à l'encontre du désir de tous ceux qui voulaient une langue aux formes « pleines ». L'idéal de la *täyteläisyys* était incompatible avec le souci de rapidité et par conséquent de brièveté. Tout ce qui pourra être réalisé à l'avenir est d'utiliser de préférence les suffixes dérivatifs les plus réduits, comme par exemple *-e* et c'est ce qui se pratique : *viive* « time delay » (« retardement ») à partir d'un radical *viip-* (*viipyä*

« rester, s'attarder »), *sane* « vocable » (à partir de *sana* « mot »), *erite* « sécrétion » (*erittä-* « sécréter »), etc. Il convient seulement de remarquer à cette occasion que les langues de civilisation occidentales ne sont guère logées à meilleure enseigne puisqu'elles ne font qu'augmenter leur stock déjà écrasant de mots savants plus longs les uns que les autres.

Ce qui permet de réduire dans une certaine mesure l'inconvénient des mots longs ou trop longs, c'est l'emploi, dans l'expression soutenue ou savante, des moyens propres à rendre l'énonciation plus « compacte ». Or de tels moyens sont fournis par la structure finno-ougrienne. Ils consistent en procédés qui permettent de faire l'économie de phrases complexes articulées en réduisant les énoncés à autant de phrases à quasi-propositions ou même à autant de phrases simples. A cet effet, il faut faire usage des formes nominales du verbe, ou encore de certains déverbatifs comme les noms d'agents, par exemple. Plusieurs constructions de ce genre vont illustrer ce style, ci-après. On lit entre autres :

Pyrkiessään ajamaan oikeana pitämiään tarkoitusperiä he eivät välitä muiden mielipiteistä... (*Asiatakstejä*, p. 50) « En cherchant à poursuivre les objectifs qu'ils tiennent pour justes, ils ne se soucient pas des opinions des autres. »

Il n'y a dans cet énoncé qu'un seul verbe conjugué, qui est *eivät* « ils... ne... pas », donc le verbe de négation. Tout le reste est supporté uniquement par des noms verbaux : *pyrkiessään* « dans leur action de chercher », *ajamaan* « (en pénétrant) dans l'action de poursuivre », *pitämään* « leurs tenus, tenus par eux ». Une traduction plus serrée serait : « Dans leur poursuite des objectifs tenus par eux pour justes, etc. »

Cet autre énoncé n'est pas moins typique :

Näin lienevät useimmat yllytäjinä esiintyneet ajatelleet (*id.*, p. 49).

« Ainsi auront pensé la plupart de ceux qui ont figuré comme incitateurs. »

Le participe passé actif *esiintyneet* « s'étant manifestés » tient lieu de notre proposition relative.

Toujours dans la même page, nous lisons :

Helsingissä vireillä oleva oikeudenkäynti asepalveluksesta kieltäytymisen jatkamiseen yllyttäneitä vastaan on nyt laajenemassa Turkuun.

« Le procès qui a lieu à Helsinki contre ceux qui ont incité à continuer à se refuser au service militaire est en train de s'étendre à Turku. »

Cette fois, il nous a fallu exprimer par la relative également le participe passé actif *yllytäneitä* « ayant incité ». Mais le participe présent remplit le même office :

... *uskonnollisista syistä asepalveluksesta kieltäytyvien rankaiseminen* (*id.*, p. 48) :

« ... le châtiment de ceux qui se refusent au service militaire pour des raisons religieuses. » Le génitif pluriel du participe présent actif *kieltäytyvä* a fait fonction de cette relative.

Ce même participe présent, entrant dans la construction dite participiale, sert constamment à « resserrer » l'expression :

Laajenevan integraation voidaankin odottaa johtavan tuotannon rakennemuutosten ja tuottavuuden kasvun nopeutumiseen myös Suomessa (*op. cit.*, p. 114).

« On peut même s'attendre à ce que l'intégration mène à l'accélération en Finlande aussi des changements de structure de la production et à l'accroissement de la productivité. »

Le participe présent *johtavan*, au génitif (en fonction d'accusatif) a permis de faire l'économie d'une subordonnée qui aurait probablement été utilisée dans un style plus courant.

L'accumulation de ces noms verbaux parvient parfois à produire des énoncés d'une concentration qui rappelle celle de la phrase turke ou de la phrase mongole. Témoin cette énonciation (*Asiatekstejä*, p. 88) :

Sodan ongelmia pohdittaessa on tärkeätä kiinnittää huomiota sodan aloittamisesta varsinaisesti päättävien henkilöiden asenteiden lisäksi myös niin sanottuun mielipiteeseen eli kaikkien ihmisten suhtautumiseen.

« En examinant les problèmes de la guerre, il est important de porter attention, en dehors des positions des personnalités qui décident à proprement parler du commencement de la guerre, également à la dite opinion publique, c'est-à-dire au comportement de tous les êtres humains. »

Le seul verbe conjugué dans cette séquence est le verbe auxiliaire *on* « est », tout le reste n'étant supporté que par des noms verbaux : *pohdittaessa* « en examinant », *kiinnittää* « attacher », *aloittaminen* « action de commencer », *päättävä* « décidant, qui décide », *suhtautuminen* « action de se comporter ».

Sans doute, ce ne sont pas tous les textes écrits qui présentent cet aspect que certains qualifient de « synthétique » et qui n'a été obtenu qu'en utilisant à fond les ressources de la syntaxe de type finno-ougrien. Les échantillons ci-dessus ont été extraits du recueil bien souvent mentionné, *Asiatekstejä* (par Harju-Mörsäri-Rainio) et ils figurent dans des exposés de style « affaire » *(asiatyyli)* pour reprendre la dénomination désormais employée par les linguistes et pédagogues finlandais. En réalité, sous cette rubrique sont compris des styles très différents les uns des autres : articles de journaux, informations de presse, vulgarisation de niveau plus ou moins élevé, polémique, discours d'apparat, etc. C'est dire que le terme *asiatyyli* recouvre des aspects du langage qu'il convient de distinguer les uns des autres. Les constructions de type autochtone ne caractérisent pas tous ces styles. Elles se rencontrent surtout chez les auteurs ou les scripteurs qui veulent condenser leur énonciation. C'est ce qu'on lit par exemple (*Asiatekstejä*, p. 98) dans un exposé consacré à un sondage d'opinion et qui relève ainsi du style courant de l'information de presse : *Ja kuitenkin kysyttäessä haastateltavilta, arveletteko olevan jotakin, mitä Te itse voisitte tehdä vaikuttaaksenne rauhan saavuttamiseen, vain 13 % vastasi myöntävästi.*

« Et pourtant quand on a demandé aux personnes qui devaient être interrogées : estimez-vous qu'il y a quelque chose que vous puissiez faire pour contribuer à l'obtention de la paix, 13 % seulement ont répondu affirmativement. » Les noms verbaux *kysyttäessä* (infinitif II passif au cas inessif), *haastateltavilta* (ablatif pluriel du participe présent passif), *olevan* (participe présent actif au génitif-accusatif de la construction participiale), *vaikuttaaksenne* (infinitif I long élargi du suffixe de possessivation de la 2e personne du pluriel du possesseur), *saavuttamiseen* (illatif singulier de l'infinitif IV) tiennent lieu d'autant de subordonnées ou de périphrases qui détaillent le texte, notamment dans la version française proposée.

On se trouve alors devant une situation paradoxale. Ce sont les énoncés les plus chargés d'information qui se trouvent le plus volontiers supportés par l'appareil ancien de la langue alors que les élocutions plus « légères », celles surtout de la langue voisine du parlé, sont constituées par des assemblages moins compacts ou, si l'on prèfère, plus « analytiques » ainsi que disent nos confrères de Finlande. Mais ces énoncés « compacts » sont précisément ceux qui rendent compte des événements de la vie moderne et véhiculent les idées les plus nouvelles. Le type d'expression plus ou moins ajusté à celui des langues occidentales prend au contraire en charge l'élocution de tous les jours. La même dichotomie se reproduit en littérature. C'est la poésie ou la prose poétique qui recourent l'une et l'autre le plus volontiers aux constructions de type ancien tandis que la prose des romans et des nouvelles, de même qu'une certaine poésie, qui se veut plus ou moins moderniste ou d'avant-garde et prétend introduire dans l'histoire de la littérature finnoise un nouveau style, tendent à dépouiller les constructions de type finno-ougrien. Le choix entre les deux registres est imposé par deux considérations : s'exprimer serré ou diluer la communication. Dans le premier cas, on s'appuie sur un appareil à l'architecture plus membrée, dans le second, on utilise des assemblages plus lâches. Le style serré repose sur l'emploi du syntagme qualificatif ou des syntagmes similaires où le déterminant est toujours antéposé selon la règle ancestrale ; le style détendu fait appel aux syntagmes prédicatifs (sujet+verbe) et aux syntagmes objectaux (verbe+objet), voire même aux syntagmes adnominaux dans lesquels le déterminant se trouve postposé. La question qui se pose pour l'avenir est de savoir si ces deux registres pourront longtemps coexister ou si l'un ne devra pas finir par céder toute la place à l'autre. Il est prévisible qu'à la longue, le registre de type occidental finira par l'emporter, à moins qu'une action consciente et énergique ne sauve les éléments essentiels de la vieille forme interne de la langue, ce qui perpétuerait le dualisme existant.

De ce qui a été exposé ci-dessus, il ressort que la forme ancienne ou si l'on préfère la forme archaïque de la langue s'est avérée entièrement apte à communiquer les concepts les plus neufs. Le problème difficile à résoudre n'est donc pas celui de l'adaptation de cette structure à l'expression des catégories reconnues par les langues porteuses de la civilisation actuelle mais bien toujours celui de la terminologie. C'est le manque de mots qui gêne le finnois comme il l'a gêné au temps d'Agricola. Que l'on se serve de noms verbaux ou de propositions subordonnées n'a pas grande importance pourvu que l'on soit dûment entraîné à le faire mais encore faut-il disposer des vocables où sont déposés les concepts qu'il s'agit de communiquer. Cette difficulté n'est pas propre au finnois ; elle embarrasse toutes les autres langues de civilisation. Nous ajouterons même qu'elle a toujours embarrassé toutes les langues de civilisation. Parce que le savoir s'entasse dans les mots, surtout dans ceux qui, dans les langues du type indo-européen ou finno-ougrien, sont conçus comme des substantifs. Une langue savante a un besoin jamais satisfait de substantifs et subsidiairement d'adjectifs, c'est-à-dire, en termes de linguistique fonctionnelle, de mots susceptibles de figurer dans les fonctions de sujet, de complément du prédicat, de qualifiant d'un sujet ou d'un complément du prédicat. C'est à ce genre de vocable que revient le privilège de supporter les concepts du savoir. Ils en forment si l'on veut les archives. Les autres mots ne sont que des outils par le moyen desquels on communique les concepts que ces vocables privilégiés véhiculent. Tout est donc une question de vocabulaire, comme aimait à le répéter le philosophe Alain.

Une fois de plus l'avenir du finnois en tant que langue de civilisation va dépendre de l'action de ceux qui s'en servent. S'ils cessent leurs efforts en vue de lui conserver son cachet propre, la langue se déformera, dans l'acception stricte du terme, car elle perdra cette partie de sa forme interne qu'elle a héritée de son passé fenno-permien, pour ne pas remonter au passé finno-ougrien même. Si elle est tenue ferme, elle gardera la puissance expressive que lui confère précisément cette forme et elle pourra même la perfectionner pour exprimer des nuances encore inédites. Les subtilités qui s'en dégageront seront un apport précieux pour ceux des Finnois qui auront des choses à dire et voudront le faire en entrant dans les plus fines précisions. Ce développement des finesses stylistiques ne comporte aucun inconvénient puisque la langue finnoise ne saurait prétendre à jouer le moindre rôle hors des frontières de l'État finlandais. Que son utilisation devienne délicate et exige de la part de l'usager de grandes qualités de discernement ne saurait nuire à la nation, bien au contraire, puisque l'usage de la langue affinera par là-même les esprits. Et il importe peu, en réalité, que le petit nombre des étrangers qui désirent apprendre le finnois rencontre de ce fait de plus grands obstacles. Cela ne retentira pas sur l'efficacité de la pensée finnoise et ne contrariera nullement son rayonnement à l'extérieur de la Finlande. Cela veut dire que les Finnois ont tout à gagner en préservant leur langue des déformations qui pourraient la détériorer et en développant au maximum les virtualités qui sont en elle depuis toujours.

Des choix seront à faire, des efforts devront s'imposer à ceux qui voudront l'utiliser comme instrument de leur pensée autant que comme moyen de communication. En cette dernière qualité, elle ne peut être employée que dans le cadre de la société finnoise alors qu'en tant que support de la pensée discursive, elle est l'outil par excellence dont peut se servir toute personne de langue maternelle finnoise. A ce titre, c'est elle qui supporte l'avenir de la civilisation des hommes et des femmes de Finlande. Selon la devise des patriotes hongrois qui ont « rénové » la langue hongroise, devise qu'il est bon de répéter, c'est dans sa langue que vit la nation : *nyelvében él a nemzet*. C'est aussi ce qu'avait compris le grand Agricola et ce qu'avaient soutenu les innovateurs de l'école de Turku comme les fondateurs de la Société de Littérature Finnoise *(Suomalaisen Kirjallisuuden Seura)* et tant d'autres patriotes acharnés à créer la nation finnoise. Les uns et les autres ont déployé au cours des temps un effort qu'il faut prolonger car la vie continue, les langues changent et tout est toujours à recommencer. Ce qui caractérise ce qui s'est passé en Finlande, c'est que l'intervention des hommes a réussi à élaborer une langue capable d'exprimer toute la civilisation de notre temps avec des procédés pieusement conservés depuis des siècles. La prouesse réalisée par cette élaboration consciente et voulue a été de réussir à remonter le temps et à rétablir dans bien des cas ce qu'il avait détruit. Cette réfection ne s'est pourtant pas accomplie aveuglément. Ce qui a été reconstruit ou restauré était ce qui a été estimé nécessaire à la clarté de l'expression, à sa précision et aussi à sa beauté, à son élégance, à sa musicalité. La nation finnoise peut être légitimement fière de la langue qu'elle s'est construite à la mesure de son génie. Quiconque l'a pratiquée tant soit peu, se sent obligé d'en rendre hommage à tous ceux qui l'ont voulue et réalisée telle qu'elle est. Honneur leur soit rendu d'avoir si bien œuvré pour la civilisation. Car le langage est le propre de l'homme.

L'histoire de la langue finnoise n'est pourtant pas seulement celle de l'élaboration d'un instrument d'une rare perfection et d'une prodigieuse capacité d'expression, elle est aussi celle d'une réussite encore plus rare. Elle nous montre que l'homme doué de raison peut se rendre maître de la mécanique du langage et qu'il peut, par son action consciente, la préserver des injures du temps comme aussi des détériorations résultant des insuffisances ou des défaillances des organes de phonation. Et cette grande leçon vaut pour tous les hommes civilisés. L'histoire du finnois nous enseigne qu'une langue peut être rendue pratiquement insensible aux effets des forces de destruction qui prévaudraient contre elle. A ce seul titre, la langue finnoise s'est acquis une gloire impérissable.

QUELQUES ABRÉVIATIONS

all = allemand
angl = anglais
dan = danois
est = estonien
f, fi = finnois
fA = olonetsien
fE = estonien, este
fK = carélien
fL = live
fS = finnois suomi (finnois de Finlande)
fV = vepse
hgr = hongrois
lp = lapon
lpK = lapon de Kola
lpL = lapon de Luleå
lpN = lapon de Norvège
lpS = lapon du Sud
lith = lithuanien
let = letton
md = mordve
mdE = mordve erźa
mdM = mordve mokša (mokcha)
norv = norvégien
ostk = ostiak
perm = permien
sam = samoyède
samK = kamassique
samO = samoyède ostiak (selkoup)
samY = samoyède yourak (nénets)
suéd = suédois
tchér = tchérémisse
v = « vieux »
vhall = vieux-haut-allemand
visl = vieil islandais
vog = vogoul
votk = votiak
zyr = zyriène

BIBLIOGRAPHIE

Il ne saurait être question de présenter ici une bibliographie détaillée des publications parues sur l'histoire de la langue finnoise. Ces contributions sont presque toutes rédigées en finnois et ne sont guère accessibles qu'au spécialiste. Il suffira donc de signaler les principaux ouvrages généraux qui contiennent plus ou moins eux-mêmes les indications bibliographiques requises.

Une bonne initiation est offerte au lecteur sachant le finnois par l'excellent manuel collectif paru sous le titre *Suomen kielen käsikirja* et suivi d'une bibliographie succincte mais suffisante (Helsinki, Wellin+Göös, 1968, 540 p. grand in-8°).

Une série d'exposés généraux concernant l'histoire de la langue a paru dans les beaux volumes de *Suomen Kirjallisuus* (La littérature finnoise) (8 volumes grand in-8° abondamment illustrés, parus de 1963 à 1970 chez Otava, Helsinki).

Le livre fondamental pour l'étude des éléments dont est constituée la langue est le chef-d'œuvre du Prof. Lauri Hakulinen : *Suomen kielen rakenne ja kesitys* (3e édition revue et augmentée, Helsinki 1968, chez Otava, 527 p. grand in-8°), qui a été traduit en anglais sous le titre *Structure and Evolution of the Finnish language* et en allemand sous celui de *Handbuch der finnischen Sprache.* Cet ouvrage renvoie à toutes les publications intéressant l'histoire de la langue finnoise.

Les périodiques où se publient les études concernant l'histoire de la langue finnoise sont :

Virittäjä (L'animateur) publié par les soins de la Société pour la langue maternelle *(Kotikielen Seura, Helsinki).*

Sananjalka (La Fougère à l'aigle) publié par la Société pour la langue finnoise *(Suomen kielen Seura, Turku).*

Les références plus précises ont été fournies dans le corps de l'ouvrage au fur et à mesure des besoins.

Dans l'intention de faciliter d'éventuelles vérifications, les exemples cités ont été prélevés autant que possible dans des publications aisément accessibles, entre autres :

Martti Rapola : *Vanhan Kirjasuomen lukemisto.*

Värnä Kaukonen ja Vilha Suomi : *Ruotsin ajan suomenkielistä runoa ja proosaa* (Tietolipas 50).

Francis P. Magoun Jr. : Mikael Agricola's Gospel according to St. Marc.

(Éditions de la Société de Littérature Finnoise, Helsinki).

TABLE DES MATIÈRES

IMPRIMERIE A. BONTEMPS
LIMOGES (FRANCE)
Dépôt légal : 2e trimestre 1973